目 录

第二版 序 言

有这样一种说法，每个人都是半个心理学家，或者说是通俗心理学家（folk psychology）。一个热心人也可以给别人解决心理问题，因为每个人都对生活经验有所积累，对人的行为有所了解，虽然可能有许多误解。因此如果要说是心理学家，至多算得上是半个。心理学是研究个体心理与行为规律的一门科学。我们每个人作为心理与行为的主体，都会有自己的经验和体会，但如果作为一门科学，个人的经验显然是很不够的，需要用科学的方法收集数据，结合已有的成果和理论，经过分析论证才能找到一般规律。《心理学与人生》就是一本向你呈现这门科学最基本的方法和最基础的知识的入门教材。举一个例子，你说说做一个梦要多长时间？几分钟？几个钟头？早期心理学家通过研究脑的电位变化规律来解答这个问题，结果发现在睡眠的不同阶段脑电波的频率不同，将要入睡时是 8 ~ 12Hz/s 的 α 波，睡眠越深频率越慢。后来又发现人在做梦时电位快，电波幅度小，伴随着快速眼动。电位和快速眼动这两个指标表明你很可能正在做梦。研究结果表明，做梦一般会持续 20 分钟左右。每夜一般会做 4 ~ 6 个梦，而人们一般觉得自己只做了一个梦，那是因为他们只记住了一个，梦都是刚醒时记得，过一段时间就忘掉了。一般人只对常识有所了解，经验是这样的。心理学家则要研究实际是什么样，他们讲究用实验的方法揭示规律，而不是用常识来做判断、下结论的。

心理学也是一门生活的科学，不过它就像高级营养品，没有它，我们仍然可以生活；但有了它，我们会生活得更好。心理学家发现人们的一般行为规律、思维方式、情感状态，可以去预测、控制、解释人的行为。如果我们每一个人了解了这方面的知识，就可以更好地理解自己、理解他人，从而善待自己，处理好人际关系。因此，学习了心理学之后不是不会再出现心理上的波动或反应，而是我们理解了这些波动和反应之后就可以有意识地调节和调整自己的反应。为了反映心理学与我们日常生活的密切联系，本书的每一章都设置了与大学生活紧密相关的“心理学与人生”专栏，帮助读者将心理学的知识应用于人们的日常生活，同时也有助于读者加深对这门学科的理解。

《心理学与人生》一书自 2005 年出版以来，得到师生们的好评，不少高校都把本书作为本科生通识课的教材或教学参考书；2008 年被批准为“普通高等教育‘十一五’国家级规划教材”。

在这次修订过程中，我们根据近年来心理学研究的新发展，对第一版的内容进行了修订，着重体现在以下几个方面。第一，在条理性和文字的表述上进行了修改，使概念和原理更加准确。第二，大量增加了近五年来心理学研究的新进展，更新了教材的部分内容及“心理学与人生”、“热点问题讨论”专栏。第三，增加了“本章摘要”，便于读者把握该章精髓。第四，更新了推荐参考读物和参考文献。参加本书修订的人员有：西南大学黄希庭教授（第一章、第十二章）、北京大学苏彦捷教授（第二章、第三章、第五章）、浙江大学钱秀莹教授（第四章、第六章、第七章）、河南大学许波教授（第八章、第十一章）、天津医科大学刘惠军教授和西南大学郑涌教授（第九章）、中山大学黄敏儿教授（第十章）、南京大学桑志芹教授（第十三章、第十四章）、南开大学乐国安教授（第十五、十七章）、武汉大学钟年教授（第十六章）。苏丹讲师协助我们做了许多工作，特致深深的谢忱。

进入新世纪以来，心理学的发展很快，有很多新的技术应用和新的发现。我们计划今后每四年对本书修订一次，希望能够尽可能将这些新进展在本书中反映出来。

黄希庭　苏彦捷

2009 年深秋

第一版 序 言

本书是中国心理学会心理学教学工作委员会组织编写的高等学校通识课心理学教材。

2003年10月24日至26日在西安召开的中国心理学会心理学教学工作委员会第九次学术年会上，委员们提出，除师范院校的学生应当学习心理学之外，现在许多综合性大学的学生也渴望学习心理学知识，希望教学工作委员会给予支持，组织专家为非师范院校的大学生编写一本通识课心理学教材。当时我因偶发疾病，提前离会返渝。此后便有六家出版社来电来函约稿，其中暨南大学出版社还派专人前来约稿。本书是在各方积极促进下而启动的。

怎样编好这本书？面对这批朝气蓬勃、高智商的年轻人，我们应当为他们提供一本什么样的心理学教材？从1982年开始我一直在从事大学生心理学这类课题的研究，在教学和科研的实践中，我深深地感受到，大学生自入学之日起便有一种强烈的“求知、成才、实践成功人生”的愿望。对于“求知”，各家虽有不同的解说，我看大学生们似乎比较赞同求知“4个W”的解说。这4个W是：知道是什么（know-what），即要掌握事实方面的知识；知道为什么（know-why），即要掌握原理和规律方面的知识；知道怎么做（know-how），即要掌握技能、技巧方面的本领；知道谁（know-who），即要掌握管理知识、主动寻求知识的本领。也就是说，不仅要拥有广博的知识，而且还要有能有效地运用知识的本领。“成才”就是成为对社会有用的人才。从高标准的角度看，成才不仅表现为对知识的广泛占有和有效应用，而且更重要的是要有获取新知识的本领，使个人的潜能得到充分的发挥。至于人生，哲学家们有各种各样的见解，但从心理学的视角观之，人生就是个人在与自然环境、社会环境交互作用的过程中所感所思、所作所为之延续，而这一连串的所感所思、所作所为之后有着不同的目的与价值，因而也就有了人生的意义。本教材名为“心理学与人生”就是基于前述对大学生共同愿望的了解，目的是用心理学的知识对大学生求知、成才、实践成功人生给予帮助。2004年3月12日到15日，我邀请国内一些综合大学的心理学家到重庆西南师范大学参加本教材的大纲研讨会。经过充分的讨论，大家一致认定在本教材中将力求体现以下特色：

（1）科学性。本教材力求概念准确，原理清楚，用实证资料加以论证。所引用的研究成果都在书末的参考文献中列出，以便查阅。

（2）实用性。力求密切联系大学生的生活实际，向大学生提供实践成功人生的最重要的心理学知识。书中各章还设有“心理学与人生”专栏，阐述这方面的知识。

（3）启发性。力求有助于学生健全人格的养成以及发现问题、分析问题、解决问题的能力和创新精神的形成。对于有争议的问题，力求以多种研究取向加以分析。

（4）近时性。本教材反映的是稳定的知识，与此同时还反映了最新的心理学研究成果。

（5）可读性。行文上力求通俗易懂，便于读者自学。

本书各章由下列专家撰写：西南师范大学黄希庭教授（第一章、第十二章），北京大学苏彦捷教授（第二章、第三章、第五章），浙江大学钱秀莹教授（第四章、第六章、第七章），南开大学乐国安教授（第十五章、第十七章），吉林大学李艳教授（第九章、第十章），南京大学桑志芹教授（第十三章、第十四章），武汉大学钟年教授（第十六章），河南大学许波副教授（第八章、第十一章）。全书由我统稿、定稿。彭杜宏同志协助我统稿，夏凌翔同志为本书大纲研讨会的召开、暨南大学出版社张仲玲编辑为本书的出版付出过辛勤的劳动。在此一并表示衷心的感谢。

编写一本有助于大学生求知、成才、实践成功人生的通识课心理学教材，是我们的初次尝试。由于成书时间较短，书中一定会有不少缺点甚至错误。衷心希望得到专家、学者们的批评指正，以便将来修订时加以改正。

黄希庭谨识

2004 年 12 月 20 日于

重庆市西南师范大学窥渊斋

第一章 绪 论

我们所有人都可能在某个时候会问自己或他人：新生儿是如何成长为自立、聪明的成人的？我们是怎样感知周围环境的？人为什么会精神恍惚？学习是练习的结果吗？能找到提高记忆力的好方法吗？未来电脑的思维能力会不会超过人脑？动机和情绪是如何影响我们的行为的？智力与情绪智力是一回事吗？我们怎样才能保持良好的健康状态？为什么有人慷慨大方而有人狡诈自私？我们能不能随意地说一个人精神"正常"或"不正常"？为什么有人想自杀？怎样才能处理好人际关系？……凡此种种问题，既是每个人都想了解的，也是心理学家长期探索的，并且有些已经寻找到了科学的答案。如果你学习了本书，你就会回答上述问题。在本书的绪论中，我们先讨论以下问题：

什么是心理学，其定义、任务与领域分别是什么？

如何理解心理学的不同研究取向及当代心理学观？

可以用哪些方法来研究心理现象？

第一节 心理学的性质

一、心理学的定义

心理学（psychology）是研究心理现象的科学。心理现象多种多样，例如，感觉、知觉、记忆、思维、想象、情绪、情感、动机、需要，等等。虽然我们对心理现象都很熟悉，但它却是每个人所专有的，是其他人看不见、摸不着的，那么心理学家是如何对它进行科学研究的呢？

心理现象往往是与行为联系在一起的。行为（behavior）指有机体的各种动作活动和对所处情境的一种反应。例如，吃饭、睡觉、讲话、打喷嚏、写字、看电视、走路、哭笑，等等。心理学家通常是透过这些可以观察到的外显行为来探究人的心理活动规律的。但是值得注意的是，心理与行为是不等同的，因为行为往往是多义的而不是单义的。例如，微笑是一种行为，微笑的心理活动是复杂多样的：有欣喜的微笑，有嘲讽的微笑，有痛苦的微笑，还有心怀杀机的微笑……因此，心理学家对心理现象进行科学研究时，既要用外显的行为指标又要用个人的内省报告，两者相互印证，以确凿的事实为基础，从而得出科学的结论。

总之，心理学所研究的心理现象，包括心理过程、心理状态和心理特征，意识活动和潜意识活动，常态心理和变态心理，个体心理和群体心理等。有的心理学家把可观察到的行为称为外显行为，而把记忆、思维等内部心理活动称为内隐行为。此外，心理学还研究动物心理，也就是研究动物的行为。从这些意义上来说，心理学也可以说是研究心理和行为的科学。

二、心理学的任务

作为一门科学，心理学肩负着哪些任务呢？总的来说，心理学要实现的目标就是对心理和行为进行描述、解释、预测和调控，而其最终目标是为人类积累知识，并造福于人类。

（一）描述

心理学研究的第一项任务是对心理事件加以精确的描述。根据研究的需要，我们既可以从定性的角度也可以从定量的角度对心理事件加以精确的描述。例如，如果要从定性的角度来研究一位大学生时间管理倾向的特点，我们可以向被试提出下列问题——你是如何看待时间的重要性的？平时你是如何设置目标、计划时间的？你是否有信心管理好自己的时间？根据对被试回答的分析，我们就可以对这位大学生时间管理倾向的特点进行定性的描述。如果要从定量的角度来加以研究，我们则可以让这位大学生根据自己的情况完成《青少年时间管理倾向量表》（黄希庭、张志杰，2001），对其结果进行统计处理就可以对这位大学生的时间管理倾向作出定量的描述——量表的总分和三个分量表的分值。无论是定性描述还是定量描述，都必须是客观真实的，研究者不能以自己的偏好、偏见和期望来代替客观的观察。

（二）解释

心理学研究的第二项任务是对心理事件作出解释。科学研究不能只停留在对心理事件的性质描述上，还应对心理事件产生的原因作出解释。例如，当人们看到其他人在场并可能去救助某人时，为什么往往不愿意自己出手去救人呢？对旁观者这种冷漠态度的研究表明，此时会出现一种“责任扩散”心理，没有人会觉得一定需要自己出手。结果是，在现场“潜在的救助者”人数越多，大家等着别人去救助的可能性就越大（Darley & Lalané，1968）。又如，我们人生的头三年经历过许许多多的事情，但这些经验在我们的记忆中却没有留下任何痕迹。这种现象被称为儿童期遗忘症(childhood amnesia)。是什么原因造成的呢？弗洛伊德认为这是因为在出生头几年里某些情绪经验受到严重的创伤，如果在以后的时间里让它们进入意识（即回忆起它们）就会使个人产生极度的焦虑，因而被遗忘了。近来，有关记忆生理基础的研究表明，不同的脑结构在记忆中起着不同的作用，其中海马（hippocampus）起巩固记忆的作用。儿童期遗忘症可能部分是由于海马尚未成熟所致，因为海马是在出生后的一两年才充分发展起来的。

（三）预测

心理学研究的第三项任务是预测，即对某一特定的心理事件将要发生的可能性或某种特定心理事件与某种（或某些）因素可能具有的某种特定关系作出预测。了解了某种特定心理和行为的原因，我们就可以作出预测。例如，假定你的车坏在一条繁忙的高速公路上，会不会很快就有人来帮助你呢？根据“旁观者效应”预测，虽然来来往往的司机很多都有可能停下来帮助你，但未必真会有人停下来帮助你。

（四）调控

心理学研究的第四项任务，也是最重要的任务，是对人的心理和行为进行调控。调控就是调节与控制，使某种心理和行为得以产生、维持或停止，以及改变行为的方式、强度或出现频率。了解了心理和行为发生的原因，我们就可以对自己及他人的心理和行为加以调控。例如，有教学经验的教师都会自觉运用注意规律，以控制或吸引儿童专心听讲，提高授课效果。又如，设计师根据视觉和行为操作适应原理所设计出的操作台会尽可能减少驾驶过程中可能出现的失误。再如，一旦你懂得了心态最能变通的人是世上最快乐的人这个道理，你就会有勇气自我调节，消除那些禁锢自己的不合理信念。往往这些想法会使你产生不恰当的愤怒、焦虑、抑郁、挫折感，从而导致你的自尊心受损，或者妨碍你追求健康、美好的人生（见心理学与人生1-1)。

总之，心理学研究的任务是试图找到下列问题的答案：

这种心理现象的性质是什么？（描述）

这种心理现象为什么会发生？（解释）

这种心理现象将会在什么情况下发生？（预测）

影响这种心理现象的条件有哪些？（调控）

心理学与人生1-1　消除不合理信念，美好人生与你相伴

心理的主观性容易使我们得出如表1-1中左侧所列的那些不合理的主观想法，从而导致表1-1中右侧那些后果。

表 1－1 常见的不合理的主观想法与后果

常见的不合理的主观想法	后　果
我一定要得到每个人的爱与赞赏。	焦虑、抑郁，自尊心受损，行动不果断。
我必须在每个方面都能干、够格并有成就。	焦虑、抑郁、羞愧、挫折感，踟蹰不前，自己挫败自己。
世界应该是公平的，我应该永远受到公平对待。	愤怒、埋怨、抑郁、挫折感。
人们的理想信念应当跟我相同，他们做事情的方式也应该跟我相同。	愤怒、埋怨，人际关系不好。
有些人就是坏，他们的为非作歹应当受到谴责或惩罚。	烦恼、埋怨、憎恨、抑郁。
如果我没把事情做好，那么我就是一个坏人、废物或白痴。	自我贬低，挫折感，抑郁。
世界应该提供我需要的东西。生活应当过得舒舒服服。我不应该受苦，不应该遇到麻烦。	抑郁、失望、挫折感。
事情如果没有按我喜欢的方式发展，就太可怕了。	挫折感、愤怒、抑郁、焦虑。
逃避问题比面对并处理问题容易。	拖延，无助，问题无法解决，人际关系紧张。
心情是由生活境遇决定的，事情进展不顺利，我就不可能开心。	无助，无望，不负责任。
如果有可能出事，我就应该忐忑不安。	焦虑，冥思苦想。
任何问题都有一个正确的答案，如果我找不到这个答案，就太可怕了。	犹豫不决，踟蹰不前，丧失机遇，焦虑。

但是我们的心理具有能动性，要改变这些消极的、不合理的主观想法，我们需要用一些更合理、更有用的方法来理解周围情况，这包括想出一些说法来直接对抗我们头脑中荒谬、消极的想法（见表 1－2）。

表 1-2 找出合乎逻辑、有益的说法来对抗有害的想法

常见的不合理的主观想法	合乎逻辑的说法
我必须得到每个人的喜爱和肯定。	人们喜欢我当然好，但是，指望每个人都喜欢我是不现实的。有的人可能不喜欢我，这并不意味着我不好。即使有的人不喜欢我，我也生活得很好。
我必须在每个方面都能干、够格并有所成就。	我有的方面能力强，而其他方面并不在行。尽管我一直希望努力提高自己的能力，但没有理由我要在各方面都在行。
世界应该是公平的，我应该永远受到公平对待。	世界上到处都存在不公平。很多事情并不公平。我可能时常遇到不公平的事情。
人们的理想信念应该跟我相同，他们做事情的方式也应该跟我相同。	人们有权奉行与我不同的理想信念，我有时并不喜欢他们的所说所做。如果人们总是做我认为正确的事情，那当然好，但我没有理由要求他们必须那样去做。
有些人就是坏，他们的为非作歹行为应当受到谴责或惩罚。	人们有时候处事不公或者考虑欠周，我也如此。我可以批评他们的行为，但是没有必要指责、辱骂他们。
如果我没把事情做好，那么我就是一个坏人、废物或白痴。	就像每个人那样，我有时候也犯错误、做蠢事。然而，这并不意味着我是废物或坏人。在我一生中，我做过许许多多的事情。仅仅根据我的一小部分行为就说我是坏人、白痴，这太不合理了，我才不这样想哩！

三、心理学的领域

今天的心理学是一个充满活力、学科繁多的体系。美国是世界上心理学最发达的国家，具有两个最主要的心理学组织：一个是成立于1892年的美国心理学会（American Psychological Association，简称 APA），另一个是成立于1988年的美国心理协会（American Psychological Society，简称 APS）。这两个组织的研究领域十分广泛。表1-3列出的是 APA 下属的分会，反映了心理学研究工作的多样性。

表 1－3　美国心理学会（APA）的下属分会

1. 普通心理学（General Psychology）
2. 心理学教学（Teaching of Psychology）
3. 实验心理学（Experimental Psychology）
5. 评估、测量和统计（Evaluation，Measurement and Statistics）
6. 行为、神经科学和比较心理学（Behavioral，Neuroscience and Comparative Psychology）
7. 发展心理学（Developmental Psychology）
8. 人格和社会心理学（Personality and Social Psychology）
9. 社会问题的心理学研究（Psychological Study of Social Issues）
10. 美学、创造力与艺术心理学（Psychology of Aesthetics，Creativity and the Arts）
12. 临床心理学（Clinical Psychology）
13. 应用咨询心理学（Consulting Psychology）
14. 工业和组织心理学（Industrial and Organizational Psychology）
15. 教育心理学（Educational Psychology）
16. 学校心理学（School Psychology）
17. 理论咨询心理学（Counseling Psychology）
18. 公共服务中的心理学家（Psychologists in Public Service）
19. 军事心理学（Military Psychology）
20. 成人发展与老龄化（Adult Development and Aging）
21. 应用实验和工程心理学（Applied Experimental and Engineering Psychology）
22. 康复心理学（Rehabilitation Psychology）
23. 消费者心理学（Consumer Psychology）
24. 理论和哲学心理学（Theoretical and Philosophical Psychology）
25. 行为实验分析（Experimental Analysis of Behavior）
26. 心理学史（History of Psychology）
27. 社区心理学（Community Psychology）
28. 精神药理学和药物依赖（Psychopharmacology and Substance Abuse）
29. 心理治疗（Psychotherapy）
30. 心理催眠（Psychological Hypnosis）
31. 各州心理学常务联会（State Psychological Association Affairs）
32. 人本主义心理学（Humanistic Psychology）
33. 精神发育迟缓和发展性障碍（Mental Retardation and Developmental Disabilities）
34. 人口与环境心理学（Population and Environmental Psychology）
35. 妇女心理学（Psychology of Women）
36. 宗教心理学（Psychology of Religion）

（续上表）

37. 儿童、青少年和家庭服务（Child，Youth and Family Services）
38. 健康心理学（Health Psychology）
39. 精神分析（Psychoanalysis）
40. 临床神经心理学（Clinical Neuropsychology）
41. 心理学和法律（Psychology and Law）
42. 独立从业的心理学家（Psychologists in Independent Practice）
43. 家庭心理学（Family Psychology）
44. 同性及双性恋心理学研究（Psychological Study of Lesbian，Gay and Bisexual Issues）
45. 少数民族问题心理学研究（Psychological Study of Ethnic Minority Issues）
46. 媒体心理学（Media Psychology）
47. 体育和运动心理学（Exercise and Sport Psychology）
48. 和平心理学（Peace Psychology）
49. 团体心理学和团体治疗（Group Psychology and Group Psychotherapy）
50. 成瘾（Addictions）
51. 男性和男性化心理学研究（Psychological Study of Men and Masculinity）
52. 国际心理学（International Psychology）
53. 临床少年儿童心理学（Clinical Child and Adolesent Psychology）
54. 幼儿心理学（Pediatric Psychology）
55. 药物疗法（Pharmacotherapy）
56. 创伤心理学（Trauma Psychology）

注：没有第4和11分会

在心理学的学科体系中，包含多种多样的心理学分支学科。这些心理学分支学科有些是担负基础研究任务的，有些则是担负职业应用任务的，还有的是兼负基础和应用任务的。根据担负任务的不同，可以大致将它们划分为两个大的领域：基础研究领域和职业应用领域。

（一）基础研究的心理学分支

有些心理学分支学科着重探究某种特定心理和行为的特点、规律、机制和本性等问题。例如：

生理心理学（Physiological Psychology），研究心理和行为产生的脑、神经系统及其他生理根源。主要研究脑结构、基因因素对心理和行为的影响，研究大脑、神经系统和内分泌系统的功能，研究支配行为的生化物质等。

认知心理学（Cognitive Psychology），以信息加工的原理来研究人如何获取知识及使用知识的历程。主要探究如知觉、记忆、推理、信息加工、语言、问题解决、决策以及创造性等认知过程。

人格心理学（Personality Psychology），研究人与人之间的个体差异，并整合各种影响因素对一个真实的人进行综合描述、解释和测量。主要研究人格结构、人格发展、人格动力、人格适应以及人格评鉴技术等问题。

比较心理学（Comparative Psychology），研究动物心理并与人类心理相比较，以探求人类心理和行为的演化历程。如研究各种动物的迁徙、季节适应、觅食、食物储备、交配、哺幼、营巢、自卫、搏斗、合群、通意、鸣叫、游戏等行为的方式和规律。

（二）职业应用的心理学分支

可以毫不夸大地说，凡属人类的各种社会实践均涉及人的问题，都是心理学应用的领域。下面的一些心理学分支学科是当前西方心理学家所从事的主要职业。

临床心理学（Clinical Psychology），研究临床治疗中的各种问题，包括诊断、分类、治疗和预防，同时达成人的适应、调整个人发展目标。

咨询心理学（Counseling Psychology），用谈话、测验、指导、建议等方式试图帮助个人解决情感障碍及规划未来，如指导婚姻、戒毒、职业选择和社区服务等。

教育和学校心理学（Education and School Psychology），研究学校教育、教学中的心理学问题，并把相关的心理学知识应用于教育、教学工作，包括改进课程设计、成就测验、教师培训以及教育过程中其他方面的问题。学校心理学家通常在小学或中学里，对学校中的问题儿童进行测验和咨询，并帮助教师和家长处理与学生有关的问题。

工业和组织心理学（Industrial and Organizational Psychology），研究企业中的人员选拔、工作技能分析、在职培训效果评估、工作环境改善，以及建立人力资源系统，提高员工的士气和工作满意度；研究组织建构和工作程序，为改善人际关系和提高生产力服务。

在美国，从事职业心理学的工作者一般都有博士学位（哲学博士、心理学博士或者教育学博士）。临床心理学工作者一般先获得哲学博士学位，然后再接受心理学博士学位训练，主要是治疗技术方面的训练，而不是心理学研究的训练。

（三）兼具基础和应用的心理学分支

发展心理学（Developmental Psychology）是对个体一生中身心变化与年龄的关系的基础和应用研究，探讨遗传、环境、成熟、学习四大因素对新生儿、婴儿、幼儿、儿童、少年、青年、成人心理发展的影响，为残障儿童教育、家庭教育和学校教育提供咨询。

环境心理学（Environmental Psycholgy），研究个人和团体与环境的关系，探讨环境变化如噪音、空气污染、温度、湿度等对行为的影响，探讨人对环境的态度、人类空间利用等实际应用问题。

社会心理学（Social Psychology），研究个体和团体在社会环境中的心理和行为，探讨社会情境对个体心理的影响，个人与个人、个人与团体以及团体与团体间的关系，从而建立理论模型，提供服务，提高人们的社会生活质量。

健康心理学（Health Psychology），采用生物—心理—社会模型研究特定疾病的原因，探讨增进健康的行为，预防和治疗疾病，为卫生机构和卫生专业人员提高服务成效提供对策建议。

虽然上述各个学科的研究任务不尽相同，但都采用科学的方法来研究心理与行为，因而心理学各分支学科构成了一个心理学系统。

第二节 心理学的观点

1879 年，冯特（Wilhelm Wundt，1832—1920）在德国莱比锡大学创建世界上第一个心理学实验室来研究人的意识，标志着心理学从哲学中分离出来，成为一门独立的学科。之后，许多学者纷纷投入到这门崭新学科的研究工作当中。由于研究对象的复杂性，也由于学者们研究角度的不同，于是便产生了不同的研究取向（理论观点），也形成了当代心理学的科学观。

一、心理学的研究取向

（一）生物学研究取向

生物学研究取向（biological research approach）关注心理和行为的生物学基础。人的大脑是一个十分复杂的器官，约有 120 亿个细胞，其间排列着许许多多错综复杂的网络，还有许多系统起着支持的作用。大脑的两半球由纤维束（胼胝体）连接，为了减轻癫痫患者的痛苦，切除连接大脑两半球的胼胝体以阻止一侧损坏半球产生的电活动影响另一侧，这种患者被称为“裂脑人”。研究结果发现，每一侧半球都能独立完成一系列操作活动，但不能完成需要两半球沟通才能完成的任务。这似乎表明，在一个大脑内能够产生两个独立的“自我”意识。用脑成像技术可以测量出与个体生活经验相关的很特殊的脑差异。研究结果发现，钢琴演奏家左手指的大脑皮层代表区比非钢琴演奏者明显增大；而右手指由于在钢琴演奏中不需要太多感觉作用，它的大脑皮层代表区无明显增大。慢性压力状态是有机体的生理和心理资源持久的耗竭状态，造成海马细胞树突萎缩，记忆力也受损。脑成像技术的研究证实，单词的被动视觉引起大脑左半球枕叶的激活，生成动词引起左半球额下回和颞中回的激活，听单词引起威尔尼克区的激活，而说单词引起了前额叶的激活。

还有研究发现了有关基因和其他的生物因素对能力和人格特质发展的作用。近年发展起来的进化心理学（Evolutionary Psychology），就是关注那些在人类进化过程中因其功能和对环境的适应性而被遗传下来的行为是如何体现在人们现在的心理、行为和人格特质中的一个新学派。

大脑是怎样产生心理体验的？这个问题迄今仍是个谜。显然，身体和脑是可观察的物质实体，通过观察人是怎样行为的或研究大脑的扫描图，不同的观察者可以观察到同样的结果；然而心理是个人的主观世界，或许其所有者都难以清楚地观察到，但是随着科技的进步，越来越多的神经心理学家相信，在不久的将来，我们能从生物学的角度对心理进行描述和解释。

（二）学习研究取向

学习研究取向（learning research approach）关注环境和经验是如何影响个体的心理和行为的。持这种理论观点的主要是行为主义者。

行为主义的创始人是美国霍布金斯大学教授华生（John Broadus Watson，1878—1958）。1913 年他发表了“从行为主义者的眼光来看心理学”一文，提出要使心理学成为一门纯粹的自然科学，就必须放弃一切带有主观性的概念和术语，如感觉、知觉、意象、欲望和目的等，用刺激—反应的公式来研究有机体的行为。华生认为，心理学研究行为就是要确定刺激和反应之间联结的规律，以便人们从已知刺激就能预知有机体的相应反应，或从已知的反应来反推其有效刺激，从而达到预测和控制有机体行为的目的。华生是一位彻底的环境决定论和教育万能论者。新行为主义者斯金纳（Burrhus Frederick Skinner，1904—1990）在行为主义中增加了强化因素，重视在环境中能够保持或抑制特定行为的那些奖励和惩罚，发展出了多种强化程序，建立起他的操作条件作用理论。

社会行为主义者班杜拉（Bandura，1925—）提出的社会认知学习论（social-cognitive learning theorists）综合了行为主义与有关思维、价值观和目的的研究，认为人类不仅可以通过自身的行为是否被强化来学习，而且也可以通过模仿他人和思考周围发生的事情来学习。

（三）认知研究取向

认知研究取向（cognitive research approach）关注人们头脑里是如何知觉、注意、记忆、推理、解决问题、决策、获得自我概念和形成信念的。冯特创建的心理学就是研究意识的心理学。只是由于行为主义的兴起，20 世纪初西方心理学家才停止了对心理意识的研究。到了 20 世纪五六十年代，认知心理学的兴起，部分是对行为主义的反攻，部分是对传统心理学中的认知研究的回归。认知心理学家将人脑与计算机进行类比，将人脑看作类似于计算机的信息加工系统，对人类的各种心智活动建立信息加工模型。这类模型基本上是将事件以时间顺序排列，包含一组假设。这组假设共有三个：①认知活动可以分解为一系列的阶段；②每一个阶段都对输入的信息进行独特的加工，最终的反应被假定为这一系列阶段和操作的结果；③每一阶段都从先前阶段接受信息，然后完成其独特的功能。在信息加工模型中所有成分之间都存在着某种相互联系。因此，认知研究取向的特点一是研究行为的内部机制，即探讨被行为主义所忽视的意识或内部的心理过程；二是将心理过程理解为信息的获得、贮存、加工、控制和使用的过程，即经历一系列连续阶段的信息加工过程；三是以客观的方式进行研究，而不是只根据个人的内省报告。

认知心理学家对各种心智活动（如注意、面部表情识别、类别推理等）建立起各种信息加工模型。对这些模型中的两个问题：①信息加工经历哪些阶段？②信息在这种心智活动中是怎样表征的？认知心理学家始终存在着激烈的争论。

（四）社会文化研究取向

社会文化研究取向（sociocultural research approach）关注社会文化是怎样影响个体心理和行为的形成过程。个人生活在社会文化之中，可以把社会文化理解为人们对生活的设计。一种社会文化为人们提供了思考、行动和沟通的模式，提供了天、地、人之间关系的基本见解，提供了教育、求知的基本途径和塑造个人的理想、期望和信念的方法，提供了如何看待社会发展和生命的本质。因此，社会文化影响着人们如何感知世界、思考问题、表达情感、与人相处、结交朋友、对待敌人等日常行为。研究表明，在个人主义文化（注重独立和个人成就）和集体主义文化（注重互相依存、配合和和谐关系）中，人们在动机、情绪表达、人格特质和自我概念等方面有很大的差异。从文化本位的角度来考察、分析和推论在该文化环境中人的心理和行为从而形成心理学概念、研究方法和合适的理论建构，便是本土心理学（Indigenous Psychology）所追求的目标。例如，我国心理学家多年来通过对中国人的各种心理和行为（如面子、人情、孝道、品格、中医心理、气功、书法、汉字读写、社会教化）的研究所形成的中国心理学；印度人通过研究他们的瑜伽、沉思、社会关系概念下的个人，以及因时、地、人而定的人际关系等印度人的心理和行为所形成的印度心理学，都属于本土心理学。心理和行为会因社会文化差异而不同，然而不同文化也有其共同性。跨文化心理学（Cross Cultural Psychology）既考察人们心理与行为的文化差异性，也考察人们心理与行为的文化相似性。所有大的、复杂的现代社会都包含有亚文化，即由具有不同于主流文化的价值观、态度、行为准则和言语的人所构成的文化。因此，当代心理学家愈来愈重视社会文化对个人心理和行为的影响。

（五）心理动力研究取向

心理动力研究取向（psychodynamic research approach）关注个人动机在心理与行为中的作用。精神分析和人本主义心理学力挺此种理论观点，不过它们关注的角度不同。

精神分析的创始人弗洛伊德（Sigmund Freud，1856—1939）是奥地利精神病学家，1881年获维也纳大学医学博士学位。1900年出版的《梦的解析》标志着精神分析学正式形成，1910 年在第二次国际精神分析大会上成立了国际精神分析协会，标志着精神分析学派最终形成。精神分析（Psychoanalysis）有两个基本命题：潜意识和性本能。弗洛伊德认为潜意识过程比意识过程更复杂和更重要。潜意识包括个人的原始冲动和各种本能，以及出生后和本能有关的欲望，特别是性欲望。潜意识冲动是为道德和法律所不容的，因而被压抑到意识之下，但它们并非不存在，而是不为人觉知却积极地活动着，以便寻求满足。潜意识是一种未被觉知的心理过程，带有非理性、冲动性、无道德性、反社会性、非逻辑性、非时间性和非言语性等特点，是心理活动的深层基础和人类活动的驱动力。它决定着人的全部有意识的生活。在弗洛伊德看来，人性是恶的，人类和动物一样都是受一些基本的本能（主要是性和攻击）所驱使。本能是人的行为的内在动力，它驱使人通过各种方式获得满足。精神分析学家探究个体行为发生的原因，用动机和情绪来解释心理过程，注重心理冲突的动力过程。精神分析是弗洛伊德在处理有精神障碍的病人的过程中逐渐发展起来的，它在科学心理学中没有地位，但在医学、艺术和文学中却有相当大的影响。后来学者发现弗洛伊德理论中某些观点有合理因素，虽然迄今对精神分析理论依然有许多争议，但它的很多合理的观点已经进入了主流心理学之中。

人本主义（Humanistic）心理学家关注人类的自由意志、价值、个人成长、潜能发挥。其主要代表人物有马斯洛（Abraham Maslow，1908—1970）、罗杰斯（Carl R. Rogers，1902—1989）等人。他们既反对行为主义排斥意识的刺激—反应模式，强调要研究具有独特性的个人的内在本性和意识经验，也反对精神分析，主张心理学应研究人类中的优秀者即自我实现的人而不是病态的人。人本主义心理学认为人性是善的，是积极上进的。最近发展出一门积极心理学（Positive Psychology），关注人类幸福和力量。他们强调用动态的整体观点对人类心理现象进行整体的分析研究，对当今的心理学发展产生了重要的影响。

上述五种研究取向，在人类心理的研究重点、研究方法和研究水平上各有侧重。它们都有合理的因素，也都有不足之处，并且都为心理学共同的学科目标作出了应有的贡献。

二、当代心理学的科学观

当代心理学的科学观包含以下七个要点，其中前三项是就心理学的特点而言的，后四项是就心理和行为的特点而言的。

（一）心理学是以实证资料为依据的科学

每个人都试图理解心理与行为。早在春秋时期，孔子（公元前 551—前 479）就描述过他的学生的人格特点，如“赐也达（子贡通达人情），求也艺（冉求多才多艺）”（《论语·雍也》）；“柴也愚（高柴愚笨），参也鲁（曾参迟钝），师也辟（子张偏激），由也喭（子路鲁莽）”（《论语·先进》）；“枨也欲，焉得刚（申枨欲望太多，并非刚毅不屈）”（《论语·公冶长》）；“不得中行而与之，必也狂狷乎！狂者进取，狷者有所不为也（狂与狷相当于今天心理学中所说的外倾与内倾）”（《论语·子路》）。冯特之前，思想家们对人的心理和行为也作过许多观察和推测，他们的这些观点被称为哲学心理学思想。自冯特之后，当代心理学一直秉承实验科学的研究取向，以实证资料来检验理论假说。

今天人们在日常生活中对心理和行为也有种种观察和推论。例如，为什么有些人要努力工作？为什么有些人总是嫉妒别人？对于这些问题，人们都有自己的看法。日常生活中人们对心理与行为的种种看法与科学心理学的根本区别就在于：心理学是以实证研究为依据的，而一般人的看法则是以猜想、传统观念或权威人士的看法为依据的。心理学家不满足于那些听起来似乎合理的观点，他们要通过科学研究来检验这些观点。实证检验是科学心理学的一个重要特点，这也是它与伪心理学的关键性区别。心理学家在实证检验的过程中，针对研究目的的不同可能采用不同的方法：或定量研究或定性研究，或大样本研究或小样本研究或单个被试研究。而不论采用何种研究方法，他们得出的结论都是以实证资料为依据的。

（二）心理学是一门有多种理论观点的学问

心理学家不只是搜集实证资料，他们还要对所观察到的资料加以理解并提出解释，因此就有一些理论产生。所谓理论（theory），就是用来解释观察结果的一系列概念、原理的体系。换言之，理论将一些看来没有什么关系的观察结果联系起来，并试图解释它们。科学心理学自诞生至今产生了许多理论并且交锋不断。先是有不同学派的争论，如前面提到的行为主义学派和精神分析学派等大的理论派别，后来又有认知论、文化论和进化论等小理论观点的分歧。

为什么心理学中有如此多的理论观点呢？原因之一是迄今为止还没有一种理论能完全解释所有已观察到的心理和行为现象。原因之二是不同的心理学家所关注心理的方面往往不同，因此也就有了不同的观察结果，进而产生了不同的理论观点。例如，对于一位商场女经理对其员工的激烈批评，心理学家们由于关注点不同可能会给出不同的理论解释：她可能在释放受压抑的攻击冲动（精神分析的观点），她可能在对不舒适的工作环境作出习惯性的反应（行为主义观点），她可能试图用“心理策略”来激发员工（认知的观点）。在不同的条件下，这三种解释可能都有一定的道理。因此，对于心理学问题的解释，不要以为只有一种观点是正确的而其他观点都是错误的。如果这样分析问题，那显然是过于简单化了，要知道，人的心理和行为是十分复杂的，是可以用不同的观点来解释的。

（三）心理学是在一定的社会文化背景中发展起来的

与其他学科一样，心理学也与社会文化有着密切的联系。某种心理学理论总是在一定的社会文化背景下发展起来的。回顾心理学史，不难发现这一点。例如，弗洛伊德的“潜意识性欲冲突”理论就是在他所处的欧洲维多利亚禁欲主义的社会背景下产生的。在那个年代，凡是有关性的话题都被禁止，想到性就会产生极大的罪孽感。再如，20世纪50年代，受信息论和计算机科学的影响所诞生的认知心理学，其基本隐喻就是把人视为类似于计算机的信息加工系统。

心理学受社会文化的影响还表现在：一个社会如果经济落后、政治专制，把人看作是工具，那么心理学就无法得到发展；而一个社会如果经济发达、政治民主，以人为本，心理学就会得到较快速的发展。

（四）心理和行为是由多种原因决定的

随着心理学逐渐走向成熟，心理学家们已越来越清楚地认识到决定心理和行为的因素是很复杂的。但人们至今还常常以某种单一的原因去解释行为。我们经常都会听到诸如此类的解释：“王小明留级了，因为他很懒”，“中学生有心理障碍的人数在增加是学习压力太重的结果”。这种单一原因的解释在一定的范围内可能是正确的，但在多数情况下却是片面的。行为本身很复杂，造成某种行为的原因往往也是很复杂的。

以大学生的学习为例，请想一想你自己学习某一门课程时，影响学习效果的因素有哪些？它可能包括你的智力水平、思维能力、记忆方法、学习动机以及学习策略等，还可能受多种环境因素的影响，包括教这一门课的教授的人格魅力和教授方法，这门课程的时间安排是否合适，这门课程教室的周围环境，以及你自己是否还有其他什么个人问题等。在学习的过程中，你会逐渐发现，心理和行为由多种因素决定，而不是由单一因素决定的。我们要试图了解心理和行为，就必须关注决定心理和行为的各种复杂因素。

（五）心理和行为受文化传统影响而定型

在影响人类行为的诸种决定因素中，文化因素尤为重要。文化（culture）的内容极其丰富，一般认为，它包括三种类型：①物质文化，也称为文化财富，指从简单的衣食住行的生活用品起，到现代的电子计算机、宇宙飞船等所表现出来的文化；②精神文化，是通过人们的精神活动和精神产品所表现出来的文化，包括符号、语言、学问、哲学、宗教、艺术等；③行为文化，是通过人们共同遵守的社会规范和规范行为所表现出来的文化，如价值观、规范、社会习俗、法律、道德等。上述三种文化紧密联系形成一个整体，就是一个社会的文化或文化传统。

人类创造了自己的文化，又把自己置身于一定类型的文化环境中。人类文化是人类心理产生的决定性条件。一个身体健全的人类儿童，虽然有继承人类文化财产的可能性，但是，如果出生后由于某种原因脱离了人类文化环境，就不可能形成人的心理。“狼孩”的事例充分说明，人类文化是形成心理和行为即人性的决定性条件。人类文化使人类的心理和行为具有共通性。

民族文化是一个民族经过世世代代积累起来的文化。民族文化是民族心理形成的原因。米德（Mead，1934）曾对新几内亚三个未开化部族作过现场调查，结果发现：在相同的环境中受相同文化影响的成员之间，有某种共同的心理特征；如果地理条件大致相近而文化类型不同，则会形成不同的心理特征。文化人类学家把每一种文化中人们共同具有的心理特征称为群体人格（group personality）或众数人格（mode personality）。

并非每个社会只有一种由其成员所公认的单一文化。一个社会的文化通常是指构成总体文化的诸种文化要素的共同部分。特别是在现代社会中，文化是多元化的。当在社会的某一群体中形成一种既包括民族的一些主文化特征，也包括某些独特的文化特征的生活方式时，这种群体文化则称为亚文化。亚文化的种类很多，如人种亚文化、年龄亚文化、生态学亚文化（如城市、郊区文化等）。亚文化对亚群体的影响是形成亚文化群体的心理特征。因而不同社会阶层的人们在认知、情感、态度、价值观和需要等方面都有不同的特点。

（六）心理和行为受遗传与环境交互作用的影响

每一个人都有其遗传基因，又受到不同环境的影响，说到底，是遗传和环境的交互作用决定着个人的心理和行为。我们是什么样的人？是喜爱运动的或是喜爱艺术的，是急躁的或是冷静的，是害羞的或是好交际的，这都是我们的遗传基因与后天环境交互作用的结果。我们的智力、气质、人格，以及对心理疾病的易感性都是遗传与环境交互作用的结果（Plomin & Rende，1991；Rose，1995）。个体的基因型与环境的交互作用影响着个人的心理与行为。

我们每一个人都从父母那里获得一种基因型。个体一来到这个世界就与环境产生种种交互作用。不同的个体对相同的环境会产生不同的反应，这种交互作用称为反应的交互作用（reactive interaction）。例如，对脱衣服时的温度变化，不同婴儿的哭闹反应是不同的：有的哭的时间长，反应强烈；有的哭的时间短，反应温和。而个体的反应方式则会导致周围人们的不同反应，这称为唤起的交互作用（evocative interaction）。例如，易哄、爱笑的婴儿会引起周围人们更多的逗抱；烦躁不安、尖叫哭闹的婴儿可能会引起父母更多的关注。当孩子有了一定的主动性之后，他们会主动选择和建构自己所喜爱的环境，而这种环境又会影响其人格的形成。例如，一个攻击性强的儿童常常会选择与小伙伴们在一起打架闹事的地方，而不会独自一个人待在家里，这一环境反过来又强化和维持了他的攻击性人格特点。如果不允许他外出去找小伙伴，那么他将会创造条件，例如，把小伙伴们邀请到家里来，主动地促成有利于攻击性发展的环境。总之，是遗传与环境的交互作用形成了一个人的人格。

（七）我们对于世界的经验是非常主观的

人们对于世界的经验是非常主观的。即使是最简单的视知觉或听知觉都不是一个被动的过程，而是主动地接收信息、加工信息的过程，即选择某些信息给予关注同时对另一些信息加以忽略。我们甚至会强迫自己对那些给予关注的信息进行组织加工。

这种趋向使我们的知觉变得主观化和个人化。

哈斯托夫和坎特里尔（Hastorf & Cantril，1954）的一项研究巧妙地说明了我们知觉的主观性。他们让普林斯顿大学和达特茅斯大学的学生观看一场由这两校学生球队所进行的足球赛，并要求他们注意比赛中的犯规现象。两组被试观看同一场球赛，但在报告达特茅斯大学球队犯规次数时，普林斯顿大学学生报告的次数却是达特茅斯大学学生自己报告的两倍。这个研究表明，有时人们看见的是他们自己想要看见的。动机和期望常常在改变着我们的经验。

正因为人的经验的主观性，因此心理学家在运用科学方法进行研究时，总是力求使自己的观察客观，以减少观察的主观性。

第三节 心理学的研究方法

一、研究的基本程序

心理学科学研究的基本程序主要由下列一些步骤所组成。

（一）发现问题，形成假设

科学研究往往开始于人们对未知现象及其间的关系发生了疑问。科学研究的问题不是回答“是”与“否”那样的简单问题，而是至少要探讨两个变量（一般是多个变量）之间的关系。了解到问题之后，研究者便会根据已知的科学事实和原理对它作出尝试性或假设性的推测。这种尝试性和假设性的推测称为假设。在心理学研究中，假设可能来自研究者对日常生活经验的推想，也可能来自对某项研究或某一理论的推论。假设使科学研究带有自觉的性质。研究者根据自己的假设，确定自己的研究方向，进行有目的、有计划的观测和实验。

（二）设计研究，选择方法

假设的真伪需要验证。建立假设之后，下一步便要提出具体可行的研究设计：确定被试和工具，界定变量；对假设中的概念下操作性定义，使假设中的概念具体化，从而以事实资料来验证假设。例如，有人要研究小学生的数学成绩与其智力及创造力的关系，在设计研究时就必须对“小学生”、“数学成绩”、“智力”、“创造力”这些重要变量给出操作性定义。如果不下操作性定义，就无法进行实际的研究，即便是研究了，这样的研究报告也不能为他人所接受。为了有效地验证假设，研究者还必须根据假设选择合适的研究方法，使被探讨的问题得到有效的观测。研究设计是根据假设作出的，研究者搜集的资料应当尽量与假设直接有关。但是，研究者的思想却不能受固定的思想束缚，不能以先入之见，只搜集预期的资料而忽略其他意外的资料。

（三）分析资料，作出结论

科学研究的下一步是采用适当的方法将搜集到的原始资料加以整理、分类，使之系统化和简约化。在心理学研究中，对于资料的分析通常是使用各种统计方法来进行的。统计分析的主要作用，一是简化原始资料，以便把握资料分布的情况；二是检验各类资料的关系及其相关的程度。因此在分析资料时必须借助于统计方法和理论思维。就某一项心理学研究来说，其最后的阶段是作出结论。在作结论时必须根据事实资料，而不能凭空臆测。通过研究设计、统计分析、作出结论，就可以对研究初期提出的假设进行检验。如果假设得到了验证，这个假设的可信度便提高了。

应当注意，在心理学研究中，由于种种原因（如研究现象的复杂性和指导思想上的问题），往往会出现虚假的实验验证。心理学假设的验证不是一次性的，而是要不断地加以验证。能重复验证的假设便具有科学价值，有可能发展成为某种心理学理论。如果假设得不到验证，也不能轻易否定它，而应考虑研究设计、统计分析等是否恰当，综合考虑各因素后再决定是否放弃此假设。

上述步骤是密切联系的，无论哪一个步骤出错都将导致研究的失败。

二、基本的研究方法

心理学研究的主要方法有实验法、相关法和个案研究法。这些方法，各有其优劣性。在确定使用哪一种方法来研究心理和行为时，应考虑到其适用性。

（一）实验法

实验法（experimental method）是指在控制条件下系统地操纵某种变量的变化，来研究此种变量对其他变量所产生的影响。由实验者操纵变化的变量称为自变量（independent variable）或实验变量（experimental variable）；由实验变量而引起的某种特定反应称为因变量（dependent variable）。在实验中实验者系统地操纵自变量，客观地观测因变量，然后考察因变量受自变量影响的情况。例如，如果我们想研究大学生的学习成绩是否与其睡眠多少有关，可以安排几组被试在实验室内过夜，以操纵他们的睡眠时间：让一个被试组在11时就寝，第二组在次日凌晨1时就寝，第三组在次日凌晨4时就寝，然后在同一时间唤醒他们并给予相同的学习任务，这时我们便可以测量出不同睡眠量的被试是否在学习成绩上有差异。在这项实验中，睡眠量是自变量（它由实验者操纵而不由被试支配），学习成绩是因变量（它的值依赖于自变量的值）。在这一实验中，我们说被试的学习成绩是其睡眠量的函数。

实验法与其他研究方法的最大区别是能够严格地控制变量。为此它要排除实验变量以外一切可能影响实验结果的无关变量（irrelevant variable），设立实验组（experimental group）和控制组（control group），对实验组施加自变量的影响，对控制组则不施加自变量的影响。在一项研究儿童受攻击性榜样影响的实验（Bandura，Ross，& Ross，1963）中，将平均年龄为4.4岁的学前儿童分为三组，其中24名儿童为控制组，他们只玩游戏而不接触任何榜样。其余的48名在玩游戏时被分为两组：一组儿童接触攻击性榜样，另一组接触非攻击性榜样；前一组儿童在做游戏时室内有一个成人用木槌粗暴地殴打充气娃娃，后一组儿童在做游戏时室内的榜样玩拼图玩具。通过观察儿童后来的行为，结果发现，有攻击性榜样组的儿童有许多特定的攻击行为，而无攻击性榜样组和控制组的儿童几乎没有特定的攻击行为。

实验法也可以在室外进行，但大多数实验是在特殊的实验室里进行的。这主要是因为实验研究需要用精密的仪器来呈现刺激和对行为进行准确的测量。例如，如果使用特定光波的颜色、特定频率的声音来呈现刺激就必须用高精密度的仪器。较先进的心理实验室一般都备有如听力计、光度计、示波器、电子计时器、电脑描记器和电子计算机等仪器。

采用实验法做研究，必须要做好实验设计。所谓实验设计（experimental design）就是用来收集资料的程序。最简单的实验设计是实验者在控制其他条件不变的情况下操纵一个自变量以观测其对一个因变量的影响。但心理学的研究往往不是只有一个自变量的影响，而是有几个自变量及其相互作用对一个或几个因变量的影响，因而要操纵几个自变量。这种实验称为多变量（multivariable）实验。

实验中自变量和因变量都需要用计量方法加以说明。有些变量可以用物理量来加以测量，例如，剥夺睡眠的时数、给予食物的分量、闪光的次数、电击的强度等。而有些变量则无法用物理量加以测量，例如，要测量一位被试的安全感，我们可以用五点量表法——从“从不”到“很少”、“有时”、“经常”和“总是”加以标记，最后用数字加以说明。这种按规定用数字来区别变量的不同水平或大小的测量技术称为测量量表（scale of measurement）。

实验结果得到的一组组数字资料称为统计量（statistic）。最常见的统计量是平均数（mean）。实验者往往以样本的统计量来推断总体。在有实验组和控制组的研究中，实验者还要对实验组与控制组的平均数进行统计检验，如果统计检验表明这两个平均数之间的差异显著，并且被实验一再验证，那么我们可以说观察到的这种差异极可能是受自变量的影响，而不是由某些意外的偶然因素所致。

实验法的最大优点是，对无关变量进行了严格控制，对自变量和因变量作了精确测定，而且精确度高。其主要缺点是研究情境的人为性，难以将结论推广到日常生活中去。

（二）相关法

许多心理学问题不能用实验法加以研究，因为在许多情况下研究者不能施加某种条件对被试加以操纵。例如，想要检验肥胖者是否比正常体重者有较少的攻击性这一假设，我们不能选择一组正常体重的被试加以操纵使他们中的一半变成肥胖者。我们只能选择一些已经肥胖的人或一些本来是正常体重的人，来考察他们在攻击性方面是否有差异。对于这类不能加以操纵的变量之间的关系，我们可以用相关法来加以研究。

相关法（correlation method）就是用统计学上的相关技术研究两个或两个以上变量（如体重、身高与智力）之间关系的一种方法。根据相关系数（correlation coefficient）的高低来确定这两个变量之间关系的疏密。相关系数用小写字母 r 表示。相关系数是两个变量之间相互关联程度的估计，用 0 与 1 之间的数字表示。0 表示毫不相关；1 表示完全相关。相关系数又有正负之分，用“+”或“-”表示。正相关表示当一个变量的数量增加时，另一个变量的数量也随之增加；当一个变量的数量减少时，另一个变量的数量也减少。负相关表示当一个变量的数量增加时，另一个变量反而减少。

两个变量之间的相关程度由 r 的绝对值而定。当 r 从 0 升到 1 时，表示相关的程度在增加。下面是心理学研究得出的相关系数的例子：大学一年级所得成绩与大学二年级所得成绩之间的相关系数约为 0.75；7 岁时智力测验的分数与 18 岁时智力再测验的分数之间的相关系数约为 0.70；父亲或母亲的身高与孩子成人后身高之间的相关系数约为 0.50；中学生和大学生的学业能力倾向测验所得分数之间的相关系数约为 0.40；对某种社会背景中个人的纸笔人格测验与心理学家判断所得分数之间的相关系数约为 0.25。在心理学研究中，相关系数为 0.60 以上（包括 0.60）均被认为相关度很高。从 0.20 到 0.60 的相关系数有实际和理论价值并对预测有用，而相关系数在 0.10 与 0.20 之间的相关必须仔细推敲，对预测的用处甚微。

相关法只表明两种变量之间的关系，至于两个变量之间是否有因果关系，则不能仅以相关法来确定。有相关不一定表示有因果关系，这就是说，我们不能根据有相关来认定某一个变量的改变是由另一个变量所引起的。例如，我们发现看电视的时间与学生的学业成绩相关，至于是否因看电视的时间太多而影响了学业成绩，则须作进一步的研究才能加以确定。

虽然相关法不能确定因果关系，对探究纵向发展过程不能提供太多的资料，但在研究横向关系上却是一种很重要的方法。相关法可以弥补因受实际条件限制而无法使用实验法的不足。此外，在心理测验的编制上，相关法是不可或缺的。例如，智力测验、性向测验、兴趣测验、人格和态度测验等的编制，在项目准备、量表编制和建立常模等方面都需要使用相关法。

（三）个案研究法

个案研究法（case study method）是搜集单个个体或团体各方面的资料以期对其作系统深入的研究。例如，要研究某个被试，就要了解这个人从出生到现在的生活史、家庭关系、生活环境以及人际关系特点等资料，从熟悉这个人的亲近者那里了解资料，或从这个人的书信、日记、自传、创作或他人为这个人所写的资料（如传记、病历等）进行分析。个案研究还常常辅以其他的方法，如观察法、调查法、访谈法、心理测验法等。要完成一个个案研究，通常要费时数个星期甚至数个月之久。

观察法（observational method）是在自然情境中搜集被观察者的资料，以了解其心理和行为的一种方法。观察法被广泛应用于心理学的各种研究之中。它可分为非系统观察和系统观察。非系统观察（unsystematic observation）是日常生活中人们常用的一种方法。系统观察（systematic observation）有时又叫自然观察法，指在自然情境中对某个人或某件事作系统深入的观察与记录。系统观察法常应用于个案研究之中，因为人为的控制或操纵可能影响个体实际行为的产生。从观察者与被观察者之间的关系来看可分为参与观察（participant observation）与非参与观察（non-participant observation），两者的区别在于观察者是否参与了被观察者的活动。例如，如果要研究企业中某个先进团体，研究者可以参与到该团体的活动中进行系统的观察和深入的研究，这就是参与观察。

调查法（investigation method）是以提问题的方式，了解个体或团体的心理和行为的方法。在研究某个被试时，可以向被试本人作调查，也可以向熟悉被试的人作调查；可以用问卷调查，也可以用人格量表、智力量表进行心理测验来收集资料，还可以用访谈法来收集资料。

个案研究法最常被应用于临床心理学的研究之中。临床心理学家用个案研究法对某一个人（如有情绪障碍或社会适应困难）作深入的研究，以期了解引起心理疾病的可能原因，为心理治疗提供依据与参考。另外，个案研究法的使用，也往往可以使研究者获得某种假设，然后根据这个假设，再用其他的方法来加以检验。精神分析的理论都是依据个案研究所得出的。该理论中的某些合理因素已被后来的心理学家的研究所证实。

心理学与人生1-2　如何培养自己的学习能力

在当今知识经济时代，知识就是实力，有知识就能提高生活质量。而知识则源于学习。那么，我们怎样才能培养自己的学习能力呢？

首先，要树立“无处不可学”的大学习观。

朱熹曾说过：“无一事而不学，无一时而不学，无一处而不学，成功之路也。”课堂之外，身边点滴中、万事万物中，无处不可学习。如果一个人学会了从广泛的生活实践中学习，那么，人生没有不成功的。因而同学们首先要改变头脑中“学习是学校之事，是课堂之事”的观念，树立起生活实践中“无处不可学”的观念。生活实践是学习的宝贵源泉，无论在哪里、无论干什么都可以学习。这就是说，我们不仅要有终身学习的观念，而且还要树立“无处不可学”的大学习观。

其次，给自己定下够高的人生目标。

高尔基说：“一个人追求的目标越高，他的才力就发展得越快，对社会就越有益；我确信这也是一个真理。”我们需要为自己设定高一些的目标，以尽量发挥自己的潜能。在设置目标时要注意以下几点：①目标是清晰的并且是可以达到的。虽然梦想也许是进步所必需的，但不现实的梦想往往使自己产生失落感和较低的成绩。②确立某个目标的优先权，并排出一个序列。③找出与目标有关的、可以在较短时间内达成的学习目标。④确定达成较小的学习单元的日期。⑤定期对目标重新加以评估。在取得成绩时激励和强化自己，推动自己不断提高自身的学习能力。

再次，要科学地管理时间。

时间就是生命；时间就是效率；时间就是资源。要培养自己的学习能力，就必须学会科学地管理时间。在确立目标时，要把目标设置为三种类型：长期、中期和短期。长期目标应回答的基本问题是："在四年中我想要实现什么目标，我要怎样做才能实现这个目标？"中期目标应回答的问题是："明年这个时间我要实现什么目标？"当然长期目标也可以设定为两年，短期目标为一学期。不管你怎样设置长期目标，短期目标的任务都应当是较具体、较实际的：第一，每周都应树立可实现的、具体的目标，该目标要为实现长期目标作出一些贡献。第二，每天都应列出一个"要做事情"的清单，以安排个人的学习、锻炼和娱乐时间。

时间管理的七大禁忌：①不知道自己将要做什么，没有为以后几个月甚至一年做出计划；②即使做出了计划，有了目标，却犹豫不决，或不能做出需要做的决定；③对某一任务不是一次完成，而是要花很多次的时间；④企图做超出需要的甚至超出可能的很多事情，因而无法集中精力学习，造成学习成绩下降；⑤拖延，就是把今天应做的事情留到明天；⑥逃避，找各种办法来逃避学习，例如，延长休息时间，阅读并不需要读的书籍和报纸，做一些与学习无关的琐碎事，甚至做白日梦等；⑦中断，就是中断学习计划，中断对目标追求的努力。以上七大禁忌，是科学管理时间的大敌，同学们如果有上述毛病就应尽快加以改进。

最后，要讲究学习方法。

要培养自己的学习能力，还必须讲究学习方法。例如，莫里斯（Morris，1979）提出的SQ3R学习方法将有助于提高我们的学习能力。SQ3R表示调查、提问、阅读、背诵、复查五个连续的阶段：①调查，该阶段的主要目标是对要读材料（如书的某一章）建立一个框架或纲要。在该阶段应尽快浏览整个材料，注意主要的论题及论述的顺序。如果这一章末尾有提要，那么理解该章的基本结构就更加容易了。②提问，在该阶段应根据每节的标题提出问题，这有助于有目的地进行学习。③阅读，该阶段应认真阅读所有内容，用课文材料来回答前一阶段提出的问题，并将课文中的信息与自己已有的知识联系起来。④背诵，该阶段学习者试着回忆阅读过的主要观点或基本信息，如果发现有遗漏或记错了，则要重新学习有关材料。⑤复查，该阶段的主要任务是试着回忆前四个阶段加工过的材料，是否记住了课文的要点，是否将不同部分的材料整合成了有意义的整体。很明显，SQ3R学习方法之所以能提高学习的效率，主要原因是学习者在学习过程中能主动地参与，主动性促进了理解，理解能提高记忆效率。

如果我们能做到以上四点，并且在学习过程中不断探索新的学习方法并应用于实践，那么我们的学习能力就会不断提高。

本章摘要

1. 心理学是研究心理现象的科学，其任务是对心理和行为进行描述、解释、预测和调控。

2. 心理学是一个学科繁多的体系，承担着基础学术研究和职业应用研究的任务，用科学的方法研究心理和行为，使心理学各分支学科成为一个系统。

3. 科学心理学自诞生之日便产生了不同的研究取向（或理论观点）。生物学研究取向关注心理与行为的生物学基础。学习研究取向关注环境和经验对个体行为的影响。认知研究取向是用信息加工的观点来研究感觉、知觉、注意、表象、学习记忆、思维和语言等心理过程。社会文化研究取向关注社会文化怎样影响个体心理和行为的形成过程。心理动力研究取向关注个人动机在心理与行为中的作用，其中精神分析关注潜意识的本能动机，人本主义关注自我实现的动机。以上五种研究取向在研究重点、研究方法和研究水平上各有侧重，都有其合理的因素与不足之处。

4. 当代心理学的科学观包含以下七个要点：心理学是以实证资料为依据的科学；心理学是一门有多种理论观点的学问；心理学是在一定的社会文化背景中发展起来的；心理和行为是由多种原因决定的；心理和行为受文化传统影响而定型；心理和行为受遗传与环境交互作用的影响；我们对于世界的经验是非常主观的。

5. 心理学科学研究的基本程序是：发现问题，形成假设；设计研究，选择方法；分析资料，作出结论。上述各步骤之间联系密切，无论哪一步骤出错都将导致研究的失败。

6. 心理学研究的主要方法有实验法、相关法和个案研究法。实验法是在控制条件下系统地操纵自变量的变化，来研究自变量对因变量所产生的影响。相关法是用统计学上的相关技术研究两个或两个以上变量之间关系的一种方法。个案研究法是搜集单个个体或团体各方面的资料，以期对其作系统深入的研究，它常辅以观察法、调查法、访谈法、心理测验法等其他方法。个案研究法最常被应用于临床心理学的研究中。

复习思考题

1. 谈谈你对心理学定义的理解。
2. 简要阐述心理学的目标。
3. 谈谈你对心理学的主要研究取向及当代心理学科学观的理解。
4. 试举例说明心理学研究的基本程序。
5. 试比较心理学研究的几种主要方法。

推荐参考读物

1. 黄希庭. 心理学导论（第二版）. 北京：人民教育出版社，2007.

2. 戴维·迈尔斯. 心理学精要. 黄希庭等译. 北京：人民邮电出版社，2009.
3. 黄希庭，张志杰. 心理学研究方法（第二版）. 北京：高等教育出版社，2009.
4. 郭本禹. 西方心理学史. 北京：人民卫生出版社，2007.

第二章　心理的生物基础

作为一门交叉学科，这一章的内容最能体现心理学的自然科学特性，其中的很多内容与生命科学、医学等密切相关。我们学习心理学知识的时候，如果没有某些基本生命过程的知识，就很难充分理解行为和心理机能的特点。不只是对摄食、饮水、睡眠等基本生命过程的理解，对于情绪、动机、学习、记忆等心理学核心问题的理解，也常常需要涉及把特殊的心理活动和体内物质基础联系起来的研究及其讨论。本章内容可以使我们理解自己的生物学本质，更深入、全面地理解创造人类统一经验的脑、心、行为和环境之间的复杂关系。我们将讨论以下问题：

如何理解人类的遗传与发展?

调控行为的中枢有哪些?

调控行为的具体机制是怎样的?

第一节　演化和遗传

一、演化

考察任何一个行为，不仅仅包括这个行为直接（近因）的机制，例如，控制脊髓反射神经元的启动等，还包括间接（远因）的机制或者说最终的原因。近因机制解释一个行为怎样产生，远因机制在进化的背景中解释行为，即帮助我们理解为什么一个行为处于优势的地位，也就是说，它为什么在自然选择中发展了出来。用进化论的术语来说，适应是在和同种群内其他个体的竞争中，对上一代个体的生存和繁殖能力有贡献的一种解剖学上的结构、生理过程或者行为方式。个体的成功体现在其后代的数量增多，即对生存环境适应性强的个体就会比那些适应性差的个体产生更多的后代。从总体上讲，在人类进化过程中，自然选择促进了两大适应性特征的进化：两足直立行走和大脑发达。正因为我们的祖先发展了直立行走的能力，他们就能探索更多的新环境和新资源，并把手解放出来。由于脑量增大，特别是新皮层的增加，我们的祖先就变得聪明起来，能够发展复杂的思维、推理、记忆和计划能力。在缓慢的时间进程中，聪明的两足直立行走者得到较大的繁殖机会，于是，那些具有适应生存特性的机体数量变多了。

我们之所以成为今天这个样子，源于一直发挥着作用的演化动力。我们的祖先到处寻食，为生存战斗，并将那些被选择代代相传的特征流传下来。这些传递下来的特征在今天是如何影响我们的呢？行为遗传学研究帮助解释我们个体行为中遗传（先天）和环境（后天）的作用。而演化心理学则用自然选择和适应解释行为和心理过程。

演化心理学关注四个核心问题（Buss，2004）：①人类的心理为什么以现今的这种方式存在？②人类的心理是怎样形成的？③人类心理的功能是什么？④现今环境所输入的信息，是如何与人类的心理活动相作用，从而导致特定行为的发生的？演化心理学认为，许多普遍的行为（从进食到与敌人战斗）之所以在人类种群中出现和保留下来是由于他们帮助我们的祖先（和我们自己）生存下来。Darwin（1859）提出自然的力量选择了那些能与有机体生存相适应的性状。当一个特定遗传性状给予了一个人优于其他人的繁殖优势，自然选择的过程就会出现。与自然选择真正有关系的是繁殖——基因组的生存。因为自然选择，最快的或者最合适的有机体会比那些不太适应的有机体存活时间更长而更有利于进行交配，从而将它们的基因传递到下一代。

演化心理学表明，自然选择青睐那些对亲属的爱护程度与其亲属和自身生物相关性成正比的动物。因此，大多数人将更多的资源、保护、爱以及关注给了自己的近亲，这帮助确保他们的“基因生存”。除了自然选择之外，基因突变也有助于解释行为。假定我们每个人遗传了成千的基因，那么每人携带了至少一个突变了的（或者说是与原来不同的）基因的可能性是很高的。绝大多数的突变基因对行为是没有任何影响的。但是，一个突变了的基因偶尔会改变一个个体的行为。它可能导致一个人变得更加热衷于社会交往，更加愿意冒险或者更加小心翼翼。如果那个基因给予了那个人繁殖优势，他或她会更有可能将那个基因传递给后代。然而值得注意的是，这个突变并不保证长期的生存。一个基因突变有时候可能产生一个对当前环境适应得完美无缺的种群，但当环境改变时，这个种群可能很快消亡。

二、遗传

演化过程使人类发展了人们共享的重要生物潜能，例如，直立行走和语言思维能力等。但是进化过程也允许人类基因型存在相当大的变异性，基因型与特殊环境的相互作用产生了人类的遗传类型。遗传学研究个体如何从其祖辈那里继承相应的身心特征。行为遗传学（Behavior Genetics）则把心理学和遗传学整合起来，探索遗传和行为之间的因果关系。

基因（gene）是控制生物性状的遗传物质的基本结构和功能单位，是有遗传效应的 DNA 片段。通常上千个基因组合在一起，多组基因再以线性链状排列构成染色体（chromosome）。染色体是基因的载体。正常的人类细胞有 46 条，也就是 23 对染色体。当细胞进行正常的组织生长和修复时，它们以特定的方式复制自己。但是当生殖细胞（精子或卵子）复制时，染色体的两条链断开，所以生殖细胞只有 23 条未配对的染色体。这些生殖细胞也叫配子，它们存活的时间都很短，但是如果精子与卵子结合，也就是受精之后，一个稳定的有生存能力的细胞就诞生了。这个新的细胞叫做受精卵，它拥有完整的 23 对染色体，其中 23 条来自母亲（卵子），23 条来自父亲（精子）。如果条件适宜，受精卵就会在母亲的子宫内壁着床，发育为胚胎。每个基因都会给予细胞编码的规则，指导它完成一个特殊的功能（通常是制造一个特定的蛋白质）。尽管人体内所有的细胞都携带同样的基因，但每个细胞都是专门化的，因为在任何一个给定的细胞内都仅有 5% ~10% 的基因是激活的。在从受精卵开始的发展过程中，每个细胞启动某些基因，同时关闭其他不相关的基因。例如，当“神经基因”被激活时，由于基因指定细胞生产能够完成神经功能的产物，所以细胞发展成为神经细胞（如果像“肌肉基因”这样的不相关的基因没有被关闭，这些将不可能发生）。

个体从父母那里继承哪一条染色体是随机的，平均起来，一个人 50% 的基因与自己的兄弟姐妹相同，但是整体基因组对他自己来说却是独特的，只有同卵双胞胎这一特例，因为他们是由同一个受精卵发育而来，所有的基因都是相同的。

来自收养儿童研究中的一个惊人的发现表明，遗传的影响会随着人们年龄的增长而变大。小孩子的心理特征与他们的亲生父母或养父母并不是特别相似。随着他们长大，我们可能认为他们在一些特征上比起亲生父母来更像养父母，比如一般的认知能力和口语能力。与这个预期相反，当收养的孩子接近 16 岁时，在这些特征上变得与亲生父母更加相似了。个性的某些方面也可能被特定的基因影响，这些基因影响特定的神经递质受体。大部分这类研究中，科学家运用分子遗传学的技术试图找到与所研究特征存在相关联的基因或染色体片段。

每一对染色体中，决定同样特征的基因都有一个来自母亲，一个来自父亲。如果它们不同怎么办？比如，父亲携带“蓝色眼睛”的基因，而母亲携带“棕色眼睛”的基因，答案取决于哪个基因占优势。当然，人类大多数的性状都不是由单一基因对的活动决定的，但是有一些惊人的特例，一对单一的基因有着极大的重要性。如苯丙酮酸尿症（Phenylketonuria，简称 PKU）和亨廷顿病（Huntington's Disease，简称 HD），这两者都包括神经系统的退化以及相关联的行为与认知方面的问题。遗传学家已经确认了引起这两种病的基因。

三、发育与发展

如果你像爸爸一样有着大嗓门，这是因为你从他那里遗传来了大嗓门，还是因为你通过和他一起生活学会了他讲话的方式？如果你像妈妈一样擅长数学，这是遗传还是学习的结果？概括来说，遗传在人类行为中扮演着什么角色？个体所携带的遗传潜能很大程度上受其生活环境的影响。一个例子是糖尿病。患糖尿病的趋向是遗传获得的，尽管准确的传递方式还不得而知。一旦患了糖尿病，胰腺就不能产生足够的胰岛素来分解糖类，为身体提供能量。科学家认为基因决定胰岛素的产生，但是，具有糖尿病遗传潜能的人们并不是都会患糖尿病。如果同卵双生子中的一个患糖尿病，另一个也患病的几率只有50%。并不是所有对糖尿病起作用的环境因素都为人所知，但是，有一个变量可以确定，这就是肥胖。一个超重的人比偏瘦的人需要更多的胰岛素来进行糖代谢。所以，一个携带有糖尿病基因的人如果肥胖，就更有可能患上这种疾病。

心理学与人生2-1　遗传与环境

儿童的智商与父母非常相似是公认的，但是为什么会这样？是因为聪明的父母为子女提供了刺激丰富的环境，使得他们的智力很像自己，而智商较低的父母没有这么做？还是因为子女从父母那里遗传了智力发展的潜能？看起来遗传和环境共同发挥作用，但是关于领养儿童的研究发现，遗传对智力的作用更大一些。这些研究显示，领养儿童的智商更像他们的亲生父母，而不是从小把他们养大的养父母。由于这些儿童从未与亲生父母一同生活，对这种差异唯一的解释就是智力的相似性与遗传有关。

精神分裂症患者的子女中10%也患有这种疾病。这并不是很高的比例，但却是非精神分裂症患者的子女患有这种疾病的10倍，这个比例已经足以证明精神分裂症在一定程度上是受遗传因素影响的。很多严重的心理障碍都有这样的家族模式。但是，我们不能因为精神分裂症患者的子女中患有这种疾病的比例较高，就下结论说精神分裂症这样的疾病只受遗传因素的影响。这些父母可能因为患有精神疾患，而以不恰当的养育方式抚养子女。如果没有其他更多的信息，我们就不能排除精神分裂症患者子女中的精神问题的高发病率是因为养育方式不当的可能性。我们需要把遗传和环境因素分离开来，才能确定遗传在多大程度上影响精神分裂症的发病。一种研究策略是研究那些由养父母收养的精神分裂症患者的子女，结果发现，尽管他们没有被自己有精神分裂症的父母抚养，他们中间还是有10%的孩子患上了精神分裂症。这个发现再次证明了精神分裂症是受基因遗传影响的。

很多对精神分裂症的研究是使用同卵双生子和异卵双生子进行的，考察精神分裂症患者的双胞胎兄弟姐妹，如果遗传导致精神分裂症，那么，这些患者的同卵双胞胎与他们拥有相同的基因，应该比异卵双胞胎更容易患上精神分裂症。最有说服力的研究发现，同卵双胞胎中的一个患有精神分裂症，则另一个患病的可能性是48%，而异卵双胞胎中这个比例只有10%。收养子女和双胞胎的研究还发现了遗传在很多其他行为中扮演着类似的角色，比如，反社会行为、男性的酒精滥用、药物滥用、焦虑和抑郁等。

但是，我们还应该关注事实的另一面，52%的同卵双胞胎中，当一个患有精神分裂症时，另一个并没有任何精神分裂症的症状。如果精神分裂症的遗传机制像眼睛颜色的遗传机制一样，那么即使这是一个隐形性状，双胞胎中一方有病，另一方也应该得病。事实上，很多像精神分裂症这样的精神疾病，一方患病时另一方患病的人数都远远不足100%，这说明这些疾病不完全是遗传的，遗传只提供了对这些病易感的体质、一种可能性、一种趋势。遗传确实是精神问题的影响因素之一，但是，经历和遗传对这类精神疾病的发生共同发挥作用。

相当多的研究同样探讨遗传对正常个性的影响。这些研究通过比较双胞胎和收养子女来研究遗传学的作用，尤其是比较出生后就被不同父母抚养的同卵或异卵双生子。因为通常对于双生子研究的质疑是双生子由于相似的身体特征导致更相似的对待和教养，对不同环境下长大的双生子的研究可以有效地反驳这种质疑。这些研究的结果很有说服力地证明了个性特征中大约50%受遗传决定。为什么一些个体在社会交往中更主动，占有支配地位？一个研究显示，遗传在其中起到48%的作用，另一个则证明有61%的作用。这些研究发现，对于另一些个性特点，遗传大约都能解释40%～60%，比如，努力工作渴求成功的愿望、进攻性、精神紧张的倾向、对于新鲜事物和刺激的需要，以及遵守社会行为规范和法律的倾向。

在研究基因在多大程度上决定人类行为时，最有争议的问题就是人类的性倾向。一个人是同性恋还是异性恋，是学习还是遗传的结果，或者是两者共同作用的结果？一些证据表明，遗传在决定个体性倾向方面发挥着主要作用。有研究（Bailey & Pillard，1991）发现，同卵双胞胎的男性中，如果一方是同性恋，则另一方有52%的可能性也是；而异卵双胞胎的兄弟中只有22%的可能性；收养子女中只有11%。女性中也发现了类似的结果，同卵双胞胎的女性中，如果一方是同性恋，另一方有48%的可能性也是；而异卵双胞胎中为6%；收养子女中只有6%。但是同卵双胞胎中的比例也远远没有达到100%，说明遗传至多只是众多影响因素中的一个。在性倾向遗传的研究中，一些研究者开始寻找“性偏好”的基因。他们调查了76名男同性恋者的家族历史（Hamer et al.，1993），发现他们母亲的男性亲戚中常常有同性恋者，这使得研究者开始关注这些同性恋者从他们母亲的X染色体继承导致同性恋基因的可能性。研究者发现40对同性恋兄弟中，33对在X染色体的特定区域有一组标志的基因。但也并不是所有的兄弟都符合这种基因模式，说明特定环境的影响同样重要。

这些研究使我们不得不仔细考虑这样的假设：基因在一定程度上决定了我们的行为，至少在环境和经验有机会影响我们之前，发挥了一部分的作用。但是我们的身体或心理特征受遗传因素影响并不意味着它像刻在石头里了一样，很多遗传特征都是可以改变的。即使是遗传因素作用最强的某些疾病，也会受到教养方式、生活中的压力和紧张、个体的决策、社会关系等很多因素的影响。遗传和经验对我们的心理特征是共同发挥作用的。

第二节 调控行为的中枢

我们的身体、行为、心理要维持正常的活动及其功能，需要一个指挥中心，接受信息，分析、整合它们，并发出适当的命令。这个调控中枢包括两大部门：神经系统（nervous system）和内分泌系统（endocrine system）。调节机制有两种：神经调节和体液调节。神经系统是有机体内起主导作用的调节机构。它一方面直接调节身体各器官系统的活动，另一方面又通过影响内分泌腺的活动来调节各部分的机能。间脑的下丘脑将这两个调节过程的衔接和结合体现得最为明显。神经系统在内分泌腺的辅助下把机体的各种活动整合起来，构成一定的活动范式以适应内、外环境的变化，保证机体的生存。心理学所关注的有机体的各种行为、学习、记忆等心理现象和过程的物质基础正是这种整合作用。

一、神经系统

神经系统由两大部分组成：中枢神经系统和周围神经系统。前者是身体机能与行为的整合中枢；而后者则向中枢神经系统输入信息，或接受中枢神经系统传出的信息。

神经系统的基本单位是神经元，一种专门传输神经冲动和信息到其他神经元、腺体和肌肉的细胞。神经元掌握着大脑如何工作的秘密和人类意识的本质。我们知道神经元在神经冲动传导中的作用和一些神经回路的工作机制，但我们才刚刚开始探究它们在记忆、情绪和思维中更为复杂的机能。神经系统中不同种类的神经元在大小和外形上明显不同，但它们都拥有一些共同的特征。从神经元胞体伸出的许多小枝杈叫做树突，接受从相邻神经元传来的冲动。轴突像一根从神经元胞体伸出的细长的管子，它将这些信息传递给其他神经元（或腺体和肌肉）。轴突末端分成许多细小的枝杈，枝杈尾端的隆起就是终扣。轴突末端并不直接接触相邻的神经元，它与下一神经元的胞体或树突间有小小的间隙。这一结合点叫做突触（synapse），而那个细微的缝隙叫做突触间隙。当神经冲动沿轴突传导，到达突触末端，便引发了神经递质的释放（神经递质是一种化学物质，它经突触间隙扩散，刺激下一个神经元），从而将神经冲动从一个神经元传向另一个神经元。按照大体的功能，神经元可以分为三类。感觉神经元将神经冲动从感受器传递至中枢神经系统。感受器是存在于感觉器官、肌肉、皮肤和关节的特化细胞，它们察觉物理或化学的变化，并将其转化为神经冲动，沿感觉神经元传导。运动神经元将传出的信号从脑或脊髓送达肌肉与腺体。中间神经元从感觉神经元接收信号，并将冲动传导到其他的中间神经元或运动神经元。中间神经元只存在于脑、眼睛和脊髓中。神经是成千上万的神经元轴突组成的轴突束，一根神经可以同时包含感觉神经元和运动神经元的轴突。功能相同的神经元胞体聚集在一起，如果它们在脑和脊髓，就被称作神经核，而外周神经系统中的胞体集合叫做神经节。

除了神经元，神经系统中还有大量的神经胶质细胞，散布在神经元的四周。神经胶质细胞的数量与神经元之比大约是9∶1，并占据脑容量的一半以上。它的名字源于古希腊词汇中的“胶”，暗示着它的功能之一，即将神经元固定在一个地方。除此之外，它们为神经元提供营养，并像管家一样将神经元活动产生的废物集合打包，吞噬死去的神经元和外来物质，以确保神经元正常的信号传输功能（Haydon，2001）。

（一）脊髓

脊髓（spinal cord）居于椎管内，平均重量约30g，长约40～45cm。按部位可分为颈、胸、腰、骶、尾五段。上端在枕骨大孔处，下端止于第1～2腰椎处。在胚胎发育早期，脊髓和脊柱是一样长的，后来由于它们在胚胎期生长速度的不同步性，4个月起，椎管比脊髓增长更快，因而脊髓在椎管内相对上升，导致脊髓上端节段大致与相应的椎管呈水平状态，而下端节段相对上移，于是原来与椎间孔对应的脊神经根向下行才能从相对的椎间孔中穿出，而越靠下的脊神经根下行的距离越远，形成马尾。脊髓呈扁柱形状，全段有两个膨大部分，为颈、腰膨大，分别为支配上下肢神经的出入之处。脊髓末端尖削成脊髓圆锥，并向下延为终丝，伸至尾骨。绝大多数连接身体各部与脑的神经纤维在脊髓中聚集。脊髓的主要功能是在脑和身体之间转换信息，但是它自身也处理信息。一些最为简单的反射停留在脊髓水平，如膝跳反射。当膝部肌腱被敲击，其上肌肉伸长，肌肉内的感觉细胞将信号通过感觉神经元传到脊髓。在那里，感觉神经元的突触直接作用于运动神经元。它们将神经冲动重新传回同一块肌肉，引起收缩，小腿弹起。尽管这一反应可以完全在脊髓中完成，无须大脑的输入，但它仍旧可以被更高级神经中枢传递的信息所影响。

（二）脑

脑（brain）位于颅腔内，表面凹凸不平，与颅腔骨面起伏一致。通常把脑划分为端脑、间脑、小脑、中脑、脑桥、延脑六部分。端脑面积最大，遮盖其他各部分。脑是神经系统最复杂的部分，中国人脑重平均为1 300～1 400g。人脑最突出的特点是端脑皮层的高度发达，总面积约为2 200cm^2。脑是心理活动的基础，其结构与功能复杂多样，如图2－1所示。限于篇幅，我们只讨论一些重要的结构与功能。

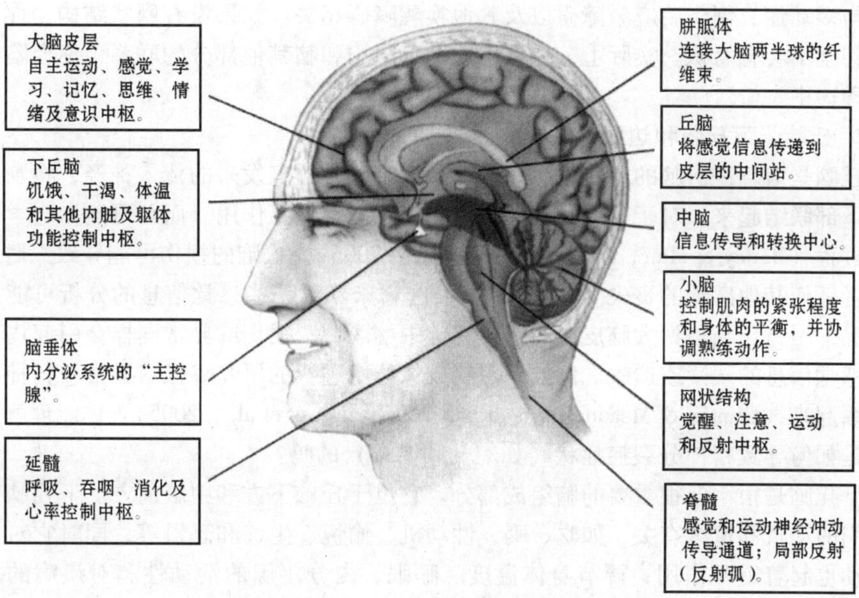

图2－1　脑的主要结构

1. 脑干、小脑和网状结构

脑干主要包括延脑、脑桥和中脑。也有人将间脑包括在脑干中，但狭义的脑干不包括间脑。延脑，从脊髓上行和从脑下行到脊髓的大神经纤维束在这里交叉互换，所以大脑两半球与对侧身体相连。延脑同样包括了许多控制呼吸和心跳等自主身体功能的神经纤维。因此，延脑的损伤会威胁到生命。脑桥位于延脑的上方，涉及呼吸、运动、睡眠、觉醒以及做梦的控制，还与平衡、听觉和一些副交感的功能有关。它同样包括许多从一侧大脑跨越到另一侧去的轴突。中脑是脑桥上部的一小块区域，主要完成视听反射和瞳孔反射。眼睛对空间的目标定位和追踪，或者是转动头以听得更清楚这种定向反应也都是由中脑控制的。

很久以前人们就已经知道小脑对于复杂的肌肉活动很重要，它通常与动作的协调相关。动作可能是由更高的中枢发起，但这些动作间的协调则依赖于小脑。小脑损伤会导致急躁、不协调的动作。除了动作协调外，小脑对于新动作反应也起到重要作用。小脑与脑前部的神经通路与语言、计划和归因相关（Middleton & Strick，1994）。这与其他证据一起，暗示小脑除了动作协调外，可能还在更高级的心理功能上起着控制与协调的作用。近几年来，利用功能性磁共振成像（fMRI），研究者记录到部分的小脑对基本的记忆、感觉、知觉、认知和语言任务同样十分重要（Paquier & Maeien，2005；Ronnberg et al.，2004；Thompson，2005；Wild et al.，2004）。

网状结构贯穿脑干。这个神经元网络控制着觉醒机制，在我们将注意聚焦在特定物体的能力上也起着重要的作用。所有的感受器都有进入网状系统的神经纤维，它就像一个过滤器，允许一些同时阻断另一些感觉信息通过并到达大脑皮层。网状结构的异常与多动症、创伤后应激障碍以及其他唤醒障碍相关。如果没有网状结构，你不会警觉甚至不会有意识。实际上，如果切断网状结构和脑其他部分的联系，你会陷入永久的昏迷中。

2. 丘脑、下丘脑和边缘系统

丘脑是信息进出脑的中转站，它接受从特定感受器官发来的传入神经，将脑的上部和下部联结起来，对于过滤和预处理感觉信息起着重要作用，而且可能参与学习与记忆过程（Bailey & Mair，2005；Ridley et al.，2005）。丘脑的损伤可能导致失聪、失明或者任何其他感觉的丧失（除了嗅觉），这意味着对一些感觉信息的分析可能发生在这里，因为丘脑是到大脑皮层的主要感觉中继区域，损伤或异常同样会引起皮层对重要感觉信息的误读或遗失。例如，用脑成像技术进行的研究将丘脑异常与精神分裂症联系起来（Clinton & Meador－Woodruff，2004；Preuss et al.，2005）。你能理解丘脑受损是如何导致精神分裂症症状（如幻觉和错觉）的吗？

下丘脑是很小但很重要的脑组成部分。它位于丘脑下方和中脑前方。下丘脑主要与我们的动机和情绪有关，如吃、喝、性动机、愉悦、生气和恐惧等，同时它对于下列活动也起着重要作用：调节身体温度、睡眠、内分泌腺的活动性和对疾病的抵抗力，控制胃和肠的腺体分泌，维持身体功能正常的速度和节律（如血压和心跳）。因此，下丘脑是脑中与自主神经系统连接最直接的中心。下丘脑在与边缘系统的协调中发挥着情绪唤醒的作用。

边缘系统是一组彼此相互联系的结构，主要包括穹隆、海马、杏仁核、下丘脑和隔区。边缘系统与动机、情绪状态和记忆过程相关。它也参与体温、血压和血糖水平的调节并执行其他体内环境的调节活动。然而学界对边缘系统特别是杏仁核的研究主要关注其产生并调节攻击和恐惧（Blair，2004；Pontius，2005；Rumpel et al.，2005）。杏仁核是下丘脑的近邻，似乎对恐惧和愤怒的情绪起着关键作用。电刺激杏仁核同样会造成强烈的害怕情绪，或恰恰相反，产生毫无畏惧的暴怒。因为杏仁核参与情绪过程，它在对情绪事件的记忆上发挥着重要作用。边缘系统的其他结构扮演着不同但同等重要的角色。海马不仅对情绪调节很重要，而且与新记忆的形成相关，是把存储在大脑皮层不同区域的记忆元素（比如它们的外形、声音、意思等）连在一起的结构。阿尔茨海默病的患者记忆丧失的部分原因就是海马的损伤。

3. 大脑

大脑由左右两个半球组成，中间的胼胝体把它们连接起来。它们大体上是对称的。每个半球分为额叶、顶叶、枕叶和颞叶四部分，各自拥有不同功能的大脑皮层区域，如图2－2所示。额叶与顶叶的界线是中央沟——一个由头顶向两边延伸直到耳朵附近的凹沟。顶叶与枕叶的界线就不那么明显了。我们可以说，顶叶位于脑的顶部中央沟之后，而枕叶位于脑后部。脑两侧的深沟——大脑外侧裂将颞叶分隔开来。初级运动区位于中央沟前，控制着身体主动的运动行为。在运动皮层特定点的电刺激使身体相应部位产生运动。身体各部位在运动皮层上的表现大致是倒置的。例如，脚趾的运动被顶端附近的皮层控制，嘴与舌的运动则在运动皮层的底部。身体的左右边也对应着大脑对侧半球的运动皮层。初级感觉区位于顶叶中央沟之后，区别于运动区，当对其进行电刺激时，会产生对侧身体的感觉体验。热、冷、触、痛和身体运动觉都在这里。与初级运动区相似，身体各部分也在初级感觉皮层有相应的区域。绝大多数感觉和运动的神经纤维都连接着身体的对侧。右侧身体的感觉冲动会上行到左侧的感觉皮层，而右手右脚的肌肉则被左侧的运动皮层控制。总的来说，身体特定部位映射到感觉皮层区域的大小取决于它的敏感度和用途。

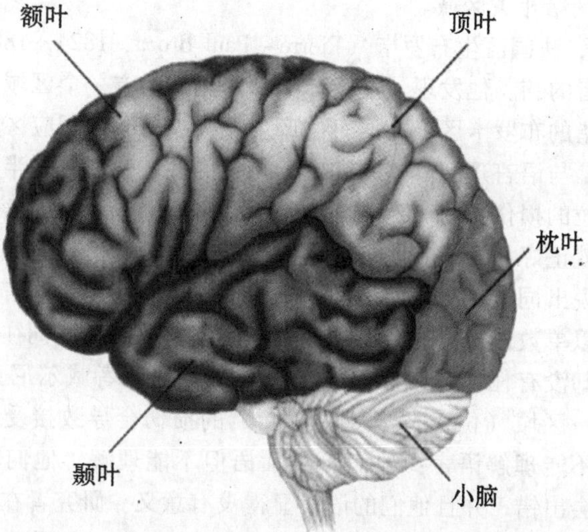

图 2-2　大脑的各个部分

(1) 大脑左右半球。

胼胝体将两个分离的半球连接起来，使得两个半球皮层可以进行信息传递。仔细比较会发现，左半球往往会比右半球大一些。右半球包含许多长神经纤维，与脑的各部相连；左半球则有许多短神经纤维，在一定范围内提供大量的联络信息。许多大脑皮层的功能是由这两个半球共同实现的。一个正常个体的脑功能是一个整体，信息很快就会通过胼胝体从一个半球传到另一个半球。这一连接的桥梁是一些癫痫症状的难题，因为一侧半球中的发作源会来到另一半球并激发大面积的神经混乱。为了试图避免这种大面积的发作，神经外科医生对严重癫痫患者的胼胝体进行了切除。这些割裂脑病人为研究大脑左右半球的功能提供了重要的视角。更进一步的实验表明，割裂脑病人只能对左半球中的信息进行言语交流。

大脑半球的专门化——关于割裂脑病人的研究告诉我们，大脑两半球的功能不同。左半球控制着我们的语言表达能力，它能够进行复杂的逻辑行为并善于进行数学计算。右半球只能够理解简单的语言，它能够在简单名词的指引下对物体作出选择，但它不能理解更为抽象的语言。如果它接到像眨眼、点头、摇头、微笑等简单的命令，很少能作出反应。但右脑具有高度发达的空间和图形感觉，它比左半球更善于几何与透视作图，能够更有效地完成拼图。基于正常人的研究也显示出左右脑的专门化。例如，音节信息在短暂呈现给左半球时可以得到更为迅速和准确的反应。相反，对于面孔、面部表情、点的位置识别，则右半球更占优势。脑电图研究也表明，在语音任务过程中，左半球的电活动增加，而在空间任务过程中，右半球的电活动增加。这一结论并不是说两半球是独立工作的，虽然在功能上不同，但它们一直将彼此的反应结合在一起，正是这一交互作用使心理过程的进行较两半球单独工作更加出色。

（2）语言与情绪相关区域。

早在1861年，法国医生布罗卡（Pierre - Paul Broca，1824—1880）就检查了一位死去的失语症患者的脑。他发现了左半球额叶外侧裂上方一个区域的损伤。这一区域就是我们现在所指的布罗卡区，与语言的产生相关。右半球相应区域的损伤一般不会导致讲话的障碍。与语言理解、书写和阅读相关的区域也位于左半球，左半球的损伤较右半球相应部位的损伤更易引起语言的障碍。不是所有人的语言中心都在左半球，一些左利手的人就正好相反。布罗卡区的损伤会导致表达性失语症，布罗卡区受损的患者不能正确地说出词汇，而只能缓慢、吃力地说话。他们的语言虽能听懂，但只有关键词。名词只以单数形式出现，而形容词、副词、数词和连词往往被忽略，但这些人在语言理解上却没有任何障碍。1874年一个德国研究者威尔尼克（Carl Wernicke）报告说，皮层另一区域（位于左半球的颞叶）的损伤会导致接受性失语症。威尔尼克区损伤的患者不能理解语言：他们听到话语但不能理解。他们能清晰地说出一串话，但在用法上会出错，并且他们的语言显得没有意义。研究者在这些观点的基础上发展出了一个重要的理论模型，即 Wernicke - Geschwind 理论模型（Geschwind，1979）。根据这一模型，布罗卡区存储发音的分节代码，制定发音所需的肌肉动作次序。当这些代码被传导到动作区，它们就会激活唇、舌和喉的肌肉，发出正确的声音。威尔尼克区恰恰相反，存储听觉代码和词汇的意义。对于一个词，它的听觉代码必须在威尔尼克区被激活并传递到布罗卡区，激活相应的发音分节代码，之后，分节代码传输到运动区以激活说出这个词的肌肉。

要理解别人说出的某个词，信息必须从听觉区传输到威尔尼克区。在那里，这个词说出的形式与听觉代码相匹配，激活了它的语意。当呈现一个写下来的词时，它首先在视觉区登记，之后在角回停留，将它的视觉形式与威尔尼克区产生的听觉代码相结合，一旦找到了这个词的听觉代码，就获得了它的意义。所以，词汇的意义是与威尔尼克区的听觉代码一起储存的。布罗卡区储存词汇的发音分节代码，角回将词的形状与它的听觉代码匹配。但这些区域都不存储词汇的意义，词的意义只有在威尔尼克区的听觉代码重新被激活时才能获得。Wernicke - Geschwind 理论模型解释了许多失语症现象。布罗卡区的损伤中断了语音的产生，但并不影响对语言的理解。威尔尼克区的损伤破坏了所有形式的语言理解，但患者仍能清晰地说出词汇，因为布罗卡区是完好的。这一模型还正确地预言了角回损伤的患者不能阅读，但说话或理解话语并无障碍。如果损伤局限于听觉区，患者能够正常地阅读和说话，但不能理解话语。

右半球在表达和理解情感中扮演着一个更为重要的角色。由于左脸受右半球控制，所以有着更强烈的情感表达能力。右半球另一个重要的作用是认识和理解他人表情。右脑损伤的病人无法将那些带有情感的话语和那些有着人们表情的图片联系起来，比如，愤怒、高兴、悲伤以及冷漠等。而左半球损伤的病人，尽管在理解话语上存在问题，但是他们在理解表情方面没有任何问题。这种现象是否能够说明左脑对于情绪没有任何作用呢？一点也不。布罗卡注意到，那些左脑中风的人更容易变得抑郁，相比之下，右脑中风病人中出现这种情况的概率就小很多。令人惊讶的是，右半球损伤的病人很愉快、幸福，对于他们的病一点都不沮丧。右半球看起来更多地涉及消极情绪，左半球对于积极情绪起着更重要的作用。一些理论家认为，当左半球因中风受损，右脑的消极情绪就会占主要地位，导致情绪消极。研究者把镇静剂注入只与左脑相连的血管中，发现引起了突然的、难以解释的负面情绪。这一结果支持了上述理论，左脑被镇静剂影响，但是“忧郁的”右脑仍然正常工作。左半球在处理积极情绪方面扮演着更重要的作用，而右半球与负面情绪更多相关。

热点问题讨论 2－1　我们怎样看到脑如何工作

高速发展的计算机技术使获得详细的活体脑图像又不给病人造成伤害变得切实可行。使用计算机编译并且解释大量关于人脑的电活动、磁场变化和其他形式的数据，可产生脑活动的图像。目前这些技术的广泛运用已经使得我们对脑的工作及其与心理活动的关系有了越来越多的了解。

传统的研究脑活动的方法是脑电图（EEG）。将电极放置在头皮表面上，记录脑电活动。EEG 通常用来研究睡眠周期和临床诊断癫痫。一种脑成像的技术可以把 EEG 的记录结果转换为脑活动的“地图”。

在 CAT 或 CT 技术的程序中，一束狭窄的 X 光线被送穿患者的头部，并测量路径的辐射量。这一技术可以从许多不同的方向对脑进行测量，测量结果被计算机整合成一个立体的脑成像，呈现在监视器上。

MRI 是一项更新也更具威力的技术，扫描仪用强磁场、射频脉冲和计算机来合成一幅图像。在这一程序中，患者躺在产生巨大磁场的环形通道中，当身体被选中的部位置于一个强大的磁场里时，它将会发出可被测量到的信号。像 CT 扫描仪一样，成千上万次测量被计算机整合成一幅二维的图像以供研究。科学家通常把这种技术称为“核磁共振”，因为它测量由射频脉冲造成的不同的氢原子核能级。

除了 CT 和 MRI 提供的关于脑的解剖细节，脑不同区域的神经活动水平往往也需要评定。PET 提供了此种可能，这一技术依赖于每一个细胞都需要能量来进行新陈代谢这一事实。在脑中，神经元以葡萄糖为主要能量源。少量的具有弱放射性的追踪化合物能与葡萄糖结合，使其分子带有微弱的放射点。当注射这一混合物到血液中时，几分钟后，脑细胞就开始利用这些做了标记的葡萄糖。PET 扫描对放射性非常敏感，最活跃的神经元需要最多的葡萄糖，也就具有最强的放射性。PET 扫描测量放射性大小并将信息送往计算机来绘制一幅断层的脑图像，不同颜色代表不同的神经元活跃水平。对于放射性的测量基于正电子的发射，所以叫做“正电子发射断层扫描”。

癫痫、血栓、脑瘤等问题均可以运用这一技术进行诊断。PET 扫描将神经分裂症患者的脑与正常人比较，发现特定皮层区域的代谢水平不同（Schultz et al.，2002）。PET 扫描也曾被用于研究高级心理功能进行时的脑区激活，如听音乐、做数学题、讲话，以确定相关的脑结构（Posner，1993）。CT、MRI 和 PET 都是研究脑与行为关系的有价值的工具，不仅可以显示脑解剖结构图像，还可测量脑特定部位的活动。如用功能性磁共振成像技术（fMRI）测量神经细胞用氧量的变化，而这种变化可以反映它们的活动水平。

二、内分泌系统

内分泌系统是个体身体机能和行为的另一个控制和调节中枢，包括分泌化学物质到血液中以调节机体功能的腺体，如图 2－3 所示。基本单元是腺细胞，分泌激素。激素是内分泌系统传递信息的化学物质。激素对组织系统有如下三个方面的影响：①激素由下丘脑直接控制。②有些激素与神经递质的化学成分一致。③激素辅助神经系统控制身体，它在身体受到压力和情绪唤醒时，通过影响代谢功能、血压和性功能，使相关的组织器官被激活。激素对遗传细胞的基因代码也有很大的影响。下面介绍七种对心理生活极为重要的腺体与激素。

（一）内分泌腺与激素

1. 垂体

垂体（pituitary）位于大脑下部，被下丘脑控制。由于它能调节其他腺体的活动，因而被认为是身体的主腺体。也许它对抵抗压力和病毒来说是最为重要的腺体。由垂体分泌出的激素对于血压调节、水代谢和身体成长都有着极为重要的作用。太多或太少的激素会导致“巨人症”或者“侏儒症”。

2. 肾上腺

肾上腺（adrenal gland）位于两个肾的上面，它们控制情感，分泌多种对于新陈代谢有着极为重要作用的激素。当肾上腺被垂体和交感神经共同影响时，分泌三种对于压力有着很重要反应的激素。肾上腺素和去甲肾上腺素，这两种激素促使身体在面对危险和威胁时产生反应。这两种肾上腺激素的作用大体相同，但是不可以混淆。肾上腺素通过加速心率来升高血压，使肝脏转化和分解糖原，释放到血液中，这样就可以增加机体对能量的转化率。有时这种增加率甚至超过了平常的 100%。而去甲肾上腺素则是通过压缩血管的直径和降低消化系统的活动来升高血压的。肾上腺也分泌皮质激素，这种激素可以加快身体在面对压力时的反应，而且在调节机体免疫方面也起着很重要的作用。心律和血压的升高是由肾上腺激素和去甲肾上腺激素对心脏和血管的控制而产生的。自主神经系统以两种方式来影响内部的器官：①直接影响器官。

②刺激肾上腺和其他的腺体，让它们产生激素来刺激器官。恢复平静是一个较长的过程，因为它是第二个身体过程。激素进入血液需要很长时间，所以它们产生效果也需要很长时间。

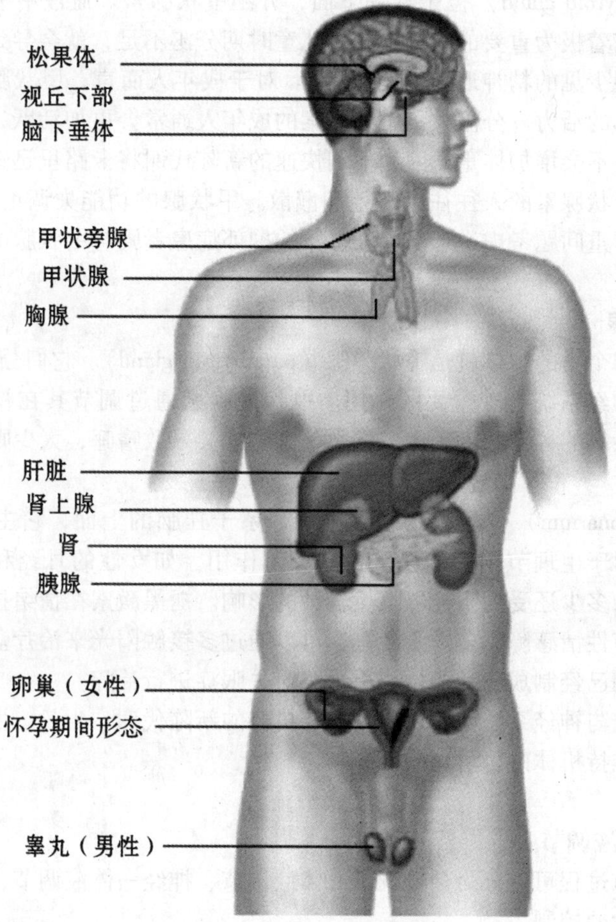

图 2－3　人体的内分泌腺

3. **胰岛**

胰岛（pancreas）存在于胰脏中，通过分泌两种有着颉颃作用的激素来控制血糖。胰高血糖素将肝糖原转化为血糖并释放到血液中。胰岛素的作用正好相反，将细胞周围的血糖含量降低，以便细胞吸收糖分。血糖在心理学中有着至关重要的作用，因为它是造成饥饿感的原因之一，同时也决定人们的活力。

4. **性腺**

性腺（gonad gland）分为两种，一种是女性身体中的卵巢，另一种是男性身体中的睾丸。性腺产生性细胞，即卵子或精子，同时分泌对于性发育和第二性征的产生有着至关重要作用的性激素。最重要的性激素是女性身体中的雌激素和男性身体中的睾酮。

5. 甲状腺

甲状腺（thyroid gland）位于喉头下面，分泌甲状腺素。血液中甲状腺素水平的高低对于人体有着极为重要的作用。如果儿童时期分泌不足，就会导致痴呆、肌肉组织松散和一种很少见的精神迟钝（呆小症）。对于成年人而言，甲状腺素可以控制他们的体重和身体的活力。分泌大量甲状腺素的成年人通常会更加活跃，他们可以吃很多的食物，但是不会增加体重，因为他们快速的新陈代谢将卡路里迅速地燃烧了。相反，只有很少甲状腺素的人往往会超重和懒散。甲状腺的功能失调也会导致抑郁症。但是，如果将体重问题考虑进来，绝大多数的抑郁症患者则与甲状腺的机能失调没有关系了。

6. 甲状旁腺

甲状腺中四个小的腺体就是甲状旁腺（parathyroid gland）。它们分泌甲状旁腺素，这种激素对于神经系统有着重要的作用。甲状旁腺素通过调节其在神经系统中的数量，控制神经系统的兴奋程度。太多的甲状旁腺素会导致嗜睡，太少则会导致紧张。

7. 松果体

松果体（conarium）位于大脑半球中间，系于丘脑的上面，它主要分泌褪黑激素。褪黑激素对于生理节律有着很重要的调节作用，如女性的月经和每日的睡眠作息。褪黑激素的多少还受到阳光以及生物钟的影响。褪黑激素在情绪控制中也有着重要的作用。季节性情感障碍多发于冬季，可以通过多接触阳光来治疗。很多科学家希望通过广泛使用已经制成药片的抗褪黑激素对失眠症进行治疗。

内分泌系统与神经系统相互作用，调节机体的新陈代谢、生长、发育、生殖等各种生理功能，维持机体的稳定。

（二）神经—体液调节

机体的调节过程可以分为神经调节、体液调节、神经—体液调节，它们共同完成对机体生命活动的控制。

神经调节通过神经细胞释放神经递质在突触间传递，调控器官和机体的反应，这是神经系统主要的工作方式。体液调节就是机体某些细胞产生特殊的化学物质，借助于血液循环，到达全身各器官组织或某一器官组织，从而引起这些器官组织某些特殊的反应。许多内分泌细胞所分泌的各种激素，就是借体液循环的通路对机体的功能进行调节的。例如，胰岛B细胞分泌的胰岛素能调节组织、细胞中糖与脂肪的新陈代谢，有降低血糖的作用。内环境血糖浓度之所以能保持相对稳定，主要就是依靠这种体液调节。有些内分泌细胞可以感受内环境中某种理化因素的变化，直接作出相应的反应。也有些内分泌腺本身直接或间接地受到神经系统的调节，在这种情况下，体液调节是神经调节的一个传出环节，是反射传出道路的延伸。这种情况可称为神经—体液调节。例如，肾上腺髓质接受交感神经的支配，当交感神经系统兴奋时，肾上腺髓质分泌的肾上腺素和去甲肾上腺素增加，共同参与机体的调节。神经细胞和内分泌细胞没有严格的界限。下丘脑中的神经元能够合成激素并释放进入血液，成为神经内分泌细胞。有些研究者推测内分泌腺也许是从神经分泌细胞演化而来的。神经细胞产生的突触递质和内分泌细胞分泌的激素都有很多种类。而越来越多的化学物质既可以作为递质，又可以作为激素。如去甲肾上腺素和肾上腺素既可以作为许多脑突触的递质，又可以由肾上腺分泌。突触递质和激素都需要特定的受体分子才能引起靶器官的反应。

神经调节的一般特点是比较迅速（递质的反应以毫秒计）而精确，就像电话系统一样，使用固定通道，有确切的目的地。神经元之间的解剖联系决定了信息从一个细胞向另一个细胞传递。体液调节的一般特点是比较缓慢（以秒和分钟来计）、持久而弥散，就像广播电视系统那样，把信号发送出去，有接收功能的器官（合适的受体）才能对其产生反应。神经调节和体液调节各有所长，两者相互配合使生理功能的调节趋于完善（Rosenzweig et al.，2002）。

第三节　调控行为的机制

神经系统对生理、心理、行为的调节是怎样进行的？我们来了解一些更为基础的机制。

一、静息电位与动作电位

神经元的细胞膜是半透性的，一些离子可以很容易地透过，而另一些则不能，除非膜上的特殊通道打开。这些特殊通道叫做离子通道，是由圆环形的蛋白质分子组成的穿越细胞膜的小孔。这些蛋白质控制着 Na^+、K^+、Ca^{2+}、Cl^- 等流进流出神经元。每一种离子通道都是选择性的，它在打开时只允许一种离子通过。神经元在静息的时候，细胞膜不允许钠离子通过，钠离子在细胞外的浓度较高。相反，钾离子可以通过细胞膜，细胞内的钾离子浓度较高。在静息的神经元中，散布的蛋白质结构叫做离子泵，它将离子泵进或泵出细胞，以维持膜内外这种不均匀的离子浓度分布。例如，它将渗进细胞的钠离子泵出，并将扩散到细胞外的钾离子泵进。这样，静息的神经元保持着离子在细胞外的高浓度和细胞内的低浓度。这些离子通道和离子泵的总作用是将细胞膜极化，使细胞内的电位低于细胞外。静息神经元的电位称作静息电位（resting potential)，为 - 50 ~ - 100mV。神经元的静息电位类似于一节电池所积蓄的电量；神经元和电池都是利用电化学梯度来积蓄能量的，电池的能量是用来驱动像便携式收音机一样的电器，而神经元的能量则是用来发动动作电位（action potential）的。

当神经元受到输入兴奋的刺激时，细胞膜两端的电压差会降低。这一过程叫做去极化，它是由树突受体附近的神经递质活动造成的。当去极化达到一定程度，位于轴突上的电压敏感的钠离子通道会短暂开启，钠离子涌进细胞。钠离子的涌进是异性相吸的结果，钠离子是带正电荷的，而细胞内的电荷为负。此时，轴突局部细胞内电压高于细胞外，相邻的钠离子通道感受到了电压的降低于是开启，造成树突相邻部位的去极化。这种去极化的过程，一直沿轴突进行下去，形成动作电位。当动作电位沿轴突传递下去，已经经过部位的钠离子通道重又关闭，而各种各样的离子泵被激活，将细胞膜很快恢复到静息状态。钠离子通道被局部麻醉物的效应所证实，这些作用物防止钠离子通道开启，从而阻止了动作电位，并阻碍了感觉信号到达脑（Catterall, 2000）。

动作电位沿轴突传导的速度从大约 1m/s 到 100m/s 不等，这取决于轴突的直径，直径大一点的轴突传导得快。这一速度还取决于轴突外是否附有髓鞘，髓鞘由包裹在轴突外的特殊神经胶质细胞组成，一个接一个，彼此间有小的缝隙，这些小的缝隙叫做朗飞氏节。髓鞘的绝缘性适于跳跃式传导，在此过程中神经冲动从一个朗飞氏节直接跳到下一个。这大大提高了动作电位沿轴突传导的速度。髓鞘普遍存在于动作电位需要快速传导的地方，如那些刺激骨骼肌的轴突中。

二、突触传递

神经元间的突触连接非常重要，因为信号的传递发生在那里。当刺激通过若干轴突到达神经元的时候，如果超过特定阈限，神经元便会发动动作电位。神经元发出一个单一、短暂的脉冲后，会有千分之几秒的不应期。动作电位的大小是不变的，并且如果一个刺激强度没有达到阈限水平，就不会触发动作电位。所以，对于任一突触传入刺激，神经元或触发一个动作电位，或不进行反应，动作电位一经发起，它的大小就不会发生变化，这就是神经动作中的全或无规则。你可以将神经动作电位看作计算机用来执行软件指令的二进制信号（0 和 1），神经元或者发动一个动作电位——1，或者不进行反应—— 0。一旦开始，动作电位会沿轴突传递下去直到突触末端。

如前面提到的，神经元在突触连接处并不是直接相连的，信号必须经过一个狭小的缝隙。当一个动作电位沿轴突传递并到达突触的时候，它刺激了突触末端的突触小泡。突触小泡是含有神经递质的圆形结构，当它们被刺激时，便释放神经递质到突触。这些神经递质从突触前神经元扩散经过突触间隙，并与位于突触后神经元的受体（在树突膜上）结合。

神经递质与受体的结合就像钥匙与它相应的锁，这种结合引起了下一神经元离子通道通透性的改变。一些递质具有激活功能，使像钠离子一样的正电荷可以进入细胞，神经元由此去极化，细胞内的电位高于细胞外。其他的神经递质是抑制性的，它们通过允许像钾离子一样的正电荷离开细胞或氯离子一样的负电荷进入细胞，使受体神经元内的电压变得更低。总之，激活作用使神经元更易发出动作电位，而抑制作用则相反。任一神经元都会接受从其他神经元的成千上万个突触传来的神经递质。一些神经元释放兴奋性的神经递质，而另一些则释放抑制性的。依据不同的触发模式，突触在不同的时间释放递质。如果兴奋作用大于抑制作用，受体神经元将会发生去极化，引发全或无的动作电位。当神经递质被释放并扩散经过突触间隙，它的作用十分短暂，以维持精确的控制。对于一些神经递质，释放它的突触末端几乎立即对它进行重吸收。重吸收切断了神经递质的作用并降低了突触末端产生递质的压力。对于其他一些递质，突触间隙中的酶与其结合使之分解并失活。

三、神经递质

目前已有70多种神经递质被定义，并还在不断发现新的种类。有些神经递质能与一种以上的受体结合，并造成不同的影响。例如，谷氨酸递质能激活至少10种受体分子，使神经元对于同一种递质作出不同的反应（Madden，2002）。特定的神经递质在一些地方是兴奋性的，而在另一些地方又是抑制性的，这取决于与它结合的不同受体。本章我们显然无法讨论神经系统中所有的神经递质，但我们会重点讨论一小部分对行为产生影响的递质。

1. 乙酰胆碱

在神经系统的众多突触中都存在乙酰胆碱，它通常是兴奋性的，但也可以起抑制作用，这取决于下一神经元膜上受体分子的种类。乙酰胆碱在额叶一个叫做海马的区域尤为普遍，海马在新记忆的构成上起着重要的作用。乙酰胆碱在阿尔茨海默病中扮演着重要的角色，阿尔茨海默病是一种破坏性的紊乱，造成许多老年人的记忆缺陷和其他认知功能障碍。阿尔茨海默病患者额叶中产生乙酰胆碱的神经元退化，使患者只能生成少量乙酰胆碱。乙酰胆碱生成越少，记忆遗失就越严重。在骨骼肌纤维处终结的神经元突触中也含有乙酰胆碱，乙酰胆碱被释放到一种叫做终板的微小结构上，当这种结构上覆盖的受体分子被乙酰胆碱激活，便会引起肌肉细胞内的分子联结，使肌肉细胞变短。一些影响乙酰胆碱的药物能使肌肉瘫痪。例如，腐败罐头食品中的细菌产生的肉毒杆菌毒素，由于阻碍了神经肌肉突触对乙酰胆碱的释放，可以使呼吸肌瘫痪而导致死亡。一些战争所用的神经毒气以及多种杀虫剂，破坏使乙酰胆碱失活的酶，在神经冲动发出后，失活过程失败，神经系统中会形成一个无法控制的乙酰胆碱的累积，从而破坏正常的突触传导。

2. 去甲肾上腺素

它既是一种激素，也是一种单胺类神经递质，主要由脑干中神经元制造。可卡因和安非他明通过延缓它的重吸收过程而拖延了去甲肾上腺素的动作。因为它的延迟，下一神经元会被激活更长的时间，导致这些药物的兴奋性心理作用。相反，锂加快了去甲肾上腺素的重吸收，造成患者情绪沮丧。任何造成脑内去甲肾上腺素水平增高或降低的药物均会影响人的情绪水平。

3. **多巴胺**

这也是一种单胺类神经递质，在化学水平上与去甲肾上腺素十分相似。脑中特定部位的多巴胺释放会产生强烈的愉悦感，而近期的研究正在探究多巴胺在成瘾过程中的角色。大脑一些区域中过多的多巴胺会导致精神分裂症，而其他区域多巴胺过少则会引起帕金森氏症。曾用于治疗精神分裂症的药物，如氯丙嗪，会阻碍多巴胺受体发挥作用。相反，左旋多巴，即一种常用来治疗帕金森氏症的药物，可以使大脑中的多巴胺增多。

4. **5－羟色胺**

这是另外一种单胺类神经递质。像去甲肾上腺素一样，5－羟色胺也在情绪控制上起着重要的作用。例如，低水平的5－羟色胺与沮丧的情绪相关，5－羟色胺的重吸收抑制剂是抗抑郁药，它通过阻碍神经元对5－羟色胺的再吸收增高大脑中5－羟色胺的水平。百忧解（Prozac）、左洛复（Zoloft）等用来抗抑郁的药物，就是5－羟色胺重吸收抑制剂（Pinel，2003）。因为5－羟色胺对睡眠和食欲的控制也很重要，所以它也被用来治疗饮食失调症。有趣的是，引起幻觉的药物麦角酸酰二乙胺是通过与大脑中的5－羟色胺受体结合来削弱它的作用的。

5. **谷氨酸盐**

它是一种氨基酸，较其他神经递质更多地存在于中枢神经系统中，是兴奋性的递质。它使受体神经元去极化，所以是兴奋性的。在三种或更多的谷氨酸盐受体中，一种叫做NMDA的受体被认为能够影响学习和记忆。它是根据用来探测它的药剂NMDA（N－甲基，D－天冬氨酸，N－methyl－D－aspartate）命名的。海马中的神经元富含NMDA受体，而这一区域在新鲜记忆的建构中显得尤为重要。谷氨酸盐神经传递的破坏与精神分裂症相关。

6. **伽马氨基丁酸（GABA）**

这是另外一种突出的氨基酸神经递质，这种物质是主要的抑制性递质。实际上，大脑中绝大部分突触运用伽马氨基丁酸。药物木防己苦毒素，阻塞了伽马氨基丁酸的受体，如果没有伽马氨基丁酸的抑制作用，肌肉活动就不能被大脑有效地控制，便会产生抽搐。某些抗焦虑药物的安神功能，也是伽马氨基丁酸抑制活动的结果。

心理学与人生2－2　经验与脑的可塑性

与一个僵硬固定的器官不同，我们的大脑是灵活“可塑的”。在我们的一生中，由于使用和经验，我们大脑内的神经元重组并改变它们的结构与功能（Abbott，2004；Neumann et al.，2005）。最基本的大脑结构组织（小脑、皮层等）虽然在出生前已经不可逆地建立起来，但细节则是源于修饰。学习一种新的运动或一门外语，大脑自身就会发生一些改变和“重新搭线”：新的突触形成而其他消失了；有些树突长得更长并延伸出新的分枝，其他则被“修剪”掉了。这就是导致我们大脑具有如此奇迹般的适应性的原因。

一项经典的研究和其他一系列研究结果表明（Rosenzweig，1996，1999），养在贫乏和丰富环境下的大白鼠脑发育不同。贫乏环境是指把大白鼠单笼饲养，只是一个小小笼子，除了食物和水之外没什么别的玩具。丰富环境是指几只大白鼠生活在宽大笼内，多种玩具每天轮流放在笼中，让这些大白鼠共享。经不同时期，从数天到数月后，实验者分别检查两种环境下鼠脑的不同，结果非常显著。生活在丰富环境中的鼠脑，平均大脑皮层重量和厚度均大于贫乏环境中的鼠。超过“儿童期”的鼠也会出现这种差异。这就是说，即使老年鼠也会因在丰富环境中生活而受益。虽然这一研究是用大白鼠进行的，但研究者们相信，这一结果可以很好地用于人类被试。丰富生活环境对脑的发育和脑功能一定会有好的影响。

利用脑成像技术，可能测量出与个体生活经验相关的很特殊的脑差异。脑扫描发现，钢琴演奏家左手指的大脑皮层代表区比非钢琴演奏者明显增大（Albert et al.，1995），而右手指由于在钢琴演奏中不需要太多感觉作用，它的大脑皮层代表区没有明显增大。对于12岁以前就学习弹钢琴的演奏家，其左手指的大脑皮层代表区格外增大。可能您已猜到，一些生活经验对脑功能的影响是不良的。脑内的海马对于外显记忆的获得是重要的。研究者们发现，慢性应激引起海马神经元树突明显萎缩（McEwen，1999；Sapolsky，1996）。

本章摘要

本章描述了心理的生物学基础，包括神经系统、内分泌系统和演化遗传机制对我们行为和心理过程的影响。

1. 人类的一些特征和行为是由基因遗传影响的。遗传特征通过基因（包括染色体上的DNA）传递。正常的人类细胞包括46条染色体，也就是23对。生殖细胞只包括23条染色体，能够在受精时结合成一对完整的染色体。

2. 遗传影响着很多行为，包括智力、个体特征和一些不正常行为的特征，但是环境因素和其他因素同样是非常重要的，基因和环境在影响心理特征方面共同发挥着作用。

3. 神经系统是一个由神经元细胞组成的复杂网络，神经系统内的单个细胞（神经元）在细胞内传递电信号。在神经元轴突与下一个神经元的树突的缝隙，也就是突触间，神经递质传递信息。

4. 中枢神经系统由脑和脊髓组成，外周神经系统包括躯体神经系统和自主神经系统，它负责收集并传递身体各部位的信息。

5. 脑干控制着呼吸和一系列重要的反射。脑桥与平衡、听觉和一些副交感神经系统的功能有关。小脑主要负责维持肌紧张状态和调节肌肉运动，同时它对于听觉和记忆序列事件发挥着重要作用。中脑是视觉和听觉的反射中枢。

6. 丘脑是一个负责把感觉信息传到脑的相应区域的中转站。下丘脑和边缘系统与动机和情绪有关。

7. 脑中最大的部分就是大脑皮层，由胼胝体将两个半球连接起来。皮层控制着意识经验、智力活动、感觉和自主的功能。脑的每一部分都与整个神经系统相互影响，这些部分在智力、情绪和身体功能上共同发挥作用。

8. 神经系统形成了行为和心理功能的生物基础，内分泌系统分泌的激素影响着情绪唤醒、新陈代谢、生殖功能和其他身体机能。肾上腺分泌肾上腺素和去甲肾上腺素，它们调节情绪唤醒、心律和新陈代谢。胰岛分泌胰岛素和胰高血糖素，控制血糖水平。性腺产生生殖细胞（卵子或精子），分泌雌激素或雄激素，这些激素对于生殖功能和第二性征的发展非常重要。甲状腺分泌甲状腺素，控制新陈代谢的速率。甲状旁腺分泌甲状旁腺素，调节神经活动的水平。脑下垂体分泌多种激素，调节其他内分泌腺的活动，对于身体的综合功能有重要影响。

9. 神经元从树突接收信号，并沿管状轴突传递电化学电位。化学神经递质在突触处释放，并在两个神经元间传递信息。神经递质靠与受体蛋白结合发挥其作用。

10. 当神经元达到足够去极化时，会发动一个全或无的动作电位。动作电位沿轴突传导并引发突触处神经递质的释放。

11. 最重要的神经递质包括乙酰胆碱、去甲肾上腺素、多巴胺、5－羟色胺、GABA 和谷氨酸盐。神经递质既有兴奋性的也有抑制性的，取决于它们所结合的突触后受体的种类。

复习思考题

1. 你的脑中，只有10%的细胞是神经元（其他均为神经胶质细胞），这是否意味着当你思考的时候，只用到了头脑的10%？这一事实意味着什么？

2. 裂脑研究如何揭示左右半球的功能优势？

3. 大脑中有许多不同的神经递质系统，为什么会存在这样的神经系统化学物质多样性？

4. 你能说出激素和神经递质的异同吗？

5. 每年似乎都会有一个关于酗酒或药物依赖、精神分裂、性取向、冲动或其他复杂心理特征的新基因被发现，但是常常后来的研究表明那个基因与一些人而不是每个人的那个特征有关，并且那个基因常常被发现不仅与最初联系的那个特征有关，而且还与其他的行为特征有关。你能想出为什么基因会以这样的方式影响心理特征吗？

推荐参考读物

1. Carlson N. R. 生理心理学（第六版）. 苏彦捷等译. 北京：中国轻工业出版社，2007.

2. 李新旺等. 生理心理学（第二版）. 北京：科学出版社，2008.

3. 张雷. 进化心理学. 广州：广东高等教育出版社，2007.

第三章 个体的毕生发展

人们的生命旅程各不相同，但都要经历婴儿期、儿童期、青少年期、成年期和老年期这些阶段。人的一生涉及从生到死全部过程中行为的发展和变化。了解个体的毕生发展过程，个体体能、认知、社会性发展在不同阶段的普遍发展规律，可以使我们对自己和他人有更清楚的认识，同时，有助于我们了解一生中可能要面对的关键性的里程碑、挑战和问题，以便我们更好地做自己、做子女、做父母。因此，本章我们将讨论以下问题，希望这些内容能够为你提供一些解决此类问题的线索。

你知道自己从孕育到成长为今天的大学生，经历过多少风险吗？

你的父母正经历着哪些身心变化？

你知道爷爷奶奶的身心状况吗？你能帮助他们吗？

我们这一生的言语、思维、自我意识、社会交往与情感等是怎样发展变化的？

将来你结婚生子，你打算怎样培养他们健康快乐地长大成人？

第一节 出生前与婴儿期

一、出生前的生长与变化

（一）出生前的发展阶段

生命的孕育是世界上最奇妙的事情。人生从我们在母体里的时候就已经开始了。个体发展进程始于父亲的精子与母亲的卵子相遇、受精并形成受精卵。受精后的两周称为受精卵发展阶段，即胚芽阶段（germinal period）。在这一阶段，外胚层细胞迅速分裂形成神经管，这是神经系统发育的原型。细胞分裂第2周结束的时候，受精卵已经分裂成了一个细胞团，称为胚胎（embryo）。在发展中的胚胎期阶段（第3~8周），心脏、神经系统、胃、食道、卵巢或睾丸已形成。经过两个月，胚胎期阶段结束，已经基本呈现出人的形状，可以分辨出眼睛、耳朵、鼻子、下颚、嘴和嘴唇，胳膊也形成了肘、手和短粗的手指，同时腿形成了膝、踝和脚趾。这之后到出生前的一段时间称为胎儿发展阶段（fetal stage）（第9周到出生）。在这段时期内，器官继续生长分化，功能也逐渐发展成熟。第3个月末，胎儿可以踢打、转头、张嘴、吞咽、皱眉了。满6个月时，胎儿原本粘连在一起的眼皮裂开，这时的胎儿就已经有能力进行吸吮，并有了较为成熟的抓握动作，形成了味蕾、眉毛、睫毛。到第7个月，胎儿器官系统、免疫系统都已开始发挥功能。第8个月和第9个月，胎儿对外界声、光、触觉的刺激更为敏感，在母体里就能听到母亲说话的声音。

（二）出生前个体所遭遇的风险

胚胎和胎儿发展的关键因素包括母亲的健康和年龄、母亲在怀孕前和怀孕期间的营养状况、所经历的情绪和身心压力，以及尼古丁、酒精和其他有毒药物。在出生前的发展阶段，母亲通过胎盘给胎儿输送营养，并把胎儿的代谢废物带走，同时通过胎盘的过滤使得胎儿免受充斥着细菌的外界有害环境的影响。但是，这种过滤还不尽完善，毒气、病毒、尼古丁、酒精和其他一些有害物质还是可以影响胎儿的。如果怀孕中的母亲接触了上述有毒物质，就会对胎儿造成致命的伤害，或者造成某些器官的先天不足。如酒精会威胁到正常的出生前发展，如果母亲滥用酒精，婴儿出生后会有44%的几率受到胎儿酒精综合征（fetal alcohol syndrome）的折磨，表现为婴儿智力发育迟缓，面部扭曲等。

胚胎发展阶段是个体正常生长过程中特定器官发育的敏感期（critical period），这个阶段的发展具有决定性的意义。如果心脏、眼睛、耳朵、四肢在胚胎发展阶段没有形成，它们就再也不可能出现了。如果它们发育不正常，这种伤害也将是永久性的。由于胚胎发展阶段只是受精后的几星期，胚胎器官系统的形成甚至可能在母亲没有感觉到自己怀孕的情况下就已经完成了。这之后，在胎儿发展阶段，母体提供的内环境将影响婴儿的体形、行动、智力和健康状况，但不会再影响其器官和肢体的发育了。当先天和后天有害因素相结合时，对孩子造成的伤害几乎是必然的。最糟糕的状况莫过于，当胎儿有某种先天弱点的时候，又在其弱点出现的敏感期给了他一个来自外界环境强烈的伤害性刺激。

二、出生过程与新生儿

（一）出生过程

个体的自然出生过程包括三个阶段。第一个阶段通常持续12小时以上，有规律的逐渐缩短的周期性子宫收缩（每8～10分钟一次，每次持续30秒钟）导致宫颈口打开。第二个阶段持续90分钟左右，胎儿从子宫到产道并完全娩出。第三个阶段是脐带和胎盘娩出，只需5～30分钟的时间。

(二)新生儿

新生儿(即从出生到1个月的婴儿)来到这个世界上,就具备了复杂的感知和运动能力、一整套与人交互作用的技能等。

1. 视觉和其他感觉

刚出生时,由于受到眼睛这一视觉感受器的灵敏度和大脑对视觉信息加工能力的限制,婴儿的视觉并不成熟。婴儿的眼睛起初并没有中央凹,因而无法汇聚光线所呈现的信息成像。他们的眼动慢且不平稳,同时将视觉系统和大脑神经系统联系起来的通路不足,大脑中对视觉信息的加工编码也不够。他们很难看清屋子较远角落中的小物品,但他们可以看清较大较近的物体,而这个距离恰好大致能够包含他们和护理者有互动交流的范围。婴儿可以看到的最远距离取决于物体本身的可分辨性,复杂而庞大的图案、运动的物体、清晰的轮廓、对比强烈的物体等更容易被他们分辨出来。

新生儿积极地利用各种感觉探索周围的世界。开始的时候,新生儿对于声音和图像刺激的注意力只能持续很短的一段时间,逐渐地,他们的注意力持续时间增长,而他们的感觉探索也逐渐系统化。在最初的两个月当中,婴儿总是只关注物体的边缘,两个月以后,他们就开始整体性地关注事物了。当他们关注事物整体时,会尽量多地从一个事物中吸收信息,而不是迅速转向另一个事物。研究发现,新生儿对人类面孔的注视明显多于其他形象,并且他们也更容易被与人类面孔相近的图画所吸引。新生儿出生两三天后就可以听见较为轻微的声音,并对音乐作品中不同的音调作出反应。另外,他们已经会将头转向声音的来源方向,即他们已经可以分辨声音的方位了。婴儿很喜欢听别人讲话,当他们听到有人在说话时,就会瞪大眼睛搜寻讲话的人。他们喜欢声音高亢的女性或儿童的声音,喜欢抑扬顿挫的、夸张的、富于表现力的言谈。新生儿对某些气味和味道也有特别的偏好。当给他们的饮料有甜味时,他们就会吸吮较长的时间,并且会慢慢品尝,时不时有短暂的停息,好像在回味一样,不自觉地微笑、舔嘴唇。母乳喂养的婴儿在出生几天之后就会分辨出自己母亲乳汁的味道,并表现出明显的偏好。

2. 反射和运动技能

在出生后几周、几个月之内,婴儿表现出天生的、并非学习得来的反应,这称为反射(reflex)。这些迅速、自动化的运动总是表现为对外界刺激的反应。比如,吸吮反射,就是当人们用手或者奶嘴碰触婴儿脸颊的时候,婴儿会自然地转过头去吸吮。如果胎儿在最初三四个月大脑发育有问题的话,他们出生后就有可能出现反射缺失。因此,反射的缺失往往提示新生儿大脑发育中存在问题。对身体的自主控制是运动技能发展的基础,它使婴儿可以进行翻滚、坐、爬、站、走等活动。即使在正常的环境中,中枢神经系统和肌肉组织的成熟也并不是决定这些运动技能的唯一因素,运动技能的发展还依赖于婴儿积极的实践。大脑实际上并不存在决定爬行发生时间和方式的“爬行发生机制”。事实上,中枢神经系统和肌肉组织的成熟只是基础,婴儿要不断尝试各种运动方式并且从中选择最有效的一种。总之,里程碑式的运动技能发展是生理上的成熟和实践结合的产物，而不是取决于大脑中某个机制的固定程序。因为先天的和后天的因素是相辅相成的。大脑控制了个体发展过程中行为出现的可能性，但是每个行为的发展又受到了经验（包括对运动技能的尝试）的影响。

三、婴儿期的发展

婴儿期是指自出生至18个月或两岁左右。这一时期虽只占生命全程的约2%，但它却是发育中非常繁忙、最引人注意的阶段。

（一）身体的变化

生命的前两年，个体的发展速度最快，其身高和体重分别可以达到出生时的1.75倍和4倍，而身体各部分的比例也逐渐发展并趋向均匀。指导身体发展的原则是从上到下、由近及远、先粗后细，即身体的发展从头、身体的中心、粗大简单的活动开始，逐渐到四肢和手脚的复杂技能。当然，身体的各个系统发展的速度也是不同的，神经系统发展最快。早期的脑发展为将来的体能、认知和情绪发展奠定了基础。出生时脑量只是成人的1/4，两岁时达到成人的75%，到6岁时接近成人的脑量。出生的时候，脊髓和脑干基本上发育完成，小脑在第一年发育得最快。大脑两半球之间联系所依赖的胼胝体在儿童时期发展迅速，10岁左右达到成人的水平。每个大脑半球的额叶、顶叶、枕叶和颞叶控制不同的功能，发展的速度也不同。主管视听的大脑皮层在6个月的时候成熟，而负责高级认知功能的额叶则要过上几年才能和成人相比。

（二）感知觉、运动的发展

一些视觉能力，如知觉恒常性在个体出生时已经具备，而双眼视觉、将客体区分开来的边缘识别能力在4个月左右的时候迅速发展起来。长到7个月时，婴儿对各种单眼、双眼和深度线索敏感度增加，同时，他们的错觉、主观轮廓等能力已经和成人差不多了。婴儿的听觉系统出生时已经发展得相当好，他们可以对声音进行定位，识别声音刺激的模式从而对音乐结构非常敏感。个体一出生就对嗅觉刺激很敏感，凭借母亲的特殊味道就可以找到自己的母亲。这一阶段的孩子通常用嘴和手的触觉去了解他们自己及环境。小小的婴儿表现出许多学习能力。对重复出现的刺激，他们会习惯化并形成期待，通过主动的探索进行知觉学习，通过自然和中性刺激的结合这种经典条件化，以及行为和结果之间的耦合这种工具条件化，学会控制自己。运动的发展是从新生儿反射开始的。在这个发展过程中，力量、姿势控制、平衡和知觉技能的发展都会影响发展的结果和模式，而且由于文化实践的不同，运动发展的模式也会不同。从伸手够东西到自我移动，每个新的运动成就不仅扩展了婴儿对世界的体验，而且带来了新的挑战。

（三）婴儿认知发展的新观点

在过去的40年中，研究者们发现，婴儿知道的比皮亚杰所说的要多、要早。是现在的孩子变聪明了吗？不是，而是现在的心理学家有了更为先进的方法来测量儿童的心理和思维。这种进步使得心理学家们可以用红外照相测量婴儿的眼动情况，可以用慢速摄影考察婴儿轻微的手动，还有专门的仪器测量婴儿的吸吮速率。结合具备较为成熟的计算机技术的仪器，研究者们发现，婴儿在感觉运动阶段不仅仅是感觉和移动，他们已经有了一些思维活动。他们经历的不仅仅是不相关的声音和图像，还包括这些经验的综合。另外，婴儿也有记忆，2～3个月大的婴儿可以再认出几天以前挂在婴儿床上方的运动物体。

婴儿拥有客体永存的概念似乎比皮亚杰预言的要早。皮亚杰认为儿童要作出有效的行动，才能确定他有客体永存的概念，比如，将覆盖在物体上的遮挡物拿开。现在，研究者们认识到，皮亚杰要求的找到一个隐藏客体的行为实际上需要几种能力的综合：对隐藏客体的思维表征，指出它可能在哪，然后拿开遮盖物。因此，皮亚杰的测试没有考虑到婴儿可能知道隐藏的客体的存在但是他并没有足够的策略找到的这种情况。婴儿认知发展的一个里程碑，是他们获得使用客体知识解决物理问题的能力。如拉动一块布的边，将想要的玩具移到自己的面前。这种皮亚杰首先研究的手段—目的问题解决能力大约在8个月的时候发展出来（Papalia et al.，2004）。随着新的研究技术的出现，特别是违背预期程序的采用，婴儿展示出他们惊人的认知能力。

（四）言语的发展

0～2岁婴儿在对本族语言的语音、语义、句法、语用能力的掌握上飞速进步。6个月的时候，婴儿就能听懂一些常用的词，7个月左右开始咿呀学语。大约在1岁的时候，开始发出可以识别的词。在这个整字句阶段（只能说出一个词但却表达一句话的意思），他们的词汇非常有限，经常会犯外延扩大的错误，即在不适当的宽泛情境中使用特定的词。18个月左右，他们迅速地学习新词，到2岁的时候，多数儿童可以说出短句，但只包含最重要的词（称为电报语）。随后，表达的长度和复杂性逐渐增加。我国儿童语言发展的研究结果将语言发展分成几个阶段：从出生到3个月，为简单发音阶段；4个月到8个月，为重复连续音节阶段；9个月到1岁，为不同连续音节阶段，学话准备期；1岁到1岁半，为单词句阶段，正式开始学话；1岁到1岁3个月，简单模仿发音和词，开始较快地发展，但连续音节的比例仍处于较高水平；1岁3个月到1岁4个月，词成为主要的发音和交际手段，连续音节退居次要地位；1岁5个月到1岁半，词成为唯一的发音类型和交际手段，还产生了简单句；1岁半到2岁，简单句阶段，能掌握最初的言语。

（五）社会交往及情感的发展

婴儿的社会交往始于他们和照料者之间的相互吸引。大约在出生后一个小时，如果他们待在母亲的身边，他们就会注视母亲的脸，而母亲也会注视他们，同时轻轻地抚摸他们。出生后最初的几个月，幼儿开始被他人所吸引，同时他们本身对于他人而言也是具有吸引力的，小小的身体、大大的眼睛、胖胖的脸颊、嘟嘟的小嘴和咯咯的声音，这些特征对他们周围的人有着很强的吸引力，尤其是他们的父母和看护者。尽管孩子在出生前就可能存在一种母子之间的情绪联结，但心理学家们曾经认为，出生时的相互吸引和联结具有决定性的意义，如果这个最初的联系没有建立起来，母亲和孩子之间的联系就再也无法达到一个很强的程度了。但后来发现，母子的这种互动只是一种享受，对于建立一个紧密的联系并不是必需的。父亲和母亲，无论是亲生的还是养父母，都是在日复一日中逐渐形成和孩子之间的亲密关系。

儿童很小的时候就对他们周围的人很敏感。比如，看到神情愉悦的面孔，他们也会微笑。幼儿到1岁的时候，因对自己的行为不确定，会把母亲的情绪表现作为自己行为的一个向导。比如，在陌生人接近时，如果母亲表现出生气或恐惧，他们就会对陌生人表现出抵触和拒绝。幼儿不仅可以通过哭闹、尖叫的方式，还可以使用更为精细的方式和父母进行感受上的交流。当他们想要和人接触时，会通过注视和微笑的方式表达他们的意愿，如果不想和人交流，他们就会转过头去吸吮自己的大拇指。如果看护者没有对婴儿的情绪信号作出反应，婴儿就不知道自己的行为是否恰当有效，这样会阻碍他们的发展。只有成人善于关注孩子的行为并对此作出反应，他们才能茁壮成长。

第二节　儿童早期

一、运动的发展与游戏

儿童早期指2～6岁这一时期。有的学者认为，此阶段儿童的粗大运动和精细运动能力继续发展完善，其活动水平是一生中最高的（Feldman，2003）。在这些活动中，孩子的粗大运动技能，如跳跃、蹦跳、跑步、投掷等逐渐发展起来，而精细运动能力，如使用碗筷吃东西、使用剪刀裁剪、系鞋带、画形状、拼七巧板等，虽然需要更多的练习和实践，但也在这几年慢慢发展完善。运动发展的最后一个成分是利手的发展。利手，即明显偏爱使用左手或右手。90%以上的学前儿童是右利手，在左利手中，男孩多于女孩。运动能力的发展大大扩展了孩子们活动的领域，丰富了他们与环境交流的形式，为认知能力和社会性的发展奠定了基础。

游戏是这个年龄段儿童交往的主要形式。最开始（2～3岁的时候），他们只是简单重复某件事情，如摆弄娃娃、不停地蹦跳等，这是一类功能性游戏，也称独自游戏。4岁左右，孩子们典型的游戏便是建构性游戏，如搭积木、拼装东西、利用一些零件建造完形。在游戏的过程中，根据孩子们的互动特点，可以将游戏分成平行游戏（大家各做各的，以相似的方式玩着类似的玩具）、旁观游戏（有的个体看别的小朋友玩，但不参与）、联合游戏（他们自己做自己的，但彼此分享和互借玩具）、合作游戏（他们轮流进行或分批竞争）。后两种游戏形式直到这一发展阶段的最后才出现。通过游戏，儿童学习并发展自己的社会技能，而儿童社会能力的发展也影响着游戏的形式和质量。

二、言语与思维的发展

（一）言语的发展

言语发展特点的异质性随着年龄的增长越来越大。对英语语言能力，儿童在3岁左右开始学习使用名词的复数和所有格，使用时态、冠词（the/a）回答复杂问题。大约4岁的时候，讲英语的孩子会犯过度规则化的错误，即把不规则变化的词作规则变化，这些常作为规则学习的证据，并进一步发展到学习否定句和疑问句。到6岁时，儿童的英语词汇量已经达到14 000个。语法的获得是学前开始的。学前儿童语言的20%～60%是自言自语，像独白。随着其言语能力的发展，用于社会交往的语言开始增加，他们就可以与人交谈了。汉语是一种独特的语言，研究汉语儿童的语言发展对了解语言发展的普遍性和特殊性具有重要作用。研究结果表明，汉语儿童的语言发展和其他国家儿童的语言发展有许多共同之处，但也有一些不同的特点。我国儿童从2岁到3岁，复合句开始发展，掌握了最基本的语言（许政援，1996）。在发展过程中，儿童语言有很大的情境依赖性（包括语言情境和非语言情境）和发展的不均衡性。关于语言发展的理论，研究结果支持认知发展是语言发展的基础，但认知发展不是语言发展的充分条件，而且它们是相互作用的。研究者肯定模仿是儿童语言习得的重要途径，但不是唯一途径，而且它需要前提条件，即受制于儿童本身的成熟和认知发展（缪小春，2002）。

（二）思维的发展

1. 皮亚杰的认知发展理论

皮亚杰（Jean Piaget，1896—1980）是儿童思维发展研究领域的先驱，尽管他的理论并不完善，在某些方面还存在缺陷，但他关于认知发展的思想确实非常具有指导意义。通过对幼儿的深入观察（包括他自己的孩子）和与儿童的广泛接触，皮亚杰提出认知发展是阶段性的，即所有儿童都经历同样的阶段，各阶段的发生顺序相同，没有缺失也没有跳跃。根据他的观点（见表3-1），婴儿、儿童、青少年的想法或者说思维方式，都是不同的。儿童并不是缩小了的成人，也不是不如成人，只是和成人处在不同的发展阶段，思维方式不同而已。各个阶段之间有着质的差异，就好像破茧成蝶一样。

表 3-1　皮亚杰的认知发展理论

阶段	行为和成就
感觉运动阶段（从出生到2岁）	感觉探索周围的世界，粗大运动发展。 将自身与周围的世界分开。发展出客体永存的概念。初步了解到因果。
前运算阶段（2～4岁、4～7岁）	不能进行逻辑思维，但是已经可以进行表象思维和表征。 语言出现和发展。可以进行假扮游戏。思维是单维的和不可逆的。
具体运算阶段（7～11岁）	可以进行简单的逻辑思维和简单的思维操作。 能够了解尽管表面上变化，事物的实质可能没变。可以将事物分类，能够从不同角度看待问题，可以同时考虑两个概念。
形式运算阶段（11岁往后）	可以进行抽象概念的逻辑思维，对可能发生的情况和应该发生的情况等进行推理。 可以在头脑中把内容和形式分开，可以利用假设进行推理。可以将原因和结果进行广泛的联系。可以处理比例和进行类比。

（1）发展的建构单元。

皮亚杰引入了图式（schema）这一概念，定义为个体在经验中获得的思维的映象或扩展，是思维的基本单元，也是智力发展的建构单元。开始婴儿的图式是很简单的，之后儿童会形成较复杂的图式。图式的发展受到两个过程的指引：同化（assimilation）和顺应（accommodation）。同化过程中，儿童接受新鲜事物的信息并试图从自己已有的图式中找出和这个事物相匹配的一个，然后将这个事物同化到已有图式中。在顺应过程中，儿童将改变不适合新信息的图式以适应新信息。

（2）感觉运动阶段。

皮亚杰把认知发展的第一个阶段称为感觉运动阶段（sensorimotor period），在这一阶段，思维活动的内容为形成感觉功能和运动技能的图式，如视觉和听觉，抓握和吸吮。在感觉运动阶段，婴儿只能够形成那些可以看到、听到或者接触到的客体和动作的图式。他们无法想象不存在的客体，无法仅仅躺在他们的婴儿床中就凭空想象出母亲或玩具熊的样子或者动作，因为他们无法表征那些他们没有看到、听到和接触到的客体。

当婴儿可以对当时不在可接触范围内的客体进行表征的时候，感觉运动阶段就结束了。这个时候，婴儿可以想象客体的样子和动作。皮亚杰认为这一里程碑式的转变将儿童从“现在并且面前”的世界中解放出来，构成了思维进一步发展的基础。转变的一个标志就是儿童可以找到藏起来的事物，儿童已经知道即使他们看不到、摸不到，客体依然是客观存在的。皮亚杰将这一概念称为客体永存（object permanence）。根据皮亚杰的理论，直到18～24个月大的时候，婴儿表现出可以留存图像在脑中的能力，如果把他们面前的物体拿开，他们会注视物体原来位置周围的地方，甚至预测完全不同的地方。皮亚杰认为，这时他们客体永存的概念才发展成熟，他们对客体思维上的表征已经可以不依赖于对客体的直接知觉了。

(3) 前运算阶段。

感觉运动阶段之后是前运算阶段（preoperational development）。这一阶段的前半段，儿童开始理解、创造事物，并且开始使用符号表征不存在的事物。他们开始学习绘画，玩假扮游戏，讲故事。

对于2~4岁的儿童而言，使用和理解符号为他们开辟了一个崭新的世界。两岁的孩子第一次参与假扮游戏，可能仅仅是用一根手指代表一把剑。3~4岁的儿童可以表征更为复杂的角色和事件，他们有能力去演绎一个家庭、医生或英雄的角色和相关的故事，同时也已经能够了解微缩模型的表征意义了。前运算阶段的后半段（4~7岁），儿童开始对世界有直觉的猜测。但是，皮亚杰观察发现，这时的儿童不能分辨想象和现实的差异。因此，这一年龄阶段的儿童总是宣称他们的梦是真实发生的，当他们不能解释发生的地点时，他们会认为事件发生在他们不知道的某个地方。他们认为那些本来没有生命的客观物体也是有生命的，它们有知觉、有感情。这时的儿童还认为事物就是它们看起来和摸起来的样子，还没能认识到某些事物即使外观改变，其本质还是没有变化的。这些儿童还不具有皮亚杰所说的守恒（conservation）概念，他们也还不能运用可逆性（reversibility）的逻辑，即如果你将水从一个容器倒入另一个容器中，那么你还可以将它倒回来，这时候水量仍和原来一样是不变的。他们也还不能运用互补的概念，每次只能注意到一个维度，往往是更为明显的那个维度，成为他们作出猜测的依据。事实上，皮亚杰之所以把这个阶段命名为前运算阶段，就是因为这一阶段的儿童还不能进行诸如可逆和互补这样的逻辑思维过程。

(4) 对皮亚杰理论的修正。

儿童从一个发展阶段到另一个发展阶段的变化，并不像皮亚杰所说的那样连贯并具有全球一致性。儿童思维能力的发展不仅依赖于正常的有规律的发展，还依赖于任务的难易、儿童对实验中客体的熟悉程度、他们语言理解能力的高低和他们是否经历过相似的情境。儿童的思维水平第二天和第一天相比可能就有显著差异，甚至在同一天中两次解决同一问题，就有可能出现了显著差异。儿童知识和心理策略的发展在不同地区是有年龄差异的，即思维水平的发展更像是区域水平一致而不是全球水平一致。心理学家们现在开始重新考虑儿童的认知发展有可能是一个在曲折中不断发展的过程，即在总的发展趋势下有可能会有进步和退步的反复交织，而不是固定的不可逆的阶段；儿童的思维方式是以一个不断改变的频率变化，而不是突兀地从一种思维方式变为另一种思维方式。心理学家认为，儿童可能进行这样一个系统的过程：他们尝试用不同的方法解决问题，然后逐渐从中选出最好的一种。

2. 童年的信息加工过程

信息加工对于发展的解释是基于人们如何接受、利用并记忆信息等认知活动的。这一领域的心理学家们关注的是儿童思维能力逐级的质的转变，而不是发展阶段。这些心理学家的研究表明，随着年龄的增长，儿童的信息加工能力逐渐改善，年龄大一些的儿童，其注意持续时间就会更长一些，他们还可以更为迅速地接受信息并将他们的注意力从一个任务转向另一个任务；接受信息之后，他们对信息的加工也更为有效。儿童的记忆储存容量也会有显著的进步。学龄前儿童一次只能记住2～3个信息片段，年龄大一些的儿童可以同时记住更多的信息。儿童的记忆容量每年都有增长，尽管有时候只是一点点。目前还没法确切地知道究竟是什么增强了儿童的注意能力、信息加工能力和工作记忆容量。

3. 文化与认知发展

当皮亚杰把视线集中在从认识客体和物质世界方面来考察个体发展的时候，俄国心理学家维果斯基（Lev Semyonovich Vygotsky，1896—1934）则更为关注人所组成的社交世界。他把人们的思想看作是文化历史的产物，认为儿童的思想是通过和其他人思想的接触交流逐渐形成的，儿童带有文化特征的观点是通过和父母、老师以及其他文化表象的接触交锋获得的。

西方学者通过研究儿童成长过程中的社交联系支持维果斯基的观点。在北美文化中，日常社交活动包括购物、去麦当劳、参加生日派对和宗教仪式等。在另外一种文化中，日常社交活动可能包括制作陶器、打猎、编制篮筐等。儿童很早就形成了关于这些活动的表征，即脚本。对参加日常社交活动如何影响儿童知识发展的研究（Nelson，1986）发现，幼儿3岁的时候已经能够准确描述这些日常社交活动的过程了。儿童的认知能力还受到他们所使用的带有文化背景的语言影响。比如韩国和中国的儿童在较大数字的加减上显示出突出的能力，三年级就可以心算三位数的加减法（如702减125），而美国的同龄儿童则无法做到。这种差异可能是由于亚洲语言中对于11～19的表征使用了更为清晰直接的词汇。而在英语中，eleven和twelve这类词语不能像11、12这些词语那样清晰地表达数字之间的加减关系。

三、自我意识与心理理论的发展

（一）自我意识的发展

自我意识（self-consciousness）是一个人对自己以及自己和他人之间的关系的意识，即个人对自身的自觉观念系统。儿童通常在18～24个月开始通过鼻点测验，理解镜子里面的形象是他自己（Lewis，1997），这是自我意识发展的一个标志性事件。在继续发展的过程中，自我意识逐渐变得复杂，内容越来越丰富。从孩子们在不同年龄阶段对自己的描述，我们可以勾勒出自我意识大致的发展进程。3～4岁，在看待自己时，更多的描述是分离的、可观察的特征，并与身体的特性相联系（如我的眼睛是蓝色的）；接着强调体能活动和能力（如我可以跑得很快）；逐渐会考虑社会关系以及心理特征（如我总是很高兴）。学前儿童自我意识发展的一个典型特征是自我评价总是积极的，认为自己就像他们理想中的那样。在评价自己的能力时，通常不会考虑先前的成功和失败。即使失败了很多次，他们还有可能相信自己下次会成功。

（二）心理理论的发展

心理理论指的是人们理解和推理心理状态（包括意图、愿望、信念、情绪等），并据此解释和预测行为的能力。这一概念最早在黑猩猩问题解决的研究中被提出（Premack & Woodruff，1978），随后成为发展心理学家非常感兴趣的问题。大部分心理理论研究考察了儿童对基本心理状态，如愿望、知觉、信念、知识、思维、意图、情绪等的认识，心理状态与知觉输入和行为输出之间的关系及不同心理状态间的联系。

对于信念理解的多数研究是围绕错误信念进行的，儿童在4岁左右才能理解信念作为一种对现实的心理表征，有可能与现实不同，即错误信念，而通常是关于事实的信念指导人们的行为。但是，有些对经典错误信念任务加以修改的研究发现，3岁儿童也表现出错误信念理解（Bartsch & Wellman，1989；Carpenter，Call，& Tomasello，2002）。对于愿望理解的研究相对较少，儿童对于愿望的理解似乎要比信念早。儿童很有可能是先发展出愿望理解，之后才开始使用信念来预测和解释人们的行为。但有些研究者（Moore et al.，1995）却认为，错误信念任务的困难之处在于需要儿童在他人信念与自己信念相冲突时预测他人的行为。因而，他们认为只要别人的心理状态与儿童自己的心理状态有冲突，不管这种心理状态是什么，3岁儿童对该心理状态的推理都会有困难，愿望也是如此。他们的实验也确实发现，在冲突情况下的愿望理解与信念理解的难度是相当的。愿望理解不一定比信念理解出现得早，对于不同方面的推理，如信念和愿望来源、行为预测、情绪反应预测等，儿童可能有着不同的发展序列（Moses，Coon，& Wusinich，2000）。

心理理论除了与执行功能和表征理解密切联系外，与语言能力也有着密切的关系。用英国图画词汇测验（British Picture Vocabulary Scale，简称BPVS，测量接受性词汇）测量的儿童言语能力，与完成错误信念任务的能力有明显相关，在正常发展儿童和自闭症儿童中都是如此。控制了年龄和家庭背景时，语言仍与错误信念理解和情绪理解相关，说明语言在心理理论的发展中起基本作用。

第三节　儿童晚期

一、体能与认知发展

儿童晚期（6～12岁）身体发育与前一阶段相比速度慢了下来，是一个比较平静的发展时期。他们的营养状况与身心发展的质量联系在一起。目前，随着社会的发展和人们生活水平的提高，很多学龄儿童面临的是高热量、高脂肪的食物，越来越多的儿童出现体重超标现象。他们的运动技能继续改进。虽然会花一些时间在自由无结构的活动中，比如打斗追逐、角力游戏，但会有大量时间从事有组织的运动。这一阶段粗大运动方面的重要发展是肌肉协调，精细运动的发展则体现在控制身体的能力增强、反应加快等方面，这可能与脑中神经元纤维的髓鞘量增加，从而使信息传递速度加快有关。

在皮亚杰关于思维能力发展的框架中，大概6～7岁，儿童逐渐发展出了数和量的概念，进入具体运算阶段。这个时候，儿童可以数数、测量、做加减运算。他们的思维不再被物体的表面现象限制，由此获得了守恒的概念，可以同时考虑不止一件事情。可以使用简单的逻辑，进行简单的思维操作。他们通过系统地考察、排列将物体分类，比如，将客体分为水果和交通工具等，或者分组，比如，大的和小的。7岁以后，儿童能够更好地记忆那些更为复杂抽象的信息。他们的记忆更准确、更广泛、更有组织，积累起来的知识使得他们可以进行更多的推理，更好地将新信息整合起来而逐渐形成一个更为完整的信息网络。

二、学校教育与家庭教育

进入一年级的第一天是儿童认知能力发展的一个里程碑。孩子在一年级的成绩可能会形成老师的知觉与期待，从而影响他的整个求学过程。由于课堂行为模式在第一年建立，所以这一年很关键，可使父母和老师帮助儿童养成良好的学习习惯。

（一）影响儿童学业成绩的因素

影响儿童学业成绩的因素包括自我效能的信念和学术动机。有自我效能的学生（相信可以掌握学校的功课，有能力对自己的学习进行调整）更可能成功。父母要为孩子创造一个良好的学习环境，开辟一个放书和学习用具的地方，帮助孩子养成固定的吃饭、睡觉、学习时间，对看多久电视、放学以后做什么有所控制，并经常了解孩子的学校生活。在孩子渐渐长大后，将这种责任逐渐转移到孩子身上。父母可使用外部刺激方法（奖励钱财、惩罚）或内部动机（赞扬他们的努力和能力）给孩子以鼓励，一般来说，内部动机更有效。这样的父母通常是权威型的，这些孩子有好奇心并对学习感兴趣，而独裁和放任的家长则可能导致孩子的学业成绩差。教师的期待会预测和影响学生的学习，在儿童进入青春期的过程中，教师的期待仍然是重要的，而教育系统中的教育哲学、教育理论、教育实践、历史事件也会影响学生的学业。文化的影响也越来越受到研究者的重视。中国、日本的母亲将孩子的学业成绩作为最重要的追求，她们让孩子花更多时间做作业。而美国学生课后更多地从事运动和其他社会化活动，亚洲学生几乎总在学习。

（二）第二语言教育

学校通常会开展第二语言的教育实践。第二语言的教育方法是有争议的。美国是个移民社会，考虑的主要是掌握英语的速度，对学术成就的长期影响、文化认同等。很多人在家里不说英语，如何保证个体在学校里能够和讲英语的个体一样获得教育？他们主要采用三种方式：只用英语，两种语言都用（先用本族语言，然后转入英语班级），双语（说两种语言的）一起学习（Holloway，2000）。我国的第二语言学习主要是英语，什么时候学，以什么方式学习，还有待深入研究。

（三）特殊儿童教育

在学校中，如何对有特殊需要的个体开展教育？如对智力落后、注意缺陷多动障碍的儿童，是让他们在正常班级学习还是单独开班？在美国，法律规定对这些孩子必须有适宜的设计方案，家长也会牵涉进来，推行全纳教育（inclusion program），即让特殊儿童尽量在普通班级中接受教育。但这种方案也有一个风险，即把这些有特殊需要的孩子和普通孩子一起评价，他们有可能会排在后面或留级。我国由于人口众多、班级人数较多，对这些孩子通常单独开班，或在单独的特殊学校里进行教育。对另一类有特殊需要的儿童如超常个体的教育，目前也主要有两种方案。一种是在普通班级里学习，但接受小灶。通过额外活动、指导，满足他们的需求。另一种是实施加速、跳级、少年班这类计划和项目，帮助他们以更短的时间完成所要求的教育。

（四）父亲的教养角色

在家庭教养研究中，母亲一直是主角。但随着父亲投入受到的关注越来越多，研究者们开始考察父亲的教养角色。一些研究者认为，父亲教养角色正朝着家庭教养中与母亲平等的方向发展，这种转换使得如今的父亲更多地投入到他们的家庭关系和教养儿童上。一项研究访谈了 119 个 1 岁儿童的中国父亲（其中 65 名是第一代的加拿大华人移民），结果表明，中国和加籍华人父亲描述了自己的为父方式，尽管作为养家糊口的角色仍然保持稳定，但父亲认为他们的角色是多方面的。随着时间的变化，父亲的参与水平在逐渐提高。中国家庭中父亲教养方式的更现代式的转变似乎和父亲在孩子生活中起着重要作用的意识是一致的。这些对父亲角色的知觉暗示了亚洲人总体的文化转变（Chuang & Su，2008）。

三、自我与道德发展

随着年龄的增长，儿童的自我更加丰富，将自我从单一的界定分成了多个方面，如学业、社交、体育等。在看待自己时更加关注心理特质，并通过社会比较（social comparison）评价自己的能力和专长。国内学者考察了学前儿童、小学生、中学生和大学生自我意识的发展。他们把自我意识分为三个成分：自我评价、自我体验和自我控制。各成分发生时间稍有前后，但以后随年龄不断增长，发展速度和模式可能会各不相同。

关于儿童道德发展的研究，最有代表性的是柯尔伯格（Lawrence Kohlberg，1927—1987）的道德发展阶段论。随着青少年认知能力的发展，他们将认知技能应用于解决有关道德的问题中。研究者通过调查人们在道德两难问题（moral dilemma）上如何决策和为什么这么决策来考察人们对道德的认知。最有名的就是“海恩斯的两难抉择”。这个问题设置了这样一个情境：海恩斯的妻子得了癌症，需要用药治疗，但是他负担不起高昂的药费，他面临的选择是要不要为了给妻子治病而去偷药。柯尔伯格给10岁到26岁的男性被试呈现类似的道德两难问题时，发现他们作出的选择呈现出一种系统的随年龄变化的态势。儿童、青少年、成人的选择及原因都是有差异的，柯尔伯格据此把个体的道德发展分为三个水平六个阶段，但是这六个阶段和个体的生理年龄的联系并不紧密，每个阶段的起始时间只是一个大概范围，而且并不是所有人都能达到最高阶段。

儿童9岁以前一般处在第一阶段和第二阶段，常常依据自己的本性作出判断，称作前习俗（preconventional）水平。这个阶段儿童在社会中的社交互动并不基于习俗和规则，而是为了避免被惩罚或跟随符合他们自身优势的规则。而在第三阶段和第四阶段，即习俗（conventional）水平，个体开始关注其他人的想法。他们开始认为道德由规则和习俗组成，比如，对家庭、婚姻、国家的责任。这个阶段一般是9~19岁。第五阶段和第六阶段是道德发展的最高阶段，为后习俗（postconventional）水平，这个阶段的道德决策多是基于对公平、公正、人类生存的责任等方面的个人标准或普遍原则。达到这一阶段的人们能够看到法规和法律的武断性，但是为了人类的利益仍然会遵守，当法律或法规破坏了人类利益的时候，人们有权利废除或修正它们。柯尔伯格的研究表明，只有一部分人可以达到这个阶段。

第四节　青春期与成年早期

孩子们在完成学业、发展兴趣爱好和与朋友的交流互动中平稳地度过了童年的前半段。但是在青少年阶段，很多事情的发展变化是超乎想象的，他们在体重、体形、运动能力上都发生了显著的变化。本节主要讲述青春期（12~18岁）与成年早期（20~40岁）的发展特点。

一、性成熟与身心冲突

身体上疾风骤雨式的变化是青少年阶段开始的一个外在标志。这种爆发式变化的高峰在男生和女生身上是有差异的，女生一般发生在12岁左右，而男生要晚一些，大约14岁左右。似乎一夜间，孩子们发现他们的身体和以前不一样了。在这个发育高峰结束的时候，女生开始了月经周期，男生体内也开始产生精子，青春期（puberty）拉开了序幕。青少年早期（大约11～14岁）总是充满挑战的。对性的好奇与兴趣，抽烟、喝酒甚至是吸毒，对这个年龄段的孩子极具诱惑力。同时，青少年还要应付多变的情绪，并经历一些其他心理上的危机，如独立的意识和父母的保护与控制之间的矛盾。

青少年首先需要面对的是自尊（self-esteem）问题，即对自己是否有价值、有能力，是否值得别人尊敬的判断，尤其在不顺利的情况下，他们能否正确地看待自己对发展有重要影响。研究者发现，当这些年轻人遇到的挫折比较多或比较严重时，比如，他们在家里没有充裕的学习空间、父母离婚或失业，他们就会比较难适应青少年期的这种转变。事实上，从小学到初中的转变对于青少年来说确实是一种挑战。而在小学就已经有学业问题的学生和那些本来就不自信的学生在中学的学业表现通常也会比较差。自尊和身体上的成熟也是有关系的。在西方，成熟比较早的男孩的地位在同龄人中会比较高，更容易成为领导人，常感到快乐和放松；而那些成熟比较晚的男孩被拒绝的次数就会多一些，更容易产生依赖感，更多地被别人控制。相反，成熟较早的女生常常感到困窘，父母往往会对她们的行为作出限制。成熟早晚造成的这种影响常常会持续到他们成年。

青少年期的变化和压力也常常会引起家庭冲突。很多青少年对父母的规矩和价值观不再满意而有了自己的想法，几乎在任何事情上都和父母争执，从谁该负责倒垃圾到谁把牛奶放在了冰箱上面。对于那些本来就和父母联系交流得比较少的孩子来说，严重的冲突会导致一些严重的结果，比如，离家出走、早孕、偷窃、吸毒或自杀。当然对于大多数家庭来说，这种冲突都不至于严重到这种程度。在欧裔美国人家庭中，如果父母使用的是权威型的管教方式或对孩子的管教处在严厉和放任的平衡之中的话，青少年就可以比较顺利地度过这段时期。有性经历的孩子其表现常常和普通的孩子有一些不同，他们更叛逆，更有可能抽烟、喝酒或吸毒。青少年的性经历通常和社会公认的道德伦理相关。比如，亚裔美国人的性经历就要比欧裔美国人的性经历更为节制。过于频繁的性经历可能会导致学业成绩下降、缺乏广泛的兴趣爱好、性传播疾病或未曾预料的早孕。青少年是性传播疾病的高危人群。1/5的艾滋病患者是从青少年时期开始患病的。

二、认同与职业选择

当要求学龄前儿童形容他们自己的时候，他们常常会提到自己所做的事，比如，看电视、收拾桌子等。到8、9岁的时候，他们开始用一些个人信息来描绘自己，比如，性别、年龄、名字、外表、喜欢什么或不喜欢什么。他们也有可能用他们参与的活动来形容自己，但是描述的时候会加上他们做得比其他孩子优秀等类似的信息。到了11岁的时候，孩子们就开始用社会关系、个人特点或其他一些稳定的主要的特征，诸如“聪明”、“友好”等来形容自己。儿童到青少年时期的这种对自己形容方式的转变，显示了他们对自己认识的转变。随着自我意识的增强，他们最终会达到独立个体自我的同一。

埃里克森（Erik Homburger Erikson，1902—1994）认为，认同的形成是青少年阶段的中心任务。到了青少年晚期，当青少年从高中步入大学并形成新的社交关系的时候，他们的自我概念（self-concept）受到了极大的挑战，导致了同一性危机（identity crisis）。在这个危机中，青少年必须调用童年获得的自我认知信息，并发展出一个整合的自我形象（self-image）。如果幼儿和儿童时期的信息是信任、自主、主动等，青少年就会比较顺利地渡过这个危机，感到自信和有能力。但是，如果那时的信息是不信任、羞怯、内疚、自卑等，那么青少年就较难对自己和自己的目标产生认同，他们常常会感到困惑和苦闷。

认同状态直接影响到个体对自己职业生涯的选择。这种选择会经历一系列的发展阶段，如幻想阶段、试验性阶段、现实阶段。幻想阶段（11岁以前）的个体不考虑自己的技能、能力和可能的工作机会，不断选择和放弃，经常可以在“我的理想”这类作文中看到这一阶段个体的职业理想。跨越整个青春期的试验性阶段开始按照不同工作的要求和自己的能力进行实际的考虑。成年早期，个体在现实阶段作特定职业的探索和选择。

三、亲密关系的建立

个体通常都是在20岁的时候步入成人阶段的。他们选择一个职业，或者至少暂时找到一个工作，同时也开始更多地考虑爱情问题。他们正处在埃里克森心理发展理论的第六个阶段：亲密或是孤独。这个亲密包含性亲密、友情和思想的相互交流。在这个方向上，最终人们会走入婚姻的殿堂或形成其他形式的稳定关系。而另一些青年人，刚刚和父母分开的时候，经历了独立和孤独。他们可能认为未来是个未知数，对未来充满了恐惧和不安。

人们是否愿意和是否会作出建立亲密关系的承诺，部分取决于他们早年的依恋类型。研究者发现，青年人对于亲密关系的看法和他们幼儿时期的依恋类型是有对应关系的。如果早期属于安全依恋型，他们就会感到亲密的关系是有价值的，较容易和他人建立亲密的关系，并且他们所建立起来的关系是充满愉悦、信任的。但是，如果他们早年属于不安全依恋型，就会对建立亲密关系这件事感到迷茫、不可预测，他们总是担心被抛弃。即使建立起亲密关系，这种关系也常常充满消极、猜疑和不信任的色彩；或者，他们根本就不能够信任他人，不能作出承诺，无法和他人建立亲密关系。类似于陌生情境测验，研究者让被试处在可能产生轻度焦虑的情境中，并对被试及其同伴的行为进行摄像。录像显示，随着焦虑水平的增加，安全依恋型的人们会更多地向他们的同伴寻求支持，而不安全依恋型的人们却更少向同伴寻求支持。另一项研究表明，不安全依恋型的个体比安全依恋型的个体更多地变换他们的立场，并且更少和他人拥抱。

在成年早期，为人父母的经历标志着人们进入了一个新的发展阶段，他们会有一些个体上、社会关系上，常常还有工作上的变化。对于很多夫妻来说，婚姻满意度下降了，一般的家庭在这种压力下都会产生矛盾。年轻的母亲感到很不适应，尤其是当她们很看重事业的时候，或当孩子很不好哄的时候，或当丈夫没有给她们很好的支持的时候，她们甚至会怨恨孩子给她们带来了束缚与麻烦。当年轻的父亲并没有分担照顾孩子的工作时，常常会造成夫妻双方对家庭的满意度下降。在为人父母的转变中，这种夫妻关系上遇到的困难不仅会危及婚姻，而且会影响对孩子的抚育。同时父母对孩子的抚育质量还受到他们自己早期依恋类型的影响。如果母亲的依恋类型属于安全型，她们就会对孩子更负责，孩子也就更容易形成对母亲的安全依恋。

心理学与人生 3-1　认同自己

心理学家马西亚（Marcia，1966，1980）通过对个体30分钟半结构化认同状态的访谈，确认了四类认同状态：认同获得、认同闭合、认同延缓和认同弥散。它们的区别在于危机（有意识的决策阶段）和承诺（个体对职业或信息系统的投资）的出现与缺乏。认同状态和焦虑、自尊、道德推理及行为模式有关。认同获得是危机导致承诺，在探索各种可能性之后作出选择。一些文化下的研究发现，这类个体比其他三类更成熟，也更具有竞争力。认同闭合是没有危机的承诺，不花时间考虑选择，但接受他人对其生活的安排。认同延缓是在还没有承诺的危机中，个体正在考虑各种可能性，但暂时不作决定。认同弥散没有承诺，没有危机，既不思考也不决定。这类个体倾向于不快乐，经常感到孤独。

这些类别也不是永久不变的，个体可能会随着发展改变认同状态（Marcia，2002）。青春期的最后，越来越多的个体处在获得和延缓的状态，寻找或找到自己的认同。当然，甚至到成年早期，也还有许多个体仍然在闭合或弥散状态。最普通的发展轨迹是从闭合到延缓再到认同获得。

尽管认同形成主要是青春期的任务，但它一直在发展，一些研究者将认同形成的过程看作是成年的核心问题。认同也许不仅包括一个自我，还包括多重“可能自我”

(人们希望成为的和害怕成为的)。中年转折经常涉及人们看待自己的方式发生变化。认同与社会角色和承诺紧密联系在一起(如我是母亲,我是一名教师)。在埃里克森、马西亚、皮亚杰等研究的基础上,认同过程模型(Whitbourne & Connolly,1999)提出,认同是通过个体经验塑造的组织化图式,是由自我知觉(包括意识和无意识)的累积实现的。知觉到的个性特点、个体特征和认知能力都整合进认同图式中。认同同化试图将新的经验整合进已有的图式中,认同顺应调整图式以适应新的经验。前者倾向维持自我的连续性,而后者则带来所需要的变化。两种过程的平衡方式决定个体的认同风格,同化与顺应哪种占优势就属哪种类型。同化型不灵活,不能从经验中学习,顺应型则对批评过于敏感,平衡型最为理想。

第五节　成年中期

青少年阶段的结束并不意味着发展的结束,成人也经历着身体、认知和社会关系的变化。成年一度被认为是从18岁开始,但是为了研究方便,我们把成年分为三个阶段:成年早期(即青年期,从20~40岁)、成年中期(即中年期,从40~65岁)、成年晚期(即老年期,65岁以后)。

一、身心健康与中年危机

成年中期,一些其他的体能变化开始慢慢出现。最明显的就是感觉器官的敏锐度下降,包括对光的敏感度,对距离差别判断的精确度以及对细节的辨察速度和精确度等。到了40岁左右,普遍开始出现远视(老花眼)。50岁左右,女性陆续绝经(menopause),体内雌激素和孕酮的水平下降,月经周期最终消失,表明不再具有生育能力。

然而,至少在60岁之前,重要的认知技能仍处在发展改善之中。在词汇、理解、知识水平等测验上,尤其是在那些需要用到日常生活中的技能或需要有丰富阅历的测验上,这个阶段的成人都表现出优于其他年龄段的人的特征。在成年早期和中期,他们不断地学习新知识,接受新信息,同时也将旧信息整合到记忆当中,磨炼旧的技能。事实上,在解决复杂思维的任务上,诸如有关推理、语言记忆和词汇的任务,40~60岁的成人表现最优。在成年阶段,思维的性质也会发生变化。成人的思维比青少年的思维更加复杂,也更具适应性,对于矛盾的认识也更为深入。对于一个行动,他们既能够看到其积极的一面,同时也能看到其消极的一面,然后据此作出是否开展一项新业务、是否支持一个政治候选人、是否搬到一个新地方以及是否改变工作的决定。中年人在作出理性的决定之前，会将行动、情绪、社会环境和个体人际关系等联系起来进行逻辑和抽象推理，他们在这些方面的表现要优于青少年和青年人，并且他们的思维也更具整体性，更符合道德准则，更具有实际意义。成人的这种思维一度被认为反映了一个新的认知发展阶段，是皮亚杰没能很好地进行概括的一个阶段。在这一阶段，人们的思维更加辩证。

在40岁左右，成年人需要经历一个中年转变。他们需要重新评估他们的生活和与他人的关系。他们可能感到精神鼓舞、自由，但是也可能感到失落并且遇到“中年危机”（midlife crisis）。青春期的孩子出现了性行为，孩子独立出去后出现的空巢，他们的父母健康状况日益下降，这些都会对他们造成压力，从而形成了中年危机。只有对于那些认为生活总是变化多于计划的中年人而言，或对于那些生活轨迹就是按照他们的计划进行的中年人而言，中年危机才比较容易应付。一项对7 000个成人的初步研究结果显示，人们在中年时期能否保持愉悦的心情和良好的健康状况，取决于他们能否感到对工作、经济状况、婚姻、子女和性生活有控制力，以及他们的受教育程度、他们所做的工作等。一旦渡过了中年危机，他们中年期的生活就会充满愉悦和满足感。

二、工作与休闲

在工业化社会中，传统的生活结构是年龄分化（age-differentiated）的，或者说社会角色是基于年龄来划分的。青年人是学生，中年早期和中期的成人是工作者，更年老的成人是退休者。然而，老年医学专家已经发现，这些结构不能适应人们生活的许多变化（Riley，1994）。

基于年龄区分的社会角色是生命较短和社会制度较少灵活性时期的一种延续（Riley，1994）。在一个年龄整合的社会，所有年龄段成人都可以担任所有类型的社会角色——学习、工作和休闲。这些社会角色可能散布在整个生命期的教育、工作和休闲时期，事态似乎正在朝这个方向发展。大学生有了工作—学习计划，“中途退学”一段时间，然后继续读书。成熟的成年人上夜大或者在工作之余培养一种兴趣。一个人可能会依次从事几种不同的职业，每一种职业都需要另外的教育和训练。人们退休比过去更早或更晚，或者根本不退休，退休后也可以去学习或者从事一项新的工作。职业决策是可以更改的。研究者在不同背景下考察了男性和女性的职业历史后，提出了一个寻找并抓住职业发展动力特征的理论（Ginzberg，1972）。该理论认为，职业道路分为两种：稳定模式或变化模式。拥有稳定职业模式的人常常只从事一种职业，到中年时，常常会坐到有权力和责任的位置上。拥有稳定职业的中年男性多为“专心工作的人”或者“稳重的人”。专心工作的人要么在退休之前付出全部努力去获得经济上的保障，要么发现自己很难放弃手中的权力。稳重的人容易满足于他们的成就水平，即使他们没有达到自己所希望的目标。他们最好的调整方法就是放松，即使想要做挑战性的工作，他们也不会改变自己过去对待工作的情绪状态。相反，遵循变化模式的人总是在他们能做的、想做的和所获得的之间作比较，这种再评估可能会引起职业变化。

三、婚姻与家庭

目前中年人的婚姻生活和过去大不相同。过去，中年人婚姻破裂最普遍的模式是一方死亡，另一方再婚；同时，只有中年夫妇俩单独生活是很不寻常的。今天，许多夫妇离婚了，但是没有离婚的夫妇在孩子长大成人后，常常盼望着拥有20年或更长久的婚姻生活。

婚姻满意度遵循U型曲线变化。刚开始几年，满意度很高，然后开始下降，在成年中期到成年晚期，满意度再次提升。即在头20～24年的婚姻生活中，婚龄越长，满意度越低，随后，婚龄和满意度的关系开始转变，婚龄越长，满意度越高，甚至在35～40年婚龄时，夫妇的婚姻满意度会超过头四年。U型曲线一般在成年早期达到最低点，因为在这个时候，许多夫妇工作压力很大，有十几岁的孩子和年迈的父母需要照顾。通常在孩子长大成人后，夫妇的婚姻满意度达到一个高点，因为在这个时候，许多人退休了，而且经济压力也减轻了。但是，这些变化也可能会产生新的压力和挑战。

第六节　成年晚期

成年晚期较为明显地出现了一些身体机能的衰退。在人们身体内部，骨质疏松、动脉硬化和动脉壁的脂肪堆积使得他们患心脏病的几率加大。他们脊髓椎骨间的软骨变薄，体形也发生了变化，男性的平均身高降低了2～3cm，女性平均降低了5cm，消化系统效率也降低了。消化系统和心脏疾病与个体的饮食和生活习惯也有一定关系，如饮食中缺少水分、纤维素，但含有太多脂肪，同时缺乏运动。另外，大脑的机能也有退化。一小部分人出生后一直存在的反射，比如，膝跳反射，这时已变弱或者基本消失。脑中的血流变慢。而在此之前，很多这种机能的衰退是可以通过锻炼和健康的饮食习惯来延缓的。然而退休、空巢和丧偶又向他们提出了挑战，同时也提供了独特的发展机遇。

一、退休与社会支持

在这一年龄段，男性和女性都面临着退休问题，如果他们把此事当作自己的选择的话，就比较容易接受，并且能很好地适应退休后的生活。

影响人们决定退休的因素有很多，如健康状况、工作环境以及职业生活在自尊中的地位。人们在决定何时退休时，首先考虑的是经济因素，社会因素也会影响退休决定。当市场中有许多更年轻、更廉价的劳动力时，工厂可能会通过增加退休金等方法促使年老工人退休。当退休人口的增多加大了青年一代的负担时，相应的退休福利可能会推迟到一个更大的年龄。退休决定也会因性别的不同而不同。一般来说，女性退休早于男性，主要是因为家庭问题——丈夫退休或者需要照顾生病的配偶或父母亲，但处在贫困中的女性除外。许多人发现自己退休后没有经济来源，所以一直工作到很老。个人的偏好也会影响退休决定，同时，老年人的机会和局限也会在很大程度上影响他们的选择。

退休常常被认为是一个充满压力的过程。在这个过程中，人们的身心健康水平可能会下降，因为退休涉及放弃对自尊起重要作用的部分。但大多数老年人能够很好地适应退休，而不会引起调整问题。不过，退休会产生一定的负面影响，当向老年人询问退休压力时，大约30%的人提到有调整困难。不愿意退休的主要原因是对工作很投入、不得不放弃自己的工作和经济上的担忧。好的婚姻可以促进退休调整，反过来，它也可从退休后的自由时间中获益。

退休后，大多数老年人比过去有更多的时间去做休闲活动。老年人选择休闲活动，是因为他们渴望得到自我表现的机会，渴望获得新的成就感或者愉快的社会交往。随着年龄的增大，休闲活动的频率和种类逐渐变低、变少，尤其是户外活动。75岁以后，由于受活动能力的限制，休闲活动主要是坐着的户内活动。他们更多的是阅读和看电视，他们很了解目前的国内外形势。老年人的政治观点也很广泛，他们并不局限于自己年龄段的利益，而是更多地考虑未来几代人的愿望和世界的安全。

在晚年，社会支持在减少压力方面继续发挥着非常重要的作用，从而促进老年人的身心健康。大多数时间，老年人接受了来自家庭的帮助，首先是来自配偶的支持。但是，如果已经丧偶，那就主要依靠孩子和兄弟姐妹。如果孩子和兄弟姐妹都没有了，其他的亲戚和朋友也可以提供帮助。然而，许多老年人非常重视独立性，他们不想从亲友那里获得大量的帮助，除非他们认为自己也能够帮助亲友。老年人喜欢交际的人格特点与良好的精神状态是有关联的。外向型的老年人更可能利用机会进行社会交往。与他人交往可以减少寂寞感和抑郁，培养自尊和生活满意感。高质量的人际关系，关爱、鼓励和尊重对老年人的心理健康有巨大的影响。

二、认知发展特点

到了成年晚期，人们的思维能力开始下降，包括将观点和表征进行快速而复杂的综合能力、快速思维和推理的能力、纯粹思维推理的能力。在一些有关他们不熟悉的事物的测验中，或让他们解决从没见过的复杂问题时，他们的表现就没有青年人和中年人好了。在复杂问题面前，他们明显感到从太多的信息中筛选、利用有效信息有些困难，并且在考虑、选择和执行解决方案上也有一些不顺利。随着年龄的增长，人们在对问题元素进行组织和对观点进行综合的效率上都有所下降。他们对需要将注意分配到两个活动上的任务感到困难，完成需要将注意不断转移到不同活动上的任务的速度也较慢。但是，老年人在有关他们熟悉事物的测验中，如果给他们足够的时间将两个任务事先分清楚，他们就能表现得与中年人和青年人一样好。

日常生活中的重要能力，比如，语言加工能力会比较完整地保留到高龄。进一步说，对于那些健康、头脑灵活的人，教育水平、收入水平和地位都比较高的人，环境刺激比较丰富，和配偶、同伴交流比较多的人，他们认知能力的下降幅度明显小于一般人。持续的脑力锻炼，比如，猜谜、画画以及和朋友进行头脑风暴式的对话，都可以帮助老年人保持更为有效和富有创造力的思维和记忆。工作对于维持思维活动水平有积极的作用。使用记忆和其他一些信息加工测验，对一些本来由于年龄增长或不使用而退化的机能也有改善的功效。

在认知能力方面，对处于成年晚期的人而言，最大的威胁是阿尔茨海默病（Alzheimer's disease），在75岁这一年龄的人群中，患这种病的人占总人口的3%。随着病情的加重，即使是最聪明的大脑也会失去它的能力。病人先是情绪过于平淡，然后是迷茫、思维不清晰、不能自我控制、头脑中一片空白，最终等待他的就是死亡。从得病到死亡，只有7年的时间，当然对不同的人时间长短是有差异的。男性平均5年，女性平均8年。这种病症出现的年龄越早，病情恶化越快、越严重，而这种病症在受过教育的人群中出现的平均年龄要晚于整体平均年龄。我国这方面研究的重点是老年人的认知能力和心理健康，如记忆、智力等认知功能的老年化特点。这些功能总的来说随年龄增加而减退，但不能笼统地说老年人的认知功能全面减退，因为减退的程度与作业性质有关，且个体差异很大。对老年人采取干预措施进行认知训练，可在一定程度上改善他们的认知功能。训练后老年人的成绩可达到甚至超过一般的年轻人。身体健康状况、婚姻状况、日常活动、家庭结构、在家庭中的地位和家庭关系等都对老年人的心理健康产生影响。一些研究不仅在理论上证明了老年人的认知功能具有可塑性，他们的衰退并非完全不可逆转，而且为开发利用老年人力资源，为预防老年疾病、改善老年人心理健康状况提供了科学依据（吴振云，2003；缪小春，2002）。

三、老年化与寿命

今天，人口已经出现了老龄化趋势。年老并不一定意味着孤独与悲哀，但确实是个体应该认真审视内心、谨慎抉择并且适应新环境的时候了，个体应该认识到自己对于身体状况等的控制力已经有限，应该重新调整应对策略。尽管他们可能和他人的联系减少了，但是他们从交流中获得的愉悦更多了。他们发现人际关系更加令人满意，人们之间更多的是相互支持。他们感觉到时光的流逝，因此更加珍惜积极的人际互动，并且谨慎地选择社交的同伴。只要至少有三个稳定的关系或朋友，他们就会感到比较满足。

当人们年老的时候，同时也就感觉到了死亡的临近。他们可能要经历同伴的离去，也感到自身健康状况不断恶化，力气变小了，思维能力下降了。在临近死亡的前几个月，他们可能会经历脑功能的迅速下降，也就是终端下跌（terminal drop）。根据埃里克森的理论，对临近死亡的感知给人们造成了生命中最后一次心理危机。在这个阶段，人们重新评价自己的生活和成就，确定自己的生命是否有意义。如果他们认为自己的一生是有意义的，通常会获得整合的感觉；如果他们觉得自己的一生没有意义，就会感到很失望。他们更多地进行哲学性的沉思，试图透视他们的整个生命，回忆、整合过去的事情，解决过去曾经有过的矛盾冲突，可能开始对宗教信仰更感兴趣，也更为注重生活的精神层面。这个“生命回顾”（life review）可能会引发焦虑、遗憾、内疚和失望，相反，也可能让他们更为平静地接受和面对自己的死亡、友人和亲人的去世。有尊严而宽心地看待死亡可以使人们离开人世时怀着对生命的满足，但是大多数人还是希望尽可能活得长一些。

那么我们怎样才能够长寿呢？长寿和教育水平、收入、地位等都没有太大的关系，生命的延续不是用金钱能够换来的。但一定的个性特征和寿命长短有关，包括好奇、尽责、不过分在意生活中消极的事件等。低热量的饮食、有规律地进行身体和脑力锻炼、对生活的控制感都有利于长寿。另外，不酗酒、在疗养院养老而不是孤独地生活也有助于长寿。

热点问题讨论 3－1　老年化与毕生发展

目前我国的老年人人口比例越来越高，老年人的发展不仅是老年人自己的问题，也是子女乃至社会关注的焦点，这一全球人口变化趋势使得毕生发展理论的影响日益显现。

毕生发展心理学涉及个体从孕育到年迈的发展。其核心主张为发展不是到成年就完成了，而是一直延续到整个人生。将发展看作是多维度、多功能的动态过程。毕生发展目标主要有：达到更高功能水平的维持；在不能保持或恢复时，在较低水平上组织足够功能的调整。在发展的过程中，身体根据不同阶段的主要任务和发展目标，将资源进行合理配置，如儿童期，成长会占用主要资源，而成年早期和中期，资源则向保持和恢复转移，最后到成年晚期，因丧失而调整的实现需要相对较多的资源。

埃里克森是第一个系统地探讨心理毕生发展的研究者。根据他的理论，个体一生的社会心理发展可以分为八个阶段，每一阶段都存在一个发展上的危机，需要个体去解决，而第一个阶段从婴儿出生的第一年就开始了。埃里克森认为正是个体对这些危机的解决方式塑造了他们的人格和社交联系。对这些危机积极的解决方式是个体形成诸如信任、自治、主动、勤奋等个性的基础；但是如果这些危机没能以一种较为积极的方式解决，个体可能就会有一些心理上的困扰，在解决以后出现的危机上也更可能遇到一些不顺。在埃里克森的理论中，可以信任的看护者对于幼儿以后的社交和情绪发展有着类似基石的作用。

埃里克森的心理—社会理论

年龄段	中心心理议题或危机
出生到1岁	信任与不信任： 婴儿相信他们的需要会被满足——或者不再信任这个世界
1~2岁	自主与羞愧、怀疑： 他们学会更好地行动、作出选择、获得自我控制感——或者怀疑自己的能力
2~5岁	自动自发与退缩内疚： 孩子学会自发活动并在追求和奋斗中感到愉悦——或者他们不被允许自主行动并且对尝试独立感到内疚
5岁~青春期	勤勉与自卑： 儿童发展出勤勉、好奇心和乐于学习的心态——或者对摆在他们面前的任务缺乏兴趣
青少年期	自我同一与角色混淆： 青少年把他们自己看作有独立意识形态的、完整的个体——或者对他们的生活目标感到迷茫
成年早期（青年期）	亲密与孤立： 青年能够对和另一个人的亲密关系作出承诺——或者他们感到孤立，感到在这个世界上他们只能独自过活
成年中期（中年期）	繁殖与停滞： 成年人希望有并且照顾孩子，同时献身于工作和美好的事物——或者他们变得以自我为中心、懒惰、倦怠
成年晚期（老年期）	自我统合和绝望： 老年人进入了一个回顾的阶段，他们认为他们的一生是有价值的，能够有尊严地平静地面对死亡——或者他们被未了的心愿折磨，被沮丧包围

目前一些关于智力毕生发展的研究也已经让我们领略了发展的多样性和动态性特点：发展不仅有获得，也有丧失；毕生发展的过程中，生物因素和文化因素的影响程度，需求和效果都在发生变化。

本章摘要

1. 人类的个体发展是毕生的任务。我们以年龄为线索，描述了各个阶段的进步和身心发展特点，特别是每个发展阶段的突出问题。

2. 发展从受精卵的发育过程就已经开始了，胚芽、胚胎、胎儿阶段可能会受到一些风险因素（如烟酒、药物等）的影响。

3. 新生儿已经有很好的听觉能力和许多反射，视觉能力也迅速发展起来。婴儿期在此基础上，运动、语言、认知有了飞速发展。

4. 儿童早期的社会交往发展日益突出，不仅在与同伴的游戏中学习，言语与思维能力的发展及自我与人际理解能力（心理理论）的发展也相互影响和促进。

5. 儿童晚期的一个重要变化是开始接受正规的学校教育，道德发展也进入关键阶段。

6. 青春期个体身心的剧烈变化，特别是性的成熟，会成为这个阶段发展的主要影响因素。个体的认同状态也会延续并一直影响到成年早期个体的专业定位、职业选择和亲密关系的建立。

7. 随着毕生发展的观点越来越为大家所接受，成年中晚期也越来越受到关注。中年的身心发展与其家庭和工作平衡紧密联系。而老龄化社会的到来，对老年个体的社会支持会帮助他们适应退休后的生活。他们的认知发展特点有进有退，这种认知不仅有助于他们发挥余热，而且对提高老年化进程中的生活质量也有积极影响。

复习思考题

1. 要生育一个健康的宝宝，应该注意些什么？

2. 随着新技术和已知程序的运用，我们对婴儿的认识发生了哪些变化？

3. 建立良好的人际关系需要哪些能力？

4. 什么会影响学业成绩？

5. 你认为对于不同年龄的孩子多少家庭作业是适宜的？

6. 分析自己的认同发展状况。

7. 我们可以为老龄化进程做些什么？

推荐参考读物

1. Feldman，R. 发展心理学——人的毕生发展（第四版）. 苏彦捷等译. 北京：世界图书出版公司，2007.

2. David R. Shaffer & Katherine Kipp. 发展心理学（第八版）. 邹泓等译. 北京：中国轻工业出版社，2009.

第四章　感觉与知觉

我们周围的世界充满了各种信息且不断变化。人类用5个感觉器官来接受5种不同的信息：用视觉感受光、用听觉感受声音、用嗅觉感受气味、用味觉感受食物的味道、用触觉感受物体的软硬轻重冷热等。这就是我们所具有的5种感觉，我们认识世界从感觉开始。5个感官是我们接受外界信息的仅有的5个通道，相对于自然界丰富的信息，我们的感官能力是十分有限的，我们看不见红外线和紫外线，听不见超声波和次声波，看不见微弱的光线，听不见微弱的声音。但是在可见光范围内，我们的视觉看到的不仅仅是光波而且是图画；在能被感受的声音范围内，听觉感受到的是音乐而不仅仅是声波；味觉告诉我们的是美味而不仅仅是甜酸苦辣，等等。人们是怎样仅仅靠5个有限的感官感受信息来认识这个如此复杂的世界的？这就依赖于大脑对各种信息的注意、组织和解读。每时每刻都有大量的、各种各样的信息作用于我们的感官，但我们的注意会对信息作出选择，然后对被选择的信息进行组织与解读，最终对其作出相应的反应——人类以自己的方式感受世界并与世界和谐共存。本章要讨论的就是人类感知世界的规律：

何谓感觉和知觉？人类有哪些主要的感觉规律？

注意的状态与加工机制是怎样的？

外界客体在大小、形状以及其他特征上千变万化，我们是怎样设法识别它们的？

任何事物投影到视网膜上的像都是两维图形，我们是如何知觉到三维立体的？

我们是如何知觉到物体运动的？

虽然我们具备非凡的知觉能力，但为什么我们还是会经历错觉？

在物体识别过程中，眼睛运动起了什么作用？

第一节 感觉与知觉的关系

一、感觉与知觉的定义

感觉（sensation）是对一个物理刺激的觉察，比如，光、声音、温度和压力等，是客观事物直接作用于感官而在头脑中产生的对事物个别属性的认识。

感觉大致可以分为以下过程：

物理刺激→生理反应→感觉经验

物理刺激是指给感觉器官留下烙印的事物或能量，如作用于感官的光、声、化学等能量。生理反应是由刺激所引起的感觉器官、神经和大脑内的电活动模式。感觉经验是主观的心理感觉。感觉会产生适应，比如，当你刚戴上手表时，你会感觉到压力，但过了一段时间就感觉不到这种压力了；当你在暗处坐着而突然转向明处时，房间看起来特别亮，但是过一会就感觉不那么亮了。这种感觉系统由于长期受到刺激或没有接受刺激而引起的敏感性的变化称为感觉适应（sensation adaptation）。

知觉（perception）是客观事物直接作用于感官而在头脑中产生的对事物整体属性的认识。在我们以一种有意义的方式整合、组织和解释感觉信息时就有了知觉。知觉过程是从背景中分离出对象的过程，人在知觉客观世界时，总是有选择地把少数事物当成知觉的对象，而把其他事物当成知觉的背景，以便能够更清晰地感知一定的事物和对象。

二、感觉与知觉的关系

感觉与知觉之间是连续的，后者以前者为基础。当一定刺激作用于我们的感受器时，感受器把接收到的信息进行转换并以一种有用的方式传给大脑，然后大脑积极地组织和解读来自感受器的信号，实现对物体的知觉。眼睛对光、颜色、斑点和线的物理反应属于感觉，而把光、颜色、斑点和线这些单一的物理特征进行整合和组织，并把它们解读为一幅画、一面旗或其他的物体，就属于知觉，而这两种加工往往是重叠的。感觉是以生理作用为基础的简单心理过程，而知觉则是复杂的心理过程，是对感觉信息的整合和组织；前者是普遍现象（耳朵正常者均有听觉），后者则有很大的个别差异，不同人所觉察到的相同刺激可能在知觉上有很大差别。

在日常生活中很难有单独的感觉存在，一般对世界的感性认识是以知觉为起点的，如当你手拿一个苹果时你不会只是看到苹果的颜色，闻到苹果的香味，感觉到苹果的形状，而是对一个整体的苹果的知觉。

三、心理物理学

可以被听见的最小的声音有多小？可以被看见的最弱的光有多弱？飞机控制板上的警示灯要多亮才能看起来比其他的灯亮？咖啡中加多少糖才能感觉到甜？感觉是由一定的物理或化学刺激引起的，而且感觉的大小和物理、化学的刺激强度有着直接的关系。那么刺激和刺激下所产生的心理体验的关系是怎样的呢？这就是心理物理学（Psychophysics）所研究的主题。

并不是任何强度的刺激都能引起我们的感觉。过弱的刺激如落在皮肤上的尘埃我们一般感觉不到。我们把能引起感觉的最小刺激量称为绝对阈限（absolute sensory threshold）。绝对阈限是感觉系统的敏感性指标。感官能觉察到的最小、最弱的刺激量是多少呢？表4－1列出了5种基本感觉的绝对阈限。

表4－1　5种基本感觉的绝对阈限

感觉类型	绝对阈限
视觉	夜晚晴朗时可看见50km处的一支烛光
听觉	安静环境中可于6m处听见手表秒针走动声
味觉	可尝出在7.5L水中加入的1茶匙糖的甜味
嗅觉	可闻到在三居室中洒一滴香水的气味
触觉	蜜蜂翅膀从1cm高处落在面颊上即有感觉

如果一个刺激的量发生变化，增加（或减少）多少刚好可以被觉察出来？你能识别出的两个刺激量之间的最小物理差异需多大？这种最小可觉差（minimum perceptible difference）也即差别阈限（differential threshold），它是指能感觉到的最小的刺激差异量。韦伯在19世纪40年代首先对差别阈限进行了系统研究，并总结出一个定律：对刺激物的差别感觉，并不取决于一个刺激增加的绝对数量，而取决于刺激的增量与原刺激量的比。刺激的增量和原刺激量之间存在某种关系，即 $K=\Delta I/I$，其中 I 为原刺激量，ΔI 为引起差别感觉的刺激增量，K是一个常数，对不同的感觉来说，K是不同的，该公式就叫韦伯定律。韦伯定律只适用于中等强度的刺激，对于过强和过弱的刺激，K会发生变化。

费希纳于19世纪60年代对刺激强度和感觉大小的关系作了进一步的研究。在韦伯定律的基础上，假定人的最小可觉差在主观上是相等的，它就可以作为感觉心理量的单位，因此任何感觉的大小都可以由在阈限上增加的最小可觉差来决定。通过计算，他提出了对数定律，即 $P = K\log I$，其中 I 指刺激量，P 指感觉量，K 为常数。这里感觉的大小是刺激强度的对数函数，当刺激强度按几何级数增加时，感觉强度只按算术级数上升。对数定律作为韦伯定律的进一步发展，同样只适用于中等强度的刺激，而且费希纳所假定的所有人的最小可觉差在主观上是相等的已经被证明是不正确的。

史蒂文斯于20世纪50年代提出了幕定律。他发现当光刺激强度上升时，所感觉到的明度也上升。但是，随着强度加倍，所感觉到的明度并没有加倍，而只能引起明度的微小变化。在刺激强度较高时，这种变化更明显。同时，对不同的刺激物，刺激强度与估计大小的关系有着明显的差别。如果刺激为电击，感觉量将显著增加；如果刺激为线段长度，并让被试进行估计，那么，反应的大小几乎与刺激量的提高相对应，即线段长一倍，被试对长短的估计也大一倍。根据这些结果，史蒂文斯认为，个体感觉到的心理量与刺激量的乘方成正比，用公式表示为：$P = KI^n$，其中 P 是指知觉大小或感觉大小，I 是指刺激的物理量，K 和 n 是被评定的某类经验的常定特征。由于各个通道间具有一定的差异，因此乘方函数的指数 n 是不同的。

心理学与人生 4－1　在实践中提高我们的感受性

人的各种感受性有着高度发展的可能性，特别是在生活实践的长期锻炼中，人的感受性可以大大提高和完善。不同职业的需要和锻炼，可以使人相应的感受性得到很大的发展。例如，画家有高度精确的色觉，音乐家有高度精确的听觉，调味师有高度精确的嗅觉和味觉，医师有高度精确的"心音"听觉和对脉搏的触摸觉，钢琴师有高度精确的演奏动觉等。由于人的感受性在生活条件和教育的影响下有很大的发展可能性，因而即使某一分析器受到损坏，也可以发展其他分析器的感受性来"补偿"。例如，盲人的触觉、听觉的感受性就有特殊的发展；聋而盲者，嗅觉就有特殊的发展等。

然而实际上，人们的各种感觉往往落后于发展的潜在可能性，而且人与人之间在各种感觉的发展水平方面，往往表现出很大差异，其原因就在于人们的实践彼此不同，不同的实践对各种感觉所提出的要求也不同，所以人们各种感觉的发展水平也就各有差异。

随时通过各种有关的活动来发展我们的各种感觉。我们可抽空从事各种艺术活动。如写生、绘画以及其他类似的艺术活动，都可以促进我们的感觉技能全面发展；雕刻活动不但可以发展我们的视觉，而且可以发展我们的触觉；音乐可以使我们的音乐听觉得到精细的发展；文艺、诗歌、戏剧等艺术活动可以把我们的语言听觉提高到更高的水平。

积极锻炼身体，保持健康的体魄。感受性的发展，依赖于它的物质机构——感受器的健全，加强感受器的卫生保健，也是发展感受能力的重要条件。同时，人体是一个有机的整体，健全的感受器离不开健康的体魄，所以，积极锻炼身体才能提高自己的感受性。

调整自己的情感和意志。如一个热爱学习的人和对学习无精打采的人，其学习效果的差异就与他们的感受性高低有关。意志努力和注意力集中会使感觉更精确。

尽量避免过度疲劳。人体疲劳时，大脑皮质的兴奋性降低，从而使感受性普遍降低，以致不能清晰地感知客观事物，动作也变得不协调。实践操作中的许多事故，都是在这种情况下发生的。同时，改掉某些不良嗜好，如吸烟者的嗅觉感受性就远比不吸烟的人低。

利用感觉的相互作用规律。在不同感觉的相互作用下，感受性可以提高。如吃一定数量的糖（味觉）能提高视分析器的感受能力；有节奏的声音能使肌肉运动感受能力增强；举重时伴有轻音乐会感觉到轻些。在运用这个规律时，要注意不能喧宾夺主，如果运动时使音乐成为很强烈的刺激，反而会降低运动分析器的感受性，因为感觉器官的相互作用有一种趋势，即对一个感受器的微弱刺激，能提高其他感觉器官的感受性；而强烈的刺激就会降低其他感觉器官的感受性。

第二节　几种主要的感觉规律

感觉是由一定的刺激引起的，而每一种感觉都有其特定的适宜刺激，因此各种感觉之间由于所接受的适宜刺激不同而具有差异。这一节我们将重点介绍视觉、听觉和触摸觉的一些现象和规律。

一、视觉规律

我们的知识是从感知外部世界开始的，而我们常常听说所感知到的信息80%以上都是由视觉获得的。虽然这种说法没什么科学性，因为我们根本无法对人一生获取的信息量作计算，更没办法对各个感觉通道获得的信息量作比较，何况我们的各感觉通道可在无意识当中获取大量信息，但这表明视觉在人们看来是最重要的一种感觉，最受人们关注。心理学家也因此对视觉规律的研究大大多于对别的感觉通道的研究。

（一）明暗视觉

明暗视觉，是主要由光线强度决定的一种视觉经验，是眼睛对物体明暗程度的感觉。主要受以下因素影响：

1. **明度与亮度**

通常情况下，光线越强，物体看起来越亮；光线越弱，物体看起来越暗。明度不仅决定于物体照明的程度，而且决定于物体表面的反射系数。光源的照度越高，物体表面的反射系数越大，物体表面的亮度也越大，看上去就越亮，明度也越大。这里的亮度是物理概念，而明度是心理体验，是心理学概念。

2. **明暗对比**

明度与光强并不是完全对应的，也受物体所在的周围环境的明暗程度的影响。光源的强度相同，但引起人的明暗感觉可能不一样。这种当某个物体反射的光量相同时，由于周围物体的明暗程度不同而产生不同的明暗视觉的现象叫明暗视觉的对比效应。例如，从同一张灰纸上剪下两个小正方形，分别放在背景明暗不同的纸上，这时人们看到，本来明暗相同的正方形发生了明暗不同的变化，放在白色背景上的小正方形看起来要比放在黑色背景上的小正方形暗得多（如图4－1所示）。

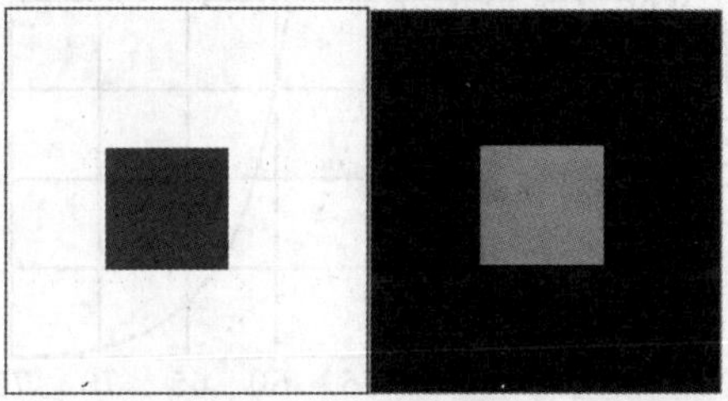

图4－1 明暗对比

3. **视觉适应**

由于刺激物的持续作用，我们对物体明暗的感受性也会发生变化。比如，在生活中你经常会有这样的经历，当你在夜晚由明亮的室内走到室外，开始时觉得一片漆黑，什么也看不见，但是经过一段时间，眼睛开始能看清黑暗中的物体，说明此时你对物体的明暗程度感觉的敏感性提高了，这种现象叫暗适应（dark adaptation）；相反，当你在狂风大雨天从漆黑的马路上走到家，一开灯，开始会觉得很耀眼，但很快就恢复到了正常状态，说明你对物体的明暗程度感觉的敏感性下降了，这种现象称为明适应（photopic adaptation）。

4. **明视觉与暗视觉**

可见光（如图4－2所示）由波长范围在380～780nm的不同波长的光谱成分构成，短波端看起来为紫色，长波端看起来为红色。780nm以外为红外线，380nm以内为紫外线。人眼对不同波长的敏感性不同，在昼光即明视觉情形下，对550nm左右的光最敏感，在夜晚即暗视觉情形下，最敏感处移至500nm左右处，这就是著名的浦肯野现象。科学家通过测定与换算，得到了描述明视觉与暗视觉条件下明度感觉与波长的关系曲线，即视见函数。图4－3是国际照明组织制定的标准视见函数，它在光学仪器、照明等研究与生活中具有广泛的应用。

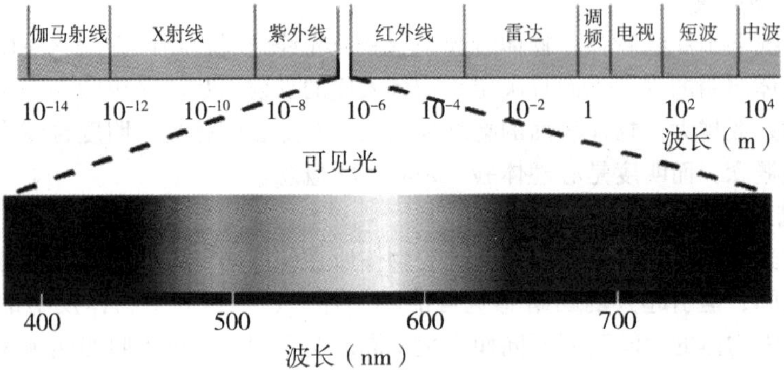

图4－2　可见光谱（彩图见后环页）

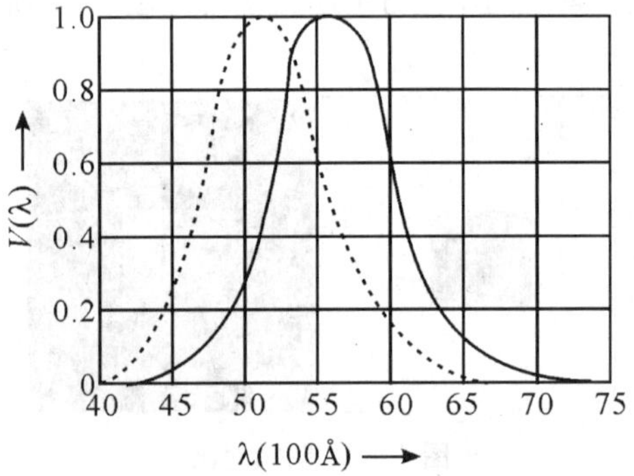

图4－3　ICE标准视见函数

注：实线为明视觉曲线，虚线为暗视觉曲线。纵轴为视敏度，横轴为波长，单位为100Å。

（二）颜色视觉

我们生活在一个五彩缤纷的世界里，蔚蓝的天空、红花绿草、五颜六色的电视画面每时每刻都在冲击着我们的视线，而对颜色的感觉也使我们欣赏和认识这个世界成为可能。丰富的色彩不但吸引了我们的注意，而且为我们提供了丰富的信息，促进了我们对客体的觉察和区分。颜色是光波作用于人眼所引起的视觉经验。不同波长的光给人以不同的颜色体验。对一个物体表面的颜色感觉依赖于三个基本特性：色调、亮度和饱和度。色调由物体表面反射的光线中什么波长占优势决定；亮度指物体的明暗程度，主要取决于照明的强度和物体表面的反射系数；饱和度由物体发射的或反射的光的纯度决定。任何一种颜色感觉都是三者总效果的结果，其中一个特征发生变化，颜色就会发生变化。我们平时感受到的颜色基本上不是纯的光谱色，而且两种颜色放在一起会发生对比现象，这些颜色视觉现象都有各自的规律。

1. 颜色混合

光谱上两种颜色混合会出现一种新的颜色。颜色混合分为色光混合和颜料混合。

颜料混合是将颜料在画布或调色板上进行混合，是一种减法过程，某些波长的光在混合的时候被吸收了，而且是各种颜料混合之后才作用于视觉系统的。物体的颜色由颜料决定，颜料是指物体表面能够吸收一定波长的光并因此阻止它们被反射的化学物质，不同的颜料允许不同波长的光被反射，而我们对颜色的感觉依赖于到达我们眼睛的光波的波长。比如，吸收短波和中波的颜料看起来是红色的，因为只有长波（显红）被反射了；同样，只反射短波的颜料看起来是紫色或蓝色的，只反射中波的颜料看起来是黄色或绿色的。由于颜料是通过吸收一部分光波产生对颜色的知觉，因此称为减色法混合。与颜料的混合相反，色光的混合是一种加法过程，是将不同波长的光混合在一起，然后不同波长的光线同时作用于眼睛，在视觉系统中实现的混合。例如，绿光和红光混合会出现黄色，所有可见光都能混合成为白色。如果两种波长的光加在一起产生白色，那么这两种光称为互补色。

2. 颜色对比

一个物体的颜色会受到它周围物体颜色的影响而发生色调的变化。例如，将一个灰色的正方形放在红色的背景上，正方形将略显绿色；放在绿色的背景上，会略显红色（如图4－4所示）。总之，对比使物体的色调向着背景颜色的补色方向变化。研究颜色对比对合理地搭配颜色具有很大意义。

图4－4 颜色对比（彩图见后环页）

颜色不仅与人的视觉有关，而且可以影响人的情绪和行为，对人的心理产生各种影响。尤其是我们工作环境的色调会影响我们的工作效率。波长较长的光（红、橙和黄）给人以温暖的感觉，通常被认为是欢乐、积极和兴奋的，但是暖色调的工作环境容易让人反感；而青、蓝、绿以短波占优势，为冷色调，常给人以阴冷的感觉，但是冷色调的工作环境通常暗示着宁静、冷淡和肃穆。因此在餐馆中，为了让顾客有一种温暖的感觉，照明光多采用黄、红等暖色调；而教室要给人以宁静的感觉，因此墙壁多以冷色调为主。

二、听觉规律

听觉是借助于耳朵来实现的，是对一定频率范围内声音刺激的感觉。声音是听觉的适宜刺激，它是由物体振动产生的。物体振动时对周围空气产生压力，使空气的分子作疏密相间的运动，这就是声波。声波通过空气传给人耳，并在耳中产生听觉。声波的物理特性包括频率、振幅和波形。频率指发声物体每秒振动的次数，单位是赫兹（Hz）。不同的声音，其频率也不相同。人耳所能接受的振动频率为 16～20 000Hz。振幅是指振动物体偏离其实际位置的远近，发声物体的振幅大小不一样，它们对空气形成的压力大小也不一样。振幅大，压力大，我们听到的声音就强；反之就弱。声波最简单的形式就是正弦波。由正弦波得到的声音为纯音。但是日常生活中人们听到的大部分都不是纯音，而是复合音，是由不同频率和振幅的正弦波叠加而成的。声波的这些物理特性决定了听觉的基本特性：音调、响度和音色。

（一）等响曲线

人耳对不同频率的声音的感受性是不同的，所以要使各频率的声音听起来响度一样就必须赋予不同的强度。科学家根据人耳的特性制定了等响曲线（如图 4－5 所示），它描述了频率、强度与响度的关系，在音响设计、噪声控制、声音环境的布置等领域有重要的应用价值。

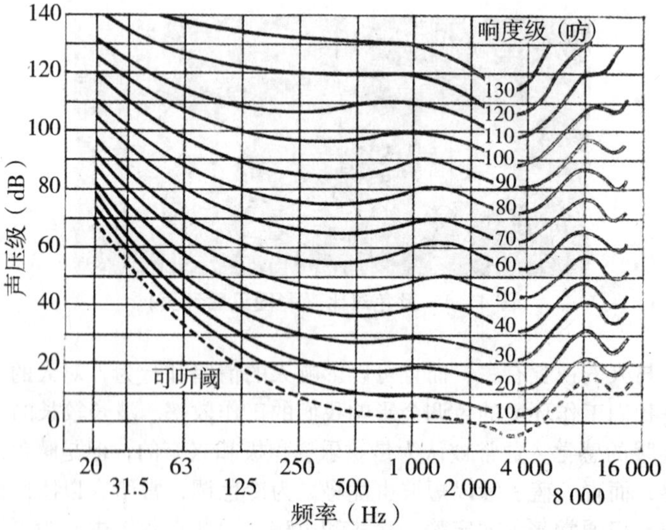

图 4－5　等响曲线

每条曲线上的响度相等，响度单位为叻。

（二）音调理论

音调主要是由声波频率决定的听觉特性。声波频率不同，我们听到的频率高低也不同，那么人耳是怎样分析不同频率的声音而产生高低不同的音调的呢？我们来看一下有关的理论。

1. **频率理论**

物理学家费尔得（William Ruerherford，1839—1899）认为，内耳的基底膜是和镫骨按相同频率运动的，振动的数量与声音原有的频率相对应。如果我们听到一种频率低的声音，连接卵圆窗的镫骨振动次数就少，因而使基底膜振动次数也较少。如果声音的频率提高，镫骨和基底膜都将发生较快的振动。这样，不同频率的声音就可以得到加工。但是人耳的基底膜不能作每秒 1 000 次以上的快速运动，这和人耳能够接受 1 000Hz 以上的声音是不相符的。

2. **共鸣理论**

赫尔姆霍茨（Hermann Ludwig Ferdinand von Helmholtz，1821—1894）认为，基底膜包含类似竖琴琴弦的独立纤维，基底膜横纤维长短不同，约有 24 000 条横纤维，靠近蜗底较窄，靠近蜗顶较宽，因而就像一部竖琴的琴弦一样，当声波冲击它们时就像琴弦被拨动那样会振动。人耳基底膜不同的纤维对不同频率的声音产生反应。声音的频率高，短纤维发生共鸣；声音的频率低，长纤维发生共鸣，并激活不同的听觉神经元，因而产生高低不同的音调。该理论强调了基底膜的振动部位对产生音调听觉的作用，因而也叫位置理论。

3. **行波理论**

冯·贝克西（Georg von Bekesy）认为赫尔姆霍茨理论的基本思想——不同的频率激活不同的感受器是正确的，但在一些细节上不正确。因此他于 20 世纪 40 年代对共鸣理论进行了改进，提出了行波理论。他发现基底膜并不像有许多独立琴弦的竖琴，而更像一条一端被人摇动的床单。声波能否在基底膜上到达顶点取决于频率：高频产生的波只前进一小段距离，顶点接近近端；低频产生的波前进得比较远，顶点接近远端。从这种观察中，贝克西假定来自基底膜近端的神经元的迅速放电，伴随着其他地方较小的放电，被大脑解释为一个高频的声音；而来自一个远端的神经元的迅速放电被解释为一个低频的声音，从而实现了对不同频率的分析。行波理论正确描述了 500Hz 以上的声音引起的基底膜的运动，但难以解释 500Hz 以下的声音对基底膜的影响。当声音频率低于 500Hz 时，它在基底膜的各个部位引起了相同的运动，并对毛细胞施加了相同的影响。因此有人认为，当声音频率低于 500Hz 时，频率理论是对的；声音频率高于 500Hz 时，位置理论是正确的。

4. **神经齐射理论**

该理论由韦弗尔（Wever，1949）在 20 世纪 40 年代末提出。他认为，当声音频率低于 400Hz 时，听觉神经个别纤维的发放频率是和声音频率对应的。但是随着声音频率的提高，个别神经纤维无法单独对它作出反应，在这种情况下，神经纤维将按齐射原则发生作用。个别纤维具有较低的发放频率，它们联合“齐射”就可反应频率较高的声音（齐射原理图）。韦弗尔指出，用齐射原则可以对 5 000Hz 以下的声音进行频率分析。声音频率超过 5 000Hz 时，位置理论是对频率进行编码的唯一基础。

三、触觉规律

触觉是肤觉的一种，指皮肤表面承受某物体的压力或触及某物时所产生的一种感觉。引起触觉的刺激强度，因身体各部分的敏感度不同而差异较大，舌尖、指尖等部位远较肩、背、腿等部位敏感。我们的触摸探索总是伴随着明显的肢体活动，尤其是手的活动。虽然在一定限度内，触摸觉和视觉都可以加工很多类型的信息，包括质料信息和结构信息，但是触摸觉在获取物质信息上有着特别的优势，比如质地、硬度等特征，在加工这些特征时，触摸觉可以迅速而准确地获取高质量的信息，而在形状等结构信息上，触摸觉在速度和准确率上都不如视觉加工。面对一个信息丰富的外部世界，触摸觉首先加工的信息也是质料信息，而且要快于对结构信息的加工，并不受加工容量的限制；而视觉优先加工的是结构信息，哪怕这样的加工只是想象的。

在现实生活中，人们大多会注意视觉和听觉等感觉的作用，而往往忽略触觉的作用。但是人的眼睛大约1/3的时间是闭合的，而触觉从不关闭，从个体出生到死亡，它始终接受外来的信息，触觉在人的认知过程当中也起着非常重要的作用。比如，从小失明又失去听觉的海伦·凯勒，她完全依靠触觉获得了甚至比许多正常人更丰富的知识，还能欣赏音乐。

触觉对人的精神和身体健康有不可或缺的作用。人与人身体的碰触、拥抱都是人的情感所必需的，尤其婴儿成长的初期如果得不到必要的身体接触很可能会使其在以后的成长过程中产生心理问题。又比如，我们的日常购物。在我们传统的购物方式中，顾客一般要对购买的商品进行反复对比挑选，不仅要看、听，同时还要触摸物体，只有当他们真正触到物体以后，才能最终在心理上得到保证。而当今的网络购物，消费者虽然可以对商品进行更广泛、全面的选择，但无法直接触摸到任何一件商品，这种由空间关系造成的功能距离，很容易使消费者形成不稳妥、不可靠甚至疑虑的心态。这种不能进行实物选择的购买方式或许是消费者网上购物的最大心理障碍，网络购物迅速发展的今天，消费者也不大可能在网上购买贵重的商品。因此，触觉对我们的生活同样是非常必要和重要的。

第三节　注意状态

注意是一种心理状态，是意识对一定对象的指向和选择。感觉只有被注意才会被我们知觉到。注意状态主要有三种：搜寻、选择和持续性注意。

一、搜寻

搜寻是指从大量的干扰中识别出一个目标的过程。比如，在书架上寻找一本你需要的书，或者在衣橱里寻找一件特别的衣服，以及在通信录上寻找某个名字。一个成功的搜寻依赖于很多因素，包括目标的显著性及干扰数目的多少。搜寻绩效已经在视觉搜寻任务和记忆搜寻任务中被广泛研究。

（一）视觉和记忆搜寻

表 4－2 中有左右两列字母，每列共有 25 行，每行 6 个字母。目标字母 Z 被随机地放在两列干扰字母中，现在要求你尽快地找到 Z。也许你会发现相对于右边一列，目标字母 Z 在左边一列中更容易被发现，搜寻时间更短。奈瑟（Neisser，1967）的研究表明，被试的搜寻时间依赖于呈现中字母的位置以及目标和干扰项之间的相似性。但令人惊奇的是，当要求观察者同时搜寻几个目标（比如 K、Z 和 L）中的任何一个时，搜寻时间与只要求搜寻一个目标相比并没有什么变化。这里 K、Z、L 三个目标合在一起被称为记忆集（memory set）。虽然记忆集中不止一个目标，但被试搜寻过程中一旦发现任何一个目标，其他的目标也马上凸现出来，导致搜寻时间不随记忆集的大小变化而有太大变化。而在记忆搜寻中，要求被试首先学习包含几个项目的记忆集，通常是数字。然后出示一个目标数字，要求被试判断它是否是刚才学过的，即是否包含在记忆集中。如表 4－3 所示。结果发现在记忆搜寻任务中，反应时明显随记忆集的增大而增加（Sternberg，1966）。

表 4－2 视觉搜寻任务（Neisser，1967）

（A）	（B）
ODUGQR	IVMXEW
QCDUGO	WEVMIX
XQOGRD	WXWMVI
QUGCDR	IXEMWV
URDGQO	VXWEMI
GRUQDO	MXVEWI
DUZGRO	XVWMEI
RCGROD	MMXVIE
DQRCGR	VIMEXW
QDOCGU	EXVWIM

（续上表）

（A）	（B）
CGUROQ	VWMIWX
OCDURQ	VMWIEX
ROCGQD	XVWMEI
RGQCOU	WXVEMI
GRUDQO	XMEWIV
GODUCQ	MXIVEW
QCURDO	VEWMIX
DUCOQG	WMVXWI
CGRDQU	IVWMEX
UDRCOQ	IWVMWX
GQCORU	WVZMXE
GOQUCD	XEMIWV
GDQUOC	WXIMEV
URDCGO	WMWIVX
GODRQC	IVEMXW

表4-3　记忆搜寻任务

记忆集	目标	反应时
4902	9	是
4902	3	否
3849	3	是
3849	2	否

为什么来自记忆搜寻任务和视觉搜寻任务的结果会不一样呢？那是因为在记忆搜寻任务中，我们进行的是一种系列加工，测试项目与记忆中的项目是一一比较的，而在视觉搜寻任务中，我们进行的是一种平行加工，项目间的比较是同时进行的。

（二）自动化加工和控制性加工

上述两个实验有什么本质的不同吗？有学者设计了一个视觉搜寻实验，他们想进一步知道如果把记忆搜寻和视觉搜寻的任务结合起来，两者的冲突结果能否在同一个实验范式中被观察到，从而找到统一的解释。

在实验中，先让被试识记1~4个项目，然后再视觉呈现1~4个再认项目，要求被试判定在再认项目中是否包含之前识记过的项目，并作按键反应。在目标项和干扰项之间设置了两种条件：不同范畴条件和相同范畴条件。在不同范畴条件下，目标是一种刺激类型，而干扰项是另一种刺激类型。例如，目标是数字，干扰项是字母。在相同范畴条件下，目标和干扰项是同一类的。比如，目标是字母，干扰项也是字母。结果表明，在不同范畴条件下，反应时不随记忆集的增大而增加；在相同范畴条件下，反应时随记忆集的增大而迅速增加。针对此结果，研究者认为在相同范畴条件下，由于目标与干扰属于同一类型，在注意上造成竞争，被试必须把再认项目与同一范畴的识记项目进行一一比较，直到匹配为止，这种系列搜寻当然就需要消耗更多的时间，被试所进行的是控制性加工。在不同范畴条件下，被试从字母中搜寻出数字，只需平行搜寻，这是一种自动化的加工，这实际上反映了被试的一种经验，因为我们通常习惯于把字母和数字分开来看。

自动化加工过程是在长期的学习与实践中获得的，一旦形成很难改变。你可以通过下面的实验来立即感受一下自动化加工的本质。看图 4－6，要求你完成两个任务，首先请你大声地读出图中所示的汉字，越快越好，并给自己计时。然后请你再尝试一下大声地说出书写每个字的墨水的颜色，并计时。比较一下，以上两个任务哪个更难，费时更多？你会发现后者更难，这是因为字的意义与墨水颜色不一致造成的。这里，人们在命名单词颜色的时候，自动阅读了汉字，汉字的意义干扰了对墨水颜色的命名。

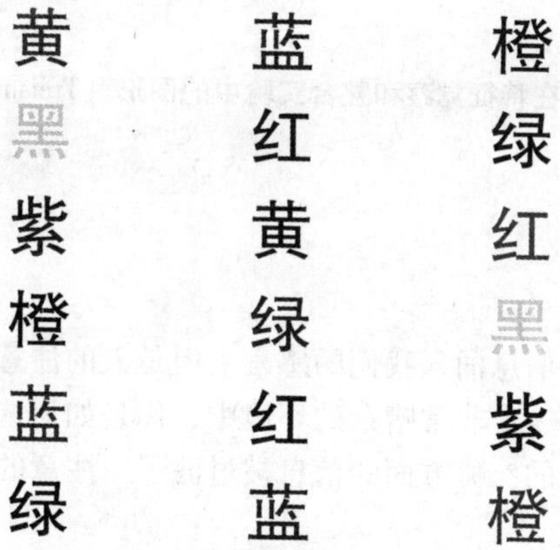

图 4－6　用在自动化加工实验中的汉字（彩图见后环页）

控制性加工是一种需要注意参与的加工，其容量有限，并可随环境变化而被灵活地运用。自动化加工是不需要注意参与的，也无一定容量限制，不受人的意识控制。练习有助于实现自动化加工。

（三）特征整合理论

我们知觉的是整个客体而不是它的特征和部分。但是，特雷斯曼的特征整合理论

(feature integration theory) 认为，客体知觉不是直接的，而是两个连续的视觉加工过程：特征觉察和特征整合（Treisman，1988）。我们首先会觉察客体相对显著的特征，比如，颜色、大小和形状等，觉察以一种快速、平行的方式加工，是相对容易和自动化的；然后以一种缓慢、序列的方式进行特征整合，把各种特征组合在一起形成物体，特征整合是需要集中注意的控制性加工。

图4－7所示的实验能说明特征觉察和整合的分离。让我们在A图中搜寻目标——灰色三角形，然后搜寻B图中的灰色正方形。大家会发现第一个任务完成得更快。所有的项目有颜色（黑或灰）、形状（正方形、圆形与三角形）两个特征。A图中，灰色三角形显得非常突出，因为它的一个特征——形状与其他客体都不同。因此，寻找这样的目标是容易而迅速的，而且实验证明其他干扰项的多少不影响搜寻时间。而B图中，目标的两个特征分别与两种干扰项的特征相同，因此必须同时注意到颜色和形状两个特征并把它们结合起来才能区别于其他图形，而且实验证明在这类搜寻任务中，反应时随着干扰项目的增加而增加。

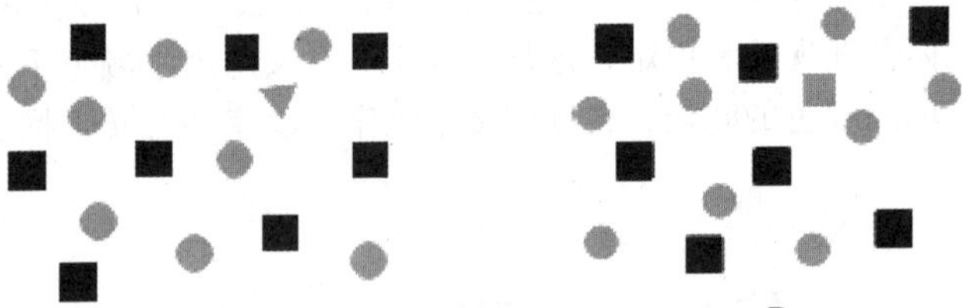
A B

图4－7　用在特征觉察和整合实验中的图形（Treisman，1988）

二、选择

每时每刻都有大量的信息涌入我们的感官，但是人的注意资源是有限的，只能选择一部分到注意中心。在一个非常嘈杂的环境中，你是如何选择性地参与其中一组的谈话，而忽略其他的谈话的？哪方面的信息被过滤了？注意的选择发生在信息加工的哪个阶段？

研究者发明了双耳分听技术来回答这些问题。且里（Cherry，1953）通过耳机以同样大的音量给被试的左右耳放不同的录音。被试能够很容易地报告注意耳的信息。但是令且里惊奇的是，被试对非注意耳的信息知道得非常少，甚至没有注意到是用什么语言播的，也很难注意到其声音所发生的物理变化。

心理学与人生4－2　在任何情景下都能明察秋毫吗？

在大街上，一个行人走过来向你问路，正当你们对话时，另外两个人抬了一块门板从你们之间穿过，无礼地打断了你们的谈话。当你的视线被门板遮挡时，向你问路的那个人已经被另一个人取代了，然后他接着刚才的话题继续与你对话。此时你能觉察到这个变化吗？也许你会认为这么明显的变化当然会马上发现。但是 Simons & Levin（1998）的实验研究表明，只有50%的人注意到了这个变化，即使两个实验者穿着不同的衣服，有不同的高度、体形和发型，以及明显不同的声音！在这个情景中，被试选择了自己关心的信息，忽略掉了环境中明显的变化。所以我们并不是在所有情况下都能明察秋毫，可能在某些情况下我们会视而不见。

图 4－8　变化盲实验情景之一（Simons & Levin，1998）

像这种在整个视觉场景中发生了明显的变化，但是人们往往不能发现的现象被称为变化盲（change blindness）。变化盲是视知觉中一种非常普遍的现象，最近大量研究已经表明在某些情景下，即使变化非常大，并被反复地呈现，甚至明确地被观察者预期，但人们还是不能觉察到变化（Rensink，2002）。这种变化盲现象的产生往往是由于变化发生的过程中同时伴随了某些外部刺激对视觉的干扰。

我们在观察事物的时候一定要从内心出发，排除外界的干扰。

（一）过滤器理论

为了解释且里的发现，布罗本特（Broadbent，1958）认为在信息加工的早期存在一个过滤器。信息是否被过滤取决于它的物理特征，包括信息的方向（左耳还是右耳）、说话者的性别、说话者的语调和语速等。只有少部分具有重要特征的信息能通过过滤器，并得到进一步加工。其他的信息则被过滤器拒绝而不能得到高级水平的加工。因此，布罗本特认为选择应该发生在觉察阶段之后、高级分析水平之前，如图4-9所示。

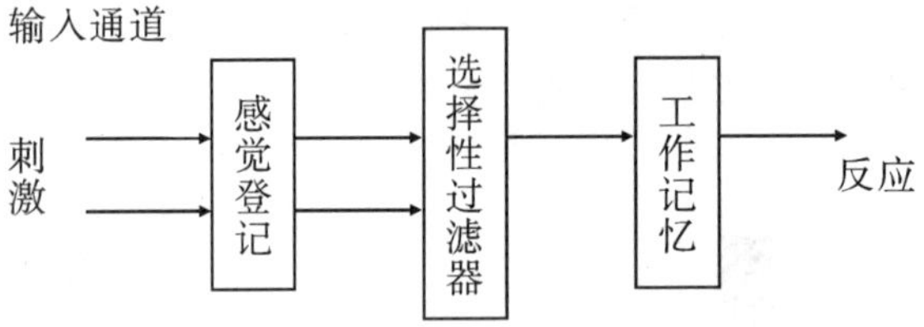

图4-9 Broadbent 的过滤器模型

但是，后来的双耳分听研究对布罗本特的早期过滤器模型提出了质疑。在前面提到的双耳分听实验中，如果在非注意耳中出现了被试的名字，那么被试是能够觉察到这个信息的，即使其他的信息什么也不知道。这表明在非注意耳中信息的意义并没有完全被忽略，而是得到了一些分析。

（二）衰减理论

根据非注意耳的信息也可得到高级分析的实验结果，特雷斯曼（Treisman，1960，1964）对过滤器理论进行了修正，提出了注意的衰减理论，如图4-10所示。该理论认为，并非只有注意耳的信息才能通过过滤器，非注意耳的信息也能通过。只是由于高级分析水平的容量有限，不足以完全加工两个通道的输入信息，因此，非注意耳的不重要的信息就受到衰减，但是仍有少部分信息可得到高级加工。

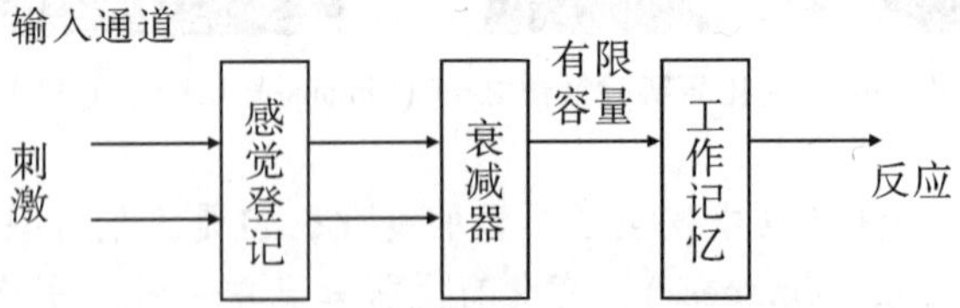

图4-10 Treisman 的衰减模型

（三）反应选择理论（response selection theory）

与特雷斯曼的衰减理论不同，多尹奇（Deutsch & Deutsch，1963）提出了注意的反应选择理论。该理论认为，由感觉通道输入的所有信息都可进入高级分析水平，得到知觉加工，并被识别。注意的选择位于知觉和工作记忆之间，也就是说，注意是对反应的选择，而不是对知觉刺激的选择，如图4-11所示。只有那些对个体有重要意义的刺激才会被反应；对于那些不重要的信息，个体是不会对它们产生反应的。

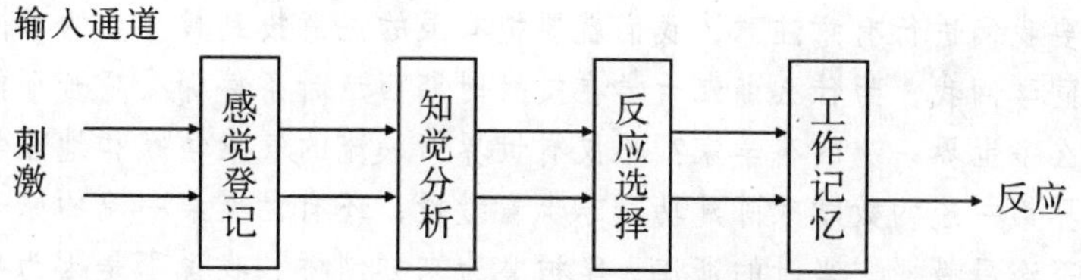

图 4-11　Deutsch & Deutsch 的反应选择模型

反应选择模型的提出，遭到许多反对。反对者认为，反应选择模型显得不够经济，明明不作反应又何必加工呢？但越来越多的研究证明了它符合实验事实。我们认为，人们采用反应选择，正是对注意资源最经济的利用。人们把有限的注意资源给了那些要作出反应的信息，而对不需反应的信息在无须注意参与下将其加工后保存在记忆中留待后用。

三、持续性注意

持续性注意（sustained attention）是指注意在一定时间内保持在某个客体和活动上，也叫注意的稳定性。持续性注意对于人们的工作和学习具有重要意义。例如，学生在一堂课中，需要始终把自己的注意保持在与教学活动有关的对象上；外科医生常常需要在连续几个小时的手术中聚精会神地工作；银行保安系统的工作人员必须长时间地注视着监控器上的录像。总之，如果缺乏持续性注意，就会给我们的学习和工作带来困难。

持续性注意通常用警戒（vigilance，又译作警觉）作业来测量。警戒通常是指个体在一定环境中为觉察特定的、发生频率较低的信号所保持的准备状态，即对外界随机出现的某些特定或非特定的微小变化作出觉察反应的准备状态。警戒主要表现在交通管理、质料控制、自动化作业、车辆与飞机驾驶等视觉作业中。这种作业要求被试在一段时间内持续地完成某项工作，主要包括监视、检测、搜索、对照等过程，并用工作绩效的变化作指标。研究认为在典型的警戒作业中，人能保持信号检测成绩不下降的时间不超过 45 分钟。

多动症就是一种持续注意障碍，一个患多动症的孩子对任何事物都不能保持注意力集中，如果只是上课注意力不集中而在玩电脑游戏或看电视等其喜欢的活动上能长时间保持注意，就不是多动症。多动症的药物治疗效果很好，但副作用也很大，所以一定要完全确诊为多动症才能对其进行药物治疗。

心理学与人生 4-3　如何利用好我们的注意资源

人的注意是一种有限的资源，人类在进化过程中已经使得许多心理加工转入无意识，比如，我们不需要时刻想着我们站得稳不稳，行走时碰到树会自动绕行。但是大量的事物需要我们进行有意注意，我们就要把有限的注意投到最重要的事情上。

曾经有同学问我，为什么浙江大学在抗战时期西迁时条件那么艰苦还能出那么多成果，出那么多世界一流的科学家？不仅有世界第一流的气象学家和地理学家竺可桢教授，有世界第一流的数学家陈建功、苏步青教授，还有世界第一流的原子能物理学家卢鹤绂、王淦昌教授，当时的浙江大学被誉为东方剑桥。我说那是因为信念，时代造就了一代人的报国信念。有了信念就有了明确的目标和理想，有限的注意资源就能投入到明确的目标中，一个人就能够有所成就。

现在的世界很精彩，有许多事情可能会吸引我们的注意力。我们可能今天想专心读书，明天又想如何创业，后天又觉得炒股票也不错，再一天又发现电脑游戏很好玩……本打算上网查资料，却被无关信息吸引到了别处。

除了树立明确的注意目标，我们还要充分利用我们几乎无限的自动加工资源。我们要想能够在不需许多注意资源参与的情况下也能做好某件事，只有一个可能：勤学苦练，使自己的某种重要技能或思维过程达到自动化的程度。

第四节　知觉的组织过程

一、知觉组织的原则

人们为什么总是会把客体知觉为一个良好组织或一个整体，而不是许多分离的部分？20 世纪初，德国格式塔心理学家代表威特海默（Max Wertheimer，1880—1943）、考夫卡（Kurt Koffka，1886—1941）和苛勒（Wolfgang Köhler，1887—1967）认为，人类大脑天生就具有建构完形的组织倾向。他们认为整体（知觉）大于部分（感觉）之和。格式塔就是知觉的基本单位，德文中，“格式塔”就是“完形”或“模式”的意思。比如，一首你很熟悉的歌曲，即使被人唱走了调，但是你仍然能听出这首歌来，这就是因为我们对音乐的知觉是基于格式塔的，而不是单个的音符。他们总结出了能够使我们知觉为整体形状的几条原则，即格式塔图形组织原则。主要有：

（1）接近性（proximity or nearness）原则，即在空间或时间上越接近的成分越容易被知觉为一个整体。

（2）相似性（similarity）原则，即在物理特点方面（如形状、大小、颜色等）相似的成分更容易组织在一起形成整体。

（3）连续性（continuity）原则，即以相同方向，如沿着一条直线或简单的曲线排列的成分一般被知觉为一个整体。

（4）共同命运（common fate）原则，即以相同方向运动的成分容易被知觉为一个整体。这是在相似性基础上的组织过程，是其在运动成分上的运用。比如，演奏的乐队、游动的鱼群、飞行的鸟群等。

（5）对称性（symmetry）原则，即平衡对称的图形与非对称图形相比，易于组织在一起形成图形。

（6）封闭性（closure）原则，即当图形存在一些小的缺口时，人们常常会在心理上"填充"这些缺口，并把客体知觉为一个整体。这种倾向使我们能识别手写材料中的一些不规范表征。

二、图形与背景的关系

当你知觉到一个客体，客体周围的区域就变成了背景。这个被知觉到的客体就被称为图形，它是指独立的、具有明确形状的部分；视野中的其余部分称为背景。通常，人们更容易把新颖的、强烈的以及运动的刺激知觉为图形。比如，黑板前面的老师、白纸上的黑字、黑暗中的亮光、天空中的飞机等。图形与背景的关系并不是固定不变的，而是可以相互转换的。正如"人脸还是花瓶?"的两歧图形所示，人们随时都有可能把黑色的花瓶看作图形，白色部分作为背景；或者把两边的白色人脸侧面看作图形，黑色部分作为背景。

图 4－12　人脸还是花瓶?

图形与背景的区分是不需要学习的，也不依赖于我们的经验。即使是只具有较少视觉经验的低等动物以及某些种系的昆虫，也能从背景中辨别出图形，因此说明，图形—背景的区分是知觉组织过程中的基本环节。

三、深度知觉

深度知觉是人类一种能以三个维度看世界并知觉距离的能力。试想投影到你视网膜上的像是两维的，而我们怎样从这些平面的网膜像中建构出一个生动的三维世界?

通常，我们主要依赖两种信息源来产生知觉深度：双眼线索和单眼线索。

（一）双眼线索

双眼线索是需要同时使用两只眼睛才能感受到的线索。主要有两种：辐合和双眼视差。

1. 辐合

辐合（convergence）是指注视物体时双眼视轴——瞳孔中心到中央凹的连线及延长线会聚合在物体的注视点上。由于双眼视轴的变化受眼外肌的控制，看近处的物体时，双眼视轴聚合的角度大；看远处的物体时，双眼视轴聚合的角度小，因此，在观察近处和远处的物体时，肌肉紧张程度的差异就能提供深度线索。比如，当你远远地竖起一个手指并慢慢地把它移近鼻子时，就能切实地感受到你的眼肌在收缩，大脑就能根据这个信号知觉客体与眼睛的距离。

2. 双眼视差

也许我们知觉距离和深度最重要的线索就是双眼视差。因为我们的眼睛在空间上是分离的，双眼之间大约有6cm的目间距，从而导致如果从不同的角度看世界，左右视网膜接受的像就会稍有不同，这种左右网膜像的差别被称为双眼视差（binocular disparity）。大脑整合这两个网膜像为一个单一的三维图像，从而使我们能够知觉深度和距离。这种双眼视差的现象主要在较近的空间范围内起作用，因为随着客体距观察者的距离变远，它们在网膜像之间的角度差别也会变小。自己可以证明一下，竖起你的一个手指使它距你的鼻子大约10cm，并闭上你的右眼；然后再闭上你的左眼看这个手指。当你的眼睛这样不断地左右切换的时候，将会发现两眼所看到的像稍有不同。但是如果你把这个手指举得更远些，比如说，大约整个手臂这么长，然后再重复以上的过程，这次你就会发现两眼在切换过程中所成的像并没有太大的差别。

（二）单眼线索

如果说双眼线索主要是在较近的空间范围内起作用的话，那么对于远处的物体我们是如何知觉深度和距离的呢？此时，我们就要依赖单眼线索了。虽然存在很多种单眼线索，但最重要的有遮挡、空气透视、纹理梯度、线条透视、相对大小、相对高度和运动视差等。艺术家经常使用这些单眼线索来表现三维景物。

（三）深度知觉的来源

1. 视觉断崖

只要拥有正常的视力，我们就能很容易地说明环境中客体的布局，而且几乎不需要有意识的思考或努力。为什么深度知觉如此容易呢？很明显，环境给我们提供了大量的深度线索。但是我们该如何解释这些线索呢？如果你并不是画家或数学家，你怎么能毫不费力地解释线条透视、遮挡等空间几何关系呢？铁轨明明看起来是会聚的，你怎么知道它是平行的呢？你也许会认为这是个奇怪的问题，因为“你正好知道”。

但这些能力到底是天生的还是后天习得的？吉布森等（Gibson & Walk，1961）设计了精巧的视崖（visual cliff）装置（如图4－13所示），来对婴儿的深度知觉进行非言语测量。棋盘格式的地板延伸到中心板的两边。在浅的一边，地板离中央板只有1～2英寸，在深的一边，则地板离中央板有10英寸。一块坚实的透明玻璃板盖住全部区域，略低于中央板，恰在浅的一边的水平面之上。这样的装置，能够引起虚幻的坠落，但是又没有真正的危险。6～14个月的婴儿被放到中央板上，他们的妈妈试图引诱他们爬到其中一边。结果表明在浅的一边，6个月的婴儿会爬向他们的妈妈；但是，在深的一边，无论他们的妈妈怎么呼唤、拍手、招手或者鼓励，多数婴儿都不敢爬到妈妈那边，有的甚至被吓得哇哇大叫。很明显，这些婴儿已经觉知到了坠落到深的一边是危险的，并尽可能避免。

图4－13　视崖示意图

2. 第一知觉

刚出生的婴儿都具有一些什么样的知觉能力呢？这就是著名的第一知觉问题（first perception）。这个问题直接关系到人类知觉组织方式的本质。视崖实验能够说明深度知觉是天生的吗？不一定。因为知觉学习从一生下来就开始了，到6个月的时候婴儿实际上已经有了大量的知觉实践。那么对于更小的婴儿情况又会怎样呢？他们虽然不能爬，但却可以通过其他的方式与研究者交流。研究表明，当把2个月的婴儿放到视崖深的一边的时候，他们的心率呈现出了明显的变化，但是放到浅的一边的时候却没有出现这种变化。虽然这些婴儿还太小，以至于他们对害怕情景的体验还不如我们强烈，但是研究表明，他们确实注意到了这种差异（Campos J. et al.，1970）。另外也有研究表明，多数刚出生就能行走的小动物，如山羊、鸡、猪、猫、老鼠等，都会避免视崖中深的一边（Walk，1981）。

范茨（R. Fantz，1965）曾用视觉偏好的方法研究了婴儿对形状的辨别和偏好。

他给 1~15 周的婴儿看几对复杂程度不同的模式图，结果发现，婴儿对靶心图的注视时间最长。因而可以推测，婴儿是带着观察复杂模式超过简单模式的偏好而出生的。类似的研究还表明，婴儿生来就偏好观看人脸（Maurer & Young，1983）。前面关于深度知觉的研究也表明，人类的深度知觉能力是先天就有的。另外，还有研究表明，在半岁之前，婴儿对重力的作用也是敏感的。当一个客体没有任何支持而停留在半空中时，他们会盯着看很久（Spelke et al.，1992）。

四、运动知觉

运动知觉（motion perception）是对物体空间位移的知觉。通常运动的物体总是以一定的速度做空间位移，它们空间位置的变化反映到我们的视网膜上，便产生了运动知觉。但在现实生活中，并非所有的运动我们都能感受到。当物体位移速度太快或太慢时，我们都知觉不到它的运动。运动知觉是一个复杂的过程，它是多种感觉器官协同活动的结果，除了视觉、动觉和平衡觉外，有时还有听觉和触觉。比如，盲人可以通过汽车的声音来判断汽车的距离。

运动知觉不是空间知觉和时间知觉的简单叠加。产生运动知觉的情况也是多种多样的。除了物体真实的运动外，在某些情况下，某一物体并没有发生实际的空间位移，但我们也会产生物体的运动知觉。如下面要介绍的诱导运动与似动运动，一般我们称这些现象为运动错觉。

1. 诱导运动

诱导运动（induced movement）是指由于其他物体的运动使得被观察物体好像在运动，而实际上该物体根本没有发生空间位移。这种运动错觉受到被观察物体所处的周围环境的强烈影响。例如，我们常说月亮在云彩后面穿行。

2. 似动运动

当两个物体按一定空间间隔和时间距离相继呈现时，我们会看到一个物体向另一个物体的连续运动，这就是似动运动（apparent movement）。由格式塔心理学代表之一威特海默首先发现，此现象可以通过连续地开关两盏邻近的灯来示范。在两盏灯之间的开关间隔时间为 100ms 时，我们将会知觉到第一盏灯从它的最初位置向第二盏灯的位置运动。也就是说，当运动实际上并不存在的时候，人们却能够知觉到运动。似动现象的运用非常广泛，如霓虹灯广告的制作，电影和电视的摄制等，都是利用似动原理而制造一种视觉上连续、自然的运动效果。因此，人们在屏幕上所看见的运动不过是我们自身知觉系统的一种创造而已。

五、知觉的恒常性

世间万事万物都处于不断的运动变化中，也和人不断地做相对运动，因此，事物投影在视网膜上的像也会随之不断地发生变化。但不管感觉输入如何变化，我们的知觉总是保持稳定的。即使一辆倒退的汽车在视网膜上的像会不断地缩小，但是正常人都会把它的大小知觉为不变。虽然一扇门本身并没有变化，但是随着观察者位置的移动以及门闭合的程度不同，它的网膜像在形状和大小上却经历了相当多的变化，但我们仍然会把它知觉为通常门的样子。知觉恒常性使我们有能力识别在不同条件下出现的客体，这对于在心理上再次建构已知图像显得非常重要。

视知觉的恒常性包括大小、形状、亮度和颜色的恒常性。只要观察者有适当的背景线索，这些维度的知觉恒常性就会出现。

六、错觉

在某些条件下，我们的眼睛也常常欺骗我们，使我们对客观环境中的事物产生歪曲或错误的知觉，即错觉（illusion）。错觉不同于幻觉，只要客观条件具备，每个人都可能出现错觉，因此错觉是可预测和测量的，而幻觉是一种病态的现象。以下是一些常见的错觉现象。

1. 缪勒—莱耶尔错觉

如图4－14A所示，先看看两条垂直的箭头线条，比较一下，哪条更长？多数人都会认为右边的线条略长于左边。但测量一下，就会发现实际上它们是一样长的。这就是缪勒—莱耶尔错觉（Muller－Lyer illusion）。

2. 庞佐错觉

庞佐错觉（Ponzo illusion）见图4－14B。虽然两条水平线在长度上是完全相等的，但是上面的那条线看起来总是要长些。这同样与深度线索有关，我们可以很明显地注意到作为背景的两条线所提供的线条透视，使上面的那条线看起来更远。

3. 波根多夫错觉

波根多夫错觉（Poggendorff illusion）如图4－14C所示，一条直线由于受到中间长方体的影响，使得被隔开的两段看起来好像不在一条直线上，而是两条平行线。

4. 垂直—水平错觉

垂直—水平错觉（horizontal-vertical illusion）如图4－14D所示，两条垂直相交的直线长度相同，但垂直线看起来总要长些。

5. 对比错觉

对比错觉是指某图形由于同时受到周围其他图形的对比影响而产生的错觉。如图

4－14E 所示为著名的 Ebbinghaus 错觉，（a）图中间的圆圈看起来比（b）图中间的圆圈要小，而实际上它们是等直径的。

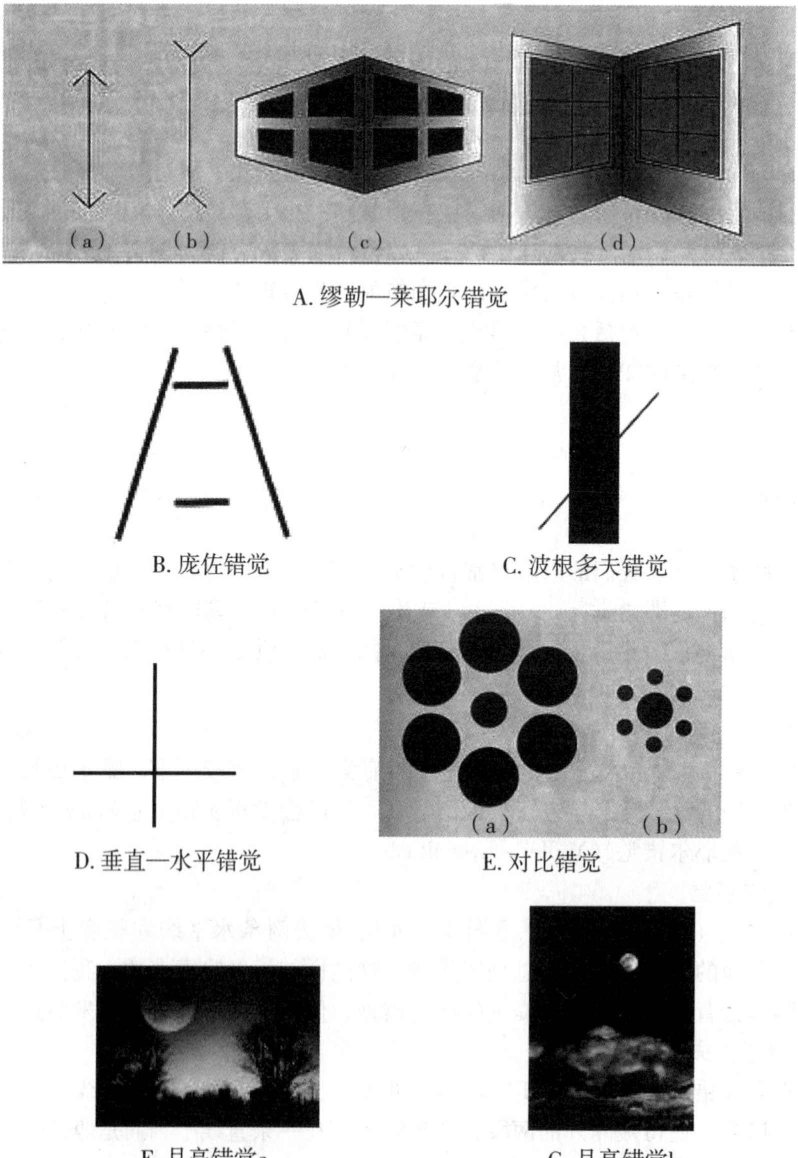

A. 缪勒—莱耶尔错觉

B. 庞佐错觉　　C. 波根多夫错觉

D. 垂直—水平错觉　　E. 对比错觉

F. 月亮错觉a　　G. 月亮错觉b

图 4－14　错觉现象举例

6. 月亮错觉

月亮错觉（moon illusion）是一种最壮观而又最迷惑人的错觉。不知你是否注意过这样的现象：月亮刚刚在地平线上升起时看起来比在天顶时要大，而实际上，月亮还是同一个月亮，它并没有改变大小，也没有改变与地球之间的距离。一些心理学家曾提出，月亮错觉的产生与周围视觉环境有关。地平线上的月亮由于受到周围建筑物、树木等物体深度线索的影响，感觉离我们更远。而两个物体投射到视网膜上的像是相同的，所以判断为离我们远的物体感觉就要大一些（Kaufman & Rock，1989；Rock，1995）。

第五节　辨认与识别过程

一、自下而上的加工与自上而下的加工

我们怎么识别周围的各种事物？物体识别的心理加工过程分为两大类，自下而上的加工（bottom-up processing）和自上而下的加工（top-down processing）。从周围环境获取感觉信息，然后将这些信息发送给大脑以抽取并加工相关信息，这是自下而上的加工过程。由于这种加工始于外界的感觉信息——数据，所以这种类型的加工也被称为数据驱动的加工。运用事先存在于大脑中的概念等知识对外界输入的信息进行解释的过程是自上而下的加工，也称为概念驱动的加工。这里的“上”包括过去知觉环境的经验、知识、动机和文化背景等，由于自上而下加工的存在，使得高级心理活动影响了对事件和事物的理解。

刺激的物理特性是识别的必要条件，而情境、期望、知识等则是识别的充分条件，它们提供了一种约束性满足。它们之间的关系可以简略地表示为图 4－15。

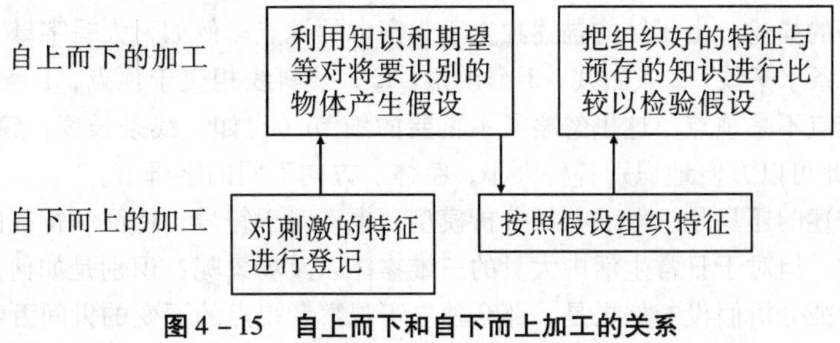

图 4－15　自上而下和自下而上加工的关系

二、物体识别理论

日常生活中人们似乎能够轻而易举地认出各种物体，而且这种似乎毫不费力的认知能力是现在最先进的人工智能也无法企及的。由于生活场景多变，物体呈现的方位、背景、远近、明暗、遮挡都会不同，在我们的视网膜上的成像也千变万化，但是人们仍然能比较正确地识别。这到底是如何做到的呢？

（一）模板匹配

对人们如何识别物体的解答，模板匹配理论给出了简单的答案。它认为在人们的记忆里，对任何一个熟悉的物体都有一个与之相匹配的模板，每次碰到一个具体的客体，人们就把客体的像与它的模板相匹配，然后完成识别。然而此理论遭到了许多批评（Haberlandt，1994）。首先，我们头脑中有这么多模板吗？其次，同一客体有许许多多变化形式，比如，不同字体的英文字母 A，识别千变万化的它，用的是一个模板吗？看图 4－16，图（A）、（B）、（C）、（D）中左边是客体，右边是模板，与（A）客体相比，（B）客体位置变化了，（C）客体大小变化了，（D）客体方向改变了。用一个模板如何匹配位置、大小、方向改变了的客体？（Neisser，1967）当然，对于计算机，科学家可以根据需要在程序中添加模板修正范围，当客体与模板有出入时，模板可以不断调整，达到某个事先规定的标准就完成了识别。所以，模板理论作为机器识别的应用，在一定范围内是可行的，但用它来解释人的识别过程就太牵强了。

（二）特征与结构描述

特征与结构描述这两个词语最早来源于计算机科学，这里，特征是指模式中抽象的组成部分。例如，26 个英文字母就有 7 种基本特征，包括垂直线、水平线、斜线、直角、锐角、连续曲线、非连续曲线。举个例子，大写的英文字母 A，它基本包括 1 条水平线、2 条斜线和 3 个锐角。结构描述包括对一个物体的部分间结构、空间排列以及连接等的描述。由于结构描述独立于观察者的视点，例如，大写字母 A 的结构描述：①有 1 条水平线、2 条斜线、3 个锐角；②2 条斜线相交于顶点，1 条水平线与 2 条斜线相交点不是顶点，这里忽略了不重要的细节（比如，线条长度，锐角的大小、方向），因此可以方便地识别各种大小、字体、方向不同的字母 A。

以上描述的还只是一般的特征分析模型，也许对于符号，特征和特征间的关系是易于描述的，但对于日常生活中大量的三维物体以及场景呢？识别是如何发生的？是否也符合特征分析假设？如果是，那么独立于观察者视点的不变的世间万物共有的基本结构是什么？这些问题初看起来似乎无法解决，一朵花与一架航天飞机的差别是如此之大，寻找它们之间的共同点几近于天方夜谭。

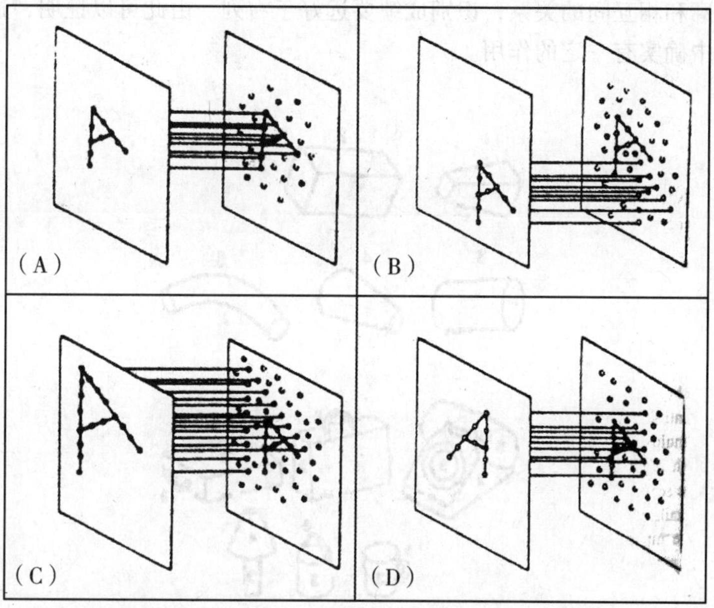

图 4－16 用一个模板如何匹配位置、大小、方向改变了的客体？(Neisser，1967)

(三) 部件认知理论

比德曼（Biederman，1987）认为，所有的物体都是由一系列几何子（Geons）按一定关系组成的，物体识别基于对物体的组成部分（Geons）的辨认。根据“每个三维的几何子都在二维的视网膜上产生独特的刺激模式”这个原则可以确定 36 个几何子。对于每个特定的物体来说，几何子之间的关系是特定的，相同的几何子可以按不同的方式组合成不同的物体，就像相同的字母可以组成不同的单词。比德曼排列了超过 100 种以上的关系，比如，在……之间、在……的旁边、……比……大，等等。36 个几何子、100 多种关系的排列组合可以产生超过 14 亿的独特物体，而我们一生中可能只用到其中的 3 万多种，能够命名的也仅仅 3 000 种左右（Biederman，1990），因此人们识别客体可能只需要 3 个几何子就够了。这就把物体识别的过程大大地简化了。

部件认知理论富有创意，且具有相当强的解释力，例如，对复杂度不同的物体识别速度的预测。由于组成复杂物体（如大象）的任何 3 个几何子的组合被识别就可以识别该物体，而简单物体（如台灯）却没有选择的余地，因此几何子理论预测大象的识别速度要快于台灯。这与一般认为“由于大象更复杂，需要加工的信息更多，因此大象的识别速度会慢于台灯”的观点相反，而实验结果证实了比德曼的预测。

另外一个被广泛引用的实验是对破坏程度不同的物体的识别。实验者呈现给被试一些不完整物体的图片，其中的几何子或完整或破损。如图 4－18 所示，左列是一些普通物体的线条画，其余两列是该线条画不同位置破坏后的结果，中间列因为保持了几何子的轮廓和相互间的关系，识别成绩要远好于右列。由此可以证明，这些几何子在物体识别中确实有一定的作用。

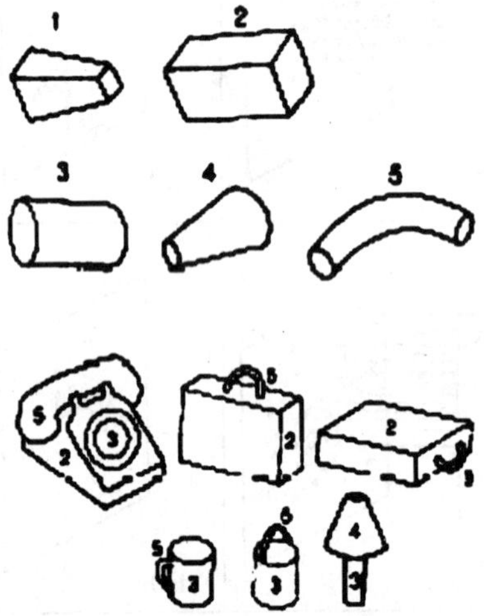

图 4－17　几何子和一些由几何子组成的物体

图 4－18　线画和残缺图

三、人脸识别

人们可以识别上千张面孔，区别不同的表情，从面部特征中轻而易举地判断年龄和性别，即便是在一定的距离外，在暗淡的灯光下，在十几二十年之后，人们也能够认出曾经熟悉的人，但是一旦把人脸颠倒，事情就完全变样了，识别人脸的能力就会严重下降。图 4－19 中两幅倒过来的照片有什么不妥吗？倒过来看看！

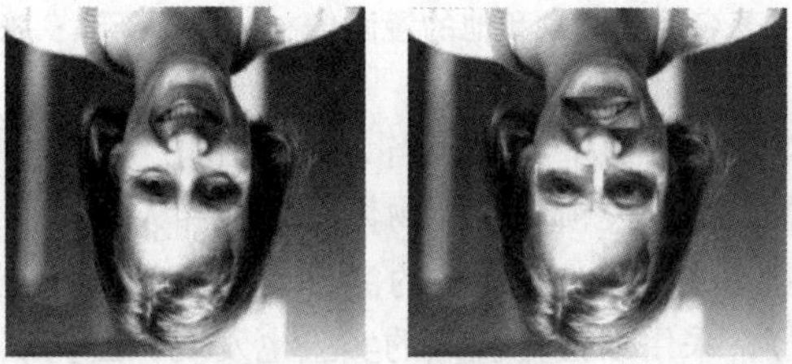

图 4－19　撒切尔错觉

为什么？物体识别的一般理论，例如，RBC 理论，很难解释人脸识别的表现。该领域的大多数研究者认为，人脸识别与普通物体的识别不同，它并不是基于局部特征的分析，而是基于整体结构的获取，人脸的构成部分眼睛、鼻子、嘴巴间的相互空间关系对识别非常重要。这种观点得到了多方面证据的支持，例如，人们在出生 2 小时后即表现出对人脸样结构图形的偏好；由于各种原因导致大脑双侧颞叶（少数为右侧单侧颞叶）损伤的病人呈现特殊的面孔失认表现，而保持相对完好的物体识别能力；脑成像（PET、fMRI）研究发现了右侧梭状回只对正立面孔反应的脑区（FFA）；事件相关电位分析也在右侧颞叶区域发现了一个人脸刺激特异早期放大的负向波 N170（彭小虎等，2002）。

然而，人脸与普通物体的心理识别过程并不存在明确的分水岭。在卡通人物像识别的有关研究中发现，尽管识别卡通像和普通线画的准确率一样高，但是在要求学生说出这些著名人物的特征时，卡通像的反应速度要比普通线画快整整 1 倍，这是由于卡通像对这些人的区别性特征进行了夸张（如图 4－20 所示）。这个实验结果表明，部分特征确实在人脸识别中起了一定的作用，这一点并不是完全不同于普通物体的。

是什么导致了人脸识别和普通物体识别的不同？刚出生的婴儿真对人脸有偏好？人们对人脸的识别由脑区负责？早期的观点认为，人对人脸的识别生来就具有特殊性。近年来，专家系统论（theory of expertise）逐渐占了上风：人脸之所以呈现出不同于一般物体的识别过程，并不是因为人脸作为一个模式是特殊的，而是因为人脸的识别任务是特殊的——必须在一类物体中作个体区分，而且还因为人们在漫长的成长过程中，经过不间断的学习而成为区别人脸的专家。专家、新手的区别，类水平与个体水平识别的区别正是人脸与普通物体识别过程不同的地方（Isabel Gauthier et al.，1999）。

图4－20　著名影星成龙和他的漫画像（来源于新浪：张砚均绘）

专家系统论的观点看上去似乎有着相当大的吸引力，事实上也已得到了一些研究结果的支持。如专家在识别专长领域内的物体时呈现和人脸类似的倒置效应，相比新手在FFA（梭状回面孔识别区）有显著的激活，而且激活程度与专家化水平相关（Gauthier et al.，2000）；采用双任务设计的实验也发现，面孔识别和专长领域内的物体识别存在着竞争（Gauthier et al.，2003）。另外，刚出生的婴儿就对人脸有偏好的观点也在更严格的实验控制下遭到质疑（Mondloch et al.，1999）。然而，要统合现有的实验证据并给出人脸识别的完美理论解释，要走的路还很远。

四、眼动与图形识别

由于眼睛的光学结构特点，即锥体细胞的密度由中央凹向边缘逐渐降低，因此人们只能清楚地看到在注视点及周围2°视角内的物体。人类的视觉认知系统通过眼动调节视点从而获取最优质的视觉映象。

眼动（eye movement）分为两类。一类是微小的、不随意的眼动，如微跳、漂移、生理震颤等。微动对维持视觉映象，避免视网膜因注视而产生局部适应有重要的意义。如果用稳定视网膜的技术，使某一物体的投影始终落在视网膜的一个固定位置上，从而排除眼球与物体的微小相对运动，那么，人们看到的图形最初很清晰，然后很快减弱，最后趋于消失。可见微动一开始虽然对感知物体形状没有作用，但对维持物体形状知觉的稳定性是有意义的。

另一类眼动是随意的、大幅度的，包括眼跳（saccade）与跟踪。由于眼跳速度可达到900°/s，所以一般情况下有用的信息并不能从一个眼跳中获得。注视（fixation）点是眼动轨迹中相对静止的注视位置，注视保证视觉信息的有效获得。因为眼跳是随意的眼动，因而与当前的识别任务和图片提供的信息密切相关。Buswell（1935）是第一个对包括场景的图形识别中注视点的空间分布进行系统研究的人。Buswell发现注视的位置有相当高的规则并与场景图片中的信息有关。例如，观察者在看《La Grande Jatte 岛星期天的下午》（见图 4－21）这幅作品时，更多地把注视点集中在人物身上，背景上的注视点则相对较少。不仅如此，当面对的是相同的场景时，不同识别任务下的眼动也不同。Yarbus（1967）的研究说明眼动的轨迹与正在进行的知觉和认知加工有关（见图 4－22）。

图 4－21 作品《La Grande Jatte 岛星期天的下午》

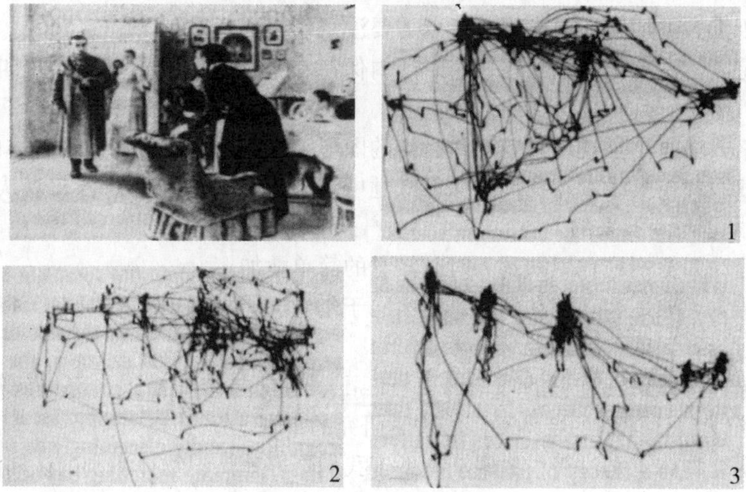

图 4－22 观察任务与眼动轨迹

1. 无任务指导语时的眼动；2. 要求被试判断家庭经济状况时的眼动；3. 要求被试判断图内人物年龄时的眼动。

本章摘要

1. 感觉是对一个物理刺激的觉察，比如，光、声音、温度和压力等，是客观事物直接作用于感官而在头脑中产生的对事物个别属性的认识。

2. 知觉是客观事物直接作用于感官而在头脑中产生的对事物整体属性的认识。在我们以一种有意义的方式整合、组织和解释感觉信息时就有了知觉。

3. 感觉是由一定的物理或化学刺激引起的，而且感觉的大小和物理、化学的刺激强度有着直接的关系，心理物理学主要研究刺激和刺激下所产生的心理体验的数量关系。

4. 根据两类细胞对不同波长的感受性不同，可以得到明视觉和暗视觉函数。

5. 不同波长的可见光引起人不同颜色的视觉。

6. 人耳对不同频率声音的感受性不同。描述了频率、强度与响度关系的等响曲线在音响设计、噪声控制、声音环境的布置等领域有重要的应用价值。

7. 触觉在人的认知过程中起到了非常重要的作用。

8. 注意是一种心理状态，是意识对一定对象的指向和选择。注意状态主要有三种：搜寻、选择和持续性注意。

9. 控制性加工是一种需要注意参与的加工，其容量有限，并可随环境变化而被灵活运用。自动化加工不需要注意的参与，也无一定容量限制，不受人的意识控制。练习有助于实现自动化加工。

10. 对单个特征的搜寻是并行加工和自动加工的，对客体的搜寻需要对特征的整合，是系列加工和控制加工过程。

11. 因为人的加工能力有限，所以需要注意作为选择机制。

12. 持续性注意是指注意在一定时间内保持在某个客体和活动上，也叫注意的稳定性。

13. 格式塔原则描述了人脑对什么样的图形结构能够使我们知觉为整体的规律。

14. 双眼和单眼线索在我们的深度知觉中起到了各自的作用。吉布森认为人的深度知觉能力是与生俱来的。

15. 运动知觉不是空间知觉和时间知觉的简单叠加。

16. 错觉现象是客观存在的。错觉不同于幻觉，只要客观条件具备，每个人都可能出现错觉。

17. 描述物体识别过程的理论有模板匹配、特征与结构描述、部件认知理论等。人脸识别作为物体识别的特例受到心理学研究的重视。

18. 研究物体识别过程中的眼动有助于我们更好地认识物体识别的认知因素。

复习思考题

1. 什么是知觉？知觉有哪些特征？
2. 人类从外界获取信息的感觉通道有哪些？各自的规律怎样？
3. 心理物理学研究什么？发现了哪些规律？
4. 视觉搜寻有什么规律？
5. 描述注意选择机制的理论有哪些？你更同意哪个？为什么？

6. 你如何看待第一知觉问题？

7. 人脸识别是特殊的吗？

推荐参考读物

1. John B. Best. 认知心理学（第二版）. 黄希庭主译. 北京：中国轻工业出版社，2000.

2. Roger R. Hock. 改变心理学的40项研究：探索心理学研究的历史. 白学军等译. 北京：中国轻工业出版社，2004.

第五章 意 识

日常生活中，我们的意识状态和意识过程一直伴随着我们进行各种心理活动和加工。意识就是知晓。当我们知晓自己的感觉、知觉、记忆和感情时，就说明我们对那些感觉、知觉、记忆和感情是有意识的。我们生命的多数时候处于觉醒的意识状态，在此状态下我们知觉到的时间、地点和事件都是真实的、有意义的。同时，在疲劳、催眠或药物作用等影响下，人的意识会与正常状态下的意识有明显的不同。每个人都可能经历一些异常的意识状态，如做白日梦、冥想、幻觉等。尽管我们对意识的了解还远没有满足我们的好奇和疑问，但我们已经得到了一些问题的初步答案。本章中，我们将讨论如下问题：

如何理解意识？其含义、内容与功能是什么？

意识有哪些其他状态？

睡眠的本质、功能是什么？梦又是什么？

改变意识状态的药物有哪些？它们会带来怎样的意识状态？

第一节 意识的特征

意识可能是心理学最经典的研究问题之一。冯特（Wilhelm Wundt，1832—1920）和铁钦纳（Edward Bradford Titchener，1867—1927）创建心理学学科之初便使用内省的方法探讨了意识心理的内容。詹姆斯（William James，1842—1910）也在其1892年出版的经典教科书《心理学》的第一页中，就认可了对心理学的这样一个界定：“意识状态的解释和描述”。那么，如何理解意识这个概念，它具有哪些特征和内容，意识的功能又体现在哪些方面呢？

一、什么是意识

意识（consciousness）是对我们自身、行为以及我们周围世界的觉知（awareness)。我们每天都在经历着各种意识状态（states of consciousness）的转变，即觉知水平的转换。比如，在一个瞬间我们在认真听讲，而在另一个瞬间可能就做起白日梦了；或一边走路，一边浮想联翩。我们是如何做到这一点的呢？这就涉及意识的自动加工和控制加工。

自动加工（automatic processing）只占用很少的信息加工容量，几乎没有意识觉察参与，以一种自动的方式进行。控制加工（controlled processing）则需要由意识来操纵思维和行为，个体会将注意力全部集中到手头正在进行的事情上。这种过程占用了大量的认知资源，因此，我们不能同时进行两项或两项以上需要控制加工的任务。自动加工过程管理的行为需要的努力较少，速度也快于意识控制的行为。我们的行为之所以可以在无意识控制的条件下进行，是因为我们经过多次的学习和练习，某种特定的刺激或事件可以自动地唤起它们。

参与自动加工与控制加工的神经机制可能不同，如要求割裂脑患者完成需要双手配合的动作时，熟悉的动作（如在牙刷上挤牙膏）要明显好于从未做过的（如给钓竿上线）。相反，胼胝体完好的个体在完成上述两类动作时的效果基本相同（Franz, Waldie, & Smith, 2000）。这些结果表明，当熟练掌握某种技能以后，自动加工控制动作的完成不需要大脑左右半球的相互联系，但我们在学习新任务时发生的控制过程则必须依赖于大脑左右半球的这种相互联系。由此推断，参与自动加工过程的似乎是皮层水平以下的神经机制。

控制过程和自动化过程究竟哪个更高级？答案并不唯一。自动化过程迅速而有效，但随之而来的是僵化和不易改变的特点——这正是“自动化”所导致的。控制过程速度较慢，却更加灵活可变通。总之，两者都在我们对外界信息的处理过程中起着至关重要的作用。同时，自动化和控制过程并非不可逆，而是一个连续维度上的两个端点。对于任何指定的任务，个体都可以通过与某种程度上的控制或与自动化相关的方式进行操作。

二、意识的内容

意识的内容即我们正在觉知的信息。一般清醒时的意识包括此时此刻的知觉、思维、情感、表象和愿望，即你正在集中注意的所有心理活动。你既意识到你正在做的事情，也意识到你正在做这个事实。这些不同的心理活动构成了意识的内容——在特定时刻你有意识地觉知的所有经验。

根据意识的内容，可以将意识大致分成三个水平：①基本水平，对内部状态和外部世界的觉知。在这个水平上，意识是你对正在知觉和可知觉的信息进行反应的觉知。比如，你逐渐意识到背景中闹钟的滴答声或感到饿了。②中间水平，对你所觉知的信息的一个反映。在这个水平上，意识依赖于语言文字，这些符号知识可以使你从真实客体和现在事件的局限中解脱出来，你可以思考和操纵不在眼前的客体，把它们想象成新的样子，可以利用这类意识回忆过去或计划将来。③高级水平，对自己作为一个被意识反映的个体的觉知，即自我觉知（self-awareness）。在意识的这个水平上，如果你一直体验了一个相当有序的、可预测的世界，你就可以逐渐地对它进行预期，这种预期使你具备了选择目前最适宜的行动和计划未来的能力。

三、意识的功能

意识演化至今，它一定具有有助于物种生存的广泛作用。同时，意识在个体和文化分享的现实建构中也有着重要的作用。

（一）帮助生存

从生物学的观点来看，因为意识帮助个体明了环境信息并在计划最适宜和最有效的行动中使用这些信息，所以它才可能演化。在很多时候，你会面临感觉信息负荷过大的情境。詹姆斯描述说大量信息轰击感受器就像“混乱的光亮声音”从各个方面困扰着你。意识可以通过三种方式澄清这种极大的混乱，帮助你适应你的环境。

首先，意识通过对你所察觉和你所注意的范围进行限制来减少刺激的输入。意识的这种限制功能滤掉了多数与你即刻目标或目的无关的信息。当你将意识觉知集中在“相关”输入——你希望加工和反应的信号的时候，所有被评价为“无关”的输入信号就成为背景噪音。

其次，意识完成一种选择储存功能。在所有感觉输入被知觉加工为少量可识别的模式和范畴时，意识允许你有选择性地储存你想要分析、解释并对将来起作用的刺激。意识通过选择一些刺激，忽视另外一些刺激，允许你将事件和经验按照个人的需要分成相关的和无关的。

再次，意识让你以过去的知识和对不同后果的想象来终止、思维、考虑不同的方案。这种计划或执行控制的功能使你能够压抑那些与道德、伦理和实践要求相冲突的强烈愿望。如果没有这种意识，你也许会在饿的时候，只要看到苹果，就想把它偷来。由于意识给你广泛的时间感去计划可能的行动，你可以唤起过去和将来的抽象表征影响你当前的决策。由于上述的这些原因，意识赋予了你极大的潜能，使你对生活中多变的需求能够作出灵活、适当的反应。

（二）对现实的个人和文化建构

不会有两个人以绝对相同的方式解释一种情境。你对现实的个人建构是基于你的一般知识，过去经验的记忆，当前的需要、价值、信念和将来目标对当前情境的独特解释。因为每个人对现实的个人建构已经在对独特输入的选择中形成，所以他会更注意刺激环境中的某些特征。当人们在不同的文化中成长，或在同一文化内的不同的环境下生活，或面临不同的生存任务时，对现实的个人建构的个体差异会更大。相反的表述也是对的，因为同一文化中的人们分享许多同样的经验，他们常具有相似的现实建构。现实的文化建构是由特定人群中的多数成员所分享的思考世界的方式所决定的。

总之，意识是一种对内部事件和外部环境觉知的状态。我们的行为和活动通过意识参与程度不同的自动加工和控制加工两种过程来操纵。不同程度的意识参与还决定着意识的内容。自我是非常重要的自我意识内容。意识不仅有助于个体的生存，而且为现实的个人和文化建构提供了基础和条件。

第二节 意识的其他状态

一、白日梦

白日梦（daydream）是在非睡眠状态下自发的一种和目前状态（任务）无关的想法或想象。它不是刻意从记忆中提取的，也不是直接来自知觉刺激。白日梦是内部诱发和产生的意识内容的自动改变。白日梦可能是一种幻想（fantasy），有幻想性的内容，但二者并不等同（Giambra，1999，2000）。在情绪状态下，个体的白日梦更加接近于真实的梦境，也更加具有象征意义（Hartmann et al.，2002，2003）。更容易产生幻想的个体也更容易做白日梦。而经常做白日梦的个体更容易经历心理上的困扰。一方面这可能是因为对幻想的依赖使个体不会去采用其他更有效的应对行为，于是经常性地幻想，这和精神病理学有关。另一方面，这也可能是因为有心理问题的个体需要更多的幻想来对付忧郁。但白日梦有时也有积极的作用。研究表明，对成就动机高的个体来说，一旦设定了目标，白日梦在目标实现的过程中起着调节作用，也就是说有越多和达到目标有关的白日梦的个体，实现目标的可能性就越大（Langens，2003）。

二、催眠

催眠（hypnosis）是一种特殊的、存在于两个人之间的交互影响，催眠师通过暗示诱导被试的行为、感觉或认知发生变化。我们可能会看到这样的情景：催眠师在几分钟内将个体带入一种深度恍惚的状态中，并能诱使他们做出非常奇怪的举动。

（一）催眠：它如何完成，谁又易受其影响

让我们先从两个基本问题开始：①催眠是如何进行的？②每个人都容易受它的影响吗？首先，标准的催眠方法通常包括催眠师的暗示，它使被催眠者感到放松、困乏，并且无法睁开他们的眼睛。催眠师不断地用平静的声音重复，暗示被试正在一种放松的状态下逐渐下沉，越沉越深——不是睡眠，而是可以被高度易化，服从催眠师对他们感觉、思维和行为进行的暗示的一种状态。另一种方法使被试集中注意于某种能够闪光并被催眠师旋转的小目标上。类似程序的结果是，某些人可以进入一种意识的变换状态而绝不是睡眠——被催眠者的脑电图（EEG）记录与正常的处于觉醒状态的个体类似，完全不同于我们前面所提及的睡眠阶段描记曲线。是不是每个人都可以被催眠？答案是明显的。但是催眠易感性存在着巨大的个体差异，大概15%的成年人有高度的易感性（通过他们对于催眠师给予的一系列分等级暗示的反应测量），10%的成年人有高度的抵抗性，其余则处于两者之间。另外，催眠易感性较高的个体还具有一些与众不同的特点：他们经常会做生动逼真的白日梦，对视觉影像更加敏感。他们非常专注，有沉醉于感觉和想象体验的倾向，常常从他人那里寻求建议和指导，而且——也许是最重要的——他们希望能被催眠的暗示感化。一般来说，个体具有上述特征的程度越高，他们的催眠易感性也就越高。

（二）催眠：关于其本质的不同观点

我们再来思考一个更为复杂的问题：催眠是真实的吗？它真的使意识发生了实际的变化吗？对于催眠的系统性研究存在一些相反的观点。

1. 社会认知或角色扮演观点

社会认知或角色扮演观点认为，催眠并不奇怪和神秘，催眠所产生的效果只不过是催眠师与被试之间一种特殊关系的反映。根据这种观点，参加催眠的个体通常看过许多关于催眠的书籍和电影，他们对于催眠的过程和被催眠后应有的反应了如指掌。这些导致他们去扮演一种特殊的社会角色——被催眠者。这个角色要求他们被催眠师的力量控制，无法抗拒种种的暗示。当他们受到催眠师的指引——某种行为举止或特殊感觉体验时，他们趋向于服从，因为这正是他们扮演的社会角色应该做的。此外，他们经常报告体验到的感知觉的变化，这也正是他们期望体验到的。我们必须注意，这种观点并不意味着被催眠的个体在有意识地伪装。相反，他们确实相信自己在经历一种不同的意识状态，除了遵从催眠师的暗示外别无选择。但这些行为与体验主要应归于被试对催眠以及被催眠者角色的一种信念，而不是催眠师特殊的技艺或他们真的进入了变化的意识状态。

2. 新分离理论和控制分离观点

这两种观点认为催眠确实引起了一种变化的意识状态。催眠的新分离理论（neo-dissociation theory of hypnosis）的观点是，催眠诱使意识的两个基本层面——我们用来调控自己行为的执行或中央控制功能和我们用来观测自己的监视功能——分裂开来。

这种观点最具影响力的支持者认为（Hilgard，1986，1993）：意识的这两个层面通常是相联结的，而催眠打破了这种联结并在其中竖立起一块认知的屏障。我们称其为催眠健忘症——它防止一些体验在催眠中进入正常的意识。其结果是被催眠的个体确实进入了一种特殊的意识变换状态，在这种状态下，他们头脑的一部分接受催眠师的暗示并作出反应，而其他的部分（Hilgard 所命名的“隐蔽的观察者”）观察着这个过程却并不参与进去。正是由于意识的分离，这两种认知机制不再相互联结。举例来说，如果要求被催眠的个体将手臂放入冰水中，而同时暗示他感觉不到寒冷，他们会服从并报告说没有感到不适。然而如果让他们用笔来描述自己的感受，他们可能会指出自己正忍受着强烈的寒冷（Hilgard，1979）。换句话说，他们具有痛苦的体验，但在催眠状态下，这种痛苦并不能正常地到达他们的意识思维。有研究者（Bowers，1992；Woody & Bowers，1994）对上述观点进行了修正，并将之描述为控制分离理论（theory of dissociated control）。根据该理论，催眠并不需将意识分离开来，它只是减弱了中央执行系统对其他认知和行为子系统的控制。这样，这些子系统可自动地被催眠师的暗示直接调用，而不经过一般的认知机制。

总体来说，大部分现有的证据都支持了催眠的社会认知观点：催眠的效果主要来自被催眠者对催眠的信念，加之他们对实现催眠师期望的某种倾向。

三、冥想

冥想（meditation）是一种不同的意识形态，它通过获得深度的宁静状态而增强自我意识和良好状态。在冥想期间，人们也许集中在自己的呼吸上并调节呼吸，做出某些身体姿势（如瑜伽姿势），使外部刺激减至最小，产生特定的心理表象，或什么都不想。

对冥想的可测量效果有一些争论。批评意见认为在正常的“闭眼”休息状态和特殊的冥想程序之间不存在生理学的差异。然而，冥想的追随者认为，冥想导致的反应是一种较低的身体唤起但意识增强的觉知状态。于是，冥想至少可以减少焦虑，特别是对那些处在应激环境中的个体。然而，冥想实践的目标不只是暂时离开紧张。冥想的实践者已提出，有规律地练习某些形式的冥想会增强意识，有助于个体获得启迪，并以新的方式看待那些熟悉的事情，让知觉和思维远离自发的已学会的模式局限。一些研究者也已提出，有规律地实践冥想可使心理超越西方心理学认识到的局限——甚至促成在可测量的智力和认知操作上的增进。冥想实践中一流的佛教教师汉（Nhat Hanh，1991）建议，对呼吸的觉知，以及只欣赏你周围的事物都可以成为通向心理平衡的途径。

这些不同的意识状态，一方面可以使我们了解心理活动及其本质的复杂性，另一方面有助于我们理解心理个体差异的多样性及其意义。

热点问题讨论5－1　意识在大脑中的定位

主观地讲，意识是关于“我们是谁”的坐标，丧失意识就意味着不能以一个心理个体的形式存在。那意识定位在哪里呢？像其他心理功能一样，意识涉及一个分布广泛的神经网络，而不单单只是一块区域。因此，更好的提问方式是：“哪些神经结构与意识体验有关？”即究竟是哪些神经结构产生了有意识的觉知并且调节着意识状态呢？

这个问题的答案取决于人们对意识的理解。如果一个人仅仅把意识理解为觉知的状态（与没有意识或睡着了形成对比），那么就跟后脑和中脑的结构相关，特别是网状结构。例如，对正在进行外科手术的病人进行脑成像的扫描发现，当他们被麻醉时，病人的中脑（跟丘脑一样在意识觉知方面起到重要作用）活动水平就会减弱（Fiset et al.，1999）。同样，网状结构受损则会引起意识丧失或者昏迷。脑桥和延脑也与调节意识唤起状态相关。总的来说，只要有这些结构在，我们就可以在没有大脑的情况下仍然保持意识清醒。

近期来自正电子发射断层扫描技术（positron emission tomography，简称PET）的数据确切地证实：当实验参与者有意识地注意一个刺激时，从中脑的网状结构经过丘脑最后到达所投射区域的这条通路被激活。一旦皮层得到激活、被试注意到刺激，这条通路就会发送信号到丘脑的另一个区域，给第一个区域以信号，让它仅对那些与刺激紧密相关的细节产生注意，这样就能把注意的光芒发射到那些需要突出的地方并抑制那些对于无关细节的注意。因此，丘脑和皮层表现出一个反馈回路，在这个回路中，丘脑和网状结构“照亮”了一大片区域，而皮层则给予反馈信息以缩小焦点，同时，丘脑还能协助皮层将注意的光芒聚焦到特定的目标上（Newman，1995）。

第三节　生理节律

生物节律（biological rhythms）是指随着时间的推移，我们身体内部的过程和意识经历有规则的循环和波动。有些循环过程只需要较短的时间，如每过两三个小时就会感觉到饥饿。有些循环的周期较长，例如，很多动物只在一年中的某些固定时间进行交配，或在固定时间冬眠；女性的月经周期一般在28天左右。我们将每一天中24小时左右的波动和循环称为生理节律（circadian rhythms）。

一、睡眠觉醒周期

（一）睡眠的生理指标

研究者们主要通过三类指标关注睡眠中的变化。这三类指标分别是依靠脑电图（electroencephalogram，简称 EEG）描记出的脑电活动变化，肌电图（electromyogram，简称 EMG）得出的大量肌肉电活动变化，以及眼电图（electrooculogram，简称 EOG）测得的眼睛的电位变化。得出的结果表明，在个体入睡后，这三类指标均会发生系统性的变化，而这些变化反过来又会揭示睡眠的本质。大多数睡眠研究的对象是人类，志愿者的头顶、下颌和眼睛上将被安置电极，分别用来测量 EEG、EMG 和 EOG。另外，心率、呼吸和皮肤电也会被同时测量。我们的神经系统和肌肉所发生的一些变化可以在图 5－1 中看到。

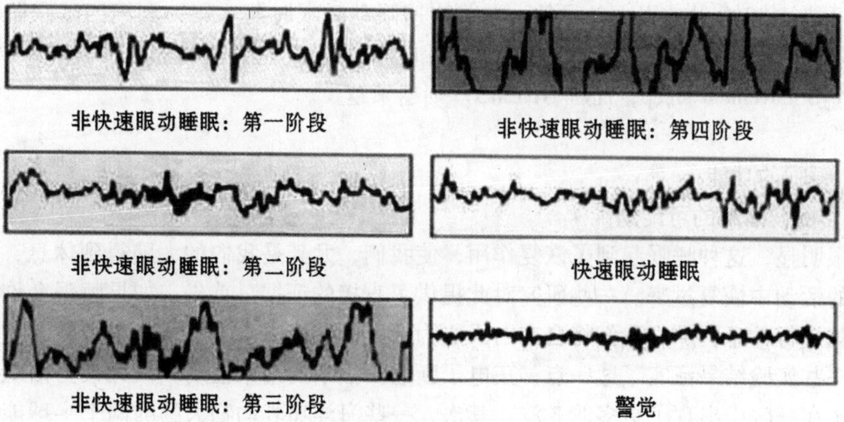

图 5－1　睡眠期的生理指标

根据图 5－1 我们可以了解到睡眠的进行过程。当你在完全清醒时，你的 EEG 包含着许多 β 波，发放的频率很高（14～30 次/s，即 14～30Hz），但电压较低。当你进入平静、休憩的状态时——例如，躺到床上，将灯熄灭，β 波被 α 波代替，EEG 活动的频率降低（8～12Hz），但电压有轻微的提升。当你入睡并进入到睡眠的第一阶段，出现了 θ 波，EEG 为 3.5～7.5Hz。很多研究者认为这一阶段处于睡与醒的边界线。在第一阶段出现后的大约 10 分钟，很多人会进入睡眠的第二阶段，其标志为纺锤波和 K 结的出现。纺锤波是每 2～5 分钟出现一次的频率为 12～14Hz 的电活动的瞬间脉冲，可能代表了使大脑敏感性降低以便让我们进入睡眠更深阶段的某种机制的活动。而 K 结则几乎在每分钟都出现，是一种突然而明显的波形，它们可被噪音触发，并帮助我们保持睡眠。在下一个阶段，即第三阶段，出现了高振幅低频率（低于 35Hz）

的δ波。而在紧接着的第四阶段，δ波所占的比例继续增加。第三阶段中δ波的比例在20%～50%，而在第四阶段，其比例已超过50%。一些研究者相信，δ波象征着一种不断增加的大量神经元一起放电的同步化。到此为止，EEG模式所构成的图线所展示的似乎都是我们对于睡眠的主观体验。但从这个过程开始大约90分钟以后，一些戏剧性的变化出现了，个体进入了被称为快速眼动睡眠（rapid eye movement sleep，简称REMS）的独特阶段。在这一阶段中，脑电活动快速地变化，与个体清醒时的图像类似。δ波消失，很快低振幅的电活动再次出现。睡眠者的眼球开始在眼皮下快速移动，而身体肌肉的活动能力则几乎被抑制。

这种可观测的脑电活动以及身体过程的变化还伴随着睡眠中一种戏剧性的成分——梦。处于REMS时期的个体若被唤醒，经常报告说在做梦。在一些研究中，在此过程中眼球的运动似乎与梦的内容有联系。这就好像做梦者在用他们的眼睛追随着梦中的行为。快速眼球运动与梦的内容间的关系尚不肯定。在整个夜晚，REMS时期与其余的四个阶段交替进行。各阶段的持续时间是变化的，但在早晨REMS时期有增长的趋势。第一次REMS大概只能持续5～10分钟，但最后一次——我们常伴随它醒来，可持续30分钟或以上。另外，在非快速眼动睡眠时期（第一到第四睡眠阶段），第二阶段所占的比例将逐渐增大，但第三和第四阶段（它们被合称为慢波睡眠，non-rapid eye movement sleep，简称NREMS）则越来越少。

（二）睡眠的功能

1. 慢波睡眠的可能功能

很明显，这种睡眠起到了恢复作用，使我们，尤其是我们的大脑得到休息，并从一天的活动中恢复过来。一些研究对此提供了直接的证据。首先，如果睡眠允许我们的大脑进行休息，那么我们将会在白天更为活跃的脑区中看到更多δ波（慢波）的活动。一些实验结果证实了这一点。正电子断层扫描术的结果证明，白天最为活跃的脑区确实在睡眠中出现了更多的δ波。其次，一些海洋哺乳动物大脑的两个半球能够轮流睡眠，这表明睡眠会通过某种方式允许大脑进行休息。为什么这些动物会拥有这样的睡眠模式？可能的原因是，海洋哺乳动物并不能像其他海洋生物一样适应水底生活，因此它们无法承担大脑的两个半球在同一时间睡眠的局面：这一奢侈的睡眠方式被周遭太多的危险所制止，尽管几乎所有的陆生哺乳动物都可以享受这样的休息。这也正是“物竞天择，适者生存”的一个表现。强劲的体育运动可以增加慢波——即“休整”睡眠，但这种运动必须增加大脑的温度。我们知道，大脑的温度升高可以加速其新陈代谢，因此，这种现象便符合了一种普遍的意见，即慢波睡眠是允许大脑在剧烈活动后得到休息的一种机制。另外，大脑温度的升高增加了我们对睡眠的需求，这可以解释为什么我们在洗完热水澡后可以睡个好觉。慢波睡眠的另一个功能着重强调了睡眠与生理节律之间的关系。根据这一观点，睡眠仅仅是使包括我们自己在内的很多物种在无须参与太多与生存相关的活动时保持非活跃状态的神经机制。正如一位著名的睡眠研究者指出的那样（Webb，1975），睡眠是使我们在夜晚保持安静的一种自然方式，夜晚，对于我们的祖先和我们来说都是危险的，因为我们并不拥有适于夜间活动的感觉能力。

2. **快速眼动睡眠的可能功能**

快速眼动睡眠对于我们学习、巩固记忆、从大脑中消除不必要的记忆或其他混乱的内心活动都有着极为重要的作用。如果 REM 睡眠的功能与学习有关，那么以下两种假设将成立：①经过训练的动物如果被剥夺了 REM 睡眠，其表现不如经历正常睡眠的动物；②在高强度的学习后，动物的 REM 睡眠时间会比其他条件下的睡眠时间显著增加。对于这两种假设，研究都予以了证实。在一项实验中，研究者训练大鼠穿过一个复杂的迷宫（Block，Hennevin，& Leconte，1977）。训练进程中，大鼠奔跑的速度越来越快，而睡眠中 REM 睡眠阶段所占的比例也在增长——这显示了 REM 睡眠对于学习所起的作用。

总之，对于睡眠到底是重新积聚力量还是修正脑中的神经联系这个问题，研究者们一直没有停止探索。由于现代社会工作和娱乐时间的增加，人们睡眠时间减少，研究者已经开始关注这种睡眠变化的代价，即睡眠与免疫系统的相互作用（Bryant et al.，2004）。

（三）睡眠剥夺的后果

每个人都会有在一个失眠的夜晚后饱尝痛苦的经历，因此睡眠剥夺的后果将会成为揭示睡眠本质和功能的可能途径。对于人类而言，研究结果是多样而复杂的，即使是长时间的睡眠剥夺，似乎也并未对人们的行为产生强烈而显著的影响。例如，17岁的 Randy Cardner 在 264 小时 12 分——整整 11 天内持续清醒，而他的动机则很单纯——在吉尼斯纪录中占有一席之地。虽然他在这个过程中遇到了一些小麻烦，但他整体上仍是活跃而警醒的。在完成了这种严酷的考验后，Randy 仅仅在第一天睡了 14 小时，第二天 10 小时，而第三天则不到 9 小时。有趣的是，在这几晚的睡眠中，他的慢波睡眠与 REM 睡眠比例有所提升，而第一与第二阶段的睡眠却保持不变。Randy 并未因 11 天的睡眠缺失遭受持久的身心损伤，而他理所当然也凭借他的成绩出了名。但请不要尝试去打破这个纪录，长时间的睡眠剥夺存在着潜在的危险，包括发生严重事故几率的增长，以及对身体健康的危害等。

睡眠剥夺对人体带来的可能危害是通过一种名为严重家族性失眠症（fatal familial insomnia）（Gallassi et al.，1996）的睡眠障碍所揭示的。患该疾病的个体会遭受日益严重的睡眠失调，直到慢波睡眠最终完全消失，只剩下短暂的 REM 睡眠阶段。这种病症是致命的，但究竟是因为睡眠本身失调，还是因为这种失调标志着某种神经性问题，现在还没有定论。对于动物的研究也同样证实了长时间的睡眠剥夺对身体是有害的。

（四）睡眠失常

你曾有过入睡或保持睡眠的困难吗？事实上，将近40%的成年人报告说他们曾有过这样的问题，也就是我们所说的失眠（insomnia）。这种问题似乎随着年龄的增长而增加，且在女性中更为普遍。失眠时你该怎样做？以下的一些建议可能会对你有所帮助：

- 睡前读一些轻松愉快的书籍。
- 安排好你的时间表，这样你会在每天的同一时间准备睡觉。
- 睡前洗个热水澡或做做按摩。
- 不要在晚上喝咖啡或茶。
- 每天做运动，但不要在睡前进行。
- 不要抽烟。
- 一天中不要打盹。
- 不要担心，几乎每个人都会有入睡困难的经历，因此，如果没有持续多日失眠，不要对它过分关注。
- 如果上述方法都不管用，你发现自己仍然辗转难眠，那就起来读书、工作，或看电视直到感到困倦。躺在床上担心绝不是解决问题的方法！

另外，尽管广告商会大肆承诺，但处方与非处方的安眠药并不完全是有效的援助品。它们在开始时可能会帮助睡眠，但抗药性的快速增加致使个体需要服用越来越大的剂量，这样导致的结果是药物依赖性失眠——一种由大剂量安眠药的副作用引起的失眠。更进一步说，一些药物会对 REM 睡眠产生干扰作用，并导致其他的睡眠失调。

尽管失眠是最常见的一种睡眠失常，但它并不是唯一的。一些与 REM 睡眠或慢波睡眠相关的病症也是存在的。下面我们来分别介绍。

1. REM 睡眠失常

也许最富戏剧性的 REM 睡眠失调要数嗜睡症（narcolepsy），一种在无法预料并经常是不适宜的情况下突然入睡的病症。患者经常在觉醒状态时被不可抵挡的瞌睡欲望袭击，他们在睡了 2～5 分钟后清醒。嗜睡症的另一个症状是猝倒，个体会毫无征兆地突然摔倒。这些患者通常是有意识的，但他们的肌肉被麻痹，就像在 REM 睡眠中一样。有时他们会在这种状态下体验生动的梦境，也就是说，他们在清醒时做着梦！另一种异常 REM 睡眠的表现是，在 REMS 阶段张力并不迟缓，即在此阶段肌肉并不麻痹。患者会将自己的梦付诸行动，虽然这听起来很有趣，却可能带来严重的伤害，因为他们会到处走动，并做他们梦到的一切事情。

2. 慢波睡眠失常

也许最富戏剧性的慢波睡眠失调要数梦游症（somnambulism）——在睡眠时走动。这种情况比你想象中的还要常见，将近 25% 的孩子至少经历过一次梦游事件。第二种与之相关的异常是夜惊（night terrors）。在这里，个体尤其是儿童带着强烈的恐惧感从深度睡眠中惊醒，然而他们对带来这种感觉的梦境却没有丝毫的记忆。夜惊似乎主要发生在第四阶段的睡眠中，而与之相反，我们几乎都经历过的梦魇则发生在 REM 睡眠阶段，并可以被生动地回忆起来。梦游症与夜惊的发生都与神经系统机能上的失调有关，而神经系统在睡眠阶段仍对调节大脑的活动起着至关重要的作用。另一种让人烦扰的睡眠失常是呼吸暂停（apnea），患者会在睡眠时突然停止呼吸，并因此而惊醒。由于这种过程会在一个晚上重复上百次，因此，呼吸暂停症会严重危害个体的健康。

导致睡眠失常的原因就像复杂的神经和化学系统对睡眠的调控一样变化多端，详细地讨论它们会使我们偏离本书的写作目的。但我们要明白，睡眠失常的根源在于调控觉醒状态、慢波睡眠、REM 睡眠的大脑结构和机制存在隐患。

二、睡眠与梦

梦（dream）就是混乱而生动、诱人而让人烦扰的画面占据了我们睡眠时的头脑。这些体验到底是什么？它们为什么会发生？我们先来认识一下梦的基本情况，然后再关注通过心理学研究对上述问题的解释。

回答下面的问题，并参考提供的答案，这能反映出我们对梦的现有认识。

(1) 每个人都会做梦吗？

是的。并不是所有的人都会记住他们的梦，但 EEG 记录和相关数据都显示，每个人都会经历 REM 睡眠阶段。

(2) 梦会持续多长时间？

很多人相信梦只是瞬间的，事实上它的长短和实际一样。你觉得做了较长的梦，实际持续的做梦时间也较长。

(3) 外部世界发生的事会成为我们梦境的一部分吗？

是的，至少在某种程度上是。例如，研究者（Dement & Wolpert，1958）在进入 REM 睡眠阶段的参与者身上喷水，当他们醒来后，有超过一半的人报告梦到了水。

(4) 人们记不住自己曾梦见了什么，是不是因为他们认为梦中的内容令人烦忧而故意去忘掉？

不是这样的。对人们为什么会记住或忘掉他们的梦境的研究表明，这主要取决于他们在醒来后做了什么。如果他们平静地躺在床上，积极地去尝试回忆梦境，他们很有可能回忆起来。相反，如果他们从床上跳起来并开始一天的活动，能回忆起梦境的机会就减少了。尽管我们还不能完全否认某种压抑存在的可能——有动机地去遗忘，但能够支持它的证据是少之又少的。

(5) 梦是不是能够预测未来？

这一普遍的认同并没有任何科学证据支持。

(6) 梦是不是表达了无意识的愿望？

同样没有任何令人信服的科学证据支持这一观点。

(7) 梦的内容存在性别差异吗？

是的，尤其是儿童和青少年。在 9 ~ 15 岁儿童中，男孩梦到的主要是其他男性，而女孩梦到男性与女性的几率相等。这种差别在成年人中同样存在。

尽管在将个体从 REMS 阶段叫醒时，他们会报告更多的梦，高达82%，但梦也发生在非快速眼动睡眠阶段，在唤醒回合中占大约54%。睡眠者在快速眼动期被唤醒后更容易回忆起梦境。快速眼动期睡眠的梦知觉性较强，内容生动离奇。非快速眼动期睡眠的梦概念性较强，内容与现实联系得较密切，不太可能包含涉及情绪的故事内容，而更像日间的思维，较少感觉表象。然而，那些有睡眠障碍的患者在 NREM 睡眠阶段的梦会增多，而睡眠正常的个体如果上午很晚才起床，也会出现在 NREM 睡眠阶段梦增多的情况。因此，快速眼动不是做梦的必要条件。快速眼动期睡眠的脑机制并不等同于梦的脑机制。最近的脑成像研究表明，在睡眠的快速眼动时期，脑桥部脑干、杏仁核及枕叶和颞叶的视觉联合区处于激活状态，前脑可能是揭示梦的脑机制的关键部位。由于梦在人们的心理生活中如此突出，实际上每种文化中都会有同样的问题：这些梦有意义吗？答案几乎总是“是的”。

三、生物钟与时差调整

生物钟（biological clock）是生物机体内控制生理活动作有规律的周期性变化的机制或结构。如果受到破坏或干扰，就会使有机体产生种种不适应的症状，如疲劳感、易瞌睡、工作效率受影响；一旦适应后，又运转正常。大多数人都会感觉到他们的警觉水平、精力和情绪在一天中有涨有落，类似的转换与潜在的身体过程有很密切的联系。这种每日循环表现在激素、体温、血压和其他很多方面。对多数人来说，这些活动会在下午和傍晚达到顶点，而在清晨降到谷底。当然，在这一点上存在着巨大的个体差异，因此每个人都会有自己的变化模式。另外，生理节律也会随着年龄的变化而不同，老人身体活动的顶峰趋向于在清晨或上午到达。基本的身体功能和我们个人所感受到的警觉水平的循环波动与我们的工作效率是有关联的。一般来讲，当个体的体温和其他身体内部活动到达或接近顶峰时，他们将处于工作的最佳状态。然而，与体力工作相比，这种关联在脑力活动上表现得更为强烈，尤其是需要大量认知努力的工作。

鉴于我们的身体过程、心理警觉度、对工作的执行效率每天都会有规律地变化，我们有理由假设个体拥有一套内部的生物机制对这些变化进行统一的调控。换句话说，我们必须拥有一个或多个生物时钟来调节大量的生理节律。对于这些内部时钟的数量和种类，目前并不存在完全统一的结论。现有的迹象表明，位于视丘下部的上视交叉核对生理节律的调控起着至关重要的作用（Lewy，Sack，& Singer，1992；Moore & Card，1985）。有趣的是，在该结构中，每一个单独的细胞对时间都是明了的。有研究者（Welsh et al.，1995）移除了大鼠上视交叉核中的组织并观察这些独立细胞的活动，结果表明，每个细胞都显示了相对平等的有规则的活动周期。与此同时，我们应该注意到，上视交叉核并不是一个完全密封的时钟，对外界毫无反应。相反，它能够感受到外界的光强，而光强又恰能很好地表现时间的推移。早晨的光亮将我们的生物钟重新归零，使之与外部世界同步。这是由于我们（和很多其他物种）身体内部的生物钟所设定的周期为24～25小时，如果每天不进行一次重新设定，我们的生物钟与外部世界的偏差将会越来越大。心理学家是如何得到这一结论的呢？他们要求志愿者住在一个阳光不能通透的屋子里，而这些志愿者大部分都会依照着每24～25小时为一天的周期进行生活。

生理节律常常被时差和换班工作所打乱。在正常条件下，生理节律很少引发问题，我们会根据身体状态的波动简单地调节日常活动。有些人在下午两点时身体状态降到低谷，他们便会安排较少的工作任务，以适应这种状态。然而，在我们的生活中有两种情形会使生理节律发生失调，甚至会引起潜在的严重后果。首先是旅行带来的麻烦。当跨越几个时区后，我们会体验到身体内部时钟在适应新时区上的困难——这就是我们所说的时差感（jet lag）。在时差感未消失时，人们会感到疲劳、倦怠、情绪低落。针对生理节律的研究证明，普遍来讲，要重设我们的生物钟，延迟要比提前容易得多。换句话说，如果飞往时间较早的时区，我们所体验的时差感要比飞往较晚的时区微弱很多。所以，假设你住在美国东海岸而要飞往时间慢三个小时的加利福尼亚，你只需要多熬一会儿夜，然后正常地睡觉；而如果你要飞回来，你可能会感到较强烈的失调，并需要更多的时间来调整你身体内的时钟。其次，导致生理节律失调的还有换班工作，即需要人们在本该睡觉的时间进行工作（如午夜至早晨8时）。

生理节律反映了生物钟的作用。脑活动的模式在夜间睡眠期间戏剧性地发生变化，在每个周期中REM睡眠（对NREM睡眠）的比例逐渐增加。人们需要的睡眠量，REM睡眠对NREM睡眠的比率随着年龄和生活情境的变化而变化。睡眠有保存和恢复功能。上百万人患有失眠、突发性睡眠症、睡眠窒息和日间嗜睡等睡眠障碍。

心理学与人生5-1 你了解你的生物钟吗

生理节律的个体差异很大。有人是“百灵鸟”型，早晨清醒；有人是“猫头鹰”型，夜晚精神。下面测测你是不是“夜猫子”。

请先回答表5-1中列出的问题。如果在你的回答中，有8个及以上是“白天”，那么你是个“白天人”。相反，你大概要算是个“夜猫子”了。“白天人”在早上或上午充满活力，而“夜猫子”的精力则在下午和傍晚达到顶峰。这种差别不仅仅是纯粹的主观感受。有研究比较了这两类个体在其他方面的差异，发现“白天人”的肾上腺素水平较高（Akerstedt & Froberg，1976），而且体温峰值的到达时间也要早于“夜猫子”（Wallace，1993）。

研究发现，白天型的学生在早晨或上午的课程中会取得较好的成绩，而“夜猫子”则正好相反。这表明身体状态不同时，行为的效果也有所变化，因此，如果知道了自己是一个“夜猫子”，就最好不要再选早上的课了。

表 5 - 1　你是不是“夜猫子”

1	我的警觉度在（　）最高	白天	夜晚
2	我感觉在（　）精力最充沛	白天	夜晚
3	我喜欢在（　）上课	白天	夜晚
4	我习惯在（　）念书	白天	夜晚
5	我通常在（　）产生灵感	白天	夜晚
6	毕业后，我计划找一份（　）上班的工作	白天	夜晚
7	我在（　）有较大的工作产出量	白天	夜晚
8	我的才智在（　）能更好地发挥	白天	夜晚
9	我喜欢在（　）进行业余活动	白天	夜晚
10	我喜欢在（　）进行工作	白天	夜晚

第四节　药物影响下的意识

一、改变意识状态的药物

药物（drug）是一种因其自身的化学结构而能够改变生物体功能的化合物。有些药物能够使意识发生变化。影响意识的药物种类繁多，但基本都属于下列四种分类中的一种：镇静剂、兴奋剂、麻醉剂和致幻剂。

（一）镇静剂

能够同时削弱动作输出和中枢神经系统活跃性的药物叫做镇静剂（depressants）。它们当中最重要的应该是酒精，它可能是世界上最被广泛服用的药物。小剂量的酒精似乎能带来刺激的感受——它能引起兴奋和活跃感。而大剂量的酒精则起镇静的作用，它可以使感觉钝化，诸如疼痛、寒冷等不舒服的感受会变得不那么强烈。大剂量的酒精破坏了感觉的协调性和其正常功能，并常给驾驶者带来危险。酒精还可以降低社会抑制作用，因此大量服用后，个体会在他们的世界里随心所欲，并很容易进行诸如敌对行为一类的危险举动。酒精通过刺激大脑的特殊受体产生令人愉悦的效果，而它的镇静效果则通过干扰神经冲动在神经元间的传导实现。

越来越多的证据表明，过度摄入酒精的行为有着很强烈的遗传因素。酒精滥用可分为两类：一类是个体的饮酒量始终保持在高水平上（持续饮酒者），他们常常具有反社会行为的历史，如斗殴、欺骗等。相反，另一类人可以长时间不接触酒，而一旦他们开始喝酒，便无法控制自己而继续狂饮下去。第一种类型的酒精滥用与遗传有明显的关联，第二种则受到遗传和环境的共同作用。

巴比妥酸盐（barbiturates）是安眠药和弛缓剂里的成分，它构成了镇静剂的第二种类型。它出现于19世纪晚期，可以减缓中枢神经系统的活动，降低激活能力和心理警觉度。这种效果是如何造成的至今还不清楚，但一些实验表明，巴比妥酸盐可以降低很多区域的神经元对兴奋性神经递质的释放。最初，巴比妥酸盐可以使个体产生松弛感和欣快感——一种非酒精带来的醉态，继而又会产生精神混乱、话语含糊、记忆丧失和集中能力下降的现象。另外常见的是情绪的大幅度波动，从兴高采烈到郁郁寡欢，等等。极大剂量的巴比妥酸盐是致命的，因为它会导致大脑中调控呼吸系统的麻痹。这是非常危险的现象，因为由于药物耐受性的逐渐增加会导致个体增大服药的剂量，最终酿成悲剧。由于巴比妥酸盐会促进睡眠，因此人们经常试图通过服用它来解决失眠一类的睡眠问题。然而，这种药物并不能导致正常的睡眠，它对REM睡眠有抑制作用，而该阶段的睡眠在个体停止服药后会有大幅度的反弹。

（二）兴奋剂

能产生与镇静剂相反的作用，使个体感到精力充沛而活跃的药物叫做兴奋剂（stimulants）。这类药物包括安非他明（amphetamines）和可卡因（cocaine）。这些兴奋剂可以抑制神经递质多巴胺和去甲肾上腺素的重吸收，造成本该停止发放的神经元持续作出反应。这类药物会使血压升高、心跳加速、呼吸急促，这些都是交感神经系统被激活的标志。另外，兴奋剂可以产生短时间的欣快感，在20~40分钟内个体会感到极端的亢奋。然而当药效消失后，使用者会体会到情绪的大幅跌落，转而陷入焦虑、抑郁和疲惫之中。较早以前，可卡因作为一种有效的医用药物被广为称赞，并应用于很多内服药中。弗洛伊德认为它能很好地治疗诸如哮喘、消化不良，甚至酒精或其他药物上瘾等疾病。但持续服用可卡因会产生有害的效果，如食欲丧失、感到强烈的焦虑等，因此它无疑是一种危险的药物。

可卡因通常以鼻吸的方式摄取，因此可直接通过鼻腔内膜进入血液而被吸收。可卡因也可吞服，通常是固体形态，但效果较弱。如果加热可卡因并通过化学处理，会产生被我们称为快克（crack）的物质。它可以被吸入，并几乎即刻就可影响大脑。个体会通过它体验更高水平的亢奋、自信和旺盛的精力。由于可卡因常常被认为不容易成瘾，因此它常使个体产生强烈的心理依赖，而快克所产生的效果则较之更强。为获取药品，使用者会卖淫、偷盗，或使用他们能想到的其他方法去赚取购买下一次吸食可卡因所需花费的钱财。

另外，常见的兴奋剂还有在咖啡、茶和很多不含酒精的饮料中得到的咖啡因（caffeine），以及可从烟草中提取的尼古丁（nicotine）。很多专家认为尼古丁是高度成瘾药物，由于吸烟而导致肺癌的患者50%以上在手术后仍吸烟这一事实也充分证明了上述观点。

（三）鸦片类（麻醉剂）

在众多应用广泛的药物中最危险的是鸦片类麻醉剂（opiate）。它包括鸦片、吗啡、海洛因以及有关的合成药物。鸦片是由罂粟果实提炼出来的。从鸦片中提炼出的生物碱称为吗啡。吗啡经过化学合成步骤制造出海洛因。这些药物会改变意识状态，产生做梦一样的体验，而一部分人也会体验到强烈的欣快感。这种刺激感的代价是相当沉重的，海洛因和其他鸦片制品都极易上瘾，且一旦停止服用，个体又会体验到极端的痛苦。越来越多的证据表明，大脑可以产生一种与鸦片的化学结构有密切关联的物质（鸦片肽，opioid peptides，或称内啡呔），并且有着自己的受体。这为鸦片吸食者在停止服用后体验的巨大痛苦提供了一种可能的解释：经常服用鸦片会使大脑中内啡呔的受体迅速超载，因而大脑会停止产生内啡呔这种物质。当个体不再吸食鸦片等药物时，内啡呔的分泌仍被压制着，于是，身体内部调节痛苦的重要机制被破坏。更糟的是，鸦片类药物（如海洛因）的耐受性会在使用时迅速增加，因此生理成瘾也会很快地发生。

（四）致幻剂和迷幻剂

也许对意识产生最深影响的药物便是致幻剂（psychedelic）了，它能够改变感知觉，或在外部刺激不存在的条件下产生某种感觉和知觉。最常见的致幻剂是大麻，对其使用可追溯到中国远古时代。19 世纪 20 年代，大麻在美国和其他一些地区被广泛应用，它可治疗头痛、腹痛甚至溃疡，在任何药店都可购买并无须处方。30 年代以后，这种趋势有所改变，到 1937 年，大麻在美国的所有地区都被定为不合法药物。吸食大麻后会有如下反应：心率加速（可达到 160 次/分钟），血压变化，眼部血管膨胀导致眼睛充血。而短时的心理反应有：对景象和声音的感觉加强，思维活跃，这些让个体感到大麻增强了他们的创造力。不幸的是，大麻同时也破坏了他们完成需注意和记忆参与的任务的能力，并降低了判断距离的能力。在服用者开车或操作机器时，对距离判断力的下降会导致严重的事故。还有一些个体报告说，大麻会降低抑制水平，带来轻松感和疲倦感，或较强的性快感。这些效果会随着期望的不同有很大变化，也就是说，这主要取决于服用者相信自己身上会发生什么。比如，在美国，人们相信大麻会带来性快感，因此他们的报告就是如此；而在印度，大麻被认为是性抑制剂，而这也正是使用者们所报告的结果。

大麻在世界范围内被广泛应用，并多被作为游戏性药物。遗憾的是，对于大麻的长期效果研究很少，但已证明持续服用会造成一定的危险。第一，知觉的扭曲会给正在开车或操作大功率机器者带来悲剧。第二，由于大麻在很多国家是违禁药品，因此不可靠的销售者常将其与其他物质混合出售，其结果是使用者永远无法确切知道他们吸食的是什么。第三，有证据表明，长期服用大麻的个体免疫系统将受到损害，他们也就更易患病。第四，由于个体吸食大麻时会做深吸气，他们的肺部会由于吸入大量污染物而遭到损伤。大麻的另外两种危害虽然曾一度被讨论，却只有少数的证据支持：①长期服用者对生活会逐渐变得消极和被动；②通路假设，即吸食大麻必然会导致日后对更危险药物的服用（Levinthal, 1999）。这两种观点都还未被有力地证实，然而其他的潜在危害都是确实存在的，这也是人们在准备服用大麻之前必须考虑的问题。

更为戏剧性的效果可以由迷幻剂（hallucinogen）产生——能够产生生动的幻觉和其他知觉变幻的药物。这其中最著名的是麦角酸酰二乙胺（lysergic acid diethylamide，简称 LAD）。在服用 LAD 后，很多人报告说对外部世界的知觉产生了极大的变化：人和物体的形状和颜色都发生了变化，墙会摇摆和移动，很多感受也比正常时强烈得多。感觉体验会奇异地混合在一起，因此颜色会产生冷暖，音乐会产生视觉感受。这种效果听起来虽然很刺激，但 LAD 造成的很多感觉却是相当消极的。个体会体验到对朋友或亲属深深的悲恸或强烈的恐惧，而最糟糕的是，这种药物的效果是无法预测的，人们不可能预先知道 LAD 将会带来快感还是痛苦。事实上，同一个人会在不同的时间体验到完全不同的药效。如果不希望拿自己的健康冒险，那么就请务必远离 LAD。

心理学与人生 5-2　警惕俱乐部药物

大家还记得不久前闹得沸沸扬扬的某歌星生日聚会中服用药品的新闻吗？近年来，这类俱乐部药物似乎越来越流行（Martins, Mazzotti, & Chilcoat, 2005），特别在青少年群体中。俱乐部药物源于所谓的“欢乐舞会现象”（rave phenomenon），通常是指在通宵舞会中娱乐消遣的药物。常见的俱乐部药物有 GHB（γ-羟基丁酸盐毒品）、氯胺酮（一种高效麻醉剂）、LSD（迷幻药）、氟硝西泮（镇静催眠药）、甲基苯丙胺（俗称冰毒）和 MDMA（摇头丸）。

俱乐部药物大多为处方药，虽然这些药物会产生令人愉悦的效果（如摇头丸会让你产生与其他人共情以及相互联系的感觉），但所有的精神活性药物都会对健康产生影响，甚至导致死亡（*National Institution on Drug Abuse*, 2005）。而且俱乐部药物中的某些产品可能为非法制造或掺杂了其他未知有害成分，更增加了其危害性。由于没有有效的法律保护购买者避免受到不择手段者的侵害，俱乐部药物和其他违法药物一样十分危险。卖方经常会使用一些便宜的、也许更加危险的药物代替声称卖出的药物。

总体上来说，俱乐部药物和其他精神活性药物一样，会损害运动协调性、感知功能以及反应速度。还可引致神经躯体损害，如脑损害、肌肉失控、视力模糊、癫痫样发作，甚至死亡（张开镐，2007）。例如，大剂量的 MDMA 会导致危险的体温和血压升高，可能引起痉挛、心脏病和中风（Landry, 2002）。除此之外，研究发现，长期服用 MDMA 会影响释放神经递质——5-羟色胺的神经元（*National Institution on Drug Abuse*, 2005；Roiser et al., 2005）。回忆一下第二章的内容，5-羟色胺对于情绪控制、学习、记忆和其他认知功能都有重要意义。

二、依赖与成瘾

不幸的是，当个体长期服用改变意识的药物以后，他们常常会产生依赖性——他们开始需要这些药物并离不开它们。依赖性有两种类型。一种是生理依赖（physiological dependence），对药物的需求是基于器官的，如新陈代谢的变化。这种依赖常常被称为药物成瘾。另外，个体也有可能产生心理依赖（psychological dependence），他们会有强烈的服用药物的欲望，虽然从生理上讲，他们并不需要这些药物。这种依赖与一些心理机能有关，生理和心理依赖通常同时产生，并扩大了人们对特殊药物的渴望和依赖性。连续长时间的服药会导致药物耐受性（drug tolerance）的产生——个体需要服用越来越大剂量的药物来达到相同的效果。例如，有人每天需要喝 20 杯以上的咖啡才能保持清醒——而刚开始时的情况并不是这样，是每天逐渐增大的咖啡量最终积累成这种情形。在一些个案中，一种药物的耐受性会加大另一种药物的耐受性，这被称为交叉耐受性。耐受性和依赖性的悲剧后果是成瘾（addiction）。一个成瘾的人身体中需要药物并会在药物不出现时出现痛苦的戒断症状（颤抖、出汗、恶心，在酒精戒断个案中甚至死亡）。幻觉（hallucination）是在物理刺激缺乏时出现的活生生的知觉，是依赖与成瘾个体常常出现的一种意识体验。它们不同于对真实刺激有知觉歪曲的错觉。幻觉是个体体验，不与情境中的其他个体分享。某些幻觉体验短暂，如果个体能立即向自己说明幻觉的非现实性——通过评价它违背现实——这种体验就结束了。然而在一些情况下，个体不能驱逐他们幻觉中的“现实”，幻觉就会对他们的生活产生影响。

脑在经受一些不寻常的刺激时，例如，在高烧、癫痫发作和偏头痛期间，或有严重精神疾病的病人，对个人心理事件的反应好像它们是外部的感觉刺激，也会产生幻觉。当然，幻觉也经常会由一些上述提到的可以改变意识状态的药物（如 LAD）所引起。严重的酗酒者戒酒时也会出现称作震颤性谵妄的幻觉。这些化学物质引起的幻觉是药物对脑的直接影响造成的。

使用药物作为改变意识的超常规方法经常是危险的，药物通过刺激、压抑或改变神经递质而影响中枢神经系统，可能导致成瘾甚至死亡。

心理学与人生 5-3　我们为什么会成瘾

我们先来关注一个最基本的问题：为什么人们要服用意识改变药物？一些心理机制对其有一定影响。

学习观点：意识改变药物的强化特性

首先，也是最明显的原因就是，服用这种药物会带来好的感受。换句话说，这些药物带来的效果是有强化性的。很多研究结果证实了这个观点。一些动物会自行摄取很多人类滥用的药物，这可能是因为它们感受到药物带来的效果是有利的（Young &

Herling，1986）。对这种效果作出反应的神经机制是位于前脑被称为伏隔核的结构（White，1996）。很多成瘾药物如酒精、可卡因、尼古丁、安非他明等会引发该核中神经递质多巴胺的释放。如果多巴胺的释放在此处被阻止，成瘾药物则会失去他们强化的效果（Di Chiara，1995）。因此，伏隔核在药物给个体带来良好感觉的过程中起着重要作用。其次，对意识改变药物的服用可以减缓诸如抑郁、焦虑等负面情绪或身体上的不适。因此，个体服药的目的更多是为减少负面的感受而不只是产生正面感受。这种解释在个体对药物产生依赖后更为适用，当他们不再服用后会出现相当严重的症状，这使得他们不顾一切地再去寻找药品。

社会观点：药物滥用和社会压力

另一种观点表示，药物滥用与社会因素有很强的联系。青少年和成年早期的个体服用意识改变药物是因为这是很时髦的事情。他们的朋友服用这些药物，而且他们相信，如果自己也做了同样的事情，会为他们树立良好的社会形象。对于该观点的支持者有很多，因此，社会动机是药物滥用，尤其是青年人群中的药物滥用的重要影响因素。

认知观点：药物滥用作为自动化行为

自动化与控制行为间的区别构成了对药物滥用另一种观点的基础。根据该观点，控制获取和服用大量药物的认知系统会很快具有自动化过程的特性。就这方面而言，药物服用这一行为变得单纯而简易，不需通过有意识的计划。它难于抑制，甚至可能当意识觉知缺乏时将其代替。一旦个体开始服用药物，他们会发现自己几乎自动地对外界的有关线索作出反应——他们曾享受过毒品的特定环境或特殊的景象和气味，如点燃香烟发出的味道。同样，他们也会自动对内部的暗示或情绪作出反应，如渴望庆祝或感到劳累和低落时。这些暗示都会引发人们服用药物的倾向，他们会发现自己在意识之前已经开始了这种行为，甚至并没有服用药物的强烈欲望（Tiffany，1990）。

这些观点中的哪一种最为准确呢？绝大多数心理学家偏向于将学习、社会和认知观点加以综合。药物滥用起源于多种因素的结合，这也正是它为什么难以抵抗的最重要原因之一。

本章摘要

1. 意识是对心理内容的一种觉知。意识的三个水平是：①对世界的基本觉知；②对你正在觉知的东西的一种反映；③自我觉知。

2. 意识有助于你的生存并使你建构个人和文化分享的现实。

3. 生理节律反映了生物钟的运转。在夜间睡眠期间，脑活动模式发生变化。REM 睡眠以快速眼动为标志并伴有鲜活的梦。大约 1/4 的睡眠是 REM 睡眠，分 4 ~ 5 次出现。

4. 催眠是以能够使被催眠的人在对暗示的反应中改变知觉、动机、记忆和自我控制为特征的另一种意识状态。

5. 冥想通过将注意从外部转向集中于内部体验的仪式化练习改变意识的功能。

6. 致幻剂、鸦片、镇静剂和兴奋剂这些药物能通过暂时改变意识而影响心理过程，因为它们能改变神经系统的活动。

复习思考题

1. 意识的多样性给我们什么启示？
2. 时差调整与生物钟的关系如何？
3. 成瘾药物会怎样改变意识状态？
4. 怎样看待催眠？

推荐参考读物

1. 潘菽. 意识——心理学的研究. 北京：商务印书馆，1998.

2. Crick, F. C. & Koch, C. A framework for consciousness. In M. S. Gazzaniga [ed.]. *The Cognitive Neurosciences* (3rd ed.). Cambridge, MA: MIT Press, 2004.

3. Susan Blackmore. 人的意识. 耿海燕，李奇等译. 北京：中国轻工业出版社，2008.

第六章　学习的基本原理

一个婴儿从刚出生到成长为一个知识广博的成年人，其间是怎么变化的呢？实际上，是学习让我们得以生存，让我们得以理解人类最深沉的梦境，让我们得以适应不断变化的环境。学习是我们所有行为的基础：吃什么？怎样吃？怎样穿衣服？怎样获得知识？怎样与他人交往？没有一个话题比学习更接近心理学的中心，心理学家对学习的兴趣既包括学习的内容又包括学习的加工机制，如学习是怎样出现的。为此，他们既调查人类也研究动物，以探索学习的有关原理。本章中我们讨论以下问题：

如何理解学习？其定义、类型、学习迁移与学习过程是什么？

经典条件作用的实验及原理是什么？

操作条件作用的实验及原理是什么？

如何理解认知学习？

第一节　学习的性质

一、学习的定义及其相关概念

（一）学习的定义

人们常常把学习与学校或课堂相联系，而事实上，大量的学习发生在课堂之外，人的一生都在不断地学习。在上学之前，儿童学习走路、学习说话、学习用手摆弄各种玩具、学习吃饭、学习……儿童用眼睛看、用耳朵听、用手摸等，即用视觉、听觉、触觉、味觉、嗅觉等感知环境；他们学习与父母、兄弟姐妹、朋友以及其他有关的人打交道；他们上学后，在学校里学习各科知识，同时还在课堂外进行着大量的学习，他们会知道什么样的行为会受到大人的赞扬，什么样的行为会受到批评，他们学习与其他儿童相处的社会技巧；毕业离开学校后，他们还必须学会适应生活中的各种变化，比如找工作、结婚、生子，等等。尤其是在知识更新的速度如此之快、社会变化如此频繁的时代，人们的生活从来没有像今天这样与学习如此息息相关。那么，究竟什么是学习呢？心理学是如何界定学习的呢？大家普遍提到的学习是否就是心理学所界定的学习呢？

学习的日常体现就是获得了某种行为。例如，通过学习电脑课本，学会了基本的电脑操作；通过学习数学知识，学会了解决数学问题。学习的本质究竟是什么呢？行为的变化就是学习吗？没有行为的变化，学习就没有产生吗？人们常常把学习和记忆（memory）相混淆。应该说，学习与记忆确实密切相关，但记忆是指头脑中信息的储存。记忆心理学家关心信息储存的方式、地点以及当这些信息需要时如何被提取；而学习心理学家则更关心行为及行为潜能如何随个体的经验获得而变化。这里，我们强调了行为潜能的变化。行为潜能就是指潜在还未表现出来的能力，例如，上面的例子中，如果学习者学习的不是基本的电脑操作，而是编程知识，经过短时间的学习后，学习者可能并不能编出任何程序，但已有了编程行为潜能的改变。

在学习的定义问题上，存在着狭义和广义之分。目前心理学家普遍接受的是对学习的广义定义：由经验或练习引起的个体在行为或行为潜能方面的持久变化及其获得这种变化的过程。在这里我们应该注意：

（1）学习既是一种结果又是一种过程。具体地说，它既包括变化的结果也包括变化的过程。

（2）作为一种结果，学习必须是一种持久的变化。举例来说，学习所产生的变化与适应、疲劳、药物所引起的变化不同，这里强调的学习所引起的变化是相对持久的，不是绝对的。不是说只有学习了以后并保持一生的东西才能称为学习，这显然不符合人类的认知规律，只能认为学习产生的变化相对于由适应、疲劳、药物所引起的变化要恒久一些。

（3）变化是由经验或练习引起的，而不是由诸如成熟等因素引起的。显然，在人的成长过程中，由于生长的因素，人的很多方面都会发生变化。例如，大脑的神经网络结构经历不断成熟，然后达到顶峰，最后衰减的过程，这个过程不能归因为学习。

行为潜能的理解是个关键点。这也是学习的科学定义与日常定义相迥异的地方。行为的变化并不是学习的本质特征，起码不是唯一特征，隐藏在其背后的内部变化也许更为重要。加涅（Robert Gagne，1916—2002）极为重视这种潜能的变化，他把学习定义为："学习是人的倾向或能力的变化，这种变化能够保持且不能单纯归因为生长过程。"（Gagne，1988）加涅实际上是用内部变化来定义学习的，虽然，这个定义摒弃了把行为变化作为学习发生的一项指标，但是它充分说明了倾向或能力变化在学习界定中的重要性。能力或倾向方面的变化显然不如行为方面的变化那样容易觉察，那么这种变化是如何测量的呢？答案是：还是借助于外在的行为，例如，反复地观察一些细微的行为。心理学家还专门提供了一些测量工具来测量潜能的变化。但是归根结底，行为潜能变化的测量还是要通过测量行为来实现的，因为行为作为一种外化的东西，是具有可操作性的，而直接测量行为潜能是不具有可操作性的。

那么，什么是学习的狭义定义呢？

狭义的学习是指个体在社会实践过程中，以语言为中介，经思维活动而积累经验，进而产生的行为、能力和心理倾向的相对持久变化过程。例如，人类除了获得个体的经验（如儿童学习折叠床被，系鞋带等）之外，还要掌握人类几千年来积累的社会历史经验，或者说是科学文化知识。其中最典型的就是学生的学习，指学生在教师指导下有目的、有计划、有组织、有系统地学习科学文化知识、技能，促进身心的全面发展。

（二）学习的相关概念

1. 学习的迁移

在日常生活中，常常会发现，学会了骑自行车再去学习骑摩托车，会比较容易；而学会了打羽毛球再去学习打乒乓球的话，可能难度比较大。在两种学习中，一种学习会出现对另外一种的影响，可能是易化，也可能是干扰。这种普遍存在的现象叫做学习的迁移（transfer）。学生所学习到的知识从来就不是孤立的，一般它们之间会存在相互的联系。学习迁移在学习上是一个重要的概念，它广泛存在于知识、技能的各种学习中，是学习最重要的现象之一。它也始终是心理学家研究的中心问题。学习迁移现象广泛存在，实际上，凡是有学习的地方就会有迁移，迁移存在于两种学习之间。没有迁移的、孤立的、彼此不影响的学习是不存在的。

迁移作为一种影响，有正迁移和负迁移之分。所谓正迁移（positive transfer），是指一个人在一种情境中的学习促进或改善他在其他情境中的学习，例如，学会了打羽毛球就有利于学习打网球，学习数学有利于学习计算机；而负迁移（negative transfer），情况刚好相反，一种情境中的学习对其他情境中的学习产生消极影响，例如，学习拼音不利于学习英文字母。迁移还有顺向迁移与逆向迁移，上面所举的例子都是先前的学习可以影响后继的学习，这叫做顺向迁移；反过来，后继的学习也可以对先前的学习产生影响，这叫做逆向迁移。特别是对于两种相继学习但又都未熟练掌握的技能来说，他们的迁移往往是相互的。为什么会有迁移现象？什么时候产生迁移？心理学家们提出了一些理论来解释它们：

（1）相同因素说。

桑代克（Edward L. Thorndike，1874—1949）等人进行了一系列的实验，提出了相同因素说。他认为，只有当两个情境具有相同的因素时，才能产生迁移。例如，上面的英文字母和拼音之间的迁移，是因为它们形似而音不同，正因为有着相同的成分在里面，所以才有迁移的产生。但是，相同因素说仅仅注意到了学习情境的共同性，忽视了学习者的主动性和理解、领会的作用。另外，后来的许多研究表明，单有相同因素的存在，不足以保证正迁移的产生（Zentall et al.，2002）。

（2）概括说。

贾德（Charles H. Judd，1873—1946）提出了概括说，认为使一种学习迁移到新情境的是概括，而不是相同要素。他认为，在先前的学习中所获得的东西，之所以能迁移到后面的学习中去，是因为在先前的学习中获得了一般原理，这种原理可以部分或全部运用于后面的学习中。根据这一理论，两个活动之间存在的共同成分只是产生迁移的必要前提，而迁移产生的关键是学习者在两种活动中概括出他们之间的共同原理。该学说重视学习者对一般原理的理解，认为迁移是自动发生的，即只要环境提供适当的条件，概括就会自动发生。

（3）关系转换说。

这是由格式塔学派提出的迁移理论。这一理论反对桑代克的相同因素说，认为原先的学习情境与产生迁移的情境之间虽有着共同的东西，然而却不是完全相同的特殊要素，而是共同的模式、完形或关系，也就是说，迁移并不是共同因素的迁移而是关系的迁移。所以，它认为对情境中关系的顿悟及其转移是学习迁移的关键。一个人在一种情境中发现或顿悟到的关系，可以应用于另外的情境，这一过程就称作关系的转换。关系转换的过程就是迁移的过程。格式塔学派的代表人之一苛勒做过的一个鸡啄米的著名实验可以很好地说明这个过程。他在地上放上一张浅灰色和一张深灰色的纸，纸上放上米，只准两只鸡去啄一张浅灰色纸上的米，一旦鸡去啄深灰色纸上的米就赶走它。作为对照，只准另外两只鸡啄深灰色纸上的米。这样经过 400 ~ 600 次的试验后，鸡就学会只啄浅灰色纸上的米或只啄深灰色纸上的米。然后，苛勒把两种情形的鸡学会啄米的纸保留，把第一种情形的深灰色纸拿走，换上一张比原先浅灰纸颜色更浅的灰纸，上面也放上米；把第二种情形的浅灰色纸换成更深灰的纸，结果，两种情形下的鸡都到新的纸上啄米而不是在原来的纸上啄米。

关系转换说同概括说的基本观点是一致的，但是关系转换说并不像概括说那样认为迁移是自动发生的。它认为，关系的转换（即迁移）也是顿悟的结果，即学习者突然发现两个学习情境具有相同的关系，从而把两种情境联系起来。可见，关系转换说更强调学习者本身的作用。

（4）认知结构迁移说。

随着学习迁移研究的发展，布鲁纳（Jerome S. Bruner，1915—）和奥苏伯尔（David P. Ausubel，1918—）等人对迁移现象进行了更加深入的研究，并作出了重要贡献。奥苏伯尔以认知结构和新知识学习的相互作用的同化理论为依据来解释迁移现象。他强调先前的学习经验是学习新知识的一个关键因素，但是，过去经验对当前学习的影响不是直接发生的，而是通过引起认知结构的变化间接发生的。奥苏伯尔关于认知结构与学习迁移的研究工作，为解释和促进学习迁移、提高教学效率提供了依据。然而，这一理论及其设计还有待进一步的实验研究加以验证和发展。

2. 学习的巩固

（1）学习的不稳定性。

学习新的知识和技能，普遍会经历不稳定阶段（McGaugh，2000）。所谓不稳定阶段是指在这个阶段内学习其他的知识和技能会导致原先的学习效果丧失。Brashers－Krug 等人（1996）研究了运动技巧巩固的情形，发现经过 4 个小时之后，所学习的运动技巧将不会受到学习另外技巧的影响。当然，学习效果的体现，还需要经过睡眠才能实现。

（2）学习与睡眠。

虽然经过足够时间的训练，学习不再会被新的学习干扰，然而，不经过睡眠，学习的效果还是不能最终体现。不论是知觉性质的学习（认识新物体）还是运动性质的学习（学习特定的按键顺序），睡眠是体现学习效果所必须经历的阶段。经过睡眠，你会更好地从视野中识别睡眠之前学习的物体，也会更准确、快速地重复出睡眠之前学习的数字序列，体现出学习的效果（Stickgold，2005）。睡眠不但巩固了学习，也有助于从学习的大量材料中发现隐藏的规律（Gais，Lucas，& Born，2006）。另外，睡眠也起着筛选信息的作用，重要的信息和事物的主要特征被保留下来，而次要和琐碎的信息则被遗忘（Ellenbogen，Hu，Payne，Titone，& Walker，2007）。

3. 学习的类型

（1）运动技能的学习。

运动技能是一种通过后天的学习习得的，有目的、有意识地利用身体动作完成一项任务的能力。例如，学会打篮球、开车，学会一种舞蹈，学会射击，等等，都属于学习中的运动技能范畴。根据不同的标准，又可以将运动技能分为不同的类别。根据运动过程中反馈的来源，可以把运动技能分为封闭式运动技能和开放式运动技能。封闭式运动技能的反馈来自本体内的感受器，外部情境基本恒定，例如，一个优秀的跳远运动员，在腾空而起的刹那，甚至在还未跳起的时候，就可以知道这次大约能够跳多远，这样的结果的反馈来自运动员内部。而开放式运动技能的动作反馈来源是外界，而非本体感受器，而且外部情境变化很大，例如，在乒乓球比赛中，运动员要根据对手的发球来调整自己的动作和策略。

（2）认知学习。

相对于运动技能的直观性，认知学习是抽象的，是大脑的加工。包括假设、推理等脑内的任何一种心理过程。例如，小学生学会了10以内的乘法。认知学习的途径，包括主动探索、单纯观察和接受课程。通过主动探索，可以直接掌握一些抽象的知识，例如，把弹珠摆成一排，如果从左数是10个，从右数也是10个；把弹珠摆成一圈，不管从什么地方开始数，还是10个；在不断的探索中，加法的交换律就会被掌握。单纯观察，在儿童学习母语的过程中发挥了巨大的作用，大量的词汇和用法，儿童是通过观察周围人甚至是通过电视获得的。接受课程，是学习更系统更抽象知识的主要途径（Gelman，2009）。

（3）情感的学习。

指情感系统的习得，包括对自己情感的认知、调节、控制，对他人情感的理解认知。早期的情感来自对母亲的观察和模仿。如果母亲对陌生人冷淡，那么婴儿对此人就会拒绝；如果母亲对此人热情，那么婴儿同样会对他表现出喜爱的情绪。

二、对学习过程的不同理论解释

学习是怎样产生的？它的过程如何？受哪些因素的影响？不同的心理学派持有很不相同的学习理论，他们从不同的视角、不同的层面对学习加以解释。很难判断他们中哪一个是最完美的，但是他们的的确确在某个方面作出了合情合理的解释。概括起来大体存在着行为主义的学习理论、认知学派的学习理论和人本主义的学习理论三种。

1. 行为主义的学习理论

行为主义学派一个杰出的代表人物是华生（John Broadus Watson，1878—1958），在心理学的研究对象上，他否认意识的存在，主张心理学家应该去研究行为这样直观的可以觉察和测量的东西，而不应该去假想那些虚幻的、并不存在的意识之类的东西。心理学的研究对象只有行为，这才是科学的心理学。对于心理学的研究方法，他主张把条件反射法作为一种最重要的研究方法，认为冯特的内省方法是极为不可取的，而心理学家的任务就是预测和控制人的行为。

2. 认知学派的学习理论

认知学派的兴起是伴随着行为主义的困境出现的，认知学派重新又把意识纳入了心理学的研究领域之内，主张研究刺激和反应之间的意识过程。

随着时间的推移，认知学派中又出现了不同的学派。在早期，比如，格式塔学派，他们对于学习的研究中最为典型的是对顿悟的研究。它与行为主义的学习观点相对，即认为学习是一个不断尝试错误、不断修正自己的反应从而建立联系的过程，他们认为，学习是一种顿悟的过程。所谓顿悟，是突然理解，而不是摸索学习，格式塔学派把顿悟看作尝试性的答案或假设，这种答案或假设有时能有时不能帮助一个人达到他的目标，并提出瞬间、全方位、整体、偶发性的思维方式。著名的实验是对黑猩猩的学习实验，根据他们的研究，发现黑猩猩在目的受阻的情境中，解决问题完全不是尝试错误的过程，而是一个首先犹豫不决，然后一下解决问题的顿悟过程。后来又有托尔曼（Edward C. Tolman，1886—1959）的认知地图理论以及布鲁纳和奥苏伯尔的构建主义学习理论等。

3. 人本主义的学习理论

人本主义心理学家认为，人都有追求自我实现的潜能，必须关心人的尊严，必须充分尊重人的主观性、意愿、观点和情感；心理学家应该研究对个人和社会有意义的问题，研究人的价值、创造性和自我实现，关注人的潜能的发挥；人的潜在价值必须在人类许可范围内得到最大限度的发挥。人本主义的学习理论以人的整体性研究为基础，崇尚人的尊严与价值，关心人的理性与非理性等一切方面的发展，反对传统教学中忽视学生的情感需求，一味苛刻地进行理智训练，认为应强调个性与创造性发展，强调学生的直接经验，主张以学生为中心，放手让学生自我选择、自我发现。

4. 学习理论的新发展：构建主义学习理论

构建主义是认知主义的进一步发展。构建主义者更加关注学习者如何以原有的经验、心理结构和信念为基础来建构知识，更加强调学习的主观性、社会性和情境性。个体在进行学习的时候，头脑中并不是空的，而是由于先前的生活经验，在头脑中保存着自己特有的认知图式。在学习过程中，通过与外界环境的相互作用，个体构建新的认知图式，这种新的认知图式是创造性的，在性质上不是原有图式的延续。所以，它与行为主义学派的理论相对，认为学习的过程是一种质的变化，一种主动构建的过程，而不是被动的刺激反应模式的建立（Fosnot，1996）。

第二节　经典条件作用

家里养过宠物的人或许会发现一个很有意思的现象，当狗或猫听见它的食盒放在地板上的声响时，便会立刻奔过来；当你出去遛狗时，远远听到机动车的声音，小狗就会警觉起来，做好逃开的准备。很多人认为这些现象是不言自明的，并未想过为什么。俄国生理学家巴甫洛夫对此现象进行了研究，并于1903年提出了著名的经典条件作用（classical conditioning），创立了巴甫洛夫学说。

一、巴甫洛夫经典条件作用的实验设计

巴甫洛夫是一个典型的实验生理学家。在他孜孜以求的一生中，主要有3个方面的研究工作：早期对心血管功能进行了研究，中期主要研究消化腺生理，并因此获得了诺贝尔奖，晚期主要研究方向为经典性条件反射（classical conditioned reflex）。作为生理学家，巴甫洛夫对生理学的贡献无须赘言，他通过对条件反射的研究到对高级心理过程大脑机制的探讨，对心理学产生了不可磨灭的贡献。这个赫赫有名的经典条件反射是如何被发现和研究的呢？

经典条件反射的发现是一次意外的发现。巴甫洛夫在做关于消化腺的神经配对的研究时，在狗的腺体和消化器中植入管子，将其中的分泌液导入体外的容器里，这样可以对分泌液进行定量的测量和分析。在饲养员不断地给狗喂食的过程中，遇到一种奇怪的现象，即狗只要听到饲养员的脚步声，分泌液就会流出来。

对于这种比较奇特但是平常人又比较容易忽视的现象，巴甫洛夫并没有轻易放过，科学家严谨的思维方式促使他继续研究下去。他接下来做了一系列的实验。实验开始，给狗呈现2种刺激：音叉发出的声音，食物。在呈现声音之后极短的时间内给

狗食物。起初，狗只对食物分泌唾液，不会对声音有任何反应。但是，随着实验次数的延续，他发现在呈现声音之后，不给食物狗也会分泌唾液。

巴甫洛夫推断，狗对声音和随后出现的食物的反应之间形成了某种联系。在声音出现后，就出现了对食物的期待，声音似乎成为食物出现的一种信号，因此，在出现声音后，就开始有唾液产生。这里，巴甫洛夫区分了两种刺激物：一种是无条件刺激物（unconditional stimulus，以下简称为 UCS），指引起恒定的、以生物学为基础的、不需要学习的反射刺激。例如，当食物出现唾液就流出，这就是无条件反射（unconditioned response），食物是无条件刺激。另一种是条件刺激物（conditional stimulus，以下简称为 CS），在本研究中是声音。仅仅有声音，唾液不会流出，只有当声音后面紧跟着食物的时候，唾液才会流出。也就是说，由声音引发唾液的流出是有条件的，必须经过很多次的结合，所以叫做条件反射。声音被称为条件刺激，如图 6 - 1 所示。

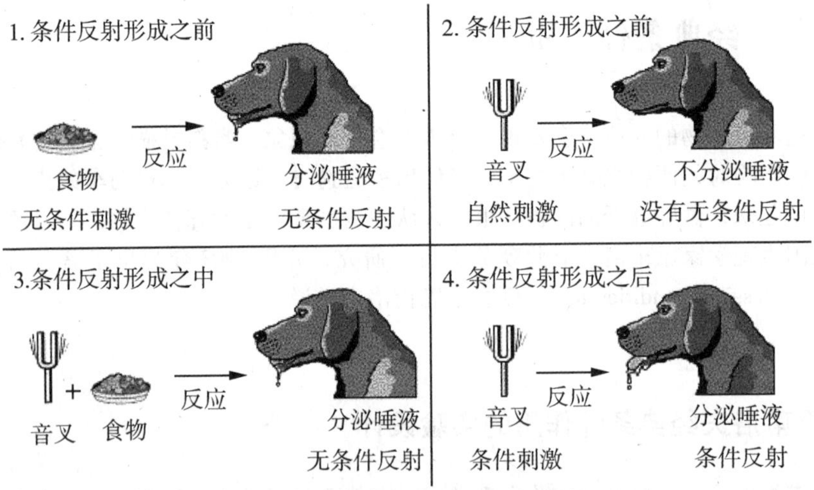

图 6 - 1　经典条件反射形成示意图

巴甫洛夫具体的解释是：如果多次把食物刺激和声音刺激结合起来呈现给狗，即多次让狗听到声音后给出食物，就会在狗的大脑皮质中出现两个兴奋灶，一个是觅食的兴奋中心，控制着唾液的分泌；一个是听觉声音的兴奋中心，此兴奋中心并不能控制唾液的分泌。这两个兴奋中心都会向外扩散，而且较强的兴奋中心（巴甫洛夫认为食物刺激形成的兴奋中心较强）可以把较弱的兴奋中心吸引过来。经过这两个兴奋中心反复的扩散和吸引作用，最后，就在大脑皮层拓通了一条神经通路，即在大脑皮层上导致了所谓的“暂时联系”的建立。以后，只要听到声音，即使不给食物，声音的兴奋活动还是可以沿着已经拓通的“暂时联系”的神经通路传到食物中枢去，引起动物的唾液腺分泌唾液。此种大脑皮层“暂时神经联系”的建立，就是条件反射形成的原理，也是巴甫洛夫的高级神经学说的基础。“暂时联系”是通过后天的训练形成的，对于生物体提高对环境的适应能力有着很大意义。

巴甫洛夫紧接着进行了一系列相关研究，对实验的发生条件等各个方面进行了更为严密的控制，分解出了经典条件反射等一系列有意思的特点。也发现了许多关于条件反射和大脑皮层神经活动特点的规律。

1. 替代

所谓替代，指的是条件刺激物替代无条件刺激物。在上述狗的实验中，由于饲养员的脚步声和食物之间时间上的不断结合，条件刺激物慢慢地起到了无条件刺激物的作用，即条件刺激物出现时的反应与无条件刺激物出现时的反应相同，这就是替代。

它的形成过程大抵是这样的（见图6－1）：

UCS——UCR（无条件反应）	条件反射形成前
CS＋UCS——UCR	条件反射形成中
CS——UCR	条件反射形成后

刚刚出生的婴儿，在妈妈的精心照顾下成长，与妈妈有关的一切，如妈妈的脸、声音，都成了食物和温暖的代名词。因此当婴儿因为某种原因哭的时候，看到妈妈或者听到妈妈的声音，都会停止哭泣，因为他知道温暖来了，安慰来了。妈妈的声音替代了温暖和安慰。

某种反射行为一旦形成，不必重复以前形成这个行为的全部过程，或出现过去经历过的事情的所有情境，而只要出现一个主要事件即条件刺激物，甚至只要在头脑中出现条件刺激，个体就会产生反应。这说明我们头脑中有这样一个兴奋灶，或者说像一个电路，只要有适当的刺激，这个通路就会接通。已有现代心理学实验证实，看一幅图片或想象一幅图片，听一个声音或想象一个声音，大脑活动在初级感觉皮层上的活动是重合的（Wheeler et al.，2000）。

总之，刺激替代理论认为，几乎所有的无条件反射都可以转化为条件反射，只要他们在时间上足够接近，而且练习的次数也足够多。

2. 接近

一起出现过的两个刺激会自动产生联系，条件刺激物和无条件刺激物在时间上的接近，使得条件刺激物成为无条件刺激物即将出现的信号。在日常生活中常常可以发现这样的例子。有一个例子是这样的：有一位老太太不知道自己为什么很喜欢听火车轰鸣的声音。原来是这样的，他的独生儿子在外地工作，每当儿子回来的时候，老太太都要亲自到火车站去接他，当列车轰轰的响声过后，儿子就会出现，于是老太太就可以看到朝思暮想的儿子了。原来老太太之所以如此喜欢火车的轰鸣声，是因为火车的轰鸣声成为将要见到儿子的信号。老太太会不自觉地把在时间上相互接近的轰鸣声和见到儿子联系起来，这很好地诠释了经典条件反射的接近率。

二、经典条件作用的学习原理

巴甫洛夫在随后的几十年对条件反射进行了大量的研究，概括出了条件反射形成的几个过程，这些过程为：

1. 习得

习得（acqusition）过程是条件作用形成的最初阶段，是通过条件刺激和无条件刺激的配对引起条件反射。条件刺激在条件作用过程中起信号作用，预示着无条件刺激的到来。巴甫洛夫还系统研究了条件刺激与无条件刺激之间的时间间隔对形成条件作用的影响。实验结果表明，如果无条件刺激在条件刺激出现之后的0.5秒呈现，建立条件反射的效果最好。经典条件作用现象最容易发生在两个事件先后出现这样的情境中，而这种现象在生活中十分普遍。许多行为失调和不良行为都可以从巴甫洛夫的习得率的原理中找到答案。

2. 消退

消退（extinction）是和习得相对应的过程。所谓消退，是条件反射形成之后，多次呈现条件刺激物，而同时不伴随呈现无条件刺激物，条件刺激物和无条件刺激物之间的联系逐渐减弱，以致条件反射逐渐削弱直至消失的过程。条件反射的消失并不意味着这一习惯再也没有了，再过一段时间后，条件反射会自发恢复。但这种自发恢复是不完全的，即不可能达到原来的强度。而且，自发恢复的反射，只要有几次不伴随无条件刺激，就会迅速消退。此外，巴甫洛夫注意到，不同的条件反射会有不同的消退速度。

3. 泛化

条件反射建立以后，不仅条件刺激可以导致条件反射，而且与条件刺激相近或相似的刺激也可以引起条件反射，这种现象称为泛化（generalization）。如小孩如果形成了怕老鼠的条件反射，就可能会对所有毛茸茸的东西都感到害怕。

4. 分化

当条件作用过程开始时，有机体需要辨别相关刺激与无关刺激。通过辨别学习，有机体有选择地对某些刺激作出反应，而不对其他刺激作出反应，这种现象称为分化（discrimination）。它与泛化相反，当泛化发生时，通过进一步的辨别学习，可通过分化克服泛化。

5. 高级条件作用

人和动物之间都可以建立条件反射，那么人作为高级动物，所建立的条件反射和动物有何不同？例如，谈虎色变，谈SARS色变，只有人类才有。巴甫洛夫通过对比人类和动物的条件反射，提出了第一信号系统和第二信号系统的概念。第一信号就是那些直接作用于各种感觉器官的具体刺激物。人类所特有的语言和文字可以代替第一信号引起条件反射，因此言语和词语就成为“信号的信号”，称为第二信号系统。作为第二信号的词语，可以是条件刺激，也可以是条件反射，同时也可以作为强化物。第二信号系统刺激物虽与第一信号系统刺激物有一定的联系，却脱离了具体事物，表现为一种独立形态的存在，它具有抽象化的特性。因此人类的思维和活动会表现出更大的灵活性和变通性，人类的高级条件作用（higher-order condition）是动物无法比拟的。

巴甫洛夫研究了动物及人类学习的一种最基本的范例，有助于心理学摆脱心灵主义和内省法的束缚，因而为美国行为主义心理学所关注。条件反射成了行为主义的一个主要部分，几乎成了20世纪上半叶学习理论的基础。行为主义创始人华生认为学习就是条件反射的建立（或者说形成）。他在1921年做了在现在看来是不人道的实验：让一个11个月大的孩子阿尔波特形成了对小白鼠恐惧的条件反射。开始的时候给小阿尔波特一个小白鼠，阿尔波特表现得无比喜欢，好奇地跟它玩。但后来，每当阿尔波特伸手去抓小白鼠的时候，华生在阿尔波特身后敲响一根钢轨，使其发出巨大的声音，阿尔波特非常害怕，以后连续几次每当小白鼠出现的时候，就给出一声巨响。这样多次以后，奇怪的现象就产生了，虽然不再敲响钢轨，但一当小白鼠出现，阿尔波特就表现出非常的恐惧，哭着爬着逃跑。后来阿尔波特对于小白鼠的恐惧泛化到了所有长毛的物体身上，如兔子、狗、皮毛大衣、戴着圣诞老人面罩的华生等，而且一个月以后阿尔波特的反应依旧（墨顿·亨特，1997）。这个例子生动地说明了华生是如何理解学习的。他还曾有一个闻名于世的论断：给我一打健全的婴儿，一个由我支配的特殊环境，让我在这个环境里教育他们，那么，不论他们的天资、爱好、脾气以及他们祖先才能和种族如何，我都可以保证把他们中的任何一个训练成为任何一种人——医生、律师、艺术家、商人甚至乞丐和强盗。这是典型的环境决定论。

华生的实验至少说明恐怖症（对特定的东西或情境无理由地、过分地害怕）可能是通过经典条件作用而获得的，事实上，现代心理学研究也说明了经典条件反射可以说明许多对特定刺激的情绪反应——如快乐、激动、愤怒、焦虑等，如打开信箱，看到亲人的信，仅仅是看到信封上寄信人的名字或地址就能引发愉悦和温暖的感觉。反过来，应用经典条件作用的原理也可以去处理恐怖症，改变不好的行为等。

第三节　操作条件作用

在我们的日常生活中，经常会看到另外一种现象，一个个体的行为如果能马上带来一个愉快的结果，那么该个体将更频繁地重复这种行为。例如，婴儿第一次发出类似“妈妈”的声音，得到了母亲的爱抚，行为的这种结果使婴儿以后不断地叫“妈妈”。这是有机体的一种自发性的行为，而不是对特定刺激的反应。但它们可以对环境施加影响并受意识控制。对于这样的行为，经典条件作用却很难解释。而本节所讲的操作条件作用却能为此提供解释。

一、桑代克的效果律

桑代克是美国著名的心理学家、动物心理学研究的先驱。桑代克有关动物学习的经典实验先于条件反射研究两三年。他先后用小鸡、猫、狗、鱼等动物为实验研究的对象做了许多动物学习的实验。其中最著名的是他的饿猫打开迷笼的实验。将饥饿的猫放入迷笼中，笼外有食物，笼内有一踏板用绳子和门钮连在一起，只要踏下踏板，笼门就可打开。这样猫就能跑出迷笼吃到外面的食物。猫第一次被放入迷笼（见图6-2）时会本能地作出许多反应，试图逃出迷笼。终于它偶尔碰到了踏板，把迷笼打开，得到了食物。桑代克记录下猫逃出迷笼所需时间后，再把猫放回迷笼内，进行下一轮尝试。猫仍然会经过乱抓乱咬的过程，不过所需时间可能会少些。经过如此多次连续尝试，猫逃出迷笼所需的时间越来越少，无效动作逐渐被排除，以致到了最后，猫一进入迷笼，即去踏踏板，跑出迷笼，获得食物。图6-3是实验中5只猫的学习曲线。从图中可以看到，尽管每只猫逃出迷笼所需的时间不尽相同，但都是由慢到快的学习曲线。

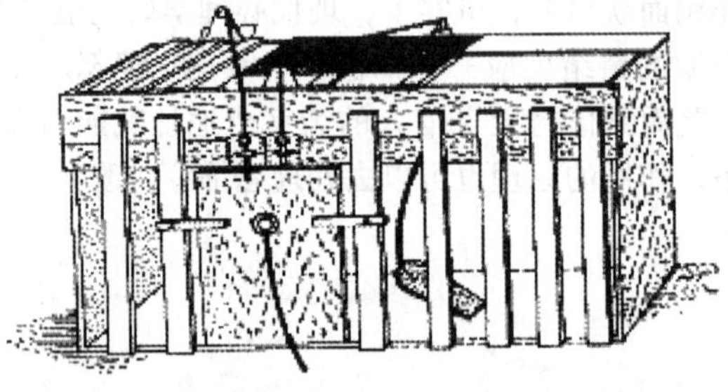

图6-2　桑代克迷笼

这是桑代克迷笼实验的基本内容。桑代克问道："动物在这种情境中学到的是什么?"桑代克认为，猫的学习是由刺激情境与正确反应之间形成的联结构成的，即猫学到的是刺激与反应之间的直接的联结。也就是说，猫学会了在某种刺激情境中作出一种能够导向某种结果的特定反应。而这种刺激—反应联想的学习是由于动物不断地尝试错误而体验到动作的结果之后逐渐习得的。桑代克注意到，为了保证学习的发生，除了猫必须处于饥饿状态外，食物是必需的。他在1911年出版的《动物的智慧》一书中这样讲道：只有当反应能够对环境产生某种效果时，学习才会发生。如果这种反应能够引起令人满意的结果，那么这种反应就会保留，学习就会发生；如果反应的结果是令人烦恼的，那么这种行为就会削弱而不是加强，这就是桑代克著名的效果律（law of effect），即导致满意结果的行为将使反应概率增大，导致不满意结果的行为将使反应概率降低。可见，一个人当前行为的后果对决定他未来的行为起着关键的作用。

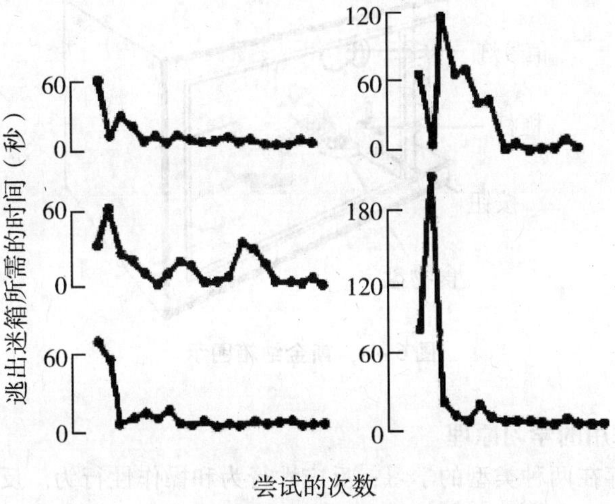

图 6-3 桑代克实验中 5 只猫的学习曲线

二、斯金纳的操作条件作用

（一）操作条件作用的实验设计

斯金纳（Burrhus Fredric Skinner，1904—1990）是美国当代著名的心理学家，行为主义学派的代表人物之一。20 世纪 30 年代后期，斯金纳改进了桑代克的迷笼实验，设计了“斯金纳箱”（见图 6-4），并用来研究各种动物（如白鼠与鸽子）的学习。

箱内装上一操纵杆，操纵杆与另一提供食丸的装置连接，只要杠杆一被压动，一颗食丸便滚进食盘。把饥饿的白鼠置于箱内，白鼠偶然踏上操纵杆，供丸装置就会自动掉下一粒食丸。白鼠经过几次尝试，会不断按压杠杆以取得食物。这时我们可以说，白鼠学会了按压杠杆以取得食物，按压杠杆变成了取得食物的手段或工具。通过更为复杂的设计，动物还可以学会分化行为，例如，当灯亮时按压杠杆得到食物，而灯灭时按压杠杆得不到食物，因此动物学会了只在灯亮时按压杠杆。

斯金纳箱的一个特点是，动物可以反复作出斯金纳称为“自由操作”的反应（free-operant responding）。所谓“自由”，即动物的行为是不受限制的；所谓“操作”，是因为动物的反应是主动作用（或操作）于环境的。

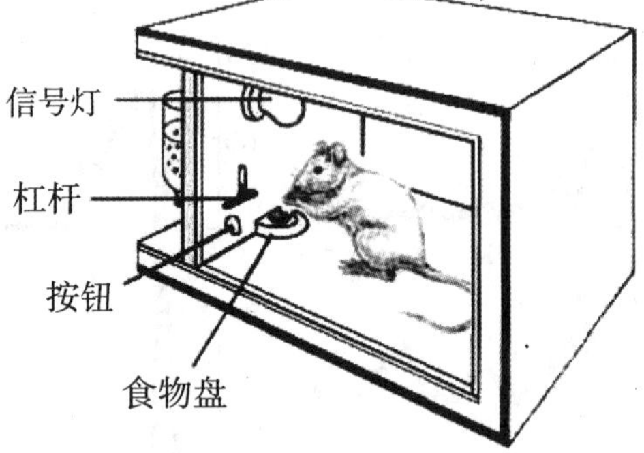

图 6-4 斯金纳箱图示

（二）操作条件作用的学习原理

斯金纳认为存在两种类型的学习：反应性行为和操作性行为。反应性行为是由已知的刺激引起的，巴甫洛夫的经典条件作用主要研究的就是这类行为；操作性行为不是由已知的刺激引起，而是由有机体自身发出的。反应性行为包括所有的反射在内，如用针刺一下手，手就马上缩回，遇到强光眼睛就会马上收缩，等等。而操作性行为一开始不是与已知的刺激相联系，因而是自发的行为。斯金纳认为，我们日常生活中的大部分行为都是操作性行为。例如，读书写字、回答问题等都属于操作性行为。当然，也许有人会说，事实上这些反应也可能是由刺激所引发。斯金纳对此并没有否认，但他坚持认为，即便存在引出这些反应的刺激，它们在学习中也并不占主要地位。影响行为巩固或再次出现的关键因素是行为后所得到的结果，即强化（reinforcement）。

强化在斯金纳的学习理论中占有极其重要的地位，是他的学习理论的基石和核心。行为之所以发生变化就是因为强化作用，要对行为加以控制，只需控制强化即可。

1. 强化的类型

斯金纳用条件作用的原理来解释学习，是基于这样一种观点：人们通常是以一种增加愉快、减少痛苦的方式来行事的。但由于“愉快”和“痛苦”都是一种主观性的东西，这在强调客观性和科学性的斯金纳体系中显然是没有地位的。因此，斯金纳用一种相当有操作性的方式来界说强化。斯金纳认为，“凡是能使某种反应的概率增加或维持的任何刺激”都可以成为这种反应的强化物。

强化分为正强化（positive reinforcment）和负强化（negative reinforcment）两种。当某种刺激的出现导致有机体反应概率的增加，这种刺激就是正强化物。例如，当饥饿的白鼠按开关时得到食物，食物便是正强化物。当某种刺激的消失导致有机体反应概率增加，这种刺激便是负强化物。负强化物即厌恶刺激，是有机体力图避开的那种刺激。例如，当处于电击状态下的白鼠按开关时停止电击，停止电击就是负强化物。需要注意的是，无论是正强化物还是负强化物，他们的结果都是增加某种反应概率。

由此可见，某种刺激是否是强化物，要看它是否能使反应增加，与刺激本身的性质无关。

需要指出的是，在操作性条件作用的学习原理中，强化的是反应行为而不是有机体。在斯金纳对白鼠的实验中即是指强化的是白鼠按压杠杆的反应，而不是白鼠。通过不断强化巩固某种行为，学习就产生了。

除了对正强化和负强化作出区分外，斯金纳还区分了强化的两个来源：一级强化物和二级强化物。一级强化物能满足人和动物的基本生理需要，包括所有在没有任何学习发生的情况下也起强化作用的刺激，如食物和水等。二级强化物是指任何一个中性刺激如果与一级强化物反复联合，它自身就能获得强化的性质，如金钱，对婴儿它不是强化物，但当小孩知道钱能换零食和玩具时，它就能对儿童的行为产生效果。斯金纳认为，对于人类来说，二级强化物包括对大量行为起强化作用的许多刺激，诸如特权、社会地位和名声等，这些大多是由社会文化所决定的，它们构成了决定人类行为极有力的二级强化物。

2. 强化程式

强化程式（reinforcement schedules）是指以怎样的时间间隔或以怎样的频率进行强化才能使动物建立操作条件。斯金纳从事实验和研究的主要目的是要论述和澄清强化的类型和强化程式对学习的影响。从某种意义上说，斯金纳在强化程式方面的实验，是他对心理学的最大贡献。

斯金纳认为，在行为实验中，强化程式是最容易控制的、最有效的变量。在精确控制的实验情境中，实验者可以决定使用什么类型的强化，怎样给予强化和何时给予强化。强化程式多种多样，包括连续强化和间隔强化（固定比率强化和变化比率强化、固定时间强化和变化时间强化）等（见图6-5）。其中，连续强化是指每次行为之后都给予强化；间隔强化指间隔一定时间或比例才给予强化；固定比率强化指间隔一定的次数给予强化，如隔5次给予一次强化，而变化比率强化指每两次强化之间间隔的反应次数是变化不定的；固定时间强化是指间隔一定的时间给予强化，如每隔5分钟给予一次强化，而变化时间强化指强化之间间隔的时间是变化的。

- 强化程式
  - 连续强化（每次反应之后都得到强化）
  - 间隔强化
    - 比率式
      - 固定比率强化（强化与反应次数成一定比例）
      - 变化比率强化（强化与反应次数之间的比例可变化）
    - 时间式
      - 固定时间强化（强化的时间间隔是固定的）
      - 变化时间强化（强化的时间间隔变化不定）

图6-5　各种强化程式

需要指出的是，以上任何一种强化程式都可以与其他强化程式结合起来使用。例如，我们可以先采用连续强化，然后采用间隔强化。这类计划被称为组合计划。在斯金纳与费斯特（C. B. Ferster，1957）合著的《强化程式》一书中，研究了20多种强化程式的效果。

3. **不同强化程式的效果**

强化程式不同，实验设计也有所不同。斯金纳主要研究了不同的强化程式对学习速度的影响。学习速度主要与习得速度、反应速度和消退速度有关。

（1）强化程式对习得速度的影响。

一般说来，如果是初学者，最好对其进行连续强化（也就是每出现一次正确反应都得到强化），学习的速度就会相对快些。如果最初学习时使用间隔强化，学习就会困难些，速度也就慢些。

（2）强化程式对反应速度的影响。

不同的强化程式会导致不同的反应模式。强化程式对反应速度的影响归纳起来有以下几点（见图6－6）。

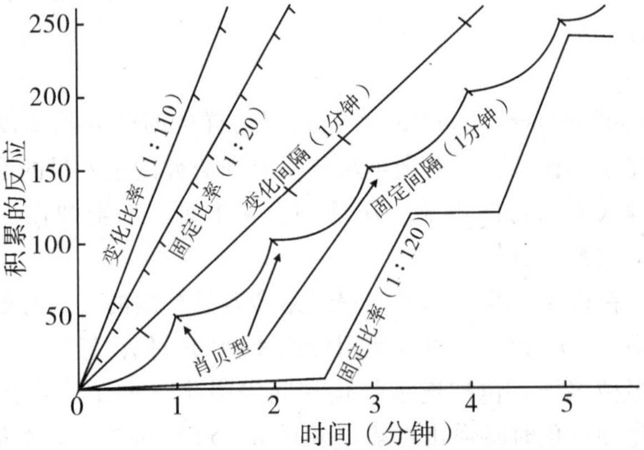

图6－6　强化程式对反应速度的影响

第一，一般说来，比率式强化比时间式强化导致的反应速度要快些。这是因为在特定的时间间隔内，如果按反应出现的比率给予强化，反应加快会得到更多次数的强化。而在时间式强化程式中，快速的反应可能是不固定间隔的强化提前，但对固定间隔的强化没有影响。

第二，在固定时间间隔的强化程式中，每次强化之后，反应速度会立即变慢。这可能是由于强化后不管是否立即作出反应，反正不到强化时间是得不到强化的。反应的速度是从这一次强化后到下一次强化前逐渐加快。那么为什么是逐渐地提高，而不是在下一次反应前突然加速呢？斯金纳认为，这可能是由于有机体不能精确辨别时间的缘故。

固定比率强化和固定时间强化也导致不同的结果。在固定比率强化中，一般来说，若强化次数与反应次数之间的比率高，强化后反应概率一般不会降低；若比率很低，每次强化后，反应会有较长时间的停顿，这种停顿往往是整个反应的停止。一段时间过后，再以和刚刚强化时相当的速度作出反应直到得到下一次强化。

(3) 强化程式对对消退速度的影响。

在强化一旦消失时，运用间隔强化程式比运用连续强化程式建立的操作反射消退要慢一些；采用固定强化程式（固定间隔或固定比率）比采用变化强化程式（变化间隔或变化比率）建立的操作反射消退更快；在比率强化程式中，强化次数和反应次数之间的比率越高，消退速度也就越快。

鉴于以上的分析，可以认为，如果是让学习者学习新任务，就要对其进行连续强化，随着学习的进行，比较正确的反应优先得到强化，逐渐转移到固定间隔强化，最后采用变化比率强化。

4. 惩罚的作用

我们已经看到，强化的目的是让有机体增加某种行为，而惩罚（punishment）则相反，是为了减弱或消除有机体的某种行为。与强化一样，惩罚也有正惩罚（positive punishment）与负惩罚（negative punishment）之分，正惩罚就是每当不希望出现的行为出现时给予行为者一个不愉快的刺激以减少这种行为。例如，当孩子做出不好的行为时，父母可能打孩子的屁股、责骂或冲孩子大喊大叫，这些都是正惩罚；为了保持社会秩序，对罪犯进行惩罚也属于正惩罚。负惩罚是指当不良行为发生时，取消本来应给予的愉快刺激，如取消本来答应给孩子的游戏时间。对惩罚是否是消除不良行为的有效途径有一些争议，但研究表明，如果使用得当，惩罚是消除或减少不良行为的强有力的方法。但在一些情形下会产生不好的作用：当惩罚过于严厉时，被惩罚者会出现愤怒、攻击性行为或其他不良情绪反应，此时，被惩罚者会试图隐瞒事实或逃离，如孩子离家出走、在课堂上受到批评的孩子不再举手回答问题等。鉴于此，心理学家认为要慎用惩罚（Horner，2002）。

5. 操作条件作用的形成过程

(1) 小步子塑造。

斯金纳在训练白鼠或鸽子之前，一般要禁食24个小时或更长的时间，以增强驱力。而且，斯金纳训练动物最初大多是从小步子塑造入手的，小步子塑造是在训练动物或教人学习从没学过的动作技能时采用的强化技术。先把一种要求习得的复杂行为反应分解为若干比较简单的反应，对动物很容易做到的动作进行强化，然后逐渐对越来越难的动作进行强化，让动物逐步学习、掌握操作技能。例如，要训练老鼠按压头上方的杠杆，一开始可对它的任何抬前爪的动作进行强化，然后必须抬高至少一厘米，然后两厘米，等等，直至碰到杠杆为止。心理学家已用小步子塑造法对心智发展严重滞后的儿童进行说话训练，一开始对儿童发出的任何声音进行强化，然后渐渐对越来越复杂的声音进行强化，最后使他发出越来越像老师让他重复的话语的声音。马戏团或公园里的驯兽师就是用小步子塑造法训练大象直立、训练老虎四脚站在一个球上保持平衡、训练狗替主人捡回东西、训练鲸鱼和海豚钻火圈，等等。

(2) 消退。

与经典条件作用一样，操作条件作用也不总是永久的。如果停止对已学会的行为进行强化，这种行为会消退。老鼠学会了压杠杆是因为压杠杆能得到食物，如果在压杠杆时不再得到食物，它压杠杆的频率就会减少以致消失。又比如小孩一发脾气，大人就给予关注，这里“关注”成了小孩发脾气的强化物，如果小孩发脾气时大人不加任何理会，小孩发脾气的次数就会减少。

（3）泛化和分化。

操作条件作用中的泛化和分化与经典条件作用中的泛化和分化很相似。泛化指人们在相似情境中做在某一情境中学会的行为，如一个人在酒吧说一个笑话获得满堂笑声，他就会在饭店、晚会，甚至参加别人的婚礼上说同样的笑话。分化是指如果一种行为在某一场合得到强化，而在另外的场合得不到强化，比如上面的男人会知道那个笑话不适合在教堂或严肃的商业会议上讲。

心理学与人生 6－1　奖励的作用

1. 奖励和感知觉能力

给狗一点奖赏，它可能就学会一个新的技巧。同样的过程，会使得一个普通人变成一个调音师么？我们已经了解了奖励在强化（也就是建立感知觉输入和反应之间的联系）中的作用，但是并不确切知道奖励是否能够影响感知觉加工。研究者设计了一个游戏来研究这个过程：被试被要求区分施加在他们食指上的两个高频电流，区分的成绩和回报有关；如果反应正确，那么报酬的数目就会呈现在屏幕上。奖励越高，在后面的试验中，被试的区分能力就会越高，呈现出学习的效果。研究者认为，感觉输入和回报之间的联系，使得大脑的功能以获取最大的奖励为目标进行重组。研究者认为这个结果对于音乐学习非常重要。学习音乐重要的不仅是动作技巧也包括感知觉的能力，特别是对声音的敏感性。在这个研究中，所展现的奖励的作用，提供了训练声音敏感性的一个很可行的方法（Pleger，Ruff，Blankenburg，Kloppel，Driver，& Dolan，2009）。

2. 奖励和公益行为

虽然在强化过程中，惩罚是比奖励更有效的途径；然而对公益行为来说，如果实验中包含参与者之间的多次互动，那么奖励贡献者的作用却胜过惩罚破坏者。研究者建议：我们应该在日常生活中，奖励或者帮助那些帮助我们或者对群体主动贡献的人；而对那些拒绝贡献的人，以拒绝提供奖励或者帮助，诱使他们作出友善或者公益的行为（Rand，Dreber，Ellingsen，Fudenberg，& Nowak，2009）。

三、联想学习理论的贡献和局限

我们已经介绍了巴甫洛夫的经典条件作用理论、桑代克的试误说和斯金纳的操作条件作用理论。巴甫洛夫认为，个体获得经验的过程是由于条件刺激与无条件刺激的结合，从而建立起条件刺激与反应之间的联系的过程；桑代克认为，学习是有机体通过不断地尝试错误而形成刺激与反应之间的联系的过程；斯金纳则认为，学习的过程主要是建立操作性条件反射的过程，即是由于行动结果而使情境与反应之间形成联系的过程。可见，这三种学习理论的共同点是：认为个体学习的过程就是有机体在一定条件下形成刺激与反应之间的联系的过程。因此，它们通称为联想学习理论。

虽然他们都承认学习就是在刺激与反应之间建立起新的联结的过程，至于这种联结是如何被建立的，其影响因素是什么，不同的学者有不同的看法。他们从不同的方面、运用不同的方法论述了自己关于个体学习的观点。这其中既有其合理因素，也有一些局限性。

巴甫洛夫认为学习是由条件刺激（中性刺激）与无条件刺激在时空上结合，使条件刺激能够引起由无条件刺激才能引起的反应的过程。这样，条件刺激与反应就形成了新的联结，这就是经典条件作用。巴甫洛夫把比较精确而又客观的方法引入对动物学习的研究，对高级心理活动进行了卓有成效的研究，从而对心理学的发展产生了巨大影响。后来，经典条件反应的研究为美国行为主义心理学所关注，因而，条件反应也成了行为主义研究的一个主要部分，几乎成了 20 世纪上半叶学习理论的基础。然而，这种理论并不能成功地解释所有的学习，它只能够解释那些由某个无条件刺激所引发的有机体的行为。但是，实际上有机体的许多动作或行为是根本无法说出是由哪一个无条件刺激引起的。对于这类行为，经典条件作用是无法加以解释的。

桑代克是联想主义学习理论的鼻祖，也是心理学史上第一个用动物进行学习研究的人。他的迷笼实验说明了学习是有机体通过尝试错误而逐渐形成刺激与反应的联系的过程。他的学习理论被称为试误说。这不仅揭示了动物的试误学习过程，而且奠定了联结主义心理学的基础。这可以说是教育心理学史上第一个较为完整的学习理论。另外，桑代克的效果律对于我们了解学习，特别是动物的学习过程及其外部条件有一定的参考价值。但这却不能完善地说明学习的根本规律，另外，桑代克对学习的论述并不是很充分，他以尝试错误概括了所有的学习过程，却忽视了认知、观念等因素在学习过程中的作用。

鉴于经典条件作用理论难以解释所有的学习现象，斯金纳根据自己的实验结果提出了操作条件作用理论，用以解释那些在有机体自发行为的情况下所产生的学习。这种理论避免了经典条件作用理论的局限，对学习现象有更广泛的解释意义。此理论最大的贡献在于提出了操作条件作用的基本原理，设计了用以研究操作性条件作用的实验装置——斯金纳箱，并对各种强化程序安排的效果作了较为科学而又详尽的考察。从某种意义上说，斯金纳的强化理论是桑代克的效果律的进一步延伸和发展。斯金纳的实验研究证明，效果确实是存在的，而且效果是在造成有利于被称为学习的那种变化的条件下产生的。只要安排好强化的结果，我们几乎可以随意地去塑造有机体的行为。但是斯金纳由于用操作条件作用来解释人类所有的学习（包括行为动作、学术活动和社会关系等），认为只要我们的强化安排合理，就可以塑造或去除人的任何行为，这未免过于夸大了强化的作用。因为人的认知、思维过程远比外部可观察的行为复杂得多，而这并不是用“强化物”这把“万能钥匙”就能一一开启的。

总之，联想学习理论认为学习就是形成刺激（或情境）与反应之间的联系，受外界的刺激或情境所决定，强化对学习有着重要的作用，同时可以运用外部条件来控制学习过程。这对于我们的实际学习活动具有一定的指导作用。由此我们认为，反复地练习和复习对于学习有重要的影响，而且也可以通过外部的奖励与惩罚即积极的强化来控制学习。但是，联想学习的理论也有不合理的地方。联想学习理论虽然可以解释某些学习现象，但并不能解释所有的学习。学习过程要比简单地在强化条件下形成刺激与反应的联结复杂得多，有机体的过去的经验、内部动机等对学习都有影响。即使学习像联想学习理论所认为的那样，是形成刺激与反应之间的联结，但是联结形成的过程与条件并不总是像经典条件反射和操作条件反射理论所认为的那样。例如，有时有机体在没有反应的情况下也可以学习，可以形成一定的条件反射；有时只需要通过观察也可以形成条件反射式的联结；有时在无强化的情况下有机体也会实现学习。

第四节　认知学习

一、联想学习过程中的认知作用

联想学习理论对学习过程的解释以经典条件作用与操作条件作用理论作为根据。这两种条件作用理论都认为个体在学习情境中学到的都是机械式的反应。而认知学习理论则认为联想学习过程中存在个体的认知作用。

（一）经典条件作用学习中的认知作用

如果使条件刺激与无条件刺激在时间上多次相继重复出现，条件刺激就会取代无条件刺激，自动引起个体原来对无条件刺激所产生的反应。这是经典条件作用的核心观点。认知学习理论者另有一说，认为动物在经典条件作用的实验情境中所表现出来的反应并不一定是完全被动机械的，而很可能是经过一定数量的实验次数，动物对实验情境已有所了解，认识到铃声是一种信号，该信号出现后，食物就会来临。因而在随后的实验中，铃声过后，动物的反应表现为对食物的一种期待。也就是说，在经典条件作用下，个体所学到的不一定只是被动机械的反应，而很有可能是由此产生了一种认知和预期。

（二）操作条件作用学习中的认知作用

斯金纳的操作条件作用强调后效强化原则在个体学习中的作用。所以，操作条件作用学习过程中所产生的刺激—反应联结学习依然是机械的。认知心理学家则认为，在操作条件作用中，个体学到的也可能是对反应结果的一种预测或期待。反应的持续与否是由结果给个体带来的反馈所决定的，也就是说，如果个体得到的结果使他满足，他就会持续这种反应；反之，他就有可能中断反应。

二、认知学习的动物实验研究

认知指的是知识表征和加工所涉及的心理活动，如思维、记忆、知觉和语言的运用。认知学习理论者认为动物和人类一样，是靠思维方式学习新的知识的。同时，为了证明这一观点，认知学习理论者以动物为实验研究对象，展开了一系列的研究。当然，动物自身的动机在这些实验中起了重要作用。研究者最近发现，乌鸦只有在实验室中饥饿的条件下，才会如同伊索寓言中所说的那样，将石子丢入细口瓶中，让食物跟着水面浮上来。饥饿不但会迫使乌鸦使用工具，甚至还会迫使它们制造工具（Bird & Emery，2009）。下面介绍两位心理学家有代表性的动物认知学习实验研究。

（一）苛勒的学习实验

苛勒是20世纪初兴起于德国的完形学派的代表人物之一。1925年出版的重要著作《猩猩的智慧》，记录了苛勒在1913—1917年期间在非洲沿海的西班牙属地特纳利夫岛研究猩猩的所有成果。

苛勒以黑猩猩学习如何取到食物为实验主题，曾设计过很多不同的实验情境（见图6-7）。比如，一个实验情境如下：猩猩可以看到房顶上悬挂着一串香蕉，但是它够不着，同时，房内的地上有几只箱子。面对这样的情境，猩猩一开始试图跳起来抓取香蕉，但是没有达到目的；几次失败的尝试过后，它不再跳了，而是在房间里走来走去，仿佛在观察房间里的东西。经过一段时间，猩猩突然走到箱子前面，站着不动了，过了一会儿，它把箱子挪到香蕉下面，跳到箱子上，取到了香蕉。如果一只箱子不够高，猩猩还能把两个或更多的箱子叠起来以拿到香蕉。

观察发现，在许多类似的实验里，黑猩猩在求食目的受阻情境中学习解决问题时的表现，并不是被动地受控于环境的限制，而是主动地观察问题的整个情境，从中找到各种条件之间的关系，然后才实施行动。苛勒将黑猩猩这种对问题情境经过观察思考后决定采取行动的过程称为顿悟（insight）。顿悟是内在的认知心理过程。这种学习方式被苛勒称为顿悟学习（insight learning）。

A. 猩猩在制作双节棍

B. 猩猩在撑竿跳高以取到香蕉

C. 猩猩叠放箱子以拿到香蕉

D. 猩猩在造“四层楼”

图6－7　苛勒的猩猩们

本章第一节中提到的苛勒的鸡啄米的实验，也说明了鸡形成的啄米行为不仅仅是联想学习。根据联想学习，鸡应该形成啄米行为与特定的灰色纸的联系，而事实上鸡学到的是两张纸之间的关系。

（二）托尔曼的学习实验

美国心理学家托尔曼基本赞同行为主义把行为作为心理学研究主题的主张，但他强调“刺激—反应”模式中存在“中介变量”，这个“中介变量”就是认知理论者所主张的认知学习因素。因此，人们将托尔曼的行为主义称为“认知—行为”主义。

托尔曼对学习过程的解释有二。其一，托尔曼认为个体的学习过程中存在着潜伏学习（latent learning），即在学习情境中，个体并未把学习到的东西完全表现在外显行为中，只有在目标出现的情况下，学习的效果才得以表现。其二，个体在学习情境中所表现的行为反应，是个体对情境进行认知后主动选择的反应获得。托尔曼的这一学习心理思想得到了位置学习（place learning）实验的验证。下面分别介绍托尔曼的两个经典学习实验。

位置学习实验以三路迷津学习最为著名。实验情境见图6－8，在迷津中有三条通路可以到达食物箱，通路1最近，通路3最远。实验研究白鼠在三路迷津中的取食行为。实验发现，让白鼠有机会走过迷津中的每一条通路，使其熟悉迷津的整个环境之后，白鼠表现出对通路1的最高偏好，这表明白鼠在情境中学习到通路1是最近的。随后，将通路1阻塞（如图6－8中A处所示），发现白鼠迅速从通路1返回，选择通路2，这表明白鼠在情境中学习到了通路1和2之间的关系。其后，再将通路2阻塞（如图6－8中B处所示），发现白鼠再次从通路2返回，迅速选择通路3，这表明白鼠在情境中学习到了三条通路之间的相对关系。

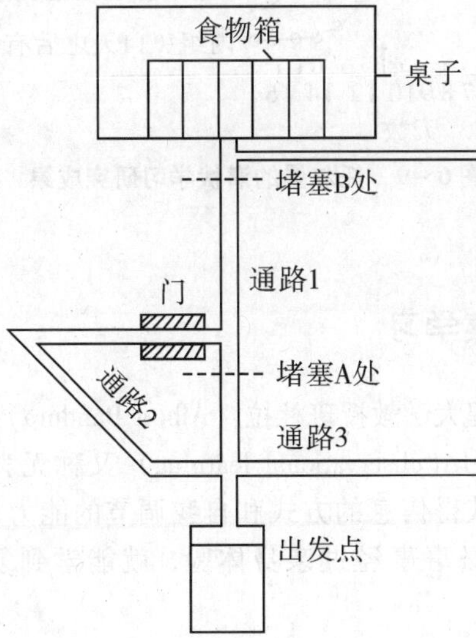

图6－8　托尔曼的三路迷津示意图

实验中，托尔曼还随时阻塞三条通路中的任意一条，来测试白鼠的位置学习效果。结果发现，白鼠能够根据受阻情境，在迷津中随机应变，选择最佳的取食路线。为了描述动物在迷津实验中的这种学习，托尔曼提出了认知地图（cognitive map）的概念。所谓认知地图，就是对迷津的表象或对迷津的内部表征。一旦白鼠将迷津的位置信息纳入自己的认知地图中，它就会明白目标在哪里，应该如何走，这个过程是主动且独立的，而不是被动地需要依靠某些固定的运动系统来实现的。

对于潜伏学习的验证，托尔曼等人于1930年进行了一项经典的实验研究。他们让三组白鼠在一个复杂迷宫中每天走一次。甲组不给食物（无食物奖励组），乙组每天给食物（有规则地奖励组），甲、乙均为控制组。丙组为实验组，开头10天不给食物奖励，第11天才开始给食物奖励。实验结果如图6-9所示，随着练习次数的增加，白鼠在到达目标箱前所犯的错误次数逐渐减少。乙组有食物奖励，逐渐减少错误的速度比甲组快，但实验组丙自给食物奖励后，其错误下降比乙组更快。托尔曼由此得出结论：丙组在开头10天的练习中虽然没有奖励食物，但在每次练习中同样探索迷宫的每一部分，形成了认知地图，只是没有表现在外部行为中而已。托尔曼把这种现象称为潜伏学习。这一实验表明，强化并不是产生学习的必要条件，学习完全可以在无强化的情况下发生。

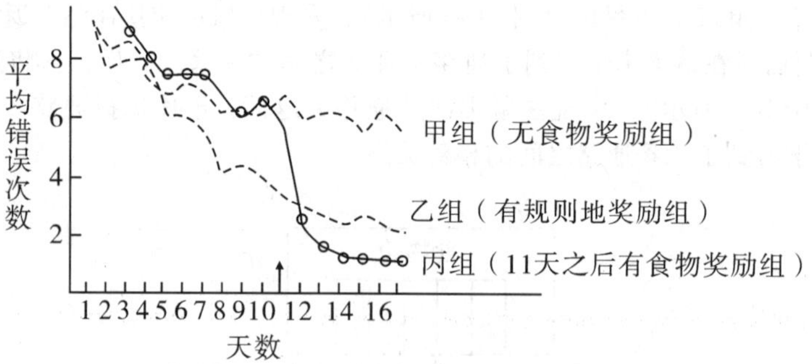

图6-9　托尔曼的潜伏学习研究成果

三、认知学习中的观察学习

观察学习是美国斯坦福大学教授班杜拉（Albert Bandura）在20世纪60年代提出的一种学习理论。观察学习（observational learning）又称无尝试学习或替代性学习，指个体通过语言或非语言获得信息的方式和自我调节的能力，观察他人（榜样）所表现的行为及其结果，不必事事经过亲身体验，就能学到复杂的行为反应的学习过程。

（一）班杜拉观察学习论的基本观点

班杜拉认为，人类的学习多数是在社会交往中，通过对榜样示范行为的观察、模仿而进行的。在观察学习中，个体不必直接作出反应，也无须亲身体验强化，只要通过观察他人在一定环境中的行为，并观察他人接受一定的强化便可完成学习。通过观察他人的行为得到某种认知表象，并以之指导自己以后的行为，使得个体减少了不必要的尝试错误。

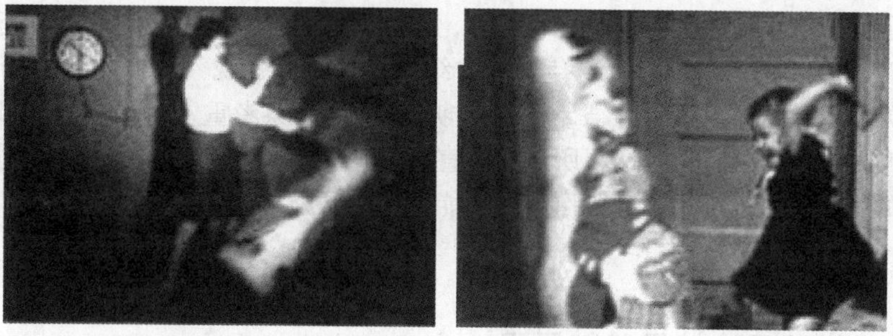

a. 成人攻击性行为的榜样作用　　b. 儿童模仿成人的攻击行为

图 6－10 观察学习的范例

班杜拉曾在实验室里演示过人类观察学习的经典范例。如图 6－10 所示，在看过一个成人榜样对一个大型塑料玩偶进行拳打脚踢之后，实验组儿童比未见过攻击榜样的控制组儿童表现出了更高频率的攻击性行为（Bandura et al.，1963）。后来的研究表明，即使榜样是一些卡通人物，儿童也会模仿所看电影片段中的榜样行为。同时，其他研究者也证明，观察学习并不是人类所特有的。其他物种如鸽子、斑马、热带鱼甚至章鱼都能在观察同类其他个体的表现后改变自己的行为。

（二）观察学习的过程分析

班杜拉对观察学习心理过程的研究受到了信息加工认知心理学的影响，他按信息加工的模式对观察学习进行了分析，认为观察学习由四个相关联的子过程构成，每个子过程又包括了一些影响它们的变量。

1. 注意过程

为了能够依靠观察进行学习，人们需要注意榜样行为的重要特征，加以正确地知觉。人们虽然经常置身于大量的示范影响之下，但从中深入观察什么，能够吸取什么，是由注意过程决定的。观察经验的类型和数量，是由制约注意过程的许多因素进行调整的。其中包括观察者的特征和被示范事件的特性。

2. 保持过程

保持过程使示范者把示范经验转换成表象或言语符号保持在记忆中，形成示范活动的内部形象，这些记忆代码在日后便能指导操作。同时，演习也能成为一种重要的记忆支柱，经过观察而学到的示范行为只有经过认知上的演习或实际上的行为操作后，才能保持长久记忆。

3. 生成过程

这一过程是把以符号形式编码的示范信息转化成适当行为的过程。这是一个由内到外、由概念到行为的过程，这一过程以内部形象为指导，把原有的行为成分组合成新的反应模式。

4. 动机过程

人们并不把学到的行为全部表现出来，因此，这一理论把行为的习得和行为的表现区分开来。示范行为如果导致有价值的结果，就会增强观察者产生同样行为的倾向；如果导致惩罚或无报偿的结果，就会抑制或削弱观察者重复这种行为的倾向。由外部刺激、替代诱因和自我诱因所造成的直接强化、替代强化和自我强化，对由观察而学会的行为表现，都具有动机作用的功能。

四、认知学习理论的贡献与局限

联想学习与认知学习两派理论的发展，经历了从彼此对立到趋于融合的过程。在这一过程中，认知学习理论由早期的少数派弱势转变为后来居上的强势。

（1）认知学习理论引入了认知的观点，强调建立在认知基础上的意义理解和独立思考等意识活动在学习中的重要地位和作用，对联结理论所主张的盲目、机械的学习观点进行了批判。

（2）认知学习理论重视个体在学习活动中的主体价值，充分肯定了个体的自觉能动性，同时对学习过程中的中介变量给予了极大的重视，强调了学习的认知性和目的性。

（3）认知学习理论关注个体在学习活动中的准备状态，即个体学习的效果不仅取决于外部刺激和个体的主观努力，还取决于他已有的知识水平、认知结构、非认知因素。准备是任何有意义的学习赖以产生的前提。

（4）受认知学习理论影响的观察学习理论，将认知学习的原理扩大到对人类社会行为的研究，不但大大超越了行为主义联想学习理论所强调的反应或反应后的强化是学习的关键这一观念，而且在心理学上为社会角色、道德行为以及学校的行为规范教育等方面提供了理论依据。

认知学习理论也有其局限，它没有揭示学习过程的心理结构。我们认为，学习心理是由学习过程中的心理结构，即智力因素与非智力因素两大部分组成的。智力因素是学习过程的心理基础，对学习起直接作用；非智力因素是学习过程的心理条件，对学习起间接作用。只有使智力因素与非智力因素紧密结合，才能使学习达到预期的目的。而认知学习理论对非智力因素的研究是不够重视的。

心理学与人生 6－2　如何修正错误的学习

一旦学习了一个错误的事实（比如，7×9＝65）或者养成了一个错误的习惯，要修正这个错误似乎相当困难。常见的错误包括拼写错误，比如把 weird 写成 wierd，或者把 niece 写成 neice。有些顽固的错误会使你面临尴尬，比如把好朋友现任女友的名字叫成他的前女友的名字，如果他并不止一个前女友，你犯错误的可能性就更大，而且更不容易改变这个错误。当然，有意识的修正和充分的复述可以改变这些错误，但是必须在犯了错误之后即时地意识到或被提醒才行。然而，在现实中我们很少能够觉察到自己的错误，这很大程度上是错误认识根深蒂固所致。在修正错误时，如果以正确的内容为基础构造一些新的知识，对修正错误会大有帮助。比如，你可以把“小明的女朋友是谁？”这个问题变成“小明现在的女朋友是谁？”或者将正确的知识变成另外的形式出现，比如将“$7\times9=63$”变成“$7\times9=7\times(10-1)=70-7=63$”，不断地重复这个新的形式，使错误的认识、讲话最终被取代。不过如果反复对自己说“$7\times9=65$ 是不对的”，得到的只会是反效果——不断地强化了“$7\times9=65$”的错误观念。

本章摘要

1. 人们常常把学习与学校或课堂相联系，而事实上，大量的学习发生在课堂之外，人的一生都在不断地学习。

2. 学习与记忆确实密切相关，但记忆是指头脑中信息的储存。记忆心理学家关心信息储存的方式、地点以及当这些信息需要时如何被提取；而学习心理学家则更关心行为及行为潜能如何随个体的经验获得而变化。

3. 学习是由经验或练习引起的个体在行为或行为潜能方面的持久变化及其获得这种变化的过程。

4. 在两种学习中，一种学习会出现对另外一种学习的影响，可能是易化，也可能是干扰。这种普遍存在的现象叫做学习的迁移。迁移有正迁移和负迁移之分。

5. 适应和敏感化是两种简单的学习过程。

6. 不同的心理学流派都有自己对学习的看法，大致有行为主义的学习理论、认知学派的学习理论、人本主义的学习理论、学习理论的新发展：构建主义学习理论，其中以行为主义的学习理论、认知学派的学习理论和构建主义学习理论最为流行。

7. 巴甫洛夫通过对条件反射的研究到对高级心理过程大脑机制的探讨，对心理学产生了不可磨灭的贡献。

8. 由于本能，无条件刺激可以引起有机体的无条件反应。当无条件刺激与一个无关刺激多次结合后，仅仅无关刺激就能引起原来只有无条件刺激才能引起的反应，条件反应就此形成。无关刺激成了条件刺激。

9. 行为主义者认为，学习就是条件反射的形成过程。比如恐怖症（对特定的东西或情境无理由地、过分地害怕）可能是通过经典条件反射学习而获得的。现代心理学研究也说明了经典条件反射可以说明许多对特定刺激的情绪反应——如快乐、激动、愤怒、焦虑。行为主义代表人华生是这种观点最激进的倡导者与实践者。

10. 桑代克是动物心理学研究的先驱。他先后用小鸡、猫、狗、鱼等动物为实验研究的对象做了许多动物学习的实验，其中最重要的是饿猫打开迷笼的实验。他提出了著名的学习试误说与学习的效果律。

11. 斯金纳是美国当代著名的心理学家，行为主义的代表人物之一。20 世纪 30 年代后期，斯金纳改进了桑代克的迷笼实验，设计了“斯金纳箱”，并用来研究各种动物的学习过程，建立了操作条件反射学说。

12. “强化”是操作条件反射学说的关键概念，不管是正强化还是负强化，都是为了使某种行为发生的概率增加。反过来有“惩罚”，不管是正惩罚还是负惩罚，都是为了使某种行为减少。在生活中要慎用惩罚。

13. 强化程式在操作条件作用中非常重要，不同的强化安排导致条件作用形成的快慢和保持的时间等都不相同。实际生活中要根据需要安排强化程式。

14. 让人与动物学习全新的行为时，可用小步子塑造。小步子塑造对动物训练特别有效。

15. 经典条件作用与操作条件作用都有条件作用的获得、消退、泛化和分化的过程。

16. 经典条件作用、桑代克的效果律、操作条件作用都强调了情境与反应的联结，统称为联想学习理论。他们对学习的研究作出了卓越的贡献，但对认知因素考虑不足。

17. 苛勒的猩猩实验和鸡啄米实验、托尔曼的认知地图实验，都很好地揭示了学习过程不仅仅是联想的形成，对关系的认知也起了关键作用。

18. 班杜拉强调了观察在学习中的重要性，但对观察学习的本质过程的实验与理论还有待系统化与科学化。

复习思考题

1. 如何理解对于学习的各种学派的解释，他们有何优缺点？

2. 巴甫洛夫是如何解释学习的？你对此有何评价？

3. 简述经典条件作用和操作条件作用的异同点。

4. 简述操作条件作用的学习原理。

5. 根据几种不同的学习理论，结合实际，谈一谈儿童教育中惩罚和榜样的作用及运用。

6. 依据动物实验得出的“顿悟”、“认知地图”理论如何指导现实生活中人们的学习？

7. 简述观察学习理论，谈一下你从中获得的启发。

推荐参考读物

1. 墨顿·亨特. 心理学的故事. 李斯译. 海口：海南出版社，1997.

2. Hock，R. R. 改变心理学的40项研究——探索心理学研究的历史. 白学军等译. 北京：中国轻工业出版社，2004.

第七章　记忆与遗忘

子在川上曰："逝者如斯夫，不舍昼夜！"我们经历的任何事都会转瞬即逝，但是其中一部分却在我们的记忆中保存了下来。记忆把现在和过去联系起来，使得人们所认识的现在并不孤立，而是属于发展过程的一部分。现在的意义，也是从和过去的比照中获得的。记忆不但帮助人们认识现在，也帮助人们预测未来。过去所经历的事件及其发展成为人们规划未来行为的重要依据。然而，记忆是什么？记忆又是从哪里来的呢？为什么有些事情怎么也记不住？而有些事情却刻骨铭心？记忆可靠么？我们可以改变记忆，忘掉那些不开心的事，而让幸福的回忆历久弥新么？《三国演义》里张松过目不忘的本领是真的么，我们有可能做到么？……在漫长的时间里，人们都不能回答这些问题。

现在，记忆已成为现代心理学、神经科学的研究对象。日益进步的研究手段使得人们对记忆的理解日益加深。记忆不再只是朦胧的过去，而是具有鲜明特点的认知结构。这一章我们将从艾宾浩斯的经典实验开始，逐步揭示记忆丰富的结构和内涵。

第一节　记忆的特征

记忆是人脑中积累、保存和利用个体过去经验的一个心理过程。心理学家一开始就从现象出发，把从"记"到"忆"分成识记、保持、再认（recognition）或回忆三个基本环节。他们认为这三个环节相互联系、相互制约，没有识记就没有对经验的保持；没有识记和保持就不可能对经历过的事情再认或回忆。因此，识记和保持是再认或回忆的前提，再认或回忆又是识记和保持的结果。

随着研究的不断深入，每一环节的复杂性被逐渐认识，这三个阶段之间的关系也变得越来越复杂。为了更系统、更科学地描述记忆，信息加工的观点与术语被借用过来，把记忆看作是大脑对信息的编码、储存和提取的过程。所以现代心理学试图对编码、储存和提取的特征、性质、规律与相互作用作全面的把握。

一、艾宾浩斯所定义的记忆

德国心理学家艾宾浩斯（Hermann Ebbinghaus，1850—1909）是最早把记忆研究引入科学轨道的人。当时记忆被认为是高级心理过程（而知觉则是低级心理过程，这个观点一直延续到20世纪后叶），是很难用数量进行描述的。他在1885年发表了著名的著作《论记忆》，这不仅使他成了对记忆这个当时被认为是高级心理过程进行科学定量研究的第一人，而且对早期的实验心理学理论产生了重大的影响，开拓了实验心理学向高级心理过程研究的方向，强化了心理学的科学性。

艾宾浩斯受心理物理学的启发，但又意识到不能把费希纳的心理物理法直接应用于测量记忆。测量感觉量用的物理刺激，对人没有特定的意义，只是一个量的大小。而要测量记忆，学习的材料不同，意义不同，记忆的效果也会不同。如何准确地测出人们的记忆量，从而找到记住多少（记忆量）及保持量与学习后时间的关系？艾宾浩斯又吸取了联想主义的联想法则之一：联结的次数是引发联想的条件。他创造了独一无二的学习材料——无意义音节（nonsense syllable）。无意义音节由中间一个元音、两边各一个辅音构成，例如，XIQ、ZOD和GUB等。这种材料对每个人来说都是全新的，与脑中已有的记忆材料无关，不会引起任何联想。然后让被试学习新的联想：每一个无意义音节与一个有意义的名词相联系，如XIQ—飞机场，ZOD—毛巾，GUB—桌子等。学习的次数代表了联想的强度，所以，只要测量出学习的次数，就能测出无意义音节与有意义名词之间的联结在脑中保持的多少，即记忆保持量。艾宾浩斯把自己作为实验对象，以机械重复的记忆方法学习一系列由无意义音节—有意义名词的词对组成的词表（list），从上到下一直往下念。如

XIQ 飞机场

ZOD 毛巾

GUB 桌子

然后回忆，当达到刚刚能连续两次正确背诵时便停止。然后，间隔一段时间后再测量自己还能记住多少。接着重新学习相同的词表，第二次学习直到正确背诵的程度所需的学习次数比第一次少为止，比较前后两次学习所用诵读次数就可以得出一个节省值，计算出节省百分比，这个百分比就是第一次学会到第二次学习前所保持的记忆量。这个方法被艾宾浩斯称为节省法（saving），又叫重学法。

艾宾浩斯通过系列测定，学完词表对以后，间隔不同时间测量其节省百分比（见表7-1），得到了记忆保持量随时间减少的遗忘规律，即著名的艾宾浩斯遗忘曲线（见图7-1）。从图中可知，遗忘在学习之后立即开始，遗忘的进程是不均衡的，有先快后慢的特点。

表 7-1　遗忘的进程

时距（小时）	保存数量（%）	遗忘数量（%）
0.33	58.2	41.8
1	44.2	55.8
8.8	35.8	64.2
24	33.7	66.3
48	27.8	72.2
144	25.4	74.6
744	21.1	78.9

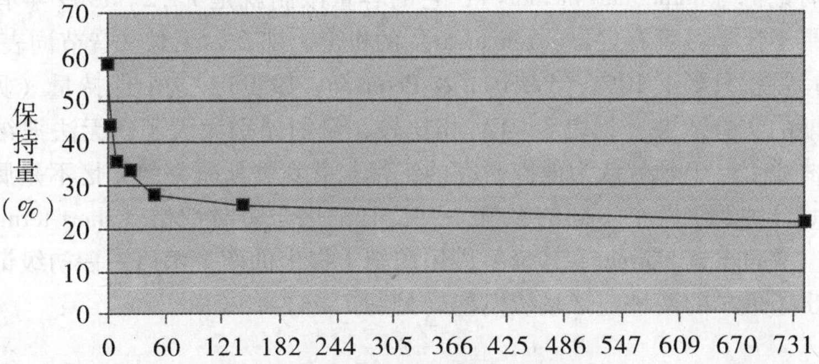

图 7-1　艾宾浩斯遗忘曲线

不难看出，艾宾浩斯创造了无意义音节才使得记忆规律得到了数量化的描述，但也正因为无意义音节的引用，使得记忆任务成了完全机械记忆，这与我们真实学习与生活中的记忆不尽相同。平时，某些材料我们过目不忘，而且印象深刻，而有些材料却较难记住。所以对不同材料的记忆规律不会完全符合艾宾浩斯的遗忘曲线，但它给出了我们“纯粹”的遗忘规律：先快后慢。有了它，我们应该怎样安排学习与复习计划才能使我们的记忆效果事半功倍？

二、多储存器模型

长期以来，心理学家一直把记忆看成是识记、保持、再认或回忆的过程，相信我们的记忆是一个单一的系统，而在我们记忆里所保持的内容是大量的且无法估计的，这个观点主要还是从艾宾浩斯那里继承下来的。19 世纪末，美国心理学家詹姆士（William James，1842—1910）在他 1890 年出版的《心理学原理》（*The principles of* psychology）中提出了记忆的二重学说，即记忆分为初级记忆（primary memory）和次级记忆（secondary memory）。大量的记忆材料保存在我们大脑中，但在某一时刻，对于大部分我们并没有意识到它们的存在，只意识到一部分。初级记忆是指我们刚刚意识到的记忆内容，而次级记忆是我们没有意识到的记忆。所以从詹姆士开始就已经意识到了记忆有两个系统，而艾宾浩斯在研究中也发现，如果只学一遍，所能记住的无意义音节只有7个左右。20世纪50年代中期以后，在信息论、控制论和系统论的影响下，认知心理学应运而生，信息加工的观点逐渐渗入到心理学的研究中，使得心理学对记忆的研究有了很大的进展。米勒（G. A. Miller）在1956年发表了经典文献《神奇的数7±2：信息加工的容量限制》，阐述了人信息加工的容量只有7±2个单位（组块），神奇的数字7±2正是我们信息加工能力的限制。米勒认为存在着一个与艾宾浩斯研究的记忆——长时记忆（long-term memory）不同的另一个内部信息储存结构——即时记忆（immediate memory），它的容量限制就是7±2。1959年有心理学家发现，如果不让学习者有复习（rehearsal）的机会，那么，无意义音节词表在18秒钟以后的保持量就只剩下10%（Peterson & Peterson，1959）。这个保持量（见图7-2）与艾宾浩斯的实验结果（见表7-1）相比较，量的差别太大了，无法把结果放在同一条遗忘曲线上。于是就认为他们研究的记忆与艾宾浩斯研究的记忆不是属于同一个系统，而是分别属于两个不同的系统——长时记忆与短时记忆（short-term memory）。沃和诺曼（Waugh & Norman，1965）借用詹姆士提出的两个术语——初级记忆和次级记忆，提出了最早的两种记忆系统模型（见图7-3）。

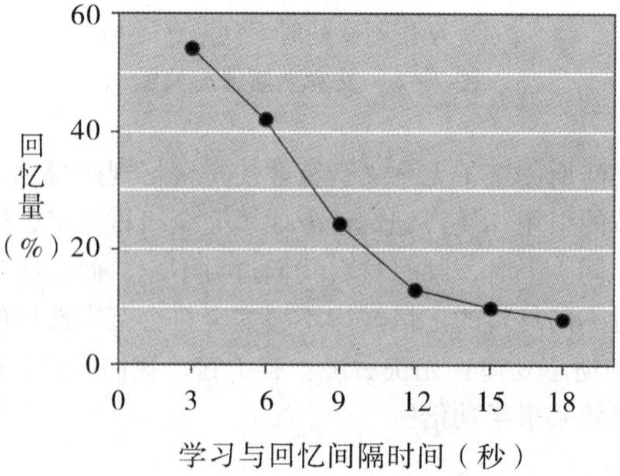

图7-2　短时记忆遗忘进程

（根据 Peterson & Peterson，1959 数据绘制）

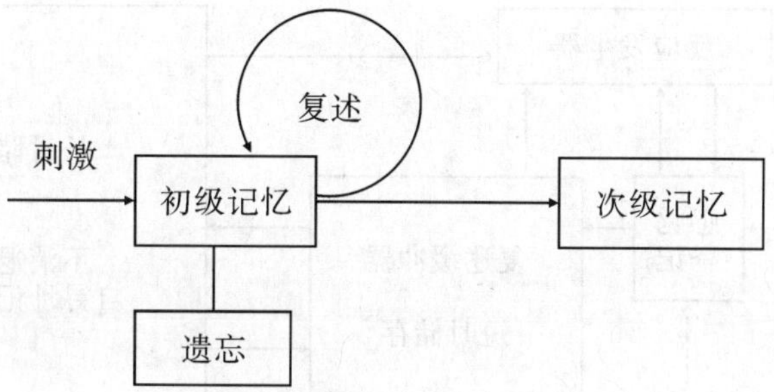

图 7-3 两个记忆系统模型（Waugh & Norman，1965）

短时记忆与长时记忆系统也得到了神经心理学的支持。神经心理学家米尔诺（Milner，1966）报告了一个代号为 H. M 的患者的情况。H. M 患有癫痫病，医生为她做了切除海马部位的手术，术后病情大有好转，可是记忆却出现了反常。患者对手术前的往事记忆犹新，但对刚刚经历过的事情却没有记忆。手术破坏了她脑内由短时记忆向长时记忆传输信息的结构。此外，临床案例中也发现，脑震荡患者对受伤前几分钟发生的事件、情景、原因一概记不得，而对往事却记得很清楚，说明他的长时记忆依然保持，损伤的仅是短时记忆（Solso，2001）。

1960 年初，美国心理学家斯波林（George Sperling）用实验证实了还存在比短时记忆更短暂的记忆现象——感觉记忆（sensory memory）。阿特金森（Atkinson）和希夫林（Shiffrin）吸收了斯波林的研究，总结出了记忆的三级模型（图 7-4）。按照此三级模型，外界信息通过感觉器官，按输入时的通道特性保持原样，首先进入的是感觉记忆，这个过程称为感觉登记（sensory register），信息在感觉记忆系统中保持 0.25～2 秒钟的时间。随后其中引起个体注意的一部分感觉信息才会进入短时记忆，若信息强度极为强烈深刻，也可一次性进入长时记忆。在短时记忆中储存的信息经过加工再存储到长时记忆中，而这些保存在长时记忆中的信息在需要时又会被提取到短时记忆中。也就是说，短时记忆的信息既有来自感觉记忆的，也有来自长时记忆的。信息在短时记忆中保持的时间不超过 1 分钟，受到干扰或抑制就会消失。如果信息得到及时复述（rehearsal），就能在适当的时候进入长时记忆系统，得到长久保存。从这样一个完整的信息存储过程强调了不同的记忆系统主要还是承担着编码和储存的工作，这正是记忆的最大、最突出的功能。随着对记忆研究的不断深入，心理学家们已经不再满足于只是把记忆描述成不同阶段的信息储存模型，而是更多地认为它们是不同的动态加工系统（Kintsch，1977；Baddeley，1992）。

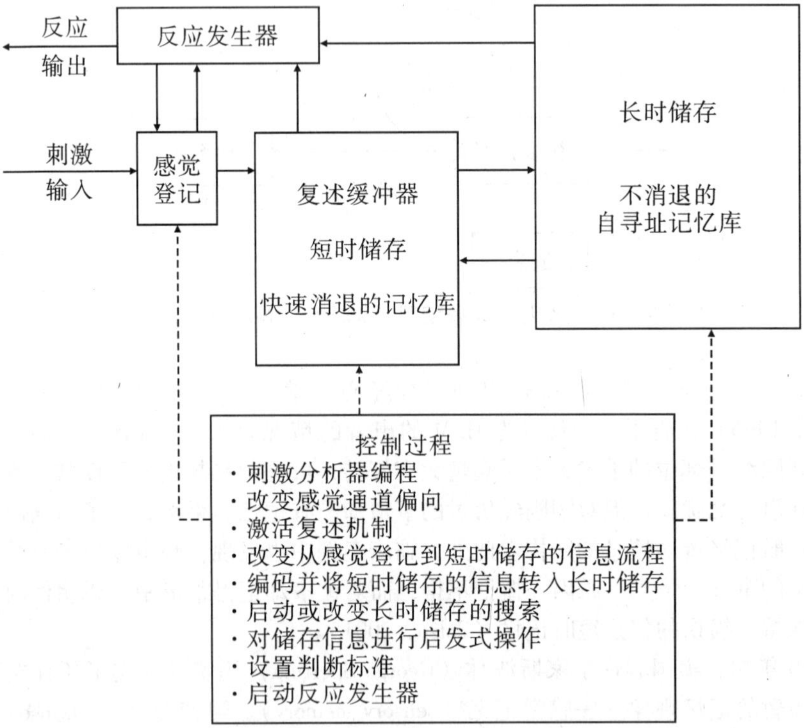

图 7－4　带控制过程的三级记忆系统（Atkinson & Shiffrin，1968）

第二节　感觉记忆与短时记忆

一、感觉记忆

当外部刺激直接作用于感觉器官，虽然刺激作用停止，但是产生的感觉仍可以维持极短的时间。例如，在观看电影时，虽然呈现在屏幕上的是一幅幅静止的画面，但是人们却可以将这些画面看成是运动的或连续的，这正是由于感觉记忆在起作用。这是一种感觉的滞留现象，表明了感觉信息的瞬间存储特性。

（一）感觉记忆的实验

斯波林于 1960 年在贝尔实验室做博士后研究，发现被试在做短时记忆回忆时，总是感到记住的实际上比回忆出来的多。这使得他思考一个问题：是不是人们有一个信息保存时间很短的记忆储存器，它保存信息的时间甚至比人能把它们完全回忆出来的时间短？于是他发明了部分报告法（partial-report procedure），揭示了感觉记忆的存在与特性，并把它与詹姆士提出的视觉后像联系起来，称它为感觉记忆（Sperling，1960），后来奈瑟（Neisser，1967）把它称为图像记忆（iconic memory）。

在部分报告法实验中，实验材料是含有12个英文字母的卡片，分为上、中、下三行，每一行各由四个字母组成，构成了一个3×4矩阵。用速示器呈现50ms，然后消失，其中每一行字母都与一种声音信号相对应，如给上一行字母配以高音，中间一行配以中音，下一行配以低音。实验前将这种配对方式告诉被试，要求被试在字母呈现完以后，根据随后给出的声音信号对相应的一行字母作出口头报告。这种方法就称为部分报告法。由于三种声音的出现顺序是随机安排的，因此，被试在声音信号出现前是无法预测将要报告的是具体哪一行字母。这样，可以根据被试对某一行字母的回忆成绩来判断他对整个卡片上字母的回忆成绩。例如，如果被试对任何一行字母差不多都能全部正确地报告出来，那么，可以认为他们必定在记忆中保持了全部三行的字母。实验结果表明，采用全部报告被试平均回忆出4.5个，而采用部分报告被试能报告出的字母平均为8~9个。因而斯波林得出这样一个结论：存在一种感觉记忆，它具有非常大的容量，但同时信息保持的时间也极其短暂，很快就会消失。

（二）感觉记忆储存与编码

在感觉记忆中，信息按照其原来的物理属性进行编码，具有鲜明的形象性和生动性。例如，关灯后，眼睛里还会有一点灯光的影子。感觉记忆还具有通道特性，根据不同的感觉器官，感觉记忆可分为图像记忆和声像记忆（echoic memory）。图像记忆是视觉材料的感觉记忆系统，与人的视觉通道密切相关，信息在图像记忆中能保持1秒钟左右。

当然，感觉记忆并不只存在于视觉系统中，听觉系统中也存在着感觉记忆。声像记忆就是听觉材料的感觉记忆系统，这方面最早的实验是由莫瑞（Moray，1965）等人设计的“四耳人”实验，又称为四声道部分报告法。他们在一个房间的四个角落放置了四个扬声器，就像人长了四只耳朵似的，被试坐在房间中可以从四个不同的声源听到声音。实验时可以从2个、3个或4个声源同时呈现1~4个字母。材料呈现完毕之后，要求被试根据视觉提示报告他所听到的字母。和斯波林的视觉部分报告法一样，结果证明了听觉系统也存在着感觉记忆。后来，达尔文（Darwin，1972）等人设计了三耳技术，使得被试好像听到来自左中右三只耳朵的声音，实验情境更似斯波林实验中呈现的三行字母，结果发现，与图像记忆相比，声像记忆的容量更小，平均只有5个，但保持的时间比图像记忆长得多，可以达到4秒钟。

感觉记忆按信息原有的形式进行储存，其记忆容量的大小由感受器的解剖生理特点所决定。不可否认的是，尽管感觉记忆作用的时间非常短暂，但它仍是一个完整的记忆系统不可或缺的初始阶段。感觉记忆好比是整个记忆系统的“接待室”，从感官输入的所有信息都要在这里登记并接受处理，信息的储存量都大于可被利用的信息量，几乎进入感官的所有信息都能被登记，为大脑提供物体识别的原材料。

二、短时记忆

在信息被知觉之后的几秒到几分钟的时间内保持的记忆传统上被称为短时记忆（short-term memory，STM）。早期，人们把短时记忆看作是一个单一的、容量有限的、可以短暂存储信息的结构。随着研究的深入，大量和短时记忆相关的现象被揭示出来。人们逐渐认识到，短时记忆是包含多个成分的系统。它以具有有限注意资源的中央加工平台为中心，辅以多个有限容量的周边存储结构（包括语音存储器、视觉存储器和空间存储器）。由于中央加工平台是短时记忆的核心，短时记忆现在更多地被称为工作记忆（working memory）以强调它的加工平台的属性。不过由于周边存储系统的性质更容易掌握，大量的研究依然是围绕着它的存储属性开展的（Baddeley，2003）。下面我们将结合这些研究，逐步揭示工作记忆的各个存储系统的特点。

（一）语音存储器

语音存储器以语音为存储对象，由于人既有语音接收系统（听觉），又有语音产生系统（语言），因而存在着大量和语音存储器有关的记忆现象，它也是目前研究得最为广泛的存储器。我们将结合4类广泛存在的现象来探讨语音存储器的特点。

1. 近似音效应和语音编码

近似音效应是指对读音近似的项目的记忆效果要普遍差于对读音不同的项目的记忆效果。例如，当以字母为记忆对象时，对（V、B、G、T、P、C）的记忆成绩要比对（W、X、K、Y、Q）的记忆成绩差。当以词为记忆对象时，语音近似性的效应依然存在，而意义则不重要；这个结果和长时记忆的结果相反，对词语的长时记忆较易受到识记的词语之间意义关联性的影响，而不受其语音关系的影响。这显示了工作记忆语音存储器和长时记忆对词语采取了不同的编码方式，语音存储器存储的是语音信息，而长时记忆存储的则是语义信息。

2. 词语长度效应和复述

词语长度效应是指词语中包含的音节越多则记忆效果越差的现象。Baddeley 等人（1975）发现，随着词语中包含的音节从1个增加到5个，能够被记住的词语的数目逐渐减少。但是，当要求记忆者在记忆词语的同时不停地重复无关的声音时，词语长度的效应消失了。研究者据此认为，词语中包含的音节的增多相应地延长了词语复述的时间，从而延长了对同一个项目前后两次复述之间的时间间隔，进而影响了记忆的数目。也就是说，复述是维持语音信息在工作记忆中存储的重要因素。

词语长度效应可能是因为包含多个音节的词更复杂从而使得记忆更不稳定，而并非由于复述的作用。然而，当识记的内容中既包括长词又包括短词时，如果词语长度的效应是由词语的复杂性导致的，那么对短词的记忆应该比对长词的记忆好；相反，如果词语长度的效应是由复述时间延长导致的，那么由于对长词和短词的两次复述的时间间隔相同，记忆成绩对于长词和短词来说应该是等同的。实验结果支持了复述的作用。

另外，对有同样多音节的词的研究发现，那些发音较快的词（如 bishop、triple）要比那些发音较慢的词（如 harpoon、Friday）更容易在工作记忆中保持住。在严格控制其他因素（如语音相似性）之后，这个效应得到了有效的证实（Mueller，Seymour，Kieras & Meyer，2003）。这同样支持了复述在工作记忆中保持语音信息的作用。

3. 无关声音效应

对识记项目的即时回忆会受到同时呈现的无关语音的干扰。研究者曾认为这是短时记忆内的一种隐蔽现象。然而，无关刺激的干扰并不受它与实际项目相似性的影响。不同类型的声音，例如音乐，甚至是有起伏的音调都可以造成类似的效果。但是声音的起伏是这个效应的必要条件，因此可以认为，无关声音效应是由项目顺序的记忆被破坏而造成的。

4. 语音存储与语言习得

语音存储和语言的习得相关。无论是儿童学习母语中的新词还是成人学习第二语言，对无意义音节的短时记忆都是学习效果的可靠指标；但是学习已知词语之间的关联，则和它无关。特别的是，对与发音习惯不符的无意义音节的短时记忆与语言习得的相关程度更高。而对与发音习惯相符的无意义音节的短时记忆成绩要好于对与发音习惯不符的无意义音节的短时记忆；然而，当采用再认（recognition）代替回忆（recall）作为检验短时记忆效果的任务时，与发音习惯相符的优势就消失了。这些结果表明，新词和第二语言的学习依赖于语音信息的短时存储，而原有的发音方式可以通过影响复述从而影响短时记忆的成绩（Baddeley，2003）。语音存储和语言习得的关系，在一定程度上支持了短时记忆和长时记忆是相继的过程的观点。

（二）视觉存储和空间存储

除了语音存储器，工作记忆的周边存储结构还包括视觉存储器和空间存储器。和语音存储实际上包含存储和复述两个方面不同，视觉存储和空间存储侧重于存储的属性。

视觉存储和空间存储是两个可分的系统。在经典的视觉短时记忆实验中，需要被试记忆的材料是 $n \times n$ 的方格，其中随机的一半被填充成另一种颜色。n 的数目从2开始增加，直到被试不能成功回忆起哪些方格是被填充的。而在经典的空间短时记忆实验（corsi block task）中，包括9个方块，实验者首先顺次敲击其中的两个方块，被试需要重复这个敲击序列，敲击序列的数目逐渐增加，直到被试无法成功完成这个任务。视觉存储易被视觉干扰而不受空间干扰影响，而空间存储则相反；这显示了这两个系统的区别。

（三）工作记忆的容量

如上文所述，工作记忆的各个存储结构容量都是有限的，并且是可以测量的。实际上，无论记忆的是何种材料，这个容量是相对固定的。Miller 通过大量的实验和严格的推理，揭示出短时记忆的容量为 7 ± 2；记忆的对象可以是单个的物体、音调、字母、数字、词语，也可以是它们的某种有意义的集合（比如作为词语集合的短语甚至句子）。Miller 因而提出了短时记忆的基本单元可以用组块（chunk）来描述。组块与个体已有的经验有关，比如，对于不知道 I BM 是一个著名公司的人来说，I、B、M 是三个组块，而对于熟知 IBM 的特定含义的人来说，就只有一个组块。人工智能的创始人之一 Herbert A. Simon（1916—2001）就发问说：组块可以有多大（How big is a chunk）？并对此作了专门的研究，发现组块的大小很难被计算（Simon，1972）。显然，组块的大小受到长时记忆的影响。Cowan（2000）严格控制了组块及复述的影响之后，发现短时记忆的容量应该调整为 4 ± 1。

（四）短时记忆的提取

短时记忆中的信息由于正处于个体当前的意识中，当有需要时可以立即被提取出来。然而，大量的实验说明，提取时并不能直接提取短时记忆中的单个项目。Sternberg（1966）最早对短时记忆的信息检索机制开展了实验研究。他实验的基本过程是：通过视觉方式让被试识记一系列数字，如 5，8，7，3 等，这些数字一个个依次呈现，每个数字呈现 1.2 秒。全部呈现完毕，间隔 2 秒钟之后，再呈现一个探测数字，要求被试判断该探测数字是否是刚才识记过的。采用再认的方式让被试回答“是”或“否”，同时记下被试的反应时间。Sternberg 将识记数字的数量作为实验变量，称为记忆集。结果发现，从短时记忆中提取信息的时间与记忆集的大小呈现正相关，即记忆集越大，所需的反应时间越长。Sternberg 认为这反映了提取短时记忆中的项目是序列化的加工过程。特别的是，作出“是”和“否”反应需要相同的反应时间（见图 7 – 5）。这暗示这个提取过程处理了整个记忆序列，而非仅仅是搜寻到目标即止，否则，“是”的平均反应时应当仅为“否”反应时的一半。随后的研究在各种不同的材料如字母、词、脸、颜色、音素等以及各种被试如儿童、大学生、精神分裂症患者、醉汉、吸毒者等条件下，都重复得到相似的结果（Solso，2001）。

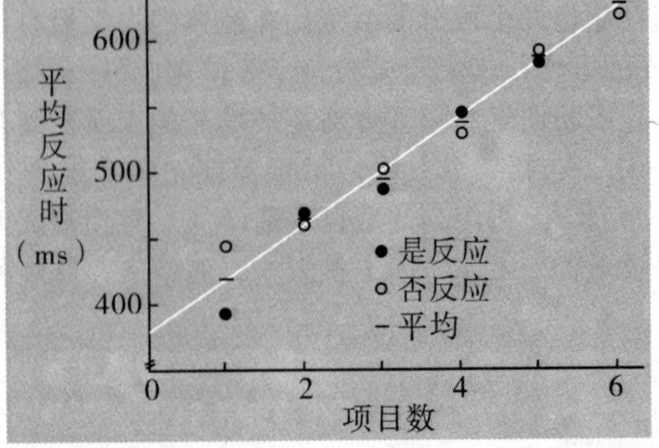

图 7 – 5　“是”和“否”的反应时相同且是识记项目数的函数

心理学与人生 7－1 恐惧的记忆可以被清除么

恐惧的记忆是可以终生保持、最顽固的记忆。虽然我们可以尝试努力排遣这类记忆，然而它可以立即恢复，让我们重新陷入这段记忆中。在科幻或神话电影中，有一类神奇的技术或本领，可以准确地抹掉人的一段特定的记忆。这件事情可能发生么？如果这个技术可行，它将能帮助那些经历巨大灾难或创伤的受害者从悲痛和恐惧中走出来。一项新的以老鼠为对象的研究揭开了部分谜团，有望在未来提供准确消除灾难记忆的靶子。Gogolla（2009）和她的同事发现，在老鼠出生后16~23天中，一种缠绕着杏仁核的分子网成为细胞的结构限制，有效地稳定了先前的记忆。当研究者用药物破坏掉这个分子网络，记忆又重新变得不稳定起来。使用药物两周后，杏仁核的细胞又重新恢复了可塑性。那些在分子网络被破坏之后建立起来的恐惧记忆可以经过通常的消退治疗（将恐惧的信号置于安全的环境中）而清除；不过对于在分子网络被破坏之前就建立的恐惧记忆，现在的方法并不能使这个恐惧记忆完全消除。不过这个研究为将来的进展带来了曙光。

热点问题讨论 7－1 小小改变，让平淡重复的生活恢复愉悦

一首喜欢的歌，如果反复地听，这首歌通常会变得和噪声无异；一道好吃的菜，如果日复一日没有别的选择，这道菜就会变得难以下咽。每个人的生活都充满了这种因为不断的重复而使美好的事物变成噩梦的经历。当厌烦了原先喜欢的，我们就会追求新的好东西，这个追求永无止境，永远不能得到满足。最近，Jeff Galak（2009）领导的一项研究发现，只需要小小的改变，就会使得那些让你厌烦的美好事物重新变得富有吸引力。研究者研究了三类事物：人、音乐和食物。他们发现，只要认真考虑一下跟其他人的社会交往，人们通常会很急切地希望和密友相处。而对于音乐，被试连续听一段好听的音乐20次（足够使他厌烦的次数），经过三周之后，那些曾经听过其他音乐的被试会更欣赏原先这段音乐。当把音乐换成食物，同样的操作之后，被试最喜欢的还是原先喜欢的味道。

第三节 长时记忆

从信息加工的观点看，长时记忆是相对于感觉记忆和短时记忆而言的，一般是指信息储存时间在一分钟以上，最长可以保持终生的记忆。长时记忆是一个真正的信息库，容量似乎没有限度，它可储存一个人关于世界的一切知识，为他的所有活动提供必要的知识基础。长时记忆将现在的信息保存下来供将来使用，或者将过去储存的信息提取出来用于现在。它把人的活动的过去、现在和未来联系起来。它的信息主要来自短时记忆，也有一些来自生活中印象特别深刻的事件，那些激动人心的能引起强烈情绪体验的内容可以直接进入长时记忆系统而被储存起来。

一、信息在长时记忆中的编码

信息在长时记忆中以什么样的形式保存下来，这便涉及编码问题。长时记忆的信息编码就是把新获得的信息纳入已有的知识体系中，或者把一些分散的知识单元组合成新的知识框架，从而在长时记忆中储存下来。信息在长时记忆中的编码主要有以下5种方式。

（一）表象和语义的双重编码说

美国心理学家帕艾韦奥（Paivio，1975）从信息编码的角度将长时记忆分为两个系统，即表象系统和语义系统。他认为在记忆一个具体事物时，可以出现表象和语义的双重编码。表象系统是以表象代码来储存关于客体与事物的信息，而语义系统则是以言语代码来对言语信息进行编码，这两个系统是相互独立又彼此联系的。这个观点被称为双重编码说或两种编码说。比如一辆自行车，我们可以在大脑中保存它的具体形象：两个车轮，前面有一个把手，下面有链条等——这是贮存在大脑中的关于自行车的形象，即表象；同时，我们还可以用更为抽象、概括的语义信息来对自行车进行表征：自行车是一种运动工具，它可以使人们的运动速度加快。

信息由短时记忆进入长时记忆时是如何被加工的？是以什么样的形式进行编码的？这与材料本身的特性是分不开的。对于言语材料而言，主要是采用语义编码。例如当读过一篇文章之后，我们脑中最终保留下来的是关于这篇文章的意义，而不是一个字一个字地加以储存。对于一些离散性的语言材料，人们通常也是采用语义编码的形式。如在记忆“学生”、“操场”、“足球”、“高兴”这4个词语时，可以对它们进行重新加工，组成一个新的句子——“学生们在操场上高兴地踢足球”，由于赋予了这4个词语新的意义，因而有利于我们的记忆。

（二）按照语义类别进行编码

在记忆一系列概念的时候，人们很少按照它们原有的顺序去记忆，而是根据它们的语义关系进行分类，形成不同的类别之后再进行记忆。例如，将20对联系紧密的词语（如医生与护士，桌子与椅子，牛与羊等）拆成40个单独的词语，按照随机方式重新排列，然后一个一个地向被试呈现，让被试进行自由回忆。结果发现，被试仍然倾向于将语义联系紧密的词语放在一起进行回忆，单词之间的语义联系越紧密，正确回忆的百分数越高，从而说明在学习时，将材料进行归类，形成一定的系统，将会有助于信息在长时记忆中的保存。

（三）自然语言为媒介进行编码

在记忆一些无意义音节或学习外语单词时，可以根据自然语言的某些特点，如语义、发音、字形等，对这些材料进行编码加工，即从我们的自然语言中找出与之相似的词语作为中介，使它们成为可以贮存的信息，回忆时先提取中介词，然后将原来的单词再现出来。比如要求记忆：Jon tol tat yur hir lok vey nic 这 8 组无意义音节，如果将它们与以下的词语联系起来：John told that your hair looked very nice，并且这些词还可以组成一个句子："约翰说你的发型看起来很漂亮。"这样以自然语言为中介对所要记忆的材料进行编码加工，可以使其更好地储存在长时记忆中。

（四）主观组织

当所要记忆的材料既不能按照某个标准进行分类，又不能产生意义上的联想关系时，人们倾向于采用"主观组织"对材料进行编码加工，即将所要记忆的材料进行人为的组织，回忆时使被加工的材料以群集方式再现。在实验中，向被试呈现了 16 个没有关联的词语：音乐、兵营、发现、冰山、办公室、山谷、顽皮、女孩、发行量、丛林、谜语、叛徒、咸水湖、格言、润滑油、步行者。这 16 个词语被随机排列为 16 个不同的顺序，每个顺序向被试呈现一次，然后让被试进行自由回忆。结果发现，被试在连续的各次实验中，有按照相同的顺序回忆单词的倾向，并且他们把某些词语联系在一起的情况越多，说明这些词语的主观组织程度越高。

（五）以视觉表象为中介进行组织加工

有意形成表象对语义材料的记忆有很大的帮助（Bower，1972）。要求一组被试看到对偶联合词时尽量形成视觉表象，即在头脑中想象它们的形象，对另一组被试则不给这种提示。结果表明，第一组的正确回忆量是第二组的 1.5 倍。例如，在记忆"香烟、狗、帽子、自行车、警察、指挥棒"等一串词语时，被试加工出这样一幅视觉表象：一个警察把一个戴着帽子、叼着香烟、骑在自行车上的狗用指挥棒拦住。这样，当香烟这个词语一出现，被试就可以从视觉表象的画面上想起其他 5 个词语。由此可见，以视觉表象为中介的加工组织也是有效记忆的一种编码方式。

二、信息在长时记忆中的储存

长时记忆中存储的信息包罗万象：有个人的经历，有可以表述的具体的知识，也有各种动作技能。由于长时记忆中的信息庞杂，人们尝试着将长时记忆按照记忆内容的属性归类，以便更好地理解长时记忆的结构和特性。

（一）情景记忆和语义记忆

加拿大心理学家 Endel Tulving 将长时记忆分为语义记忆和情景记忆。语义记忆的内容是关于客观世界的知识，包括事物的外观、事物间的空间关系这类“视觉空间”类型的内容，也包括语言、概念和各种命题在内的可以用言语形式表达的内容。而情景记忆则是建立在语义记忆的基础上的，以个体的经历和体验为中心的记忆形式（Tulving，2002）。和语义记忆中主要是静态的信息不同，情景记忆可以看成是过去经历的回放。情景记忆的存在，可以使人们重新体验过去的经历，实现在主观世界中回到过去的时间旅行。对情景记忆的提取，最适合用“回忆”来描述；而对语义记忆的提取，则更适合用“知道”来描述。情景记忆在进化上出现得相当晚，甚至可能只有人类拥有这种能力；而语义记忆则在鸟类、啮齿类和其他灵长类动物身上都能观察到。情景记忆在儿童发展的阶段也出现较晚，在4岁之前的儿童身上，研究者至今还没有发现情景记忆存在的迹象。情景记忆的衰退较语义记忆早，也更容易受到神经损伤的影响（Tulving，2002）。

（二）程序性记忆和陈述性记忆

有人认为，情节记忆与语义记忆都是关于事实的知识，很少涉及各种动作技能的执行等。从这个角度出发，可以将长时记忆分为两种：陈述性记忆与程序性记忆。陈述性记忆主要处理陈述性知识，即事实类信息，包括字词、定义、人名、时间、事件、概念和观念。陈述性记忆的内容可以用言语表达。比如“中国是世界上人口最多的国家”、“自行车有两个车轮”、“篮球是圆形的”等。程序性记忆又称技能记忆，记住的是程序性知识，通常包含一系列复杂的动作过程，既有多个动作间的序列联系，也包括在同一瞬间同时进行的动作间的横向联系。例如打篮球，你所知道的规则和方法是储存在陈述性记忆中的，但你擅长的拦截和远投这些运动技巧则储存在程序性记忆中。程序性记忆很难用语言来复述，也不能仅仅通过别人的言语指导来获得，必须靠长期的练习形成。

语义记忆与情景记忆都可以是陈述性记忆，所以，Tulving 后来认为，长时记忆可以有三个系统，即语义记忆、情景记忆和程序性记忆。

心理学与人生 7－2　运动为何能帮助记忆

人们很早就注意到那些经常运动的人的记忆力要比一般人好些，其背后的原因却一直不为人所知。一项新的研究表明，糖代谢可能是联系运动和记忆力的关键。过高的葡萄糖吸收，可能会导致一系列的记忆问题。研究者对比了那些吸收更多葡萄糖的人和那些代谢葡萄糖更快的人后，发现吸收更多葡萄糖的人通常遗忘更快也更容易发生齿状回（海马区域中的一个结构，海马在记忆形成中起关键作用）的病变。糖代谢在自然状态下会随着年龄增长而逐步变慢，而记忆衰退则从30岁左右开始。这项研究提供了这两个现象之间可能的联系。增加的葡萄糖会损害齿状回，从而损伤记忆。而充分的运动，则会有效地消耗葡萄糖，保护齿状回的功能，从而改善记忆（Wu，Brickman，Luchsinger，Ferrazzan，Pichiule，Yoshita，Brown，DeCarli，Barne，Mayeux，Vannucci & Small，2008）。

（三）语义组织理论

虽然我们的记忆可以是语义的，也可以是情节的，但记忆中的语义组织却得到更多的研究，并出现了很多关于语义组织的理论。

1. 层次网络模型

层次网络模型（hierarchical network model）认为语义信息在长时记忆中是按照层次、以网络的形式贮存的。它由柯斯林与奎力安（Collins & Quillian，1969）提出，是认知心理学中的第一个语义记忆模型。这个模型原本是针对言语理解的计算机模拟提出的，称为“可教的言语理解者”（teachable language comprehender）。在这个模型中，语义记忆的基本单元是概念，每个概念都具有一定的特征。该模型认为，在长时记忆中，概念被分层次地组织成有逻辑性的种属关系。如图 7－6 所示。

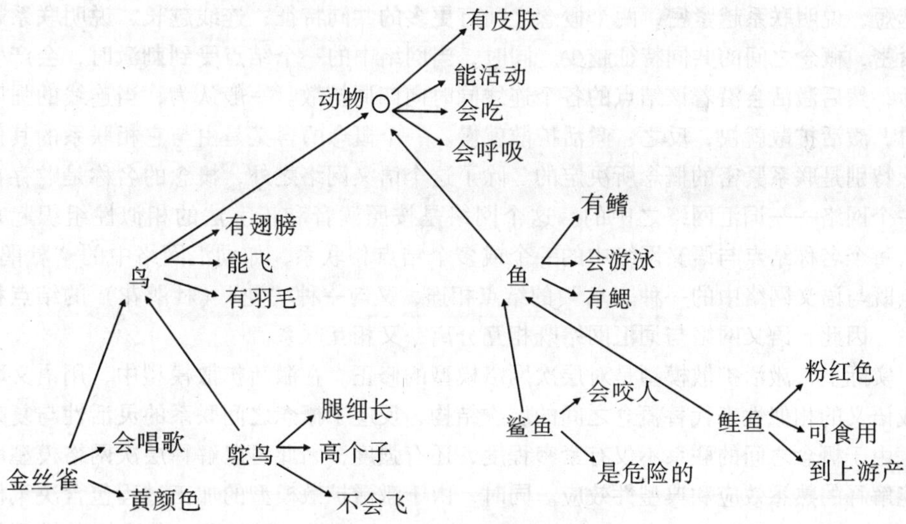

图 7－6　层次网络模型片断

由图 7－6 可见，层次网络模型的示意图由圆圈与连线组成。其中，圆圈为结点，表示一个概念；带有箭头的连线表示概念之间的从属关系。例如“鸟”这个概念的上级概念是“动物”，而其下级概念是“金丝雀”和“鸵鸟”。另外，连线还可以表示概念与特征之间的关系，如鸵鸟的特征是：腿细长、高个子、不会飞。

在层次网络模型中，信息是分级贮存的。也就是说，在每一级概念水平上，只贮存该概念所独有的特征，同一级概念所共有的特征则在上一级概念中贮存。可以说，这种贮存信息的方式节省了贮存空间，体现出了“认知经济”的原则。在层次网络模型中提取信息时，可以通过连线在模型中进行搜索。搜索是层次网络模型的加工过程，这种搜索实际上也是一种推理过程，因此，层次网络模型具有一定的推理能力。

层次网络模型是第一个语义记忆模型，对长时记忆的研究产生了积极影响，但这个模型仍然存在一些无法解决的问题。首先，这个模型只涉及概念之间的横向联系，而没有考虑到概念之间复杂的纵向联系，现实生活中这种纵向联系的数量是远远大于横向联系的，从而使层次网络模型具有很大的局限性。其次，在层次网络模型中，信息是分级贮存的，这虽然节省了贮存空间，却增加了信息提取的时间。对计算机模拟来说，节省贮存空间是很重要的，但是对人来讲，增加信息的提取速度也许是更重要的。

2. 激活扩散模型

激活扩散模型（spreading activation model）也是一个网络模型，但是与层次网络模型不同的是，概念之间不具有层次结构，而是以语义联系或者语义相似性将概念组织起来（Collins & Loftus，1975）。如图 7－7 所示。激活扩散模型也是由结点与连线组成的，每个结点都代表一个概念。与层次网络模型相比，概念之间的联系（包括横向与纵向的联系）更加复杂，并且可以用连线的长短来表示概念之间联系的强度：连线越短，说明联系越紧密，两个概念之间有更多的共同特征；连线越长，说明联系越不紧密，概念之间的共同特征越少。同时，当网络中的一个结点受到刺激时，会产生激活，然后激活会沿着该结点的各个连线同时向四周扩散。一般认为，当连线的强度高时，激活扩散就快，反之，激活扩散就慢。一个概念的含义是由与它相联系的其他概念特别是联系紧密的概念所决定的。除了这个语义网络之外，概念的名称是贮存在另一个网络——词汇网络之中的。这个网络是按照读音和正字法的相似性组织起来的，每个名称结点与语义网络中的一个或多个结点相联系，如词汇网络中的“杜鹃”结点既与语义网络中的一种“鸟”的结点相连，又与一种“花”（杜鹃花）的结点相联系。因此，语义网络与词汇网络既相互分离，又相互联系。

实际上，激活扩散模型是对层次网络模型的修正。在激活扩散模型中，用语义联系或语义的相似性来代替概念之间的层次结构，反应了概念之间联系的灵活性与复杂性。由于概念之间的联系不仅有紧密程度，还有强度，因此可以解释层次网络模型所不能解释的熟悉效应和典型性效应。同时，由于激活扩散模型的加工过程包含决策机制，因此可以解释人们为什么可以很快地作出否定判断。可以说，激活扩散模型是“人化了的层次网络模型”，它更加适合于人类。

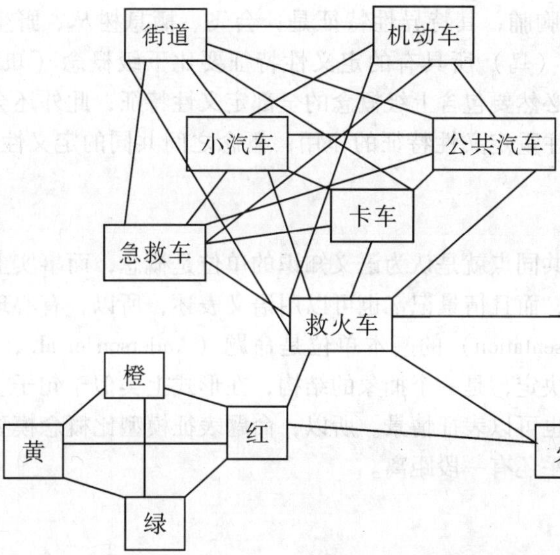

图7-7 激活扩散模型片断

3. 集理论模型

集理论模型（set-theoretic model）认为，语义记忆是由许多集合构成的系统。与前面两个模型相同的是，基本的语义单元是概念，但每个概念都由一集信息或要素组成。这些信息集又可分为样例集和属性集，样例集是指一个概念的一些样例（即概念的外延），属性集是指一个概念的属性或特征（即概念的内涵）。比如对于"动物"这个概念来说，其样例集包括"鸟"、"鱼"等，而其特征则包括"有皮肤"、"能活动"、"会吃"、"会呼吸"等。集理论模型认为，这些信息集之间没有现成的联系，概念之间的联系或一定的知识需要通过比较或计算才能得到。当对一个句子的真伪作出判断时，如"金丝雀是鸟"，需要搜索"金丝雀"与"鸟"两个概念的属性集，然后根据两个属性集的重叠程度作出判断，重叠程度高，就作出肯定判断，反之则作出否定判断。

根据集理论模型的观点，特称句的判断应该快于全称句，Meyer（1970）用实验证明了这个预测。在实验中，让被试判断两个句子的真伪："有些妇女是作家"、"所有的妇女都是作家"。结果发现，被试在判断特称句的时候，速度要快于全称句。

4. 特征比较模型

特征比较模型（feature comparison model）与集理论模型相似，该模型认为概念在长时记忆中也是以一集属性或特征来表征的。但是与集理论模型不同的是它对属性的重要程度进行的区分，将那些定义一个概念所必需的特征称为"定义性特征"（defining feature）；将在定义一个概念时不是很重要，但具有一定描述功能的特征称为"特异性特征"（characteristic feature）。比如概念"鸟"的定义性特征可以概括为：是动物、有羽毛，其特异性特征是：会飞。概念"知更鸟"的定义性特征可以概括为：

是动物、有羽毛、红色的胸脯，其特异性特征是：会飞、栖息树丛、野生、身体很小。可以看出，上级概念（鸟）所具有的定义性特征要比下级概念（知更鸟）少，而下级概念的定义性特征必然要包含上级概念的全部定义性特征，此外还会有自己的特征。特征比较模型更加注重定义性特征的作用，概念之间共同的定义性特征越多，则概念的联系就越紧密。

5. **命题表征模型**

以上四个模型有一个共同点就是认为语义知识的单位是概念，而事实上我们的语义知识还有规则、定律等，而且情景记忆也可以用语义表述，所以，有心理学家提出知识在大脑中表征（representation）的基本单位是命题（Anderson et al.，1973）。命题由概念及其之间的关系决定，是一个抽象的结构，在形式上类似于句子。命题既可以表征纯粹的语义事件，也可以表征情景。所以，命题表征模型比概念模型更进了一步，但离最终解决问题似乎还有一段距离。

第四节　长时记忆的检索与遗忘

把信息保存在长时记忆中并不意味着记忆过程的结束，储存信息是为了在适当的时候能够将其提取出来以满足不同情景的需要。

一、信息保存与遗忘

（一）信息在长时记忆中的保存

信息保存在长时记忆中并不是一成不变的，而是会经常发生各种各样的变化。比如现在让你回想小学时曾经背过的一篇课文，你还能准确无误地背出来吗？或许你的记忆力非常好，或者你对这篇文章的记忆特别深刻，所以你能一字不差地背出来。但在多数情况下，我们总会出现一些记忆上的错误：如把某个词语背错了，或者添加了一些自己的东西，甚至会遗漏其中的一个段落。

一般认为，信息在长时记忆中保存时所发生的变化主要表现在质和量两个方面。在量的变化方面，主要是指记忆信息的数量会随着时间的推移而逐渐下降，如在回忆课文的时候，时间越久，能回忆起来的内容会越少。当然也有特殊情况存在，主要表现为“记忆恢复”（reminiscence），意思是说，学习某种材料后间隔一段时间所测量到的保持量比学习后立即测量得到的保持量要高。这种现象在儿童期比较普遍，随着年龄的增长，记忆恢复现象将会逐渐消失。在质的变化方面，主要表现在以下 3 个方面：①记忆的内容变得简略和概括，不重要的细节会逐渐消失；②人们会根据自己的经验以及对材料的理解，使所要记忆的内容变得更加完整、合理、有意义；③有时候人们会突出某个方面的信息，使其具体化，或让这部分内容变得更加夸张，从而有利于记忆或信息的提取。

（二）记忆在长时记忆中的遗忘

你是否曾经想过，如果以前记忆的东西永远都不会忘记，那该多好啊！这样就再也不用为考试担心了，也不用为记不住某个朋友的名字而感到尴尬了……但是，不会遗忘的记忆是不存在的，设想从出生到现在，我们能够记住所有的事情，这对我们的记忆来说也是很大的负担。对于那些不必要的、应该淘汰的信息的遗忘是有积极意义的，既可以减轻我们的脑力负担，又可以不为杂事所困扰，因此可以说，遗忘也是巩固记忆的一个条件。

遗忘是一种常见的心理现象，可以说有记忆的地方就有遗忘发生，信息的保持与遗忘是矛盾的两个方面。在心理学中，通常把“记忆的内容不能保持或者提取时有困难”这种现象称为遗忘（forgetting），比如考试时想不起计算公式，老师检查背诵时头脑中一片空白……遗忘有不同的种类，有时候只是暂时想不起，而过一段时间就会记起，这是暂时性遗忘；永远都不能回忆的，则叫做永久性遗忘；有时候可以对某些东西进行再认，但却回忆不出来，这是不完全遗忘；而对于那些既不能再认，又不能回忆的，则是发生了完全性遗忘。

艾宾浩斯最早研究了遗忘的发展进程（见表7－1）。在他的研究中，他用自己作为被试，为了避免由过去经验产生的意义联想对记忆保持量的测定造成干扰，他采用了无意义音节做记忆材料。他采用机械重复的记忆方法对词表进行系列学习，当达到刚刚能一次背诵的程度时就停止。然后间隔一段时间后测量自己还能记住多少。在记忆报纸的测量方面，艾宾浩斯采用了节省法，又叫重学法，即学习材料到恰能背诵时，间隔一段时间重新学习，达到同样能背诵的程度，然后比较两次学习所用的时间和诵读次数，以此便可以得出节省的百分数。

节省的百分数＝（初学所用时间－重学时间）/初学所用时间×100%

艾宾浩斯将实验结果绘制成曲线，这就是著名的艾宾浩斯遗忘曲线（curve of forgetting）（图7－1）。从图中可以看出，遗忘在学习之后立即开始，遗忘的过程最初进展得很快，以后逐渐变慢。

二、遗忘的原因

也许有人会问，我们的记忆能力是无限的，为什么要遗忘呢？对于遗忘的原因，有种种解释，影响较大的有以下5种观点。

（一）衰退说

痕迹衰退理论认为，遗忘是记忆痕迹得不到强化而逐渐减弱，以致最后消退的结果。这种观点认为记忆就像物理、化学的痕迹一样，会随着时间的延长而逐渐消失。他们认为，这一过程就像拍照后印出来的相片一样，随着时间的延长，相片会逐渐变黄而模糊不清。从条件反射的角度看，有人将记忆看作是在大脑皮层中建立暂时神经联系的过程，联系形成后会在大脑中留下一定的痕迹，而痕迹的保持便是记忆，痕迹的消退便是遗忘。只有经常得到激活的痕迹才会得到强化，从而使其得到加强，也就是我们通常所说的记忆很深刻。相反，那些得不到强化的痕迹，随着时间的流逝，会逐渐衰退直至最后消失，这时，遗忘就发生了。

衰退说可以解释生活中的一些遗忘现象，如长时间对所学知识没有加以复习，更容易产生遗忘。但是我们很难用实验来证实遗忘的衰退说，因为在一段时间内记忆保持量的下降可能是由于其他材料的干扰，而不是痕迹衰退的结果。

（二）干扰说

干扰说强调新旧材料之间的互相干扰，认为遗忘并不是由于记忆痕迹受破坏，也不是因为记忆痕迹的消失而引起的，而是在学习与记忆时受到了其他刺激的干扰、影响的结果，一旦排除了这些干扰因素，记忆便可以恢复。我们可以从前摄抑制与倒摄抑制的角度来说明遗忘的干扰说。

前摄抑制（proactive inhibition）是指先学习的材料对识记和回忆后学习的材料的干扰作用。举例来说，做了大量物理习题后记忆英语单词的人，肯定要比没有做物理习题而只记忆英语单词的人在 24 小时之后所记住的英语单词要少。在一个实验中，让被试识记 4 个无意义音节表，然后分析对每个字表的遗忘情况。结果是对第一个字表（即首先识记的）遗忘最少，第二个字表次之，第三个字表又次之，对第四个字表遗忘最多。这一结果表明，在对无意义材料的识记中，前摄抑制是造成遗忘的重要原因之一。至于对有意义的材料的识记，由于联系较多，较易分化，受前摄抑制的影响可能较少。

后学习的材料对先学习的材料的保持和回忆起干扰作用称为倒摄抑制（retroactive inhibition）。倒摄抑制受前后两种学习材料的类似程度、难度、时间的安排以及识记的巩固程度等种种条件的制约。在先后学习的材料完全相同时，后来的学习即是复习，不会产生倒摄抑制。在学习材料由完全相同向完全不同逐步变化时，倒摄抑制的作用也随之逐渐变化：开始时抑制作用逐步增加，材料的相似性减少到了一定程度时，抑制作用最大；此后抑制作用便逐渐减小，到两种材料完全不同时，抑制作用就最小了。

前摄抑制和倒摄抑制一般是在学习两种不同但又彼此类似的材料时产生的。但是，在学习一种材料的过程中也会出现这两种抑制现象。例如，识记一个较长的字表或一篇文章，一般总是材料的首尾容易记住，不易遗忘，而中间部分则常常识记较难，也容易遗忘。这是由于识记材料开始部分只受倒摄抑制的影响，识记终末部分只受前摄抑制的影响，而在识记中间部分时则同时受这两种抑制的作用，这种现象就是通常所说的“系列位置效应”。

（三）压抑说

这一学说认为，遗忘既不是由痕迹的消退所造成的，也不是由记忆材料之间的干扰所造成的，而是由于人们对某些经验的压抑使然。压抑引起的遗忘，是由某种动机所引起的，故此它又被称为动机性遗忘。这一理论，出自弗洛伊德的精神分析说。弗洛伊德认为，回忆痛苦经验将使人回到不愉快的过去，为避免痛苦感受在记忆中复现，人们常常对这些感受和经验加以压抑，使之不出现在意识之中，由此引起遗忘。在日常生活中，由于情绪紧张而引起遗忘的情况也是常有的。例如，考试时，由于情绪过分紧张，致使一些学过的内容怎么也想不起来。压抑说强调个体的需要、欲望、动机、情绪等在记忆中的作用，尽管它没有实验材料的支持，但仍然是值得重视的一种理论。

（四）同化说

这是美国心理学家奥苏伯尔提出的较为独特的见解，认为遗忘是学习到更高级的概念与规律以后，高级的可以代替低级的，使低级的观念遗忘，从而简化了认识，并减轻了记忆的量，这是一种积极的遗忘。相反，原有知识不巩固，新旧知识辨析不清，或者旧观念代替貌似相同实质不同的新观念，或者对新知识作出曲解，从而导致记忆错误，这是一种消极的遗忘。

（五）线索—依存遗忘说

线索—依存遗忘理论认为，应根据提取失败，而不是根据记忆中失去信息、干扰或抑制等来解释遗忘。换句话说，一个人回想不出某种信息，仅仅是由于他不能发现从记忆中回想该信息的方式，是没有良好的提取线索。提取线索在回忆中所起的作用犹如阅读书籍时的灯光照明所起的作用一样。当灯关掉时，阅读就不可能进行。同样，当缺少适当的提取线索时，回忆某信息也就不可能了。有人认为，不能提取信息也可能是由于提取线索过多的缘故。一个人如果发现自己面临太多的刺激，反而感到束手无策，因而无法有效地提取信息。

三、影响遗忘的因素

遗忘是一种普遍的心理现象，除了时间因素之外，还有很多影响遗忘的因素。

（一）识记材料方面

（1）识记材料的性质影响遗忘。一般来说，动作技能的获得是需要较长时间的，同样，熟悉的动作也是很难忘记的，其遗忘速度是比较慢的。仔细想想，我们小时候学过的某些动作技能现在仍然记得。另外，对于一些造型非常形象的记忆材料也是不容易忘记的，因为这种材料更容易给人们留下深刻的印象。

（2）识记材料的数量影响遗忘。当记忆材料数量很少时，记忆快，遗忘慢；反之，遗忘较快，这种现象在日常生活中是很常见的。

（3）识记材料的位置影响遗忘。当人们在回忆系列材料时，材料的顺序也是影响记忆效果的一个重要因素。一般来说，最后呈现的材料最容易记忆，遗忘较少，这就是通常所说的近因效应；其次是最先呈现的材料，即首因效应；遗忘最多、记忆最差的是材料的中间部分。

（4）识记材料的意义影响遗忘。正像前面所说的，人们通常会对所要记忆的材料进行意义上的分类，或者赋予无意义的材料一定的意义，从而有利于记忆。因此，识记材料越有意义，越会引起识记者的兴趣，遗忘得也越慢。反之，对于那些不能引起人们兴趣的，不符合人们需要的，对人们的生活不重要的材料，遗忘就比较快。有人对日常事件的记忆效果作了测试（Linton，1982），研究者自己作被试，每天试图在卡片上记下至少两件当天发生的事情并作简短描述，每个月随机抽两张卡片来回忆事件本身以及事件发生的时间、重要性等。研究持续了 6 年，测试了 5 500 个项目。结果出乎意料，遗忘不是像艾宾浩斯的遗忘曲线那样先快后慢，而是一条直线（图 7 - 8）。当人们老年时再来回忆一生发生的事情时，有意思的是，中年发生的很少被回忆，而且年龄不同，回忆出最多的事件发生的年龄也不同。如图 7 - 9，人们 50 岁时回忆更多的是十几岁时的事情，70 岁时回忆更多的是二十几岁时的事情。

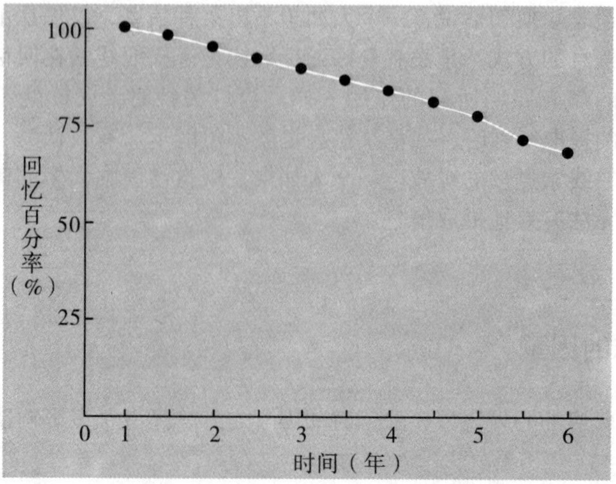

图 7 - 8　6 年内日常事件遗忘曲线

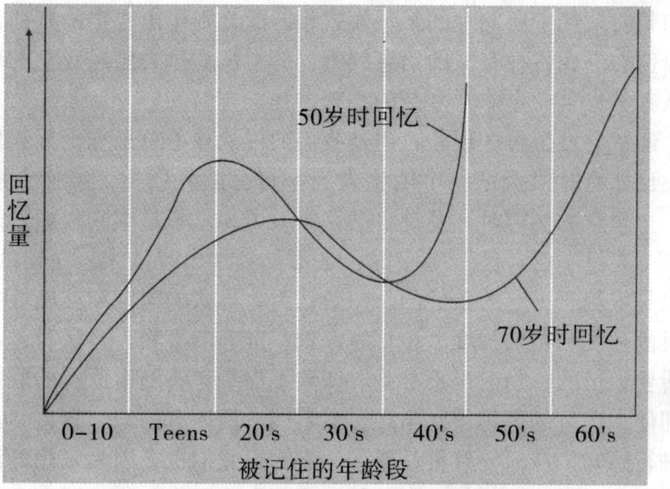

图 7－9　50 岁与 70 岁时回忆量高峰期不同

（二）识记者方面

（1）识记者学习的程度影响遗忘。一般来说，学习的程度越深，遗忘越少。对识记的材料没有一次达到准确无误背诵的标准，这种学习称为低度学习；如果在达到恰能背诵之后再继续学习一段时间，这种学习称为过度学习。有人认为，过度学习达150%，保持的效果最好。当然，过度学习的效果也不是绝对的，如果花费在过度学习上的时间太多，也会造成精力与时间的浪费。

（2）识记者的态度、兴趣也会影响遗忘。人们对记忆材料的重视程度越高，对识记的材料越感兴趣，记忆就会越深刻，遗忘也会越慢。

四、信息提取与回忆

在记忆中储存信息的目的是为了在适当的场合运用这些信息，为我们的学习、生活、工作服务。从长时记忆中提取信息一般有两种基本形式：再认和回忆。

（一）再认

再认是指人们对曾经感知过、思考过或者体验过的事物，当它再次出现时，有熟悉的感觉并能进行识别和确认的过程。比如多年未见的朋友，再次见面的时候仍然能够认出他们；一首熟悉的歌曲，只要听见其中几个旋律就可以知道这首歌的名字，这些都是再认现象。

乍看起来，再认是一个简单的过程，但是从心理加工的角度来看，再认其实包含知觉、回忆、联想、比较、验证等一系列的认知活动。当人们在识别一个对象时，一方面要对它进行知觉上的分析，同时要从长时记忆中提取相关的信息与其进行比较，如果该对象与长时记忆中所储存的某一模式相匹配，则作出肯定的判断；当再认发生困难时，则要努力寻找各种有关的信息线索，努力恢复过去已经建立的联系。由此可以看出，再认其实也是一个非常复杂的心理过程。

生活中，经常会发生再认现象，但是我们的再认并不总是准确无误的，而是经常会发生错误。比如有时候会把一个陌生人当作自己的好朋友，当你上前拍拍他的肩膀，刚想开一个恶意的玩笑时，发觉自己认错人了，是不是感到很尴尬？在刚刚学习“戊、戌、戍”、“己、已、巳”等字时，是不是经常出现认错、写错的现象？因此，正确的再认也是依赖于一定的条件的。一般认为，再认的速度和准确性主要取决于对事物识记的巩固程度和精确程度，记忆越深刻、准确的事物，再认时越不容易发生错误。如果对所要记忆的事物记得不准确、印象不深刻，头脑中原有的联系受到干扰或消失，那么即使识记过的事物再次出现，也不能激活原有的记忆痕迹，或没有办法从整体上对其进行感知，从而导致再认错误。有时，我们也会因为联想的泛化使再认出错。像前面所说的认错熟人的例子，就是因为那个陌生人与你的朋友之间具有某种相似性，这些相似的特征在头脑中发生了泛化，因此会导致张冠李戴的现象。当然，再认的准确性与时间也是有一定关系的，一般认为，再认的效果随再认时间的间隔而变化，再认效果随着时间的延长而逐渐下降。

（二）回忆

它是指人们过去经历过的事物的形象或概念在头脑中重新出现的过程，即当过去经验过的事物不在眼前时，可以重新想起来。例如，在外读书的学生节日时想起家里的亲人；不带稿件，参加学校里的英语演讲比赛；考试的时候，凭借记忆想起以前学过的知识，这些都是回忆现象。

根据在回忆信息时有没有预定的目的和是否需要作出意志努力，可以将回忆分为有意回忆和无意回忆。顾名思义，有意回忆是指有预定的回忆企图和目的、在回忆任务的推动下自觉主动地进行的回忆，如针对别人的提问有意识地在大脑中提取相应的信息进行回答；无意回忆是指没有明确的回忆目的和意图，也不需要作出意志努力，完全是自然而然想起某些旧的经验的回忆，这种回忆的内容往往是不连贯的、不系统的，如看到天上的浮云，会自然而然地想起草地上的羊群、田野中的棉花等。

如果某些信息在头脑中的印象深刻，不需要线索的帮助就可以进行信息的提取，这种回忆叫做直接回忆，比如问你昨天晚上和什么人一起看电影，你可能很容易地说出与你同行的朋友的名字；相反，如果对某一信息的印象不深刻，就很难一下子回忆出来，因而往往需要备忘录、日记、笔记等中介，先对问题进行预加工，确定回忆方向，把回忆的范围逐渐缩小，还要提出一些假设，并对假设进行逐一验证，排除无效的回忆线索，凭借联想搜索新的信息，直至完成回忆任务，提取出必要的信息，这种回忆称为间接回忆。比如问你去年的今天上午8点你在做什么，直接回忆可能会很困难，这时候，如果有日记、备忘录等的帮助，信息的提取就会变得更为容易、准确和迅速。

大脑中所储存的各种各样的信息都不是孤立存在的，而是具有非常复杂的联系，是一个完整的信息整体。因此，人们在回忆某一事物时，往往也会连带想起与其相关的事物，如看到“医生”，很容易想到“护士”、“病人”、“疾病”、“医院”等；想到一个朋友的名字，脑中就会同时出现他的音容笑貌。我们把这种由一个事物想到另一个事物的心理活动称为联想。一般认为，联想是回忆的基础，它是一种非常普遍的心理活动。联想具有以下规律：

1. 接近律

在时间和空间上比较接近的事物容易产生联想，只要一个事物出现，就会想到另一个事物。比如提起天安门，就会想到故宫、颐和园等，因为它们在空间上很接近；同样，由于闪电和雷鸣、暴风雨在时间上很接近，因此经常会被联系在一起。

2. 相似律

性质相似或形式相似的事物容易产生联想。文学中的比喻就是借用相似联想。提起荷花，想到“出淤泥而不染”的品格；看到冬天来临，想到某人冷酷的表情，这些都是相似联想的例子。

3. 对比律

具有相反性质的事物之间也容易产生联想。如由黑夜想到光明，由苦想到甜等。

4. 因果律

具有因果关系的事物也是很容易产生联想的，这种联想叫做因果联想。比如由阴天会想到下雨，由感冒会想到发烧、咳嗽等。

心理学与人生 7－3　增进记忆的有效方法

增进记忆必须根据心理活动规律正确地组织复习。下列方法将促进你的记忆：

1. 及时复习

及时复习可以阻止学习后立即发生的急速遗忘。研究表明：识记后的两三天遗忘最多。因此，学习之后进行及时复习是增进记忆的主要保证。

2. 合理分配复习时间

复习时间的合理分配是复习获得良好效果的重要条件。连续进行的复习称为集中复习；复习之间间隔一定的时间称为分散复习。很多研究表明，分散复习比集中复习效果更好。因此，在复习过程中，合理分配时间，将集中复习与分散复习结合起来，会达到比较好的复习效果。

3. 反复阅读和试图回忆相结合

在材料还没有完全记住前就要积极地试图回忆，回忆不起来再阅读，这样容易记住，保持的时间长，错误也少，并且可以通过试图回忆来了解自己的复习效果，及时纠正复习过程中的不足，从而对记忆具有良好的反馈作用。

4. 采用多样化的复习方法，动员多种感官参与复习

采用多样化的、新颖的复习方法，能够引起和加强注意，激发兴趣，调动积极

性，从而提高复习效果。

本章摘要

1. 心理学把从“记”到“忆”分成识记、保持、再认或回忆三个基本环节。这三个环节相互联系、相互制约，没有识记就没有对经验的保持；没有识记和保持就不可能对经历过的事情再认或回忆。

2. 德国心理学家艾宾浩斯是最早把记忆研究引入科学轨道的人，为了避免联想对记忆效果的影响，他发明了以无意义音节作为记忆材料，用节省法测量保持量，得出了著名的遗忘曲线。

3. 随着短时记忆的发现，提出了两个记忆系统模型。美国心理学家斯波林又进一步发现了瞬时记忆的存在，于是提出了多存储器模型。

4. 感觉记忆按信息原有的形式进行储存，其记忆容量的大小由感受器的解剖生理特点决定，持续时间在1秒钟以内。

5. 一般人最多能记住电话号码前7个左右的数字，再长一点记忆起来就有困难了。因此，短时记忆的容量是有限的。容量可以是7±2个项目，也可以是7±2个项目组合。于是，米勒从信息加工的观点出发，提出了组块的概念。

6. 斯腾伯格最早对短时记忆的信息检索机制开展了实验研究，结果认为，从短时记忆中提取信息的时间与记忆集的大小成正相关，即记忆集越大，所需的反应时间越长，从而斯腾伯格认为在短时记忆中的信息检索是系列加工。

7. 沃和诺曼设计了一个非常巧妙的实验来区分短时记忆的遗忘是由于干扰还是痕迹消退，结果发现主要是由于干扰。

8. 长时记忆有语义记忆和情景记忆、陈述性记忆和程序性记忆、内隐记忆与外显记忆之分。

9. 心理学家对语义在长时记忆中的表征结构提出了多个模型，这些模型都从自己的角度提出，也都有相关的实验验证，但都不完整。但任何一个模型都可以被用到计算机模拟上。

10. 长时记忆遗忘的原因有衰退说、干扰说、压抑说、同化说和线索—依存遗忘说。遗忘的原因包括记忆者与记忆材料两方面。

11. 研究认为，联想是回忆的基础，它是一种非常普遍的心理活动，联想具有以下规律：接近律、相似律、对比律和因果律。

12. 日常事件遗忘的规律比较复杂，与艾宾浩斯的研究结果不同。我们平时学习与复习时间的安排应遵循记忆规律。

复习思考题

1. 艾宾浩斯的研究对心理学发展有什么样的贡献？他的研究有什么不足？
2. 短时记忆是怎样被发现的？短时记忆有哪些特点？
3. 瞬时记忆是如何被发现的？瞬时记忆有什么特点？

4. 何为多存储器模型？

5. 短时记忆的信息提取有什么特点？

6. 长时记忆的编码有哪些特点？

7. 长时记忆有哪些类别？各有什么特点？

8. 长时记忆规律与艾宾浩斯遗忘曲线各有何特点？对我们平时的学习与生活有何启发及可借鉴之处？

推荐参考读物

1. 丹尼尔·夏克特. 找寻逝去的自我：大脑、心灵和往事的记忆. 高申春译. 长春：吉林人民出版社，1998.

2. 杨治良. 记忆心理学. 上海：华东师范大学出版社，1999.

第八章 思维和问题解决

1997 年 5 月 11 日，国际象棋世界冠军卡斯帕罗夫和 IBM 公司的超级电脑“深蓝”之间的国际象棋对抗赛最终以卡斯帕罗夫负于“深蓝”的结果落下帷幕。卡斯帕罗夫棋风凌厉、招数多变，常令对手在开局不久就阵脚大乱。而这次的挑战者“深蓝”看起来丝毫没有惧怕他的意思，卡斯帕罗夫遇到了真正的对手。看着“深蓝”走出最后制胜的一步棋，卡斯帕罗夫万般无奈，这是自 1985 年他成为世界冠军以来第一次在比赛中输给对手。与此同时，“深蓝”成为在真正的国际象棋比赛中击败世界冠军的第一台电脑。

“深蓝”的胜利似乎使人类的思维能力黯然失色。然而，这恰恰证明了人类智慧的巨大能量。仅一个卡斯帕罗夫，为了对付他思维能力中用于象棋比赛的有限部分，居然需要动用 500 名程序设计者花费大量的时间编写程序才能达到目的！实际上，正是由于有了人类的思维才有了电脑的诞生。“深蓝”不能写小说，不能创作乐曲，不能主动地思考有关意识起源的问题。无论电脑的功能将来会有怎样的发展，它在适应能力、推理能力和创造性思维能力等方面是始终不可能超过人脑的。

人类发明了电脑，所以我们可以解释电脑是如何“思维”的。但是怎样解释我们自己的思维能力和问题解决能力呢？本章我们将讨论以下问题：

如何理解思维的定义、种类与品质？

思维的基本过程是怎样的？

影响问题解决的因素有哪些？

怎样培养创造性思维？

第一节 思维的概述

一、什么是思维

思维（thinking）是借助语言、表象或动作实现的、对客观事物的间接和概括的认识，是认识的高级形式。它能揭示事物的本质特征及内部规律，并主要表现在概念形成和问题解决的活动中。思维不同于感觉、知觉。感觉和知觉是对客观现实的直接的反映，它们所反映的是客观事物的外部现象或个别属性，而思维则是对客观事物间接的、概括的反映。它反映的是客观事物的共同的本质特征和内在联系。人的思维是以感觉和知觉为基础的一种更复杂、更高级的认识过程。

间接性和概括性是思维过程的基本特征。所谓间接性，就是人凭借已有的知识经验或其他事物的媒介，理解或把握那些没有直接感知过的或根本不可能感知到的事物，以推测事物过去的进程，认识事物现实的本质，推知事物未来的发展。思维的概括性就是把同一类事物的共同特征和本质特征抽取出来加以概括。思维的概括性不仅表现在它反映一类事物的共同的、本质的特征上，也表现在它反映了事物与事物之间的内在联系和规律上。思维的间接性是以人对事物概括性的认识为前提的。人之所以能够根据屋顶潮湿作出曾下过雨的推断，是因为知道下雨和屋顶潮湿之间的因果关系，而这种认识正是先由思维的概括性所获得的。因此，思维的概括反映和间接反映的特点是密切联系的。

二、思维的种类

可以从不同角度对思维进行分类。通过对各种思维类型的分析，将有助于我们进一步了解思维的性质。

（一）动作思维、形象思维和抽象思维

根据思维过程中所凭借的中介物的不同，可以把思维划分为动作思维、形象思维和抽象思维。

1. 动作思维

动作思维（action thinking）也称实践思维，即通过实际动作来解决问题的思维。这种思维具有明显的外部特征，通常以直观的、具体的实际动作表现出来。3 岁前的幼儿在活动中思考，思维离不开触摸、摆弄物体的运动，他们的思维就属于动作思维。聋哑人靠手势与表情进行交际也属于这种思维。机修工人、家电修理人员等一边操作一边思维，否则难以解决机器故障问题。需要指出的是，成人的动作思维是以丰富的知识经验为中介，并在整个动作思维过程中由语言进行调节和控制，它与没有完全掌握语言的幼儿的动作思维不同，属于较高水平的思维。

2. 形象思维

形象思维（imagery thinking）指人们利用头脑中的具体形象或表象来解决问题的思维过程。例如汽车司机考虑走哪条路能更快地到达目的地，头脑中会出现若干条通向目的地的道路的具体形象，并运用这些形象进行分析和比较，最后选择一条最便捷的道路。这就是常见的形象思维。学龄前儿童的思维主要是形象思维。形象思维在问

题解决过程中有重要的意义。艺术家、作家、导演、设计师更多地运用形象思维。

3. 抽象思维

抽象思维（abstract thinking）也称逻辑思维，是以概念、判断、推理等形式进行的思维。例如，科学家进行科学推理、学生学习科学文化知识等都需要运用抽象思维。它是人类特有的一种思维形式。

在个体发展中，由于语言的发生和发展较晚，因而动作思维和形象思维比逻辑思维出现得早。事实上，在成人的思维活动中，这3种思维经常相互联系，共同发挥作用。

此外，还有经验思维和理论思维。经验思维是指人们凭借日常生活经验进行的思维。例如，学前儿童根据他们的经验，认为“果实是可食的植物”、“鸟是会飞的动物”，这些都属于经验思维。由于知识经验的不足，这种思维易产生片面性，甚至得出错误或曲解的结论。理论思维是根据科学的概念和论断，判断某一事物，解决某个问题。例如，我们说“心理是客观现实在人脑中的主观映象”，这就是理论思维的结果。这种思维活动往往能抓住事物的本质，使问题得到正确的解决。

（二）聚合思维和发散思维

根据思维探索目标方向的不同，可分为聚合思维和发散思维。

1. 聚合思维

聚合思维（convergent thinking）又叫求同思维、集中思维、辐合思维、会聚思维，是指把问题所提供的各种信息聚合起来，得出一个正确的或最好的答案的思维。例如，学生从各种解题方法中筛选出一种最佳解法；工程建设中把多种实施方案经过筛选和比较找出最佳的方案等。其主要特点是求同。这种思维是利用已有的知识经验或传统方法来解决问题的一种有方向、有范围、有组织、有条理的思维形式。例如，$A>B$，$B>C$，其结果必然是$A>C$。

2. 发散思维

发散思维（divergent thinking）又叫求异思维、分散思维、辐射思维，是指从一个目标出发，沿着各种不同途径去思考，探求多种答案的思维。例如，数学中的“一题多解”；科学研究中对某一问题的解决提出多种设想等。其主要特点是求异与创新。这种思维无一定方向和范围，不墨守成规，不囿于传统方法，是由已知探索未知的思维。思维的变通性（思维灵活、能随机应变）、流畅性（思维敏捷、反应迅速）和独特性（对问题能提出超乎寻常的、独特、新颖的见解）是发散思维的三个主要特点。

聚合思维与发散思维都是智力活动不可缺少的思维，都带有创造的成分，而发散思维最能代表创造性的特征。

（三）直觉思维和分析思维

根据思维过程是否被清晰地意识到或有明确的步骤，可以分为直觉思维和分析思维。

1. **直觉思维**

直觉思维（intuitive thinking）也称非逻辑思维，它没有完整的分析过程与逻辑程序，依靠灵感或顿悟迅速理解并作出判断和结论的思维。这是一种直接的、领悟性的思维，具有直接性、敏捷性、简缩性、跳跃性等特点，它是逻辑思维的凝聚或简缩。科学家对某些突然出现的现象提出猜想和假说就属于直觉思维。阿基米得在浴缸洗澡时突然发现浮力定律，达尔文在阅读马尔萨斯人口论著作时提出“自然选择理论”，魏格纳在看地图时突然闪现出“大陆漂移假说”等，都是直觉思维的典型例证。直觉思维的发生与灵感密切相关。

2. **分析思维**

分析思维（analytical thinking）亦称逻辑思维，是严格遵循逻辑规则、逐步分析与推导、最后得出合乎逻辑的正确答案与结论的思维。例如，学生通过逐步推理论证解决数学问题的思维活动就是逻辑思维。

（四）常规思维和创造性思维

根据思维的创新程度，可分为常规思维和创造性思维。

1. **常规思维**

常规思维（reproductive thinking）也称再造性思维，是指人们运用已获得的知识经验，按现成的方案和程序直接解决问题。如学生运用已学会的公式解决同一类型问题。这种思维的创造性水平低，对原有知识不需要进行明显的改组，也没有创造出新的思维成果。这种思维往往缺乏新颖性和独创性。

2. **创造性思维**

创造性思维（creative thinking）指以新异、独创的方式来解决问题的思维。例如，德国数学家高斯在小学时就能找出解答“$1+2+3+\cdots+100$”的简便方法；还有历史上“田忌赛马”的故事等，都是创造性思维的表现。它是人类思维的高级过程，会产生新的思维成果，是现代学校教学中应努力培养的思维。

三、思维的品质

思维的品质是指个体在思维活动中的智力特征上的差异。它是衡量一个人思维发展水平的重要指标。思维的品质主要包括以下方面：

（一）思维的深刻性和广阔性

思维的深刻性即思维的深刻程度，是指善于透过表面现象解决问题的本质，达到对事物的深刻理解。反之，对问题不求甚解，妄下结论，就是思维的片面性。思维的广阔性是指能全面而细致地思考和分析问题。它以丰富的知识经验为依据，从事物各方面的联系上看问题，反之，就是思维的狭隘性。思维的深刻性和广阔性是专与博的关系，要在博的基础上专，在专的要求下博。

（二）思维的独立性和批判性

思维的独立性是指能独立思考问题。表现在善于独立发现问题、分析问题、解决问题。思维的批判性是指善于冷静地考虑问题，不轻信、不迷信权威，能有主见地分析、评价事物，不易被偶然暗示所动摇。思维的独立性和批判性是密切联系的，是一种品质的两个方面，是创造性思维的基本品质，是创造活动的重要前提。

（三）思维的灵活性和敏捷性

思维的灵活性是指能够从实际出发，善于根据事物的发展变化机智灵活地考虑、解决问题。古人云："眉头一皱，计上心来。"便是思维敏捷的一种表现。反之，就是思维的固执和刻板。思维的敏捷性是指在很短的时间内提出解决问题的正确意见。思维的灵活性和敏捷性是建立在思维的深刻性、独立性和批判性基础上的优良思维品质，它是有原则的，经过深思熟虑的，与那些没有原则、以个人为出发点的投机主义有本质区别，与那些不动脑筋的马虎行事也有本质区别。

（四）思维的逻辑性

思维的逻辑性是指具有严密的逻辑思维。也就是：提问明确，推理严密，主次分明，论证充分，有的放矢，有说服力，结论证据确凿。思维的逻辑性是思维品质的中心环节，是所有思维品质的集中体现。

四、思维和语言

思维和语言的关系是国内外学术界长期争论的一个问题。不同意见的争论有助于正确理解思维和语言的辩证关系。一般说来，思维和语言的关系是比较复杂的，两者既有联系又有区别。

首先，思维和语言有密切的联系。主要表现在：①思维和语言一样，它是社会的产物。离开了社会，也就无法产生语言和思维。②语言是思维的物质外壳。语言有两个功能：一是概括作用，二是调节作用。语言的这个概括功能使之成为思维工具的支柱。因为，有了概括化的语言，就使人的思维突破感官的限制，从而进行理性的思考；有了概括化的语言成分，如词、句及其联系，就承担起概念、判断、推理的物质外壳的作用，人们借助语言，运用概念、判断、推理来作为思维的材料进行思维，反映事物的本质和规律性。③对个体来说，随着语言的逐步掌握和不断发展，思维的内容日益丰富，思维活动也逐步完善，思维能力不断提高。

其次，思维和语言是有区别的。主要表现在：①语言是人们交流思想的工具，思维本身并不具有这一特点。②从它们与客观事物的关系来看，思维与客观事物的关系是反映和被反映的关系，其间有本质的、必然的联系。而语言与客观事物之间是标志与被标志的关系，二者之间没有必然的联系。③语言中的词与思维中的概念并不完全等同。概念用词来表达，但一个词可以表达不同的思想。例如“风”可能是作风、吹风、刮风等。反之，同一思想可用不同的词来表达，如“信息论”可以用中、英、俄、日等国语言来表达。④语言的语法结构与思维规律之间既有联系，也有区别，不同民族的语法结构不完全相同，但思维的规律都是相同的，都是从感性上升到理性，从具体到抽象，思维的基本过程也是分析、综合、比较、抽象和概括。

五、思维的过程与形式

思维是一个复杂的心理过程。它具体表现为当客观事物作用于人脑时，人脑对各种信息的分析、综合、比较、分类、抽象、概括、系统化、具体化等过程。

（一）分析与综合

分析是在头脑中把事物分解为若干属性、方面、要素、组成部分、发展阶段而分别加以思考的过程。综合是在头脑中把事物的组成部分、属性、方面、要素和发展的阶段等按照一定关系组合成为一个整体而进行思考的过程。分析以综合为前提，综合则以对事物的分析为基础；分析越细致，综合越全面；分析越准确，综合越完美。只有分析没有综合，只能对事物形成片面的、支离破碎的认识；只有综合没有分析，只能是表面的认识。分析和综合贯穿整个思维活动，其他过程都是通过分析和综合来实现的。

（二）比较与分类

比较是在头脑中确定事物之间共同点和差异点的过程。比较的基础是客观事物间的差异性和同一性。比较可以同中求异，也可以异中求同；可以横向比较，也可以纵向比较。比较是在分析和综合的基础上进行的。分析是比较的前提，只有把不同对象的各个部分、各个方面或各个特征区分开来，才能得出恰当的判断。同时，比较也是一个综合的过程，只有比较才能确定事物之间的关系。人认识一切客观事物都是通过比较来实现的。有比较才能有鉴别，人类才能从众多选择中找出并作出正确的判断；才能找到要探索的科学问题，作出恰当的研究结论。

分类是按事物属性的共同点和差异点把事物归为适当类别的思维过程。它是以比较为基础的。人们通过比较，揭露事物之间的相同点和相异点，然后根据事物的共同点，把事物集合成为一类，将较大的一类划分为几个较小的类，将众多事物分为具有一定从属关系的大小类别，形成概念体系和合理的知识结构。本质分类是以事物属性为标准而进行的分类，是层次分明的系统的思维方法。

（三）抽象与概括

抽象是在头脑中抽取出同类事物或现象的共同本质属性，而舍弃其非本质属性的思维过程。例如人们对各种鸟类进行比较之后，将“有羽毛”、“有翅膀”、“卵生”、“是动物”等本质属性抽取出来，并将鸟的形状、大小、颜色等非本质属性舍弃，这就是抽象。概括是在头脑中把抽象出来的事物的若干本质属性联合起来推广到一类事物，使之普遍化的思维过程。抽象是高级的分析，概括是高级的综合，它们是建立在比较的基础上的。概括和抽象是运用内部语言进行的活动。概括和抽象形成的新概念、新知识必须用相应的新词汇把它标记下来。抽象和概括是一个从具体到抽象的思维过程，是认识过程的一次飞跃，其结果是形成概念和理论。

（四）系统化与具体化

系统化是指人脑把具有相同的一般特征和本质特征的事物归纳到一定类别系统中去的过程。系统化有助于自觉深入、牢固地掌握科学知识体系，有利于全方位把握事物的整体。具体化是指人脑把经过抽象概括的本质特征和规律运用到同类具体事物中去的过程。例如，老师讲授一个新概念时往往都要举例，举例就是一种具体化过程。利用理论原理解决实际问题的过程也是具体化。具体化是同抽象概括相反的思维过程，从抽象到具体是人类思维发展的普遍规律，有重要的理论和实际意义。如果抽象概括不与具体实际相结合、相统一，抽象概括也就失去了应用价值。

各种思维过程通常是以各种各样的组合形式表现出来，而不是以单一的形式出现的。从而进一步说明思维是相互依存、极其复杂的心理过程。

六、思维的生理机制

神经心理学的研究发现，思维是整个脑的功能，特别是大脑皮层的功能。脑的不同部位受损伤会产生不同的思维障碍。如大脑额叶损伤的患者，目的计划性失调，控制能力减弱，解决问题的能力严重损坏。在各种言语思维场合也表现出重大障碍，对文章的简单意义结构难以理解，对其中的隐喻和谚语之类需要转意的内容更难理解。由于他们不能抽取出文中的主要意义，所以复述文章内容时总是只说片断的、毫无关联的个别事实。大脑左侧颞区损伤时，会出现短时言语听觉记忆的障碍，计算能力被破坏，计算活动产生很大困难。

美国著名脑科学家斯佩里（R. W. Sperry）通过对裂脑人的研究，发现大脑右半球也有语言和思维功能，为此他获得了1981年诺贝尔生理学奖。这个发现改变了语言只是左脑的功能，右脑在语言上是聋、哑、盲的传统看法，确立了思维和语言是大脑的整体功能的观点。这说明，大脑两半球除了有相对分工外，还相互补充，相互制约和相互代偿。不仅左脑是思维的器官、语言的中枢，右脑也是思维器官，也具有语言能力。正常人的思维和语言是大脑两半球协同活动的结果。

近年来，神经心理学家采用先进的脑功能成像技术对思维活动的脑机制问题进行了大量研究，得到了许多有关思维活动与大脑特定区域之间关系的令人感兴趣的实验结果。例如，海尔和本鲍（R. Haier & C. Benbow，2004）曾用正电子发射断层显像技术对年轻的男女被试在解决数学问题时的脑功能成像进行过研究。实验前，根据数学测验的结果把被试分为“高分组”和“平均分组”。给每位被试注射含放射性的脱氧葡萄糖，半小时内，脱氧葡萄糖被大脑中激活的细胞接受，此时要求被试完成数学任务。随即开始对被试的大脑进行 PET 扫描。研究发现，高分组男性被试的颞叶比女性更活跃。大脑的其他脑区也被激活，但没有性别差异。平均分组无论男女颞叶部位都不比大脑的其他区域更活跃。

第二节 问题解决

人的思维活动和问题解决紧密联系，问题解决是人类思维活动的普遍表现形式，人的智慧性、创造性突出地表现在问题解决上。问题解决很早就受到了心理学的关注。19 世纪末，美国心理学家桑代克（Edward Lee Thomdike，1874—1949）最早用实验方法来研究问题解决，并提出了试误说，认为问题解决的过程其实是一个尝试错误（trial and error）的过程。在第一次世界大战期间，德国心理学家苛勒在特纳利夫岛（属加那利群岛）对猩猩的问题解决能力进行了实验研究，提出了与试误说截然不同的观点——顿悟说。他认为问题解决的过程是对问题情境的一种顿悟过程，而不是一种尝试错误的过程。

但以上两种观点都是在动物实验的基础上得出的。20 世纪 60 年代以后，认知心理学从信息加工理论的观点出发，把人类的问题解决过程看作是对问题空间的搜索，并用计算机加以模拟，这种和现代科学技术充分结合的研究方法，为认知心理学在对问题解决的研究道路上开拓了新的方向，注入了新的活力，加深了对人类问题解决过程的认识，并取得了很大成就。

一、问题解决的概念

（一）什么是问题和问题解决

问题（problem）就是指不能直接用已有知识解决，但可以间接用已有知识解决的情境。心理学家认为，所有的问题都含有三种基本成分：①条件：已知的关于问题条件的描述，即问题的起始状态；②目标：关于构成问题结论的描述，即问题要求的答案或目标状态；③障碍：正确的解决方法不是直接的、显而易见的，必须间接通过一定的思维活动才能找到答案，达到目标状态。

问题解决（problem solving）是指由一定情境引起，按照一定目标，应用一定认知操作或技能活动，使问题得以解决的过程。美国心理学家安德森（Anderson）于1980年提出了关于问题解决的3个特点：

（1）目的指向性。问题解决具有明确的目的性，问题解决的活动必须是指向目的的活动，它总是要达到某个特定的终极状态。

（2）操作序列。问题解决必须包括心理活动过程的序列。有的活动虽然也具有明确的目的性，如回忆朋友的电话号码，但这种活动只需要简单的记忆提取，因此它不能认为是问题解决。

（3）认知操作。问题解决的活动必须由认知操作来进行。有的活动，如打领带、分扑克牌等，虽然也含有目的和一系列的操作，但这些活动基本上没有重要的认知操作的参与，因而也不能属于问题解决。

总之，一种活动必须满足上述3个条件才能称为问题解决的活动。即它必须具有目标指向性，包含一系列的操作，而且这些操作必须具有重要的认知成分。

问题解决有两种类型：创造性问题解决和常规问题解决。要求发展新方法的问题解决称为创造性问题解决，使用现成方法的问题解决称为常规问题解决。但是，创造性问题解决和常规问题解决的差别是相对的，可以把这两类问题解决设想为一个连续体的两端，其间则有常规性和创造性的连续变化。

（二）问题的种类

在问题解决的许多研究中，往往要对问题进行分类。常见的分类有以下3种：

（1）界定清晰的问题和界定含糊的问题。

界定清晰的问题（well-defined problem）是指对问题的初始状态和目标状态都作了明确规定，并最终会有一个正确答案的问题。例如，已知 $A > B$，$B < C$，问A与C哪个大。界定含糊的问题（ill-defined problem）是指对问题的初始状态或目标状态没有清楚的说明，或者对两者都没有明确的说明，这些问题具有很大的不确定性。例如“如何写一篇论文”这个问题的初始状态和目标状态都是不清楚的。

（2）对抗性问题与非对抗性问题。

对抗性问题（counter problem）是指所解决的问题是有对手参与的问题。在解决对抗性问题时，人们不仅要考虑自己的解题活动，而且这种活动还要受对手解题活动的影响。例如，象棋、围棋、桥牌、扑克等游戏都属于对抗性问题。非对抗性问题是指在解决问题时没有对手参与的问题。例如，解决代数问题、几何问题等都属于非对抗性问题。

（3）语义丰富的问题和语义贫乏的问题。

如果解题者对所要解决的问题具有很多相关的知识，这种问题称为语义丰富的问题（semantic rich problem）。例如，物理学家解决物理学方面的问题，这种问题对他们来说是语义丰富的问题。如果解题者对要解决的问题没有相关的经验，这种问题称为语义贫乏的问题。例如，初学物理的人解决物理学的问题，这种问题对于他们来说便是语义贫乏的问题（semantic impoverished problem）。

问题种类的划分是相对的，而不是绝对割裂的。例如，下象棋属于对抗性的问题；对于初学者来说，它是语义贫乏的问题；对于象棋专家来讲，它是语义丰富的问题。

二、问题解决的阶段

问题解决的过程需要许多连续的步骤。从总体上来说，问题解决的过程可以分为4个阶段。

1. 发现问题

发现问题就是认识到问题的存在，并产生解决问题的需要和动机。一般来讲，问题是客观存在的，但有的人善于发现问题，有的人则对问题熟视无睹。善于发现问题的人，其思维具有较高的积极性，有着强烈的求知欲，他们能从司空见惯的现象中发现问题，提出问题。例如，牛顿从“苹果向地上落而不向天上飞”的现象中发现了地球引力。善于发现问题是思维发展水平的重要标志。爱因斯坦曾说过：“发现一个问题比解决一个问题更重要，因为后者仅仅是方法和实验的过程，而发现问题则是要找到问题的关键要害。”

2. 分析问题

分析问题是弄清问题的特点和条件，其依赖的基础是搜集和占有与问题有关的大量材料。问题总是在具体事实上表现出来的，因此，没有大量与问题有关的有价值信息，要顺利解决问题是不可能的。中国古代诗人李贺“诗袋”的故事，孔子“韦编三绝”的故事，还有马克思为了创作《资本论》而研读了1 500本以上的著作，均说明占有大量有关信息的重要性。

3. 提出假设

提出假设就是指出解决问题的途径、原则和方法，也就是要凭借已有的知识经验来推测解决问题的可能途径。提出假设是问题解决的关键阶段，只有提出合理的假设，找出正确的方法或答案，问题才能得以解决，离开合理的假设问题就无法得到解决。

4. 检验假设

检验假设就是通过一定的方法确定所提出的假设是否符合实际，是否与某些原理、原则、公式相符合。检验假设的方法主要有两种，一种是直接检验，就是通过实践进行实际操作，检验成功，说明假设正确；检验失败，说明假设错误，那就需要寻找新的解决问题的方案，重新提出假设。例如，科学家的新发明，生产中的设计方案，都要通过实践检验。另一种是间接经验，即通过思维活动来检验。有的假设不能在实践上立即进行检验，如作战方案、医疗方案等，必须凭借已有的知识经验，通过逻辑推理，从理论上检验假设的正确性，确定方案的可行性。当然，最终还得由实践来检验。

以上是问题解决的思维过程的 4 个阶段，它的划分并不是绝对的。在解决问题时，由于过程短，难以区分它们的界限。在解决复杂问题时，这些阶段往往相互重叠，循环往复，需要在不同的方向和问题的情景中进行探索，最后才能找到正确的答案。

20 世纪 70 年代，纽威尔和西蒙（A. Newell & H. Simon）通过对问题解决的计算机模拟，提出了“通用问题解决者模型”和“问题空间”等概念，对问题解决的过程作了详细的说明。问题空间是指问题解决者对所要解决的问题的各种可能状态的认识，包括对问题的初始状态、目标状态以及怎样由初始状态转化为目标状态等的认识。他们认为问题解决的过程就是对问题空间的探索，以找到一条从问题的初始状态到达目标状态的通路。

三、问题解决的策略

任何一个问题要得到解决，总是要运用某个策略，而策略的选用可以决定问题解决的成败。选择哪种策略是由问题的性质和内容以及人的知识和经验决定的。人们的问题解决策略可以分为两大类：算法式策略和启发式策略。

（一）算法式和启发式

算法式（algorithmic）是依照正规的、机械性的途径去解决问题的方法。具体做法是将各种可能达到目标的方法都算出来，再从中确定哪一种为正确答案。例如，你到一个城市，要想找你的一位朋友而又不知道朋友在哪个单位，怎么办？如果采用算法式的策略，你将城市的每个单位逐一查过去，最终可以找到你的朋友。采用算法式方法的优点是能够保证问题得到解决，但是过于费时费力。当问题复杂、问题空间很大时，人们很难依靠这种策略来解决问题。另外，有些问题也许没有现成的算法或尚未发现其算法，对这种问题算法式策略是无效的。

启发法（heuristic method）是人根据一定的经验，在问题空间内进行较少的搜索，以达到问题解决的一种方法。它要求以与问题相关领域特定的知识为前提。启发法不能完全保证问题解决的成功，但用这种方法解决问题较省时省力而且效率较高。

（二）几种常见的问题解决的策略

1. 手段—目的分析法

手段—目的分析（means-end analysis）就是将需要达到的问题的目标状态分成若

干子目标，通过实现一系列的子目标最终达到总目标。它的基本步骤是：①认清问题的初始状态和目标状态，提出第一个子目标；②找出完成第一个子目标的方法或操作；③实现子目标；④提出新的子目标。如此循环往复，直至问题解决。在日常生活中，手段—目的分析是人们比较常用的一种解题策略，它对解决复杂的问题有重要的应用价值。举例来说，我们在大学校园里，目标是要到火车站去。我们先想到学校与火车站之间有什么差异。这个差异主要是距离上的差异，如大约是 10 公里。然后我们思考用什么操作手段去缩短这一空间距离。我们可以乘公共汽车或者出租汽车去，也可以骑自行车去。如果行李较多时间又紧迫，我们就决定乘出租车，但是下一步还要考虑如何能乘上出租车。这里又产生了一个“距离”，要缩短这个“距离”，首先要确定是打电话叫出租车到宿舍，还是走到校门口去乘出租车。

2. 爬山法

爬山法（hill climbing method）是指经过评价当前的问题状态后，限于条件，不是去缩小，而是去增加这一状态与目标状态的差异，经过迂回前进，最终实现解决问题的总目标。这就如同爬山一样，为了到达山顶，有时不得不先上矮山顶，然后再下来……这样翻越一个个的小山头，直到最终达到山顶。可以说，爬山法是一种“以退为进”的方法，往往具有“退一步进两步”的作用，后退乃是为了更有效地前进。

3. 逆向搜索法

逆向搜索法（backward search）就是从问题的目标状态开始搜索直至找到通往初始状态的通路或方法。例如，人们要去城市的某个地方，往往是在地图上先找到目的地，然后查找一条从目的地退回到出发点的路线。

4. 简化计划法

简化计划法（planning by simplification）也称为计划法，即人们在解决问题的时候常可以抛开问题的某些方面和细节，将问题抽象成简单的形式，找到问题的主要结构，先解决这个简单的问题，然后再利用这个解答来帮助或指导更复杂的整个问题的解决。

四、影响问题解决的因素

问题解决受多种因素的影响，有情境因素也有个人因素，有客观因素也有主观因素。有些因素能促进问题解决的思维活动，有些因素则妨碍问题解决的思维活动。这里主要分析影响问题解决的心理因素。

（一）问题情境

问题情境是指个人面临某种刺激模式而不知用何种手段方能达到某个特定目标时的心理困境。刺激模式与个人的知识结构越接近，就越容易选用恰当的知识与策略使问题得到解决。例如，已知一个圆的半径是 2cm，求圆的外切正方形的面积。用 a、b

两种不同方式画出标示圆半径的辅助线（见图 8－1），a 图中很难看出圆的半径与正方形的关系，因此问题解决较难，而在 b 图中，人们很容易看出圆的半径与正方形边长的关系，问题较易解决。在学习和日常生活中，经常出现本来是简单而熟悉的问题，但由于问题呈现的方式有了改变，造成呈现的刺激模式与个人知识结构之间有差异，从而干扰或妨碍了问题的解决。

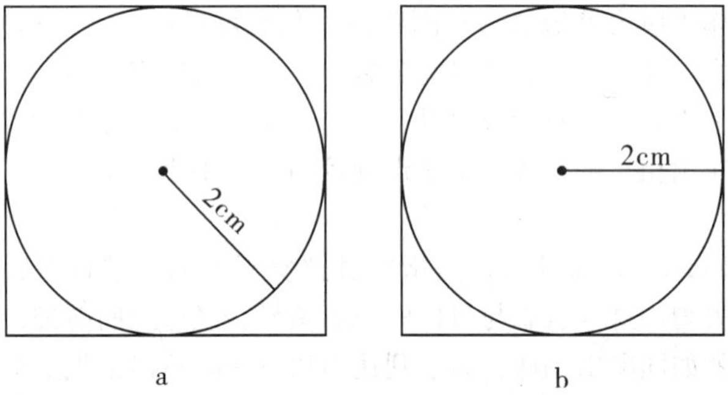

图 8－1　问题情境对解决问题的影响

（二）认知结构

认知结构是指个人面对问题时，对问题的认识、看法、印象等方面的心理反应。如果对问题能形成清楚明确的认知结构，就会使问题顺利解决，反之则不然。要获得明确的认知结构，对问题至少要有三点明确认识：①所求的答案是什么？②已知的条件是什么？③ 个人已有的经验能否符合问题解决的需要？假如这三点都能回答，问题自然容易解决。

要突破认知结构的限制，使问题顺利地获得解决，必须从认知结构扩大或重组着手，突破原来的思路。如要你用六根火柴构成四个等边三角形，如何做？对这个问题，如果认知结构只限于平面，那是无法解决的。因为在平面上构成四个三角形，“六根火柴”的条件是不够的。但如摆脱平面结构向立体去想，问题就可解决了。

（三）定势

定势（set）又称心向，是指心理活动的一种准备状态。这种准备状态有时有助于问题的解决，有时却会妨碍问题的解决。陆钦斯（Luchins，1942）在一个实验中，要求被试用大小不同的容器量出一定量的水，用数字进行计算（见表 8－1）。实验分两组，实验组从第 1 题做到第 8 题，控制组只做 6、7、8 三题。结果实验组在解 1～8 题时，大多用 B－A－2C 的方法进行计算，称间接法。而控制组在解 7、8 题时，采用了简便的计算方式：A－C 或 A＋C，称为直接法。这说明实验组在做 7、8 题时受到了前面定势的影响，只有 19% 的人不受影响，而采用了直接法。实验结果的差异就在于实验组被试受定势影响较大，控制组被试受定势影响较小。

定势不仅在一般人身上出现，而且也在大科学家身上出现。据说，大科学家牛顿很喜欢猫，他自己养了一大一小两只猫。因猫经常出入屋门，需要他经常开关房门。于是他在门上开了一个大洞和一个小洞。牛顿想：“大猫从大洞进出，小猫从小洞进出，免得自己去开关屋门。”牛顿的错误就在于定势对他的影响。

克服定势消极作用的办法是具体情况具体分析，一旦发现自己以惯用的方式解决问题发生困难，就不要执意固守，而应退出旧思路，寻求新方法。

表 8-1 陆钦斯的定势实验

问题	三种容器的容量			要求量出的水量	习惯解决	注
	A	B	C	D		
1	21	127	3	100	D = B - A - 2C	
2	14	163	25	99	D = B - A - 2C	
3	18	43	10	5	D = B - A - 2C	
4	9	42	6	21	D = B - A - 2C	
5	20	59	4	31	D = B - A - 2C	
6	23	49	3	20	D = B - A - 2C	D = A - C
7	15	39	3	18	D = B - A - 2C	D = A + C
8	28	59	3	25	D = B - A - 2C	D = A - C

（四）功能固着

人们把某种功能赋予某种物体的倾向称为功能固着（functional fixation），也就是个体在解决问题时只看到某种事物的通常功能，而看不到它的其他方面的功能。如盒子是装东西的，笔是写字的，等等。在解决问题的过程中，人们能否改变事物固有的功能以适应新的问题情境的需要，常成为解决问题的关键。在功能固着的影响下，人们不易摆脱事物用途的固有观念，因而直接影响到人们灵活地解决问题。邓克（K. Duncker）曾以实验证实了这种影响。他以两组不同的被试，在不同的安排下使用同样五种工具解决五个问题。实验组的被试在解决问题之前，先对工具的习惯用法进行一段时间的练习，以增强功能固着的影响；控制组的被试则不经练习而直接解决问题，实验结果如表 8-2 所示。

从表 8-2 可以看出，实验组的成绩远低于控制组。两组间的差异显然与实验组的事先练习有密切关系。工具一经使用形成习惯后即发生功能固着作用而影响问题的解决。

克服功能固着需要人们灵活机智地使用已有的工具或材料，使之服务于解决问题目的，这称为功能变通。功能变通与功能固着的作用相反。要具有这种能力，一方面需要有丰富的知识，要熟悉物体的不同功能，另一方面也要具有思维的灵活性。

表 8－2　功能固着对问题解决的影响

组别	工具	练习工作	解决新问题	参加人数	成绩（%）
实验组	钻子	钻洞	支撑绳索	14	71
	箱子	盛物	做垫脚台	7	43
	钳子	打开铁丝结	支撑木板	9	44
	秤锤	称重量	做钉锤用	12	75
	回形针	夹纸	做挂钩用	7	57
控制组	同实验组		同实验组	10	100
				7	100
				15	100
				12	100
				7	86

（五）动机和情绪状态

动机虽不直接调节人的思维活动，但会影响个体思维活动的积极性。然而，动机强度并不总是与问题解决的思维活动效率呈正相关。通常人们把动机强度与问题解决效率的关系描绘成一条倒置的 U 型曲线。在一定范围内，问题解决的效率随着问题解决者动机的增强而提高，但是动机强度超过了一定限度之后，问题解决的效率反而越来越低。

情绪对问题解决也有一定的影响，紧张、惶恐、烦躁、压抑等消极的情绪会阻碍问题解决的速度，而乐观、平静、积极的情绪将有助于问题的解决。如学生考试时，由于情绪过分紧张，会使其思路阻塞，有时甚至面对容易的问题也束手无策。如果学生能以积极的情绪迎接考试，就将有利于思考、打开思路，使问题得以解决。

（六）人格因素

个体的人格差异也会影响问题解决的效率。理想远大、意志坚强、自尊、自信、自立、自强等优良的人格品质都会提高解决问题的效率。而缺乏理想、意志薄弱、骄傲懒惰、缺乏自尊、自卑等消极的人格特点都会妨碍问题的解决。

总之，影响问题解决的心理因素是多方面的，它们不是孤立地起作用，而是互相联系、互相影响，综合地影响着问题解决的效率。

第三节 创造性思维

一、什么是创造性思维

人类的思维既是理性的又是非理性的，人类的思维还有一个很重要的特征，即创造性。所谓创造性思维是指一种新颖的、独特的并具有社会价值意义的思维活动。科学中新概念、新理论的提出，新机器的发明，文学艺术作品的创作，新颖的问题解决方式等，都是不同实践领域中的创造性活动。创造性思维一般要求个体具有灵活性、独创性、敏捷性和发明能力。创造性思维主要有以下四个特点：

第一，新颖性和创见性是创造性思维的主要标志。与一般思维活动相比，创造性思维最突出的特征是与创造性活动联系在一起，其思维结果具有新颖性和创见性。创造性思维不仅要遵循一般思维活动的规律，而且还要另辟蹊径，超越甚至否定传统思维活动模式，冲破原有观念的束缚，提出具有重大社会价值、前所未有的独特的思维成果。例如，哥白尼的"太阳中心说"，伽利略的"自由落体定律"以及达尔文的"生物进化学说"等划时代的理论，都体现了创造性思维这个基本特征。

第二，创造性思维是发散思维与聚合思维相结合的产物。只有通过有效的发散思维将已获得的信息重新组合并提出多种方法、步骤或方案，才能有利于进行深入的分析和综合，从中聚合出最优的结论。例如，爱迪生发明电灯时，为了解决灯丝的寿命问题，先后设计了1 600多种方案。没有思路广阔的、自由的发散思维，这些方案就无从产生。

第三，创造性想象的积极参与。创造性想象的积极参与是创造性思维的重要环节。创造性想象可以弥补问题解决时有关事实的不足或尚未发现的细节或某些环节，提供未知事物的新形象，从而使创造性思维成果具体化。文艺作品中新形象的创造，科学研究中新假说的提出，创造发明中新机器的设计等，都离不开创造性想象的积极参与。

第四，灵感状态是创造性思维活动的又一典型特征。所谓灵感，是指人在创造性思维过程中，某种新形象、新概念和新思想突然产生的心理状态。它是人在以全部精力集中去解决思考中的问题时，由于偶然因素的触发而突然出现的顿悟现象。任何创造性思维都离不开灵感。

二、创造性思维的过程

创造性思维的过程是指在问题情境中，新的思维从萌发到形成的整个过程。关于这个过程的研究主要来自对科学家、艺术家创作时思维活动过程的分析，以及对他们的日记、传记的研究。在这些研究中，最具代表性的可推英国心理学家华拉斯（G. Wallas）的创造性思维的四阶段说。他认为无论是科学还是艺术的创造，大体上都经历以下四个阶段：

（一）准备期

指创造活动前，创造者积累相关知识经验，搜集相关资料和信息，为创造性思维活动做准备的阶段。创造性思维的准备期一般比较长，因为任何新生事物的创造必须对前人经验有较深刻了解，然后才有可能从旧问题中发现新问题，从旧关系中发现新关系，进而才有可能创造新的思维成果。据说大科学家爱因斯坦的相对论在撰写时只花了五周时间，但动笔前花在准备和探索上的时间长达七年之久。诗圣杜甫有言“读书破万卷，下笔如有神”，由此可知创造前准备的重要性。

（二）酝酿期

指在已积累的知识经验的基础上，对问题和资料进行深入的探索和思考的时期。经过准备阶段，思考者不仅对某方面的知识经验已有了相当的基础，而且开始对问题和资料进行深入的探索和思考。在思考过程中，如果思路阻塞，可能会将问题暂时搁置，这时人的思路似乎中断了，主体并没有做什么有意识的工作，但实际上仍在潜意识中继续进行思考，因此，这一阶段的最大特点是潜意识的参与。

（三）豁朗期

指新思想、新观念、新形象产生的时期。这一时期具有豁然开朗、突然出现的特点，所以又叫灵感期、顿悟期。创造主体突然间被特定情景下的某一特定启发唤醒，以前的困扰顿时化解，问题顺利解决。这一阶段伴随强烈的情绪体验，给创造主体极大的快感。灵感有时产生在其他活动中，甚至产生在半睡眠的模糊状态下。例如，阿基米得发现浮力定律就在坐在澡盆里看到水溢出澡盆的那一刹那。

（四）验证期

指对新思想或新观念进行验证补充和修正，使其趋于完善的时期。豁朗期得来的观念必须加以验证。在验证期间，或从逻辑角度在理论上求其周密、正确；或是付诸行动，经观察实验而求得正确的结果。在这个时期，思维者可以对豁朗期的观念加以修正，使创造工作达到完美的地步。

三、创造性思维的测量

心理学家的任务不仅要认识创造性思维，同时还要对创造性思维进行定量分析。只有通过有效的创造性测量，才能充分了解创造性思维的本质，也才可能利用测量所得的信息进行人才培养选拔、职业选择、科技发明等。目前常用的创造性测量有以下几种：

（一）美国南加州大学创造力测验

该测验由美国南加州大学心理学家吉尔福特编制，适用于测量具有中学以上文化水平的被试。它由14个分测验组成，分别是语词流畅性、观念流畅性、联系流畅性、表达流畅性、非常用途、解释比喻、用途测验、故事命名、事件后果的估计、职业象征、组成对象、绘图、火柴问题、装饰等。前10个分测验要求被试作出言语反应，后4个分测验要求被试作出操作反应。该测验的结果能够给出被试思维的流畅性、变通性和独创性三项创造性指标的分数。

（二）托兰斯创造性思维测验

该测验由美国明尼苏达大学心理学家托兰斯（E. P. Torrance）编制，适用于测量幼儿园儿童到成人被试，但对小学四年级以下的被试必须进行个别施测。该测验由3个创造性思维量表共12个分测验构成。其中，语词创造性思维量表由询问、猜测原因、猜测结果、产品改进、不寻常用途、不寻常问题和假设7个分测验组成；图像创造性思维量表由图像构建、图像完成、平行线或圆3个分测验组成；语词声音创造性思维量表由声音想象、拟声字想象2个分测验组成。该测验的结果同样能够给出被试思维的流畅性、变通性和独创性三项创造性指标的分数。

（三）芝加哥创造能力测验

该测验由美国芝加哥大学心理学家编制，适用于测量青年人的创造潜能。它由五个部分组成，即词汇联想、物体用途、隐蔽图形、完成寓言、组成问题。测量的结果也是从被试思维的流畅性、变通性和独创性三个方面来评定其创造性的。

因为人的创造性在现实生活中有重要的意义，因此，创造性测验也就引起了人们普遍的重视。但又由于这类测验的研究历史还不长，测验的标准化程度还不高，某些测验虽然已经取得了一些有价值的研究资料，但离预测和培养人的创造行为的要求还相距较远。

心理学与人生8－1　怎样培养创造力

当今国际间的竞争，主要是科学技术的竞争，其中又主要是智力、创造力的竞争。20世纪兴起于美国的创造学认为，创造性不是天赋的，原则上每个人都有创造性。一个人若只靠简单的劳动获得个人事业的成功是极为困难的，他只有不断开动自己的脑筋，坚持创造性劳动，才有可能在竞争中取胜。在学习中也同样需要创造性，只有创造性地学习，才能把书读好、读活，而不是读死书。那么，该如何培养创造力呢？

1. 创设有利于个体创造力发展的环境

现代心理学认为，每个人都具有先天性的创造潜能，但这种潜能的实现依赖于个体所处的环境。民主、和谐、宽松的环境能激发个体的创造性思维，促进创造潜能转化为现实的创造才能；而在相反的情况下，则会扼杀个体创造性的萌芽。就影响个体创造力发展的环境来看，主要包括以下三个方面。

社会文化：个体创造力的有无与高下和他们所处的社会文化环境息息相关。有关跨文化的比较研究表明，在鼓励独立性、创造精神、主张男女平等的开放性社会中，儿童创造力水平普遍较高。来自专制的文化环境的儿童往往表现为退却、服从、缺乏创造精神。显然，有利于创造的社会风气、丰富的环境刺激及多方面的文化交流会促进求知欲旺盛滋长，促进联想、发散等创造性思维的进行。在我国的传统文化中，往往强调的是个人对他人、对集体的服从，强调的是“我大”的概念，社会一般不太允许个性的自由发展，而且在中国人的个性中，务实与守常的色彩也比较浓。显然，这些都是妨碍创造性个性发展的不利因素。

家庭：个体的创造力应从小开发。心理学研究表明，儿童受教育越晚，其潜在能力的发挥就越差。家庭作为个体受教育的第一场所，对培养孩子的创造精神影响很大。如果一个家庭不民主，对孩子控制严格，则儿童的思维就会表现出呆滞、刻板、创造力低下的状况；而对具有高创造力儿童的家庭的调查表明，这些孩子的父母都具有鼓励孩子大胆表达，主张地位平等，允许儿童自由表现，鼓励孩子动手实践等共同性。以上事实表明，孩子的创造性与家庭气氛、父母亲的教养态度密切相关。

学校：学校是培养个体创造力的主要场所。我们除了要充分发挥学校物质环境对个体创造力培养的作用外，还应形成一种有利于培养创造力的心理环境，包括和谐的人际关系、民主的管理、优良的班风校风等方面。显然，一个集体的气氛如果是友好的、相互理解的、相互支持的，那么集体对于动机、工作表现和成就的影响就是积极的。教学实践也应表明，严谨、求实、团结、进取的校风或班风一经形成就会产生巨大的心理感染力，使人产生积极的情感体验，激发学生强烈的学习动机和创造欲望。另外，有研究表明，积极的学校气氛有助于学生对学习本身感兴趣，从而产生深层动机，即注重运用理解、迁移、把学术学习和现实生活联系起来等深层策略进行学习；反之，不良的学校气氛将导致学生的表层动机，即采用集中记忆零碎的知识等表层策略进行学习。

2. 改变传统的评定学习成绩的观念，鼓励学生的创造性行为

传统的评定学生学习成绩的观念，往往强调学生循规蹈矩，死背书本知识，以便考试得高分，能顺利地升入高一级学校。结果是老师讲什么，学生就听什么，考试考

什么，学生就背什么。结果造成学生在固定答案的圈子中解答问题，使整个教学与学生的思维趋于僵化。

要培养学生的创造性思维，教师应根据学生的学习情况，鼓励学生在学习活动中自己去领会和发现事物之间的联系，而不是注入式地给学生灌输死知识。教师的责任是启发、协助、鼓励学生主动地、独立地去发现问题、分析问题和解决问题。教师要鼓励学生的创造性行为，不要预先树立是与非、对与错的绝对权威。特别是小学生回答问题时，不必限定他们盲目地接受成人认可的答案，不妨鼓励超常的创造性答案。例如，成人常问的问题："树上有5只鸟，被猎人打死一只，还有几只？"公认的答案是："都吓跑了，一只也没有了。"但独有一位儿童回答："还有3只。"他的解释是：树上本来住了一个鸟家庭，有鸟爸爸、鸟妈妈和3只不会飞的小鸟，猎人打死了鸟爸爸，鸟妈妈吓跑了，剩下3只不会飞的小鸟躲在窝里。该儿童的回答，不但观点合理而且合情，此类超常的创造性行为应多多鼓励。

3. 培养非逻辑思维能力

发散思维、侧向思维、逆向思维和直觉思维等都是创造性思维的重要成分。开发个体创造力，不仅要培养逻辑思维能力，更应注重培养非逻辑思维能力。其中，发散思维是直接决定个体创造力大小的一种思维形式，它具有三个重要特征：流畅性，即在短时间内表达出的观念和设想的数量；变通性，即从多方位、多角度思考问题的灵活程度；独创性，即结果的新奇程度。独创性、灵活性和流畅性三者是相互联系而又相互制约的，有流畅性才有灵活性。灵活性本身也是一种流畅性，只有既有流畅性又有灵活性才有可能创造出超乎寻常的新颖独特的观念。因此，要培养学生的发散思维能力，应从培养思维的独创性、灵活性和流畅性入手，着重启发学生从不同方面对同一问题进行思考。数学教学中的"一题多解"，作文教学中的"一事多写"，就是培养发散思维能力的方式。

4. 丰富想象力

创造性思维离不开想象，想象是人类创造活动不可缺少的心理因素。许多科学发明就是想象与创造性思维结合的结果。学生的想象力是学生有效地理解知识、发展智力，进行创造性学习的必要条件。想象贫乏的学生，思考问题必然思路狭窄，也不可能有很高的分析问题和解决问题的能力，智力发展是不充分的。如何丰富学生的想象力呢？首先，要引导学生学会观察，获得感性经验，不断丰富学生的表象。表象是想象的基础，表象贫乏，想象也会枯竭。正确使用直观教具，引导学生广泛深入地观察和分析事物，就能不断丰富学生的表象以发展其想象力。其次，引导学生积极思考，打开想象力的大门。想象和思维是紧密联系的。在实践活动中，引导学生多问"为什么"，大胆探索，发展好奇心和广泛的兴趣爱好，逐步打开想象的大门，发展创造想象的能力。再次就是引导学生努力学习科学文化知识，积极参加科技、文艺、体育等活动，不断丰富生活经验，这些都能为发展想象力创造良好的条件。此外，培养学生大胆幻想和善于幻想的能力也具有重要意义。敢想是敢做的起点，幻想是创造活动的重要条件。对于学生的幻想，应珍视、鼓励、引导；帮助他们把幻想转变成理想，把幻想和创造想象结合起来。

5. 培养创造性人格

在研究创造性时，学者们普遍发现，创造性不仅受认知因素影响，而且还受个性的巨大影响。比如，独立性、冲动性、幻想性、自制性、有恒性等都是创造性人才的共同人格倾向。同时，各种研究还显示，凡是具有高度创造性的儿童与成人，在其早年的家庭经验中，都有充分的独立和自由，有较多解决问题的机会。那些屈服于父母威势的儿童则很容易接受权威性的主张，行为循规蹈矩，避免越轨，避免尝试新的经验，更不会有什么创新的表现。因此，对创造性人格的培养必须在儿童生活早期就应该引起注意。

还需指出的是，良好的创造个性是多组相互对立品质的和谐统一，在培养独立性、强烈的兴奋性、高度的冲动性和幻想性时，还必须同时培养顺从性、情绪的稳定性、自制性和面对现实等特征。

本章摘要

1. 思维是借助语言、表象或动作实现的、对客观事物的间接和概括的认识，是认识的高级形式。它能揭示事物的本质特征及内部联系，并主要表现在概念形成和问题解决的活动中。

2. 思维过程的基本特征是概括性和间接性。概括性是指在大量感性材料的基础上，把一类事物共同的、本质的特征和规律抽取出来。间接性是指人们借助于一定的媒介和一定的知识经验对客观事物进行间接的认识。在进行思维时，人们需要对头脑中已有的知识经验不断进行更新和改组。

3. 根据思维过程中所凭借的中介物的不同，可分为动作思维、形象思维和抽象思维；根据思维探索目标方向的不同，可分为聚合思维和发散思维；根据思维的创新程度，可分为常规思维和创造性思维。

4. 思维的基本品质包括思维的深刻性和广阔性，思维的独立性和批判性，思维的灵活性和敏捷性，思维的逻辑性等。各种密切联系着的思维品质并不是与生俱来的，而是在生活、学习和劳动的过程中，通过意识倾向的调节、科学知识的掌握、直接经验的积累、语言和言语的发展，逐渐地形成和发展起来的。

5. 思维与语言既有联系又有区别。从其联系来说，人的思维与语言都是一种特殊的社会现象（但不是上层建筑或阶级历史的范畴），都是产生于和服务于人类社会的实践活动。从其区别来说，语言是人们交流思想的工具，思维不具备这一特点；思维与客观事物之间有本质的、必然的联系，是反映与被反映的关系，而语言与客观事物之间是标志与被标志的关系，二者之间没有必然的联系。

6. 思维是整个脑的功能，特别是大脑皮层的功能。大脑皮层额叶负责编制行为的程序，调节和控制人们的行为和心理过程，同时还要将行为的结果与最初的目的进行对照，以保证活动的完成。大脑半球左侧颞叶和顶—枕叶与思维也有密切的关系。近年来研究还发现大脑右半球在推理中也起着重要的作用。

7. 思维是通过一系列比较复杂的认知操纵来实现的。人们在头脑中运用存储在长时记忆中的知识经验，对外界输入的信息进行分析、综合、比较、分类、抽象和概括的过程就是思维过程，其中分析与综合是思维的基本过程。

8. 问题解决过程集中体现了人的思维过程。问题解决是由一定情景引起，按照一定的目标，应用一定认知操作或技能活动使问题得以解决的过程。

9. 问题解决过程可采用一系列的策略，这些策略包括算法式、启发法等。算法式策略就是把解决问题的方法一一尝试，最终找到解决问题的答案。启发法是根据一定的经验，在问题空间内进行较少的搜索，以达到问题解决的一种方法。启发法又包括手段—目的分析、逆向搜索、爬山法等策略。

10. 问题解决的效率除受策略、知识等因素影响外，还受问题情境、认知结构、定势、功能固着、动机和情绪状态等心理因素的影响。

11. 创造性思维是指以新颖独特的方法解决问题的思维过程。它是思维发展的高级形式，是人类智慧高度发展的标志。创造性思维的特点包括新颖性和创见性、发散思维和聚合思维有机结合、创造性想象的积极参与和现实定向的有机统一、迷恋和灵感。

复习思考题

1. 简述思维的含义及其特征。
2. 怎样理解思维与语言、言语的关系？
3. 良好的思维品质包括哪些内容？
4. 结合实际说明思维的基本过程是怎样进行的？
5. 如何认识解决问题的思维过程？影响解决问题的心理因素有哪些？
6. 创造性思维与一般思维有什么区别？怎样培养人的创造性思维？

推荐参考读物

1. 罗伯特·费尔德曼，黄希庭. 心理学与我们. 黄希庭等译. 北京：人民邮电出版社，2008.

2. S. Lan Robertson. 问题解决心理学. 张奇等译. 北京：中国轻工业出版社，2004.

3. 梁宁建. 当代认知心理学. 上海：上海教育出版社，2003.

4. 张庆林. 思维心理学. 重庆：西南师范大学出版社，2007.

第九章　动　机

清晨，人们睁开惺忪的睡眼，一部部生命的发动机随即开启。咕咕叫的肚子催促着人们找寻可口的早餐，“上班打卡”的工作规范让人出行的脚步不敢放慢，“昨天未完成的工作任务”在脑中盘旋，一到单位就坐到办公桌前不停地敲击键盘……也许还会遇到棘手的问题让你彻夜难眠。生命活动就这样周而复始不停地运转，时而徐徐向前、时而要快马加鞭、时而举步维艰、时而要转身回返……我们常常会反躬自问：是什么力量激励我们开始？是什么力量牵引我们前行？是什么力量鼓舞我们坚持？是什么力量把我们前行的脚步阻止？动机心理学所关心的是行为的能量和方向问题，当您细细研读动机心理学并且对很多问题和现象进行解释时，相信您能够给上述问题找到或近或远的答案。本章讨论的主要问题是：

如何理解动机的含义？

动机有哪些类型？

动机与工作效率的关系怎样？

如何理解人类的生物性动机？

人类主要的社会性动机有哪些？

如何理解人类特有的高层次动机——意志过程？

第一节　动机概述

一、动机的含义

动机（motivation）所涉及的是行为的能量和方向（Lewin，1935；Deci & Ryan，1988），是激发、维持、调节人们从事某种活动并引导活动指向某一目标的内部心理过程或内部动力。当我们谈论一个人为什么要做这件事情而不去做另一件事情，或者为什么他如此卖力气地去做这件事情，同时又坚决拒绝去做另一件事情的时候，我们所涉及的就是动机问题。动机通过调动内部能量，调节行为方向与有机体的活动紧密联系在一起，成为有机体行为的决定因子。具体而言，动机能激发个体产生某种行为；能使个体的行为指向某一目标；能调节个体行为的强度、时间和方向。动机是环境刺激和行为变化之间的中介变量，它常以隐蔽、内在的方式支配着行为的进程和方向。尽管动机是隐蔽的，但我们可以通过个体对任务的选择、个体的努力程度、对活动的坚持性和言语表达等外部指标来推断个体的动机（郭德俊、李燕平，2005）。

与动机密切相关的两组概念是内驱力和需要、诱因和目标。内驱力（drive）是有机体内部因某种缺乏而导致的一种内部不平衡状态，表现为生理冲动和生理要求；需要（need）泛指个体由于生理和心理上的缺失引发的寻求满足的愿望与要求。内驱力概念较多出现在生物学家和行为主义心理学家的术语中，需要则被更加广泛的人群所使用，有时人们也会不加区分地混用。当某种需要没有得到满足时，它会推动人们去寻找满足需要的对象，从而产生活动的动机。在现实中，人们常常把需要和欲望（desire）混为一谈，误以为自己不断涌动的欲望就是需要。最近，一些心理学家（Baard，Deci & Ryan，2004）对此进行了区分，他们认为需要是先天固有的，不是学习获得的；而欲望是后天习得的。需要是一种“实质性的营养”（essential nutriments），它为生存、成长和个体整合所必需。需要的满足能够促进人的生存、成长和个体整合，而欲望的满足不但跟生存、成长和个体整合没有关系，反而会给人带来伤害或产生负面影响。所以需要是个体积极性的源泉，是动机产生的基础。

诱因（incentive）指诱发个体行为的刺激或情境，是满足个体需要的刺激物。诱因可以分为正诱因和负诱因，激起个体趋近或接受的刺激称为正诱因；相反，激起个体逃离或躲避行为的刺激称为负诱因（吴庆麟、胡谊，2003）。例如，美味佳肴对人是正诱因，它激起的是趋近和喜爱；而惩罚、责骂则是负诱因，它激起的是逃离和回避行为。同样，诱因概念也较多出现在生物学家和行为主义心理学家的术语中。在动机的认知观点中，诱因被目标概念取代。目标（goal）是个体对努力要获得的事物的认知表征，人类所有的行为都借助于个体追求的目标赋予意义、方向和目的，行为的质量和强度也会随着目标的变化而变化。20 世纪 70 年代以后，动机心理学家对目标的关注胜过了对内驱力和需要的关注。

实际上内驱力和诱因、需要和目标在动机作用中是密不可分的，它们好像是一枚硬币的两面，会同时出现在各种各样的行为活动中。

二、动机的种类

人类的活动多种多样，而这些活动背后的动机也各有不同。根据动机的性质可以分为生物性动机和社会性动机；根据行为的原因和目标可分为内部动机和外部动机（Ryan & Deci，2000）；根据激起行为的刺激的属性可以分为趋近动机和回避动机。

（一）生物性动机和社会性动机

生物性动机（biological motivation）又称原发性动机或生理性动机，它是以生理需要为基础的动机，如饥、渴、饿、睡眠、性等生理需要，是一种内驱力，是推动人们去行动的生物性动机。生物性动机的根本功能在于维护有机体的生存和繁衍。

社会性动机（social motivation）以人的社会性需要为基础，人的归属需要、成就需要、自主和胜任需要、自我实现的需要等构成了个体社会性动机的基础。人类的社会性动机多种多样，其中认知动机、交往动机、成就动机、权力动机和自我实现的动机在个体成长和发展中发挥着重要作用，是个体成长和社会性发展的重要标志。

（二）内部动机和外部动机

内部动机（intrinsic motivation）。内部动机是为了寻求内在满足而从事活动的动机。例如，从事体育运动，不是为了竞赛而是为了从运动中得到快乐；学习不是为了升学，而是为了探究知识的奥秘。内部动机表现为人们对活动本身感兴趣，自发地进行学习和提高技能，并从行动中获得满足和激励。Deci 和 Ryan（1985，2000）提出，内部动机建立在有机体内在的心理需要基础上。自主（autonomy）、胜任（competence）和关系（relationness）是人类的三种基本心理需要，它们是内部动机的源泉。这些基本心理需要就像阳光和水一样，是人类生命的营养物质，它们获得满足之后，个体就获得了生存、成长和内部整合的力量，所以这些心理需要是人类健康、完善与幸福的基石（Ryan & Deci ，2001）。

外部动机（extrinsic motivation）是指动机由活动以外的因素所引起，活动的目的是为了获得某种额外的结果，如表扬、奖励、名次、名誉、地位、金钱、职务等。外部动机具有很强的激励作用，但与内部动机相比，它还有很多负面效应。如维持时间短，容易引发心理压力，导致焦虑。在竞争激烈的环境下，它也会激活攻击、欺骗、自我设置障碍等不良行为。

（三）趋近动机和回避动机

近来，动机心理学家根据激起行为的刺激的属性将动机分为趋近动机和回避动机（Elliot，1999，2008）。有机体对接受到的任何刺激（物体、事件和知觉到的可能性）都会作出积极或消极的评价，并且会依据其评价作出趋近或回避的反应，即使没有外显的反应，也会有内隐的趋近或回避反应。因此，趋近动机（approach motivation）是指行为能量由积极刺激激活、行为的方向指向于积极刺激的动机，有益的、喜欢的、符合需要的、和愿望一致的刺激激起的是趋近动机。相反，回避动机（avoidance motivation）是指行为能量由消极刺激激活、行为的方向指向于消极刺激的动机，有害的、讨厌的、违背愿望的刺激激起的是回避动机。

动机理论家认为行为内部有两个不同的系统，一个负责奖励动机和趋近行为，被称作行为激活系统或行为趋近系统（BAS）；另外一个系统负责厌恶动机和回避行为，这个系统称作行为抑制系统或行为回避动机系统（BIS）。对脑结构及其活动的研究证实，左侧额叶皮层的活动反映的是趋近动机和积极情感，右侧额叶皮层的活动反映的是回避动机和消极情感（Cacioppo et al.，2007）。

三、动机强度与工作效率

动机对于提高活动效率具有重要意义。但动机强度与工作效率之间不是一种线性关系，动机过低时工作效率可能不高，而当动机过强时，个体处于高度紧张状态也会限制正常活动，从而使工作效率降低。因此，为使活动卓有成效，就应避免动机强度过低或过高。

在各种活动中都有一个动机最佳水平的问题。一般情况下中等强度的动机最有利于发挥最佳工作效率。同时，动机的最佳水平也会随活动性质的不同而不同，如在简单容易的活动中，工作效率随动机的增强而提高；当活动难度加大时，动机强度要降低。在一定范围内，动机增强有利于工作效率的提高，特别是在学习力所能及的课题时，其效率的提高更明显。该规律被心理学家耶克斯和多德森（Yerkes & Dodson，1908）通过实验所证实，因此称为耶克斯—多德森定律（见图9-1）。

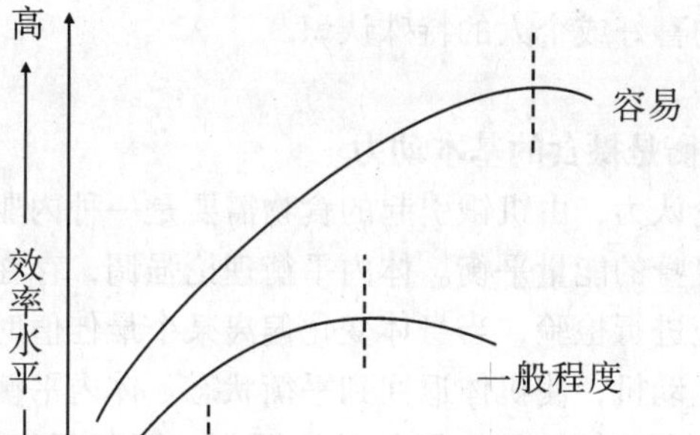

图9-1 动机强度、活动难度和工作效率的关系

第二节　生物性动机

生物性动机又称原发性动机或生理性动机，它是以生理需要为基础的动机。下面介绍两种基本的生物性动机。

一、摄食动机

“吃”是有机体维持生存的本能行为。人为什么要进食？一个最简单明了的答案就是“因为饥饿”。但是，很多时候情况并非如此，饭后，色泽、味道诱人的甜点可以吸引人们继续进食；品种齐全、花色多样的自助餐能让人的胃口不断扩张……然而，生活中也有个别人，竟可以像圣斗士似的抗拒美味佳肴的诱惑。这样看来，摄食动机是一个复杂的心理现象。进食行为可能起因于饥饿所导致的食物需要，也可能起因于个体对某些食物的喜好或个人的特殊认识。

（一）保持体内能量平衡是摄食的基本动力

早期的内驱力理论认为，由饥饿引起的食物需要是一种内驱力，它能够激发个体的摄食行为，以保持自身的能量平衡。体内平衡理论强调，存在于身体内部的调节机制可以对身体内部环境进行检验，当身体变化偏离某个最佳值时，这些机制会激活某个神经环路，从而产生动机，使机体返回到平衡状态。体内平衡的调节机制包括监控葡萄糖水平的短期调节和监控脂肪水平的长期调节。短期调节机制强调葡萄糖平衡，当血液中的血糖浓度低，满足不了新陈代谢时，葡萄糖感受器的神经元就会对信号作出相应的反应，激发进食行为。血糖水平升高时，葡萄糖感受器会抑制进一步进食。长期调节机制强调脂肪平衡，认为有机体是依靠控制脂肪来维持正常体重、控制个体的进食量。研究者提出，血液中含有的甘油物质有可能是参与脂肪调节的代谢物，如果体重降低，甘油水平也会降低，有机体就会增加进食；相反，如果体重增加，甘油水平就会提高，有机体就会停止进食。

近来科学家还检测到瘦蛋白和胰岛素在调节体内能量平衡中的作用。当进食减少或者体重降低时，瘦蛋白和胰岛素的水平就会降低，负责监测瘦蛋白水平的下丘脑弓形核（arcuate nucleus）神经元就会改变它们分泌的神经递质，其中最重要的一种神经递质是神经肽 Y（neuropeptide Y，NPY），NPY 可以有效地促进食欲。而另一种神经递质 α-黑素细胞刺激激素（alpha-melanocyte-stimulating hormone，α-MSH）可以减少食物摄入，产生厌食效应（Petri & Govern，2005）。

神经生理学研究发现，饥饿、进食的中枢在下丘脑。外侧下丘脑（LH）被称为饥中枢，腹内侧下丘脑（VMH）是饱中枢。外侧下丘脑受损的动物会停止进食，而腹内侧下丘脑及其邻近纤维的破坏会导致肥胖症。

（二）外部环境线索是调节摄食行为的重要因素

体内平衡调节理论很难解释现实生活中的三种现象——神经性厌食症、神经性贪食症和肥胖症。沙赫特针对肥胖者的进食行为提出了摄食的外部线索理论。该理论认为，与进食有关的外部环境线索比体内平衡调节线索的作用更大。尽管进食行为的体内平衡机制是存在的，但它可以轻易地失效，与食物有关的外部线索常常可以在机体没有任何真正需要时刺激其进食。外部环境线索包括：一天中的时间、食物的口味和提供的食物量。一般情况下，正常体重者的进食是对内部线索的反应，如胃的收缩或血糖水平；而肥胖者的进食更多的是对外部线索的反应。

（三）个体的情绪和认知因素对摄食行为具有调节作用

摄食动机除受以上两种因素制约外，个体的情绪和认知因素对摄食行为也具有调节作用。有研究报告显示，与正常女性相比，患贪食症的女性更容易伤心，更孤独、脆弱、易怒、被动，也更不自然。患贪食症的女性还报告有更多的情绪波动以及更大的犹豫性（Petri & Govern，2005）。认知因素对摄食动机的影响主要体现为进食态度的扭曲，如厌食症患者通常会夸大自己的体重或体形缺陷、夸大食物对体重增加的影响、否认进食需要、忽视体重过低的危害、过分担心体重增加、以瘦为美等。

心理学与人生 9－1　注意防止厌食和暴食

厌食和暴食都是饮食心理的一种异常表现。

厌食有身体疾病的原因，如肝炎等患者往往没有食欲；也有为减肥而厌食的。如有的人只有标准体重的一半，体重极轻。典型的厌食者常常否认自身问题的严重性，拒绝增加自己的体重，总认为自己会被人看得很胖。女性厌食者随着体重的减少月经也会停止。更严重的副作用是身体衰竭，营养失调，免疫力降低，严重的甚至会致死。这是一种神经性厌食疾病，是由一种病态心理引起的。他们并不是真正的没有食欲，而是恐惧肥胖、恐惧饮食会影响自己的体形，进而节食。有些人虽然开始有食欲，但进食后就感到不适，如果强迫他们吃下食物，他们就会千方百计地将食物吐出。事实上，长期的人为性厌食，使胃肠环境发生变化，条件反射似的使人们对摄入的食物进行排出，即恶心和呕吐。神经性厌食引起全身营养不良，营养不良导致消化功能减退，而消化功能减退使人的饮食进一步减少，从而形成一种恶性循环。

神经厌食症与性格因素有密切的关系，临床在了解这些患者患病之前的性格时，常常发现有明显的特点。如任性、急躁、拘谨、刻板、情绪不稳、情绪反应强烈，有的表现为以自我为中心。神经厌食症患者的家庭教育方面也存在问题。患者从小可能就挑食或偏食；有的父母喜欢在吃饭时训斥孩子，造成孩子饮食时情绪不安；还有的家庭成员本身就有心理疾病。这些都可能造成孩子的厌食症状。对厌食患者的治疗需要有耐心。心理治疗辅助药物治疗效果更佳。国外目前常用行为治疗，多采用系统脱敏配合奖励的办法。在具体进行心理治疗时，首先要详细了解厌食的原因，耐心开导，解除患者的紧张心理和思想疙瘩。其次是鼓励患者多饮多食。再次要调整进餐时的环境，如放一些悦耳的音乐，经常更换食谱等。在患者饿时多次进行这种训练，逐渐形成条件反射，就会增加其食欲，改变症状。凡是含有身体所需营养的饮食，无论粗粮还是细粮都要经常食用，以培养和诱发食欲。

暴食的人在一定的时间内会反复、大量地摄取食物，之后为了消耗过分的能量，他们吃泻药或进行呕吐。暴食者频繁而大量地摄食，至少一天暴食一次，通常在夜间，平均摄食4 800卡路里，所摄取的食物多为甜食和碳水化合物。由于大多数暴食者在暴食后都将食物吐出或泄掉，因此他们的体重不会比常人重。但是，呕吐和服用泻药会给身体造成很大的负担，破坏体内的平衡，甚至有时会出现脱水、脉搏不齐甚至排尿困难等症状。

心理学家更多地认为摄食障碍的主要因素是社会因素。比如说，在我们的社会中有很多固有的风俗，如女性以苗条为美，近40年来这种倾向更强。虽然有社会风俗和社会压力，但不是所有的人都产生摄食障碍。身体上的原因引起摄食障碍的几率比较高。调节摄食行为的是下丘脑中的两个部位：下丘脑外侧核是摄食中枢，如果该部位兴奋可以引起大量进食；下丘脑腹内侧核是饱中枢，如果该部位兴奋可以引起摄食障碍。人格因素、家庭关系也与摄食障碍有关。多数摄食障碍的女性患者追求完美，对自己苛刻；她们的家庭没有温暖，在家庭里不允许表现自己的情绪。她们通过自己的摄食习惯来赢得家里人的注意，包括厌食和暴食（Polivy & herman，1993）。养成健康的饮食习惯，应从情绪问题着手，即饮食的情绪调节比较有效（Agras，1993）。

二、性动机

性动机是激发、维持和调节有机体性行为的内部动力。动物和人类的性行为多种多样，有些行为的性动机是外显的，如配偶选择、恋爱、结婚等，而有些行为的性动机则是隐蔽的，属于内隐动机，如青少年的冒险行为与攻击行为。进化心理学认为，无论是外显的还是内隐的性动机，其基本功能是维持个体的生存和种群的繁衍。

对性动机的讨论一部分来自生物学，一部分来自心理学，心理学中有两种理论观点对性动机和性行为进行了系统分析，它们是弗洛伊德的精神分析理论和进化心理学（evolutionary psychology）。

（一）生物学的性激素和性诱因观点

生物学观点认为性的生理基础是脑垂体。雌性的垂体激素刺激卵巢生成雌性激素和孕激素；雄性的垂体激素刺激睾丸细胞生成雄性激素或雄性荷尔蒙，最主要是睾丸素。在青春期，这些激素的显著增加使青春期的第一和第二性征出现。个体在生理条件成熟的基础之上，出现了性的需要，产生了性驱力，这是性动机的基础。

动机中的诱因理论认为，有机体的许多行为是由目标物的刺激特征激发的。以动物的交配行为为例，发情期的雌性鼠会分泌一种吸引雄性鼠的尿液化合物，这些化合物信号称为外激素（pheromones）。外激素能表明雌性动物的性准备状态。动物的神经系统生来就能够辨认带有性准备状态的信息，其探测器是一组与初级嗅觉系统分离的感受器——利鼻器（vomeronasal）。利鼻器为性诱因的动机效应提供了物质基础。有研究者（Garcia - Velasco & Mondragon，1991）发现人类鼻子中也有利鼻器。但对人类来讲，目前还没有定论说利鼻器就是人类捕捉性刺激信号的生理机制。

但有观点认为，人类是视觉占优势的动物，潜在的性伴侣提供的视觉刺激可能具有更强的诱因价值，Elliot 等（2008）最近的研究发现红色是激活异性性动机的重要视觉刺激。

（二）弗洛伊德的性动机理论

弗洛伊德把性动机称为性的本能和欲望，它所具有的心理能量叫做“力比多”（Libido）。作为一种性本能，“力比多”除直接与生殖活动有关以外，还直接或间接与一切快感有关，它既是自然状态的性欲，又是心理的欲望或对性关系的渴望。弗洛伊德认为“力比多”能够提供人全部活动的能量，并且在人的整个心理活动中表现出来。在弗洛伊德看来，幼儿喜欢依偎别人的行为、男孩的恋母情结、女孩的恋父情结、做梦和口误都是“力比多”的表现。

性动机源自人类的生存本能，每一种生存本能的目的都在于使个别器官得到享受，起着保存种族的作用。受生存本能支配的行为同时遵循着快乐原则和现实原则。人的本性首先会按照快乐原则办事，以寻求直接的满足；但在现实中，人又必须受制于周围的物质环境和社会环境，将不断升腾的本能欲望压抑下去。但本能的力量不会消失，它会改变方向、转移地方。弗洛伊德认为，做梦、记忆错误、口误、幽默、笑话、风俗习惯和传统仪式等都隐含着被压抑的性欲望，都是性欲望的转移。如果性欲望长期受到抑制，就会导致人格的改变，甚至患神经症。

（三）进化心理学的性动机理论

进化心理学是心理学研究的一种新观点和新理论（张雷，2007），它认为人类不同特性的心智都是由进化机制选择而来的，这些特性能保留下来是因为它们有助于祖先的生存和繁衍。被保留下来的心智遵循模块化的运作机制，它被预先设定，专门用于自动有效地解决某些问题。如向异性求爱、进行性选择都是模块化的心智能力。

在生命全程中，个体面临着两个最基本的问题，一是如何生存下去？二是如何将生命的能量转化给下一代？性动机和第二个问题紧密联系在一起。进化心理学认为，由于个体遗传信息的保留与传递依赖于个体成功的生殖，所以，个体会不惜一切代价、冒着风险、顽强地保护自身存活下去，直到基因复制到下一代。同时，为了提高生殖的几率并保证获得最佳的基因匹配，生命个体会表现出具有适应性的性行为。所以，对成功生殖的追求是生命个体性行为最根本的动力源泉。众所周知，身体魅力是性吸引的重要指标，进化论的解释是，身体魅力是生育成活率的标志，进化压力使男女两性产生了对某些身体特征的偏好，从而自动发出人们对魅力的普遍追求和魅力识别。

心理学与人生 9－2　女性魅力和男性魅力——进化心理学的观点

从进化心理学的观点看来，身体魅力是性魅力的一个主要部分。他们通过跨文化研究提出了女性和男性的魅力特征。女性魅力的特征首先是健康和年龄。因为健康的年轻女性更能成功地生育和喂养后代，所以凡是标志健康的特征都是魅力特征。这些特征包括：肤色和整洁、清澈的眼睛、坚实的肌肉、洁白的牙齿、漂亮的头发等。还认为女性魅力的第三个特征是新颖。根据他的观点，在原始的捕猎—采集社会，一个男性可以让妻子生4～5个孩子，如果他还有一个妻子，那他的生育成活率就增加了一倍。所以男性的生殖策略就是被多个女性注意并和她们发生性行为，女性如果具备新颖特征就增加了被选择的机会。因此新颖被视为女性魅力的第三个重要特征。

正如女性魅力取决于男性的生殖策略一样，进化心理学认为，男性的魅力也取决于女性养育后代的策略。由于女性在一生中排出的卵子远远少于男性在一生中排出的精子，所以女性相对于男性的后代可能会少，而且孩子出生之后，她们还要承担抚养的任务，需要更多的资源投入。这种进化的压力决定了女性的性行为具有保守主义特征。她们会优先选择地位高的男性，而把健康和年龄放到次要的地位上。地位高的男性意味着可以向女性提供更多养育后代的资源。在多数社会背景下，男性地位的获得需要技术和能力支撑，所以在女性看来，男性的魅力通常表现在技术、能力和成就上。而技术、能力、成就则需要时间的积累，所以女性更偏爱年龄大一些的男性，因为只有年龄大一些的男性才能够显露出技术、能力和成就上的相对优势。

第三节　社会性动机

社会性动机以社会文化需要为基础，也称继发性动机、习得性动机或心理性动机。生物性动机的主要机能是维护个体生存和种群繁衍，而社会性动机的主要功能则是促进个体的成长与发展。人类的社会性动机多种多样，本节讨论的是和青年人息息相关的认知动机、交往动机、成就动机、自我动机、工作动机和权力动机。

一、认知动机

认知动机（cognitive motivation）是建立在认知需要基础上的内部动机。认知需要是一种要求了解和理解所面对的客体、要求掌握知识以及阐述和解决问题的需要。认知需要是从人类的好奇心派生而来的，儿童自出生之后就对周围的世界充满了好奇，他们通过触摸、抓握、聆听等各种身体动作来了解和认识周围的事物。随着语言的发展，他们获得了了解世界的有利工具，在认知动机作用下他们通过不断地询问去获得更加丰富的知识。当认知动机集中作用于某类事物时，则表现为兴趣。人对感兴趣的东西会表现出巨大的积极性和饱满的热情。例如，学生一旦对数学产生兴趣，他就会将注意力投放到与数学有关的资料、任务、活动和问题上，带着快乐的心情学习数学、解决数学问题。由于兴趣能够激发持续的行为，个体在感兴趣的领域就容易取得突出的成就。

在马斯洛的需要层次理论中，认知需要是一种生长的力量，认知需要的满足能够促进个体的成长。

二、交往动机

交往动机（affiliation motivation）是在交往需要基础上产生的社会性动机。交往需要表现为每个人都有团体归属感，喜欢与人交往，希望得到别人的关心、友爱、支持、合作与赞赏。交往动机是个体愿与他人接近、合作、互惠并发展友谊的内在需要。当这种动机促使人们满足了交往需要时，人们就会感到安全，有依靠和归属感；反之，就会感到孤独、寂寞、无助、痛苦和焦虑。

Baumeister 和 Leary（1995）在对以往文献和实证研究整合和论证后，提出了归属需要（need of belongs）理论。他们认为，归属需要指人类有一种广泛的形成和保持至少最小数量的、持续的、积极的、重要的人际关系驱力。这是人类一种强大的、普遍存在的基本动机，它对理解人类动机和行为具有普遍适用性，即它能解释更多的心理学问题。不像精神分析学派那样将人看作是性欲和本能驱力下的动物，也不像行为主义认为新生儿是一张白板，该理论将人类描述为一个通过建立和维持归属关系而进行自我驱动的生物。归属需要的满足取决于两个条件：第一，有和他人保持频繁的、情感上愉快的人际交往的经历。第二，这一人际交往在时间上稳定、涉及情感的内容和相互间利益得到持续的关注。该理论认为，归属需要作为人类的最基本需要，如果得不到满足就会出现一系列的健康和适应性的问题。

三、成就动机

成就动机（achievement motivation）是指人们力求实现目标、获得成功的行为动力。若一个人认为某一目标对自己是重要的、有价值的，他就会克服困难，努力去实现这个目标，这时他就具有成就动机。

20世纪60年代至70年代初，研究者开始关注对人类行为的研究，成就追求成了动机理论和实验研究的核心。到了70年代，成就动机研究几乎成了动机研究的同义语。阿特金森提出，接近成就目标的趋势由三个因素决定，这三个因素是：成就需要或渴望成功的动机（Ms），成功地完成任务的可能性（Ps）和成功的诱因值（Is）。这些成分是一种相乘的关系，即 $Ts = Ms \times Ps \times Is$。在这个公式中，$Ms$ 代表成就动机，它是一种相对稳定的倾向或者说是一种追求成功的持久倾向（气质），是在个体发展早期通过特殊的儿童教养活动形成的。Ps 代表成功的可能性，指的是一种认知期待，为操纵方便，这种期待变量通常根据一个任务的标准难度来确定。Is 代表成功的诱因值。阿特金森预测 Is 与 Ps 恰好相反，即 $Is = 1 - Ps$，这是因为成功的诱因值是“成功自豪感”产生的一种效应。由此推论，在一项困难的任务（Ps 低）中成功之后所体验到的自豪感要大于在一项容易任务（Ps 高）成功后体验到的自豪感。由此可以得出以下具有深远意义的推论：首先，在任务难度为中等时（$Ps = 0.50$），动机作用达到最大值。同时，如果一个人的成功欲望越大（Ms 值越高），中等难度的任务对这个人越具吸引力。相反，一个人越不在乎成功（Ms 值越低），这个人越有可能选择很容易或很难的任务。这些衍生出来的观点使阿特金森的理论被视为一种与成就有关的冒险理论。另外，由于成就动机代表的是一种相对稳定的倾向或者说是一种追求成功的持久倾向，所以预测动机类型、考察成就需要的个体差异就成为70年代初成就动机研究的一个热门话题。研究表明，成就需要高的人最有可能选择那些他们预计自己成功的可能性为50%的任务，这会给他们提供最大的现实挑战。如果他们认为完全不可能成功，或者胜券在握，他们的动机会下降。反之，成就需要低的人往往选择更容易的任务以避免失败，或者选择极其困难的任务，这样即使失败了，也可以为自己找到合适的借口。

20世纪80年代以后，在学业领域里越来越多的研究者按照执行任务的具体目的来描述成就追求，成就目标（achievement goal）成为动机研究的焦点。Ames（1992）认为成就目标是“学生对于学业成就、成功意义或目的的知觉”。Dweck等（1988）则将成就目标定义为“对认知过程的计划，它具有认知的、情感的和行为的结果”。Dweck等将成就目标划分为掌握目标（学习目标或任务卷入）和成绩目标（或自我卷入）。掌握目标（mastery goal）关注的是个体自身能力的提高以及对任务的理解和掌握。相反，成绩目标（performance goal）关注的是个体自己的能力是否充分表现以及别人对自己能力的评价。随着研究的深入，Elliot（1999）和Pintrich（2000）引入成就动机的趋近和回避倾向将成就目标划分成四种类型：掌握趋近目标、掌握回避目标、成绩趋近目标和成绩回避目标。

表 9－1 两种成就目标及其趋近—回避状态

	趋近状态	回避状态
掌握目标	个体关注的是任务掌握、学习和理解；根据自己的进步和提高，以及对任务的理解深度评价自身的表现	个体关心的是如何避免不理解和没有周围任务的情况；判断成功的标准是在自我比较基础上准确无误地完成任务。
成绩目标	个体关注的是如何超越他人，表明自己最聪明、最棒；根据常模标准来评价自身，如在班上考得最好。	个体关心的是如何不让自己显得低能，显得比别人笨；根据合格标准来评价自身的表现，只要能合格，只要不是班里最差的就满足了。

大多数研究发现，掌握目标与一系列积极的认知、动机、情感和行为中介变量相适应，与积极的结果联系在一起，而成绩目标，尤其是成绩回避目标则是非适应性的，与更多的消极结果联系在一起（Linnenbrink，E. A. & Pintrich，P. A.，2000）。

表 9－2 四种成就目标及它们与中介变量和结果的不同关系

	掌握趋近	掌握回避	成绩趋近	成绩回避
动机过程				
能力/努力信念	坚信努力就能成功	努力或能力归因	关注能力，进行积极的能力归因	以能力为中心，持消极的能力归因
自我效能感	适应性的效能感判断	较低的效能感	成功时有高效能感	低效能感
兴趣/价值	高任务兴趣和任务价值，高胜任力评价	低任务兴趣和低任务价值，低胜任力评价	成功时有高任务兴趣和低任务价值，高胜任力评价	低兴趣和低任务价值，高胜任力评价
情感过程				
积极情感	高唤醒	低唤醒	成功时有高唤醒	低唤醒
消极情感	低焦虑	中等焦虑	中等焦虑	高焦虑

（续上表）

	掌握趋近	掌握回避	成绩趋近	成绩回避
认知过程				
策略使用	深加工	表层加工	怎么有利于高成绩，怎么加工	表层加工
元认知调节	定向于任务调节	定向于“不犯错误”调节	定向于战胜别人调节	定向于不让人觉得自己愚蠢的调节
工作记忆和注意过程	较多空间可用，任务中心	较少空间可用，关心错误	较少空间可用，关注别人	较少空间可用，关心别人是否觉得自己愚蠢
行为过程				
努力	高	中等/高	成功时高	低/中等
坚持	高	中等/高	成功时高	低/中等
成就结果				
成绩	中等/高	中等	中等/高	低
学习/概念变化	高	低	中等/高	低

四、自我动机

自我动机（self-motivation）是一种把建立和维护自我概念和自我价值感作为力量源泉的动机。不同的理论观点对自我动机的组成成分有不同的解释。

（一）自我价值理论

自我价值理论（theory of self-worthing）是由Covington创立的，其核心概念就是自我知觉。该理论认为，了解自己胜任能力的需要是人的基本动因，人们总是努力维护和保持个人的高自尊，也就是说，人总是寻求那些对自尊具有积极意义的信息而回避那些对自尊有消极意义的信息。由于社会将高价值赋予人的获得能力，所以任何年龄的人都会不遗余力地保护自己的能力感。例如，学生为了维护自己的学业自我概念，他们会采取各种各样的自我保护策略，其中包括：①制定不切实际的高目标，这样可以将失败归因于任务的难度而不是能力的缺乏；②使用自我设障技术，如拖延或放弃学习；③找借口，即将失败归因于不可控制的因素，如老师教得不好或生病。Covington和Omelich（1979）证实，大学生报告当他们把失败归因于努力不够（这与能力无关）而且还能说出不努力的借口时，他们就不会感觉害羞。与此相反，大学生报告在他们付出了很大的努力却依然失败时（这意味着能力低），他们会感觉最害羞（刘惠军，2002）。

必须指出的是，虽然学生中这些自然发生的策略能够在一定时候维护学生的自尊，但是无益于增强其学习能力和学业成就。

（二）自我效能感理论

自我效能感（self-efficacy）是由班杜拉提出的一个动机概念。指个体关于自己胜任能力的信念。当一个人遇到挑战性的任务时，如果他问自己："我能做吗?"或者："我有足够的技能胜任这项任务吗?"那这个人就是在谋求一种效能信念。班杜拉强调了自我效能的动机作用，他指出，人们的自我效能信念决定了他们的动机水平，表现在人们付出努力的多少和面对困难坚持时间的长短上。他们的能力信念越强，其付出的努力就越大，坚持的时间就越长。班杜拉的看法得到了大量实验材料的支持，这些实验证实效能信念不仅影响成就行为，而且影响到与健康有关的方面，如应激、焦虑、疼痛的忍耐、恐惧的管理。

根据大量实证研究结果，研究者们提出了一系列提高学生自我效能感的教学策略。在奖励的运用上：仅当必要时使用奖励；强调奖励的信息功能而不是控制功能。在评价方面：对于成功者淡化外在因素的评价，特别是对挑战性的任务；提供基于掌握而不是社会比较的评价。在任务设置上：给予难度适中的任务；变换任务的样式和性质；给予有个人意义的任务；允许在任务中选择。通过对以上策略的使用，可以提高学生自我确定的知觉和掌握与胜任的感觉，从而可以提高学生学习的内在动机（刘惠军，2002）。

（三）自我概念提升理论

自我概念提升理论（self-concept enhancing tactician）是自我动机中的一个理论模型（Wright，Greenberg & Brehm，2004），该模型是由 Sedikides 和 Strube（1997）提出的社会认知动机模型，用来解释人们的社会行为。该理论认为，自我动机建立在一系列相互独立的动因基础上，其中核心动因有四个，它们是：自我提升（self-enhancement）、自我评价（self-assesment）、自我验证（self-verification）和自我进步（self-improvement）。

自我提升动因是指，人们会努力增进积极的自我知觉，避免形成不良的自我概念。这一动因促使人们在进行社会比较时希望自己在多个方面超出一般人，喜欢根据自己的能力来说明自己的特质，喜欢把失败归因于外部原因，把成功归因于内部因素。

自我评价动因是指人们都倾向于获得准确的自我评价，为了获得诊断性信息，不管是关于自己的正面信息还是负面信息，也不管这些信息是与自我概念相吻合的还是对现有自我概念的挑战，人们都会努力去探寻。努力寻求业绩反馈、努力创建能够反馈的任务、喜欢诊断性任务、失败后的自责等都体现了自我评价动因的作用。

Sedikides 和 Strube 认为自我评价会使自己变得更好、更确定、更真实。

自我验证动因指人们倾向于使新的自我信息与已有的自我概念保持和谐一致。在这种动机作用下，人们喜欢与自我一致的信息，并倾向于选择验证某人自我意象的交往对象。

自我进步动因是一种愿意提高自己的特质、能力、技术、健康状况或完满状态的动机。这是一种努力提高自己的才能，促进个人成长的动力。动机作用的主要表现是面对困难和问题迎难而上，积极寻求能够促进自己进步的信息，不断练习已有的技能，喜欢做有利于减少缺陷的矫正、补充工作。

以上四种动因互相协调、互相冲突，同时又进行着各自独立的操作，共同构成社会行为的动力系统。

（四）自我实现的动机

自我实现（self-actualization）是马斯洛人本主义心理学的理论核心。马斯洛认为人类的需要有两大类，一类是基本需要，即人类个体不可缺少的、普遍的生理和社会需求。它不属于固定文化所特有的，而是人类共同具有的，包括生理、安全、归属与爱和尊重的需要。这些需要一旦被满足，其需要的强度就会有所减弱。另一类是成长需要，即人类个体为了追求自身的健康成长和自我实现的需要。人类在基本需要得到满足后会出现高层次的心理需要，包括求知、审美和自我实现的需要。各种需要出现的强弱和先后次序如图 9－2 所示。

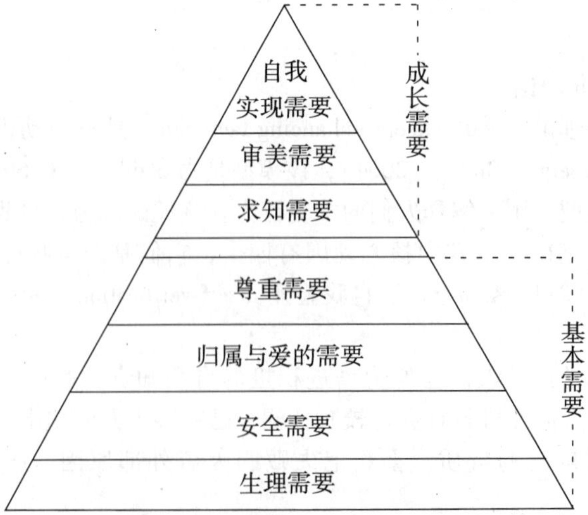

图 9－2　马斯洛的需要层次模式

自我实现需要居于“金字塔”的顶端，所谓“自我实现”是指人的天赋、能力、潜力的开拓和充分利用，是对个人自我价值最充分的肯定和把握，是一种使个人自身朝着更加统一、完整、协调的方向发展的倾向。它是一种超越性和成长性的动机，其动力指向不是弥补欠缺，而是发展潜能、认识世界。马斯洛强调，只有通过个人的“成长”，才能趋近自我实现；只有充分发挥个人的潜能，实现人性的全部价值，人才能成为自由的、健康的、具有顶峰体验的人。“顶峰体验”是指处于最佳状态的时刻，即感到敬畏、强烈的幸福感、狂喜与欣慰的时刻，也是人一生中最能发挥作用、感到无比坚强、自信的时刻。在马斯洛看来，自我实现是完美人性的实现，或者说是丰满人生的实现；是个人潜能或特性的实现。在马斯洛晚年，他又把自我实现划分为两种：健康型的自我实现和超越型的自我实现。前者是指更务实、更能干的一种自我实现，后者是带来丰富的超越体验的自我实现。

五、工作动机

工作动机（work motivation）是激起个体积极参与某项工作的动力，即一种使个体努力完成工作，高质量、有创新地工作并在当中不断完善自己的动机。人为什么要工作？一般来说，有以下方面原因：为了钱、为了尽责任、为实现自身的价值或为了达到自我实现。

尼科尔斯（Nicholls，1984）提出的工作卷入理论认为，面对工作的人们大致有两种心态：一种是工作卷入，指个人全心投入工作，目的是发展个人的潜力，而不太计较结果的成败。另一种心态是自我卷入，指个人之所以工作，其目的是在与别人竞争中获得成就借以炫耀自己的能力。尼科尔斯认为，持工作卷入心态的人工作动机较强，而持自我卷入心态的人则时时想到成败，对工作多是避难就易。不管人的工作动机来自什么需要，它总是人们勤奋工作的强大动力。为了生存、为了证明自身的价值、为了使自己更成熟，甚至为了寻求一种乐趣而努力做着各种各样的工作，因此工作是每个人一生的事业。

六、权力动机

权力动机（power motivation）是指人们具有的某种支配和影响他人以及周围环境的内在驱力，也是个体要在某些方面取得一定支配地位的需要。大多数人都有权力动机，只是程度不同，表现的方式不同。从狭义上讲，它表现在政治上或组织上的权力欲望；从广义上讲，它体现在上级对下级、长辈对晚辈、专业人员对非专业人员、教师对学生等方面的人际关系中。还有一种是道义上认可的权力，如身体有残疾者需要带路，老人和孩子需要保护等。

权力动机可分为个人化权力动机和社会化权力动机。具有个人化权力动机的人参与社会活动的目的主要是为了表现自己，满足个人的权力欲望，权力和地位被他们当成获利的手段；对于具有社会化权力动机的人，他们寻求权力的目的是为了他人，他们以个人的知识、智慧、才干、人格去影响他人。教师努力去教好学生，文学家和思想家以自己的作品和思想去影响社会和他人。

第四节　追求幸福

人类无时无刻不在追求幸福。追求幸福的动机是如此的强烈，正如法国哲学家霍尔巴赫（Holbach，1723—1789）在《自然体系》中说：“我们的一切教育、思考和知识，都不过以怎样才能获得我们本性所不断努力追求的幸福为对象。”那么，到底什么是幸福呢？我们可以预测什么会让我们感到幸福吗？到底是什么会带给我们幸福？

一、幸福是什么

对大多数人来说，听到这个问题脑海里立马浮现一大堆关于幸福的想法或者说是愿望，但深究一下就会发现，用这种愿望来回答“什么是幸福”这个问题是远远不够的。从哲学传统上看，有关幸福的概念与理论可以归结为两种基本的类型：快乐论（hedonic）与实现论（eudemonia），前者注重感官享受，后者注重突破自我。和哲学中的两种幸福观念相对应，心理学中的幸福牵涉到两个概念——主观幸福感（subjective well-being）和心理幸福感（psychological well-being），某种程度上来讲，它们也分别对应人们常说的感官愉悦和心理享受两种积极的心态。

主观幸福感是衡量个人和社会生活质量的重要的、综合性的心理指标（郑雪、严标宾等，2004），它是一个多水平、多维度的概念，可以分为认知和情感方面以及特质与状态方面。特质性主观幸福感是一种人格特质，是相当稳定的；而状态性主观幸福感是一时性的一种快乐感。

心理幸福感则主要用于探索人类发展的法则和存在的生命挑战等（严标宾等，2004）。主观幸福感继承了快乐论的思想，认为快乐就是幸福，侧重人的主观体验和自我评价，而心理幸福感继承了实现论的思想，以 Ryff（1989）为代表，反对把快乐等同于幸福，认为幸福不是纯粹的主观体验，强调人的潜能实现与人的发展，因此评价心理幸福感的指标体系涉及自我接受、个人成长、生活目标、良好关系、环境控制、独立自主、自我实现、生命活力等一系列维度。相对于主观幸福感来说，心理幸福感更强调基于一定价值体系，以客观的标准来评定个人幸福。

二、什么让我们感到幸福

在了解了幸福的含义之后，下一个问题就是：是什么给我们带来了幸福？人们真的清楚地知道这个问题的答案吗？不妨凭直觉回答一下下面的问题：如果你彩票中了大奖或者你的腿脚残废了，你的生活将会是什么样子？你可能会说：宁愿去死也不愿下半辈子没了双腿；如果中了头彩就辞掉工作去过无忧无虑的日子。但是，研究发现，中了彩票的人只是稍微多了一点点开心，而在事故中失去双腿的人实际上也只是对他们的生活多了一点点的不满意。为什么会是这样呢？我们能知道是什么让我们感到幸福吗？我们能否可靠地预测是什么给我们带来快乐，又是什么让我们感到失望吗？

（一）对幸福的预测问题

对幸福的预测是非常重要的。人类一直在对幸福做着预测。我们认为职业上的成功会带来永久的幸福因而通宵达旦地工作；我们在进行大学、职业、假期和人生伴侣的选择时，是考虑到某一选择会比其他选择给我们带来更多的幸福。然而我们的预测是准确的吗？遗憾的是，答案并不像我们想象的那么简单。

生活中许多因素导致人们不能准确地预测出幸福的偏见。其中一种偏见被称为免疫性忽视（immune neglect）。当我们遭受痛苦的挫折和创伤时，我们能找到新的希望、幽默的心态、成长的可能、对事情的洞察和积极的改变，而这些“相关的免疫”过程会让我们在面对消极体验时恢复到满意的生活状态。另一种偏见叫聚焦主义（focalism）。假如我们准备去热带旅游，我们通常会把目光聚焦于阳光下的放松、鸡尾酒的享受、在色彩斑斓的热带鱼中畅游、在沙滩上跳舞，却不会去考虑皮肤的晒伤、租车的提心吊胆、换零钱的琐碎、找露营地的麻烦以及为了在哪里吃饭的问题而与家人争论不休等问题。

（二）主观幸福感的理论解释

心理学家对主观幸福感的解释主要有三种理论。

1. 适应水平理论

适应水平理论认为满意与不满意、幸福与不幸福都是相对于个体先前状态而言的。如果我们目前的成就下降到我们先前所达到的水平之下，我们就会产生不满与挫败感；如果成绩超过了先前的水平，我们就会体验到成功和快乐。如果我们不断地取得成功，那我们将会很快适应成功。从前让我们感到满意的事件现在却变成了中性事件，以前我们觉得是中性事件现在很可能体验到一种失落感。这能够有助于我们解释为什么人们在过去的几十年里实际收入虽然持续快速增长而大多数人并没有更幸福的感觉。

2. **社会比较理论**

我们大部分的生活都是以社会比较为中心的。幸福也是如此，不仅取决于我们与自己过去的体验相比较，而且还取决于自己与他人的比较。我们感到幸福或不幸依赖于我们跟谁相比较。当与低于自己条件（如年薪低、生活窘迫）的人相比较时，我们感到幸福，反之可能对自己不满。日渐盛行的奢靡之风可能是由于这种向上比较所致；人们在攀登成功、获得财富的阶梯时，往往将自己与其水平相当或之上的同辈相比较。那些住在同一小区收入不同的人们，当他们与很富有的那些人相比较时，其认知就扭曲了，很容易产生不满。这也可以用来解释当贫富差距越来越大，为什么富裕程度的增加不能使人们增加幸福感。通常，当人们的收入都差不多时，人们往往会觉得自己更幸福。

3. **人格特质理论**

一些人天生就是乐观的。正如一句古老的谚语所说的，有些人总会看到杯子的一半是空的，而另一些人却看到杯子的一半是满的。有些人不管处境如何总会感到幸福。尽管生活中的悲剧能够破坏那些幸福感不稳定的人的生活，但是有充分的证据表明，一些人总有办法在各种处境中自得其乐。在人格测量中高“外向性”者（喜欢交往、无拘无束）往往比其他人更幸福；而低“神经质”者不容易心烦意乱（即使有烦恼事也能迅速纾解），也往往更幸福。一项来自对 2 310 对中年双生子进行的大规模研究（Lykken & Tellegen，1996）表明，幸福感所存在的差异有一半取决于遗传因素。这个发现表明幸福在很大程度上与基因有关，乐观的人格特质可能一半是遗传的结果，另一半还是掌握在我们自己手中！

三、如何把握幸福

当今社会，物质越来越充裕，但人们的精神世界却似乎日渐枯竭，幸福在许多人眼里成了奢望。要把握好属于自己的幸福，有必要了解都有哪些因素会影响幸福。

（一）金钱

金钱能让你幸福吗？答案是肯定的，也是否定的。如果我们考察一下世界各国就会发现，生活在富裕国家的人比生活在贫穷国家的人说自己是幸福的可能性更高。然而，这种相关的意义并不是清晰的。这有两个原因：第一，越是富有的国家越是拥有稳定和民主的政府，这样的政府会给它的国民提供更多的权利和自由。所以，幸福究竟是来源于财富还是权利或者是二者的共同贡献并不清楚。第二，在富裕国家的国民中，个人收入和幸福具有较低的相关。这是因为，当一个人对于食物、住所以及安全的基本需要得到满足之后，赚许多钱对于个人的幸福没有太大贡献。钱能够买到幸福吗？有研究表明，大约 3/4 的大学生认为经济状况良好对他们来说是非常重要的或是最基本的（Myers，2000）。

(二) 人际关系

人际关系对生活满意度的影响呢？它们是带来幸福的原因之一吗？的确如此，而且影响很大。在20世纪七八十年代的美国，已婚的人认为自己“非常幸福”的比例是未婚者的两倍：前者是48%，后者是24%。而且，与朋友经常保持联系也与生活满意度高度相关（Myers，1999）。因为，我们是社会人，拥有强大的社会关系网会让我们对生活更加满意。有朋友和浪漫的伴侣能够使你幸福吗？一般来说，有许多朋友的人比有较少朋友的人说自己幸福的可能性要高一点。类似的是，不管是男人还是女人，已婚的人或有浪漫伴侣的人，比那些从来没有伴侣或配偶的成年人报告自己幸福的可能性高一点（Myers，2000）。当然，原因也很可能是幸福的人更容易吸引朋友或浪漫的伴侣。另外，也并不是所有的人际关系都会使我们幸福。例如，有些人在婚后更幸福，而有些人的幸福程度却降低了，大多数人会比以前幸福一点。新近有研究者提出了觉察到的社会支持（perceived social support）的概念（Hampton，2004），觉察到的社会支持越好，则生活满意度得分越高（Rintala et al.，2005）。

(三) 健康

正如前述关于中彩票或腿脚残废的问题，每个人可能都认为没有了健康，那幸福当然无从谈起，然而心理学家关于残疾人的研究发现答案并非如此简单。

脊椎损伤者是心理学家关注较多的一个残疾人群体，每一个脊椎损伤患者可能都会因为受损脊椎椎骨位置不同而产生不同程度的身体健康受损，那么身体受限越严重，人就越不幸福么？Uppal（2006）采用大样本的各种类型的残疾人做被试，发现身体残疾程度的加深与主观幸福感呈负相关。与Uppal简单地将残疾程度划分为轻、中、重不同，Boschen（2003）指出稳定的健康状况和适合的疼痛控制对于对社会融合度的主观满意度是至关重要的，只是对于很多脊椎损伤患者来说，这是很难达到的。Ville（2001）的研究表明当前存在的疼痛、对自己独立性的主观判断以及对自己残疾程度的主观判断都是重要的预测因素，并且个体身体机能的独立性只有在和社会文化中的尴尬情境相关时才会影响到主观幸福感，比如大小便失禁比起不能自由行动来说就更能影响个体的主观幸福感。让人意外的是，有研究指出，那些在一个更高水平不能自理的脊椎损伤患者在有严重的生理残损以及频繁的医疗并发症的前提下，却报告比平均水平（健康人群以及低水平脊椎损伤患者）更高的生活质量，总体上也更为满意（Abrantes-Pais，2007）。

(四) 其他

决定幸福感的还有其他因素吗？凭直觉你认为男人和女人谁更幸福呢？结论是，性别对幸福的影响很小：女人和男人的幸福感是一样的。年龄对主观幸福感的影响比较复杂，有相当多的研究发现，随着年龄的增长，人们的生活满意度会有升高的趋势，至少也会保持稳定（Blanchflower & Oswald，2000），然而也有一些研究表明，年龄与主观幸福感之间存在着U型关系（Bradburn，1969）。

工作能使人幸福吗？职业看起来是有助于幸福的主要因素。遭到解雇会损害我们的幸福，需要我们慢慢地恢复。然而，源于工作的幸福部分取决于我们工作的原因。对于那些受到内在动机激发而投入到工作中的人，以及认为自己能够战胜挑战的人，工作是幸福的来源（Kasser & Ryan，1993）。相反，如果工作仅仅是为了赚更多的钱和占有更多的物质财富，往往就会损害社会和家庭关系并导致不幸福（Nickerson et al.，2003）。

宗教能给人幸福吗？证据并不一致。一些研究表明具有强烈宗教信念的人比其他人幸福，但也有研究表明事实并非如此。关于这一主题需要更多的研究加以验证。

此外，更广泛的文化因素也是影响幸福感的要素之一。并且因为处于不同的文化背景，前述人格、经济等影响幸福感的因素也会发生不一样的作用。同样地，因为各国文化不同也使得心理学家对于不同文化背景下的幸福感指数差异的解释必须更加谨慎。

心理学与人生9－3　提升我们幸福感的途径

在饥寒交迫的岁月，我们为温饱和生存而奋斗。在解决了温饱的基本需求之后，物质水平不能提升我们的幸福感，那么通过哪些途径才能提升我们的幸福感呢？

1. 协作与竞争的内心平衡

每个人从降生开始就是社会成员，就开始与周围的人发生种种交互作用。人作为一个有自身需求的个体，许多时候都会面临资源共享还是独占、互动中是协作还是竞争的问题。在经济全球化的今天，生存环境已越来越开放，协作、竞争乃至冲突的问题渗透到人们生活的各个方面。如果个人在自己的内心世界能够使协作与竞争两种截然相反的心理取得一种巧妙的平衡，那么这个人无论在何种情况下都会以非常快乐的心态幸福地过着丰富多彩的生活。

2. 亲密关系的支持

亲密关系是人类经验的一个核心内容。我们被一些人所吸引，喜欢或爱上一些人，与一些人发生浪漫关系或性关系，与伴侣结婚并给伴侣支持和慰藉；而当这些关系不幸终结时，我们会感到痛苦。亲密关系能满足人们对归属和爱的基本需求，令人快乐和幸福。特别是当我们在心理和身体上出现问题时亲密关系的支持就如同甘霖，纾解痛苦，重获幸福。

3. 充满希望的信仰

充满希望的信仰通常是幸福的来源。革命烈士方志敏说：“为着阶级和民族的解放，为着党的事业的成功，我毫不稀罕那华丽的大厦，却宁愿居住在卑陋潮湿的茅棚；不稀罕美味的西餐大菜，宁愿吞嚼刺口的苞粟和菜根；不稀罕舒服柔软的钢丝床，宁愿睡在猪栏狗窠似的住所！”自从1972年以来美国民意调查研究中心对42 000个美国人的调查发现：那些很少或从未参加过宗教礼拜的人当中有26%宣布自己非常快乐，但是那些多次参加礼拜的人们中有47%宣称自己非常快乐。

4. 辩证乐观的人生态度

“人生不如意事十常八九”，很难事事如意，时时顺心，总是有成功的时候，也有失败的时候。成功——令人振奋，欢欣鼓舞；失败——令人焦虑，灰心丧气。然而，挫折也并非坏事，人们最出色的工作往往是在逆境中做出来的。辩证乐观的人生态度使人们在厄运中看到了希望，享受到人生的幸福。

5. 全神贯注

塞克斯密哈里（Csikszentmihalyi，1990，1999）指出，在十分紧张焦虑与毫无兴趣的无聊之间还存在着一个人们都可以体验到的全神贯注感。在全神贯注时，我们沉浸在活动中忘掉了自我，忘掉了时间，享受着活动的快乐体验。全神贯注地投入工作或某种休闲活动时也是人们最快乐的时候。无论是工作还是休闲活动，自我越卷入人们就越感到快乐。

幸福就是创造新的生活，创造美好的生活：协作与竞争的内心平衡，亲密关系的支持，充满希望的信仰，辩证乐观的人生态度，全身心投入的活动，都能够让我们深感幸福。

本章摘要

1. 动机是激发、维持、调节人们从事某种活动并引导活动指向某一目标的内部心理过程或内部动力。需要是动机作用的基础，诱因和目标引导着行为的方向和能量，是决定动机力量的重要因素。根据动机的性质可以分为生物性动机和社会性动机；根据行为的原因和目标可分为内部动机和外部动机；根据激起行为的刺激的属性可以分为趋近动机和回避动机。一般情况下中等强度的动机最有利于发挥最佳工作效率。

2. 生物性动机是以饥、渴、饿、睡眠、性生理需要为基础的动机，生物性动机的根本功能在于维护有机体的生存和繁衍。对于摄食动机来说，除了有机体内部的能量平衡和外部环境诱因之外，个体的情绪和认知因素也会影响摄食动机。弗洛伊德把性动机称为性的本能和欲望，它所具有的心理能量叫做“力比多”，它能够给人的全部活动提供能量，并且在人的整个心理活动中表现出来；进化心理学则认为对成功生殖的追求是生命个体性行为的最根本的动力源泉。

3. 社会性动机以社会文化需要为基础，也称继发性动机、习得性动机或心理性动机。主要包括认知动机、交往动机、成就动机、自我动机、工作动机和权力动机。

4. 成就动机是指人们力求实现目标、获得成功的行为动力。阿特金森提出，接近成就目标的趋势由成就需要或渴望成功的动机、成功地完成任务的可能性和成功的诱因值三个因素决定。

5. 自我动机是一种把建立和维护自我概念和自我价值感作为力量源泉的动机。自我价值理论认为了解自己胜任能力的需要是人的基本动因，人们总是努力维护和保持个人的高自尊；自我效能感理论认为人们的自我效能信念决定了他们的动机水平；自我概念提升理论认为自我提升、自我评价、自我验证和自我进步四个核心动因互相协调、互相冲突，同时又进行着各自独立的操作，共同构成社会行为的动力系统；自我实现动机是人类个体为了追求自身的健康成长和自我实现的需要。

6. 权力动机是指人们具有的某种支配和影响他人以及周围环境的内在驱力，也是个体要在某些方面取得一定支配地位的需要。权力动机可分为个人化权力动机和社会化权力动机。

7. 人们在追求幸福方面具有很强的动机，相对应的幸福感分为主观幸福感和心理幸福感。由于免疫性忽视和聚焦主义等的偏见作用，导致人们很难对幸福感进行预测。和幸福感有关的心理学理论有适应水平理论、社会比较理论、人格特质理论三种。与幸福有关的因素主要包括金钱、人际关系、健康、信仰、人生态度，等等。

复习思考题

1. 如何理解动机的含义？动机与需要和诱因的关系怎样？
2. 动机有哪些类型？内部动机和外部动机的区别是什么？
3. 影响摄食行为的因素有哪些？
4. 进化心理学是如何解释性行为和性动机的？
5. 人类有哪些社会性动机？成就目标对认知、情感和行为的影响如何？
6. 哪些因素会影响人类对幸福的追求？

推荐参考读物

1. Herbert Petri & John M. Govern. 动机心理学. 郭本禹等译. 西安：陕西师范大学出版社，2005.

2. R. F. Pranken. 人类动机（第五版）. 郭本禹等译. 西安：陕西师范大学出版社，2005.

3. 郑雪，严标宾等. 幸福心理学. 广州：暨南大学出版社，2004.

4. David Lykken. 幸福的心理学. 黄敏儿等译. 北京：北京大学出版社，2008.

第十章 情绪、压力与健康

情绪、情感赋予生活以动力和意义。当实现了自己所希望的、有价值的目标，人们内心便充溢着快乐。当生活失去了希望和快乐的意义，人们往往会变得沮丧。长期抑郁、感觉沮丧的人会感觉生活颓废，了无生趣。愤怒往往来源于人与人之间的冲突，并可带来暴力和更大的冲突。极端的暴力可能使家庭和社会趋于解体。但个人长期压抑愤怒则可能是多种疾病如胃溃疡、乳腺癌、高血压、结肠炎等产生的根源。现代社会中人们普遍感到工作压力很大，容易产生工作厌倦感，甚至患上种种疾病。在本章中我们将讨论以下问题：

情绪是什么？如何理解情绪：概念、功能、种类与实质？

不同情绪理论是如何描述和解释人类情绪的？

压力的性质、来源与影响因素是什么？如何建立良好的压力应对措施？

什么叫健康？如何促进健康？

第一节 情 绪

一、情绪的定义

情绪受个人所处的环境影响。环境包括自然的和社会的环境。自然环境，如空气质量、噪音程度，会严重影响我们的情绪。社会环境不仅是外部环境中实际存在的人和事，更涉及我们思想中的人和事。我们所说的“天人合一”就是这个道理。人与环境在互动中演变着多种不同的关系。这些关系的主题可能是有趣的、愉快的、悲伤的、厌恶的、愤怒的、恐惧的、羞愧的、内疚的、敌意的等，这就是情绪（emotions）。情绪折射着个人与环境的关系（Campos，1989）。

个人目标是影响情绪反应的核心因素（Lazarus，2000；Gross & Thompson，2007）。一般来说，那些与我们目标有一定关系的，而且关系密切的人和事才会引起我们的情绪反应。个人目标是一个重要的因素。这些目标可能是暂时的、很容易满足的。例如，我现在很渴，喝水或喜欢的饮料会让人感觉愉悦。有的目标比较复杂、精细，需要有计划、有步骤地开展和实现。当目标实现时，会有快乐、满意、幸福感。当目标实现过程受阻或比预期更困难时，会产生愤怒、恐惧、悲伤、厌恶等复杂情绪。当然，有的目标存在于无意识之中。因此，在无意识条件下，也有可能产生情绪。

对于个人内心而言，情绪是一种动力。在接触各种人与事的过程中，在适应环境给予我们的各种不同的机遇和挑战时，情绪是一种即时的身心反应，体现在中枢和外周的生理反应、表情行为及主观体验三个方面（Gross，1998）。生理反应是情绪反应中最基础和客观的部分，中枢神经系统主要涉及边缘系统和前额叶腹内侧及眶回等系统，外周生理的反应包括心血管、呼吸、免疫内分泌等系统。例如，遭遇威胁时，生理上的激动，如心跳加速、体温上升、手心出汗等，与随后的有效还击和防御行为有关；有时生理上会受抑制，如体温下降、心跳减缓。所谓“吓呆了”就是与行为退缩和回避有关。生理上的激活或抑制都与情绪息息相关。可以说，情绪生理反应为个体引起适应行为提供了生理上的能量准备。毕竟，情绪反应的最终目的是引发适应环境的行为。

表情行为来自骨骼肌肉方面的生理变化，是情绪生理反应的进一步外显。表情行为是我们最熟悉的情绪表现，如快乐时的“眉飞色舞”、“笑逐颜开”，悲伤时的“垂头丧气”、“愁容满面”等。表情行为是情绪的自然流露，尽管人们可以依据情境的要求相对控制表情的程度和性质，但还是有相当部分的表情是无法控制的。表情具有人际交流的动力功能，可以促使情绪所携带的适应信息在人与人之间沟通，促使更多的适应性社会行为。所以，表情行为也是社会动物的重要行为特点。

情绪体验是达到意识水平的情感。许多情况下，我们对自己的情绪反应都有一定感受，可以通过语言主观报告出来。例如，快乐、悲伤、厌恶、愤怒……情绪体验帮助个体意识到自己所处环境的性质是好的、有利的、和谐的还是坏的、不利的、冲突的，并驱动认知和行为，了解各方面信息，引起相应的行动，以适应环境的要求并改进生存环境。所以，情绪体验是具有动机功能的意识状态。

情绪反应所涉及的三个核心成分之间关系密切，尤其是基本情绪。每一种情绪都有其独特的体验特点、表情模式及生理反应模式。主观体验的整合与其生理反应及表情行为之间有密切的关系（James，1884；Izard，1977）。最近有实验表明，主观体验与表情行为之间的关系相对比较密切；而生理反应与情绪主观报告及表情行为之间的相关比较松散。另外，主观体验、表情行为及生理反应之间的相互关系也与情绪的强度及种类有关（Mauss，Levenson，McCarter，Wilhelm & Gross，2005）。也就是说，内心情感与表情的一致性较高。但是，生理反应的情绪特异性则不是很强。尽管生理反应随情绪起伏也有一定的变化，但是，生理反应本身的情绪特异模式并不是很强。情绪反应展现于外的过程并非固定刻板。人们将依据情境中的社会要求及个人习惯调整自己的表情行为或认知评价方面，使情绪反应保持一定的弹性和适应性。与情绪相关的许多方面和因素都可能调节情绪，使情绪发生一定的变化（Gross & Thompson，2007）。

也有研究将情感体验与情绪在概念上作相对分离，视情感为情绪系统外的系统（Damasio，2000）。在这个理论中，情绪仅限于生理反应范畴，情感属于情绪的意识特点。情绪更多地决定于那些与进化和遗传更密切的生理反应，而情感则是在情绪生理反应基础上整合而成的主观体验。情绪反应（外周生理反应和表情行为）是客观的、对外公开的，可以被客观测量并作为情绪的客观指标。情感具有内心的体验，变化细腻、隐秘，具有私隐属性。可见，情绪、情感可能是相互独立的。

情绪、情感联系紧密。情绪更多的是生理行为上的反应，从躯体生理能量及行为上驱动个体的应对和适应。情感是情绪意识，驱动对情绪的认知，策划更多的认知与行为调节。情感是在情绪的基础上形成起来的，同时又通过情绪反应得以表达。因此，离开情绪的情感是不存在的。情绪的变化往往反映了情感的深度。而且，在情绪变化的过程中常常饱含着千丝万缕的情感体验。但二者也存在一定差异。从需要的角度看，情绪更多地与人的物质或生理需要相联系。当人们满足了饥渴需要时会感到高兴，当人们的生命安全受到威胁时会感到恐惧。情感更多地与人的精神或社会需要相联系，如友谊感的产生是由于我们的交往需要得到了满足，当人们获得成功时会产生成就感。情绪是人与动物所共有的，而情感可能是人类所特有的，它是随着人的年龄增长而逐渐发展起来的，如人刚生下来时并没有道德感、成就感和美感等，这些情感是随着儿童的社会化过程而逐渐形成的。从反应特点看，情绪具有情境性、激动性、暂时性、表现性与外显性，如当我们遇到危险时会极度恐惧，但危险过后恐惧会消失。情感具有稳定性、持久性、深刻性、内隐性，如大多数人无论遇到什么挫折，其民族自尊心不会轻易改变。父辈对下一代殷切的期望、深沉的爱都体现了情感的深刻性与内隐性。

二、情绪的功能

（一）情绪的动机作用

情绪与动机的关系十分密切，主要体现在两个方面：①情绪具有激励作用。从情绪的动力性特征看，分为积极增力的情绪（positive emotions）和消极减力的情绪（negative emotions）。快乐、兴趣、希望、满意等积极增力的情绪会提高人们的活动能力；恐惧、悲伤、内疚、羞愧、害羞、痛苦等消极减力的情绪则会降低人们活动的积极性。有些情绪同时兼具增力与减力两种动力性质，如悲痛可以使人消沉，也可以使人化悲痛为力量。②情绪被视为动机的指标，反映着动机进程。情绪可能与动机引发的行为同时出现。动机进程顺利，则出现正情绪，如快乐、希望、满意等。动机进程受阻，进度减缓，则出现负情绪，如愤怒、悲伤、恐惧、厌恶等。可展现于外的表情行为能够直接反映个体内在动机的强度与方向并调节人际关系和社会行为。所以，情绪被视为动机潜力分析的指标，对动机的认识可以通过对情绪的辨别与分析来实现。

（二）情绪的调控功能

情绪具有基本的适应功能，帮助个体实现良好的调控和适应。情绪主观体验和表情行为展现在情绪调控功能上起关键作用。情绪主观体验使个体意识到自己与环境的适应状态是好的还是不好的，有利的还是有害的，从而驱动更多的认知过程，了解和理解问题解决的可能途径和方法，考虑社会要求和个人意愿，进行适应的认知与行为调控。认知调控主要作用于对情绪情境的认知评价，可以通过换位思考、全局思考、长远考虑、客观中性考虑等影响情绪过程的进一步发展，帮助实现更好的适应。表情行为调控可以即时调控人际交流中的表情信号，调控人际关系。例如，在人际互动过程中，假如出现愤怒、恐惧或厌恶，及时采取表情抑制或许可以在人际关系中暂时保护双方面子，可以保留日后弥补或报复的机会。

情绪、情感对于人们的认知过程具有影响作用，既有积极增力作用，也有消极减力作用。正情绪可以提高大脑活动的效率，提高认知操作的速度与质量。负情绪，如恐惧、悲哀、愤怒等，可干扰或抑制正在进行的认知活动，同时驱动个体注意力转向于已引起情绪的方面，关注急需解决的问题。调控功能是情绪适应机制的重要方面。

（三）情绪的健康功能

情绪涉及个体生理、行为和意识等层面。个体对环境，尤其是社会人际环境的适应通过情绪调控来实现。情绪调控直接影响身心健康。良好、适当的情绪调控可使个体维持在适中、和谐、积极的情绪状态，有助于个体维持良好的社会性适应和身心健康。不良调节可能导致负情绪过多地堆积，或正情绪难以激活（快感缺失），导致适应动力受损等不良健康状况，引起各种身心疾病，将健康推向更差更坏的方向。

我国古代医书《内经》中就有“怒伤肝，喜伤心，思伤脾，忧伤肺，恐伤肾”的记载。若年轻时性情压抑、焦虑和愤怒，患结核病、心脏病和癌症的比例会比性情沉稳开朗的人高出几倍。适当良好的情绪调节是维持和促进情绪系统的积极功能，保持心理平衡与身体健康的条件。

（四）情绪的信号功能

情绪是人们在社会交往中的一种心理表现形式。情绪的外部表现是表情行为，具有信号传递作用。表情行为大多属于非言语性交际，包括面部表情、身段表情和体态表情等。人们可以凭借一定的表情行为来传递情感信息和思想愿望。表情行为比言语更具生动性、表现力、神秘性、敏感性及真实性。在言语信息暧昧不清时，表情往往具有补充作用。人们可以通过微妙表情准确地展现（泄露）自己的感情意图，也可以通过表情变化识别和判断对方的态度和内心意向。所以，表情作为人际交流互动的特别符号和方式，被视为人际关系的重要纽带。

此外，情绪还具有相互感染的功能。人类乃社会动物，个人的情绪、情感很容易影响他周围的人，扩大个体情绪的适应功能。例如，恐惧传递可以使大家意识到威胁的存在，并采取相应措施，应付威胁。假如某人处于悲痛之中，周围人也容易受感染，引起同情和安抚。情绪、情感也有迁移功能。人们对他人的情感会迁移到与他人有关的对象上，这就是为什么人们会“爱屋及乌”。

三、情绪的分类

（一）情绪的基本形式

人类拥有 6 种基本情绪：快乐、兴趣、愤怒、恐惧、悲哀、厌恶（Ekman，1973）。快乐和兴趣最能反映个体与环境所处的和谐与满意状况。当长期的追求实现了或比预期更接近目标时，快乐油然而生。当遇到符合自己需要、对自己有利的人和事物时，我们会有兴趣去进一步认识和了解。快乐与兴趣是具有愉快体验和趋近动力的正情绪，使人产生超越感、自由感和接纳感。其他的正情绪，如希望、满意、幸福等，都是以这两种基本情绪为主的复合情绪状态。愤怒往往是由于动机进程受阻或进程比预期更困难而引发。当人们意识到某些不合理的、不公正的或充满恶意的因素存在时，愤怒将骤然发生。时下常用“发飙”一词来形容这种突然爆发的愤怒。引起恐惧的重要原因是缺乏处理可怕情景的能力与手段。恐惧时我们企图竭力摆脱、逃避某种危险情景。悲哀发生于失去重要的自我，当亲人离开、愿望破灭、理想不能实现等情况发生时，悲哀将不可避免。悲哀强度取决于失去的对象、愿望、理想的重要性与价值。厌恶也是一种经常发生的基本情绪。当遇到肮脏的、不可进食消化的东西，我们会产生厌恶。厌恶也可能与高级认知结合，使我们对一些我们不能接受的人和事情产生厌恶、拒绝的反应。除了上述6种基本情绪，还有羞愧、内疚、害羞、自我敌意等具有一定自我意识的社会情绪（Izard，1977，2007）。另外，6 种基本情绪也可以出现不同的复合，派生出更多的复杂情绪。

总之，情绪反映个体与环境之间的关系主题。每一种情绪都蕴含一种动力系统，展现于生理反应、表情行为及主观意识等方面。

（二）情绪状态

情绪反应持续时间较短，一般为几分钟或 1 小时内，发挥其信号、动力、调控及适应功能。情绪一般针对一定的问题而起，尤其是负情绪。由于引起情绪的情境或个人反应及调节上的差异，有的情绪可能持续较长时间，强度上也有一定的差异。依据情绪发生的强度、速度、紧张度、持续时间等特点，也可将情绪状态进一步归为激情、应激、心境等类型。

激情是一种爆发快、强烈而短暂的情绪反应。在突如其来的外在刺激作用下，有的人会产生勃然大怒、暴跳如雷或欣喜若狂等情绪反应。激情状态下，人的外部表情行为表现明显，生理唤醒较强，因而很容易失去理智，导致认知功能严重失效，甚至会做出不顾一切的鲁莽行为。激情具有爆发性和冲动性的特点。整个激情发生过程十分迅猛，大量的心理能量和身体能量在短时间内喷发。激情状态下容易失去对行为的控制力，陷入“身不由己”、“情不自禁”状态。任何一种情绪都可能出现激情状态。以正情绪为主导的激情状态可以使人的情感完全投入当前的活动当中，产生高度的情感促进作用。热恋就是一种典型的以快乐、兴趣、希望等正情绪为主的激情状态。而失恋则是以悲伤、羞愧、内疚等负情绪为主的激情。由于意志控制力减弱，以负情绪为主的激情容易使人失控，造成“一失足成千古恨”。

应激是个体面临和知觉到可能有损自我良好感觉的情境，需要奋起应对的情绪反应状态（Weiten，2007）。应激反应以负情绪为主，如恐惧、愤怒、悲伤、厌恶等（Lazarus，1993）。当然，也有可能伴随一定量的正情绪反应，如惊讶、兴奋、兴趣（Folkman，et al.，1997）。应激反应中出现的各种情绪可及时给予个体以适应的信息并促使开展有效应对。对应激源的认知评价可影响应激反应产生的类型及强度。挫折、失败、冲突、改变、压力等情境都可能导致应激发生。

应激反应时，生理上将出现一系列的交感系统激活、增强的反应，心血管系统、呼吸系统、骨骼肌肉系统等处于高度激活状态，消化系统活动减弱。例如，当面临危险或突发事件时，我们的身心会处于高度紧张状态，引发一系列生理反应，如肌肉紧张、心率加快、呼吸变快、血压升高、血糖增高等。应激状态长时间持续会过多地消耗体力和心理能量，导致免疫力受损，身心衰竭，从而引起身心疾病。

应激具有超压性和超负荷性。所谓超压性是指在应激状态下，个体往往会在心理上感觉到超乎寻常的压力，无论是处于危险情景的应激状态还是处于紧要关头的应激状态，都会由于客观事物的强烈刺激而导致个体承受巨大的心理压力并集中反映在情绪的高度紧张之中，这就是情绪的超压性。在应激状态下，个体必然会在生理上承受超乎寻常的负荷，以充分调动体内的各种机能资源去应付紧急状况。

个体存在多种应对应激和调节情绪的策略和方法。有的以解决问题为主，如增强学习可以用于应对考试失败引起的应激；增加社交活动也可以减缓失恋带来的冲击。可是，并非所有应激都可以通过问题解决来缓解。如果应激过强，或慢性应激，或紧张焦虑等负情绪反应堆积过高，难以缓解，将导致恶性循环，干扰正常的认知过程，使注意力、记忆、决策、问题解决等出现负性偏差，引起新的适应问题。因此，及时缓解负情绪也将是需要有效应对的重要方面。以缓解情绪为主的方法有：放松、外出旅游、体育锻炼，上网瞎逛、闲聊，上街疯狂购物等。

心境是一种具有感染性的、比较平稳而持久的情绪状态。当人处于某种心境时，会以同样的情绪体验看待周围事物。如人伤感时，会见花落泪，对月伤怀。平稳的心境可持续几个小时、几周或几个月，甚至一年以上。心境的主要特点是具有渲染性和弥散性。当一个人处于某种心境时，他的言行和举止、心理活动都会蒙上一层相应的情绪色彩，这就是情绪的渲染性。心境不具有特定的对象，而是作为情绪背景起作用。心境有积极和消极之分，积极的心境使人振奋乐观，有利于身心健康；消极的心境使人颓废悲伤。因此如何保持良好的心境是保持心理健康的关键。

（三）情感的种类

情感是个体对具有一定文化价值的东西，如道德、学问、艺术等所怀有的复杂情感。例如，道德感、理智感和美感。它受个人的生活经验、教育水平、社会生活条件等因素的制约，是更多地与个体的精神或社会需要相联系的一种情绪。

道德感是根据一定社会的道德标准，对人的思想、行为作出评价时所产生的情感体验。当自己或他人的言行符合道德规范时，对自己会产生自豪、欣慰等情感，对他人会产生敬佩、羡慕、尊重等情感；当自己或他人的言行不符合道德规范时，对自己会产生自责、内疚等情感，对他人会产生厌恶、憎恨等情感。理智感是人们认识、评价事物时所产生的情绪体验，如发现问题时的惊奇感，分析问题时的怀疑感，解决问题后的愉快感，对认识成果的坚信感等。理智感常常与智力的愉悦感相联系。

美感是根据一定的审美标准评价事物时所产生的情感体验。它是个体对优美自然和和谐社会生活的一种美的体验。当看到青山绿水、蓝天白云等自然风景，呼吸新鲜空气，目睹和经历和谐美好的社会品行，欣喜和赞美之情油然而生。美感的产生受思想内容及个人审美标准的制约。丑陋的内涵无论外部伪装得多么美好，也无法使品德高尚的人对其产生美感。而且，不同的审美标准也将产生不一样的美感。

四、文化与情绪

人类情绪既有先天预成的生物遗传基础，也有后天学习塑造的社会认知建构属性。因此，不同文化之间，情绪也将具有其跨文化的一致性和差异性。文化的影响主要发生在两个环节：情绪产生过程和情绪展现过程。不同文化背景下的个体情绪反应既有一定的类似性也有差异性，可表现为文化一致性和文化差异性。

依据达尔文的理论，人类表情是进化的产物。表情行为的发生依据一定的生理机制，而并非人际交流的工具。情绪是先天预成的适应机制，不同文化种族都应具有类似的情绪反应模式，尤其是在基本情绪表情行为模式方面（Darwin，1872）。美日婴儿情绪比较研究表明，基本情绪的面部表情具有跨文化一致性，不同文化背景下基本情绪表情行为出现高度一致性（Camras et al.，1992），不同种族个体对 7 种基本表情，即快乐、惊讶、生气、厌恶、害怕、悲伤和轻视，都很容易辨认（Keltner et al.，2003；Matsumoto，2001）。在不同的国家和地区，如匈牙利、日本、波兰、苏门答腊、美国、越南等，人们的面部表情存在着很多相似之处（Biehl et al.，1997）。可以说，尽管存在文化或国度差异，但是人们都会以比较一致的方式表达情绪，同时也可以根据他人的面部表情来判断情绪。可是，情绪的文化一致性结论似乎只适用于人类基本情绪。

情绪的文化相似性还反映在引起情绪的基本评价维度方面。在不同文化背景下，存在着基本的愉快评价维度和不愉快评价维度。一般来说，与个体目标相关的，有助于进一步实现目标的情境，基本可引起好评，产生愉悦情绪。例如，快乐、兴趣、希望、满意等。另外，与目标无关、不利于目标实现的情境，一般会引起不好的评价，产生不愉快情绪。例如，愤怒、恐惧、厌恶等。不同情绪反映个体处于不同关系主题的情境之中，激活个体与环境不同关系主题的动力系统。在不同文化背景下，每一种情绪的产生存在着一些比较一致的规则。例如，获得利益和自我增强时会快乐和积极进取；失去利益和自我减弱时会悲伤、愤怒和厌恶。这些规则在不同文化背景下共通，使不同文化个体可以相互理解，产生共鸣。

情绪的文化差异既可以发生在影响情绪产生的认知评价过程，也可以发生于情绪展现规则方面。在不同文化背景下，社会认知差异影响着情绪产生过程，导致不同文化背景下情绪反应的许多细微差异。与自我意识关系较密切的情绪，如内疚、羞愧、嫉妒、悲伤等，存在较多的文化差异。社会文化差异主要影响情绪产生过程中的认知评价过程，而不是情绪本身。不同文化背景下的个体对可能产生情绪的事件及情境可能有不同的评价，从而导致出现不同类型及强度的情绪。也就是说，社会文化影响了人的思想，从而影响了在特定情境下的情绪反应。但是，情绪反应本身基本上不会有太大的差异。

情绪展现规则的文化差异也是一个备受重视的领域。不同文化背景下的个体对于个人与环境的关系会有不同的预设考虑和社会压力。与个人主义文化不同，集体主义文化背景下的个体在情绪展现过程中，需要更多地考虑他人的感受，照顾、维护双方的面子。社会压力对个体情绪表达过程有更多的影响。一般认为，东方人，如日本人的情绪表达比较委婉、含蓄、中性、暧昧，难以判断其内心真正的情绪反应。中国人也一样，比较习惯抑制自己的负情绪，而且有随年龄而增长的趋势（黄敏儿、郭德俊，2001）。欧美等西方人的情绪表达显得更加清晰分明，真实自然。身体语言具有一定的文化差异性。在不同的文化中，同一手势所代表的含义可能截然不同。例如，竖起大拇指在许多文化中是表示夸奖的意思，但在希腊却有侮辱他人的意思。总之，个体适应所处环境的文化传统时必然发展出一套与之相应的行为规范。这些行为规范影响着人们在特定环境中产生与本文化有特定关系的情绪反应和表达方式。情绪反应是文化适应的工具，也是文化适应的产物。

第二节　情绪理论

情绪理论主要阐述情绪反应过程中生理、行为、主观体验及认知等因素的相互作用关系。其中关键问题是情绪主观体验的产生机制。情绪体验是认知思考的产物，还是生理行为展现的结果？以下是近一百年来关于情绪本质问题的理论发展脉络。

一、詹姆斯—兰格理论

一般常识以为，当我们遇到一只老虎（情绪刺激）时会感到恐惧，然后大叫逃跑。而美国心理学家詹姆斯（William James，1842—1910）和丹麦的生理学家兰格（Karl Georg Lange，1834—1900）对此提出了质疑。他们认为，对情绪状态的感觉出现在生理反应之后，情绪来源于对生理反应的意识。如我们感到难过，是因为我们哭泣；我们看到老虎后产生逃跑行为，先是由肌体唤起，然后人才开始意识到自己的肌体反应，感到了害怕。他们认为情绪来源于躯体活动的生理反馈（见图 10－1），此学说被称为情绪的詹姆斯—兰格理论（James，1884，1890，1894；Lange，1884）。该理论强调情绪外周生理的作用。显然，外周的生理反应不是情绪的唯一来源，大脑中枢神经系统对情绪起着相当大的调节和控制作用。

情绪刺激的知觉 → 身体反应 → 对身体反应的知觉 → 情绪体验

图 10－1　詹姆斯—兰格理论示意图

詹姆斯—兰格理论的核心是强调情绪中的身体反应（主要包括骨骼肌肉和内脏生理反应）对情绪体验的决定作用。换言之，没有生理反应，也就不会有丰富细腻的情感体验。然而，情感体验是独特分化的。快乐、兴趣、愤怒、恐惧、悲伤、厌恶等情绪都有主观体验上的独特性，感受丰富细腻，色彩鲜明，相互不会混淆。那么，是否应该存在情绪特异的生理模式，才可以整合出如此独特丰富的情绪体验？这个问题成为近百年来情绪研究的重要主题之一。

Ekman（1983）的研究采用面部动作任务（facial action task）诱发悲伤、恐惧、愤怒、厌恶等情绪，同时记录生理反应，如心率、皮电、皮温等。结果表明，与愤怒、恐惧、厌恶比较，悲伤引起更强的皮电反应；恐惧与愤怒的生理反应之间存在不同的模式。说明存在情绪特异的生理模式。Cacioppo 和 Berntson 等（1997）的元分析研究表明，与厌恶比较，愤怒、恐惧、悲伤、快乐的心率都有更大的增强；厌恶的心率变化与控制组没有差异；愤怒相比于快乐引起更强的心率变化。恐惧相比于快乐引起更大的心率增强。恐惧比悲伤有更大的心率增加。可见，在基本情绪中，愤怒引起的心率增加最大，厌恶的最小。除了心率，愤怒时的舒张压、皮电、皮温、指端血溶振幅等生理反应的变化也比恐惧、悲伤、快乐时的更强。可见，情绪生理特异性是普遍存在的。另外，Boiten（1996）指出，在心血管系统存在一定的情绪特异，呼吸系统次之。

可是，研究结果似乎不能让人满意。生理反应的情绪特异性似乎不如情绪主观体验那样清晰明显。也就是说，情绪生理反应上的特异性并不是很强。Cacioppo 等

(2000）的情绪躯体内脏传入模型（The somato-visceral afferent model of emotion，简写SAME）提出情绪生理反应可能存在特异、半特异、非特异等三种不同的模式。如果是情绪特异的生理反应，则通过类似模式再认的机制，直接整合出特异鲜明的情绪主观。例如，一条毒蛇的出现。这个过程不需要额外的认知加工。如果诱发出情绪半特异的生理反应，上下文的知觉启动则可能影响情绪主观体验的意识整合过程。例如，在优美环境中与朋友约会可以增进情感。第三种情况，非特异的生理反应将如何整合情感体验？一来，非特异的生理反应引起的情感体验的分化性不强，是比较含糊不清的。二来，这种情况下的情感体验整合比较容易受认知评价和标签的影响。正如Shachter 和 Singer（1962）实验所设计的，当被注射了有增强生理激活功能的肾上腺素后，被试产生非特异的生理反应，可是，这种生理反应并不能决定产生某种特异的情感体验。当进入快乐的情境，被试感觉快乐；当进入愤怒的情境，被试感觉愤怒。这时候，情感体验主要受认知评价和认知标签所左右。

情绪生理反应可以通过不同的机制直接或间接影响情感体验的整合，但是，认知因素也可以通过某种机制间接影响情感体验。我们常说情感是一种“体验”。这个“体验”与詹姆斯—兰格理论中对身体反应的强调是一致的。没有身体反应卷入，情感体验将荡然无存，苍白无力。

二、坎农—巴德理论

生理学家坎农（Walter Bradford Cannon，1871—1945）反对詹姆斯—兰格理论所强调的外周生理反应决定情绪主观体验的观点，他强调中枢神经对情绪的调节作用。分歧的关键是，他提出情绪主观体验决定于中枢神经并受高级认知的调节，外周生理反应，尤其是内脏反应只是情绪反应的伴随反应，与情绪体验无关。坎农指出，如果外周生理反应的反馈传入决定情绪，那么，必定存在相应的皮层中枢，例如躯体感觉区或内脏活动感觉区，从而整合情绪意识。如果切断这些高级皮层与内脏反应之间的联系，情绪反应将受到严重损伤。在坎农的经典实验中，动物（猫）被切断了内脏与中枢神经系统的联系，实验动物仍然存在情绪反应。说明没有外周生理反应的反馈信息，动物依旧存在情绪反应。

坎农还指出，自主神经的反应速度太慢，不具有产生快速情绪反应的条件。情绪反应要求大脑在输入刺激和输出反应中起作用。来自丘脑的信号到达皮层某一区域产生情绪反应，到达另一个区域引起情感反应。坎农的学生巴德（Phillip Bard）也提出了同样的观点，即内脏反应不是情绪反应的主要内容。输送到大脑皮层的信息产生情绪体验；输送到内脏和骨骼肌的信息激活生理反应。身体变化和情绪体验是同时发生的，而情绪感觉是由大脑皮层和植物性神经系统共同激起的结果。他们的观点被称为坎农—巴德理论，根据这一理论，当人看到虎后，丘脑被激活，然后激活大脑皮质和下丘脑，人开始行动。大脑皮质负责情绪感觉和情绪行为，下丘脑负责肌体唤起。如果人认为老虎很危险，大脑的活动就会同时启动肌体的唤起、逃跑的动作和害怕的感觉。

坎农—巴德的情绪理论实质上强调对情绪事件（刺激）的认知评价对情绪体验的决定性作用，同时否认生理反应在情绪体验产生过程中的作用。关于情绪三个核心成分，即生理反应（包括中枢神经和外周生理）、表情行为、主观意识等的相关关系，Mauss 等（2005）的研究表明，在中等程度下，情绪（悲伤和快乐）的表情行为与主观体验之间存在高度相关，而这两方面的反应与生理反应之间的关系相对低一些。而且，该研究还发现，在较高情绪诱发条件下，快乐时三个成分之间的相关程度增强，而悲伤则没有出现这种效果。在这项研究中，情绪生理反应与主观意识的关系并没有达到詹姆斯—兰格理论所预言的那么紧密。可见，情绪三个核心成分之间的相互作用机制还有待进一步探讨。

三、沙赫特的情绪认知理论

詹姆斯—兰格理论强调情绪的外周生理反应的作用，坎农—巴德理论则强调中枢神经及高级认知评价的影响。那么，外周生理反应与认知评价在情绪产生过程中的作用如何？沙赫特（Stanley Schacher）和辛格（Jerome Everett Singer）提出了一个相对折中的情绪认知理论。该理论指出，情绪经验既来源于人们对刺激情景性质的认知，也决定于对自己身体生理变化的认知（Schachter & Singer，1962）。该理论被称为情绪认知理论。该理论强调个体对其生理变化与刺激性质两方面的认知。人们对于同一生理唤醒可以作出不同的归因，产生不同的情绪。认知在情绪反应中的作用在于判断和评价环境刺激物对个体需要的符合情况。

沙赫特和辛格有关认知与情绪关系的实验说明了认知因素和生理唤醒状态对情绪的影响。实验过程如下：他告诉被试实验的目的是调查一种新的维生素化合物对视力的影响。被试注射后在一个房间内等待药物生效。一半的被试接受肾上腺素的注射，这种物质通常引起心率和呼吸率的加速、肌肉颤抖和一种“极度紧张不安的”感觉。另一半的被试作为控制组，接受盐水注射，它不会产生生理效应。注射肾上腺素的被试分为三组，第一组被正确告知将有生理反应，第二组未被告知任何可能的症状，第三组被告诉错误的信息：即他们将出现麻木，发痒并可能伴有头疼症状。研究假设后两组被试将会部分地受环境暗示的影响，因为他们将可能从环境标志中寻找一种解释，解释自己的唤醒状态。环境条件 A（诱发快乐情绪）：由一个“滑稽演员”（实验者的同事，研究安排的主试）所操纵，每个被试到来时，房间里可能还有其他参加者在实验中。环境条件 B（诱发愤怒情绪）：“演员”（同样是研究安排的主试）要求被试填写含有涉及隐私或侮辱性条目的问卷，被试会对必须填写的问卷愤恨不已，最后撕掉问卷并把它扔出室外。实际记录被试的情绪变化（主观报告和实验室行为观察实验）。结果显示，控制组的被试和被正确告知注射肾上腺素的被试很少被这位“滑稽演员”的行为所影响。未被告知或被错误告知的被试对其生理状态没有现成的解释，倾向于从“滑稽演员”的行为中得到暗示，当“滑稽演员”表演快乐时也出现快乐的行为，“滑稽演员”愤怒时也表现出愤怒。研究表明，人们往往通过与周围人进行比较来评价自己的情绪。沙赫特分析情绪体验的产生基于两方面的因素：生理唤醒以及对生理唤醒的认知标签（Schachter & Singer，1962）。该理论认为，生理唤醒一般是非特异的，无法整合出特异的情绪体验。分化特异的情绪体验来源于个体在环境中获得对自己生理唤醒的理解。例如，考试前，个体感觉到自己心跳加速、心悸、出汗等生理唤醒增强的症状，可是，仅仅有这些生理唤醒是不足以整合出情感体验的。这时候，个体会将这些生理唤醒归因于即将进行的考试。可见，在沙赫特和辛格的理论中，决定情绪体验，即情绪本身形成的关键是对生理唤醒的解释和归因。这个解释和归因是如何进行的呢？沙赫特和辛格认为个体无法对生理唤醒的理由给予“恰当”解释，只能从情境中寻找相关的标签。可见，在该理论中，认知因素是关键。该理论分析，认知对情绪可能有三种作用：对情绪刺激的评价；对唤醒源的认知分析；对情绪的标签以及对所标签的情绪的再评价。沙赫特在解释情绪产生时举了一个例子，“假如我现在很激动，而且你也很讨厌，我一定是愤怒了”。

后来人们以沙赫特和辛格的情绪理论为基础建立了一种错误归因训练法，即按照一定的训练程序，引导个体对不同生理唤醒状态进行正确的认知解释，以形成所期望的情绪归因，从而改变情绪，形成比较积极的归因风格。

社会心理学家拉扎鲁斯（Richard Lazarus）也是一位情绪认知评价的倡导者，他强调认知评价在分化情绪中产生的决定作用。评价可以在无意识状态下发生。如果以前有过相关的经历，你就无须再刻意地对你的唤醒进行环境上的解释。他的这种主张被定义为情绪的认知评价理论。该理论既承认情绪的生物因素，也承认情绪受社会文化情境的制约、受个体经验和人格特征的制约，而这一切又随时发生在对任何事物的认知评价当中。

四、当代情绪理论模型

由于情绪的复杂性，心理学家对它的理论解释是多种多样的。现代观点认为，上述每一种理论都有其合理性和正确性。詹姆斯—兰格理论强调了外周生理唤起及行为反馈对情绪体验的作用。坎农—巴德理论提出了大脑中枢神经系统及认知评价在情绪中的重要性。沙赫特和辛格的研究强调对情境评价及认知标签的作用。的确，对一个情境的评价方式会极大地影响我们的情绪过程。然而，沙赫特的理论忽略了情绪的其他因素的作用。此外，这一理论还缺乏在不同情境中的普遍适用性，例如，幼儿还不会进行情绪评价，我们如何解释他们的情绪产生过程？当代情绪理论研究的总趋势是，心理学家力图将各种研究结果加以综合，把几种理论的要点放在一起，合成一个当代情绪理论模型（见图 10－2）。当代情绪理论认为，情绪引起的主要过程是对情境因素的评价，而情绪反应则可以从自主生理唤醒、面部及躯体表情行为、主观体验等方面展开。

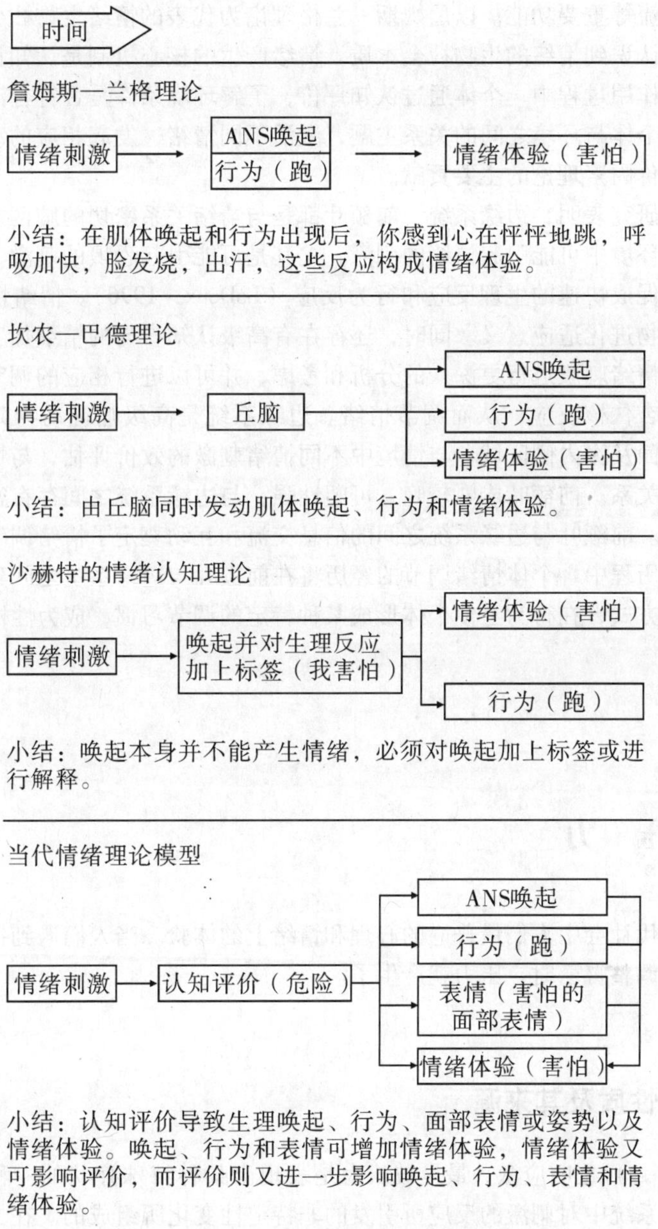

图 10－2　不同情绪理论模型的比较图示

（采自 Coon 著，郑钢等译，2004）

纵观近百年来的情绪研究，可以从两个方面把握情绪的本质。情绪本身是生物进化的适应机制。情绪的三个核心成分，即中枢和外周的生理反应、表情行为及主观体验奠定了情绪本质所具有的心理与行为的动力性，个体与环境适应性及个体内心和人际间的信息交流等重要功能。以詹姆斯—兰格理论为代表的情绪生物社会角度研究的主要贡献在于认识到情绪的生物社会本质。情绪产生的核心机制是认知评价。在个体与环境的相互作用过程中，个体通过认知评价，了解环境条件是否符合满足个人需要和目标，意识个体与环境之间的关系主题，激活不同情绪，发起相应的动力系统。这是强调认知评价因素理论的主要贡献。

神经科学研究表明，边缘系统、前额叶都是与情绪关系密切的脑区。杏仁核的作用主要是评估环境中可能引起情绪的刺激，尤其是可能引起恐惧的刺激，进行快速的监控和评估并促成快速的生理反应和行为反应（LeDoux，1996）。情绪快速反应通道具有重要的生物进化适应意义。同时，还存在有高级认知参与的精细加工通道。该通道可以对这些情绪刺激进行更深入的分析和考虑，并可以进行相应的调节。精细加工结果可以调节杏仁核反应，从而调节情绪。边缘系统是高级哺乳动物共有的情绪脑区。前额叶眶回及腹内侧区域参与情境中不同情绪刺激的效价评估，与情绪主观体验的产生有密切关系。前额叶成熟较晚，可塑性强，与边缘系统之间存在密切的神经联系及信息交流。前额叶与边缘系统之间的信息交流和互动奠定了情绪调节的主要神经机制。在成长历程中，个体情绪调节的经历将在前额叶与边缘系统之间建立起某种神经连接和交流方式，在行为上使个体形成某种特定的调节习惯，成为性格的一部分。

第三节　压　力

压力是现代社会中人们最普遍的心理和情绪上的体验。当人们遇到挑战或威胁而不得不改变或调整自己时，压力就产生了。

一、压力的性质及其来源

压力（stress）也叫应激，最早被认为是表现出某种特殊症状的一种状态。这种状态是由生理系统中对刺激的反应所引发的非特定性变化所组成的。在文献中，压力至少有三种不同的含义。首先，压力是指那些使人感到紧张的事件或环境刺激。其次，压力指的是一种身心反应。例如，有人说“我就要参加演讲比赛了，觉得压力好大”。这里他就用压力来指代他的紧张状态。压力是他对演讲事件的反应。压力反应涉及两个主要方面。在心理方面，包括个人的行为、思维以及情绪等主观体验，也就是所谓的“觉得紧张”；在生理方面，包括心跳加速、口干舌燥、胃部紧缩、手心出汗等身体反应。身心反应合起来称为压力状态。再次，压力是一个过程。这个过程包括引起压力的刺激、压力状态以及情境。压力不只是刺激或反应，而且是一个过程。在这个过程里，个人能通过行为、认知、情绪的策略来改变刺激物带来的冲击。面对同样的事件，每个人经历到的压力程度常会有所不同。

压力是如何产生的？以下是四种类型的压力源学说。

躯体性压力源是指通过对人的躯体直接发生刺激作用而造成身心紧张状态的刺激物。它包括物理的、化学的、生物的刺激物。如过高或过低的温度、微生物、变质食物、酸咸辣刺激等，这一类刺激是引起生理压力和压力的生理反应的主要原因。

心理性压力源是指来自人们头脑中的紧张性信息。例如心理冲突与挫折、不切实际的期望与欲望、不祥预感以及与工作责任有关的压力和紧张等。心理性压力源与其他类型压力源的显著不同在于它直接来自人们的头脑中，反映了人们在心理上所存在的困难。生活中的压力事件处处可见，但为什么有的人无动于衷，有的人却耿耿于怀，这种区别常常源于人们内心对压力的认知，对压力的处理方式和态度。如果过分夸大压力的威胁，就会制造一种来自自身的压力。长此下去会产生所谓的慢性压力感，对压力感到畏惧。

社会性压力源主要是指造成个人生活方式上的变化并要求人们对其作出调整和适应的情境与事件。社会性压力源既包括个人生活中的变化，也包括社会生活中的重要事件。数不清的事件导致人们产生压力：社会的巨大变化，如战争；自然界的灾害，如地震、洪水；个人生活的改变常常会给人带来压力，如换工作、结婚、搬家等。并不是只有坏事才能产生压力，好事也会给人带来压力。心理学家霍曼和瑞希编制的生活改变与压力感量表（Holmes & Rahe，1967）列出了43种大部分人都可能经历的生活事件。由400位不同职业、阶层、身份、年龄的人对这些事件产生的压力大小打分，发现其中24个项目直接与家庭内人际关系的变化有关（见表10－1）。

文化性压力源最常见的是自己所处的文化环境发生变化，即所谓的文化性迁移，从一种语言环境或文化背景进入到另一种语言环境或文化背景中，面临全新的生活环境、陌生的风俗习惯和不同的生活方式，从而产生压力。若不改变原习惯，适应新的变化，常常会出现不良的心理反应，甚至积郁成疾。例如，出国留学无论在哪一个国家都已成为一种潮流，如果缺乏对环境改变所应有的心理准备，而且没有一定的外语基础的话，就难以适应异国生活，无法与异国的人们进行交流和沟通，甚至有的不得不中断学业或引发疾病。这样的事例也时有发生。现代社会已经进入了国际化时代，在异国生活的人越来越多，因此文化性压力源就成了现代人的一大新的压力源。

表 10-1　生活事件与压力感

序号	生活事件	压力感	序号	生活事件	压力感
1	丧偶	100	23	儿女长大离家	29
2	离婚	73	24	触犯刑法	29
3	夫妻分居	65	25	取得杰出成就	28
4	坐牢	63	26	妻子开始或停止工作	26
5	直系亲属死亡	63	27	开始或结束学校教育	26
6	受伤或生病	53	28	生活条件的改变	25
7	结婚	50	29	改变个人的习惯	24
8	失业	47	30	与上司闹矛盾	23
9	复婚	45	31	工作时间或条件改变	20
10	退休	45	32	迁居	20
11	家庭成员生病	44	33	转学	20
12	怀孕	40	34	娱乐方式的改变	19
13	性生活不协调	39	35	宗教活动的改变	19
14	新家庭成员诞生	39	36	社会活动的改变	18
15	调整工作	39	37	少量抵押或贷款	17
16	经济地位变化	38	38	改变睡眠习惯	16
17	其他亲友去世	37	39	家庭成员居住条件改变	15
18	改变工作行业	36	40	饮食习惯改变	15
19	一般家庭纠纷	35	41	休假	13
20	借贷大笔款项	31	42	过重大节日	12
21	取消抵押或贷款	30	43	轻度违法	11
22	工作责任改变	29			

二、压力下的应激反应

人们面临压力时，会产生一系列身体和心理的反应。如果压力事件很快得到解决，这一系列反应就会停止。但是，如果压力长期持续不断，身体就会产生慢性的适应。身体的这些反应在一定程度上是机体主动适应环境变化的需要，它能唤起和发挥机体的潜能，增强抵御和抗病能力。但是如果反应过于强烈或持久，就可能导致生理、心理功能紊乱。

(一)生理应激反应

个体在压力状态下会出现一系列生理反应，主要表现在自主神经系统、内分泌系统和免疫系统等方面。例如，由于压力导致心率加快、血压增高、呼吸急促、激素分泌增加、消化道蠕动和分泌减少、出汗等。一般而言，压力状态下身体反应会经历三个阶段；第一阶段是警觉反应。这一阶段中，由于刺激的突然出现而产生情绪的紧张和注意力提高，体温与血压下降、肾上腺分泌增加、呼吸加快，与此同时消化活动受到抑制，唾液和黏液分泌减少，气管扩大。有压力时，我们常感到口渴，就是这个道理。整个身体迅速做好准备，进入应激状态。如果压力继续存在，身体就进入第二个阶段，即抗拒，企图对身体上任何受损的部分加以维护复原，因而产生大量调节身体的激素。第三阶段是衰竭阶段，压力存在太久，应付压力的精力耗尽，身体各功能缓慢下来，适应能力丧失。个体的抵抗力降低，抵御疾病的能力降低。可见，压力下的生理反应可以调动机体的潜在能量，提高机体对外界刺激的感受和适应能力，从而使机体更有效地应对变化。但过久的压力会使人适应能力下降。

(二)心理应激反应

压力引起的心理反应有警觉、注意力集中、思维敏捷、精神振奋，这是适应的心理反应，有助于个体应付环境。例如，学生考试、运动员参赛，在适度压力下竞争容易出成绩。但是，过度的压力则会导致负面反应，出现消极的情绪，如忧虑、焦躁、愤怒、沮丧、悲观失望、抑郁等，从而使人思维狭窄、自我评价降低、自信心减弱、注意力分散、记忆力下降，表现得消极被动。过度的压力会影响智能发挥，压力越大，认知效能越差。个体在压力状态下的心理反应存在很大差异，这取决于个体对压力的认知和解释以及应对压力的能力。

个体面临压力时会有各种行为变化，这些变化决定于压力的程度以及个体所处的环境。压力下的行为反应可分为直接反应与间接反应。直接反应指直接面对引起紧张的刺激时，为了消除刺激源而作出的反应。如遇歹徒或与其搏斗或逃避。间接反应指借助某些物质暂时减轻与压力体验有关的苦恼，如借酒消愁。通常，轻度的压力会促发或增强一些正向的行为反应，如寻求他人支持，学习处理压力的技巧。但压力过大、时间过久，则会引发不良的行为反应，如谈话结巴、过度进食、刻板动作、攻击行为、失眠等。

三、应对压力的资源

社会支持(social support)是应对压力的重要资源，不同学者对此提出了不同的见解(见表10-2)。我们采用以下定义：社会支持是他人提供的一种资源，告知某人他是被爱着、被关心、被尊重的，他生活在一个彼此联系且互相帮助的社会网络当中（Cohen & Syme，1985）。除了社会情感的支持外，人们还能得到有形的支持（金钱、交通、住房）和信息的支持（建议、个人反馈、咨询）。你的家人、朋友、同事和邻居都可能在你需要帮助的时候为你提供支持网络。有社会支持作后盾，人们就能更好地处理压力、失业、婚姻困惑、严重疾病、其他各种灾害以及日常生活中遇到的问题（Cohen & Mckay，1983）。

表 10－2　社会支持的概念

一、关于社会支持的定义

1. 存在能调动个体心理资源克服情绪负担及能够给予帮助的人（Caplan，1974）。

2. 人际关系的构造、机能、主观的评价（Depner et al.，1984）。

3. 给予治疗说明，提供行为反馈信息，帮助克服痛苦经验，建立与人的稳定关系（Hamburg，Elliot & Parron，1982）。

4. 应对生活的变化，接近组织、集体，并加以利用（人际关系如果能够达到融洽，也就实现了支持）（Pearlin，1981）。

二、关于社会支持的内容

1. 三种情报说（Cobb，1976）

情绪支持（emotional support）：满足依赖、养育及寻求亲密的欲望。

自尊支持（esteem support）：提高自尊。

职责支持组织（network of obligation support）：相互交流，并互尽义务，感受到自己是组织的一员。

2. 四种现象说（Houes，1981）

情绪支持（emotional support）：共鸣，情感，信赖。

手段支持（instrumental support）：援助。

信息支持（information support）：提供应对信息。

评价支持（appraisal support）：提供关于自我评价的信息。

3. 三 A 学说（Kahn & Antonucci，1980）

情感（affect）：寻求情爱表现，情绪亲近感。

肯定（affirmation）：寻求有关自己行为正确与否的信息。

援助（aid）：寻求金钱、时间、协助等直接援助。

心理学与人生 10－1　如何建立良性压力应对措施

既然压力不可避免，就有必要学会建立良性的应对压力的措施，而不至于借酒消愁，借烟消闷，久而久之形成恶性循环。

一、改变认知策略

要提高承受压力的能力，首先要改变对压力的认识，正确认识压力。压力并不都是坏事，处理得好的话，它也可以成为自强不息、奋起拼搏、争取成功的动力和精神催化剂。生活中许多优秀人物就是在压力和挫折的磨炼中成熟，在困境中崛起的。相反，过于一帆风顺的生活反而会使人安于现状、丧失拼搏精神，在突然到来的挑战面前措手不及。因此，压力也是对人的一种锻炼机会。既要重新评价压力源自身的性质，又要重新组织对应激的认知策略。

二、改变不合理观念

心理学研究表明，在对压力的看法上我们有时抱有不正确的观念，采取了不合适的态度。常见的不合理观念有以下3种。

(1) 此事不该发生。有些人把生活中的不顺利，学习、交往中的挫折、失败看作是不应该发生的。他们认为，生活应该是愉快的、丰富的，人际关系应该是和谐的、互助的。一旦生活中出现诸如人与人之间的冲突，成绩滑坡，好友负心，事与愿违时，就认为它不应该发生，从而变得烦躁易怒、束手无策、痛苦不堪、失去信心。

(2) 以偏赅全。有些人常常以片面的思维方式来看待事物，简单地以个别事件来断言全部生活，一叶障目。例如，有人对自己不友好，就得出结论说自己人缘不好或缺乏交往能力；一次考试不尽如人意，就认为自己彻底失败，不是读书的材料；一次失恋就认为自己对异性没有吸引力等，从而导致自责、自怨、自卑、自弃的心理，因而焦虑、抑郁。以偏赅全不仅表现在对自己的认识上，也表现在对他人、对社会的认识中。如因一事有错而对他人全盘否定；因社会有缺陷，存在阴暗面，就看不到光明而彻底丧失信心。

(3) 无限夸大后果。有些人遇到的是一些小挫折，却把后果想象得非常糟糕、可怕。夸大后果的结果是使人越想越消沉，情绪越来越恶劣，最后难以自拔。例如，一门功课考试不及格，就认为自己能力不行，学不下去，毕不了业，找不到工作，人生没前途，生命没价值。这实际上是一种自己吓唬自己，自己给自己施加压力的做法。

只有纠正错误的观念，才能实事求是地评价挫折带来的后果，从困难中看到希望。

三、加强修养，勇于实践

要提高压力的应对能力，就应该主动地、自觉地将自己置身于充满矛盾的、复杂的社会环境中去考验自己，磨炼自己。向生活学习自己所不具备的能力，而不是逃避社会。同时，必须提高自身的思想修养、道德修养、知识素养，培养“慎独”精神，养成冷静思考的习惯，经常自我分析、自我反省、自我激励。积极主动地适应，勇敢顽强地拼搏，反复不懈地磨炼，会使心理更趋成熟，更有忍耐力，也就能增强承受压力的能力，促进和保持心理向着健康的方向发展。

四、优化自身人格品质

压力承受大小与人格特征有关。以下几种人格类型的人在应对压力时常常容易引起挫折感。①性情急躁的人。他们情绪变化大，易动怒，火爆脾气一点就着，常常因为一点芝麻绿豆的小事而引起挫折感。②心胸狭窄的人。他们气量小、好猜疑，喜欢斤斤计较，容易体验消极的情感。③意志薄弱的人。他们做事缺乏耐力，患得患失，害怕困难，只看眼前利益，经不起打击和挫折。④自我偏颇的人。他们缺乏自知之明，或者自高自大、目空一切，或者自卑自贱、畏首畏尾。

每个人都应主动地培养自己良好的人格品质，改变那些不适应发展的不良的人格品质。重点应培养自信乐观、自强不息、宽容豁达、开拓创新等品质。自信才能乐观，乐观才能自信，两者相辅相成。当遇到挫折、困境时，如果相信自己一定能取胜，那就积极去改变现实，克服困难，战胜挫折，这是自信的作用。乐观者在面临挫折、困境时，不会被眼前的困难吓倒，而是能够透过表面的不利看到蕴藏在背后的希望和光明，相信未来是美好的，从而信心十足地去战胜困难。自强不息是良好的意志品质，是一切成功者的共同特征。我们每个人的人生之路都不是一帆风顺的，有平静的时候，也有充满荆棘和惊涛骇浪的时候。平静的时候不间断努力，逆境的时候坚强不屈、顽强拼搏。只有这样我们才能到达光辉的顶点。而那些一遇挫折就偃旗息鼓、知难而退者，只能半途而废，永远不可能成功。实际上我们在克服困难，同压力斗争的同时，尽管很苦，很艰辛，但可以使我们感受到丰富的人生，当你回味人生时，你会因此而感到它是你人生中的一笔财富。我们还要保持宽容豁达的胸怀，勇于开拓创新，而不是被动地应对压力，一味忍耐，要面向未来，积极进取，勇于创造新生活。

四、压力的影响因素

不同的人压力感有很大差异，主要影响因素可归结为以下四方面。

（一）过去的经验

当面对同一事件或情境时，经验影响人们对压力的感受。如两组跳伞者，有过100次跳伞经验的人不但恐惧感小，而且会自觉地控制情绪；而无经验的人在整个跳伞过程中恐惧感强，并且越接近起跳越害怕。同样的道理，一帆风顺的人一旦遇到打击就会惊慌失措，不知如何应付；而人生坎坷的人，同样的打击却不会引起重大伤害。可见，增加经验能增强抵抗压力的能力。

（二）心理准备状态

对即将面临的压力事件是否有心理准备也会影响压力的感受。如对两组接受手术的患者做实验。在术前对其中一组讲明手术的过程及后果，患者对手术有了准备，对手术带来的痛苦视为正常现象并坦然接受；另一组不做特别介绍，患者对手术一无所知，对术后的痛苦过分恐惧，对手术能否成功持怀疑态度。结果手术后有准备组比无准备组所用的止痛药数量少，而且平均提前三天出院。因此，是否有应付压力的准备也是影响压力感的重要因素。

（三）对压力的认知水平

认知评估在增加压力感和缓解压力中有着重要作用。同样的压力情境使有些人苦不堪言，而另一些人则平静地对待，这与认知因素紧密相关。当一个人面对压力时，如果把压力的威胁性估计过大，对自己应对压力的能力估计过低，那么压力反应也必然大。正如一位哲学家所说，“人类不是被问题本身所困扰，而是被他们对问题的看法所困扰”。对压力的认知评估可以分为两个阶段。初步评估是评定压力来源的严重性，二级评估是评量处理压力的可能性。如果压力严重，又无应付压力的可利用的资源，必然产生一种持续性的紧张状态。

（四）性格

不同性格特征的人对压力的感受不同。竞争意识强、工作努力、争强好胜、缺乏耐心、成就动机高、说话办事讲求效率、时间紧迫感强、成天忙忙碌碌的A型性格特征的人，在面对压力时，性格中的不利因素就会显现出来，而且A型性格与冠心病有密切的关系。研究发现，A型性格者患心脏病的人数是B型性格者的2～3倍。B型性格的特征是个性随和，生活悠闲，对工作要求不高，对成败得失看得淡薄。

心理学与人生 10－2　你是A型性格吗

弗里德曼和罗森曼（Friedman & Rosenman，1974）两位学者在对心脏病患者的研究中发现了一种称之为A型性格的行为方式。这是一种有冲劲、精力旺盛、竞争性强的性格，求胜心切，总想在最短时间内处理无数难以确定的事物。而这种长期处于压力下的紧张状态付出的代价是导致心脏梗死、高血压症和糖尿病。对于A型性格的人来说，自身要积极克服易冲动的弱点，同时需要社会、组织的配合和理解，才能预防像冠状动脉性心肌梗死之类的疾病发生。

下表是诊断A型性格的一份问卷，共包含25个条目，按各题所问事项回答“是”或“否”。如果有半数以上条目答“是”的话，希望你改变目前的习惯，有意识地放慢一些生活的节奏，这样可以减少患心脏病的机会。

1. 你说话时会刻意加重关键字的语气吗？
2. 你吃饭和走路时都很急促吗？
3. 你认为孩子自幼就该养成与人竞争的习惯吗？
4. 当别人慢条斯理做事时你会感到不耐烦吗？
5. 当别人向你解说事情时你会催他赶快说完吗？
6. 在路上挤车或餐馆排队时你会激怒吗？
7. 聆听别人谈话时你会一直想你自己的问题吗？
8. 你会一边吃饭一边记笔记或一边开车一边刮胡子吗？
9. 你会在休假之前先赶完预定的一切工作吗？
10. 与别人闲谈时你总是提到自己关心的事吗？
11. 让你停下工作休息一会时你会觉得浪费了时间吗？
12. 你是否觉得全心投入工作而无暇欣赏周围的美景？
13. 你是否觉得宁可务实也不愿从事创新或改革的事？
14. 你是否尝试在时间限制内做更多的事？

15. 与别人有约时你是否绝对遵守时间？
16. 表达意见时你是否握紧拳头以加强语气？
17. 你是否有信心再次提升你的工作绩效？
18. 你是否觉得有些事等着你立刻去完成？
19. 你是否觉得对自己的工作效率一直不满意？
20. 你是否觉得与人竞争时非赢不可？
21. 你是否经常打断别人的话？
22. 看见别人迟到时你是否会生气？
23. 用餐时你是否一吃完就立刻离席？
24. 你是否经常有匆匆忙忙的感觉？
25. 你是否对自己近来的表现不满意？

第四节　健康心理学

健康是指身心健全和体能充沛的一种状态。1978 年 9 月，国际初级卫生保健大会发表的《阿拉木图宣言》中提出：健康的目标是追求一种更积极的状态，更高层次的适应与发展，是身心健康、社会幸福的完满状态。健康心理学（health psychology）是心理学的一个分支，致力于研究人们如何保持健康、人们患病的原因以及生病后的反应（Taylor，1986，1990）。

一、心理健康的标准

心理健康是个内涵丰富的概念，心理健康的标准也常会受到社会制度、民族文化风俗、传统习惯、道德观念、宗教信仰等的影响。从广义上讲，心理健康（mental health）是指一种高效能的、满意的、持续的心理状态；也包括稳定的、充满活力的、积极发展的心理状态；在这种良好的状态下，主体能作出良好的适应，充分发挥自己的潜能。从狭义上讲，心理健康指人的基本心理活动的过程内容完整、协调一致，即知、情、意、行、人格完整协调，能适应社会。心理学家一般是从个体适应环境的角度提出心理健康的标准，具体内涵归纳如下：①有正常的智力水平。②能够了解并接受自己。③能与他人建立和谐的关系。④善于调节与控制情绪。⑤有良好的环境适应能力。我们认为，界定一个人心理健康与否，应遵循三条基本原则：①心理活动与外部环境是否具有同一性。一个人的所思所想、所作所为是否能较正确地反映外部世界，有无明显差异。②心理过程是否具有完整性和协调性。一个人的认知过程、情绪情感过程、意志过程内容是否完整协调。③个性心理特征是否具有相对稳定性。在没有重大的外部环境改变的前提下，人的气质、性格、能力等个性特征是否相对稳定，行为是否表现出一贯性。

人的心理健康水平大致可划分为三个等级：①一般常态心理。表现为心情经常愉快满意，适应能力强，善于与他人相处，能较好地完成同龄人发展水平应做的活动，具有承受挫折、调节情绪的能力。②轻度失调心理。不具有同龄人所应有的愉快满意心境，与他人相处略感困难，独立应对生活、工作有些吃力。若能主动调节或请专业人士帮助，可以恢复常态。③严重病态心理。表现为明显的适应失调，长期处于焦虑、痛苦等消极情绪中难以自拔，严重影响正常的生活和工作，如不及时矫治会成为精神病患者。

二、情商与心理健康

你感到很自卑吗？你对工作失去信心了吗？你和他人沟通上出现问题了吗？你是否莫名其妙地感到情绪低落？你是否常常发怒？如果你有以上征兆，那么你的心理健康可能出现了问题，必须引起你的重视了。这种症状被称为“EQ 下降症”。所谓 EQ 就是情商（emotional quotient）。美国耶鲁大学心理学家萨罗威（Peter Salovey）最先提出情商的概念。情商是指准确评价和表达情绪的能力、有效调节情绪的能力、运用情绪信息去引导思维的能力。1995 年，美国戈尔曼（Daniel Goleman）的著作《情绪智商》系统地阐述了情商的概念及其表现，并把它概括为以下 4 种能力：

（1）自我认知能力。指认识自身的情绪，这是情商的基础。一个不了解自己情绪的人必然失去控制自己情绪的能力。只有把握自己的能力才能在感觉的基础上作出正确的反应。

（2）自我激励能力。指能保持一种高度的热忱去完成工作和任务，因此可以说，能够自我激励的人应该是具有高成就动机的人。

（3）情绪调控能力。指能够控制自己的情绪，并在此基础上妥善管理自己的情绪。情绪的管理有赖于自我认识，并需作出意志性的努力。情绪控制必须建立在自我意识和自我激励的基础上。生活中的不如意常常影响我们的情绪，在不良情绪出现时，我们要理智地控制我们的情绪，这点非常重要。

（4）人际协调能力。包括认识他人情绪并能管理好人际关系的能力。

对心理健康的概念及标准有清晰了解后就不难看出，情商与心理健康概念相近，标准相似。可见情商早就存在于心理学的研究中，体现在心理健康的指标上，综合而言，就是心理健康水平的具体体现。情商不是遗传的，而是在社会实践中随着人生经验的丰富、学习的进步而发展形成的。心理健康的人也是高情商的人。

三、促进健康的措施

（一）建立健康的生活方式

1. 要有健康的意识

21世纪是知识经济时代，以人为本，健康第一。因此，投资健康，主动积极地维持良好的健康，远远重于医疗上的临床救治。全国著名心血管病专家、中国老年保健协会心血管专家委员会主任洪昭光说，当前国民的健康意识处于四种水平：聪明人投资健康，主动健康，这好比人生增值120%；明白人关注健康，储蓄健康，人生可保值90%；普通人貌似健康，实则随心所欲，人生贬值为70%；第四种是糊涂人，往往是中年白领、社会精英、企业老板、科学家。他们透支健康，提前死亡，生命价值浓缩为50%～60%。

2. 形成有规律的生活习惯

人的生理状态左右着人的心理状态，良好的生活方式会使人们保持充沛的精力和身体平衡状态，为抗衡不良心理状态做好了心理上的准备。有规律的生活包括：①有规律的起居。在非药物性的作用下，大脑活动在白天最为活跃，身体的免疫功能也最强；在夜晚，大脑则处于相对抑制状态，人体的免疫和代谢功能降低。偶尔过度的熬夜可能会很有效，可是长期不规律的生活，导致人体生物周期紊乱，由此产生睡眠障碍，产生疲倦、厌烦情绪，严重的还可能产生攻击行为。②合理的饮食。饮食是人类活动的能量来源。五谷杂粮都为人体所需。人体缺少哪些元素都会在身体上有所反映，在心理上也有所表现。例如，由于钙质的缺乏，可能会使人患上抑郁症。③坚持运动。每天一定要运动，年轻人应该每天运动两小时。现在很多人一上班就坐在电脑前，一直到下班，这样对身体很不利。每隔两小时应该站起身来活动两分钟，深呼吸，扩胸，下蹲，两分钟就可以。运动时，人体毛孔的打开是静止时的10倍，十分有利于新陈代谢。④杜绝不良的嗜好。不良嗜好，如过度喝酒吸烟，必然导致酒精和尼古丁对神经及内脏器官的损害。嗜好越大，对它们的依存度就越高，长此以往，会给身体健康埋下极大隐患。

（二）建立自己有效的促进健康方法

我们在感到痛苦时，常从三个方面获得安慰：大自然当中、社会、朋友。每个人可根据自己的个性、爱好或习惯形成自己的保健方法。一个持久的有效的健康方法可以使我们受益终身。例如，对音乐和艺术的追求，既可以陶冶我们的情操，又可以使我们从众多的紧张和压力当中解脱出来。欣赏音乐时，我们能够体验到美的享受，带来心理上的快感。

（三）调节不良情绪

负情绪，如悲伤、愤怒、恐惧、厌恶等，如果调节不好，将堆积成为心境，甚至情绪障碍，严重影响身心健康。负情绪往往因问题而起，也可促进问题激化和解决。例如，愤怒，可能是遭遇不公平。在愤怒状态下，生理唤醒高度激活，思维狭窄，注意力集中，会越想越怒，越怒就越冲动。愤怒或许可以加速问题的解决，但也可能引起矛盾激化，引起更大的人际冲突。适当控制、缓和愤怒情绪，使双方处于相对理性平和状态下，或许可以更理性地解决问题。控制愤怒的方法简单、易操作。例如，进行深呼吸，充足的氧气可以平静因愤怒而引起的生理反应。又或者改变思考角度，从多方面考虑事件发生的原因，重新评估愤怒的产生原因。重评之后再考虑进一步解决的方法，将会有更多的理性。如果是不合理的愤怒，却难以缓和，则可以采取回避现场环境，进行体育活动和体力劳动等措施减弱愤怒。

适度的紧张有利于完成任务，但是长期的紧张对人体的影响非常大，不利于健康。较有效的控制办法是：适当降低动机的强度，以一种较为平常的心态对待工作和学习；不要太在意别人如何评价自己，也就是弱化自我意识；适当进行身心的放松训练，如深呼吸训练。不良情绪一般针对一定的问题而起。这些负情绪都有其适应价值，可引起相应的行为和认知，调整个体与环境的关系，促进适应与和谐。

心理学家给出了达到个人最佳健康状态的十个处方：有规律地进行锻炼；保持饮食的营养平衡；保持适当的、稳定的体重；确保7～8小时的睡眠时间，每天都要适当休息和进行放松；有安全意识，如开车系好安全带；烟不沾；酒适量；正常的性生活；定期检查身体和牙齿；保持乐观的情绪，发展友谊。

四、工作倦怠与健康护理系统

在工作重压下的身心俱疲容易导致职业枯竭（许燕，2004）。职业枯竭主要表现为身体疲劳、情绪低落、创造力衰竭、价值感降低、人性化淡漠、攻击性行为等。如果某人出现精力不济、极度疲乏以及失眠、头痛、背痛、肠胃不适等症状，他极有可能是患上了职业枯竭。调查显示，心理咨询师因其工作性质，最容易患职业枯竭，其占总比重的40%；其次是教师，占20%；此外是新闻工作者、警察、医护人员等。职业枯竭是世界范围内的普遍现象，“中国社会已经进入职业枯竭高发期”（许燕，2004）。健康护理者和社会福利工作者较容易因为压力而感到疲倦，这种压力是由他们需要不断地和有各种问题的人接触以及始终高强度地工作所带来的，即工作倦怠(job burnout)。工作倦怠表现为情绪衰竭、人格解体、个人成就感降低的一种综合征，通常发生在那些需要不断同病人、客户和公众进行高强度接触的职业当中。健康工作者开始失去他们对病人进行关心和爱护的热情，甚至用冷漠和不人道的方式对待病人。工作倦怠者常常人际关系糟糕，工作成绩极低，家庭不和以及健康不良。现代社会忽视了职业道德的教育，而更多地关注利益，因此造成了劳动者中工作倦怠的发病率较高。这一问题不仅仅是劳动者和健康从业人员的问题，也反映了我们社会机能上的问题，需要工作组织部门重新检查制定目标、价值、职业道德、工作奖励的办法。

对于从事医护和健康管理的人员，可以通过有效的休假制度、合理的日程安排来减轻压力；还可以通过团队的方式代替个人单独与病人的接触；经常得到工作成果受到肯定的反馈信息。

本章摘要

1. 情绪是个体适应环境，对现实生活中的重要事件和机遇作出的全身心反应。情绪反应涉及中枢及外周生理反应、面部及躯体的表情行为、主观体验等。

2. 情绪具有动机功能，可驱动个体体内及人际间的适应信息交流，促进相应的认知过程和行为。从时间上区分，暂时的情绪反应对行动有更多的影响。持续时间较长的心境对认知活动有较大影响。

3. 情绪调节包括情绪调节认知与行为以及情绪被认知与行为所调节。情绪与认知之间失调可能会导致情绪障碍，影响身心健康。

4. 应激以负情绪反应为主，与认知评价有密切关系。积极、合理的应对方式可以增进健康。

5. 健康心理学研究身心健康的发生发展机制，与情绪调节研究有密切关系。

复习思考题

1. 情绪的本质是什么？
2. 如何从情绪的核心成分了解情绪的功能？
3. 情绪主观体验如何产生？
4. 心境如何影响身心健康？
5. 应激的主要来源是什么？
6. 健康的生活方式为什么可以维持良好健康状态？

推荐参考读物

1. 孟昭兰. 情绪心理学. 北京：北京大学出版社，2005.

2. Strongman，K. T. 情绪心理学——从日常生活到理论（第五版）. 王力主译. 北京：中国轻工业出版社，2003.

3. 沃特·谢弗尔. 压力管理心理学（第四版）. 方双虎等译. 北京：中国人民大学出版社，2009.

第十一章　智力和智力测验

在人类历史上，能够创造一个时代的人寥若晨星，比尔·盖茨就是其中的一个。他靠计算机征服了世界，使世界面貌发生了根本性的变化，因此有人称他为电脑帝国的拿破仑。他不仅是计算机的玩家，更是一个经营家，31 岁已经拥有了 10 亿美元的资产，到了 41 岁就成了世界首富，因此有人称他为信息时代的福特。他的成功靠的是什么？靠的是他超群的智力和创造力以及坚毅、自信、冒险和不甘落后的个性。

智力一词最早见于我国古籍。战国时期的韩非子说过，“智力不用则君穷乎臣”（《韩非子·八经》）；东汉的王充说过，“夫贤者，才能未必高而心明，智力未必多而举是”（《论衡·定贤》）；三国的曹操说过，“吾任天下之智力，以道御之，无所不可”（《三国志·魏志·武帝纪》）；孟子还说过，“权，然后知轻重；度，然后知长短。物皆然，心为甚”（《孟子·梁惠王》），预言智力是可以测量的。那么现代心理学家是如何理解智力的？怎样对个人的智力进行准确的测量？智力测量技术怎样才是可信、有效的？在本章中，我们将着重讨论以下问题：

心理学家是怎样给智力下定义的？

怎样理解智力与知识、创造力以及非智力因素的关系？

不同智力理论是如何解释和描绘智力的？

智力测验包括哪些内容？

第一节　智力的概述

一、智力的概念

（一）传统的智力含义

智力（intelligence）这个词既作为日常概念又作为科学概念被广泛地使用。作为日常概念的“智力”和作为科学概念的“智力”在本质上既具有某种共同性，又具有某种差异性。在不同条件下，智力这个词具有不同的含义。当我们说某人聪明、反应快、智力高时，通常是在日常概念的范畴中进行谈论；但当我们说黄种人、白种人、黑种人在智力上有一定差别时，一般将智力限定在科学概念的范畴内。

在心理学领域中，智力历来都是最引人注目的问题，但关于智力的定义至今仍未达成共识。心理学家从各个不同方面对智力加以定义（俞晓琳等译，2000）：智力是抽象思维能力（L. M. Terman，1914）；智力是个人为了适应环境而进行学习的能力（S. S. Colvin，1921）；智力是从真理和事实的观点出发，靠正确反应所获得的能力（E. L. Thorndike，1921）；智力是由于各种复杂刺激的影响所带来的统一结果的生物学机制（J. Peterson，1921）；智力是获得知识的能力（H. H. Woodrow，1921）等。但是，这些定义并非互不兼容。

美国耶鲁大学心理学家斯腾伯格等人（Robert Sternberg et al.，1981）邀请各种身份的人对高智力者的行为特征进行刻画，结果表明，普通人对高智力者的行为描述可归为实际解决问题的能力（practical problem-solving ability）、言语能力（verbal ability）和社会活动能力（social competence）三个主要因素；心理学家对高智力者的行为描述可归为言语智力（verbal intelligence）、解决问题能力（problem-solving ability）和实践智力（practical intelligence）三个主要因素。20世纪90年代，我国心理学家张厚粲等人（1994）也曾做过类似的研究。大学生们列出了多达74种高智力者的特点，主要包括思维敏捷、灵活、系统性、开放性；创造力强，好奇，进取；记忆力强，反应快，注意力集中；适应能力强，自信，有意志力；理智，敏感，求知欲强，理解力强，兴趣广泛，口头表达能力强，精神饱满，行动积极，具有较强的自我控制能力等。

在我国的心理学著作中，对智力的论述大多放在“能力”一章，往往把智力定义为一般能力，即认识过程中的一般能力，包括观察力、记忆力、抽象概括力、想象力和创造力等。我国一些著名心理学家在他们各自的研究基础上提出了自己的智力观（见表11－1）。

表11－1　中国心理学家关于智力的观点

代表性观点	代表人物	具体论述
智力就是一种能力。	林传鼎	智力就是能力或智能，即人们运用知识技能的能力。
智力是一种先天素质，特别是脑神经活动的结果。	吴天敏	智力是脑神经活动的针对性、广阔性、深入性、灵活性在任何一项神经活动和由它引起并与它相互作用的意识性的心理活动中的协调反映。

（续上表）

代表性观点	代表人物	具体论述
智力是一种偏重于认识方面的能力。	朱智贤	智力是一种综合的认识方面的心理特性，它主要包括：①感知记忆能力，特别是观察力；②抽象概括能力，其中逻辑思维能力是智力的核心成分；③创造力，是智力的高级表现。
智力是一种顺应或适应能力。	陈孝禅	智力（智能）是一个抽象名词，它用来叙述个人对于环境的顺应程度。

综合上述看法，我们认为智力可以这样定义：智力是一种综合性的心理能力，是进行学习、处理抽象观念、处理新情境和解决问题以适应新环境的能力。

（二）情绪智力

传统的智力含义只强调人在认知方面的能力，而忽视了情绪的重要性，这就造成了许多智力测试的高分者并不能够成功地应对日常生活事件，而许多智力中等的人却在工作、学习和生活上有着杰出的表现。事实上，在认知影响情绪的同时，情绪也会反过来影响认知。因此，只有将一个人的认知与情绪结合起来才能更好地探讨智力的真正含义。

正是基于这个原因，研究者开始探讨另外一种智力——情绪智力（emotional intelligence）。情绪智力最早是由耶鲁大学的沙洛维（Peter Salovey）和新罕布什尔大学的梅耶（John Mayer）于1990年提出。他们将情绪智力定义为“监控自己和他人的情感和情绪，对其加以识别并用这些信息指导自己的思维和行为的能力”（P. Salovey & J. Mayer，1990）。此外，他们还从情绪智力中划分出4种主要成分：①准确和适当地知觉、评价和表达情感的能力；②运用情感、提高思考的能力；③理解和分析情感、有效运用情感知识的能力；④调节情绪，以促进情感和智力发展的能力。所谓情绪智力，就是认识自己和他人情绪、清晰地表达自己情绪和调节自己及他人情绪的能力。

目前，研究者已编制了一些测验EQ的工具，梅耶等（Mayer et al.，2000）对503名成年人和229名青少年完成了多因素情绪智力量表的测定。该量表要求被测者对一系列情感问题提出解决办法，如确定一种情境会产生何种情绪。参加者的回答由专家和所有完成量表的人来评价。结果表明，EQ值与IQ值只是略有相关，这表明EQ所测的是与传统IQ不同的能力。而且成年人的EQ得分较年轻人高，说明EQ有重要的环境成分。另外，女性的情绪知觉显著优于男性。

情绪智力的提出获得了大量的佐证，引起了强烈的社会反响。情绪智力被誉为“划时代的心智革命”和“20世纪最重要的心理科学研究成果”，这也许存在着夸张的一面，但在教育、管理、商业等领域，情绪智力的确产生了积极的影响。并且，情绪智力作为与传统智力相对应的概念，正在广泛地为人们所接受。

二、智力与知识的关系

智力是个体的一种心理现象，它以抽象思维能力为核心，是人顺利完成某种活动所不可缺少的认知因素的总和。知识是个体通过与环境相互作用后获得的信息和结构，它包括陈述性知识、程序性知识、策略性知识。

陈述性知识（declarative knowledge）是指关于世界的事实知识，回答是什么、怎么样等问题。如三角形有几条边？有哪些特征？程序性知识（procedural knowledge）是指关于如何去做的知识，是可以进行操作和实践的知识。如知道如何骑自行车，如何讲一种语言。策略性知识（strategic knowledge）是关于如何学习、如何思维的知识。如学习时如何有效记忆，解决问题时如何明确思维方向等。

智力以知识的获得为基础，没有知识的支持，智力不可能发展，而知识的获得也必须有一定水平的智力作为保障，并且知识越复杂、越抽象，所需的智力水平也越高。

三、智力与创造力的关系

创造力（creativity）是一种独特的解决问题的能力。当一个人用不同寻常的方式独立地解决了新问题，获得独特、新颖的产品时，他就显露出了一定的创造能力。创造力的核心是创造性思维。创造力主要由创造性思维和想象构成。智力是创造力的主要组成成分，创造力是智力在创造活动中独特发展的结果。创造力能够进一步推动智力的发展，所以创造力与智力是密切相关的。

有研究指出，不同领域里的智力与创造力相关程度会有所不同（Rely & Luicy, 1983）。例如，画家与雕刻家的智力高低和他们的创造力水平相关就较低，而作家与诗人的智力和创造力的相关则很高，科学家和工程师这些职业的人，智力与创造力的相关程度居中。具有创造性的作家，智商平均为120~140，没有低于120的。但并不是说智商越高，创造能力越强，有的人智商很高，其创造成绩并不见佳。

在吉尔福特的智力三维结构模型的“操作过程”维度中，有一种成分是发散生成。发散生成亦即发散思维，是创造力的精髓，发散思维强的人创造力往往也较高。我们可以从图11-1看出以下的关系：一定的智力是创造力高度发展的前提，但创造力的发展却不是智力高低的线性函数。智力低的人不可能有高创造力，当智商达到一定的临界水平后，其创造力就激发不出来了。所以高智商是创造力的必要条件，但不是充分条件，即除高智商外，还需有其他优良的因素才能促进和保证创造力的充分发挥。在斯腾伯格和鲁巴特的创造力投资理论（investment theory of creativity）中，高创造力者被描述成观念世界中的优秀投资者，可以将被忽视的观念转换为有价值的创造性产品，其成败的关键是要整合好智力、知识、认知风格、人格特征、动机以及环境六种资源。

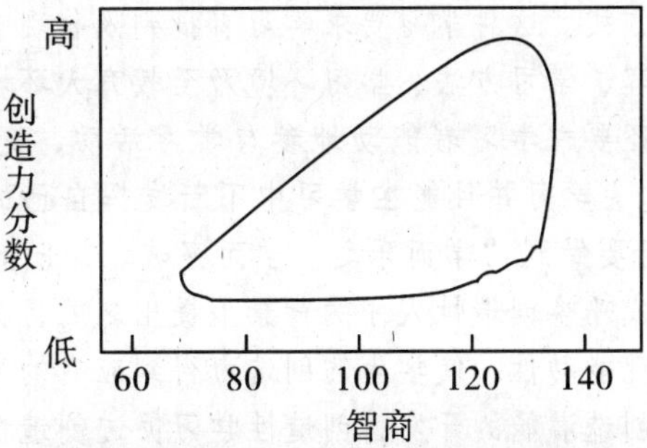

图 11－1　智力与创造力的关系

四、智力和非智力因素的关系

非智力因素（non-intellective factors）也称非智能因素，是指智力因素以外的但对智力的发挥或发展有影响的那些心理因素。它主要包括动机、兴趣、情感、意志、性格等。具体来说，它又由以下一些心理因素组成：成就动机、求知欲望、学习热情、自信心、自尊心、好胜心、责任感、义务感、荣誉感、自制性、坚持性、独立性（燕国材，1988）。另外，也有学者运用因素分析的方法研究发现，学习态度、自我意识、开拓意识、人际关系、协调能力是最主要的几种非智力因素（时蓉华，1994）。

尽管学术界对非智力因素的概念尚有一定的争论，但对于非智力因素的作用则基本达成共识：在同等条件下，非智力因素水平的高低决定着能力操作结果的优劣。总的说来，非智力因素的作用主要表现在以下 6 个方面（燕国材，1988）：

（1）动力作用——在学习中，非智力因素能够直接转化为内在的、持久的学习动机，成为推动学生进行各种学习活动的内在动力；

（2）定向作用——在学习中，非智力因素可以帮助学生确定学习目标；

（3）引导作用——在学习中，非智力因素能够帮助学生从动机走向目的；

（4）维持作用——在学习中，非智力因素可以支持、激励学生始终如一地从动机走向目的，使学生具有锲而不舍的恒心；

（5）调节作用——在学习中，非智力因素能够使学生支配、控制自己的行为；

（6）强化作用——在学习中，非智力因素可以帮助学生振作精神、不断进取。

智力因素和非智力因素之间也是相互作用的。一方面通过智力与认识活动，个体可以认识世界，掌握其发展规律。因此，只有在它的指导下，非智力因素和意向活动才会有明确的方向与对象。另一方面，非智力因素与意向活动又会支配、影响智力与认识活动。

心理学与人生 11－1　怎样鼓励创造性的学习

创造性学习就是学习者在学习活动中，不拘泥、不守旧、在学习的各个环节不断创新的一种能动的学习方式。这种学习要求学习者批判吸收现有的知识和经验，有选择地利用已有的学习内容、学习方法、学习环境乃至教育大环境中的有利因素为己所用，却不因之而囿。它还要求学习者能动地参与学习活动，变“要我学习”为“我要学习”。学习者主动地去学习并且能在学习中不断发挥自己的主观能动性，不但要做到“学而知之”，而且要做到“学而乐之，学而突破之、日新之”。

创造性学习是在时代呼唤创造性人才的背景下提出来的，其最重要功能是能充分激发学生在学习中的主观能动性，使学生的创造力得到应有的发展。

创造性学习有利于创造潜能的开发；创造性学习促进创造性思维的发展；创造性学习有助于创造性人格的形成。那么怎样鼓励创造性的学习呢？

1. 进行创造性教育

创造性教育作为一种教育理念，无论人们有着怎样不同的理解，但有一点是共同的，那就是其实质在于培养人的创造性素质。包括创新意识和创新精神、创造性思维和创造性人格、创造性能力和实践能力等几个层次，涵盖了创造性的动力系统、认知系统、个性系统和行为系统，且各层次之间又相互影响，构成创造性素质这一有机整体。换言之，创造性教育应是指在创造性学校环境中，由创造型教师通过创造性教学方法培养出具备创造性素质的学生的过程。

2. 培养学生的创造性人格

首先要激发学生进行创造性学习的动机。学生的一切学习活动都受一定的学习动机所支配，它是直接推动学生进行学习以达到某种目标的激励和驱策力量，同时又是将学生愿望变为行动的内部动力。可见，要培养创造型的人才，必须使学生具有进行创造性学习的“心向”，因为没有丝毫兴趣的强制性学习将会扼杀学生探求真理的欲望。

由于动机的形成受多种内外因素的制约，因而增加创造性学习动机就应运用多种方法，全方位地进行解决。例如在数学教学中应当进行学习目的教育，使学生树立起远大的理想，理解自身的奋斗目标，继而形成强劲的学习动机。学生了解了数学在航天、军事、工业、农业及人类生活方面的意义，在这一基础上转变认为数学高度抽象、枯燥乏味的认识，从其应用价值中体悟到数学本身所特有的魅力。在数学的启发式教学中，可通过“跳一跳，摘得到”的问题情境，造成学生“愤”、“悱”的最佳心理状态，加强他们学习的意向。可以适当地开展学习竞赛，以此激励学生去发展自我，提高自我实现的需要，如此一来，学习的内驱力自然会水涨船高。

其次，培养良好的意志品质。爱因斯坦有一句名言：“优秀的性格与钢铁般的意志比智慧与博学更重要。”这表明，坚强的意志、不屈不挠的决心，对于一个人的创造活动能够获得成功具有决定性的作用。可见，良好的意志品质也是创造性的人格特征之一。

意志品质是人们在长期的社会实践与社会生活中形成的心理品质，因而它的形成要遵循循序渐进的规律，如布置有难度的习题，要求撰写学习总结和论文等，使学生在创造活动的实践中、在克服困难中培养自身的意志品质。教学中注重培养学生主动支配自己的自觉性，遇事以科学态度明辨是非的果断性，不怕困难与失败的顽强性、自制力，保持对数学未知世界的好奇心，诸如此类可以激发学生自身创造意识的良好意志品质。

3. 培养学生的自学能力

我们不妨说，对于在校学生，应主要培养其自学能力。人的创造活动应当从创造性的学习开始，创造性学习过程是自学能力逐渐增强的过程，自学能力逐步增强的过程是日益与创造靠近的过程。要知道，自学越迟，创造能力来得越晚；自学能力越弱，创造能力越差。

因而，在学校的教学中，老师在传授知识，培养学生掌握知识、技能的同时，不能忽视对学生自学能力的培养，“教是为了不教”；学生跟着老师学，也包括学生如何自己学，以便形成良好的学习习惯，“靠是为了不靠”。

第二节 智力理论

所谓智力理论（theory of intelligence）是指心理学家对人类智力的内涵所作的理论性与系统性的解释。自20世纪初，心理学家从各种不同的角度对人的智力提出假设，进行了广泛的研究，从而形成了不同的理论。关于智力的理论大致可分为心理测量学取向和信息加工取向两大类，分别说明如下。

一、心理测量学取向的智力理论

所谓心理测量学取向（psychometric approach）是指智力理论的建立是以智力测验为工具，采用因素分析（factor analysis）的观念与方法，从测验结果中分析出彼此相关的各个不同因素，然后以分析所得的因素来界定智力的性质。因为此类智力理论都以测量结果的资料为立论根据，故而称之为心理测量学取向。它主要有以下6种理论：

（一）二因素论（two-factor theory）

在心理学史上，最早对智力结构进行探讨的是英国心理学家斯皮尔曼（Charles

Spearman，1863—1945）。他根据人们完成智力作业时成绩的相关程度，提出智力由两种因素组成。一种是一般能力或一般因素（general factor），简称G因素，它是人的基本心理潜能（能量），是决定一个人能力高低的主要因素。正是由于这种因素，人们在完成不同智力作业时的成绩才会出现某种正相关。另一种是特殊能力或特殊因素（specific factor），简称S因素，它是保证人们完成某些特定的作业或活动所必需的。由于这些因素起作用，人们的作业成绩才没有完全的相关。由许多特殊因素与某种普遍因素结合在一起，就组成了人的智力。人们在完成任何一种作业时都有G和S两种因素参加。活动中包含G因素越多，各种作业成绩的正相关就越高；相反，包含S因素越多，成绩的正相关就越低。

斯皮尔曼的二因素理论对人们理解能力的结构有重要的意义。由于能力包含着一般能力和特殊能力，两者并不相同，这就为研究一般能力与特殊能力的实质及其相互关系、制定测验这些能力的手段奠定了理论和实验基础。

斯皮尔曼的二因素理论也存在局限性。首先，G因素的具体含义不明确。因为最初斯皮尔曼认为G因素是各种活动中共同起作用的因素，对个体来说在很大程度上来自遗传。但是G因素有多少来自遗传，斯皮尔曼也说不清楚。其次，他坚决否认群因素的存在。最后，他将一般因素与特殊因素对立起来，而没有看到它们之间的联系及其在一定条件下的相互转换。

（二）群因素论

美国心理学家瑟斯顿（Thurstone，1938）提出群因素论。他认为，个体的智力可以分析为几种基本能力因素，这些基本能力因素的不同搭配便构成了个人独特的智力整体。瑟斯顿认为智力包括7种平等的基本能力，即：①语词理解：了解语词意义的能力；②语词流畅：正确、迅速地拼写和词义联想敏捷的能力；③计算：正确而迅速解答数学问题的能力；④空间知觉：运用感知经验正确判断空间方向及各种关系的能力；⑤记忆：对事物识记的能力；⑥知觉速度：迅速而正确地洞察和辨别的能力；⑦推理：根据已知条件进行推断的能力。

瑟斯顿认为各种能力之间是分立的，彼此无关。他设计了许多实验，但实验的结果和他的设想相反，各种能力之间都有不同程度的正相关。这就说明各种能力并非是彼此无关的，似乎在群因素之外还存在着一般因素。因此，瑟斯顿修正了自己的看法，提出次级因素（second order factor）的概念。他认为斯皮尔曼的G因素可能就是这种次级因素。但他指出，在评价一个人的智力时，分析特殊能力更为有用。

斯皮尔曼和瑟斯顿都修正了自己的学说，二者的观点趋于接近。斯皮尔曼的二因素论，现在可以称为“一般因素—群因理论”；而瑟斯顿的群因素论，现在可以称为“群因——一般因素理论”。

（三）智力层次结构模型

英国心理学家阜农（Vernon，1960）提出智力层次结构模型。他认为，智力不是立方体的三维结构，而是按层次排列的。智力的最高层次是普遍因素（G 因素），第二层为二大因素群（言语和教育方面的因素、操作和机械方面的因素），第三层是几个小因素群，第四层是各种特殊因素。

阜农的智力层次结构模型是斯皮尔曼二因素论的深入，他在 G 因素和 S 因素之间增加了大因素群和小因素群两个层次。阜农的智力层次结构模型又是智力层次结构理论的先导。他把大因素群分为言语和教育方面的因素、操作和机械方面的因素，在一定程度上得到当代脑科学研究成果的支持。当代脑科学研究发现，大脑左半球以言语机能为主，右半球以空间图像感知机能为主。

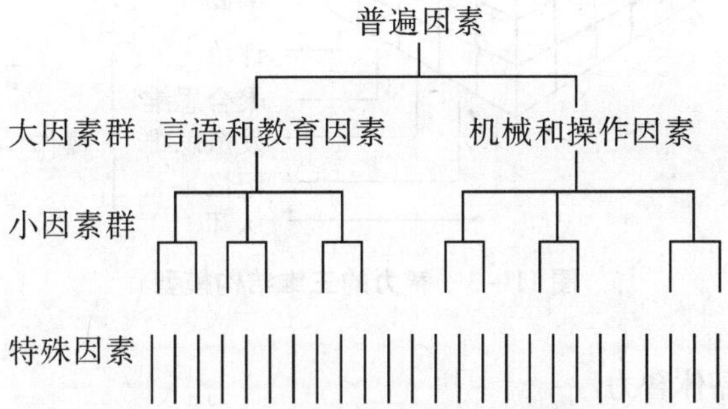

图 11－2　阜农的智力层次结构模型

（四）智力的三维结构模型

美国心理学家吉尔福特（Guilford，1961）采用因素分析的方法来探讨能力的结构，他把所发现的智力因素分为 3 个维度：操作、内容、产品。智力的第一个维度是操作，即智力活动过程，包括认知、记忆、发散思维、聚合思维、评价 5 个因素；第二个维度是内容，即智力活动的内容，包括视觉、听觉、符号、语义、行为 5 个因素；第三个维度是产品，即智力活动的结果，包括单元、类别、关系、系统、转换、蕴涵 6 个因素。每一智力任务都包含这三个维度。而且吉尔福特相信，每一个内容—产品—操作的结合（模型中的每一个小立方体）代表一个独立的心理能力。这样，一共可以构成 5×5×6＝150 种智力。这一理论模型和化学的周期元素相似。根据这一框架，智力元素可以像化学元素一样，在它们被发现之前就被假定。吉尔福特应用他所设计的测验与因素分析技术已找到 105 种智力，并预言最终会找到 150 种。

与传统的智力理论相比较，吉尔福特的三维结构模型能更好地说明创造性。在操作维度上包含了发散思维，这为全面理解人类智力作出了贡献，他还为测量发散思维编制了新的测验，为研究人类的创造性提供了工具。他的智力结构理论引导和推动人们去探索新的智力因素。但是吉尔福特否定智力的普遍因素存在，坚持智力因素的独立性，因而受到其他心理学家的批评。

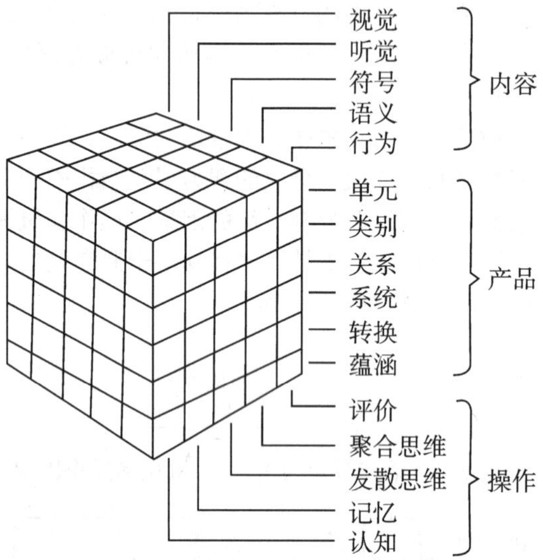

图 11－3　智力的三维结构模型

（五）流体智力和晶体智力

美国心理学家卡特尔（R. B. Cattell ）等人在因素分析中发现了斯皮尔曼等人没有注意的一个重要事实，即他在再次进行因素分析时，发现一般智力因素不是一个，而是两个，即流体智力（fluid intelligence）和晶体智力（crystallized intelligence）。流体智力指在信息加工和问题解决过程中所表现的能力。如对关系的认识，类比、演绎推理能力，形成抽象概念的能力等。它较少地依赖于文化和知识的内容，而决定于个人的禀赋，其个别差异受教育文化的影响较少。因此，在编制适用于不同文化的文化公平测验时，大多以流体智力作为不同文化背景者智力比较的基础。流体智力几乎可以参与到一切活动中去，所以称为流体智力。

晶体智力指获得语言、数学知识的能力，它取决于后天的学习，与社会文化有密切的关系。晶体智力是经验的结晶，所以称为晶体智力。晶体智力是过去对流体智力应用的结果，大部分属于从学校中学到的能力，如词汇和计算方面的能力都是晶体智力。晶体智力在人的一生中一直在发展，只是到 25 岁以后，发展的速度渐趋平缓。

晶体智力依赖于流体智力。流体智力是晶体智力的基础。如果两个人具有相同的经历，其中一个有较强的流体智力，那么他将发展出较强的晶体智力。然而一个有较高流体智力的人如果生活在贫乏的智力环境中，那么他的晶体智力的发展将是低下的或平平的（Horn & Cattell，1966）。流体智力和晶体智力有着不同的发展曲线：流体智力随机体的衰老而衰退，随生理生长而变化，在 14 岁左右时达到顶峰，以后逐渐下降；晶体智力的衰退很慢，它随着年龄的增加不仅能够保持，而且还能有所增长，一般到 60 岁左右才开始缓慢衰退。

（六）多元智力理论

多元智力理论（multiple-intelligence theory）是由美国心理学家加德纳（H. Gardner，1983）提出的。加德纳通过对脑损伤病人的研究及对智力特殊群体的分析，提出人类的神经系统经过一百多万年的演变，已经形成了互不相干的多种智力。他认为智力的内涵是多元的，它由7种相对独立的智力成分所构成，每种智力都有其独特的解决问题的方法，都有其自身的符号系统。这7种智力在每个人身上的组合方式是多种多样的，有人可能在某一两个方面是天才，而其余方面却是蠢材，有人可能各种智能都很一般，但如果他所拥有的各种智能被巧妙地组合在一起，则可能在解决某些问题时会显得很出色。

加德纳所提出的7种智力是：

（1）语言智力（linguistic intelligence）：指处理词和语言的能力，包括口头语言和书面语言。能说会道、妙笔生花是语言智力高的表现。作家、演说家是语言智力高的人。

（2）逻辑—数学智力（logical-mathematical intelligence）：指数学和逻辑推理的能力以及科学分析的能力。数学家的逻辑—数学智力很高。

（3）空间智力（spatial intelligence）：指在脑中形成一个外部空间的模式并能够运用和操作该模式的能力。画家、雕塑家、建筑师大多空间智力发达。

（4）音乐智力（musical intelligence）：指感知并创造音调和旋律的能力。加德纳认为这种能力多是天赋。

（5）身体—动觉智力：指运用整个身体或身体的一部分解决问题或制造产品的能力。出色的舞蹈家、运动员、外科医生的身体—动觉能力特别强。

（6）人际智力（interpersonal intelligence）：就是理解他人的能力。人际智力高者善于处理人际关系，善于与人交往。推销员、教师、心理咨询医生、政治家的人际智力很高。

（7）自知智力（intrapersonal intelligence）：指深入自己内心世界的能力。善于了解自己的内心感受，进行自我内省。

在1999年，加德纳又提出了第八种智力，即认识自然的智力，它是认识自然并对周围环境中的各种事物进行分类的能力。哈佛大学的另一位心理学家科利斯（Coles）在1997年还提出了道德智力（姜鸿熟等译，1999），它是指进行公平道德判断的能力，结果把智力的内涵扩大了。

多元智力理论一经提出就对教育实践产生了重大影响。传统智力理论强调数理—逻辑智力和语言智力，而加德纳认为智力是多元化的。加德纳还指出，每个人在不同领域的智力发展水平是不同步的，而现实生活中人们可以根据自己的智力结构将各种智力有机地结合在一起从事工作。加德纳认为，学校教育的宗旨应该是开发多种智能并帮助学生发现适合其智能特点的职业和业余爱好。这对于我们承认人的各种智力并发现和培养人的各种智力都有积极的意义。

二、信息加工取向的智力理论

20世纪下半叶，随着认知心理学的兴起，对智力的研究发生了重要变化，出现了另一种重要的研究取向，即信息加工取向（the information-processing approach）。认知心理学家关心的不是智力活动的结果，而是其信息加工过程。他们所探讨的问题是：为了解答某种智力任务必须经历哪些心理操作；测验成绩的哪些方面取决于过去的学习，哪些方面取决于注意、短时记忆或信息加工速度，等等。换句话说，由于智力活动过程与结果联系密切，智力可以通过考察信息加工过程中的差异来进行研究。信息加工取向的智力理论主要包括以下两种：

（一）三元智力理论

美国耶鲁大学的心理学家斯腾伯格（1985）提出了三元智力理论，认为人的智力包括成分智力、经验智力和环境智力。其中成分智力是指人们在计划和执行一项任务时的心理机制，又包括元成分、执行成分和知识习得成分；经验智力是应用经验处理新问题以及形成创造性思维的能力；环境智力是一种帮助个体适应和应对环境的能力。斯腾伯格认为，正是个体在这三个成分上的差异导致了人们信息加工的差异，从而造成了个体间智力的差异。

然而，从智力的内隐研究出发，斯腾伯格认为三元智力仍不足以解释社会中的人类智力，因此，他在三元智力理论的基础上又提出了更具实用和现实取向的成功智力理论（1996），认为成功智力由分析性智力、创造性智力和实践性智力组成。成功智力是一个有机的整体，只有在分析、创造和实践智力三方面协调、平衡时才最为有效。斯腾伯格的成功智力理论是以“产品”为导向的新型理论，重视元认知能力、个性和文化因素对智力的影响，强调了智力发展的可能性。这对于以学业成就为智力指标的传统智力概念来说是一个强烈的冲击。

斯腾伯格从信息加工角度理解智力，开始把智力看作是在一定的心理结构中进行的信息加工。该智力理论从人的内部世界、外部世界及经验与智力的关系阐述智力的结构，而且还强调元成分在智力结构中的重要作用。在三元智力理论中，成分智力中的三种亚成分就是一个完整的心理过程。尽管他已经从特质分析转而向内部过程来探讨智力，但其三种亚成分之间的内在过程仍不是很清晰。

（二）PASS模型

加拿大心理学家戴斯等人提出了智力的PASS模型。他们把信息加工理论和认知研究的新方法与传统智力研究的因素分析相结合，并以前苏联心理学家鲁利亚的大脑功能分区学说为基础，通过大量的实验研究探讨了智力活动中的信息加工过程，提出“计划—注意—同时性加工—继时性加工”（planning-arousal-simultaneous-successive,

PASS）模型。该模型认为，智力由包含上述四种认知过程的三个认知功能系统组成，其中注意——唤醒系统负责引起注意和激活智力活动，影响着个体对信息编码加工和计划，对应于鲁利亚大脑皮层一级功能区的功能，是智力活动的基础；同时性加工和继时性加工统称为信息加工系统，主要是以同时性（并行）或者继时性（序列）两种加工方式接受、解释、转换、再编码和存储外界信息，是智力活动的主要操作系统，对应于鲁利亚大脑皮层二级功能区；处在最高层次的计划系统负责计划、监控、调节、评价等高级功能，与鲁利亚大脑皮层三级功能区相对应，对另外两个系统起监控和调节作用。这三个系统各具功能又相互协作，保证了一切智力活动的进行。

PASS 模型侧重从信息加工角度描述智力活动的内部结构和心理过程，重新建构了智力的概念，而且也非常强调计划在智能活动中的作用。它向我们提供了对智力测验进行分析的新视角，因此可以看作是智力研究中的一个新突破。但这种理论也有其局限性，因为它只涉及智力的心理操作层面，并不涉及动机、情感、人格等影响认知功能的因素。

智力的认知心理学研究克服了心理测量模式的某些局限，开辟了智力研究的新方向，并为智力研究提供了新的方法论。它不再局限于描述智力是什么，而是试图解决智力过程“怎么样”和“为什么”的问题，从而对人类揭示智力的奥秘作出了积极的贡献。不过，以信息加工的方法来研究智力问题也存在方法论上的局限性。它将人脑与计算机类比，用计算机信息加工的一般机制来说明人的智力过程，有意避开智力活动的大脑神经机制，所以也不可能完全说明人的智力过程。20 世纪 90 年代诞生的认知神经科学为人类揭开智力的面纱带来了新的曙光。

第三节　智力测验

智力的科学研究从一开始就与智力的测量联系在一起。早在两千多年前，中国的先哲们就提出了许多测量人的智力及其他心理特征的思想和方法。现代智力测验的出现只是近一百年的事。测量人的智力，了解人的智力水平，对做好教育、医疗工作和合理选拔人才具有重要意义。

一、智力测验应具备的条件

智力测验是通过测验来衡量人的智力水平高低的一种科学方法，是心理测验的一种，也是最早发展的测验之一。任何良好的智力测验都必须具备以下条件：

（一）标准化与常模

一个良好的智力测验，在编制时必须经过标准化的过程。所谓标准化（standardization）是指测验编制时所经过的下列四个标准式的步骤：第一，选择具有代表性的测验题目；第二，选择具有代表性的被试；第三，施测程序标准化；第四，统计结果，建立常模。

（二）信度和效度

评价智力测验编制的好坏，关键是看该测验的信度和效度。信度（reliability）是指测验的结果是否具有一致性、一贯性、稳定性，它决定了测验的结果是否可信。如果我们在一段时间内连续几次用同一量表测量一个人的智力，得到的结果却不一样，那么这个测验就没有一贯性，就不可信。检测信度的方法很多，一种方法为重测信度（test-retest reliability），另一种为分半信度（split-half reliability）。效度（validity）是指一个测验的正确度。一个测验的效度越高，即表示该测验结果越能代表想要测量的心理特质。评定测验效度的方法一般是以一群体测验的分数与效度标准（validity criterion，简称效标）求相关系数，所得相关系数即是效度系数。所谓效标是指用来建立效度的标准。有效度的测量常常具有信度，但是有信度并不一定有效度。例如，测量脑袋的大小作为智力高低的评价手段，这种测量是很有信度的，因为用一根皮尺以同样的方法每次测量的结果都是相同的。但是脑袋的大小却不是智力的有效测量，因为它与学生的成就或智力测验上的得分之间没有任何联系。例如，用磅秤量体重，所得数据代表个人体重；如连续多次测量数据相近，这表示磅秤作为测量体重的工具而言，既有效度，又有信度。

（三）实施程序与记分方法

就实施程序而言，测验编制者必须在手册内详细而明确地列出指导语，规定施测者必须对受测者说些什么话（如时间限制、作答方式等），在测验时他必须做些什么事（如怎样发卷、如何收卷、如何回答受测者问题以及如何控制时间等）。实施程序的明确规定也可视为标准化的条件之一。

至于测验的记分，属于施测之后的结果整理工作。一个测验的记分方式也必须在手册内详细说明。例如，如何计算测验的原始分数（raw score）（指按答对题目为准的分数），如何转换为其他分数（如将原始分数转换为智力商数等）等，均须在手册内有所说明。无论采用哪种记分方法，在使用时都必须遵守以下 4 项原则：

（1）客观。测验的评分标准必须有明确的规定；受测者所得分数的高低绝不因阅卷者的主观因素而有任何影响。

（2）正确。无论是对单一题目的记分，还是对全部分数的统计，必须按一定的方法与步骤，务必使可能产生的错误减少到最低。

（3）经济。阅卷与记分过程务必符合省时、省力、省钱的经济原则，在施测之后的最短时间内得到最正确的结果。为符合经济原则，一般测验均采用试卷与答案纸分离的办法。要求受测者按题目代号在答案纸上作答。这样既可节省试卷，留供以后重复使用，又可便于统计整理。

（4）实用。测验是解决问题的工具。因此，对测验分数的解释与应用必须顾及使用者的条件；不需要太多专深的知识即可获得测验结果并借以解决问题。以适用于小学生的智力测验为例，如记分方法过于烦琐或对分数的解释过于复杂，即使测验本身条件再好，小学教师也无法接受并将其作为辅助教学的工具加以运用。

二、智力测验的产生

智力测验的思想在我国古代学者的著作中就有所反映。孟子说："权，然后知轻重；度，然后知长短。物皆然，心为甚。"（《孟子·梁惠王》）孟子认为，心与物皆具有一种可测量的特性。三国时刘劭在《人物志》一书中指出（转引自叶弈乾、祝蓓里，1996）"观其感变以审常度"，意思是根据一个人的行为变化就可以推测出他的心理特点。我国自古以来就有"九连环"、"七巧板"等智力测验的工具。美国心理学家吴伟士把"九连环"称为"中国式迷津"。"七巧板"是把一块正方形薄板截成七小块，可以组成各种各样的图样，每个图样的组成都包括七小块。"七巧板"的操作属于典型的发散思维，操作的成果是形象转化。它是一种非文字的测验工具，现在被世界上一些国家所采用。

19 世纪中叶，达尔文的进化论激发了人们对智力和心理能力的研究。达尔文的表弟高尔顿对智力进行了第一次系统性的研究。他认为，智力水平的高低与神经系统的完整性和功效性有关，外部世界的信息是通过我们的感觉传到大脑的。感觉越敏锐，获得的信息越多；信息越多，判断与思维越有用武之地。感觉辨别力"基本上是心智能力中最高的能力"。为此，高尔顿设计了多种测量工具用于度量人们在各种感觉辨别力上的差异，并以这种差异作为智力水平的指标，如对声音的反应时间、命名颜色的速度等。但后来的研究发现，在简单的感觉判断和更复杂的认知能力之间几乎不存在任何关系。

1905 年，法国心理学家比纳（Alfred Binet，1857—1911）和医生西蒙（Theodore Simon，1873—1961）编制了世界上第一个正式的智力测验量表，即比纳—西蒙量表，这是科学智力测量的开端。它的产生是为了分辨出不适应在一般学校学习的智力落后儿童，以便给予其特殊教育。此后，智力测验在世界各国陆续运用，内容和形式不断改进。当前国际上常用的智力测验有两种：斯坦福—比纳智力测验和韦克斯勒智力测验。

三、智力测验的种类

智力测验本身依据题目形式、编制目的、施测要求、解释方式等可以划分为各种不同的类型，其中主要有以下三种。

（一）个别测验和团体测验

任何测验都可以由主试者向一个人单独施测，也可以同时施测于一组人。根据施测对象的数目，测验可以划分为个别测验和团体测验。

个别测验是指那种在同一时间内主试者只能对一个受测者进行施测的测验。如比纳量表、韦氏儿童智力量表等大多数儿童智力测验都属于个别测验。由于这种测验内容比较复杂，个别施测可以使主试者集中精力，充分观察与控制受测者的情绪、行动等，从而更好地激发受测者的正确动机，争取与受测者合作愉快，以保证测验结果的可靠性。个别施测对于某些特殊对象，如幼儿、智力障碍儿童等尤为必要。但是，它耗费的时间和精力较多，测验程序比较复杂，并且主试者必须经过严格的训练后方能胜任，因此显得不够经济，短时间内不可能获得大量的资料。

团体测验与个别测验相反，能够在同一时间内由一位主试者对多名受测者进行施测，如一般的教育测验、各种人格量表以及团体智力测验等都是集体进行的。团体施测较之个别施测可以节省大量人力与时间，并且可以在短时间内收集大量信息，同时主试者也无须接受严格的专业训练。不过它的缺点也正与个别测验的优势相反：主试者无法充分观察和控制每一位受测者的反应，测量误差不易控制。

（二）文字测验和非文字测验

测验题目可以用各种不同的方式呈现，数字、文字、图形或各种实物都可用以组成题目进行测验，测验呈现的方式不同，受测者的作答方式也不一样。根据这一点，心理测验可以划分为文字测验和非文字测验。

文字测验的题目以文字材料呈现，要求受测者用文字或语言的方式作答。文字测验的实施比较简便，而且易于测量人类高层次的心理功能。但是，这类测验容易受社会文化背景的影响，在跨文化比较研究中应用比较困难。同时，不同的文化程度会影响测验结果，对于那些在语言文字方面有困难的人和幼儿则完全不适用。

题目不以文字表述，受测者不以语言或文字方式作答的测验称为非文字测验。非文字测验的说明由主试者口头叙述，测验题目多属于图画、工具、模型等，对仪器、实物等辨认或操作的操作性测验也属于非文字测验。这类测验一般只适用于个别施测，费时费力，且对测验结果的评分易受主观因素的影响，很难达到严格的标准化水平。但是由于其材料的特殊性，这类测验不易受文化因素的影响，可用于广大文化水平较低者，如学前儿童、文盲等，并且适合于进行跨文化研究。

一个人在认知领域的知识往往并不能代替其在操作领域的技能，因此一般的智力测验同时包含两类题目，并且先将两部分测验分别计分，然后再结合起来进行解释，效果较好，如韦氏儿童智力量表。

（三）速度测验和难度测验

速度测验关注的是回答题目的速度，要求受测者尽快地作答，完成题目越多越好。其目的在于考察受测者在测验任务上的反应速度。速度测验一般由比较容易的题目组成，不需要深入思考，只是题量大而且时间限制非常严格，一般情况下几乎没有受测者能够在允许的时间内完成全部题目。这类测验以受测者在规定时间里答对的题目数量来区分优劣，常用于测查需要牢固掌握的基础知识部分。

难度测验关注的是受测者答题的正确性，要求受测者认真思考，准确地回答问题。测验的构成比较复杂，题目从易到难排列，最难的题目几乎没有一个受测者能够解决。这类测验可以没有时间限制或限制得非常宽松，通常以95%的受测者都有可能做完全部题目为前提来规定时间。它旨在测量受测者的解题技巧和解决问题的最高能力水平，以完成的数量和准确性为计分标准。各类学科竞赛所用的测验就是难度测验的典型示例。

四、几种常见的智力测验

（一）常用的个体智力测验

1. 斯坦福—比纳量表

1905年，比纳和西蒙应法国教育部的需要编制了世界上第一个智力测验量表，这就是比纳—西蒙智力量表，其最初的目的是为了鉴别低能儿。在量表中，比纳首先提出心理年龄（又称智力年龄，或简称智龄）的概念。心理年龄即受测者通过测验项目所属的年龄，它是对智力的绝对水平的度量，表明个体智力实际达到的那个年龄水平。比纳—西蒙量表由30个题目组成，按难易程度排列，以通过题目的多少作为鉴别智力高低的标准。1908年做了首次修订，增加到58个题目，按照年龄分组，适用于3~13岁的儿童。

比纳—西蒙量表问世之后，许多国家和地区的心理学家相继对它进行了修订。其中影响最大的是1916年美国斯坦福大学的推孟教授组织修订的斯坦福—比纳量表。该量表在1937年、1960年、1972年和1986年进行过多次修订，同时也被英、德、意、中等国的心理学学者翻译成本国文字，并结合本国的实际加以修订，使其成为当今很有影响力的量表。目前我国使用的“中国比纳测验”是我国心理学家吴天敏在斯坦福—比纳智力量表的基础上经过三次修订而成的。该量表共有51道题，从易到难排列，适用于2~18岁的儿童。

在斯坦福—比纳量表中，智力水平的高低用智商（intelligence quotient，IQ）来表示。智商是一个商数，是个人的智力年龄（MA）与生理年龄（CA）的比值，称为比率智商。其计算公式为：

$$智商（IQ）=\frac{智力年龄（MA）}{实际年龄（CA）}\times 100（乘100是为了消除小数）$$

依据该公式，如果一个儿童的智龄与实际年龄相等，智商为100，说明其智力水平正常；如果智龄小于实际年龄，他的IQ将低于100，说明其智力水平略低于同龄儿童；如果智龄大于实际年龄，IQ将高于100，说明其智力水平略高于同龄儿童。这样，我们就可以比较个体之间的智力水平。对不同IQ值的含义我们用下表来说明。

表11－2　IQ的含义及其在全部人口中的分布

智商	含义	占全部人口的百分比
139以上	非常优秀	1
120～139	优秀	11
110～119	中上	18
90～109	中等	46
80～89	中下	15
70～79	临界	6
70以下	智力落后	3

比率智商的优点是：可以使不同年龄人的智力水平相互比较。局限性是：比率智商一般只适用于年龄较小的儿童，不适用于成年人。因为人的生理年龄与年俱增，心理年龄则并非如此，到了一定年龄以后，心理年龄就会出现停滞甚至下降的趋势。如果用上述公式计算，就会出现年龄越大，智商越低的趋势。目前，比率智商已很少使用。

2. 韦克斯勒量表

韦克斯勒智力量表是美国著名医学心理学家韦克斯勒（D. Wechsler）创制的。该量表分为三种：韦氏学前儿童智力量表（WPPSI），用以评定4～6岁半儿童的智力；韦氏儿童智力量表（WISC），评定6～16岁儿童的智力；韦氏成人智力量表（WAIS），评定16岁以上成人的智力。这样，整个韦氏智力测验可运用于幼儿到老年，是一套比较完整的、具有各个年龄阶段代表性的智力量表。

韦氏智力量表由言语量表和操作量表构成，可以分别测量个体的言语智力和操作智力。韦氏量表克服了斯坦福—比纳量表只能测量个体的总体智力水平的局限，不仅可以测出智力的总体水平，而且可以测量出智力的不同方面——言语智力和操作智力。

韦氏智力量表的重要特点是，它废除了智力年龄的概念，保留了智商的概念。但在韦氏量表中，智商已经不是传统意义上的那种比率智商了，而是离差智商。离差智商以智力的正态分布曲线为基础，将人们的智商看作是平均数为100、标准差为15的正态分布，它能够表示被试的分数相对地处于同年龄标准化样组均数之上或之下的距离，即以离差大小表明智力高低，离差大、且为正数者智商高，离差小、且为负数者智商低。其计算公式为：

$$离差智商 = 100 + 15Z$$

$$其中\ Z = (x - \bar{x})/S$$

公式中的 Z 代表标准分，x 代表被试测验得分，$\bar{x}$ 代表团体的平均分数，S 代表团体分数的标准差。离差智商克服了比率智商的不足，即不会由于一个人的智力年龄和实际年龄的不同步增长而出现年龄越大智商越低的现象。但离差智商也容易造成对智力的绝对水平的误解。例如，一个人的离差智商在60岁时和在30岁时可能都是100，而智力的绝对水平则并不相同，60岁时的智力应比30岁时的智力低一些。

在我国，林传鼎先生、张厚粲先生主持修订了韦氏儿童智力量表。龚耀先先生主持修订了韦氏成人智力量表。

目前，斯坦福—比纳量表与韦克斯勒量表都是成熟且影响很大的量表。不过两者都属于个别测验，个别测验费时较多，不适合于大规模的测试，所以后来又编制出团体智力测验。

（二）常用的团体智力测验

1. 美国陆军甲种和乙种测验

第一次世界大战期间，美国心理学会主席耶基斯和桑代克、推孟等许多著名心理学家提出用测验招募和选拔士兵。但在短时间内采用个别施测的智力测验来测试数百万兵员，显然无法完成任务。于是在推孟的学生奥蒂斯（A. S. Otis）编制的团体智力测验的基础上，产生了陆军甲种测验，后来又针对不识英文的或有阅读障碍的人编写了陆军乙种测验。从1917年9月到1919年1月，受测者总数达170多万人。

陆军甲种测验由8个分测验组成，包括指使测验（照令行事测验）、算术测验、常识测验、异同测验（区别同义词和反义词）、字句重组测验、填数测验、类比推理测验和理解测验。陆军乙种测验属于非文字测验，它由7个分测验组成，包括迷津、立方体分析、补足数列、译码、数字校对、图画补缺和几何形分析。

陆军甲种和乙种测验目前已经不常用。现在美国军队采用军人资格测验（Armed Forces Qualification Test，简称AFQT）来选拔军人和划分兵种。

2. 瑞文推理测验

瑞文推理测验是由英国心理学家瑞文（C. Raven）编制的一种团体智力测验，它是非文字型的图形测验，题目由两种形式组成。一种题目形式是从一个完整图形中挖掉一块，另一种是在一个图形矩阵中缺少一个图形，要求受测者从提供的几个备选答案中选择一个能够完成图形或符合一定结构排列规律的图案。

瑞文测验的优点在于测验对象不受文化、种族与语言等条件的限制，适用的年龄范围也很广，从5岁半直至老年，而且不排除一些生理缺陷者。测验既可单独进行，又可团体实施，使用方便，省时省力，结果以百分等级常模来解释，直观易懂，因而该测验被世界各国广泛使用。瑞文标准推理测验中国城市版的修订工作是由我国心理学家张厚粲在 1985 年主持进行的。

除上述测验外，在美国，还有两个应用最广泛的团体测验，一个是 1994 年版的学业能力测验（SAT），另一个是 1989 年版的美国院校测验（ACT），它们都是针对年龄较大的学生。美国的大多数高等教育机构都要求其申请者通过其中一个测验，以此作为不同学校之间的测验标准。在我国，由上海教育科学研究院编制的《学生团体智力测验》适用于小学三年级至初二的学生，在实践中也有着较广泛的应用。

五、智力测验的贡献与局限

作为测量智力的一种方法，智力测验的效用性是人们最关心的问题。从历史上看，智力测验是在心理学由思辨科学转向实验科学后产生的，它用对行为客观的测量代替内省法，是心理学研究方法上的一大进步。经过几十年的发展，它在方法上日趋完善，在理论上日趋成熟，科学性远远超过一般的观察法。

从实际应用方面看，智力测验可用于人才选拔、人员安置、大脑机能障碍诊断、心理咨询和教育评价等方面。在学校中使用智力测验，可以让教师了解学生的学习潜能，也可发现超常儿童和低常儿童，以便因材施教。从理论研究方面看，智力测验可用于收集资料，建立和检验假设。在研究能力结构、智力发展速度、遗传与环境对智力发展的影响等理论问题时，我们常借助于智力测验收集相关资料。人们也用智力测验建立和检验某些理论假设，如斯皮尔曼的二因素理论就是通过分析智力测验的材料得出的。

但是智力测验也有局限性，主要表现在：第一，智力测验主要进行了量的分析。它的结果一般是用智商报告的，一般智商的分析只提供量的数据，只有量的说明，缺少或没有质的分析。第二，只能反映个体当时的智力水平，不能描述发展的速度和趋势。第三，不能反映智力的各个方面。由于量表编制者对智力的看法和指导思想上的差异，所编制的量表测出的智力方面也有不同，测试结果并不是对智力结构的全面描述。第四，目前的测验属于速度测验，“快即聪明”原则不适合对潜能的测试。第五，智力测验中的项目会受到文化背景的影响，没有绝对公平的智力测验。目前编制的智力测验内容没有考虑到少数民族，以美国为例，用来自白人的测验项目去测量非洲来的黑人移民是不公平的。

总之，智力测验的发展历史已经表明，它是测量智力的有效工具，实践也已证明并将继续证明它的存在价值。只有正确地使用它并注意到它的局限性，才能扬长避短，使之成为一种评价和发展智力的有用工具。

本章摘要

1. 智力是一种综合性的心理能力，是进行学习、处理抽象概念、处理新情境和解决问题以适应环境的能力。

2. 智力和知识既有区别又有密切联系。智力不等于知识，知识是个体通过与环境相互作用后获得的信息和结构。智力以知识的获得为基础，没有知识的支持，智力不可能发展，而知识的获得也必须以一定水平的智力为保障，并且知识越复杂、越抽象，所需的智力水平也越高。

3. 智力是创造力的主要组成部分，创造力是智力在创造活动中独特发展的结果。

4. 智力因素与非智力因素的关系也是处于相互作用的过程之中。一方面，只有在智力因素的指导下，非智力因素和意向活动才会有明确的方向和对象；另一方面，只有在非智力因素的主导下，智力与认识活动才会积极主动克服困难。

5. 智力理论是心理学家对人类智力的内涵所作的理论性与系统性的解释。智力理论可以分为心理测量学取向和信息加工取向两大类。

6. 心理测量学取向是指智力理论的建立是以智力测验为工具，采用因素分析的观念与方法，从测验结果中分析出彼此相关的各个不同因素，然后以分析所得的因素来界定智力的性质。

7. 信息加工取向是指从信息加工的观点出发，将智力看作一个过程。

8. 任何智力测验，均需具备三个条件：①标准化与常模；②信度和效度；③实施程序与记分方法。

9. 在编制测验时，从标准化样本施测后所得的平均分数即为该测验的常模。

10. 信度是指测验的结果是否具有一致性、一贯性、稳定性，它决定测验的结果是否可信。效度指一个测验的正确度，即所测得结果与要想测量的目的的符合程度。

11. 智力测验本身依据题目形式、编制目的、施测要求、解释方式等可以划分为各种不同的类型，主要包括以下 3 种：①个别测验和团体测验；②文字测验和非文字测验；③速度测验和难度测验。

12. 常用的智力测验有斯坦福—比纳量表、韦克斯勒量表等。

13. 智商是衡量智力水平高低的一种客观指标，分为比率智商和离差智商。

复习思考题

1. 什么是智力？智力与知识有什么联系？

2. 简述智力理论的两种主要取向。

3. 什么是流体智力和晶体智力？二者在发展上有什么区别？

4. 简述多元智力理论和三元智力理论。

5. 一个标准化的智力测验应该具备哪些条件？这些条件是如何建立的？

6. 如何理解智商？怎样根据智商来了解一个人在团体中的相对位置？

推荐参考读物

1. 罗伯特·费尔德曼，黄希庭．心理学与我们．黄希庭等译．北京：人民邮电出版社，2008.

2. Howard Gardner．智力的重构——21世纪的多元智力．霍力岩等译．北京：中国轻工业出版社，2004.

3. 白学军．智力发展心理学．合肥：安徽教育出版社，2004.

4. 竺培梁．智力心理学探新．合肥：中国科学技术大学出版社，2006.

第十二章 人格及其测验

在日常生活中，我们往往根据自己对他人人格的看法而决定对其接受或拒绝。雇主常常根据他对雇员人格的了解，而不是对其业务的了解进行雇用和提升。受人欢迎的学生通常被视为具有良好的人格。人们恋爱结婚往往因为他们相信自己与对方的人格般配：他们喜欢相似的活动并且具有相近的价值观。这些看法，无论是对人对己，也无论是否准确，都对我们的生活有着深远的影响。对人格的了解无论是对你还是你的生活质量都有着重要的意义。虽然我们人人都在使用“人格”一词，但对人格的理解却不尽相同，即使是心理学家，至今对人格的理解也不一致。在本章中，我们将讨论以下问题：

怎样理解人格、性格和气质的关系？

精神分析取向是怎样理解人格的？

特质取向是怎样理解人格的？

人本主义取向是怎样理解人格的？

社会学习取向是怎样解释人格形成的？

人格测验主要包含哪些内容？

第一节 人格及其相关的概念

一、人格的定义

人格一词译自英文“personality”。英文中的“personality”源自拉丁文“persona”，意指戏剧演员所戴的面具。例如，我国京剧的大花脸、小花脸，它代表剧中人物的角色和身份。把面具指义为人格，这就暗示了一个人有两面——公开可见的一面以及隐藏其后不为人知的一面。由此可以引申出，人格就是一个现实的人，就是我国古代学者所说的“蕴蓄于中，形诸于外”的人。

一个现实中的人有丰富的内涵。那么，心理学家是怎样对人格下定义的呢？在心理学中，人格是探究完整的个体及其差异的领域。由于研究对象的复杂性以及心理学家对人格的侧重点和研究取向不同，时至今日学者们对人格的定义也不一致。综合各家的观点，可以下这样的定义：人格是一个人的才智、情绪、愿望、价值观和习惯的行为方式的有机整合，它赋予个人适应环境的独特模式；这种知情意行的复杂组织是遗传与环境交互作用的结果，体现着一个人受过去的影响以及对现在和未来的建构。

上述定义包含了以下 3 层意思：

（1）人格的独特性。我们在谈到人格时，首先想到的是人与人之间的个体差异，即适应环境的独特模式。每一个人的人格形成都是遗传和环境交互作用的结果。除同卵双生之外，每个人的遗传基因都不同，人们的生存环境和受教育环境也不同，因而形成了各自独特的人格特征。“人心不同，各如其面”。在现实生活中，人们的人格千差万别，千姿百态。这就是人格的独特性。虽然人与人之间也有许多共性，但人格心理学家关注的重点是人与人之间的差异性。

（2）人格的整体性。个人适应环境的独特模式即生活风格，是可被他人知觉和描述的，它是由认知特征、情绪特征、意志行动特征所构成的整体机能所决定的。虽然我们可以对个别的心理特征进行分析研究，但在一个现实中的人身上，它们并非孤立存在，而是紧密联系、整合为一个有机的统一体。我们所思、所感和所做的总是互相联系、互相影响的。

（3）人格的时间维度。人格不只是现在起作用的。过去的经历透过现在的人格结构和记忆影响着我们的现在。我们对未来的目标和期望也影响着现在。像对过去的记忆和对现在的感知一样，对未来的想象和追求是我们人格的一部分。虽然未来不能决定现在，但我们对未来的洞察力却能决定我们的现在。

二、人格与性格

日常生活中人们往往把“人格”与“性格”不加区别地加以使用，如说“这个人天生是个坏蛋”、“阴险狡诈是他的本性”。这实际是把性格和人格混同起来了。性格（character），是指个人的品行道德和风格。它是人格结构的一个重要组成部分，是个人有关社会规范、伦理道德方面的各种习性的总称，如诚实、坚贞、奸险、乖戾等。因此，性格差异构成了真正的伦理问题，我们可以作善恶、好坏、是非等价值评价。

英语“character”一词源于希腊语“Kharaktér”，意为“印记”、“雕刻”或“雕成之物”。后来转意为“绘图”、“标志”和“特征”，意指由外界环境所造成的、深层的人格结构。例如，虚伪、粗野、诚实等是后天形成的，并且具有伦理学上的重要性。

同一文化或同一社会阶层中的大多数人都具有的某种性格称为群体性格（group

character)。例如，在美国的文化中，富有魅力、好交际、竞争性是被该文化大多数人所推崇的性格特点；而在中国文化里，含蓄、平和、仁慈则是中国人所提倡的性格特点。无论在哪一种文化中，每个人除了具有群体性格外又都有其个性差异。因此，人格包含性格，但不等同于性格。性格是善恶、好坏、是非等价值评价的心理品质。

三、气质与人格

气质是个人的先天禀赋，也是我们常说的性情或脾气。

早在公元前 5 世纪，古希腊哲学家希波克拉底（Hippocrates，B. C. 460—B. C. 377）就认识到健康与体内的四种体液（血液、黏液、黄胆汁和黑胆汁）的协调混合有关。到了公元 2 世纪，罗马医生盖伦（Galen，130—200）提出，某种体液占优势就会形成相应的特征鲜明的情绪反应方式或气质。例如，血液占优势的人活泼好动，属多血质；黑胆汁占优势的人忧郁沮丧，属抑郁质；黄胆汁占优势的人爱生气，属胆汁质；黏液占优势的人迟钝平静，属黏液质。虽然现代科学否定了体液是气质基础的观念，但气质是个体与生俱有的、独特的情绪反应方式的观念一直沿用至今。气质是指个人的反应方式，特别是就情绪的典型反应方式而言的。

气质是先天禀赋的。托马斯和切斯（Thomas & Chess，1977）做过一项研究（New York Longitudinal Study，简称 NYLS），自 1956 年起对 141 名被测者从出生后的几周开始进行长达 30 多年的持续追踪观察：出生后第一年每 3 个月一次，1~5 岁每半年一次，5 岁后每年一次，一直到他们的成年期。结果发现，被测者在出生后的几周就表现出明显的个体差异。例如，有的婴儿容易接受新食物，能够对陌生人微笑；有的婴儿对新食物退缩、哭闹；有的婴儿总是动来动去，有的婴儿则安静、很少动；有的婴儿或哭或笑声音很大，而有的婴儿则表现适度；有的婴儿进食、睡眠等很有规律，有的婴儿则毫无规律；有的婴儿对新玩具会玩很长时间，而有的婴儿玩几分钟便失去了兴趣；有的婴儿在玩耍或与他人互动时经常微笑，而有的婴儿动不动就大惊小怪或哭泣。婴儿在出生后很快就表现出明显的气质差异。

巴斯和普洛明（Buss & Plomin，1984，1986）把气质倾向的反应方式分为三种：活动性（activity）、情绪性（emotionality）和社交性（sociability）。活动性是指个人的活动精力旺盛程度。高活动性气质的人精力旺盛，总是忙碌不停。情绪性指个人的情绪反应强度。高情绪性气质的人易生气，急性子，脾气大。社交性指个人与他人亲和及互动的一般倾向。高社交性气质的人很喜欢社会交往。如果你想了解自己在气质的三个维度上的水平，不妨用“心理学与人生 12 - 1”所提供的量表来测一测自己。

气质无好坏之分。因为每一种气质都有其优点和缺点，都有可能在事业上取得成就。据研究，俄国四位著名文学家就是四种不同气质的代表：普希金属胆汁质、赫尔岑属多血质、克雷洛夫属黏液质、果戈理属抑郁质。

总之，气质是个人典型的情绪反应方式，它源于个人的体质特点和遗传。它是人格形成的一种原始资料，一般说来是不可改变的。而性格则本质上是由个人的生活经验所形成的，它会因见识和新经验而发生改变。

心理学与人生 12－1 你想了解自己的气质特点吗

如果你想要评量自己的气质，可以用巴斯与普洛明（1984）所编制的 EAS 成人气质量表，请就下列 20 个问题用五个等级对自己进行评分：

1＝一点也不像我

2＝有一点不像我

3＝既像又不像我

4＝有一点像我

5＝非常像我

1. 我喜欢和人们在一起。(S)
2. 我似乎总是在赶时间。(Ac)
3. 我很容易受惊吓。(F)
4. 我经常感到苦恼。(D)
5. 感到不愉快的时候，我会立刻让他人知道。(An)
6. 我是个独来独往的人。(S)
7. 我喜欢一天到晚都忙碌着。(Ac)
8. 大家都知道，我的脾气不好而且性子急。(An)
9. 我经常感到挫折。(D)
10. 我的生活步调很快。(Ac)
11. 日常事务使我感到烦躁。(D)
12. 我经常感到不安全。(F)
13. 有很多事情都会惹火我。(An)
14. 害怕时，我感到恐慌。(F)
15. 我较喜欢和他人一起工作而非独自工作。(S)
16. 我很容易情绪低落。(D)
17. 我经常觉得精力充沛。(Ac)
18. 身边的事情很难使我焦虑不安。(An)
19. 我比同龄人更少感到害怕。(F)
20. 我觉得人比任何事物都刺激。(S)

计算分数时必须先将第 6、18、19 三个反向问题加以反转（亦即 5→1，4→2，3→3，2→4，1→5）。然后根据括号内的字母将问题分类（请注意，研究者将情绪维度分为三部分）。将每个分量表加总后会得到五个分数。为了能够更了解这些分数的意义，请将你的分数与以下所列巴斯与普洛明所搜集的成人分数加以比较。

情绪性	女性	男性
焦虑（An）	10.08	9.72
恐惧（F）	10.60	8.92
生气（D）	10.28	10.80
活动性（Ac）	13.40	12.80
社交性（S）	15.24	14.60

四、人格理论

人格理论（personality theory）是心理学家用来解释人格的一套假设系统或参考框架。例如，英国心理学家艾森克（Hans J. Eysenck，1970）以两个连续维度——情绪稳定性与内外向性把人格划分为四大类（见图 12－1），认为人与人之间的人格差异只是在这四个象限中所居的位置不同而已。

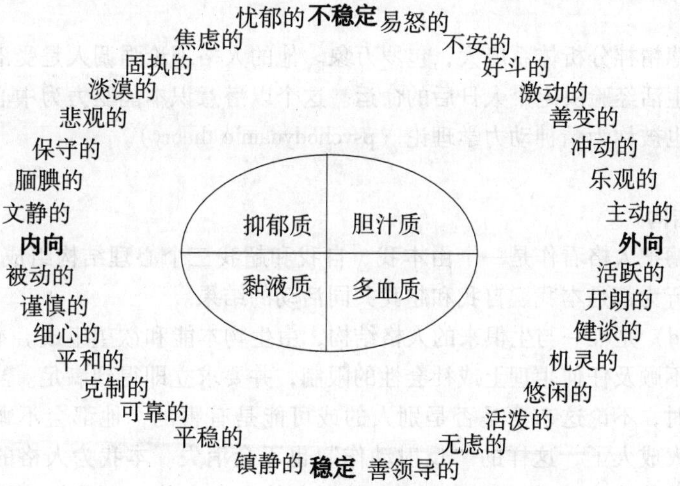

图 12－1　艾森克人格理论图示

人格理论肩负着两项任务：一是寻找造成个体差异的特殊变量（如情绪稳定性、内外向性），探讨构成人与人之间的种种不同的个性差异；二是把个人的活动的一般过程（生物学的、认知的、情感的、学习的、发展的和社会的等）整合起来，形成对一个完整的人的描述和解释。当前主要的人格理论有精神分析取向、特质取向、人本主义取向和社会学习取向。由于人格问题的复杂性以及人格心理学家研究取向的不同，这四种主要研究取向的人格理论都各有其优缺点。每一种研究取向的人格理论都能为我们提供一条观察人格的途径。我们应博采众长，加以综合，从而达到对人格的一种较完整的认识。

第二节　精神分析取向的人格理论

精神分析（psychoanalysis）是奥地利精神病学家弗洛伊德根据其多年对精神病人的诊断、治疗和病理研究，早在20世纪初提出的心理治疗和解释人性的系统理论。弗洛伊德的理论影响了无数心理学家、作家以及为人父母者对人的看法。从精神分析学派的发展来看，可分为弗洛伊德的经典精神分析论和晚近的新精神分析论，他们对人格的理解是不尽相同的。

一、弗洛伊德的经典精神分析理论

弗洛伊德精神分析体系庞大，包罗万象。他的人格理论强调人是受潜意识本能驱动的，幼年生活经验决定个人日后的命运。这个以潜意识本能驱力为中心概念而建立起来的理论也被称为精神动力学理论（psychodynamic theory）。

（一）人格结构

弗洛伊德把人格看作是一个由本我、自我和超我三个心理结构组成的动力系统。人的大多数行为都是本我、自我和超我共同活动的结果。

本我（id）是唯一与生俱来的人格结构，由生物本能和欲望组成。本我遵循快乐原则行事，不顾及任何生理上或社会性的限制，并要求立即得到满足。当婴儿看见他想要的东西时，不论这东西是否是别人的或可能是有害的，他都会不顾一切要得到它。即使长大成人了，这样的“反射动作”也不会消失。本我为人格的活动提供能量，这种能量称为力比多（libido），它源自人的生存本能。本我的冲动都是潜意识的，是我们知觉不到的。

在新生儿与外部世界互动的头两年，人格结构的第二个部分——自我（ego）逐渐发展起来。自我遵循现实原则行动。就是说，自我的任务是在衡量现实的条件下，满足本我的冲动。由于本我冲动通常不为社会所允许，所以自我的工作就是把这些冲动保留在潜意识中。自我不同于本我，能自由地运动于知觉到的意识、前意识和潜意识之中（见图12－2）。

当儿童成长到5岁左右，人格结构的第三部分——超我（superego）开始形成。超我所代表的是社会要求，特别是来自父母的价值观和标准。超我的一部分称为良心，是个人的道德标准；当个人的行为违反了这种标准时，便会受到良心的责备而感到内疚。超我的另一部分称为自我理想，是个人在幼年时受到父母赞扬或奖赏的那些行为。自我理想是个人的目标和抱负的源泉，当达到这种标准时就会为此感到自豪。在弗洛伊德看来，一个缺乏控制力的超我可能使一个人成为不良少年、罪犯，或形成反社会人格，而一个过度严格的超我则可能使人产生压抑感或难以承受的内疚感。

人格结构的三个部分常常处在相抗衡的状态之中。健康人的自我会防止本我和超我过分操纵其人格，自我目的是找到一条途径同时能满足本我和超我的需求。不过，这往往是相当困难的。人的潜意识是人格三部分的战场。自我既要与现实保持联系，同时又要协调人格其余两部分的要求。

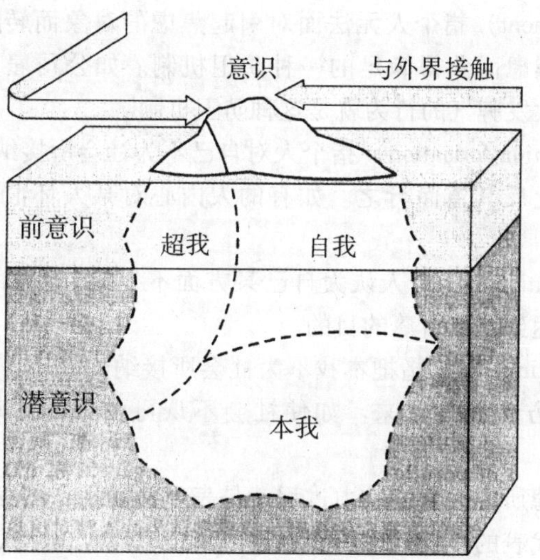

图 12－2　弗洛伊德理论的人格结构图示

（二）人格动力

在弗洛伊德的人格理论中，本能和焦虑是人格动力中的两个核心概念。前已述及，本我代表所有本能能量的来源，它寻求立即兴奋或紧张的释放。而本我、自我和超我这三种力量既互相独立又互相冲突，通过冲突达到某种微妙的平衡。

而这样的冲突状态必然导致焦虑，从而会引起神经症。焦虑预示着危害或损伤的来临，而这一信号又是与个体早期的惩罚和痛苦相联系的。为了应对焦虑的痛苦状态，人们可能采用各种防卫机制（mechanisms of defense），去适应环境以保持心理平衡。个体的自我所使用的防卫机制是不会被意识到的，并且多半是偏离现实甚至是扭曲现实的。因此，即使防卫机制对减免焦虑痛苦可收一时之效，但如果过分地使用也会导致心理异常。据弗洛伊德观察，一般人常用的防卫机制有：

压抑（repression）指个人在心理上对不为超我所接纳的本我的欲望、意念、冲动等加以压抑，使之留存于潜意识之中而不让它出现在意识中，以免除焦虑的痛苦。例如，某生考试不及格，总是忘记把考试结果告诉其父母。压抑是最基本的防卫机制，其他防卫机制都是由此衍化出来的。

否认（denial）指在心理上不承认令人不愉快念头的存在。如某男子对某女子有性欲望，但他却断然否认，以减缓心理上的压力。

投射（projection）指把自己的过失或不为社会所接纳的欲念强加于他人，借以减轻自身缺点所带来的焦虑不安。如有人指责自己的妻子想与他人发生性关系，而没有意识到事实上是他自己想与他人发生性关系。

合理化（或文饰作用）（rationalization）指个人对自己不合理的作为或缺点非但不予承认，反而加以扭曲，以非真实的理由加以貌似合理的解释。所谓“酸葡萄心理”便是合理化防卫机制的作用。

转移（displacement）指个人无法面对引起焦虑的对象而转移目标，选择较易处理的对象，以消除焦虑而获得满足的一种防卫机制。如公司雇员受上司斥责不敢反抗，回家后对妻儿大发脾气的行为就是这种防卫机制。

反向作用（reaction formation）指个人对自己不为社会所接纳的欲望和意念，除加以压抑外还在行为上反其道而行之。如有的人内心对某人怀恨，但表面却对他极其友善。

补偿（compensation）指个人认为自己某方面不足或有缺陷时，转而力求发展其他方面的长处，以达到维持自尊的目的。

升华作用（sublimation）指把本我不为社会所接纳的欲望、意念及冲动等转化为社会能接纳的行为方式表现出来。如使社会不认可的攻击冲动在体育竞赛中得到升华。

总之，弗洛伊德所说的人格动力过程就是表现为本我、自我、超我三者之间的冲突和平衡。当本我代表的本能能量得到释放或紧张缓解时，个人就感到由驱力的表达所带来的愉快，常常做出涉及多种满意来源的活动。当本能能量得不到释放或紧张得不到缓解时，个人便会经历冲突、焦虑和烦恼，于是采用各种防卫机制以达到一时的平衡。

（三）人格发展

弗洛伊德认为，儿童从出生到成年要经历几个先后有序的发展阶段，每一个阶段都有一个特殊的区域成为力比多的兴奋和满足中心，此区域称为性感区（erogenous zone）。据此，弗洛伊德把心理性欲发展划分为口腔期、肛门期、性器期、潜伏期、生殖期 5 个阶段。儿童在这些阶段中获得的各种经验决定了他们成年后的人格特征。

（1）口腔期。从出生到一岁左右，婴儿的活动大部分以口腔为主，诸如吸吮、咬、吞咽等。口腔便成为快感的中心。口腔期有两类行为反应：口腔摄入行为和口腔攻击行为（咬人或吐出）。如果婴儿口腔被过度满足，其成年口腔性格将会倾向于不寻常的乐观和依赖，称为口腔依赖型人格；其特点是习惯于被动地接受他人的关注、礼物、爱情。如果婴儿口腔受到过度限制，其成人性格倾向于悲观、充满敌意和攻击性，称为口腔攻击型人格；其特点是以叫喊、咒骂或攻击等方式表达对他人的敌意。

（2）肛门期。约在2岁至3岁，肛门一带成为幼儿的快感中心。如果对幼儿的排便训练不顺利——幼儿学习有困难或父母要求太过分，幼儿将以两种方式来反应。一是在父母所不准许的任何时间和地点排便以反抗父母规律排便的要求，成人后便形成肛门攻击型人格；其特点是冷酷、破坏性、龌龊。二是幼儿克制或保留粪便在体内，这种行为将发展为肛门滞留型人格；其特点是固执、吝啬，有强迫行为倾向。

（3）性器期。约4岁到5岁，性器官成为儿童获得快感的中心。这时儿童以异性别的父母为潜意识的性欲望，想要取代或毁灭同性别的父母，即弗洛伊德所谓的俄狄浦斯情结（Oedipus complex）。俄狄浦斯情结在男孩、女孩身上的表现不同。男孩企图杀父娶母，但又害怕被父亲阉割，这种阉割焦虑使他放弃对母亲的性欲求而转向对父亲的认同。男性的性器期性格是急躁、爱虚荣、自负。女孩因无阴茎而产生阴茎妒羡，恋父情结永远不可能彻底解决，她们固有的自卑表现为夸大女性气质并利用自己的天赋与魅力去占有男性。

以上三个心理性欲阶段称为前生殖阶段，弗洛伊德认为，成年人格实际上是在人生的第五年就已经形成。

（4）潜伏期。从6岁到12岁左右，这一阶段力比多处于休眠状态。儿童将上一阶段以父或母为对象的性冲动暂时升华为学校里的学习、体育、歌舞以及与同性别伙伴发展友谊，这种现象持续到青春期才会发生改变。

（5）生殖期。从青春期开始，这是心理性欲发展的最后阶段。弗洛伊德认为这一阶段性欲冲突强度不如前几个阶段大。但社会的约束力和禁忌仍然关注着性欲的表现，青少年也必须遵守。青少年的性欲冲突可通过升华而降低。稍后的成人期则可通过一个异性的人彼此承诺关系而得到满足。

弗洛伊德的人格理论第一次提出个人的早期经验对人格形成的重要作用，提出婴幼儿期的喂养、大小便训练和性经验在人格形成中所扮演的重要角色，开创性地提出人格发展过程可按阶段划分等观点，对后来的人格研究影响很大。但是，后来的心理学家并不完全信奉他的理论，因为这个理论有不少错误的观点。例如，弗洛伊德认为潜伏期是心理性欲发展中的一段静止时期，对人格发展不重要，这种观点是很难让人接受的。更主要的是弗洛伊德的许多观点模棱两可，无法得到科学的验证。

二、新精神分析理论

由于弗洛伊德过分强调本能驱力和性欲的作用，使得其早期追随者中的一些学者在后来创建了他们自己的理论，与弗洛伊德理论分道扬镳；而另一些学者虽然接受了弗洛伊德理论中大部分核心思想，但也对其中某些部分加以修正并发展。下面介绍三位新精神分析家的代表性观点。

（一）荣格的人格结构理论

在弗洛伊德原来的精神分析研究群体中，最令人痛苦的“变节者”莫过于荣格（Carl Jung，1875—1961）。荣格曾被弗洛伊德任命为第一届国际精神分析学会的主席。但由于一直不赞同弗洛伊德的基本观点，他辞职退出学会并另立学派。在荣格的学说中，其人格结构理论颇具特色。在荣格看来，人格（心灵）是由自我、个人潜意识和集体潜意识几个互相影响的系统组成。

1. 自我

自我（ego）是有意识的心智，心灵中关于认知、感觉、思考以及记忆的那部分。荣格认为，我们的意识有一组对立的精神态度：内向性（introversion）与外向性（extraversion）。内向性的特征是指向个人内在的思考和感受。外向性的特征是指向对他人及外部世界的思考和感受。每个人都具有这两种态度，但是只有其中的一种会成为人格的主宰。主宰性的态度会指导个人的行为与意识。同时我们还有四种心灵的功能：思维（thinking）、情感（feeling）、感觉（sensing）以及直觉（intuiting）。这四种心灵功能与两种精神态度的交互作用便形成了8种人格类型：①思维外向型（其生活严守社会规范，客观冷静，善于思考但固执己见，感情受压抑）；②情感外向型（易动感情，思维受压抑）；③感觉外向型（寻求享乐与刺激，直觉受压抑）；④直觉外向型（凭预感办事，喜怒无常，富于创造性，感觉受压抑）；⑤思维内向型（沉溺于玄想，离群索居，情感受压抑）；⑥情感内向型（情感深藏内心，沉默寡言，态度冷淡，压抑理性思考）；⑦感觉内向型（对外部世界缺乏兴趣，显得被动、平静）；⑧直觉内向型（喜欢做白日梦，常和现实相脱节）。

自我作为人格的意识层次，包含着这些态度、功能以及人格类型，对描述人类的人格有重要的意义。但荣格认为，意识层次不过是人格结构里最上层的部分，而潜意识则扮演着相对重要的角色。

2. 个人潜意识

个人潜意识（personal unconscious）是由心灵中曾经被意识到，但又被压抑或遗忘，或在一开始就没有形成意识的印象所构成。它类似于弗洛伊德的前意识。自我与个人潜意识之间有着双向的交流方式，像各种经验档案一样可以存放在我们个人潜意识中，也可以把它拿出来检阅一番，再把它放回去。

当我们在个人潜意识里存放越来越多的经验后，我们开始把它们组合起来，这就是荣格所谓的情结（complex）。情结就是围绕着一个共同主题所组织起来的情绪、记忆、知觉以及欲求的模式和核心。情结一旦形成，它就会脱离意识的控制，但它却可以介入或影响意识。一个被情结占据的人，自己并不知道其影响，然而别人却可以轻易地看到情结作用的效果。情结不一定只来自我们的童年或成年经验，也可能来自我们祖先遗留下来的记忆，那些包含在集体潜意识里的种族遗产。

3. 集体潜意识

人格中最深层、最不易碰触到的层次是集体潜意识（collective unconscious）。在荣格看来，如同我们每个人在个人潜意识里积累并存放所有个人记忆的档案那样，人类集体作为一个种族，也在集体潜意识里存放着人类和前人类物种的经验。为了证明集体潜意识，荣格阅读了大量的神话与史诗，发现在世界不同地区的文化均反复出现共同的主题和符号。他把这些共同的符号和主题称为“原型”。所谓原型（archetypes）是指包含在集体潜意识之中的共同经验的形象。有许多种不同类型的原型，这些原型也烙印在我们的人格上。对人格产生持久影响的原型主要有：人格面具、阿尼玛与阿尼姆斯、阴影以及统我。

人格面具（persona）是个人在面对公众时，用以表现自己的面貌，却与真实面貌不太相同的外表。荣格认为，人格面具是必需的，因为我们总是被迫扮演多种角色，在与许多不同的人相处时都要适宜得体。人格面具有利也有弊。我们或许会相信人格面具反映了我们的真正本质。由于扮演一个角色，我们还可能会变成那个角色，甚至不再认同于个人真正的本质，导致一种人格面具膨胀而自欺欺人。

所谓阿尼玛（anima）是指男性人格里的女性气质。所谓阿尼姆斯（animus）是指女性人格里的男性气质。荣格认为，这些相对性别的气质有助于我们调节种族的存活与发展，因为它能让一种性别的人得以了解异性的本质，并能喜爱异性，指导着我们对待异性的行为。

荣格提出的最神秘的原型叫阴影（shadow）。它包含基本的、原始的动物本能，位于所有原型的最深层。被社会认为是邪恶与猥亵的行为都包含在阴影里。要是人们想要和谐地生活在一起，就必须要对这个人性中的最黑暗面加以克制，否则就会受到社会的惩罚。虽然它是一切邪恶的来源，但如果完全压制了阴影，人格就会变得毫无生气，因为这也就压制了创造力。因此，自我一方面要能够压制动物的本能，同时又要让本能得到足够的抒发，以便提供创造力与活力。

统我（self）是一个联合性、整合性地协调全部人格的原型。它包含将人格中所有的部分联系在一起，使其达到平衡；同时还联系意识与潜意识这两个层面，使之达到平衡。荣格认为，统我总是面向未来，追寻一个目标，但却不一定会成功。统我是一种动机的力量，是在前方拉动着我们前进的力量。只有在心灵的其他结构都已经发展成熟之后，统我这个原型才会浮现。荣格认为这通常发生在中年期。因为只有到了中年期个体才会有未来的目标与计划未来的能力。

（二）阿德勒的人格动力理论

阿德勒（Alfred Adler，1870—1937）是奥地利的精神分析家，也是弗洛伊德最早的同事之一。他反对弗洛伊德关于性本能、潜意识是人格决定因素的理论，认为每个人从一开始便是一个社会的人，人格的动力不是生物需求的满足，而是自卑感（inferiority feelings）和我们对卓越的追求。

所有的人都有自卑感。无论是真实的自卑感还是想象出来的自卑感。自卑感的原始经验产生在每个人的婴儿期，但不是由遗传决定的，而是由环境作用（对成人的无助与依赖）所决定的。自卑感是不可避免的，因此阿德勒认为，人生必须经历一系列的挣扎才能摆脱自卑感，他把这种挣扎称为“追求卓越”（striving for superiority），与弗洛伊德所宣称的性欲与攻击是人格动力相对立。他说，追求卓越是每个人人生难题的解决根源，它强化了我们面对难题的态度，我们的所作所为就是要建立超越人生挫折的优越感，以克服自卑感。我们追求好成绩，在竞赛中获胜，争取优越的地位就是要远离自卑感；不去追求卓越、过度自卑的人是因为有自卑情结（inferiority complex）。这种人误认为自己低人一等，自暴自弃而不求进取，无力应对生活。

阿德勒认为，产生童年自卑情结主要有3类原因：

（1）器官自卑。身体部位和器官有缺陷会使人自卑。如果经过努力使童年期身体上的自卑感得到补偿，便会形成健全的人格；如果努力失败，那就会产生一种自卑情结。

（2）被过分宠爱或纵容。这样的孩子很容易导致自卑情结。被宠坏的孩子在家中是注意的中心。他们的每一个需要和想法都会得到满足，很少会被否定。但上学后的经历使他们处处受挫，这些被宠坏的孩子开始不相信自己并否定自己，于是便产生了自卑情结。

（3）被忽视。被忽视或被否定的孩子之所以会形成自卑情结，是因为其父母的漠不关心或敌意。他们缺乏爱与安全感，因而认为自己是多余的人。

无论是何种原因造成的自卑，个人都有可能倾向于过度补偿并发展出阿德勒所说的优越情结（superiority complex），即对个人能力和成就的过度夸张：自夸、爱虚荣、自我中心或有毁坏他人名誉的倾向。阿德勒认为追求卓越并非要超过他人，不是一种傲慢或跋扈，也不是对我们已有的能力和成就洋洋得意，而是指朝向完美的驱力。我们对优越的追求就是使我们的人格达到完美。

（三）弗洛姆的人格类型理论

德裔美籍精神分析家弗洛姆（Erich Fromm，1900—1980）也反对弗洛伊德的本能论和泛性论。他从社会文化的角度提出人格分类的理论，即把人格区分为接纳型、剥削型、囤积型、市场型以及生产型。

接纳型（receptive orientation）的人以被动、屈从、怯懦、贪婪、轻信和伤感为特征。他们总想从他人那里获得他们想要的东西——如爱、知识、欢乐等。其人生格言是一切依赖他人。没有他人的帮助，他们连最简单的事情也不能做。

剥削型（exploitative orientation）的人以敌意、挑衅、利己、强占、窃取、粗鲁和傲慢为特征。他们以强力或诡计来获取自己想要的东西。其人生信条是“获取我们所需要的”。

囤积型（hoarding orientation）的人以吝啬、多疑、迂腐、顽固、懒惰和占有为特征。他们从贮存或囤积中获得安全感，视消费为威胁。其人生格言是“世上没有新东西”。

市场型（marketing orientation）的人以投机、应变、空想、虚无、冷漠和浪费为特征。他们把自己当作可出售的商品，将人格等同于货物。其人生信条是“买卖主义至高无上”。

生产型（productive orientation）的人以独立、自主、完整、自发、爱和创造为特征。他们能运用自身的力量去实现自己的潜能，能把自己与他人、与宇宙融为一体，能体验到生活的幸福和人生的意义。生产型人格是人类发展的最佳状态。

第三节　特质取向的人格理论

一、何谓特质

当有人问“你是一个怎样的人？”这个看起来宽泛而复杂的问题时，你大可不必深究，也无须在探讨人性哲学中走得太远，只要花一点时间想一想自己的个性特征，即想一想自己的人格特质即可。你可能会用内向腼腆或开朗大方、勤奋严谨或马马虎虎、乐观或悲观、自信或自卑等词来描述自己的人格特质。特质（trait）是指个人在大多数情境中表现出的相对稳定而持久的特性。根据特质取向理论家的解释，特质具有以下一些性质：

（1）特质是真实存在于特定个体中的一种神经生理结构，而不是用来说明或解释我们行为的一种标签。

（2）特质决定或引导我们的行为。它并不只是对特定刺激作出的反应，而是赋予我们去寻求合适刺激的动机，并与环境交互作用而产生行为。

（3）特质是一种可以明显加以辨别的特性。通过较长时间对行为的观察，从个人对相同或相似刺激反应的一致性和稳定性上便可以推测出特质的存在。

（4）一种特质与其他特质之间是相对独立的。

（5）有与特质不一致的行为或习惯，但这并不证明特质不存在。

（6）特质可以用连续的尺度来加以测量。

二、特质的分类

特质是一种人格维度，不同的特质理论家依据不同标准对特质做过不同的分类。

（一）奥尔波特的特质分类理论

美国心理学家奥尔波特（Gordon Allport，1897—1967）首先把特质分为共同特质

（common trait）和个人特质（individual trait），前者是同一文化中人们可以相互比较的人格特质，是同一文化中许多个体都具有的那些特质。即使同一文化群体中人们有某种共同特质，但人们的得分也有高有低。一个人独特的人格则主要是由个人特质决定的。

个人特质又分为首要特质（cardinal trait）、中心特质（central trait）和次要特质（secondary trait）。首要特质是一个人最基本的品质，渗透于个人的一切活动中。从罗贯中的《三国演义》对人物的生动描述中，我们可以看到诸葛亮、关羽、赵子龙、曹操分别代表了忠、义、勇、奸四种首要人格特质；这些首要特质渗透于他们生活的各个方面。根据奥尔波特的解释，首要特质虽渗透到个人生活的所有方面，但也不是众人都具有的；而另外两种个人特质则是众人都具有的。

中心特质是指一个人的人格的基本方面。它构成个人人格的核心部分。如果我们要求大学生们描述他们所熟悉的某个人的特点，他们可能会说出5～7个特质形容词，例如，自信、聪明、勤奋、成熟、敏感、易冲动等。这里所作出的描述便是这个人的中心特质，用这些中心特质便可以揭示一个人的人格。

次要特质是指一个人的一些表面特点，并且不一定是很稳定的，相当于习惯和态度，如食物偏好、对音乐的品位等。因此，在描述一个人的时候，使用次要特质的数量可多可少。

（二）卡特尔的特质分类理论

卡特尔（Raymond B. Cattell，1905—1998）认为，仅仅依据特质词对人格进行分类是远远不够的，要深入探索人格就必须要了解这些特质是怎样相互联系并组织起来的。他把人格的“可见部分”称为表面特质（surface trait），并由此进行研究。卡特尔对通过问卷调查、直接观察和履历研究等所获得的表面特质的数据进行因素分析，结果发现一些经常同时出现的表面特质词具有同源性，反映出具有某种更为基本的特质。他把这类更为基本的人格特质称为潜源特质（source trait）。

卡特尔提出的“潜源特质”与奥尔波特的“中心特质”有相似之处，但也有重要的区别。区别在于后者使用主观分类法，对特质词进行分类而提出“中心特质”；前者使用因素分析法，通过对大量表面特质进行分析，而后得出了若干个“潜源特质”。通过因素分析，心理学家可以看到多个测量结果之间的相关情况，而分析中产生的相关模式被假定为反映着某种一般的潜在因素。最后，卡特尔找出了16种潜源特质，并编制出“16种人格因素问卷”（Sixteen Personality Factor Questionnaire，16PF）来测量人们的人格。这16种人格特质（或人格维度）包括：①服从性对支配性；②保守性对试验性；③情绪性对稳定性；④权宜性对真心实意；⑤直率对机灵；⑥团体志向对自负；⑦谦恭对武断；⑧低智力对高智力；⑨平静对忧虑；⑩注重实行对富于想象；⑪松弛对紧张；⑫缄默对开朗；⑬胆小对冒险；⑭清醒对听天由命；⑮坚强对柔弱；⑯信任对多疑。后来，不少心理学家对这个问卷做了研究，并把它应用于实际的人格测量之中。

三、五因素模型

我们可以用上千个特质形容词来描述人们的人格，但卡特尔和其他研究者指出，某些特质是可以归并在一起的，可以把上千个特质分别归纳到几个人格维度中。自20世纪80年代以来，许多西方心理学家对各种人格资料所得数据的因素分析都得出了五个人格维度，即外向性（extraversion）、宜人性（agreeableness）、责任感（conscientiousness）、神经质（neuroticism）、开放性（openness）。尽管不同的研究者对这些因素的命名有所不同，但他们都找到五个最基本的人格维度则是相同的。这种把组成人格特质的基本维度归纳为五个超级因素的理论被称为五因素模型（five-factor-model）或“大五因素”（Big Five）。外向性的特征是喜社交的对隐居的、逸乐的对节制的、亲切的对保守的；宜人性的特征是心软的对残忍的、信任的对怀疑的、助人的对不合作的；责任感的特征是有组织的对杂乱的、细心的对粗心大意的、自律的对意志薄弱的；神经质的特征是担心的对冷静的，不安的对安心的，自怜的对自满的；开放性的特征是幻想的对实际的，喜欢多变化的对喜欢规律的，独立的对从众的（黄希庭等译，2003）。

但是，五因素模型并没有在东方得到验证，例如，我国心理学家王登峰（2003）用特质词汇量表法对中国人的测验数据的因素分析得到的却是七个因素：外向性、人际关系、行事风格、智慧、情绪性、善良、处世态度。那么，到底是否有全人类的基本人格维度？东方人与西方人的基本人格维度是否有所不同？目前，这些问题都需要作进一步的探索。

四、特质的遗传性和跨情境的一致性

在行为遗传学的孪生研究中，同卵孪生子是由一个受精卵发育而成，在遗传上是完全相同的，所以他们间的任何差异一定是环境差异造成的；异卵孪生子由两个独立的受精卵发育而成，在遗传上是不同的，如果他们生活环境相同，那么他们间的任何差异一定是由遗传造成的。比较遗传与环境对同一种人格特质作用的程度就可以估计出这种特质受遗传决定的程度和因不同环境偶然性而改变的程度。同理，在收养研究中，收集充分的资料后就可以考察收养的孩子与其亲生父母和养父母之间的相似性。孩子与其亲生父母的相似程度表明遗传的作用，而与其养父母的相似程度则表明环境的作用。研究发现，几乎所有的人格特质（无论是外向性和神经质，还是自控力和社交性）都受遗传因素的影响（Loehlin，McCrae，Costa，& John，1998）；大五因素的每一个因素都具有其本质的遗传性（Riemann，Angleitner & Strelau，1997）。

特质具有跨情境的一致性。但是人们发现特质和相关行为并非在所有情境下都是一致的。在有些情境中，行为几乎完全由情境决定。例如，几乎每个人都会在红灯亮时停下来，都会准时去参加重要的考试。巴斯的研究（Buss，1989）表明，在下列实验情境中，行为不是由人格特质决定而主要是由情境决定的：①新异的、正式的、公众的情境下；②有详尽而完备的指令情境下；③被试的行为没有选择的余地；④情境的持续时间很短。相反，人格特质在以下情境中则显得特别突出：①熟悉的、灵活的、私人的情境下；②只有笼统的指令或无指令情境下；③有多种行为可供选择的情境；④情境的持续时间很长。总之，我们的行为总是取决于人格特质与情境的交互作用。

第四节　人本主义取向的人格理论

人本主义取向的人格理论既反对弗洛伊德对人格解释中强调本能和潜意识驱力的观点，认为人具有先天善良的本性，并寻求自身潜能的实现；又反对行为主义把人类的特质视为机械的反应模式，认为人具有自由选择的创造力。马斯洛（Abraham Maslow，1908—1970）与罗杰斯（Carl Rogers，1902—1987）的研究是这一研究取向的代表。

一、马斯洛的人格理论

马斯洛开创的人格理论实际上是建立在需要层次论基础上的。他把人类的需要分为七个层次：低层次的四种需要为基本需要，高层次的三种需要为成长需要。马斯洛认为人生来就具有趋向健康成长从而发挥其潜力的内在动力。每个个体的这种内在动力就是他的成长动机。但在个体成长过程中，其成长动机又是一个寻求多个层次满足的过程。如图 9－1 所示，这七个需要层次不仅表示七种不同的需要或动机，而且也表示在总的成长动机趋向中有两个阶段的连续关系，即个体在获得四种基本需要满足之后，才会出现高层次的三种成长需要。马斯洛认为自我实现是成长的动力和目的。所谓自我实现（self-actualization）是指个体与生俱来的内在潜能在成长过程中得到充分的展现。

马斯洛通过对伟大的科学家、政治家等著名人物，如爱因斯坦、赫胥黎、贝多芬、林肯、罗斯福、亚当斯等人的研究得出结论，认为自我实现者具有下列 15 种人格特征：①能准确地知觉现实；②悦纳自己、他人和周围世界；③能自然地表达自己的情绪和思想；④超越以自我为中心，升华为以问题为中心；⑤具有超然独立的性格；⑥对于自然条件和文化环境的自主性；⑦对平凡事物不觉厌烦，对日常生活永感新鲜；⑧具有高峰经验；⑨爱人类并具有帮助人类的真诚愿望；⑩有至深的知交，有亲密、温暖的家人；⑪有民主的性格，能尊重他人的人格；⑫道德标准明确，能区分手段与目的；绝不为达到目的而不择手段；⑬具有哲理的、善意的幽默感；⑭具有旺盛的创造力，不墨守成规；⑮对现有文化更具批判精神。马斯洛发现，成功并不是名人的专利，即使是木工、职员、学生和家庭妇女，都能够使自己生活美满、充实，并具有创造性，使个人的潜能得到充分的发挥。

可是，马斯洛的不少概念都难于验证，因此，其理论的效度仍然值得怀疑。

心理学与人生 12－2　我们怎样才能充分发挥自己的潜能

要想充分发挥自己的潜能，以下建议可供你参考：

1. 要有改变自己的愿望。你可以问问自己："我对自己的生活真的很满意吗？我的潜能都发挥出来了吗？"如果发现自己仍需要提高，那你就要准备对自己的生活进行某些改变。如果你经常问自己这个问题，你就会发现我们有一种不断改变自己的愿望。

2. 对自己负责。我们只有对自己生活中各个方面都负起责任才有可能设计和改造自己，也不会因为自己的错误而去责备他人。

3. 学会检查自己的动机强度。检查自己的动机强度你可能会发现自己"差劲"的一面。如果发现自己的大多数行为都是"随遇而安"的，那你就应该好好地反省自己。人生的目标应不断进取，与时俱进，而不是一味贪图安逸。

4. 诚实地接受现实。要充分发挥自己的潜能就必须从现实出发，因此我们要诚实地接受各种信息，而不是根据自己的愿望来曲解这些信息。如果自己犯了错误，则要诚实地承认并加以改正。

5. 运用成功经验。如果你有成功的经历，你应想想成功时的喜悦和兴奋，以激发自己再次获得成功的潜能。

6. 要有"敢于冒尖"的心理准备。每个人都有巨大的潜能，但大多数人都担心"当出头鸟"。要充分发挥自己的潜能，不能随大流。

7. 融入事业。只有感到事业在召唤自己，将自己融入伟大的事业之中并为之奋斗，你将会充分发挥自己的潜能，而不是只考虑个人的利益。

8. 对自己的发展进行评价。对自己的发展进行评价和反思将有助于我们不断估计自己的进度、已达到的新目标及其与终极目标的关系。如果你在学习或工作中感到不顺心或在某种人际关系中遇到麻烦，不妨把它看成是一个挑战，接受这个现实，为达到对自己负责的目的而改变自己和现状。

二、罗杰斯的人格理论

罗杰斯以其提出的受辅者中心疗法以及关于人格及其发展的理论而闻名。在他的人格理论中，核心的概念是自我（self）。罗杰斯断言："有机体有一种基本趋向和驱力，即实现自我、维持自我，并提高自我。"（Rogers，1951）所谓自我是指个人对"我是个什么样的人"的知觉，这种知觉本身也是不断变化的。自我是在对与"我"有关的认同经验中形成的，也是从"非我"的经验中分离出来的。罗杰斯认为，个人在一生中都在维护自我与经验之间的一致性（congruence）。当与自我形象相一致的经验出现后，这种信息就会被符号化而进入意识并纳入自我结构之中，从而促进自我的发展。与此相反，如果行为经验与自我形象不一致，自我形象就会感受到威胁。面对这种威胁，个人常常会拒绝将其纳入自我结构之中或扭曲其意义。例如，如果你认为你的自我形象是一个礼貌得体的人，那么你在大多数场合都会表现出礼貌得体；如果你总是听到别人议论，说你实际是一个粗鲁无礼的人，这时你会感到焦虑甚至气愤，无法接受这样的信息。

罗杰斯认为，自我由理想自我（ideal self）、自我形象和真实自我（true self）三种成分组成。理想自我指个人希望自己成为什么样的人，自我形象指个人认为自己是个什么样的人；真实自我指个人实际是个什么样的人。自我的这三种成分往往不一致。例如，理想自我与自我形象不一致：你认为自己将是一个很有才华的大学生，而现在你的形象是成绩很差、被别人看不起，你这时可能会变得越来越脆弱、不满、混乱，甚至会出现严重的心理障碍。那些非常了解自己的人不但能善待自己，而且能从中感受到快乐，而那些不了解自己的人则往往缺乏自尊心。罗杰斯认为，自我形象与理想自我不可能完全一致。但个人在努力达到理想自我的过程中，如果能诚实地接受有关自我的信息，就能最大限度地发挥自己的潜能，逐步缩小这种差距。个人的自我形象与理想自我一致性越高，其情绪就越稳定、越自信，而且朋友也多；个人的自我形象与理想自我差距越大，就越感到忧郁和缺乏安全感，甚至丧失社交能力，出现过度紧张和焦虑等心理问题。

罗杰斯认为，自我是发展的，不是与生俱来的。新生儿不知道他的身体是他自己的一部分，因而有可能去咬自己的脚趾，并奇怪为什么会疼。随着儿童掌握"我"这个词，产生"我"的特征的知觉，对"我"与其他人和"我"与生活其他方面关系的知觉，从而产生出自我。这时，个体才能把他的自我作为意识到的不同对象来反思。自我的形成和发展有赖于个体和环境互动的许多因素。这些因素主要包括：

（1）正向关怀的需求。所谓正向关怀的需求（need for positive regard）是指个人在生活中得到有关他人的温暖、同情、关心、尊敬和认可等情感的需求。这种需求是如此的强烈，以致儿童为了使它获得满足而牺牲其他事情。父母的爱、关心和赞扬使儿童的正向关怀需求得到满足，儿童因此而发展出正向的自我关怀，即对自己的好感和悦纳自我。父母对孩子正向关怀的程度在相当程度上反映出儿童自我悦纳的程度。

（2）价值的条件。在寻求正向关怀的过程中，儿童经常尝试着做一些事情，并逐渐了解到有些事情他们是可以做的，而有些事情是不许做的。通常，大多数父母总是赞许儿童的好行为，给予正向关怀；不赞许儿童的不好行为（如打自己的妹妹或把尿撒在地毯上等），对不好的行为不给予正向关怀。这样，儿童便了解到要得到正向关怀的条件，这就是罗杰斯所谓的价值的条件（conditions of worth），即个人体验到正向关怀的条件。一旦这些价值的条件被儿童内化，成为他们自我结构的一部分，它们便起着指导儿童行为的作用，甚至他们的父母不在身边时也起作用。

（3）无条件的正向关怀。罗杰斯认为，每一个人都应当被爱、被认为是有价值的。所以做父母的应以言语或行为给予儿童无条件的正向关怀，也就是说，无论儿童做什么都应给予全部的、真正的爱。当然罗杰斯也不认为对儿童的任何要求都给予满足，并且也认为对待孩子应该有标准和训练。他强调的无条件的正向关怀是指对个人的价值和尊重在任何时候都应当放在首位。

由于人本主义理论重视个人的独特性及其自由意志，因而引起很多人的共鸣。根据该理论，请想一想你的一生应该如何度过？既然人生不是由潜意识力量和环境因素决定的，而是由你的意识观念和选择来决定的，那你应怎样规划自己的人生呢？这种观念肯定会激发大多数人发掘潜能、积极向上的热情。人本主义取向人格理论的缺点是该理论中有不少概念难以用实证研究来加以验证。

第五节 社会学习取向的人格理论

早期的行为主义理论认为，人格就是习惯，即各种习得的行为模式。多拉德（John Dollard，1900—1980）和米勒（Neal Miller，1909—2002）认为，人格动力就是习惯受学习中的驱力（drive）、线索（cue）、反应（response）和奖赏（reward）四种成分的控制。例如，一个小女孩的哥哥把她的一个玩具拿走了，这女孩受到挫折，她可能产生多种反应，如冲着她的哥哥发脾气，找妈妈告状等。她将选择哪一种反应取决于过去反应的效果和当时的情境线索。如果她过去曾以告状的方式成功地报复了哥哥，这时如果妈妈出现了，她会再次找母亲告状。如果当时妈妈不在家或者哥哥的样子很可怕，这女孩可能会选择其他的反应方式。学习理论家认为这女孩的行为反应就是基于“驱力—线索—反应—奖赏”共同作用的结果。近年来学习理论发生了很大的变化，班杜拉（Albert Bandura）和罗特（Julian Rotter）等人的社会学习理论（social learning theory）常常把人描述为：①能够直接从对他人行为及其后果的间接观察所获得的经验中进行学习；②具有注意、记忆、思维、预期等卓越的认知能力；

③能够创造出自我调节的力量。下面介绍社会学习取向心理学家对人格形成的一些研究。

一、性别角色的社会学习

从男孩或女孩出生的那一刻开始，孩子的双亲就对他/她有不同的看法，并依据其性别进行不同的处理与对待（Bandura，1965）。女孩可能因模仿传统女性的行为，如穿戴整齐、化妆、照顾洋娃娃的行为被强化，同样的行为如果出现在男孩身上就会受到惩罚。而男孩子则被鼓励要独立、从事竞争性与体力的活动。孩子们也可能通过模仿而学会许多“适当”的行为，成人男女榜样的所有特质都会影响孩子们是否接受榜样所表现的行为。孩子们会在年纪很小的时候就体会到自己是属于某性别群体，也会企图模仿同性别成人的行为而不是异性的行为（Bandura，1969）。

性别角色的习得与接受还受到社会环境中的各种媒体、社会团体与机构、广大文化环境的灌输与影响。在一项研究（Maccoby & Wilson，1975）中，让七年级的孩子看两段影片。一个片子出现两名男孩；另一个片子是两名成年男女的互动情形。一周以后，要求所有的被试回忆所看过的内容。结果显示，男女被试都较认同同性别的主角，并对同性别角色的动作和言语记忆得较多。他们的记忆与自己的性别有联系，男孩记得攻击内容较多，女孩记得男女互动的内容较多，表明男孩和女孩注意的选择性有差异。在童年期以后，儿童有了更多的机会与同性别的同龄人、父母和其他成人交往。如果他（或她）学习到同性别的角色行为而受到奖赏，那么他就更男性化或女性化。社会学习理论还认为，强化效果是以认知为中介的。男孩和女孩对自己的性别有些了解之后，就会对自己认为合适的性别角色行为进行有选择的学习和自我强化。

二、家庭中的社会学习

一般而言，一个家庭中的成员越多，个人的语言智力、认知与社会技能就越差。这就是所谓的稀释效应（dilution effect），它指的是家庭越大，分给每个孩子的时间与关注就会相对减少（Blake，1989；Zajonc，1976）。多个孩子还会稀释家庭给予每个孩子的经济支出。根据稀释效应，排行老大的孩子一般比后出生的孩子更成功。老大比较早学会说话，智力测验的得分较高，并且成就动机也较强（Zajonc & Markus，1975）。排行老二的孩子如果跟下一个出生的孩子相差5岁以上，其在能力与成就的表现上也比较像老大，这也说明父母亲对孩子的关注与其后来的成功有密切的相关。

社会学习论者强调观察学习的结果。有研究发现，学前期的男孩如果有姐姐的话，会表现出较多的女性化行为；如果有哥哥的话，则表现出较多的男性化行为。有姐姐的男孩比没有姐姐的男孩较多玩女性化的玩具（Stoneman，Brody & MacKinnor，

1986；Sutton-Smith & Rosenberg，1970）。而有哥哥的女孩比有姐姐的女孩则更具攻击性（Dunn & Kendrick，1981）。

大部分以女性为家长的单亲家庭因为没有男性榜样，孩子会有一种失落感，特别是男孩子会有较多的行为问题与适应的问题，特别是在青少年时期（Phelps，Huntley，Valdes & Thompson，1987）。在这种家庭中成长的女孩比一般家庭的女孩表现出对性更感兴趣，也比较容易出现偏差或犯罪行为（Hetherington，1972）。

不同的父母教养方式会对孩子的性格产生不同的影响。根据要求与责任两个维度的组合可以把父母的教养方式划分为四种类型：权威型、专制型、娇惯型和忽视型。权威型（authoritative style）的特点是对孩子富有热忱和爱心，循循善诱地说理与解释，不用惩罚管教的方式，管教态度是一致的，鼓励孩子参与家庭的决策。专制型（authoritarian style）的特点是严厉的、拒绝的，一切以父母说了算。娇惯型（permissive style）的特点是把孩子视为花朵来纵容、溺爱。忽视型（neglectful style）的特点是除满足最低衣食的需要之外，对孩子漠不关心。表 12－1 总结了与四种教养方式相联系的儿童的发展结果。

表 12－1　父母教养方式与儿童发展之间的关系

父母教养方式	儿童发展的可能结果
权威型	童年：活泼、快乐；高自尊和高自我控制能力；较少传统的性别角色行为。 青春期：高自尊、高社会道德发展，学习成绩好，受教育水平高。
专制型	童年：焦虑、孤僻、抑郁；受挫折时具攻击行为。 青春期：心理调适能力比权威型的差，但学习成绩比娇惯型和忽视型的好。
娇惯型	童年：冲动、抗拒、反叛；对成年人既苛求又依赖；做事往往半途而废。 青春期：自我控制能力和学习成绩都差；比权威型和专制型更容易滥用药物。
忽视型	童年：在依恋、认知、游戏、情感和社交能力上都有缺陷；攻击性强，有越轨行为。 青春期：自我控制能力和学习成绩都差；滥用药物。

传统教养方式观认为是父母的教养方式塑造了孩子的行为。但是对新生儿的研究表明，某些气质差异是天生的，父母与孩子之间的关系是交互作用的，也就是说，婴儿的行为也塑造了父母的教育方式。如果孩子很容易哄好，一抱起来便偎着母亲并停

止哭闹，就会增强母亲对自己能力的信心和对婴儿的依恋感；如果婴儿一再被安抚仍哭闹不止，就会使母亲产生抚养能力差和被排斥的感觉。孩子的种种反应都会影响父母的教养方式以及父母与孩子之间的亲密关系。

热点问题讨论 12－1　人格是在何时“定型”的

一个人的人格是在什么年龄定型的? 从理论上讲，人格在任何年龄都可能发生相当大的变化，但这种情况并不常见。有研究表明，人在 20 岁时人格的“模子”才开始定型，到了 30 岁时便十分稳定。在 30 岁之后一般不会再出现大的人格改变。有些人身上发生了人格变化，但那些大都是因某种重大灾难或悲剧等特殊生活事件造成的（Coon，郑钢等译，2004）。

一个人的人格“定型”源于孕育期，它经历出生、婴儿期、童年期、青少年期直至成年早期，年过 30 岁以后，无论你迁居到国外还是改变了职业，你那些基本的人格特质都不会改变。你在 30 岁时是什么样的人，到 60 岁时仍然会是什么样的人。这里应注意的是，人格改变与行为改变是有区别的。行为改变通常是表面的变化，是由改变了的环境所造成的，而不一定都是人格改变的表现。人格改变则是比行为更深层的内在特质的改变。

三、文化适应中的社会学习

文化是指一群人世代传承的共有的一组态度、价值观和行为。民族文化是一个民族世世代代积累起来的。民族文化陶冶着一个人的民族性。民族性（或国民性）（national character）是指一个民族或一个国家的国民常见的独特的性格，并且是异于其他民族或其他国民的。例如，德国人冷静、法国人热情、日本人勤奋等都是就民族性而言的。文崇一（1988）分析了我国的儒家文化传统，认为这种文化传统形成了中国人的权威性格，如顺从、勤俭、保守、谦让等性格。

每一种文化都试图塑造出它所崇尚的人格特征。每一种文化为了使自己延续和发展起来，都崇尚它所需要的人格特征。巴里等人（Barry，Child & Bacon，1959）的研究表明，爱斯基摩人生活在冰天雪地的北极，以渔猎为生，需要坚定、独立、敢于冒险的性格。他们以仁慈宽大的方式管教孩子并鼓励其个性化，以培养出爱斯基摩人所需要的人格特征。而生活在西班牙南部山区的塞姆人（Themne），以种植粮食为生，需要老实、服从、保守的性格。他们对孩子的关爱似乎只在断乳期之前，之后便严厉管教，甚至排泄也严格训练，不允许有任何个性化，以便造就出农家所需要的人格特征。当然，在任何一种文化里，个人遵守他自己的文化价值和行为程度不同而有差异。

文化适应（enculturation）指的是一个文化里的价值观、信仰与行为是如何传承给文化中的成员的。观察学习以及与社会环境的互动是文化适应的最主要过程。一个特定文化里的成员把文化价值观以直接或间接的方式通过言语与非言语的方式传递给他人。

文化适应的结果是，我们能成功地与来自同一文化的成员进行互动，因为我们所使用的言语或非言语信息是相同的，我们也早已熟悉了日常生活中所使用的属于我们自己文化的行为，而在与来自其他文化的成员沟通时就可能不适应了。

第六节　人格测验

人格测验（personality test）指用以鉴别人格个体差异的工具或手段。人格测验与智力测验的相同点是：①这两类测验都必须具备心理测验应有的标准化、信度、效度等条件；②这两类测验都是根据心理学家的某种理论而编制的；③这两类测验都是以被试自己提供的资料为依据的。它们的主要不同点是：智力测验测评的是智力差异的水平高低，而人格测验只能鉴别人格差异的倾向。水平高低与差异倾向是不同的，前者有优劣之分，后者则无此含义；人格虽有内向外向之分，却不能说哪一种人格是其优点或缺点。因此，在应用上，人格测验是用来了解一个人在人格上是否适合于学什么，做什么的。因此，公司老板、医生、教师都对人格测验颇感兴趣。

人格测验大致可分为自陈量表式与投射技术式两大类型。

一、自陈量表式人格测验

这是一种最普通的纸笔测验。在测验所用的问卷上有许多表达各种人格特质的陈述句；在每一陈述句之后都列有“是□”与“否□”（或“是□”、“否□”与“不一定□”）之类的答案，要求被测者选择一个符合自己的答案。这类人格测验称为自陈量表式人格测验（Personality Test of Self-report Inventory）。以下就是此类测验的陈述句和填答方式的例子。

我花很多时间做白日梦。　　是□　否□
我无须太大困难就能拿定主意。　　是□　否□
我不喜欢与其他人在一起。　　是□　否□
我从来不做冒险的事。　　是□　否□　不一定□
我时常感到胃不舒服。　　是□　否□　不一定□
我每天早晨总会有沉闷的感觉。　　是□　否□　不一定□

国内使用较多的重要的人格量表有修订过的卡特尔16种人格因素问卷和明尼苏

达多相人格量表（Minnesota Multiphasic Personality Inventory，MMPI），后者通常用来鉴别精神病患者与正常人。

自陈量表式人格测验实施起来很容易，其缺点是容易产生各种反应偏向。例如，有的被测者用社会期望而不是自己的想法来回答问题。为了消除这种偏向的影响，许多人格量表都包含有一个评鉴被测者的社会期望偏向的分量表。这个分量表就是用来矫正人格测验所得分数的。因此，对自陈量表式人格测验分数的评定工作是相当复杂的。

二、投射技术式人格测验

投射技术式人格测验（Personality Test of Projective Technique）是向被测者呈现一套标准化的模棱两可的刺激，要求他们在不受限制的条件下进行自由反应。这种测验的目的是让被测者在不知不觉中把内心隐藏的特质投射在反应之中。最常用的投射测验有罗夏墨汁测验和主题统觉测验。

（一）罗夏墨汁测验

罗夏墨汁测验（Rorschach Inkblot Test），由瑞士精神病学家罗夏（Hermann Rorschach，1884—1922）于1921年编制。该测验包括10张内容不同的墨汁图片，其中5张为黑色，2张为黑红两色，3张为彩色（图12－3）。

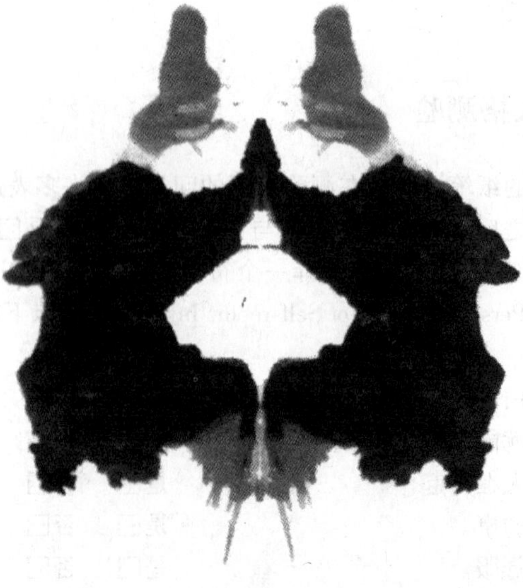

图12－3　罗夏墨汁测验图片之一

使用时按一定的顺序每次出示一张，同时向被试发问："你看到了什么?""这可能是什么东西?"或问："这张图形会使你想到什么?"并允许被试转动图片，从不同角度去观看该图形。测验实施时，每次以一位被测者为对象，记分方法根据预定的标准，记录被测者对各个图形的部位、形状、颜色等各方面所作出的反应。

（二）主题统觉测验

主题统觉测验（Thematic Apperception Test，简称 TAT）是由美国心理学家默瑞（Henry Alexander Murray，1893—1988）于1935年编制的。全套测验共30张卡片，按实施对象不同分为四组，每组有20张卡片，其中19张是模棱两可的图片，另有一张空白卡片。采用这类图片（图12－4）进行人格测验，其方式是要求被测者以模棱两可图形的情境为主题编出一个故事。故事的内容不受限制，但必须回答以下四个问题：图中发生了什么事情？为什么会出现这种情况？图中的人物正在想些什么？故事的结局会是怎样？该测验的目的是让被测者不知不觉地借着对故事情节的描述（他或她如何如何）流露出潜藏在内心深处不为人知的人格特点。

图12－4　主题统觉测验图片之一

投射测验的优点是可以消除被测者作答时的社会期望而作假，可以测出被测者隐藏在内心深处潜意识方面的特性。但投射测验缺点也多，如评分缺乏客观标准，对测验结果的解释很困难，难以建立测验的效度，要经过专门训练才能掌握其深奥原理等。

人格测验有重要的应用价值。但迄今无论哪一类人格测验都有不少缺点，都需要经过专门的训练才能掌握其原理。这是我们在使用人格测量时应加以注意的。

本章摘要

1. 人格是一个人的才智、情绪、愿望、价值观和习惯的行为方式的有机整合。它赋予个人适应环境的独特模式，是遗传与环境交互作用的结果，包含着一个人受过去的影响以及对现在和未来的建构。

2. 性格是指个人的品行道德和风格，是由个人的生活经验所形成的，会因见识和新经验而发生改变。气质是个体与生俱来的独特的情绪反应方式，是人格形成的一种原始资料，一般说来是不可改变的。

3. 人格理论是心理学家用来解释人格的一套假设系统或参考框架；其主要任务是探讨人与人之间的个性差异以及把个人的活动的一般过程整合起来形成对一个完整的人的描述和解释。

4. 弗洛伊德认为人格是由本我、自我和超我所组成的动力系统；这三个心理结构常常处在相对抗的状态中，三者和谐一致则人格健康，否则将导致心理疾病。

5. 本能和焦虑是弗洛伊德的人格动力理论中的两个核心概念。为了缓减焦虑，个体常常使用压抑、否认、投射、合理化、转移、反向作用、补偿、升华作用等自我防卫机制。

6. 弗洛伊德的心理性欲发展阶段划分为口腔期、肛门期、性器期、潜伏期、生殖期五个阶段，每一个阶段都有一个特殊的性感区。儿童期的性欲经验决定了其成年后的人格特征。

7. 在荣格看来，人格（心灵）是由自我、个人潜意识和集体潜意识几个互相影响的系统组成。心灵有两种态度（内向性与外向性）和四种功能（思维、情感、感觉以及直觉），从而形成了八种人格类型。

8. 按照荣格的说法，集体潜意识里存放着人类和前人类物种的经验。其中主要的原型有：人格面具、阿尼玛、阿尼姆斯、阴影和统我。

9. 阿德勒认为人格动力不是生物需求的满足，而是自卑感和对卓越的追求。

10. 弗洛姆从社会文化的角度把人格划分为接纳型、剥削型、囤积型、市场型以及生产型。

11. 特质是个人在大多数情境中所表现出的相对稳定而持久的特性。它具有神经生理基础并决定或引导着我们的行为，是可以明晰辨别和用连续的尺度来加以测量的。

12. 奥尔波特把特质分为共同特质和个人特质。个人特质又分为首要特质、中心特质和次要特质。首要特质渗透到个人生活的所有方面，但并不是众人都具有的。中心特质是个人的人格的基本方面，是人格的核心成分。

13. 卡特尔用因素分析法发现一些经常同时出现的表面特质词具有同源性；他把这类具有同源性的特质称为潜源特质，并编制出“16 种人格因素问卷”来测量人们的人格。

14. 20 世纪 80 年代以来许多西方心理学家用因素分析法得出的五因素模型认为，

外向性、宜人性、责任感、神经质、开放性是组成人格的基本维度。

15. 马斯洛的需要层次论把人类的需要分为七个层次：低层次的四种需要为基本需要，高层次的三种需要为成长需要；人生来就具有趋向健康成长从而发挥其潜能的内在动力。

16. 马斯洛认为每个个体都有内在的成长动机。成功并不是名人的专利，普通人也能使自己生活美满、充实，并具有创造性，使潜能得到充分的发挥。

17. 罗杰斯断言："有机体有一种基本趋向和驱力，即实现自我、维持自我，并提高自我。"自我由理想自我、自我形象和真实自我三种成分组成。个人的自我形象与理想自我一致性越高，其心理就越健康；这种差距越大，就越容易产生心理障碍。

18. 罗杰斯认为，自我是发展的，不是与生俱来的。自我的形成和发展有赖于个体和环境互动的许多因素，其中正向关怀的需求、价值的条件、无条件的正向关怀尤为重要。

19. 多拉德和米勒认为人格动力是"驱力—线索—反应—奖赏"共同作用的结果。班杜拉和罗特等人的社会学习论则常常把人描述为：①能够直接从对他人行为及其后果的间接观察所获得的经验中进行学习；②具有注意、记忆、思维、预期等卓越的认知能力；③能够创造出自我调节的力量。人格受家庭和社会文化的影响，以及在性别角色的形成过程中社会学习扮演着重要的角色。

20. 人格测验指用做鉴别人格个体差异的工具或手段。大致可分为自陈量表式与投射技术式两种测验，前者要求被试对问卷上有关人格特质陈述句的答案给出自己的回答；后者要求被测者在不受任何限制的条件下对卡片上的模棱两可的刺激进行自由反应，目的是让被测者在不知不觉中把内心隐藏的特质投射在反应之中。

复习思考题

1. 举例说明人格、性格、气质三者之间的关系。
2. 试论精神分析取向人格理论中的合理因素和缺陷。
3. 谈谈你对人格特质分类的看法。
4. 试述人本主义取向人格理论的主要特点。
5. 阐述社会学习取向人格理论的主要价值。

推荐参考读物

1. 黄希庭. 人格心理学. 杭州：浙江教育出版社，2002.

2. 郭永玉. 人格心理学——人性及其差异的研究. 北京：中国社会科学出版社，2007.

3. 郑雪. 人格心理学. 广州：暨南大学出版社，2007.

第十三章 心理障碍及其成因

在我们的现实生活中，尽管有人长期受到某种心理疾病的困扰，甚至影响了正常的学习、生活和交往，但是他们却不知道自己的心理在哪方面出了问题，也不会寻求心理医生或精神科医生的帮助。也有人虽然知道自己存在某方面的心理问题，却误以为心理疾病就是“神经病”，因而讳疾忌医。还有人从媒体上获得有关心理疾病的知识，简单地对号入座，以致无端疑惑、忧心忡忡。在本章中，我们将讨论以下几个问题：

什么是心理障碍?

有哪几类心理障碍?

情绪障碍的表现有哪些？它是如何产生的?

社会障碍的表现有哪些？它是如何产生的?

精神障碍的表现有哪些？它是如何产生的?

第一节 心理障碍的定义与类别

一、心理障碍的定义

我们在说某个人有心理障碍或变态时，似乎都很明白自己说的是什么意思，但是当我们试图对心理障碍下一个定义时却发现是那么困难，人们至今也没有一个准确的标准来定义什么是心理障碍或变态。

在心理学中，对变态行为进行专门研究的学科叫变态心理学，也叫病理心理学。在医学科学中，与之联系的学科是精神病学。这两个学科分属不同的科学领域，但都以变态心理现象作为研究对象。就其区别而言，变态心理学侧重研究变态心理现象的“病理”，而精神病学虽然也研究病理，但重点在于诊断和治疗。

在心理学与变态心理学上有几个大同小异的相关概念，如变态行为、行为异常、心理异常、心理疾病等，名称虽不同但含义大致相同。

从变态心理学的概念看，心理障碍属于变态的范畴，没有心理障碍就是常态。就相对程度而言，用来区别常态与变态者，一般不外乎以下 4 种标准：①常态分布的标准：某种行为在一般人生活上表现最多者，视为常态，表现独特怪异者视为变态。②社会规范的标准：从众的行为视为常态，反社会规范的行为视为变态。③社会适应的标准：善于适应生活者视为常态，生活适应困难者，则视为变态。④心理成熟的标准：个人身心两方面成熟程度相当者视为常态，而心理成熟程度远低于其同年龄者则都视为变态。

一般来讲，常态是指大多数人的行为、感受或经历。根据这个定义，任何正常范围以外的行为和经历都是变态。因为常态的定义没有绝对的意义，只是一个统计指标，所以称为常态的统计学定义。按照统计学的概念，人类大部分的行为都符合正态分布，大多数人在中间，越偏离中间态就人越少。这样很简单，一个人在连续体上的位置很容易确定，可以用离平均数几个标准差表示出来。这就是说当一个人的行为偏离了大多数人的行为时，我们就说他有心理障碍。比如说人家办喜事，这人号啕大哭，人家办丧事，这人哈哈大笑，一般来说他一定有精神疾病，因为其行为异常。

可是我们往往发现，心理障碍不是用统计的标准就可以简单确定，它不仅仅是偏离标准的问题。有的标准是中性的，比如身高、体重，很矮、超重的人不能说他心理有障碍；有的标准具有积极或消极的意义，如高智力等。个子矮、人胖或不聪明不能视为有障碍。因此，有人引出了一个新的定义维度——价值维度。它认为决定一种行为是否变态是一个价值问题，而不是事实问题。或者说某个人变态不是因为他本质变态，而是根据社会所持有的价值观说他是变态的。因为我们在确定某人是否患有心理障碍或困扰时，很难避免价值判断。

另外一种判断是将痛苦经验和功能损伤联系起来，认为心理障碍的指标是痛苦或残疾的程度。这是临床上许多医生采用的定义。可是单独用痛苦的程度这一指标有时也不能解释一些现象，比如人们得知家人在重大事故中丧生时会表现出极度痛苦，但不能认为这是一种心理障碍。也有一种障碍，如人格障碍，当事人可能根本没有经历痛苦或残疾，却判定为心理障碍。由此看来，我们很难给心理障碍下一个准确的定义。

应该说正常与异常之间的差别并不是两个独立行为类别之间的差异，而是一个人的行为合乎一整套公认的异常标准的程度。对心理障碍最好的理解是认为它是一个从心理健康到心理疾病的连续体，是相对的、动态的和可逆的。

二、心理障碍的类别

（一）人类对心理障碍态度的改变

18 世纪前，人类对精神病人一直心存畏惧，认为精神病人是魔鬼缠身，是没有意识的野兽。病人在医院得不到照顾，他们将精神病人用铁链绑在柱子上鞭挞，认为只有把魔鬼打走病人才能康复。

直到18世纪下半叶，人们才开始把心理障碍看成一种疾病而不是魔鬼缠身或不道德。一个基本的理念是思维、情绪和行为障碍在很多方面与躯体、器质性疾病相类似。菲利普·皮奈尔（Philippe Pinel，1745—1826）是最早试图建立心理疾病分类系统的临床工作者之一。根据这个系统，每一种障碍都有一种特定的症状将它与其他疾病和健康机能区分开来。他根据观察到的症状的发生模式、障碍起始阶段的客观环境、障碍的自然进程以及障碍对治疗的反应这几项对障碍进行分类。

1896年，德国精神科医生克雷丕林（Emil Kraepelin，1855—1926）开创了第一个真正全面的精神疾病分类系统。他确信心理问题有其躯体基础，因而其心理诊断和分类的过程带有医学诊断的风格，而且这种风格一直保留至今（Rosenhan & Seligman，1989）。

以上是生物学或医学的解释，它强调身体部件的重要性，特别是大脑。认为功能失常可能是遗传造成的，也可能是系统损伤所致，如出生时大脑受损。因此，抑郁、焦虑和精神分裂等心理障碍可以看作是这些身体部件的功能失常或运作不正常。

到18世纪末，另一种观点注重变态行为的心理原因和治疗。弗兰斯·麦斯麦（Franz Mrsmer，1734—1835）的工作推进了它的发展。麦斯麦相信，很多障碍包括癔病都是由于动物磁力的神秘力量的流动中断所引起的。他将研究动物磁力的新技术公之于众，其中包括后来的催眠术——被称为麦斯麦术的技术。一位杰出的法国神经病学家简·夏可（Jean Charcot，1825—1893）发现癔病的一些症状，比如肢体的瘫痪，可以在催眠状态下被解除。他还发现催眠甚至可以使健康的人表现出癔病的症状，这生动地说明了心理因素是引起心理障碍的主要原因，而不仅仅是躯体因素。

夏可的学生弗洛伊德继续催眠的实验，阐述了人格和变态的心理动力学理论。他的这一理论对现代心理病理学的有关性质和成因的看法仍然有着深远的影响。

社会学的解释是强调生活经历的重要性。这种生活经历有文化背景、社会制度、经济状况、生产水平、阶级差别、民族传统、风俗习惯、伦理道德观念和教育方式等。这些因素和人的心理活动之间形成一种内在的、本质上协调一致的关系。人在特定的社会文化关系中形成一定的人格及其一整套内在的心理品质与行为方式，并且通过认识、调整和改造能作出相应的适应性变化。当人的社会关系发生变化而人不能作出相应的调整，或作出的改变过于迅速或强烈，超出主体能适应的范围，或主体的人格和心理行为方式发生显著改变时，都会出现人的社会文化关系失调的状况，并导致心理的异常。

越来越多的证据表明，心理障碍是社会因素、心理因素和生物因素共同作用的结果，它们之间没有截然的界限，是相互依存、相互作用的。例如，心理问题与生物过程是有联系的，但它并不必然可还原为生物过程。当一个人穿过一个村庄，想到会遇到一条恶狗就有可能会产生恐惧感。这种恐惧感在大脑中对应着相应的区域，大概是边缘系统。但我们没有必要将这种恐惧感归因于边缘系统的活动。在这种情况下，把恐惧感说成是因为遇到了恶狗更合乎情理。这个例子也说明了心理解释与社会解释之间的联系，因为这种心理状态是在这种环境下产生的。如果有恶狗出现了，那么最好的解释是因为恶狗出现了，这是社会解释。当社会解释和心理解释都不能说明这种体验时，那么生物学水平的解释可能就是最好的了。越来越清楚的是，三种水平的相互作用产生了心理障碍。素质—压力模型是这种相互作用模型的一个最佳例证。在这个模型中，一个压力性生活事件与一个人事先存在的易感性（素质）相互作用，导致了心理障碍。

（二）心理障碍的分类标准

1. 心理障碍的分类

心理障碍的分类是将纷繁复杂的精神现象根据已拟定的标准加以分门别类的过程。疾病分类学的目的是把种类繁多的不同疾病按各自的特点和从属关系划分为病类、病种和病型，并归成系统。分类的意义在于：彼此间相互交流、合理的治疗与预防和预测疾病的转归。

对疾病按病因、病理改变进行诊断与分类是医学各科所遵循的基本原则。在精神科的器质性精神障碍中，脑的感染、中毒、外伤所致精神障碍，重要内脏器官疾病与代谢、内分泌疾病所致精神障碍的诊断与分类，长期以来都遵循病因学分类的方向。但在实践工作中，就全部心理障碍而言，只有10%左右的病例可以说是病因、病理改变比较明确，90%左右的病例属于病因不明的心理障碍。因此整个心理障碍的诊断和分类不能全部贯彻病因学分类的原则。鉴于上述原因，目前分类的基轴主要依据症状表现。但必须要指出的是，依据症状诊断能说明疾病当时所处的状态，如果症状改变，特别是主要症状改变，诊断可能会随之改变。而且，相同的诊断不可避免地会包括病因不同而症状相似的各种性质的疾病。但症状学分类有利于目前的对症治疗。

2. 常用的心理障碍分类系统简介

（1）国际心理障碍分类系统。

世界卫生组织编制的《疾病及有关健康问题的国际统计分类》（*International Statistical Classification of Diseases and Related Health Problems*，ICD），简称国际疾病分类，此书目前已出到第10版（1992年），简称ICD－10，包括各科疾病。第5章是关于精神障碍的分类，在精神科文献中，ICD－10通常是ICD－10第5章的简称。

ICD－10主要分类类别如下：

F00-F09 器质性（包括症状性）精神障碍；

F10-F19 使用精神活性物质所致的精神及行为障碍；

F20-F29 精神分裂症、分裂型及妄想性障碍；

F30-F39 心境（情感性）障碍；

F40-F49 神经症性、应激性及躯体形式障碍；

F50-F59 伴有生理障碍及躯体因素的行为综合征；

F60-F69 成人的人格与行为障碍；

F70-F79 神经发育障碍；

F80-F89 心理发育障碍；

F90-F98 通常发生于儿童及少年期的行为及精神障碍；

F99 待分类的精神障碍。

（2）美国精神障碍分类系统。

美国的精神障碍分类系统是由美国精神病学会制定的《精神障碍诊断与统计手册》（*Diagnostic and Statistical Manual of Mental Disorders*，DSM）。DSM－III 于 1987 年出版，其分类框架较前两版有较大的修改，如取消了精神病与神经症的严格划分，取消了神经衰弱的诊断类别，肢解了神经症，对每个诊断都定出了一个明确的诊断标准，使诊断的一致性大为提高等。另外还提出了多轴诊断的概念（但仍以临床轴为主）。委员会的委员们经过几年的大量工作之后，于 1994 年出版了第 4 版（DSM－IV），2000 年发行了修订版 DSM－IV－TR，将新的研究发现添加了进去，但是没有改变 DSM－IV 罗列的分类结构框架，与 ICD－10 是兼容的。DSM－IV－TR 的目的在于提供诊断类别的清晰描述，以便临床医师和研究者能够诊断、交流、研究和处理患各类精神障碍的病人。

为了鼓励临床工作者考虑与心理障碍相关联的心理、社会和躯体因素，DSM－IV－TR 采用了不同的维度，或称为轴来描述这些因素的相关信息（见表 13－1）。

表 13－1　DSM－IV－TR 的五个轴

轴	信息的分类	描述
轴Ⅰ	临床障碍	表现为给个体带来精神痛苦或者导致某一领域功能损害的症状、行为模式或心理问题。包括婴儿期、儿童期或者青年期出现的问题
轴Ⅱ	（a）人格障碍 （b）智力迟滞	对现实世界感知或反应机能失调的模式
轴Ⅲ	一般医学状况	包括了解或治疗个体的轴Ⅰ和轴Ⅱ中的心理障碍有关的躯体问题
轴Ⅳ	心理社会学和环境问题	包括了可能影响个体障碍的诊断、治疗或康复的可能性的心理社会和环境应激
轴Ⅴ	对功能的整体评价	包括个体目前在心理、社会和职业领域内的整体功能水平

DSM－IV－TR 的完整诊断需要包括对每一个轴的考虑。

（3）中国心理障碍分类系统。

自 1986 年以来，我国制定了《中国精神障碍分类与诊断标准》（*Chinese Classification and Diagnostic Criteria of Mental Disorders*，CCMD）。根据 CCMD 前两版，特别是 CCMD－2R 使用过程中存在的一些争议以及与国际接轨的需要，《中国精神障碍分类与诊断标准》第三版工作组在1999—2000年对17种成人精神障碍及部分儿童精神障碍的分类与诊断标准开展了现场测试与前瞻性随访观察，最终完成了CCMD-3的编制。CCMD-3兼用症状分类和病因病理分类方向，例如器质性精神障碍、精神活性物质和非成瘾物质所致精神障碍、应激相关障碍中的某些精神障碍等按病因病理分类，而“功能性精神障碍”则采用症状学的分类。

CCMD-3主要分类类别如下：

（0）器质性精神障碍；

（1）精神活性物质所致精神障碍或非成瘾物质所致精神障碍；

（2）精神分裂症（分裂症）和其他精神病性障碍；

（3）心境障碍（情感性精神障碍）；

（4）癔症、应激相关障碍、神经症；

（5）心理因素相关生理障碍；

（6）人格障碍、习惯和冲动控制障碍、性心理障碍；

（7）精神发育迟滞与童年和少年期心理发育障碍；

（8）童年和少年期的多动障碍、品行障碍和情绪障碍；

（9）其他精神障碍和心理卫生情况。

第二节 情感障碍

在精神疾病中，情感障碍通常表现为三种形式，即情感性质的改变、情感稳定性的改变及情感协调性的改变。情感性质的改变可表现为躁狂、抑郁、焦虑和恐惧等。正常人在一定的处境下也会表现出上述情感反应，只有当此种反应持续1~2周，且不能依其处境来解释时，方可作为精神症状。情感稳定性的改变可表现为情感不稳、情感淡漠和易激惹性。情感协调性的改变表现为情感倒错和情感幼稚。

一、焦虑症

焦虑性神经症（anxiety neurosis），简称焦虑症（anxiety disorder），是一种以发作性或持续性情绪焦虑和紧张为主要症状的神经症，常伴有头昏、头晕、胸闷、心悸、呼吸困难、口干、尿频、出汗、震颤和运动不安等明显的躯体症状。与正常人的焦虑不同，病理性焦虑是一种控制不住、没有明确对象或内容的恐惧，其威胁与焦虑的程度很不相符，且经过检查证实并没有相应的器质性基础。

焦虑症多数在中、青年期起病，以40岁之前发病为多见，男女比例为2:3。起病可急可缓，病前常有心理或躯体方面的诱因。我国的调查研究显示，焦虑症在一般居民中的发病率为2%，其中41%为广泛性焦虑，33%为情境性焦虑。

（一）焦虑症的病因

1. 遗传因素

遗传在焦虑症的发生中起一定的作用。家族调查显示，焦虑症患者的近亲发病率为15%，是一般人群的3倍；异卵双生子的同病率为2.5%，而同卵双生子为50%。这些数据都表明，遗传能够增加患该病的几率。另外，也有人认为焦虑症是环境因素与易感素质共同作用的结果，而这种易感素质也是由遗传决定的。

2. 生物学因素

焦虑反应的生理学基础是交感和副交感神经系统活动的普遍亢进，常有肾上腺素和去甲肾上腺素的过度释放。神经解剖、神经生理和神经生化的研究提示，中枢神经系统环路、海马、豆斑核及大脑颞均参与了焦虑情绪体验，儿茶酚胺等神经递质系统参与了焦虑的发生过程。

脑电图研究资料表明，焦虑患者的α节律较正常对照组少，且α活动多在较高频率范围，提示焦虑患者常处于高度警觉状态。

乳酸学说认为乳酸盐可能引起代谢性碱中毒、低钙血症、有氧代谢异常、β肾上腺能活动亢进、外周儿茶酚胺过度释放、中枢化学感受器敏感性增高，使有焦虑倾向者产生焦虑表现。自主性功能失调假说提出，某些迹象表明惊恐障碍患者的发病可能与自主性神经系统有关。绝大多数惊恐发作的躯体症状是由自主神经系统调节的。

3. 心理社会因素

焦虑症的发生与人们经历的重大生活事件或负性生活事件，如人际关系冲突、生活压力过大、家人生病等也有很密切的联系。家庭功能不佳，如冲突多、沟通少、家人过度干涉、问题解决能力差也易造成焦虑症的发生或恶化。

4. 患者的人格特征

焦虑症的发生还与患者的一些人格特征有一定的联系，自卑、自信心不足，胆小怕事，谨小慎微，对轻微挫折或身体不适容易紧张，焦虑或情绪波动，神经质倾向高、容易紧张担心，而认知上过于消极、消极预期过强的个体更容易陷入焦虑状态。

（二）焦虑症的分类

焦虑症主要分为广泛性焦虑和惊恐障碍两种。

1. 广泛性焦虑

广泛性焦虑（generalized anxiety）又称普遍性焦虑或慢性焦虑症，是一种自己不能控制的、没有明确对象或内容的恐惧，觉得有某种实际不存在的威胁将至而导致紧张不安、提心吊胆的痛苦体验。还伴有颤动等运动性不安，胸部紧压等局部不适感及心慌、呼吸加快、面色苍白、出汗、尿频、尿急等植物神经功能亢进症状。在慢性焦虑症的基础上可有惊恐发作。

2. **惊恐障碍**

惊恐障碍（panic attack）又称急性焦虑症，是一种以反复的惊恐发作为主要原发症状的神经症，是发作性的并具有不可预测性，发作不限于任何特殊的处境，也没有特殊的诱因，发作的间歇期可以没有任何症状。

发作以突然出现强烈恐惧、伴有植物神经功能障碍为主要表现。患者突然恐惧，犹如“大难临头”或“死亡将至”，有“失去自控能力”的体验而尖叫逃跑、躲藏或呼救。发作通常来得很突然，使患者出现严重的植物功能障碍：剧烈心跳、胸痛、咽喉部有阻塞感和窒息感、头晕、全身发麻和针刺感、呼吸快而浅等。与此同时，患者有强烈的恐惧感，可有短暂的人格解体体验，常有死亡迫在眉睫的恐怖，或者害怕自己会发疯。有些病人惊恐发作后卧床不起，诉衰弱无力，尤其以一身冷汗最为典型。间歇期请患者叙述上次发作的经过可以出现一幅清晰的临床相。每次发作持续数小时，一月可数发，间歇期可无明显症状。惊恐发作作为继发症状，可见于多种不同的精神障碍，如恐惧性神经症、抑郁症等；并应与某些躯体疾病鉴别，如癫痫、心脏病发作、内分泌失调等。

（三）焦虑症的临床表现

1. **病理性焦虑情绪**

持续性或发作性出现莫名其妙的恐惧、害怕、紧张和不安。有一种期待性的危险感，感到某种灾难降临，甚至有死亡的感受（“濒死感”）。患者担心自己会失去控制，可能会突然昏倒或“发疯”。70%的患者同时伴有忧郁症状，对目前和未来的生活缺乏信心和乐趣。有时情绪激动，失去平衡，经常无故地发怒、与家人争吵，对什么事情都看不惯、不满意。焦虑症有认识方面的障碍，对周围环境不能清晰地感知和认识，思维变得简单和模糊，整天专注于自己的健康状态，担心疾病再度发作。

2. **躯体不适症状**

常为早期症状。在疾病进展期通常伴有多种躯体症状：心悸、心慌、胸闷、气短、心前区不适或疼痛，心跳和呼吸次数加快，全身疲乏，生活和工作能力下降，简单的日常家务工作变得困难不堪、无法胜任，如此症状反过来又加重患者的担忧和焦虑。还有失眠、早醒、梦魇等睡眠障碍，而且颇为严重和顽固。此外，还可有消化功能紊乱症状等。

绝大多数焦虑症病人还有手抖、手指震颤或麻木感、阵发性潮红或冷感，女性月经不调、停经，性欲减退、尿意频急、头昏、眩晕、恐惧、晕厥发作等症状。

3. **精神运动性不安**

精神运动性不安简称精神性不安，其表现是坐立不安、心神不定、搓手顿足、踱来走去、小动作增多、注意力无法集中、自己也不知道为什么会如此惶恐不安。

（四）焦虑症的诊断标准

CCMD－3 关于广泛性焦虑与惊恐障碍的诊断标准如下：

1. **广泛性焦虑**

【症状标准】

（1）符合神经症的诊断标准。

（2）以持续的原发性焦虑症状为主，并符合下列 2 项：①经常或持续的无明确对象和固定内容的恐惧或提心吊胆；②伴有自主神经症状或运动性不安。

【严重标准】社会功能受损，病人因难以忍受又无法解脱而感到痛苦。

【病程标准】符合症状标准至少已 6 个月。

【排除标准】

（1）排除甲状腺机能亢进、高血压、冠心病等躯体疾病的继发性焦虑。

（2）排除兴奋药物过量、催眠镇静药物或抗焦虑药的戒断反应，及强迫症、恐惧症、疑病症、神经衰弱、躁狂症、抑郁症或精神分裂症等伴发的焦虑。

2. **惊恐障碍**

【症状标准】

（1）符合神经症的诊断标准。

（2）惊恐发作需符合以下 4 项：①发作无明显诱因、无相关的特定情境，发作不可预测；②在发作间歇期，除害怕再发作外无明显症状；③发作时表现出强烈的恐惧、焦虑及明显的自主神经症状，并常有人格解体、现实解体、濒死恐惧或失控感等痛苦体验；④发作突然开始，迅速达到高峰，发作时意识清晰，事后能回忆。

【严重标准】病人因难以忍受又无法解脱而感到痛苦。

【病程标准】在 1 个月内至少有 3 次惊恐发作，或在首次发作后继发害怕再发作的焦虑持续 1 个月。

【排除标准】

（1）排除其他精神障碍，如恐惧症、抑郁症或躯体形式障碍等继发的惊恐发作。

（2）排除躯体疾病如癫痫、心脏病发作、嗜铬细胞瘤、甲亢或自发性低血糖等继发的惊恐发作。

（五）焦虑症的成因的理论解释

分析焦虑症产生的原因，不同学派的理论有不同的解释。

1. **生物学理论**

一些研究者提出焦虑障碍有其生物学的根源。格雷（Gray，1982）根据抗焦虑药物的研究，发现抗焦虑药能够降低去甲肾上腺素的水平，而有些提高去甲肾上腺素的药物则会引发焦虑（Redmond，1985）。这说明一定的皮层下区域与焦虑有一定关系，主要是海马回和隔膜区。对这一系统来说，有两种特别重要的神经递质：去甲肾上腺素和血清促进素。格雷的白鼠实验得出的结论是：易于焦虑的人其 BIS 系统非常活跃。瑞德蒙德（Redmond，1985）指出，海马回的活性不同是有多方面原因的。首先，这一系统的先天反应可能受遗传影响；其次，重复接触危险性刺激，可能改变了这一系统的敏感性，使它的活性提高；最后，持续的焦虑本身也可能改变这一系统的活性。因此，遗传或环境的影响都能导致神经系统的反应提高，最终引起焦虑。瑞德蒙德把这个系统比喻为闹钟，更形象一点说，有些人的闹钟即使在没有真正危险的情况下也会响起来，这些人往往会经历更多的焦虑。

托格森（Torgerson，1988）发现，焦虑的直系亲属的焦虑状态是相应控制组的两倍。托格森通过对同卵双生子和异卵双生子的研究发现，同卵双生子（MZ）共同患惊恐障碍的一致性高于异卵双生子（DZ），但在广泛性焦虑症上没有发现这种情况，这说明遗传因素的影响作用随焦虑症类型的不同而变化。肯德勒（Kendl，1992）发现，其他焦虑症也有类似的结果，如空旷恐怖症、社交恐怖症和单一恐怖症。仅有一种没有基因证据的焦虑障碍就是恐怖症，意味着这种障碍有着更纯粹的环境起因。

2. 心理动力学理论

心理动力学理论将心理功能划分为本我、自我和超我三个密切相关的结构。本我是生命最原始的本能冲动，它们有时是相互矛盾、与现实环境激烈冲突的；而超我则是一切道德限制的代表，是追求完美的人类较高尚的行为规范；自我是在协调本我、现实环境和超我相互关系中逐渐发展、成熟起来的，是我们人格的核心部分，是在现实中的本来面目。当自我不能很好地协调与本我、超我和外界环境之间的关系而导致人格核心部分受到损害而失衡时，就会产生明显的焦虑情绪。

心理动力学模型的假设前提是焦虑障碍的症状源自潜在的精神冲突或恐惧。这些症状试图保护个体不受心理伤害。在强迫障碍中，强迫行为被看作是一种移植的焦虑，这种焦虑由相关的、但是更加恐惧的意愿和冲突造成。通过将严格禁止的冲动用符号化的方法置换为一种强迫观念，一个人就获得了某种解脱。一个害怕脏而不断洗手的学生，可能根源于他对性活动的渴望与其害怕“玷污”名声之间的冲突。

造成焦虑情绪的情境一般有以下 3 种：

（1）外界环境的剧烈变化或未知的、充满风险的新环境，此时个人的惯常行为方式无法适应这一特殊情境。

（2）个人内部的各种冲动、欲望与自我难以调和。常见的因素是：反应性的敌意、极力压抑的冲动、矛盾的意向。

（3）超我对自我的道德和完美主义的要求。因未臻完美而责备自己，因有不道德的念头而厌恶自己。

当焦虑情绪出现时，当事人会有一种“漂浮着的”、无所适从的疑虑，不知道事情会如何发展，会有什么样的危险来临并为此坐立不安。

因年龄和自我心理功能发育阶段的不同，引发焦虑情绪的情境也会有所不同。儿童幼年期时，会对母爱的丧失、父亲的惩罚而心怀恐惧；青春期时，常对性的冲动、异性的出现感到不安；成年人则会因自己未趋完美而痛恨自己。

3. 行为主义学理论

行为主义学理论对于焦虑的解释集中在焦虑障碍的症状的强化或条件化上，比如解释恐怖症的形成，认为是经典条件作用形成的恐惧。华生和瑞纳（Watson & Rayner，1920）做了一个经典研究，阿尔伯特是一位仅 11 个月的小男孩，他在条件反射作用下学会了害怕小白鼠。在实验开始时，他对小白鼠没有恐惧，后来每当他触摸小白鼠时，实验者给以强烈的噪音刺激，不久他开始害怕小白鼠。一个孩子原本不知道蛇是可怕的，只是当他遇到蛇时，他妈妈大叫着警告他或妈妈表现出恐惧，这可能会使他发展对蛇的恐怖症。当一个人对他害怕的情景采取退缩行为，焦虑就减低，这样恐怖就得以维持。与恐怖症的情况类似，强迫障碍由于强迫动作之后焦虑的减少而得以维持下来。在操作性反射条件下，通过奖励或惩罚使行为得到巩固或减少，但是消极强化会使一种行为增强，如空旷恐怖症患者每次走出家门都会感到焦虑，不出门就会得到解脱，这种情况下，不出门就是消极强化。

心理学与人生 13－1　你有多少焦虑的症状（请以平常心来检查）

生理上的反应	认知上的反应	情绪上的反应
感觉身体发热	我做不来	害怕
心悸	我觉得自己很傻	激动
心跳加快	人们常注视着我	恐慌
胸部紧缩	我可能会昏倒	过度的担心
胃不舒服	我得了心脏病	不安
换气过度		感觉世界将毁灭
常觉得很虚弱	让我离开这里	幽暗的、悲哀的
发抖	没有人会帮我	被困陷住，无处可躲
晕眩	我没法子独自出门	被孤立
口干	我没法子呼吸	失去控制
思想混乱	我快要死了	难堪
无法专心	我会发疯	罪恶感
肌肉紧张/痛	我陷入困境了	抗拒
疲倦	我不愿意出门	生气
	假使有人受伤、生病或有火灾怎么办？	忧郁

如你有了上述超过3个以上的状况，请问自己下列问题：
担心焦虑症发作会限制我的现在/未来的生活吗？
我是否每天躲避这些反应呢？
我是否常常感到紧张？
如果自己的答案为是的话，请注意是否该好好地照顾自己一下。

二、情感障碍

情感性精神障碍又称情感障碍（affective disorders）或心境障碍（mood disorders）。既往称为情感性精神病（affective psychoses）。它是一组以情感显著而持续地高涨或低落为主要临床特征的精神障碍，常伴有相应的思维和行为改变。情感障碍的表现具有很大的变异，较轻的可以是对某种负性生活事件的反应，重的则可成为一种严重的复发性甚至慢性致残性障碍。病情重者可出现幻觉妄想等精神病性症状。常反复发作，多数可缓解，少数残留症状或转为慢性。这类精神障碍首次发病年龄多在16～30岁。临床上可分为抑郁发作、躁狂发作、双相障碍和持续性心境障碍四个类型。

（一）抑郁症

抑郁是一种忧伤、悲哀或沮丧的负性情绪体验，除含有悲伤外，还合并产生痛苦、愤怒、羞愧、自罪感等情绪。同一般的悲伤反应不同，抑郁比任何一种单一的负性情绪更为强烈和持久，给人带来的痛苦也更大。但抑郁又是一种普遍的情绪反应，可以说人生总有一段时间生活在抑郁中。处于抑郁状态的人如果能对所遭遇的现实和处境作出恰当的分析和认识，接受丧失与悲伤这一事实，就有可能克服抑郁心境，重新适应环境。

在临床上，抑郁症主要表现为持久的轻度至中度的抑郁。在情绪方面，常感到心情压抑、郁闷或沮丧，对日常活动缺乏兴趣，对前途悲观失望，病前的精神创伤常盘踞脑中，以致精神不振、脑力迟钝。抑郁常伴随着焦虑（Clark & Watson，1991），对所有活动都失去兴趣，渴望自己一个人独居。在认知方面，自尊心和自信心低落，自我评价下降，常夸大自己的缺点和失误，自责和内疚，但愿意接受鼓励和赞扬。在社会交往方面，不愿主动与人交往，但被动接触良好，愿意接受同情。在思考中也有更多心境转变，消极地看待世界、自我和未来（Beck et al.，1979）。抑郁症患者对自己的痛苦处境无力自拔而更加悲观，有轻生念头，但又矛盾重重。自觉病情严重，常能主动求医，希望治愈。如不深入了解患者存在的抑郁心境，极容易误诊，致使病程迁延。可有精神病性症状，如幻觉妄想。大多数病人有反复发作的倾向，每次发作多可缓解，部分可有残留症状或转为慢性。

判断抑郁症症状是以心境低落为主，并至少有下列9项的其中4项：

（1）兴趣丧失、无愉快感；

（2）精力减退或疲乏；

（3）精神运动性迟滞或激越；

（4）自我评价过低、自责或有内疚感；

（5）联想困难或自觉思考能力下降；

（6）反复出现想死的念头或有自杀、自伤行为；

（7）睡眠障碍，如失眠、早醒或睡眠过多；

（8）食欲降低或体重明显减轻；

（9）性欲减退。

临床抑郁是一种最常见的心理障碍。研究发现，人一生中至少有一次患抑郁症的比例约为 10%（Angst，1992）。性别差异在儿童期没有表现，但出现于青春期（J. H. Block et al.，1991），大学生中也没有发现性别差异。但是在后来诺兰—霍克西玛（Nolan-Hocksema，1987）的研究中，一个最为一致的发现是，女性患抑郁症的比例是男性的两倍。

（二）两极性异常

两极性异常（bipolar disorder）又称躁郁性精神病（manic-depressive psychosis），也称双相心境障碍。躁郁性精神病是一种周期性情绪过度高昂或低落的疾病。这种情绪波动起伏较正常人大，持续时间亦长，且会影响一个人的正常社会生活与生理功能。一般而言，躁郁性精神病的发病年龄约在 20～25 岁。

这是一种躁狂症状与抑郁症状同时存在并且相互交错的综合征。可表现为情绪增高，而本能内驱力下降或思维麻痹（躁狂性木僵）；表现快活、勤奋，但缺少个人见解或主意（思维贫乏性躁狂）。伴有活动增多和思维过程加快的焦虑性躁狂，其情感活动更接近于抑郁症的特点。这种躁郁性状态较为少见，大多数情况下这种状态只持续很短时间，数小时或数日，也就是出现在抑郁发作向躁狂发作（或者相反）过渡的阶段。这种混合状态偶尔也可贯穿于整个发作期。

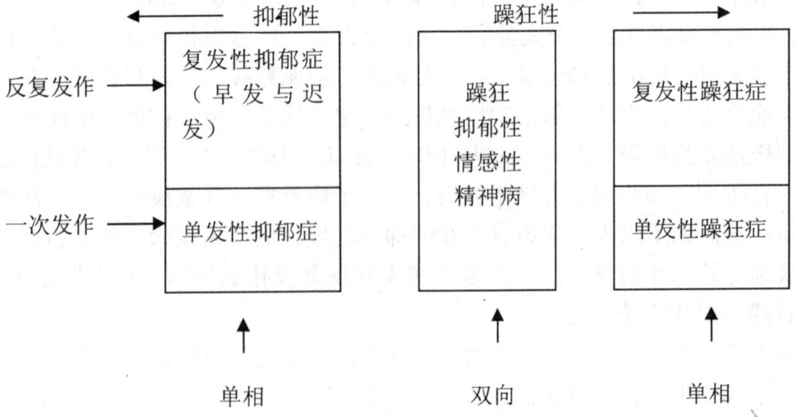

图 13－1　情感性精神病的病程形式

注：摘自［德］R. Tëlle. 实用精神病学. 王希林译. 北京：人民卫生出版社，1997

如图 13－1 中反复发作的单相抑郁最常见。双相型患者仅为单相抑郁的一半。单相躁狂占全部情感性精神病的5%～10%，仅发作一次者很少。总的来看，抑郁发作至少比躁狂发作多3倍。然而这很难得出可靠的数字统计，因为人们所掌握的大多数只是较严重、多次发作的情感性精神病，而病情较轻和只发作一次的病人在流行病学检查中很难被注意到。双相情感性精神病也会错误地被记入单相型中，因为最初只出现抑郁（或躁狂）发作，或者说，双相型病程形式比人们所想象的要常见。

（三）情感障碍的成因

从遗传学的研究中人们认识到：情感障碍的形成受遗传因素影响较大，有一定的生物学基础。情感障碍患者的家属中患有同类疾病者高于一般居民的平均水平，患病的可能性大约是普通人的15倍（父母双方均患有情感障碍者，危险最大）。双相躁郁症的阳性家族史比单相抑郁症明显。

双生子检查结果显示，同卵双生子患病的一致性比其他人高2～4倍，而异卵双生子与其他兄弟姐妹之间无显著差异。但是目前我们对遗传的具体过程还没有可靠的研究结果，因此还要考虑其他疾病形成原因。

抗抑郁药的发现与研究就是为了揭开抑郁症的发病机理之谜。抗抑郁药可阻止已释放的神经递质去甲肾上腺素和5－羟色胺的吸收，阻止它们从突触间隙回到突触前神经终端（细胞储存）而使局部的神经递质浓度增高。同样具有抗抑郁作用的单胺氧化酶抑制剂则是阻止儿茶酚胺失去活性，特别是抑制去甲肾上腺素的分解（由于抑制了单胺氧化酶）。

神经内分泌学也做过大量检查，并得出了很多不十分确定的结果。但是可以肯定的是，患抑郁症时皮质醇的分泌增加。也有人研究生物节律的影响，提出季节性节律的观点，认为一般抑郁症状有规律地发生在秋季或冬季，在春季或夏季结束。

心理动力学理论认为，人的基本需求受挫，特别是母亲的缘故，口欲冲动未得到满足，口欲与攻击欲受到抑制，共生性依赖，早年的这类经验在以后相应的经历中敏感化并逐步形成一种抑郁素质。

按照心理分析的观点，躁狂症具有与抑郁症一样的基础障碍。躁狂的产生只基于对基本冲突和抑郁的抵抗或防御，躁狂是对抑郁的逃脱。因此，一些具有心理反应性诱因的躁狂症患者发作前可见到某些令人悲伤的经历（比如亲近的人去世）。

认知理论认为，抑郁被看作是一种对个人、环境及前途的悲观消极的态度。认知障碍可表现在以下几个方面：专断独行的推理（任意思维）、选择性抽象（目光狭窄）、泛化性（使个别的不良经验普遍化）、放大或缩小（目光失真）、自身化（将过错指向自身）、思维绝对化（或者全部肯定，或者全部否定）。1967年，亚伦T. 贝克（Aaron T. Beck，1967，1976）提出，抑郁可以由以消极的方式解释日常事件的倾向产生，戴灰色眼镜而不是玫瑰色的眼镜。根据贝克的观点，抑郁的人对每件事都做最坏的打算；对他们来说，最小的挫折也是大灾难。

应激性生活事件和精神因素与抑郁症关系密切。在回顾抑郁的基本因素时，人们注意到60%～80%的抑郁病因可归于心理经历。有报道认为，以往6个月内经历重大生活事件者，抑郁症发病的危险性增加6倍，自杀危险性增加7倍；慢性生活事件，如长期的不良处境、家庭关系不和睦、贫困、失业、持续2年以上的慢性躯体疾病，也与抑郁的发生有关。但是另一个研究也引起我们极大的兴趣。

应该说应激和创伤对于所有的心理障碍都是最显著的独特原因之一，但是在寻找是什么激起了这个易感性（特质）时，人们通常寻找应激或创伤性生活事件。

有人会认为，询问人们在患抑郁或其他心理障碍之前，只问生活中是否有一些重大的事情发生就足够了。大多数人的确报告有失业、离婚、生育或毕业开始工作。但是，与心理病理学研究的大多数问题一样，重大事件的意义很难发现（Kessler，1997），因此一些研究者不再问病人是否有一些坏（好）事情发生过，他们开始考虑事情发生的背景以及它对个体的意义。

例如，失业对大多数人来说都是应激性的，但对一些人来说比其他人更加困难。有些人甚至可能把它看成一个祝福。如果你因为结构重组而丢掉了在一家大公司中的经理职务，但你的妻子是另一家公司的董事，可以赚足够的钱支持家庭，可能这就不是很糟糕。而且，如果你是一个热情的作家或艺术家，但没有时间从事艺术，失业可能正是你等待的机会，尤其是你的妻子多年来一直跟你说，要为自己的创作追求献身。

现在考虑一下如果你是两个孩子的单身母亲，由于近期的就医费用增加，你不得不在交电费和买食物之间选择其一，而这时你失业了。应激性事件相同，但背景完全不同，事件的本质意义就改变了。为了使这一特定情节进一步复杂化，想一分钟，这样一个母亲对失业可能如何反应，一个女性可能会判定她是个完全的失败者，这样就无法继续生活和抚养她的孩子了。另一个女性可能会认为失去工作根本不是她的错，当不知原因地被辞退时要利用工作训练课程帮助自己。因此，生活事件的背景和意义都是重要的，研究生活事件的这种方法是由英国的布朗（George. W. Brown，1989）和他的合作人发展出来的（Durand V. M. & Barlow D. H.）。

情感性障碍的发病原因是多方面的，既有外在的客观因素，也有目前难以解释的先天因素。这种疾病有明显的病理特点（自身的规律），此外，病程也受一定的经历和环境条件的影响。

第三节　社会障碍

社会障碍（social disorder）也就是个人社会适应障碍，主要包括性心理障碍和人格障碍。

一、性心理障碍

性心理障碍（psychosexual disorder）又称性变态或性心理异常，指个体在性心理和性行为上明显偏离正常。这类心理障碍的共同特征是性兴奋的唤起，性对象的选择以及性行为方式等方面出现持久性异常表现。

性心理障碍成因复杂，生物学原因尚不明确，多数学者认为主要是通过后天心理和社会因素形成的，其中儿童早期经验对性心理和行为的发展起重要作用。

（一）易性癖

心理上对自身性别的认定与解剖生理上的性别特征相反，具有持续存在的改变本身性别的解剖生理特征，以达到转换性别的强烈愿望，称为易性癖。

临床上易性癖患者坚信自己属于另一种性别，对自己解剖生理的性别特征表示厌恶或痛苦，强烈要求转变为异性的解剖生理特征，如要求实行变性手术或服用异性激素。患者本身并无生殖器官解剖生理畸变与内分泌腺体异常，也不是由其他精神疾病导致的替身或化变妄想。通常这种愿望至少存在两年以上，且持续存在。

目前易性癖的病因尚不清楚，少数男性患者有性染色体畸变（XXY）或轻微脑功能缺陷。由于患者一般期望激素治疗或手术改变性别（换性术），故心理治疗难以奏效，但心理治疗对于患者面临的人际冲突和社会困境仍有帮助。

（二）恋物癖

受强烈的性欲望与性兴奋的联想驱使，反复出现收集异性使用的无生命物体，称为恋物癖。

临床上恋物癖几乎仅见于男性，所恋物体多为女性身体接触的东西，如内衣、乳罩、头巾、鞋袜等，通过抚摸、嗅闻引起性兴奋，或伴以手淫获得性满足。异性身体的一部分，如毛发、指甲等也可成为收集的对象。患者为了取得他们渴求的物体，常不惜采用偷窃的方法，但应与偷窃癖相区别。青少年或大学生通过正常交往获得异性的物品并加以珍藏，如纪念品或信物等，但不以此作为性刺激的重要来源或获得性满足的基本条件，是正常的，不属于恋物癖。

（三）异装癖

具有正常异性恋的男性有反复出现穿戴女性装饰的强烈欲望，并由此引起性兴奋，称为异装癖。

临床上异装癖并非是由于特殊文化背景或社会流行风尚所致，纯属个体为获得性兴奋的特殊行为。通常该行为反复出现半年以上，且受强烈欲望驱使，如果加以抑制则产生明显的不安情绪。异性装扮本身不引起性兴奋者不属于异装癖。与易性癖不同的是，患者性爱的对象为异性，且不排斥自身的性器官，也不要求改变自身性别特征。异装癖与恋物癖关系密切，如果二者集于一身，则诊断为恋物性异装癖。

异装癖多源于童年家庭中不正确的性别角色期待和不良的教育环境。

（四）窥阴癖

反复暗中窥视异性裸体或性活动以达到引起自身性兴奋的强烈欲望称为窥阴癖。

临床上，窥阴癖几乎仅限于男性，常在15岁前开始。患者受强烈性欲望和性兴奋的联想驱使，在半年以上时间内反复出现暗中窥视异性裸体或与性有关的活动，伴有当场手淫或事后回忆窥视景象同时手淫，以获得性满足。窥阴癖患者个性通常拘谨、胆怯、缺乏自信和羞于与异性交往，但对内心性冲动难以自制。患者一般具有不安全感，很少性攻击行为。通过对淫秽及裸体画的欣赏并获得性的满足不属于窥阴癖。

窥阴癖病因尚不明确。可能是随性生理心理成熟，对异性躯体或生殖器官好奇，产生窥视行为，一旦与性体验建立条件反射，再加上个性缺陷发展而成。少年期不良家庭环境及色情文化影响也是重要原因。

性心理障碍的矫治通常需要消除患者的疑虑，帮助患者寻找原因，使其正视问题，树立治愈的信心，进而引导患者建立正常的性爱关系，如提供社交和集体活动条件，培养人际交往能力等。心理治疗可采取放松疗法，解除紧张情绪，采取系统脱敏疗法减少在异性交往中的恐惧和痛苦，采用厌恶疗法缓解和消除异常行为，同时辅以实际训练，塑造正常性行为。

二、人格障碍

人格障碍又称变态人格或人格异常。当一个人所特有的人格特征持久显著地偏离正常，并由此引起较严重的痛苦状态或明显影响社交和职业功能，称为人格障碍。狭义的人格障碍专指反社会型人格障碍。

人格障碍患者与正常人的差别主要不在于人格特征本身，而在于其人格特征明显偏离文化期望的范围，且具有显著性和突出性。人格障碍表现为自我评价、选择行为方式和情感控制方面的障碍，集中表现为社会适应不良，即不能根据外界环境所提供的反馈信息调整自己的行为。其内心体验常背离生活常情，外在行为常违背社会准则，因此难以保持稳定的人际关系，不但给他人和社会带来伤害，患者自己也因此蒙受伤害和痛苦。

由于人格障碍的本质和发生原因尚不明确，因此对治疗的作用估价不一。药物治疗不可能从根本上改善人格结构，但对某些症状可能有一定的效果。心理治疗有可能增强其内在的责任感和羞愧感，提高对自身行为的控制力。

(一) 反社会型人格障碍

反社会型人格障碍（antisocial personality disorder）又称无情型人格障碍（affectionless personality disorder）或社会性病态（sociopathy），是以行为不符合社会规范和道德准则为主要特征的人格障碍。其表现为：

极端自我中心。一切言行纯粹以自我为中心，不遵守社会规范，常侵犯他人或社会利益以满足私欲。两性关系上也纯粹以自我满足为出发点，不愿对他人付出应有的亲情和爱心。

无责任心和义务感。无论对人对事，均无责任心和义务感，经常不承担经济的和亲情的责任与义务，如不偿还债务、不赡养父母。

无羞耻感和内疚感。缺乏判断是非善恶和从失败或惩罚中吸取教训的能力，对自己反社会行为产生的恶果不感到痛苦，知过而不改，且诿过于人。

易冲动易激惹。对侵犯他人或社会的行为，事先无明确的动机和计划，多起于一时冲动。多有攻击和斗殴行为，惩罚也不能对其构成威胁。

情感冷漠。对自身和他人的安全都漠不关心，情绪上极少有焦虑和恐惧反应，也少激动。在特定情境中也缺乏相应的情感表达，不具备常人受触动时特有的喜怒哀乐。

虚伪、缺乏坦诚。相貌和智力常在中等以上，常给人以良好的第一印象。从不关心他人却强烈需要他人的关注和信赖。不尊重事实，经常撒谎，欺骗他人以获取个人利益和享乐，因而无法取信于人。

自毁行为。生活无目的、无计划、无方向，缺乏领悟能力，常在幻想状态下恶作剧，言行粗鄙，惹人讨厌。就其自身幸福而言，所有言行无异于自我毁灭。

(二) 反社会型人格障碍的成因

反社会型人格障碍的成因，从遗传因素来看，亲属中有反社会型人格障碍者较常见，同卵双生子中这种人格结构的一致性较高。对寄养儿的检查发现，寄养子女患这种人格障碍的数量少于与自己亲生父母生活在一起的子女。染色体畸变 XYY 对反社会性行为的意义在一定时期内被人们估计过高。

脑生物因素——脑内某些部分运作不良以致连带影响这些部分的相互关系及平衡，结果控制焦虑及冲动的机制不能正常操作。Claridge（1985）发现社会病态患者皮层抑制功能和警觉能力减低，脑电图有较多慢波，镇静阈降低。心理生理研究发现，冲动型和社会病态患者对运动反应的抑制能力减低，交感神经反应减弱，皮肤电反应快速地习惯化形成（Hare，1978）。动物实验研究表明 5－羟色胺能系统介导行为抑制，该系统损毁导致制止惩戒行为能力减低。类似情况亦发现于自杀未遂者（Asberg et al.，1987）、暴力和攻击行为人格障碍患者（Brown et al.，1982）。加强 5-羟色胺能功能的药物可改善或减轻犯罪的攻击动作和自杀行为（Meyendorff et al.，1986；Sheard et al.，1976）。

从早年教育环境看，可能缺乏健全的家庭教育，父母没有好好管教，或其管教方式不一致；父母之中一个可能有这种性格，给予孩子很多机会学习和模仿。或早年丧失父母、长期缺乏父母关心照顾，或小时候曾受虐待，以及儿童期的需求增多，通过不寻常的行为方式（吸引别人注意）来表达。有些社会病态人格的形成可能与儿童幼年离开母亲长时间住医院或生活在孤儿院等导致心理障碍（院所症，Hospitalismus）的因素有关，也可以出现在表面上正常的家庭。

第四节　精神障碍

精神障碍（psychotic disorder）是一个由器质性或情绪性原因引起的若干种严重的精神疾病的综合术语。在当代精神病分类学中，这类障碍可以由现实检验中所表现的严重缺陷确定其特征。

一、精神分裂症的一般症状

精神分裂症（schizophrenia）是一种常见的、病因尚未完全阐明的精神病。过去被称为精神错乱、精神失常、疯癫或狂人的一些精神病，1896 年第一次被德国的克雷丕林在长期临床观察的基础上，并从大量的、各种不同的症状中归纳出这种疾病的共同特征，认为这一疾病多发生在青年，最后发展成衰退，故命名为早发性痴呆（dementia praecox）。20 世纪瑞士精神病学家布鲁勒（E. Bleuler，1911）对此病进行了细致的临床观察，指出此病的临床特点是精神分裂：联想障碍、感情淡漠、意志缺乏和继之而来的内向性，提出了“精神分裂”的概念。认为此病的结局并非皆以衰退而告终，因此建议命名为“精神分裂症”。其命名的理由是：痴呆和早期发病都不是这种疾病必不可少的特征，“缺乏一致性是它基本的障碍，它是在思维、感受、意志以及人格的主观感觉上表现出不一致性、不完整性，是一种分离破裂的障碍”。

精神分裂症多起病于青壮年，常起病缓慢，具有思维、情感、行为等多方面障碍及精神活动不协调。通常意识清晰、智能尚好，有的病人在患病过程中可出现认知功能损害，自然病程多迁延，呈反复加重或恶化，但部分病人可痊愈或保持基本痊愈状态。

按 CCMD-3 症状标准：至少有下列 9 项中的 2 项，并非继发于意识障碍、智能障碍、情感高涨或低落，单纯型分裂症另规定。

(1) 反复出现的言语性幻听；

（2）明显的思维松弛、思维断裂、言语不连贯、思维贫乏或思维内容贫乏；

（3）思想被插入、被撤走、被播散、思维中断或强制性思维；

（4）被动、被控制或被洞悉体验；

（5）原发性妄想（包括妄想知觉、妄想心境）或其他荒谬的妄想；

（6）思维逻辑倒错，病理性象征性思维或语词新作；

（7）情感倒错或明显的情感淡漠；

（8）紧张综合征、怪异行为或愚蠢行为；

（9）明显的意志减退或缺乏。

精神分裂症症状的表现形式多种多样，如紊乱型病人语言内容混乱交错，如当问及谚语“猫走了，老鼠就要当道”是什么意思时，F. B. 先生回答说，“猫占领的地盘少，猫不知道老鼠在做什么，而老鼠也不知道猫在做什么。猫比老鼠更代表着多疑的一面。Dumbo 是个好孩子，他看到了猫在做什么，就把自己与猫放在了一起，这样人们就不会把他（它）们看作喜剧演员了。”（Zimbardo，*personal communication*，1957）有时病人不能想完或说完自己的想法，出现沉默，有时病人可意识到这种思维障碍并为此感到很痛苦。

一个年轻的精神分裂症患者被当作家务的顶梁柱利用了，从而对所有字面上意义相关的字词，像棍、棒、柱等字，都会产生强烈的反感。很显然，此病人无思维跳跃的能力，即不能进行参照系统的转换，不能随着环境的变化而转义（缺乏与现实的紧密联系）。

情感活动表现为具有多样性和可变性特点。如欣快性情绪带有躁狂性特征，另一种欣快情绪的表现，如同一幅不严肃的、幼稚愚蠢的漫画，尤其发生在年轻的病人中（青春型）。患者常常不加克制、无拘无束、大声讲话、毫无顾忌。

二、精神分裂症的临床分型

可根据精神分裂症的临床特征将其划分为几个亚型。这种划分的依据偏重于精神病理学。

（1）偏执型是精神分裂症最常见的一个类型。其临床表现以相对稳定的妄想为主，往往伴有幻觉（特别是幻听）。情感、意志、言语、行为障碍不突出。起病多在30岁以后，这类患者较少出现显著的人格改变和衰退，但幻觉妄想症状长期保留。

偏执型精神分裂症的患者有围绕以下特定主题的复杂而具系统性的妄想：

①被害妄想：患者觉得他们总是在被侦查、被密谋，他们面临着死亡的危险。

②夸大妄想：患者相信他们自己是重要的、至高无上的人物——百万富翁、大发明家，或像耶稣那样的宗教人物。被害妄想可能与夸大妄想一起出现——一个人可能是一个伟人，但是一直被邪恶势力所迫害。

③妒忌妄想：在没有正当的理由下，患者相信他们的伴侣不忠实。他们拼凑资料

配合他们的理论，以“证明”妄想的真实性。

偏执型精神分裂症患者的发病时间通常晚于其他精神分裂症类型的患者。偏执型精神分裂症很少表现出明显的紊乱行为。相反，它们的行为多半是激烈的和非正式的。

（2）紧张型以明显的精神运动紊乱为主要表现。可交替出现紧张性木僵或紧张性兴奋，或自动性顺从与违拗。典型表现是患者出现紧张综合征。紧张型目前在临床上有减少的趋势。

其主要特征是动作活动的紊乱。患有这种障碍的患者有时好像处于昏迷的木僵状态。在很长时间内病人都保持不动弹，称为蜡样屈曲，维持一个奇怪的姿势，如空气枕头，躺在床上没有枕头但病人可以保持有枕头状很长时间而无明显疲劳感，同时对环境里的任何事物都很少反应或没有反应。在其他时候，这些病人显示出额外的活动性，表现为漫无目的而且不会受外界刺激的影响。紧张型的另一个特征是极端的违拗及对所有的指示都表现出明显的、原因不明的抵抗。

（3）青春型多于青春期发病，起病较急，病情进展快，多在 2 周内达到高峰。以情感改变为突出表现，情感肤浅，不协调，有时面带微笑，却给人傻气的感觉；有时又态度高傲，显得不可一世；或喜怒无常，扮鬼脸，恶作剧，不分场合和对象开一些幼稚的玩笑。思维破裂，言语内容松散，不连贯，令人费解，有时会伴有片断的幻觉、妄想。行为无法预测，缺乏目的性。病情进展迅速，预后欠佳。

（4）单纯型起病缓慢，持续发展。早期多表现类似“神经衰弱”的症状，如主观的疲劳感、失眠、工作效率下降等，逐渐出现日益加重的孤僻退缩，情感淡漠，懒散，丧失兴趣，社交活动贫乏，生活毫无目的。疾病初期，常不引起重视，甚至会误认为患者“不求上进”，“性格不够开朗”或“受到打击后意志消沉”等，往往在病程多年后才就诊。治疗效果较差。

（5）其他类型：临床上各型部分症状同时存在，难以分型者不少见，称未分化型。ICD－10 对本病的分型，除传统的四型外，还有未定型、精神分裂症后抑郁以及残留型和其他。精神分裂症未分化型是指患者的精神症状符合精神分裂症的诊断标准，有明显的精神病症状，如妄想、幻觉、破裂性思维或严重的行为紊乱，但又不宜归入偏执型、青春型或紧张型。此时往往存在不止一个类型的精神症状但又难以判断何种为主要临床相。

三、精神分裂症的成因

（一）遗传因素

半个多世纪以来的家系调查、双生子和寄养子调查资料证明，遗传因素在精神分裂症的发生中起一定的作用（Bleucer，1978；Kallman，1946）。Kallman（1938）统计了1 087 名精神分裂症先证者亲属中的发病率，各级亲属中的发病几率（morbidity risk rate）为4.3%～16.4%，其中以子女、同胞及父母的几率最高。上海（1958）对1 198 例精神分裂症患者的54 576 名家属成员的调查显示，近亲中以父母及同胞的精神分裂症患病率最高。

三个独立线索的研究——家族研究、双生子研究和领养研究——指向一个共同的结论：基因上与精神分裂症患者相联系的人比基因上与精神分裂症患者没有联系的人更容易患上精神分裂症（Kendler & Diel，1993；Tsuang，2000）。不同类型的亲属关系导致患上该病的风险总结在图 13－2 中。精神分裂症的研究者欧文·格特曼（Irving Gottesman，1991）删掉了那些质量最差的数据，合并了1920—1987 年在西欧做的40 个可靠研究的数据。如图 13－2 所示，数据是按照基因联系的程度来排列的，其与风险的高低相关。例如，如果父母双方都患有精神分裂症，其后代的患病风险就是46%，而一般人群当中只有1%。如果只有父母一方有精神分裂症，其后代患病的风险锐减到13%。还要注意到同卵双生子同时患精神分裂症的概率是异卵双生子的3 倍。

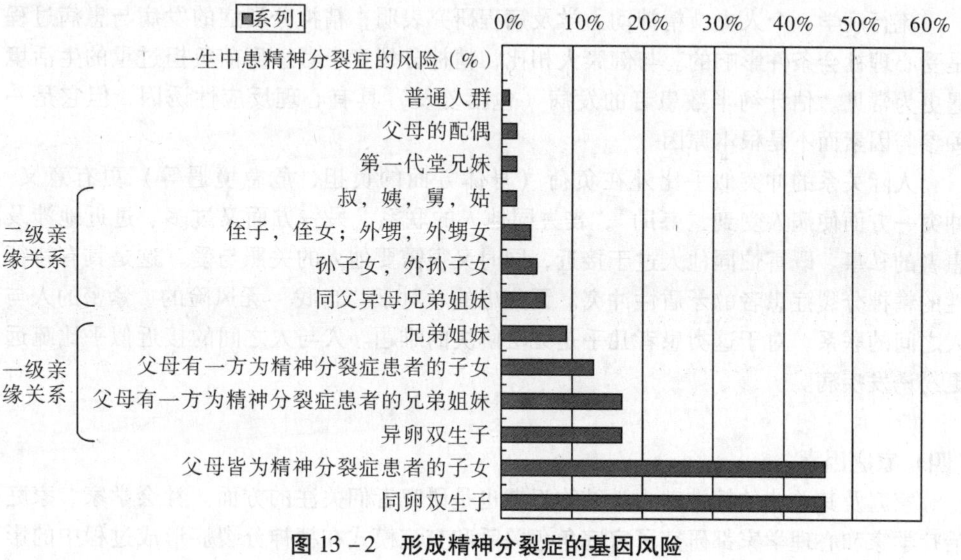

图 13－2　形成精神分裂症的基因风险

该图表明了形成精神分裂症的平均风险。数据来自 1920—1981 年在欧洲人口中进行的家庭和双生子研究；风险的程度与基因的关联度呈高度相关。

至于人格结构与精神病之间的关系，即分裂性结构与精神分裂症的关系，发现两者并无紧密的相互关系。大多数分裂性人格并不形成精神分裂症；而许多精神分裂症患者，病前具有其他类型的人格障碍或突出的人格障碍。

（二）神经生化、生物学标记与脑功能实验

神经生化检查发现，精神分裂症的症状与多巴胺递质相对过多（同其他神经递质相比）、活性过强或神经过于敏感有关。当扫描视野的时候，精神分裂症病人比正常

人有更多的眼动障碍。这个生物学标记可以被量化，而且与家族的精神分裂症史有关（Clementz & Sweeney，1990；Lenar et al.，2000）。研究者们继续探究能够精确区分精神分裂症患者和其他心理障碍患者的眼动特异因素（Katsanis et al.，1997；Sweeney et al.，1994）。生物学标记的精确知识可以帮助研究者识别哪一组的个体有罹患这种障碍的危险。

研究精神分裂症的另一种生物学取向就是寻找患病个体的大脑异常结构。这类研究现在多数依靠脑成像技术，它使我们可以直接比较精神分裂症患者和正常控制组个体的脑结构和功能（Gur & Pearlson，1993；Marsh et al.，1997；Vital et al.，2000）。例如，核磁共振技术已经证明脑室（脑髓液流过的脑结构）在高达50%的精神分裂症病人中都有扩大（Degreef et al.，1992）。那些童年起就患精神分裂症的个体与正常的控制组有着不同的脑活动模式。

（三）心理反应诱因

流行病学、个人史、精神动力学及病程研究表明，精神分裂症的发病与患病过程是受心理社会条件影响的。与健康人相比，精神分裂症患者患病前负担过重的生活境遇更为常见。估计约半数患者的发病（包括复发）具有心理反应性诱因，但它是一种参与因素而不是根本原因。

人际关系的冲突似乎比外在负荷（身体方面的负担、危急境遇等）更有意义，冲突一方面使病人受到“寡助”，丧失同他人的联系，另一方面又过多、过近地涉及患者的私事。既害怕同他人过于接近，同时又很需要他人的关照与爱，这是具有特征性的精神分裂症患者的矛盾性冲突。无焦虑的、对于“自我”无风险的、紧密的人与人之间的联系，对于这类患者几乎是无法解决的难题。人与人之间的接近似乎比疏远更易诱发疾病。

（四）家庭因素

家庭及其总体的精神动力学结构近期也是研究者们关注的方面。社会学家、家庭治疗学家和心理学家都研究了家庭角色关系和交流模式在精神分裂症形成过程中的影响，希望确认增加精神分裂症发病几率的环境背景，以及帮助那些危险人群远离这种环境。

人们已经了解到，不仅较严重的负担和冲突出现在发病之前（心理反应性诱因），一大部分患者在儿童时代即有不良遭遇：身为私生子、缺少家庭照料、父母患有精神或神经机能方面的疾病、父亲嗜酒、父母离婚、家庭关系破裂等，而且内在的家境障碍比外在家境更为重要：父母关系异常、孩子得不到爱、教育上的不一致或矛盾性、较强的兄弟姐妹间的竞争对抗。这些虽然在神经症、人格障碍及健康人的既往经历中也可以见到，但在精神分裂症患者家庭中更为常见和严重。

研究为强调父母交流的偏离对精神分裂症影响的理论提供了证据（Millkowitz，1994；Wearden et al.，2000）。这些偏离包括家庭没有共同的注意点，以及父母很难从其他家庭成员的角度看待事物或者父母无法清楚与准确地交流。研究表明，与正常的家庭相比，有精神分裂症家庭成员的家庭言语模式表现出较少的反应性和较少的人际敏感性。有一个研究集中讨论了病人亲属的共情技巧及他们知觉病人情绪的能力（Giron & Gomez-Beneyton，1998）。在两年期间，亲属表现出较低共情水平的患者的症状更容易复发。这个研究结果与其他研究结果一致，即首发症状出现后，家庭因素对个体功能起着重要作用。

应该说精神分裂症的病因不是只有一个，致病因素中没有任何一个因素可单独导致疾病的形成。精神分裂症是由多种因素共同作用而致病的，这也为精神分裂症的治疗提供了各种可能。

本章摘要

1. 心理障碍，也称精神障碍，是指人的一些不常见的（有些是常见的）行为和经历。对一个人是否有心理障碍的判断通常建立在专家对个体行为功能评估的基础上。

2. 对心理障碍最好的理解是认为它是一个从心理健康到心理疾病的连续体，是相对的、动态的和可逆的。

3. 美国的精神障碍分类系统是由美国精神病学会制定的《精神障碍诊断与统计手册》，2000 年发行了修订版 DSM－IV－TR，其目的是要提供诊断类别的清晰描述，以便临床医师和研究者能够诊断、交流、研究和处理患各类精神障碍的患者。现在我国通用的是《中国精神障碍分类与诊断标准》CCMD－3。

4. 情感障碍和心境障碍是一组以情感显著而持续地高涨或低落为主要临床特征的精神障碍，常伴有相应的思维和行为改变。

5. 情感障碍临床上可分为抑郁发作、躁狂发作、双相障碍和持续性心境障碍 4 个类型。

6. 抑郁症是常见的情感障碍，两极性异常又称双相障碍，自杀最常发生于患有抑郁的患者中。

7. 社会障碍分为性心理障碍和人格障碍。性心理障碍主要有四类：易性癖、恋物癖、异装癖和窥阴癖；人格障碍主要是反社会型人格障碍。

8. 精神分裂症的临床特点是：联想障碍、感情淡漠、意志缺乏和继之而来的内向性。发病的原因有遗传因素、神经生化和生物学因素、心理诱因和家庭因素。

复习思考题

1. 神经病与精神病有什么不同？
2. 试述常见的情感障碍及其行为特点。
3. 什么是情感障碍？试述常见情感障碍的成因。

推荐参考读物

1. 钱铭怡. 变态心理学. 北京：北京大学出版社，2006.

2. 保罗·贝内特. 异常与临床心理学（第一版）. 陈传锋等译. 北京：人民邮电出版社，2005.

第十四章　心理咨询与心理治疗

在日常生活中，人们一讲到心理咨询和心理治疗就认为是针对精神疾病患者的一种治疗方法，特别是在正常人群中，人们忌讳接受心理咨询和心理治疗。然而随着社会的进步与发展，人们越来越感受到维护自身心理健康的重要，也越来越能接受用心理咨询和心理治疗的方式解决来自生活中的压力和自我发展的困扰。在本章中，我们将讨论以下几个问题：

什么是心理辅导、心理咨询与心理治疗?

心理咨询与心理治疗之间有什么联系与区别?

团体咨询的特征和类型。

第一节　心理咨询

对于英文“counseling”一词，中国台湾国立编译馆出版的《心理学名词》中的翻译是“咨询”。在台湾治疗界中，柯永河不但将“counseling”译为“咨询”，而且将咨询与心理治疗等同。吴武典等教授则译为“咨商”，台湾其他学者如邓心雄将“咨询”与“咨商”交替使用。香港中文大学 1982 年出版的《中译心理学词汇》，将“counseling”译为“咨商”和“辅咨”。香港中文大学林孟平教授将“辅导”作为“counseling”的正式翻译，且香港治疗界也一直将“counseling”译为“辅导”。许多学者认为心理咨询与心理治疗都是助人的过程，故将心理咨询与心理治疗交替使用。因为心理咨询与心理治疗在理论、技巧和过程中，都没有明显的区分，所以，在本章中提到心理咨询或心理治疗一词时我们可以视为意义相同。关于心理咨询与心理治疗的异同我们将在本节最后部分作详细地讨论。

一、心理咨询的特征

（一）心理咨询是一项职业实践活动

心理咨询是一项职业实践活动。它主要以咨询心理学（counseling psychology）为学科基础，用于解决与个人发展、心理健康及人际关系相关的问题。

心理咨询是指受过训练的专业人员运用心理学上关于人性可以改变的原理，针对不同程度心理适应困难或心理异常者给予协助，使其因协助而能自行改变与自我成长，从而恢复健康生活的过程。

心理咨询是一种助人的过程。在这个过程中，咨询者与来访者通过建立相互的人际关系达到逐步解决问题的目的。正因为如此，咨询者借助于自己的专业技能创设一种良好的人际关系氛围是十分重要的（J. J. Pietrofesa，A. Hoffman，H. H. Splete & D. V. Pinto，1978）。

同时，在这个过程中，咨询者还需要通过收集资料、分析问题和提供新的生活模式帮助来访者学习新行为、学会解决问题的合理技能和重新建构自我。

以下定义可以帮助我们更好地了解心理咨询的含义：

国际心理学联合会《心理学百科全书》（1984）："心理咨询始终遵循着教育的，而不是临床的、咨询的或医学的模式，咨询对象不是病人，而被认为是在应付生活中的压力和任务方面需要帮助的正常人。咨询心理学家的任务就是教会他们模仿某些策略和新行为，从而能够最大限度地发挥自己已有的潜能，或形成更为适当的应变能力。咨询心理学家强调发展的模式，他们试图帮助咨询对象得到充分的发展，并扫除其正常成长过程中的障碍。"

（二）心理咨询的专业基础

心理咨询的专业基础主要包括心理学、精神医学和社会学等相关学科。

首先，心理咨询直接指向服务于人的心理和行为问题。"心理咨询不同于其他领域咨询（如法律咨询、管理咨询）的地方在于它具有'心理性'。"（江光荣，1995）所有来访者的各种障碍均可以表述为心理障碍。正因为如此，心理学便成为了心理咨询最基本的专业基础。在这方面，各种心理学理论学说（如心理分析学说、学习理论、人本主义学说和认知心理学说）以及各种心理学专门学科（如临床心理学、变态心理学、发展心理学、比较心理学、生理心理学及社会心理学等）都作出了相应的贡献。

与此同时，虽然心理咨询在通常情况下面对的是正常个体，但是，适当的精神医学训练，可以让我们较好地将人们各种不同的心理障碍加以区分，让那些比较严重的心理障碍患者获得及时、合理的医学治疗。因此，精神病分类学和治疗学对于心理咨询都是十分重要的。

为了帮助个人更好地投入社会和适应生活，掌握社会学知识也同样是十分重要的。尤其在现代社会，随着社会生活节奏的加快、人际关系的复杂多样，如何让人们更轻松容易地介入和适应社会，成为心理咨询中日益重要的课题。

事实上，这种整合了生物学、心理学及社会与文化的模式本身便构成了心理咨询内在的专业基础。

二、心理咨询的类型

（一）根据咨询理论分类

包括：基于心理动力学理论的精神分析；基于行为主义理论的行为治疗；基于人本主义理论的来访者中心疗法等。

（二）根据咨询对象分类

依据咨询对象的人数分为个别心理咨询和团体心理咨询。个别心理咨询可以有不同流派的咨询方法；团体咨询同样也有不同流派的团体咨询方法，如来访者中心的团体咨询、精神分析的团体咨询等。还可依对象不同分为婚姻咨询和家庭咨询。

（三）根据咨询的不同形式分类

根据咨询不同形式可以分为领悟疗法、行为疗法和团体咨询。领悟疗法包括传统的精神分析和近代的心理动力学治疗，人本主义取向的来访者中心疗法、完形疗法和意义疗法；行为疗法包括行为取向的心理疗法、认知取向的心理疗法，如理性情绪疗法、认知疗法等；团体咨询包括成长小组、婚姻咨询和家庭咨询。本书按照这种分类方法编写。

三、心理咨询与心理治疗的联系与区别

我们在实际应用中很难把心理咨询和心理治疗加以明确区分。虽然人们常常在习惯上依据所涉及问题的严重程度将心理咨询和心理治疗进行分辨，可是同样作为帮助人的过程，它们之间的联系是非常紧密的。迄今为止，即便是一些最具权威性的组织，如美国心理学家联合会（APA）也没能作出明确的分辨。相反，在许多心理学流派那里，如人本主义心理学派已经将这两个概念混合使用（Carl R. Rogers，1942）。

之所以难以区分心理咨询和心理治疗，是因为心理咨询与心理治疗的确有许多重要之处相互重叠。相似之处有：

（1）在强调帮助来访者成长和改变方面，二者是相似的。心理咨询与心理治疗都希望通过帮助者和求助者之间的互动，达到使求助者改变和成长的目的。

(2) 二者工作对象所面临问题常常是相似的。例如，心理咨询人员与心理治疗工作者可能都会面对来访者的人际关系问题。

(3) 二者所采用的理论方法常常是一致的。如咨询心理学家对来访者采用的来访者中心治疗的理论与方法或合理情绪疗法的理论与技术和心理治疗家采用的是相同的理论与技术。

(4) 二者都注重建立帮助者与求助者之间良好的人际关系，认为这是帮助求助者改变和成长的必要条件。

尽管有上述众多的相似之处，但是从笔者多年的心理咨询经历来看，心理咨询与心理治疗之间还是有很多的不同点。心理咨询与心理治疗的主要区别如下：

(1) 心理咨询的工作对象主要是正常人，正在恢复或已复原的患者。心理治疗工作则主要是针对有心理障碍和精神疾病的人进行的。

(2) 心理咨询所着重处理的是正常人所遇到的各种问题，主要问题有日常生活中人际关系的问题、职业选择方面的问题、教育过程中的问题、婚姻家庭中的问题等。心理治疗的适应范围则主要为神经症、性变态、心理障碍、行为障碍、身心疾病、康复中的精神病人等。

(3) 心理咨询的工作目标是预防、康复、恢复个人能力，促进个人成长与发展。心理治疗的目的是处置、干预、医治，解决（消除）身心症状，恢复健康。

(4) 心理咨询的工作多数是在非医疗的情境中开展，如在学校或社区中进行，运用多种方式介入来访者的生活环境中。心理治疗主要发生在医疗情境中，如在医院或治疗者的私人诊所中进行。

从上述对心理咨询与心理治疗异同点的分析不难看出，这两个专业领域的确是既有区别又有联系的。图 14－1 试图以一种更为直观的形式说明这一点。

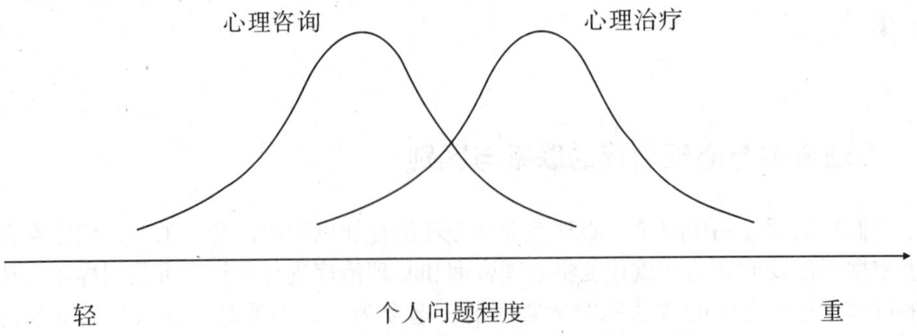

图 14－1　心理咨询与心理治疗的关联示意图

心理学与人生 14－1　如何确定个人是否有心理问题

(一) 依靠经验的方法——一种社会学的模型

心理问题的含义本身就是有经验性的，很多人把那些不那么严重却又需要心理学帮助的问题，统统归结为心理问题。虽然这个说法不够科学，但是对于治疗服务却十分有好处，它可以让我们心安理得地去接受治疗而不必认同自己有心理障碍。实际上，目前临床上使用的各种精神疾病诊断分类标准，本身也是一种经验标准，它是由专业临床医生的经验积累而成的。

这些标准的哲学来源都是一个，即个人与社会生活的相容性。按照社会学的模式，个人在社会生活当中的一切行为，判断其是否合理的唯一标准便是看它是否与社会中其他人的行为相协调一致，如果是一致的，便是合理健康的行为；否则便不合理。不过，这种不合理的行为可以分为两种，一种是犯罪或犯过行为；另一种则是心理障碍。举例来说，如果在我们这个社会中，熟人见面都得要相互问候一声，而你却见谁都不理不睬，那么你的这个行为便可以判断为是有问题的。无论是《中国精神障碍分类与诊断标准》（CCMD）还是美国《精神障碍诊断与统计手册》（DSM）都无一例外地沿用了这个逻辑。所以，界定一个人是否有心理问题，必须考虑他与现实社会文化之间的关系及其相容情况。

（二）依靠测验工具

早在治疗心理学创立的时候，美国心理学家联合会第十七分支（治疗与指导分支）就已经提出，治疗人员的专业训练中应该包含对测验评价工具运用能力的训练。也就是说，专业治疗人员在使用测验工具方面同样应该是一个专家。这就如同一名内科医生必须要能够识别各种医学检验报告一样，治疗工作者也应该能够运用标准化测验量表对个人的行为作出解释。

常规的心理治疗中往往会有一些测验活动。测验主要包括以下几类：

1. 用于评价个人整体人格结构的量表（如卡特尔人格调查表，简称16PF）；

2. 用于评价个人心理健康水平的量表。其中又包括一般评定量表（如症状自评量表，简称SCL-90）和专门评定量表（如孤独症行为评定量表，简称ABC）；

3. 用于确定治疗方案的量表（如艾森克人格调查表，简称EPQ）。

对于这些量表的测验结果，必须由专业人员解释。

第二节　领悟治疗

一、精神分析取向的心理治疗

（一）弗洛伊德的精神分析治疗

弗洛伊德创立的精神分析体系是心理治疗的第一个完整的体系。精神分析的一个主要观点和贡献是提出了人的大部分精神生活发生在意识之外。在弗洛伊德之前和之后，许多人都曾提出过类似的观点，但弗洛伊德的贡献在于他强调了无意识的动力性质。他认为，无意识并不是一个储存记忆和知识的消极仓库，等着意识去调用，相反，它有自己的“生命”，在意识之外积极地活动着。无意识中的希望、冲动对日常生活有着深远的影响，只是人们并不知道它们在活动，但人们可以以各种形式感受到它们的存在。无意识心理活动的基本成分是精神能量，它赋予无意识以活动性质。弗洛伊德认为，和躯体能量一样，精神能量也是稳定的，既不能增加也不能消灭，只能够改变形式。

精神分析的第二个主要观点是强调早期经验对无意识发展的重要性。弗洛伊德提出，每个人都要经过一系列性心理发展阶段。个体经历这些阶段的状况对其以后的精神生活有重要影响。在本书第 12 章里，已经对这些阶段进行了详细的介绍，讨论了人格可分为本我、自我、超我三个系统。这些系统一旦出现冲突就会导致心理失常。

弗洛伊德最初的焦虑理论认为，性能量如果被阻塞或不适当地释放，就会以抑郁、焦虑、强迫或者其他心理问题形式表现出来。但他后来提出了一种不同的观点，认为焦虑是压抑的性能量即将突破意识防线的一个信号。因此，焦虑是自我抵抗被禁止的欲望和冲动的一个信号。

自我怎样成功地对本我实现控制？自我同本我冲动的出现相对抗，是预感这种冲动的出现将会引起危险情景的来临，自我产生焦虑作为危险的信号，以这种方式取得快乐原则的帮助，从而能成功地对抗危险冲动的显现。精神分析的术语把这种对抗过程称为“防御”或自我的防御作用。安娜·弗洛伊德（Anna Freud，1936）定名为“防御机制”，并提出了十种防御机制，即压抑、投射、置换、升华、合理化、反向形成、转化、躯体化、退行、固着。

由于弗洛伊德看到当事人并不能明确无意识冲突是什么，治疗者直接询问并不能得到什么有用的东西，所以治疗者需要运用多种特殊技巧，使无意识中的观念和情感浮现到意识上来，如自由联想、释梦等技术。自由联想，即鼓励当事人说出他头脑中的任何想法，而不试图弄清它的含义。这样就可绕过起阻挠作用的“稽查员”进入无意识之中。治疗者通过当事人自由联想的内容，可以获得有关线索，了解无意识冲突的本质。解析梦同样能够了解无意识，因为梦为无意识绕过正常的防御机制提供了机会。弗洛伊德把梦称作“通往无意识的捷径”（Freud,1913）。

当治疗者对当事人无意识冲突的性质有了认识或形成了某些假设后，就开始对当事人的行为或经验进行启发性解释，使当事人了解这些冲突。仔细选择释意的时机非常重要。有时当事人可能不同意治疗者提出的解释，这通常称为“阻抗”。精神分析理论认为，阻抗在治疗上具有重要作用，因为它表明当事人在试图阻止对自己无意识冲突的探查或揭示。当然，当事人拒绝这种解释也可能是因为这种解释本身是错误的，而不是因为防御反应。因此，精神分析的问题之一是如何化解当事人与治疗者之间的分歧。

在治疗过程中，当事人要把治疗者看作是权威人物，这样他才能把幼年时期对权威人物（如父母中的一方）的看法和感受再现出来。这样，源于这个时期的一些无意识冲突转向或转移到治疗者身上，这一过程称做移情。最初，弗洛伊德将移情看作是治疗过程中的一个障碍，逐渐地，他把消除这种移情作用看作是治疗的重要组成部分。反移情是指治疗者基于患者的无意识对当事人产生了某种感情过程。反移情是治疗过程中的一种障碍，因为治疗者不能把自己的情绪传达给当事人，这一点非常重要。为解决这一问题，精神分析训练把治疗者本人必须经过心理分析作为非常重要的一部分。

精神分析理论的影响是巨大的。在评价精神分析疗法上，过去批评它的理论是纯理解性的，很难得到验证。但是，现在世界上每一个大城市，都有跨领域的研究团队，试图整合互相独立且经常敌对的神经科学和精神分析。弗洛伊德可以作为模板，使新发现的各项细节安置得有条不紊。同时，神经科学家也正在为弗洛伊德的一些理论寻找证据，并找出隐藏在他描述的心智过程背后的机制。研究的结果是：弗洛伊德又回来了，而且不仅仅在理论上。虽然现在就谈共识还为时过早，但是它与弗洛伊德一个世纪前所勾勒的并没有太大的不同（Mark Solms，2003）。

（二）心理动力学的心理治疗

弗洛伊德花费了多年时间发展他的理论。人们对他的思想作了许多修订，其中一些是与他同时代的人，甚至是他的追随者。如荣格不赞同弗洛伊德过分夸大无意识的作用，更强调无意识中精神的作用，提出了集体无意识概念。阿德勒不认为无意识受性能量驱使，他更强调个体的社会性角色。客体关系理论家（如 Klein，1932）更强调人际间的力量，而不是个体内部的力量，他们研究的重点是儿童发展过程中的有关状况及其周围重要人物之作用，特别是母亲的影响。在这个部分我们将主要讨论新精神分析学派——心理动力学，即客体关系理论和自体心理学的治疗理论和方法。

客体关系是指人与人之间的关系。客体一词，最早是由弗洛伊德创造的专业名词。比较概括地说，客体指的是有特别意义的人或事物。与关系结合在一起的时候，客体涉及人与人的关系，并且可以提示过去关系的内心痕迹，而过去的那些关系，则塑造着一个人现在与他人的互动模式。

梅兰妮·克莱恩（Melanie Klein）是新动力学派的代表人物。她背离弗洛伊德强调的关于俄狄浦斯冲突是心理病理学主要来源的观点。由于弗洛伊德所关注的神经症性的症状源于俄狄浦斯时期（4~5 岁），所以他制定的治疗任务是对这一时期无意识的性冲突进行解释和说明。而克莱恩认为在生命的最初几个月里就已经出现了原始形式的超我。她认为俄狄浦斯冲突并不是心理组织中最重要的元素，死本能先于性的意识而存在，并导致了内部攻击性冲动的产生，这一本能对心理组织的两种基本的力量攻击并产生分裂，包括仇恨和愿望；由爱创造联合和完整。对于克莱恩而言，爱并不仅仅是性欲的满足，而是真正以仁爱和友爱、真实和真诚的态度对待他人的关爱。然而这种意识层次的爱是与对非建设性仇恨的自责、对我们所爱的人的潜在暴力倾向的悔恨联想在一起的。对此克莱恩解释道："所有的人都必须面对的，非常神秘的事情之一就是爱和仇恨，我们个人的天堂和地狱——两者是无法截然分开的。"（Frager &

Fadiman，1998）克莱恩认为我们对世界的体验来自爱和仇恨有关的客体，客体是指我们的生命中那些重要的人物。

自体心理学家的代表人物是海因兹·科胡特（Heinz Kohut）。自体心理学家探索早期关系怎样影响自体和自体结构，他们给予了自体（self）比自我（ego）或自体表象以及本能更多的强调。海因兹·科胡特刷新了治疗的理论，将治疗聚焦于自我—客体的需要上，即自我需要那些支持他的人和重要的事物，以使人保持乐观的人格机能。自我心理学强调自我的体验，特别是那些会导致自我分裂的体验。治疗师的任务是尽可能地理解来访者的各种心理状态，并接受来访者对于其体验的看法。

二、人本主义取向的心理治疗

（一）罗杰斯的来访者中心疗法

最具代表性的人本主义治疗方法是卡尔·罗杰斯的来访者中心疗法。同心理动力学方法一样，人本主义疗法也强调个体对自身问题的理解是发生改变的前提，但这两种方法也有很多重要的区别。与精神分析不同，人本主义疗法更强调此时此地的即时经验，而不是过去的经验。人本主义也重视人生经验中的积极方面，认为人有实现自己潜在天赋的内在动力。实现自我潜能包括探索和接纳自我、自己的人格，以及接受与之相联系的需要和责任。罗杰斯（1951）认为，人本主义疗法的主要观点之一是，个体对于社会经验是开放的、自发的和自我指导的，而不仅仅是对他人作出简单反应。罗杰斯称，这种人表现了“个人的真实性”，他们真正是他们自己。从这里可以看出，人本主义对人性的看法是乐观的，相信人性本来就是好的。真正的人能够承担真我所负有的责任，而不会因自私推卸责任。心理变态或心理问题的产生源于个体不能接纳自己或不能在内驱力下实现自我，以一种虚假的形式与他人发生联系。

罗杰斯认为，成功的人本主义治疗有三个重要因素：首先，治疗者要真诚，这意味着在治疗期间，治疗者必须表达出真实的情感和想法，而不是扮演什么角色。其次，治疗者必须有同理心，需要理解、体会来访者的感受。最后，治疗者应当积极地接受与尊重来访者，罗杰斯称之为无条件积极关注。治疗者的这些特点可以克服来访者的防御机制，使问题得以表露，真实的本性得以探究。罗杰斯等人（1967）发现，治疗者若具备这三点，就会产生积极的治疗效果。

以人为中心的疗法之所以效果显著，是因为它强调个人选择、自我感受以及个人责任的重要性。它的影响相当广泛，改变了我们对自身生活的思维方式，重视个人的自我实现而不是外在的义务。但是，如果片面地来理解，这也许就使自我放纵有了借口，导致许多问题产生。作为治疗和解决问题的一种方法，客观地讲，人本主义疗法对于程度不严重的心理问题较为合适，它要求患者有较强的言语理解力，并有主动改变的愿望。而对于那些问题比较严重且对治疗有抵触的患者来说，它的适用价值就相当有限了。

（二）皮尔斯的完形疗法

完形疗法是从 19 世纪流行的存在主义中导引出的一种心理治疗方法。皮尔斯（Frederick S. Perls，1893—1970）是完形疗法的创始人。

完形心理学家认为，任何心理现象都是有组织的、不可分割的整体。其最主要的假设是每个人都可以成功地处理自己的人生问题与困难，但人往往倾向于逃避面对自己，所以人生中有许多未完成的事情，以致影响了当前的存在。因此，在治疗中治疗者的主要任务是协助来访者了解自己以往的逃避与拖延态度，在治疗者进一步的鼓励之下，清楚自己当前的存在与要经历的挣扎。在这个过程中，来访者在治疗者的帮助下有机会亲身经历种种矛盾与冲突，使得个人的自我觉察能力加强，继而个人行为的改变也可能出现。

完形治疗学派看到，人们最大的问题是将自己分割得支离破碎，在这种残破的境况下生活，导致出现很多矛盾、冲突和痛苦。完形治疗的最基本观念就是“完形”（gestalt），这是指对任何一个人、一件事或一个物件，都要整体地看，如果我们只研究其中的一部分，就绝对不可能明白事物的全部和真相，就像盲人摸象。在治疗过程中，治疗的重点不在分析，而在统合，逐步协助来访者改进，直到他可以有力量促进自己成长。或者说，在治疗过程中，治疗者同时也协助来访者从“环境的支持”转移为“自我支持”。皮尔斯认为一般人在生活中只运用了个人的部分潜能，加上缺乏自信，就会认为自己没有用、能力不足，以至于要依赖他人。所以，他认为完形治疗的目标应该是让来访者不再依赖他人，而且要尽早协助他发现自己的潜质，让他了解到人是可以自我调整的，在人生中是可以采取主动的，因而改变人生，更加健康地生活。另一个目标是，指导来访者不要委屈自己来对社会作出适应，治疗师在这个过程中协助来访者了解自己，寻找个人与周围环境协调与和谐的方法。

完形治疗的主要技巧有：

（1）用直接的方法促进来访者对自己整个人的知觉。

（2）不注重过去与将来，只重视现在，即“此时此地”非常重要。

（3）由于完形治疗的理论基础是把人看作一个整体，所以治疗者很注重将来访者整个人带进治疗过程中，其中包括人的理性、情绪和生理层面，以及来访者的体态语言。

（4）在治疗过程中，常常运用细心设计的幻想旅程，或者通过对来访者的梦境作解释，发掘来访者潜意识中的需要和问题；通常也会用角色扮演来促进来访者将幻想具体呈现，如运用“空椅子”技术，帮助来访者更容易地表达自己。

（5）在完形治疗中，治疗者看到来访者非常看重自己与他人之间的关系，故治疗者设法与来访者坦诚相交。在这个过程中分享非常重要，治疗者在这个过程中的经历、知觉和观感，都会给来访者一个很好的榜样，以协助来访者对自己的一切有更加清晰的了解。

（6）在治疗过程中，治疗者往往会协助来访者正视自己一向否认的事情，将经常会出现的分裂统合与协调。

第三节　行为治疗

一、行为主义取向的心理治疗

行为主义的心理咨询是以学习理论和行为疗法理论为依据的心理咨询，认为人的问题行为、症状是由错误的认知与学习所导致的，主张将心理治疗或心理咨询的着眼点放在来访者当前的行为问题上，注重当前某一特殊行为问题的学习和解决，以促使问题行为的改变、消失以及新行为的获得。

行为主义的创始人是华生，但对心理治疗产生较大影响的是巴甫洛夫的经典条件反射理论、斯金纳的操作性条件反射原理和班杜拉的社会学习理论。

（一）基于经典条件反射原理的疗法

条件反射理论是行为主义心理咨询或行为疗法的根据，这一原理是由前苏联生物学家巴甫洛夫创立的。

巴甫洛夫的条件反射理论，可以解释人的很多行为。人的日常生活极其复杂多变，但人可以随机应变，首先就在于人因为条件反射而处于一种自动化或半自动化状态。但是，如果这种条件反射产生负面作用的话，就会引起强迫症状、焦虑或不安，形成某种弊病。不良习惯、辍学或恐怖多由此形成。对于在无意识中由于条件反射所形成的不良弊病、恶习或心理障碍、心理问题，在治疗和咨询时可以使用反条件刺激予以清除和击退。行为主义关于条件刺激的强化、条件反射的消退、奖励、惩罚、反馈、模仿、替代强化等概念和原理，为行为主义心理疗法开拓了广阔的前景。

（二）基于操作条件作用原理的疗法

操作性条件作用又叫工具性条件作用（instrumental conditioning）。斯金纳认为，操作条件反射与经典条件反射的主要区别在于：前者是一个反应—刺激过程，而后者是一个刺激—反应过程。斯金纳在人的被试中开展实验研究证明，人的反应可以用语言声音或手势代替具体的强化物。同时，在实际治疗中，只要治疗者对期望的某种行为予以奖励，这种行为就会获得强化，反之就会消退。若施以惩罚，则会加快消退的速度。

（三）班杜拉的社会学习理论

班杜拉的社会学习理论特别强调榜样的示范作用，认为人的大量行为是通过对榜样的学习而获得的，不一定都要通过尝试错误学习或进行反复强化。和建立条件反射一样，榜样学习也是人类的一种社会学习的基本方法，其过程分为四个步骤：

注意：榜样的特征引起学习者的注意，可以是有意识的，也可以是无意识的。

记忆：将榜样特征、内容保持在记忆中以便必要时再现。在保持过程中应不断再现榜样的表象。

认同：学习者将榜样的特征纳入自己的行为之中并赋予自身人格的特征。

定型：当模仿的行为得到外部或自我的不断强化之后，习得行为相对稳定地建立起来并保持一定的型态。

（四）条件强化的方法

下面简单介绍一种在心理疗法中经常使用的条件强化方法——系统脱敏法。系统脱敏法是行为疗法的一项基本技术，由著名的精神病学家沃尔普（Wolpe）在20世纪50年代创立。

例如，在治疗恐惧症时，人为地引起与恐惧相联系的情绪反应，通过逐步递增引起恐惧反应的情境，增加患者的耐受能力，从而达到消除恐惧的效果，这就是系统脱敏法的机理。如在对恐高症进行治疗时，可以将地上的状态到高处的状态分为10级，依次排列焦虑不安层次（从引起最轻微的焦虑不安到引起强烈焦虑不安的恐惧的排列）：站台、横断人行道桥、从高楼层的下面向上看、从比较低的楼窗向下看……从楼房的螺旋阶梯上走下来、高层楼房的建筑现场等。在训练病人或来访者松弛全身的同时，给其分阶段地放映以上各层次的电影或录像。成功的关键是来访者能否从虚拟情境中走向现实情境，如能在原来引起恐惧的情境中保持放松状态，焦虑不安情绪就不会再出现，治疗即为成功。

除系统脱敏法之外，行为疗法还有其他的一些方法，如主张训练法（在人前能够自我主张的训练方法）、情动心像法（提示一些影像印象等）、强化法（如经常表扬的方法）、思考停止法（头脑中想象做不好的事实大声说“停止”）、想象厌恶疗法（将欲戒除的行为与某种不愉快的或某种惩罚性刺激结合起来，通过厌恶性条件反射作用，达到戒除或减轻不良行为的目的）等。

二、认知心理取向的心理治疗

（一）艾利斯的理性—情绪疗法

艾利斯（Albert Ellis，1962）提出理性—情绪疗法（Rational-Emotive Therapy，简称RET）。理性—情绪疗法关于心理失调的原因和机制的看法集中表现在它的“ABC

理论”中。ABC 理论的核心观点，就如中国人的一句古语“天下本无事，庸人自扰之”一样。RET 认为，大多数人的心理烦乱、情绪失调都具有“庸人自扰”的特点。

艾利斯曾用下图来表示 ABC 理论（Ellis，1979），即环境中发生的事件 A（Activating events）会导致情绪性结果 C（Consequences），但这个结果的性质却是由个体自身的价值观念系统 B（Beliefs）决定的：

$$
\begin{array}{c}
A \leftarrow B \rightarrow C \\
\uparrow \\
D
\end{array}
$$

A 是当事人所遭遇的当前事件，或与这事件相关的当事人自己的思想、感受和行为，也可能是当事人对过去经验的有意识或无意识的记忆。譬如，张女士离婚了（事件），张女士对自己说：“我离了婚，这一年来我不得不一个人带着孩子”。（有关这件事的思想、感受和行为）还有张女士对她母亲当年离婚的可怕回忆（过去经验的记忆和思想）。C 代表在 A 发生之后，个体出现的认知、情绪和行为（对接受治疗的当事人来说，常常就是神经症症状），因为这些不良情绪或行为总是接着 A 出现，所以人们总是把 C 看成是 A 的结果。但 RET 认为，这种看法虽看似正确，但在大多数时候是不符合事实的。通常在 A 和 C 之间总有一个非常要紧的中介因素在起作用，这个中介因素是人对 A 的信念、认知、评价或看法，通常用信念 B 来表示。按照 RET 的看法，人极少能够纯粹客观地知觉、体验 A，而总是带着或根据大量的已有信念、期待、价值观、意愿、欲求、动机、偏好来体验 A。因此，对 A 的经验总是主观的、因人而异的。又因此，不是 A 直接引起了 C，而是 B 直接引起了 C。换言之，事件本身的刺激情境，并非引起情绪反应的直接原因。个人对刺激情境的认知解释和评价，才是情绪反应的直接原因。

以前述例子来说，假如张女士现在正经历抑郁、悲观、伤心等抑郁症状（C），她的症状并非由离婚这件事决定的，而是由于她对离婚这件事所抱有的成见、所作的解释、评价所致。假如她对离婚及随后的一系列事件不是像现在这样，看成是一件极其糟糕的、极其不幸的事，并把责任归咎于自己，认为自己无能、无价值，将来也不可能有什么改变；如果她对自己说，“这事的确是不幸，但也不是糟透了，它让我从夫妻冲突中解脱出来，而且让我能够选择新的生活。”她就不会产生抑郁。

在 ABC 理论中，D 代表治疗（因为 RET 的主要治疗技术是教导当事人对 B 进行质疑问难，故用 Disputing 词的缩写表示）。通过 D 来影响 B，认识问题解决了，情绪和行为困扰就会在很大程度上减少。

（二）贝克的认知疗法

贝克（Aaron Temkin Beck）最初提出认知疗法是从治疗抑郁症开始的。抑郁症患者的消极思想使他大为震惊，由此他得出结论，抑郁症可能是由错误观念引起的，错误的观念导致了患者消极地看待自我、世界和未来（Beck et al.，1979）。早期生活中获得的错误观念可能来自出现问题的关系中，并以机能障碍图式加以内化。这类图式包括规则和态度，如“所有的人必须时时刻刻爱我”和“一旦我要什么就必须得到，否则我就是无用的”。机能障碍图式并不总是显而易见的，有时是潜伏着的，寻找着活跃的时机，只要是与机能障碍有关的消极生活事件就能激发它。例如，它能使一个依靠成功来判断自身价值、具有机能障碍图式的人感到自己是个多余的人，这样便会导致自发消极观念产生。例如，“我是个没用的人”或“我做什么事情总是失败”，转而导致抑郁症。贝克等（1979）提出了思想上的许多错误观念，如过度概化，指个体根据某一偶发事件来对其整个生活得出结论。

认知疗法旨在对患者的思维方式进行重新建构。治疗的第一步是使来访者和治疗者就问题的性质和治疗目标达成共识。贝克等（1979）称之为合作的经验主义，其中经验主义是指在治疗中，将患者的观念作为一种假设，然后对其进行验证。也就是说，治疗目标不是用积极观念取代消极观念，而是设计一些方法，对消极观念进行验证。当然，它的基本假设是，大部分的消极观念在现实生活中是没有根据的。认知疗法是合作式的，因为其宗旨是在治疗者与患者之间建立一种开放的、相对平等的关系，而且在治疗开始就有一个经过协商后制定的治疗进程表。治疗期间，治疗者要对患者的消极观念进行揭露和提出挑战，在治疗的各个阶段还要布置家庭作业。治疗者通常要求患者记下消极观念，以便在消极观念出现时就能加以辨识；在治疗期间，治疗者有时还会用到苏格拉底式对话，这是一种富有逻辑性的提问和回答；另外，治疗者从患者进行的某些测验或练习中也能检验出消极观念。

（三）认知行为治疗的发展

认知行为治疗将认知治疗中的认知重建与行为治疗中的行为矫正整合在一起。治疗者与来访者一起将引发其问题的思维与行为鉴别出来，通过改变思维来调整其行为。在某些情况下，来访者可能有基本的核心信念或图式，它们需要加以矫正。例如，患抑郁症的来访者可能回避与其他人交往，继而因为与外界隔离导致其情绪问题愈加严重。当问来访者原因时，他可能会对治疗者说因为他害怕遭到拒绝。在与治疗师的深入探讨后，他们发现其真正的恐惧不是怕拒绝，而是他有一种绝望的、有关自己不讨人喜欢的信念。认知行为治疗者会让来访者的家人或朋友一起走进治疗室来帮助其检验这种假设。通过向来访者展示别人是如何评价自己的，治疗者将来访者假设的非理性暴露出来，并且提供一种新的思维模式来帮助来访者改变其行为模式（如我是一个可以让人感兴趣和喜欢的人，因此我不应该在交新朋友方面有任何问题）。一旦“非更改认知”被改变，来访者便能体验到其抑郁症状显著减轻了。

第四节　当代心理咨询的折中取向

如果说早期经典的心理咨询理论（如精神分析治疗、人本主义疗法、行为疗法）带有某种论战性质的极端性和针锋相对性的话，那么当代的心理咨询则更多地融合了经典流派的精华，反对偏激性，带有实用主义的色彩。由著名心理咨询学家、美国马里兰大学咨询心理学教授卡尔·希尔（Clara Hill）提出的“探索—领悟—行动三阶段模式”便是当代心理咨询界整合与折中取向的代表（Hill，2004）。

希尔整合了不同的流派思想，将改变过程中的情感、认知和行为三者统合起来，创造了“探索—领悟—行动三阶段模式”。其中，探索阶段的理论基础是当事人中心理论；领悟阶段则是从精神分析和人际理论中发展而来；行动阶段的理论来自行为治疗。希尔统合这些理论于一个模式，因为她认为从对当事人的帮助上来讲，它们都是有效的。

一、探索阶段

罗杰斯的理论为探索阶段构造了一个基础。希尔同意罗杰斯的观点，助人者应该保持一个同感的、以当事人为中心的姿态，尽可能地去理解当事人的经验，尽量完整、少带判断并且是没有预设前提的。同感和一个治疗性的关系对于帮助当事人开始接受自己并且相信他们的体验是非常有效的。

探索阶段的目标包括：①助人者与当事人建立亲密感并且发展治疗性的关系；②关注、倾听和观察；③协助当事人探索想法；④鼓励当事人表达和体验自己的感受；⑤向当事人学习特定的方式去帮助这个特定的当事人。

探索阶段的主要技术包括：①运用重述、开放式提问等技术帮助当事人探索想法；②通过感受反应、促进当事人的感受表达以及感受表露等技术帮助当事人探索感受。

二、领悟阶段

精神分析理论强调早年关系、防御、领悟和处理治疗关系的重要性，这与三阶段模型的领悟阶段所强调的是一致的。

领悟阶段的目标包括：①促进当事人意识到他们的想法、感受、行为和对他人的影响；②促进当事人的领悟；③处理治疗关系，运用关系治疗，促进当事人对其人际交往获得意识和领悟。

领悟阶段的主要技术包括：①通过对质、认知治疗、双椅技术、幽默、非言语指示、承担责任等技术促进当事人觉察；②通过开放式提问、解释、领悟性自我暴露等技术促进当事人领悟；③运用即时性技术帮助当事人对在治疗关系中他们如何交往形成更深的理解，并希望他们能够运用这一信息去改变他们在咨询关系之外的人际关系的行为方式。

三、行动阶段

认知—行为理论可以为行动阶段提供特定的策略来协助当事人改变。在当事人探索自己的想法及行为并得到领悟时，行动可以让他们决定如何改变他们的生活。因此，助人者必须将焦点放在行动上，以协助当事人实现目标。

行动阶段的主要目标包括鼓励当事人可能的新行为，协助当事人决定行动，催化行动技巧的发展，对当事人的尝试改变提供反馈，协助当事人评价行动并修正行动计划，鼓励当事人处理对行动的感觉。

这个阶段的主要技术包括：①通过开放式提问来发现当事人是否做好改变准备，他以前尝试过什么，他对行动有什么想法，改变的障碍是什么，他对有关行动的想法有什么反应；②提供信息，如当事人对学习的态度是开放的，这样的信息资料能引导改变；③通过给当事人提供反馈，可以增加当事人的自我觉察，从而引起行为的改变；④运用过程建议，直接引导当事人在会谈过程里做些事情；⑤直接指导，对于当事人在助人过程之外应该做些什么提供建议、指导或劝告；⑥助人者运用策略上的自我表露，然后再把焦点转回到当事人身上，询问这项策略对他们是否行得通。

以上三个阶段不是截然分开进行的。在助人过程中，助人者和当事人有时候会转回前一阶段或跳跃到下个阶段。三阶段模型为助人过程提供了一个整体的框架指导，助人者的任何一个回应都需要满足当事人和环境压力的要求。

第五节　团体治疗

团体治疗是学校心理治疗中应用最为广泛的一种治疗形式。因为学生的问题大多比较集中（如人际关系问题、恋爱问题等），且年龄相仿，非常适宜采用团体治疗。

团体治疗的形式非常多，由于理论流派和应用对象的不同，出现了许多操作形式，如精神分析、来访者中心、交互分析、集体治疗、完形集体治疗、心理剧、系统家庭小组等不同流派的治疗小组；在很多非职业机构中也提供类似集体治疗的形式，如减肥小组、会心小组、自我成长小组、戒酒者互助小组等。这些团体治疗虽然形式各异，但也有一些共同的规律，适当地把握他们，可以使我们更好地投入到团体治疗当中。

一、一般团体治疗

（一）团体治疗要解决的问题

团体治疗主要是借助团体的特点来进行治疗。团体作为一个社会单元，它的社会心理特点主要有两个方面：第一，满足成员的需要。个人作为一种社会性动物，介入团体是人的基本需要。在团体中，人们通过帮助别人和接受别人帮助来满足自己的这种需要。第二，利用团体凝聚力和领导的特点，吸引团体成员进行相互帮助。在团体治疗中，治疗师的作用通常并不十分突出，而是更多地利用团体动力的资源实现治疗目标。

（二）如何积极地投入团体

只有投入到团体当中，才能够更好地表达自我和获得必要的帮助。投入团体主要包括两个方面的含义：一是个人克服自我障碍，积极参与到团体当中；二是遵守团体规则，适当约束自我。

（三）团体治疗的特征

团体治疗是在团体的情境下提供心理帮助与治疗的一种形式。通常是由一至两位心理治疗师（或称为团体指导者）主持，由一些来访者组成团体。通过多次活动，团体成员相互交往，共同讨论大家关心的问题，取得“和别人一样”的感觉，获得“归属”的体验及练习新行为的机会，体会与真实生活场景的相似性以及遵守承诺的压力。它通过团体内的人际交互作用，促使个体在交往中通过观察、学习、体验来认识自我、探讨自我、接纳自我，调整、改善与他人的关系，学习新的态度与行为方式，以发展良好的适应能力。

（四）团体治疗的主要类型

在学校团体咨询（就学校而言用咨询比较合适）中主要适应于发展性团体，一般称为成长性团体，如自我成长小组、自我拓展训练团体、人际交往团体、生涯探索团体等。

团体人数依小组功能不同而定，治疗性或探索性小组一般以 8 ~ 10 人为宜，人际交往和训练性团体可以 20 ~ 30 人不等。

团体聚会的次数一般以 8～10 次为宜，聚会的频率一般一周一次，也有周末一次完成或马拉松式即连续 24 小时完成。

团体的模式据团体的目标不同，可以分为结构式和非结构式的团体。一般训练性团体采用结构式，即事先按团体的需要指定团体活动的内容，每一次活动都有严格的计划。如人际交往训练团体一般是：初次建立关系，相识相知；中期探索自我，了解他人，澄清价值观等；结束时处理分离，把心留住等。而自我成长、探索性的团体也可以用非结构式的方法进行，团体开始时没有严格的计划，团体的活动视团体内部的动力而动，视团体的需要而动。这种团体对自我探索较深刻，容易促进团体成员的自我反省，但是对团体指导者的要求高，要经过专门的训练。

二、心理剧

（一）古典心理剧

心理剧是创造性治疗的一种形式，由维也纳的精神科医生莫雷诺（Jacob Levy Moreno，1889—1974）于 1919 年首次提出。它强调个体自发性和创造性的发展，运用演出的方法，促进个体成长，并且使个人的创造潜能最大限度地发挥，以便能够有效地面对生活中的机遇和挑战。它可以用于小组、夫妻、家庭心理治疗或咨询。

心理剧包含的基本概念：每一次的心理剧过程都包括三个部分：暖身（warm up），演出（action），分享（sharing）。第四部分是训练时用的审视（processing）。

暖身：暖身的作用是催化创造性的潜能。这个阶段像是在编织一个安全的摇篮，在这个摇篮中，每个人都要相信导演、团体以及心理剧这种方法。

演出：暖身过后，导演及被选出来的主角，更进一步地将问题从表面带入核心。导演利用团体的成员作为辅角（auxiliary egos）来饰演这个剧中的重要人物。大多数的心理剧都是在一个经过设计的舞台上演出的。在演出的过程中，其他团体成员，除非是担任角色，否则是不能坐在舞台上的。在演出的过程中，心理剧有五种主要元素，包括舞台、主角、团体、辅角、导演。

分享：分享是一个让团体可以宣泄并且整合的时间。分享过程不是回馈，不鼓励事件分析，但鼓励认同。那些融入团体最多的成员，他们的意见在这个时候都会被听到。同时，每个成员都能发现自己跟主角哪里像、哪里不像。分享的片刻就是要抓住这个学习的过程，让团体的成员去宣泄自己的情绪，或者是得到一些反省。分享的目的也是在倾听别人在相同的过程中如何在不同程度上有类似的牵扯，来将主角的经验一般化。分享的更进一步功能是冷静下来，在团体活动过后，让成员可以重新进入其个人的现实世界。

审视：审视是在整个心理剧过程完成之后，检查信息处理以及运用的得宜与否。这是为了团体、主角以及导演，特别是那些正在接受训练的导演所进行的一种学习过程。

（二）一种治疗创伤的心理剧——治疗性螺旋模式

心理剧在近年来得到了新的发展，美国著名的心理剧治疗师 Kate Hudgins 博士（2002）发展出了一种治疗创伤的心理剧——治疗性螺旋模式（Therapeutic Spiral Model，TSM）。螺旋心理剧是运用心理剧来预防再度创伤的一种临床结构方法，其独特的结构结合了包容（containment）、临床诊断的重点以及介入方式，以便能够增加行动方法，改善治疗创伤的效果。

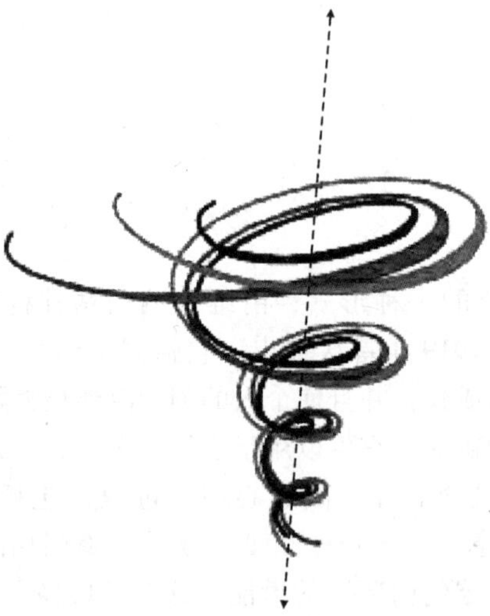

图 14－2　螺旋意象（由著名心理剧治疗师 Katherine Hudgins 博士提供）

TSM 选择螺旋形状作为意象，因为许多创伤幸存者体验到的内在混乱和人际苦恼通常感觉起来像一阵龙卷风，提供一个治疗性螺旋意象可以赋予个案对龙卷风的失控能量一个替代性的意象。个案可以学习依自己的需要在螺旋上下移动，而不是被龙卷风的混乱所蹂躏。在正常运作时，个人会在每一股上下移动或在疗愈修补的意识旅程中从一股移向另一股。在创伤发生时，它们的整体流动受到阻碍、扭曲、限制，并彼此隔开。

1. 治疗性螺旋模式的 6 个安全模式

治疗性螺旋模式的基本原则就是没有秘密。6 个安全模式可以帮助制造安全感和包容感：①安置“观察的自我”角色并将其具体化；②布巾圆圈；③光谱测量法；④社会测量法；⑤圆圈社会测量法；⑥策划艺术活动。

2. 创伤行动团队

创伤行动团队成员都接受过古典心理剧的技巧及创伤症状的细微辨别等方面的训练，具备能够整合行动方法的知识，并且能将它们应用到创伤治疗之中。每个团队包括一位导演、一位助理导演以及至少两位受过训练的辅角。

3. **螺旋心理剧中的几种角色**

(1) 处方性角色：健康人格运作的必需角色，包括观察性自我、修复性角色和包容性替身。

(2) 由创伤而来的角色：从暴力经验中内化发展的角色，如受害者、加害者、遗弃的权威。

(3) 转化型角色：在创伤角色与处方角色自发的互动中诞生的新角色。

螺旋心理剧表演过程中的特点包括：演剧从寻找当事人自己的力量开始；用包容性替身支持创伤愈合；呈螺旋式地控制情绪的表达；关注人格的改变。

心理学与人生 14－2　如何选择心理咨询/心理治疗机构

慎重地选择心理治疗机构是十分重要的。这可以使个人及时获得适当的帮助。

目前国内的心理治疗机构主要包括以下几个类别：

第一种是学校心理咨询中心。几乎每个大学都已经开设了这类咨询中心，主要由心理咨询师和心理学工作者联合组成。当学生面临有关个人发展的各种具体问题（如对校园环境的适应问题、恋爱问题、学业问题）时，可以首先与自己学校的心理咨询中心取得联系，借助心理咨询老师的专业知识和必要的测验评价工具，谋求对于自身问题的初步澄清，并在此基础上得到老师的帮助。通常情况下，绝大多数的学生心理问题都可以在心理咨询中心得到解决。

第二种是专业性更强的心理咨询机构。譬如专门针对学业问题的咨询机构或专门涉及婚恋的咨询机构等。当个人问题在上述一般的学校心理咨询和治疗中不能得到解决时，可以有针对性地寻求这种专业帮助。不过目前国内在这方面的专业咨询机构还不是很普及，在很多城市中几乎不存在。

第三种是附设在各种医疗机构中的心理咨询门诊。尤其是在一些精神专科医院中，现在已经相当普及了。对于一些有比较明显的不能自控症状的或比较严重的障碍性的大学生，建议可以经由咨询中心转介后，寻求这类咨询。不过需要注意的是，由于这些机构目前大都采用传统医学模式，比较强调通过物理和化学的手段治疗精神性障碍，所以，对于大多数同学来说，除非必要，一般情况下可以优先考虑去学校的心理咨询中心。

本章摘要

1. 心理治疗是一项职业实践活动。它主要以治疗心理学为学科基础，用于解决与个人发展、心理健康及人际关系相关的问题。

2. 心理治疗的专业基础主要包括心理学、精神医学和社会学等相关学科。

3. 至今为止，关于心理咨询与心理治疗的区别，即便是一些最具权威性的组织，如美国心理学家联合会（APA）也没能作出明确的分辨。相反，在许多心理学流派那里，如人本主义心理学派已经将这两个概念混合使用。

4. 弗洛伊德认为焦虑是压抑的性能量即将突破意识防线的一个信号，压抑代表着一种主动的过程，如早期的记忆无法进入到意识中去，但它积极地在无意识中水平活动，因此，运用压抑这种防御机制的人意识不到早期记忆在起作用。弗洛伊德创立的精神分析体系是心理治疗的第一个完整的体系，治疗者需要运用许多特殊技巧，使无意识中的观念和情感浮现到意识上来，如自由联想、释梦等技术。

5. 现在世界上每一个大城市，都有跨领域的研究团队，试图整合互相独立而且经常敌对的神经科学和精神分析。神经科学家也正在为弗洛伊德的一些理论寻找证据，并找出隐藏在他描述的心智过程背后的机制。

6. 新精神分析学派——心理动力学，即客体关系理论和自体心理学的治疗理论和方法。代表人物有梅兰妮·克莱恩，D. W. 温妮科特，玛格丽特·马勒等。

7. 人本主义取向的心理治疗代表人物罗杰斯认识到，心理治疗应以来访者为中心。罗杰斯认为，成功的人本主义治疗有三个重要因素：真诚、同感和尊重。

8. 皮尔斯的完形疗法认为，人们最大的问题是往往将自己分割得支离破碎，在这种残破的境况下生活，导致出现很多矛盾、冲突和痛苦。完形治疗的最基本观念就是“完形”，是指任何一个人、一件事或一个物件，都要整体地看，以避免盲人摸象。在治疗的过程中，治疗的重点不在分析，而是在统合。

9. 行为主义取向的心理治疗包括经典条件反射和操作性条件反射。行为疗法强调的是改变当前的行为，而不是去解释过去的经验，这与心理动力学和人本主义疗法有所不同。

10. 艾利斯的理性情绪疗法认为环境中发生的事件（A）会导致情绪性结果（C)，但这个结果的性质却是由个体自身的价值观念系统（B）决定的。治疗的目的就是改变价值观系统。

11. 贝克的认知疗法认为错误的观念导致了患者消极地看待自我、世界和未来。认知疗法旨在对患者的思维方式进行重新建构。

12. 著名心理咨询学家、美国马里兰大学咨询心理学教授 Clara Hill 博士提出的“探索—领悟—行动三阶段模式”是当代心理咨询界整合与折中取向的代表。

13. 团体治疗是在团体的情境下提供心理帮助与治疗的一种形式。根据理论流派和对象的不同有不同的形式，如精神分析、来访者中心、交互分析、集体治疗、完形集体治疗、心理剧、系统家庭小组等不同流派的治疗小组；根据小组功能不同有诸如减肥小组、会心小组、自我成长小组、戒酒者互助小组等。

复习思考题

1. 什么是心理治疗？
2. 谈谈领悟治疗的性质与类型。
3. 行为疗法与认知行为疗法有哪些主要区别？
4. 试评价当代心理咨询中的折中取向。

推荐参考读物

1. Gerald Corey. 心理咨询与治疗的理论及实践. 石林等译. 北京：中国轻工业出版社，2004.

2. 桑志芹，邓旭阳. 大学生心理素质训练. 上海：上海教育出版社，2006.

3. 理查德·S. 沙夫. 心理治疗与咨询理论：概念与案例（第四版）. 董建中译. 北京：中国人民大学出版社，2009.

第十五章　社会化与社会角色

亚里士多德说："独处者非神即兽。"任何人出生伊始就处于一个组织化的社会之中，就在不断地学习及内化现存的价值观、期望、行为模式和文化；同时，与他人形成相应的关系，且在不同时期或同一时期"扮演"不同的"角色"：儿子或女儿、学生、情侣、丈夫或妻子、公务员、商人或老师、父亲或母亲、爷爷或奶奶，等等。从摇篮到坟墓，我们不仅作为一个"生物人"存在过，更作为一名与他人有关联的"社会人"历经人生的苦辣酸甜。充分实现社会化，同时演好自己的角色对于我们更好地适应现代社会、获得成功发展不可或缺。在本章中，我们便讨论以下问题：

何谓社会化?

影响社会化的因素有哪些?

不同的理论派别如何解释个体社会化过程?

如何理解社会角色?

角色形成包含哪些过程?

第一节　社会化的含义

人是社会性动物，不能离开社会孤立地生活。刚刚出生的婴儿懵懂无知，是一个毫无自助能力的有机体，必须经过他人与社会的帮助和引导，这个有机体才能转变成一名能适应一定的社会文化、有效地参与社会生活、为社会所接受的成员。而这一转变就是由社会化来实现的。

一、社会化的概念

西方著名的社会心理学家弗洛姆把社会化（socialization）定义为"社会化诱导社

会的成员去做那些要使社会正常延续就必须做的事”，是“使社会和文化得以延续的手段”。而苏联社会心理学家安德列耶娃（Анпреева，1987）认为，社会化是一个两面性的过程：一方面是个体通过加入社会环境、社会关系系统的途径掌握社会经验的过程，另一方面是个体对社会关系系统积极再现的过程。从上述定义可以看出，社会化有两个任务：第一，使个体知道社会或群体对他有哪些期待，规定了哪些行为规范；第二，使个体逐步具备实现这些期待的条件，自觉地以社会或群体的行为规范来指导和约束自己的行为。由此，我们可把社会化定义为：社会化是个体通过与社会的交互作用，适应并吸收社会文化，成为一个合格社会成员的过程。从文化的角度看，人的社会化是文化延续和传递的过程，个人社会化的实质是社会文化的内化。美国著名社会学家 W. 奥格本对社会现象中的文化因素进行了深入探讨，他认为人的社会化就是个人接受世代积累的文化遗产，保持社会文化的传递和社会生活延续的过程（沙颂，1998）。这种观点反映了人的社会化在文化延续中的重要性。从社会结构的角度看，学习、扮演社会角色是社会化的本质任务。帕森斯曾说，社会没有必要把人性陶冶得完全符合自己的要求，而只需使人们知道社会对不同角色的具体要求就可以了（沙颂，1998）。他认为角色学习过程即社会化过程。在这个过程中，个人逐渐了解自己在群体或社会结构中的地位，领悟群体和社会对自己的角色期待，学会如何顺利地完成角色义务，其功能在于维持和发展社会结构。

二、社会化的历程

个体的社会化是一个持续终生的过程。根据人的发展周期以及各个发展阶段的特点，可以把这一历程分为儿童期、青春期、青年期和成人期。

（一）儿童期的社会化

从父母最初怀抱婴儿的那一刻起，社会化就开始了。刚出生的婴儿生理机能很不完备，心理活动处于萌芽阶段，但在最初几个月里，父母对其基本生理需要的满足响应了婴儿的情感需求。3 个月左右时，婴儿能辨认出人的面貌，此阶段他必须开始发出和接受强烈的情感信息。到 12 ~ 18 个月时，儿童就可以感知母亲的喜爱而对外部世界开始注意了。随着语言的发展和对符号的理解，儿童的自我概念开始发展，这时对其进行的社会化才更加有效。3 ~ 6 岁阶段，儿童开始形成最初的人格倾向。到了学龄初期，儿童社会化就发生了质的转变，学校使得儿童社会化更加有目的、有系统，学校使儿童的身心得到了家庭之外的集体锻炼。

（二）青春期与青年期的社会化

青春期是一个敏感期，由于青少年的身体与思想都在发生戏剧般的变化，因此他们要去适应许多方面。这个时期的个体更多地受到学校与同辈群体的影响，能在更大程度上采纳别人的意见，逐渐学会自觉地评价自己的人格，自我意识得到进一步发展。青春期是世界观形成的萌芽时期，青少年经常过分在意他人对自己的评价，容易在唯我主义与自卑之间徘徊。大量青少年期的社会化是以预期社会化（anticipatory socialization）的形式出现的，预期社会化是为未来角色做准备的社会学习过程。尽管预期社会化跨越了整个生命周期，但“预演”未来的成人角色在青少年身上表现得特别明显（波普诺，1999）。尽管青年期属于青春期与成人期之间一个不明朗的时期，但此阶段个体在生理上已经成熟，世界观初步形成，人格发展也接近定型，各方面的知识技能也日趋完善，个体生活的范围更加扩大。不过现代社会的青年期个体越来越推迟了在心理上与经济上独立的时间。

（三）成人期的社会化

社会化的过程不仅发生在童年时期，而且持续于整个人生。成人社会化不同于儿童时期的社会化，它着眼于如何让个体有效地适应成人角色。进入成人期，个体在早期阶段为各种成人角色所作的基本准备——个体初级社会化（primary socialization）已经完成（波普诺，1999），成人的自我已发展起来，他们不断地选择、学习与尝试各种社会角色，对现行角色进行重新定义与再创造，生活与事业趋于稳定，心理上也更加成熟。而到了成人晚期，个体必须调整自己以面对声望的降低、身体的衰老以及失败与死亡。这一时期的老年个体必须调适自己与他人的关系，再完善自己的人格，适应新的社会角色，重新回归社会，度过生命的维持期。

（四）继续社会化与再社会化

成人期个体的人格依然在成长变化，为了适应不断发展的社会文化环境，个体要继续学习社会知识、价值观念与行为规范，这一过程就是继续社会化（continuous socialization）。个体将随环境与自身状况的变化而承担新的行为模式、学习新的社会角色。继续社会化很好地说明了社会化是一个持续终生的过程。而再社会化（resocialization）是指有意改变原有的价值观念与行为模式，建立新的价值观念与行为模式的过程。它是青少年与成人都有可能经历的一种过程。一般来讲，再社会化有两种不同性质的基本形式：一是强制性的，发生在全面控制机构中，如监狱中对罪犯的全面改造；二是非强制性的，是个体为适应社会文化与生活方式的急剧变迁而主动进行的，如新兵入伍、移民国外等。

三、社会化的内容

社会化包括的内容相当广泛，下面仅对其中几个主要方面一一作介绍。

（一）政治社会化

政治社会化（political socialization）是个体逐步接受与获取被现有政治制度所肯定和实行的政治行为取向与行为模式的发展过程，或者说，是个体的政治态度和政治信念形成的过程。政治社会化的目的是将个人培养和训练成为遵守政府规定，服从国家法律，行使正当权力，承担应尽的义务，促进政治稳定的合格公民。政治社会化是一般社会化的核心。任何一个社会或政府，其成员政治社会化的程度关系着这个社会或政府的稳定、巩固与发展。正是由于政治社会化有着如此重要的作用，所以社会心理学、社会学、政治学均对此十分关注，其中心理学家比较注重人的政治意识形成的心理过程，人的发展与政治行为之间的重要联系等。

国家意识或爱国情操的培养是公民政治态度与政治意识发展的重要组成部分。赫斯与托尼（Hess & Torney，1967）通过对1.2万个美国小学生的调查研究，发现儿童的国家意识依据三个连续的阶段逐渐发展。

（1）国家象征期。早期儿童以国旗、国歌或国家领袖为具体的国家象征。儿童对国家的依恋或热爱，表现在尊敬国家象征的言行之中。升国旗、唱国歌与悬挂领袖肖像是培养儿童国家意识的途径。

（2）抽象国家观念期。中期儿童以有关国家、政治群体的抽象观念作为爱国的根据。儿童通过他们自己或家庭所享有的公民权利、履行的社会责任、参加的各种社会活动来培养国家意识。

（3）国际组织系统期。随着年龄增长，儿童逐渐知道世界由许多国家所组成，他们所在的国家是国际关系中的一员。国家既然不是孤立存在的，对她的忠诚也就是对自己国家在国际舞台上所扮演角色的忠诚。因此，儿童的爱国观念扩展到自己所在国家在国际上所承担的职责中，不再局限于自己所在的国家了。

政治社会化的过程是双向的。个体在政治社会化的过程中会通过自己的主观能动作用，整合社会的各种政治观点，接受社会的政治改造，同时反作用于社会政治，这也是政治社会化的实质所在。

（二）道德社会化

道德是社会调整人们之间以及个人与社会之间关系的行为规范的总和，将特定社会所肯定的道德规范逐渐内化的过程就是道德社会化（moral socialization）。赫什（Hesh，1980）等人提出，人的道德性并不是由一些抽象的道德原则体现的，它一般表现为三个方面：第一，关心他人，愿意帮助和保护他人。这种关心是自觉自愿、发自内心的。第二，对道德问题作出判断。社会中的道德准则时常是相互冲突的，对道德问题作出不同判断会导致不同的行为。第三，行动，即在个人关心他人和作出判断的基础上采取的行动。

在道德形成中，是什么影响着儿童具体学习哪种规范呢？首先，父母的期望会反映所在社会阶级的信念与宗教信仰，因而每个家庭教授的规范是不同的。但当儿童开始参与到合作游戏中时，他们开始体验到来自同辈群体的压力，这种压力不同于家庭的期望。来自不同家庭的儿童带来不同的规范，因此儿童通过同辈群体可以学习到他人的行为方式。另外，同辈群体规范不同于家庭规范，前者反映了儿童自己的视角，同辈群体规范强调参与集体活动，而家庭规范强调作业和其他受教育的活动，以便取得好成绩。儿童进入学校以后又得到第三类社会化的来源，来自教师的期望，并学会一般性规范（universalistic rules）。学生必须学会排队等候，控制自己的情绪和自发性行为。从这方面来说，学校是第一个让个体感到自己是群体中一员的场所。我们不仅仅学习规则，而且培养在特定情境下运用标准对行为进行评价的能力。这一过程就叫道德形成，它包括两部分：社会成员必须遵守规范的原因以及评价自我和他人行为的基准。

（三）性别角色社会化

男女两性的差异不仅表现为不同的生理特征，还表现为不同的社会特征。在不同的社会和文化背景中，人们对不同性别的人有着不同的角色期待。社会角色是社会群体对处于某一特定地位上的个人所规定的一套行为模式。个人学习所属文化所规定性别角色的过程即为性别角色的社会化（socialization of gender-role）。

人类学家用功能主义的观点来解释性别角色社会化。如米德（Mead）20 世纪 30 年代曾对新几内亚的三个部落进行观察（赵月瑟译，1992）。她发现，在一个叫阿拉佩什的部落中，男女都有一种一般人看来是属于女性特征的个性，他们性格温和，待人热情，强烈反对侵犯、竞争和占有欲，男女都照看孩子。与此相反，邻近的一个叫蒙杜古莫的部落是一个有吃人肉习性的部落，部落里的男女凶暴，并富有攻击性，女人们很少表现出母亲的特征，她们害怕怀孕，不喜欢带孩子。第三个部落是昌布部落。与前两个部落不同，这个部落里的男女性别角色差异明显，但与通常的性别角色行为截然相反。女人专横跋扈，不戴饰物，精力旺盛，是家庭经济的主要支柱；男人却喜爱艺术，喜欢饶舌，富于情感，并照顾孩子。由此米德提出，男女的人格特征与生理特征没有必然联系。性别角色特征不是天生注定的，而是通过对各种文化中的性别行为模式的学习、模仿和认同后形成的。这对保持某种特定的生活方式不可缺少。

心理学家用个体心理与行为规律来解释性别角色社会化。如巴卡思（Bacchus）认为能动性和合群性这两种基本形式能代表所有的生存形态（转引自海登、罗森伯格著，1986）。能动性将有机体描述为一个在自我保护、自作主张和自我扩张中表现自己的个体。合群性则指在与更大的集团关系中，在与别人合作产生的感情中表现自己的单个有机体。合群性是女性的特征，能动性则成了男性的特征。性别角色的分化就是迫使男孩子培养能动性品质，鼓励女孩子培养合群性品质。以行为主义为基础的性别定型说（theory of gender-typing）和以发生认识论为基础的自我归类说（self-categorizational theory）则认为，对男女两性的差异对待以及个体本身对符合自己的性别角色模式的归类认同是性别角色社会化的关键所在。哈瑞斯（Harris，1995）提出的群体社会化理论（group socialization theory）认为，自我归类使得男女两性在生物学上的差异进一步扩大，父母对于性别角色的学习影响重大，期望的行为方式与性别联系紧密。儿童通过观察父母的互动，学习适当的性别行为方式或通过与父母直接互动进行学习。儿童早期与异性接触的经验来自与异性家长的互动过程。

（四）种族社会化

2004 年，美国人口普查局（U. S. Census Bureau）提出了“褐化的美国”（browning of America）的概念。即到2035 年，有色人种的孩子将占美国在校人口的一半，其中拉丁美裔学生的增长速度最快。因此，学者、教育家和父母需要了解一些措施，以使孩子适应这种种族和文化高度多元化的环境。其中，最重要的过程就是父母关于种族的社会化（Hughes et al.，2006）。

其实，早在 20 世纪 80 年代，就有学者提出，在少数民族的家庭中，向子女传播有关种族的信息是父母教养的核心内容。只不过当时的研究主要针对非裔美国人家庭。研究发现，在这些家庭中，父母担心他们的孩子会遭遇种族歧视及消极刻板印象，因此，他们强调提高孩子的自尊、向孩子灌输种族自豪感以及教孩子如何应对偏见（Peters & Massey，1983）。到 20 世纪 90 年代，有关种族社会化的研究得到长足发展，涉及多个少数民族群体的种族社会化过程的研究开始出现。

心理学家试图理解有色人种的家庭是如何体验和讨论不公平和偏见的，以及他们如何教孩子应对。他们根据父母向孩子们传递的种族信息的性质，总结了种族社会化的四种维度：文化社会化（cultural socialization），指父母有意或无意采取一系列行动教孩子本民族的历史、发扬文化习俗和传统、提高孩子的文化或种族自豪感；针对偏见的准备，指父母为提高孩子应对种族歧视的意识及为预备孩子应对偏见所做的努力；提升不信任，指父母强调在种族交往中需要谨慎和不信任的行动；平等主义和对种族沉默，很多父母或者直接鼓励孩子将个体价值摆在比种族群体成员身份更重要的位置，或者在与孩子的讨论中回避有关种族的内容，也有学者将其称为“主流社会化”，因为父母并不引导孩子学习本土文化或者适应少数民族身份，而是引导孩子形成能适应主流文化的技能和特征（Hughes et al.，2006）。

父母和孩子的特征以及环境因素，如孩子的年龄和性别、父母的社会经济地位、移民地位等，都会影响种族社会化。随着孩子年龄的增加，“针对偏见的准备”和“提升不信任”的频率也会增加，这可能反映了孩子对种族认知的改变，也可能与孩子之前的被歧视经历有关；通常来说，男孩更可能接受有关种族歧视的信息，而女孩更可能接受有关种族自豪感的信息；新近的移民家庭比移民时间较长的家庭更可能对他们的孩子进行文化社会化教育；父母的社会经济地位和种族社会化间存在曲线相关——中等程度社会经济地位的父母比低等程度或高等程度社会经济地位的父母更关注歧视和不信任。

种族社会化对青年产生了重要影响。例如，研究发现，如果父母将文化社会化融入教养过程，青年人的种族认同感就会更强、更积极，同时更少打架，并能更有效地管理情绪。

心理学与人生 15－1　“活到老，学到老”

人们常说“活到老，学到老”，旨在鼓励人们生命不息，学习不止。可以说，人的一生当中，可以学的知识是浩如烟海的，即使一个人的学问如汗牛充栋，也不过是知识海洋中的沧海一粟罢了。

人们所讲的“活到老，学到老”，究竟是出自什么时候呢？这里面还有一个典故呢。传说晋平公是春秋末期晋国的君主，他晚年的时候想学一些知识，可是总觉得自己已经老了。有一天，他向乐师师旷求教说：“我现在已经七十多岁了，很想学些知识，恐怕太晚了吧？”师旷回答：“晚了，为什么不点蜡烛呢？”晋平公没有听懂他的话，生气地说：“哪有为臣的这样戏弄君王的！”师旷说：“我怎么敢跟您开玩笑！我记得古人说过：少年时爱好学习，就像日出的光芒；壮年时爱好学习，就像太阳升到天空时那样明亮；到老年还能爱好学习，就像点燃蜡烛发出的亮点。蜡烛的亮光虽然微弱，但同没有烛光在昏暗中愚昧地行动相比较，哪一个更好一些呢？”晋平公领悟地点了点头说：“你说得真好！我已经明白了。”实际上，师旷的意思是，如果你真的喜欢一件事情，那就凭借你自身力量，跟随你的愿望去实现你的理想，你应该有不可阻挡的热情。记住什么也不能阻止你前进的步伐，只要想做，什么时候都算不得晚。

现代人将一个更为贴切的词安到了这句俗语之上，叫“终生学习”。当然，这里的学习从狭义上讲可以是对知识、对学问的渴求，然而从广义上说，它更是对人类一切存在事物的探求和学习，这也是一个终生社会化的过程。例如，有的老年人退休之后发现大家都在学习电脑，可是自己却从未见过。于是自己也买了一台，甚至请自己的孙子来教自己，社会学家开玩笑地称其为“反哺社会化”，就像鸟巢里的小鸟成熟之后需要给老鸟衔食一样，现代的老年人也不断地从年轻人身上学习新的东西。

君不见，现如今每年的高考大军中，都会出现一些“爷爷考生”吗，真是应了那句话“夕阳无限好，何惧近黄昏”。《光明日报》2003 年 4 月 25 日报道了一位终生学习的楷模——一位德国老人。在离德国科隆不远的西比希城，约翰娜玛克司夫人可是个响当当的人物。早在 1994 年，当时 70 岁高龄的她，经过长达 6 年的刻苦攻读完成了学业，并以优异的成绩获得了科隆大学的教育学硕士文凭。多年之后，约翰娜玛克司夫人又在年近八旬之际，完成了长达 200 页的博士论文，论文的题目是：“如何度过晚年——学习使老人永远充满活力”，最后被科隆大学授予教育学博士学位。小城的市民们，无不对这位孜孜不倦的老人赞叹，由此她还当选为该城“最伟大女性”。前不久，玛克司夫人作为嘉宾，参加了德国著名电视主持人迪沃累克主持的一次脱口秀节目，于是全国的观众都认识了这名戴着大框架眼镜、说话有条不紊又颇富幽默感的老人。

当一个人的一生是沉浸在无边的追求和学习中的时候，他的一生将会是充实而有意义的。的确，社会化的进程是从孩子的第一声啼哭开始的，社会、家庭、父母都担当了给予孩子社会化教育的责任，从而将一个自然人培养成为一个社会人，然而这种培养和锻炼绝不是一朝一夕就可以完成的。也许有的人会认为，一旦自己迈进了成年人的行列，就意味着社会化的结束。真的是这样吗？越来越多的事实表明并非如此。随着科技的进步，社会的前进，很多老年人甚至中青年人的知识已经开始陈旧，甚至很多大学生讲当自己走出校门的时候，知识已经有些落伍了。那么，如何追上时代的脚步，如何更新自己的知识，就需要不断地学习，不断地进行社会化，这毫无年龄之分。

也许人的生命是有限的，但对于新知识、新事物的探求是毫无止境的，用有限的生命去拥抱无限的知识将是一件令人开怀的事情，真可谓“老牛明知夕阳短，不用扬鞭自奋蹄”。

第二节 影响社会化的因素

百余年来，人类天生的本性与后天教育这二者一直处于争夺孰是决定个体发展关键因素的冲突当中，这也是心理学界最具争论的命题之一。尽管这场争论至今尚无定论，但是人们已经开始意识到：具有一定生物遗传特征又生活于具体社会文化条件下的个体，受到的是社会文化因素与生物遗传因素的双重影响。

一、遗传因素

遗传是指父母的生理、心理特征经过受精作用传递给子女的一种生理变化过程。遗传决定了个体的性别、基本特征、是单胎还是复胎等。其中，基本特征包括身高、体形、肤色、血型、智力、知觉、动作和人格等。在遗传对个体成长的诸多影响中，人们在智力方面做了较多的研究，智力的遗传因素据保守估计也占到70%左右。我国学者朱智贤收集前人的52项重要研究结果，经分析归纳了不同血缘关系者智力的相关情况：遗传关系越接近，智力水平越相似（朱智贤，1993）。但它同时也表明，虽然遗传关系相接近，若生长环境不同，则其智力相似性也会降低。

尽管很少有科学家认为人类的行为完全由遗传基因单独决定，但是许多社会生物学家却坚信，人类基因包含了大量的信息，这些信息就是一种程式，它规定了人类的社会行为。

毋庸置疑，遗传因素是人类社会化的潜在基础和自然前提。从生物学的意义上讲，正是由于有一种由上代为下代提供的有利于人类从事社会活动的特殊遗传素质，才为人的社会化奠定了生物学基础。但是，只有这种生物学的基础，人是不能完成社会化的。据科学文献记载（Juvyns，1977），到20世纪50年代末，已知有30个小孩由熊、豹、狼等野兽在野地哺育长大，其行为与野兽相近，用四肢走路，不会说话，食生肉，用舌头舔饮生水，他们中有的在重返社会生活时已难适应。如1920年在印度发现的狼孩卡玛，经过孤儿院近十年的教养才学会用手拿东西吃，用杯子喝水，直到17岁死去那年其智力才相当于4岁儿童的水平。由此可见，环境在人的社会化过程中起着重要作用。仅仅具备了人的遗传素质，没有适当的社会条件，个人的社会化也将无法实现。

二、社会环境因素

（一）社会文化

社会心理学所讲的文化一般是一个广义的概念，它不仅包括文学、艺术、教育、科学等，还包括社会的政治、经济、宗教、风俗、习惯、传统及生产力水平等。各个社会的文化是社会整体性的产物。它一经产生就陶冶着每一个社会成员，使他们的思想、观念、心理、行为与生活实践自然地符合它的要求与准则，并带着它对一个民族的生存发展所作贡献而激发的情感因素，以价值观念形态积淀于民族心理意识之中，得以世代相传，并在实际生活中发挥程度不同、功能不一的社会效应。文化通过内化而进入到我们的行为和思想中去的。内化是一个过程，在这个过程中，开始是外部的行为标准（如父母的规定）然后成为内化标准并指导着人们的行为。当一个人的行为没有考虑到可能的回报或惩罚，他的行为就是基于内化标准的。内化也是一个重要的社会化过程。它产生自制力，即使没有旁人监视，人们也会顺从内化标准。一些人始终不渝地坚持不受欢迎或不流行的政治观点和信仰，就是因为他们的信仰是被内化了的。不同社会文化中的许多内容在带有普遍性的同时也具有自身的独特之处，正是这些独特之处对个体的社会化，进而对不同民族成员的共同人格与社会行为起着决定性作用（周晓虹，1997）。例如，注重个人主义价值观的美国文化和注重群体协调的日本文化就造成了两种文化中的儿童社会化与行为模式的巨大差别。

（二）家庭

家庭是个体社会化的起点，也是一个极为重要的社会化因素。首先，童年期是人一生社会化的关键期，儿童时期的智力水平、个性特征、社会品质的形成和发展对后来的社会化有着举足轻重的影响；其次，儿童时期在生理和心理上对家庭的依赖是一生中最强烈的时期，父母对儿童有足够的权威和支配作用，这一时期儿童的绝大部分时间是在家庭中度过的；再次，家庭是社会结构中的一个基本单位，各种社会关系会通过家庭这个中介反射到儿童身上。

家庭中影响个体社会化的因素有很多，其中父母的教养方式和家庭气氛尤为重要。幼时受父母溺爱者，长大后在人格上多表现为依赖性强，遇事退缩，缺乏同情，情绪不稳定，自制能力和自信心差，易受别人意见的左右；对子女的行为完全放任、很少管教约束的父母不能使子女养成是非观念，子女缺乏教养，因而以后很难适应集体生活；对子女的前途甚为关心的父母，望子成龙心切，教育有长期计划，但对子女的能力、兴趣缺乏充分了解，常用命令、指责等手段强迫孩子服从，儿童在性格上多表现为诚实、礼貌、细心、负责任，但在其他方面却表现羞怯、自卑、敏感、对人屈从的性格；父母能充分理解孩子的要求和兴趣，尊重其意见，适度满足其要求，并引导孩子独立作出自己的选择和决定的孩子表现为自立、自信，能主动解决自己的困难，情绪稳定，易理解他人。同时，家庭破裂对儿童社会化的影响也很大。家庭破裂的构成有两种情况：一为父母（或其中一人）死亡，二为父母离婚。无论是何种情况，对子女的影响均是不良的。离婚可能会影响儿童的智力、情感和社会发展，而这种影响在离婚一年以后达到峰值。

虽然家庭在个体最初社会化过程中占据着主导地位，然而并不是所有的家庭都是有效的社会化主体，父母很少经过明确训练对孩子进行社会化，再加上现代社会的父母与孩子之间面对面的接触大为减少，因此家庭以外的社会化主体已经变得非常有影响了。

（三）学校

学校是有计划、有组织、有目的地向社会成员传授知识、技能、价值标准、社会规范的专门机构。当儿童进入学龄期以后，学校的影响逐渐上升到首要地位，成为最重要的社会化因素。

首先，学校作为一个重要的社会化机构，其首要作用是进行系统教育。除了传播各种知识、技能外，学校提供的信息、概念和各种活动对培养学生的政治意识、政治态度也起着相当重要的作用。其次，学校的重要作用还表现在它具有独特的结构。儿童在入学以前，主要是与家人交往。步入学校后，儿童才真正初步接触社会。因为学校实际上是一个小社会，有其独立的地位、亚文化、价值标准、规范等。儿童在学校中学习的社会角色比在家庭中所学的更广，更贴近社会。儿童在这里扮演着学生、同学、朋友等社会角色，接受学校纪律的约束，学习各种规范，参与学习上的竞争。所有这些都为他们将来进入成人世界奠定基础。

学生在学校不仅学习知识，还学习大量“无形的课程”。他们在这里首次接受与他人相比较的系统评价，学会服从非个人化的规则，这些对儿童的自我发展以及社会行为模式的塑造起着潜移默化的作用。

（四）同辈群体

同辈群体是一个由地位、年龄、兴趣、爱好、价值观等大体相同或相近的人组成的关系亲密的非正式群体，是一个独特的、极其重要的社会化因素。尤其在个体进入青春期后，同辈群体的影响日趋重要，甚至在某些方面远远超过父母和家庭其他成员的影响。这是由同辈群体和在这一时期个体身心变化的特点所决定的。同辈群体是一种非正式群体，个体可以自由组合和自由选择，并在平等的基础上与同伴交往。这使其成员产生较高的心理认同感。同辈群体成员之间在兴趣、爱好上相近，并根据自己的意愿来安排活动内容，极少带有强制的性质。同辈群体有自己的一套行为规范、价值准则，群体成员有自己心目中的英雄、榜样，甚至在发式、服装上都有一致或相近的要求。由于同辈群体成员的年龄、兴趣、爱好相近，成员间的地位平等，他们可以相互倾吐不愿向成年人暴露的思想、看法、情感，有共同的语言。同时，每个成员在群体中可充分、自由地表现自己。这些都使儿童在心理上得到极大的满足。家庭里的成员资格是被归属的，而同辈群体的互动是自愿的。因而同辈群体为儿童提供了一个他们可以自由选择互动对象的场所。

同辈群体组织对儿童身份的贡献很大。儿童通过与同辈群体的互动学习到朋友的角色，这与自我有很大差别。同辈群体以及其他家庭以外的人际关系帮助儿童建立独立性。同时，同辈群体给青少年提供了一个新的活动天地和适合他们心理适应及发展的小环境。同辈群体的特征与青春期的身心发展特点的契合，决定了其在社会化中的特殊影响。

（五）大众传播媒介

大众传播媒介是以报刊、图书、电影、广播、电视等为工具，面向大众的信息沟通方式。大众传播媒介迅速地向人们提供有关社会事件和社会变革的信息，还向人们提供各种不同的角色模式、角色评价、价值标准、行为规范等，对个体社会化起着潜移默化的作用。近一二十年来，电视对个体社会化的影响日益增大。如美国人 3～16 岁期间坐在电视机前的时间超过了在学校的时间。美国儿童在高中毕业前，看电视的时间总计可达 2.4 万个小时，而上课的时间只有 1.2 万个小时。

大众传媒尤其是电视对个体的社会化有着积极的作用。首先，它使个体有效地了解社会，增长知识，开阔视野，丰富了个体的想象，强化了其他社会化主题所倡导的价值。其次，大众传媒已成为全体社会成员（特别是儿童）的“第二学校”，是一种十分重要的教育途径。但是，社会心理学家注意到了大众传媒在社会化中的消极作用。大多数研究者之间都达成一种共识——电视暴力直接影响到少年儿童（这对成年人也同样适用）的侵犯行为与侵犯倾向；电子媒介的娱乐性暗示使得公众的生活庸俗化和琐碎化，大众传媒在传递信息的同时也会削弱个体心目中的权威形象，冲击传统社会执行者的地位，对个体实际生活产生误导。

（六）计算机网络

在高度信息化的时代，网络作为一种特殊的大众传播媒介以其特有的方式与丰富的内容向人们展示了一个全新的虚拟世界。网络所特有的广泛性、开放性与即时性对人们的教育、生活方式与价值观念产生了深刻影响，迅速拓展了原有社会化的环境空间。

网络对个体社会化（主要是青少年社会化）的重要影响表现在：个体可通过网络学习文化知识，掌握生活技能，尤其是网校的开设更加促进了个体知识技能的提高；网络所创设的虚拟世界为青少年提供了扮演多种社会角色的实践空间，有助于其对不同角色的领悟与理解；网络的匿名性提高了个体接受社会化的自主性，有助于个体个性的培养以及独立自主意识的提高；但网络中充斥着暴力与色情会对青少年社会化产生极大威胁；网络世界的非现实性会造成青少年对现实社会的认同危机，网络传播信息的异质性容易导致他们的认知偏差，不利于青少年健康人格的培养（魏宏歆，2001）。

总之，大众传播媒介带来了大量的矛盾。作为一个强有力的社会化主体，它既对个体产生了一些消极影响，同时也为个体的社会化作出了积极的贡献。

第三节　社会化的理论

在心理学对社会化问题提出的众多理论中，概括起来大致可分为四大派别：一是从本能与动机的趋向着手，即精神分析学说，由弗洛伊德首创，当代以埃里克森为代表；二是从认知趋向着手，即认识发展论，以皮亚杰为首，当代以科尔伯格为代表；三是强调环境作用的行为主义观点，以华生为首，当代以班杜拉为代表；四是强调发现互动本身意义的解释理论。

一、精神分析学说的观点

（一）弗洛伊德的观点

弗洛伊德是一位在国际上享有盛誉又极富争议的奥地利心理学家。他强调个体与社会之间的冲突，强调生理基础与情感在个体社会化过程中的作用。按照他的观点，人格是由称为“本我”、“自我”、“超我”三个部分组成的整体。人的社会化过程就是由这三部分的交互作用决定的。本我是人格结构中最原始的部分，其成分是与生俱来的，自我与超我是由本我逐渐分化来的。本我包括一些本能性的冲动，其中又以性冲动和侵犯冲动为主。本我由“唯乐原则”支配，它所支配的行为不受道德规范的约束，甚至是在潜意识之中进行的。自我是在本我发展过程中与周围的现实世界相互接触，从而在适应现实环境中形成的。它受“现实原则”支配。自我介于本我与超我之间，其主要功能有四点：获得基本需要的满足，以维持个体的生命；调节本我的需要，以符合现实环境的条件；管理不为超我所接受的冲动；调节本我与超我的冲突。超我是个人在社会化的过程中将社会规范、道德标准、价值判断等内化的结果，即平常所说的“良心”、“理性”。它遵循“道德原则”，评价是非善恶。其主要功能有三点：管制社会所不容的原始冲动；诱导自我，使其能以合乎社会规范的目标代替较低的现实目标；使个人向理想人格发展。社会化过程就是促使人格的三个部分平衡发展。弗洛伊德认为，婴幼儿期的生活经验是构成个人人格的主要因素，也是社会化的最重要阶段。童年期的社会化奠定了个人一生发展的基础。

从理论的观点来看，精神分析论比较完整地解释了人格结构和人格发展。一般认为精神分析论在心理学上有两大贡献。第一，确认以往生活经验对以后行为的影响，因而重视行为的历史原因。第二，重视潜意识的过程，加深了对人类行为深层原因的探讨，扩大了心理学研究的范围。不过该理论也受到不少批判，其中最为集中的是：立论多以心理失常者的行为为基础，难于用来解释一般人的行为；资料多根据个人的观察经验，缺乏实验性的量化研究；过分强调人类本能对行为的支配，忽视社会文化对个体发展的影响；强调儿童在早年社会化过程中形成的人格终其一生而不变，这过于教条化了。

（二）埃里克森的观点

埃里克森发展和修正了弗洛伊德的理论。他主要关心的是更为理性的“自我”的世界。他把个人一生的发展分为八个阶段，并认为每一阶段都需要克服一个主要的矛盾或危机，只有在本人与外界环境的作用下合理地解决每一个矛盾或危机，才能完善人格，因此，他的学说简称为心理社会发展论。

他认为，婴儿从出生到1岁所面临的危机是信任或不信任，如果父母给予婴儿适当的照顾，关心他、爱抚他，则婴儿与父母产生真挚的感情，他会感到世界是一个安全、可信任的地方，并发展对他人信任的人格；2～3岁儿童所面临的危机是培养自主性与抑制、怀疑自己的能力，这时期的儿童不仅学会了走路、攀登、跳跃、开、关、推、拉等动作，而且什么都想自己动手，不顾他人干涉，如果父母允许儿童去做他们力所能及的事，并按孩子自己做事的速度去做，则儿童逐渐体会到自己的能力，养成自主性的人格；4～5岁儿童开始对发展其想象力与自由地参加活动感兴趣，儿童在这个时期能否发展首创性，克服内疚感，在很大程度上取决于他的父母对其首创性作出什么反应，如果父母对儿童提出的问题耐心听取并做出回答，对他的建议给予适当的鼓励和妥善处理，儿童的首创性可得到加强；6～11岁的儿童大多为小学生，他们追求各种活动成就及从中得到的认可与赞扬，他们所面临的危机是勤奋上进或失败自卑，如果成年人对儿童的努力给予鼓励，儿童也从教师那里学会学习的技巧，并经常获得成功，受到赞扬、鼓励，则有助于培养儿童进取与奋发的人格；12～18岁的青少年由于生理上的变化使其性特征更加明显，对周围世界有自己的判断和评价，自我意识增强，情感更加丰富，但他们又缺乏对世界的实际了解，缺乏独立的自立能力，思想、情感常处于一种冲突和混乱之中，如何形成统一的自我，克服自我角色的混乱是这一时期所面临的任务；青壮年期的个体寻求统一而有意义的自我，即与他人建立亲密的个人关系，其中包括恋爱、友谊，如果无法建立这些关系，个人则陷入孤立境地；进入壮年期，个人不仅关心自己现有的小家庭，并且关心整个社会与国家，从而获得“创造力感”，反之则面临“停滞感”的危机；老年期，一个拥有信任、自主、首创、勤奋、统一、亲密与创造力等健全人格的人，进入老年期回顾一生的历程时会感到满意、欣慰，反之，如果感到一生蹉跎、惆怅、悔恨，则会陷入悲观失望的境地。

与弗洛伊德的观点相比，埃里克森的心理社会发展理论主要有如下发展：第一，埃氏认为人格的发展持续于人的一生，而不是弗洛伊德所认为的童年期的经验就决定了人的一生。第二，注意了主体的自我作用与社会文化的影响。第三，对人格发展的每一阶段都提出了一个具体的心理社会问题，对学校教育中人格培养、对精神病的预防与治疗都有很大的现实意义。然而，埃里克森未能从根本上超脱弗洛伊德本能论的观点，同时他的发展模型是建立在对中产阶级研究的基础上，难免有失偏颇，而且立论多从经验观察而得，缺乏客观的科学实验根据。

二、认知发展论的观点

（一）皮亚杰的道德发展理论

瑞士心理学家皮亚杰提出的认知发展论主要是从认知发展的角度研究人的社会化。他强调个体在认知过程中具有一定的认知结构，在认知活动中表现出同化（assimilation）和顺应（accommodation）两种功能。同化是把环境因素加以过滤和改变而纳入现有的认知结构之中；顺应则是在现有认知结构不能同化客体时，改变或调整原有的结构而去吸收、掌握新的经验。这样，认识的发展就表现为主体和环境积极互动的过程。因此，社会不能理解为规范和价值从上一代向下一代简单地传递，个体本身也是他所在社会道德法则的积极加工者。皮亚杰特别强调儿童的道德发展。他认为儿童的道德发展和他的认识发展水平是平行的，即儿童的道德判断能力随着认知结构的变化和认知水平的提高而提高。皮亚杰把人的认知发展水平划分为四个阶段，即感知运动阶段、前操作阶段、具体操作阶段和形式操作阶段。在具体操作阶段以前，儿童的思维活动不能脱离眼前的现实。到了具体操作阶段，特别是到了形式操作阶段以后，儿童就能超越眼前具体的现实而进行想象，进行抽象的和逻辑的推理了。相应地，皮亚杰认为儿童的道德判断要经历两个发展阶段。在第一个阶段，儿童根据行为的现实后果来判断是非，道德判断服从权威，以成年人的观点为标准；在第二阶段，儿童根据行为者的意图来判断行为的是非，并且以自己的观点为道德判断的标准。举个例子来说，处于第一阶段的儿童，看到一个男孩子为了帮助妈妈做事打破了15只杯子，而另一个男孩子企图偷吃果汁时打破了1只杯子的时候，他会认为第一个孩子更坏，即他们判断是非只考虑后果；而处于第二阶段的儿童则会结合行为者的意图，认为第二个孩子更坏。

皮亚杰对社会化的主要贡献在于他描述了儿童在不同发展阶段是如何思考的，但也有人批评他的研究不系统、不科学，别人很难重复他的研究过程并得出相同的结论。

（二）科尔伯格的道德发展理论

科尔伯格关于人的道德发展学说是当前最有影响的学说。他进一步发展了皮亚杰的理论，把人的道德发展过程分为前习俗、习俗、后习俗三个水平和六个阶段。科尔伯格设计了一些两难故事来测定儿童的道德判断水平。例如，一个名为海因斯的人，其妻患癌病危，但握有特效药的医生索价太高，海因斯家境清贫无力支付，为救其妻窃取了特效药，科尔伯格真正关心的不是对这个故事的回答“是”或“否”，而是支持回答的推理，即“该偷”或“不该偷”的理由是什么。

处于前习俗水平阶段的儿童，对是非的判断取决于行为的后果，或服从权威、成人意见。该水平又可分为两个阶段，服从与惩罚定向和工具性的目的与交换。在服从与惩罚定向中，判断行为的好坏是根据有形的结果，支配自己行为的是奖励和惩罚。例如，认为海因斯应该偷药，“否则他的妻子会死去”；认为海因斯不该偷药，“否则他会受到惩罚，坐牢房”。在工具性的目的与交换中，对于规定和原则只有符合其利益时才遵守，行为是为了满足自己的需要。如“海因斯该不该偷药，取决于他是否爱他的妻子”。

习俗水平同样也可分两个阶段，即好孩子定向和维护社会秩序与权威定向。在好孩子定向中，按照善良人的形象来行事，注重别人的评价，希望在自己和别人心中都是一个“好孩子”。例如，认为海因斯不应该偷药，“因为好孩子是不偷东西的”；认为海因斯该偷药，“因为好孩子是帮助人的”。在维护社会秩序与权威的定向中，强调尊重法律和维护社会秩序。例如，认为“如果找到一个充分的理由就去违反法律，那社会就只有混乱”。

后习俗水平也可分两个阶段，社会制度和良心定向与普遍道德原则定向。在社会制度和良心的定向中，认为法律应使人们和睦相处，如果法律不符合他们的需要，可以通过民主程序来改变。在这一阶段，回答者有一些个人价值优先法律的模糊想法。例如，一个16岁的孩子说：“在我们心目中，海因斯有权利这样做，但从法律的观点看，他却是错误的。到底他是错还是对，我很难说。”在普遍的道德原则定向中，个人有某种抽象的、超越法律的普遍原则。这些原则包括全人类的正义、人性的尊严、人的价值。虽然考虑到社会秩序的重要性，但也领悟到不是所有有秩序的社会都能实行更完美的原则。例如，认为“纵然海因斯没有为妻子而偷窃的法律权利，但他有一个更高尚的权利，因为人是世界上最宝贵的，我们有责任挽救任何人”。

科尔伯格指出，这六个阶段依照次序进展，不能超越，但并不是所有人都能达到最高水平。他认为道德判断能力的发展除成熟因素外，还依赖于智力的发展和社会经验的获得。科尔伯格的理论已成为美国学校进行道德教育的依据。但也有人指责他虽重视认知的发展，却忽视了情感发展在道德社会化中的作用。

三、社会学习论的观点

班杜拉是当代社会学习理论最著名的代表人物。他认为儿童学会的许多行为模式都不是按照早期行为主义提出的强化—惩罚方式学到的，而是通过观察—模仿学会的。观察学习有四个过程：① 注意过程。某一形式只有引起人们的注意时，人们才会去效仿。电视之所以在生活中有巨大影响，关键在于电视的形式和内容成功地引起人们的普遍注意。② 保持过程。经过一段时间的反复模仿学习，人们必须采用符号的形式记住动作的某些方面。③ 行为再现过程。必须具有一定的运动技能，才能重复再现模仿的动作。例如，一男孩观察其父亲用锯子，但他力不胜任，单凭观察只能获得一个新的反应模式，只有到一定年龄才能再现这些动作。④ 强化和动机过程。人们能够通过观察获得新知识，但不一定对这些模式进行操作，操作是由强化—奖励和惩罚控制的。例如，某一男孩听到别人讲的脏话，学会一些新词，但他是否重复将取决于他是受到别人的赞赏还是惩罚。

班杜拉还指出，对模仿的操作除了受到强化的影响外，还受到个体自我调整的控制，即人们为了达到目的，除了强化的作用外，还会自己奖励自己，对成绩的满足和不满成为人们努力的动因。这种以个体内在的行为标准和期望结果来解释人们的目的的行为被称为自我调整（self-regulation）。社会学习论者把模仿的概念引进社会化研究。他们强调强化和惩罚对儿童实际操作再现某种模仿行为的影响，而不是对儿童学习某种行为的影响，把社会化的过程看作是有机体和环境的交互作用的过程。该理论在结构（素质）上较少论及，更多地是强调有机体对变化的环境的反应能力。

热点问题讨论 15－1　生物遗传视角的社会化理论

针对社会化的问题，除了以上提及的理论以外，西方还有一些以生物遗传视角为出发点的社会化理论，其中最具代表性和争议性的有正常成熟理论和群体社会化理论。它们共同的特点是强调生物的先天遗传素质，认为这才是社会化产生的必然，是不可或缺的因素。

正常成熟论是由美国心理学家格塞尔（Arnold Gessell，1880—1961）等人提出的，他们认为人的社会化并不单纯是由社会规范、社会压力等外部力量塑造的，而是一个相对独立的自然成熟过程。所谓成熟指由基因引起并指导器官形成与动作模式有序扩展的过程。人类的生命从单个的极小的细胞开始，细胞集中起来形成有机体的不同部分，它们遵循一种规则有秩序地发展。例如，心脏总是第一个发展和发生机能的器官，随后是中枢神经系统——脑和脊髓，脑和头的发展在臂和腿之前。按照他的观点，个体成熟之后自然而然就是社会中的一员了。

当然，格塞尔并未完全否定环境的作用。他提出儿童需要一个好的环境以保证其天赋的顺利实现，不过，当“环境因素支持、改变和控制”成长时，“它并不导致发展的根本进步”，这些进步来自内部。格塞尔认为儿童的发展是“按阶段和自然的程序成熟的。坐先于站；喃喃自语先于说话；先说假话，后说真话；先画圆圈，后画方形；先利己然后利他；先依靠别人然后依靠自己。他的所有能力包括道德都受成长规律支配”（格莱因，1983）。

正常成熟论由于过分推崇遗传因素而备受人们争议，持不同意见者的批评主要集中在格塞尔提出的年龄常模的方式上，认为他的常模包含太多的一致性，人们无法知道在任何特定年龄到底可以期待有多少差异。他的常模又是根据美国中等阶级儿童为基础的，不能适应于其他文化背景。但无论如何，它毕竟为更好地解释社会化理论给人们提供了一个全新的思维角度和空间视角。

继而，哈瑞斯提出的群体社会化理论也受到了行为遗传论的很大影响，甚至可以说是自然天性论的代表。正如大部分心理学家一样，哈瑞斯也认为影响个体发展的因素可以简化为：遗传＋环境，只不过这里的遗传因素可以解释成人之间人格差异的50%左右的原因，剩下的环境因素不是人们通常观念上的家庭环境，而是家庭外的社会环境——儿童期与青春期的同辈群体。

群体社会化理论的一个中心假设是：社会化是一种高度依赖背景的学习形式，儿童分别学习如何在家庭内与家庭外行为表现。对于这一点，必须在两种不同文化中学习风俗与语言双文化儿童为特殊背景的社会化提供了最有力的说明。它认为，家庭外社会化主要是一种群体过程，它发生于儿童与青春期的同辈群体中，群体内的同化作用传递了文化规范，使孩子与他们的同辈更加相似；同时，群体内的分化作用又使得个体间的差异增长。

同时，群体社会化理论强调，儿童与青少年强烈地认同于他们的同辈群体。比起家庭内获得而言，孩子更倾向偏爱家庭外的行为体系。哈瑞斯将此归结于人类长期群居的进化史，孩子可能从生理上就倾向抛弃在生命早期习得的东西，儿童之间结成联盟，同辈之间彼此相似是一种对自然选择的适应。根据群体社会化理论模型，不仅孩子之间互相影响，成人之间也互相影响，文化传递的模式不是个人对个人，而是群体对群体——从父母的群体到孩子的群体。

哈瑞斯提出的群体社会化理论无疑为人类的认知与社会发展提供了一种崭新的审视角度。然而，由于她的理论在很大程度上与后天教育论针锋相对，且其理论尚处于被证实之中，因而受到了来自各方的批驳。

第四节　社会角色

伟大的英国戏剧家威廉·莎士比亚（William Shakespeare）曾在他的戏剧名篇

《请君入瓮》（《莎士比亚选集》，1978）中这样写道：

全世界是一个舞台，
所有的男男女女不过是一些演员；
他们都有下场的时候，
也都有上场的时候，
一个人一生中扮演着好几个角色。

人们很早就发现了社会与戏剧舞台之间的内在联系，即舞台上演出的戏剧正是人类社会的缩影，或者说社会就是大舞台。而且人们发现，把社会比作舞台，把社会中的人比作舞台上的演员，不仅生动形象，而且为研究和解释人类的行为，分析社会关系和解剖社会结构提供了一种独具风格的研究方法。它使纷繁复杂、不可捉摸的社会在人们的心目中豁然清晰起来。林顿（1936）等学者将“角色”（role）概念从戏剧舞台用语中借用过来，引入社会心理学研究，社会角色理论于是成为了社会心理学理论中的一个重要组成部分。

一、社会角色的含义

什么是社会角色（social role）？这个问题看似简单，但是从社会角色理论产生之日起却一直困扰着人们。很多社会学家和社会心理学家对此都进行过专门研究，并提出了自己的看法。林顿（1936）认为“角色——这是地位的动力方面。个体在社会中占有与他人地位相联系的一定地位。当个体根据他在社会中所处的地位而实现自己的权利和义务时，他就扮演着相应的角色”。李长贵（1973）则把社会角色定义为“个人行动的规范、自我意识、认知世界、责任和义务等的社会行为”。安德列耶娃（1987）把角色要素分为以下三个方面：社会角色是社会中存在的对个体行为的期待系统，这个个体在与其他个体的相互作用中占有一定的地位；角色是占有一定地位的个体对自身的特殊期待系统，也就是说，角色是个体与其他个体相互作用的一种特殊的行为方式；角色是占有一定地位的个体的外显行为。而我国的学者奚从清、俞国良（1991）指出，社会角色包含了角色扮演者、社会关系体系、社会地位、社会期望和行为模式五种要素，于是他们把社会角色定义为“个人在社会关系体系中处于特定社会地位、并符合社会要素的一套个人行为模式”。森冈清美（青井和夫，2002）把角色分为两种，把地位分为“群体性角色”与“关系性角色”。以家庭为例，所谓“群体性角色”是观察家庭内的各个位置与家庭群体的整体关系时的概念，如户主、主妇、户成员等；所谓“关系性角色”是从家庭关系角色来观察各个位置时的概念，如妻子对于丈夫、儿子对于母亲那样。这样，如把家庭成员数作为 n 的话，一个位置就会伴随（$n-1$）个关系性角色。

综上所述，社会角色主要包括了三重含义：① 社会角色是一套社会行为模式；② 社会角色是由人的社会地位和身份所决定的，而非自定的；③ 社会角色是符合社会期望（社会规范、责任、义务等）的。因此，对于任何一种角色行为，只要符合上述三点特征，都可以被认为是社会角色。

二、社会角色的分类

社会上的角色是多种多样、千万变化的，有的人在某一时期内可能同时扮演着许多角色。怎样对如此纷繁复杂的社会角色进行分类呢？国内外许多社会学家、社会心理学家从不同的角度，根据不同的标准对社会角色进行了划分。下面，我们就简要地介绍几种。

（一）理想角色、领悟角色和实践角色

根据角色存在形态的不同，可把角色分为理想角色（ideal role）、领悟角色（insight role）和实践角色（practical role）。理想角色，也叫期望角色（expectancy role），是指社会或团体对某一特定社会角色所设定的理想规范和公认的行为模式。理想角色总是尽善尽美的，它是一种“应该如何”的观点。如做教师就应该为人师表，身教重于言教；做医生就应该救死扶伤，具有人道主义精神等。理想角色可以是明文规定的，许多规章制度都体现了理想角色的本质及其要求；理想角色也可以是不成文的、约定俗成的，表现在社会公德、社会习俗和社会传统等对人的各种要求和期待之中。理想角色属于社会观念的形态。

领悟角色，是指个体对其所扮演的社会角色的行为模式的理解。理解角色是领悟角色的基础，但是，由于个体所处的环境、认识水平、价值观念和思想方法不同，不同的人对同一个角色的规范、行为模式的理解是不完全相同的。如对学生这个角色的理解，有的人认为学生以学习为主，要做个好学生就要好好念书，因此整天扎在书堆里；有的学生则认为学习的目的是为以后参加社会工作打好基础，认识社会，因此把主要精力放在了参加社会实践活动上。所以，领悟角色属于个体观念形态。

实践角色，是指个体根据他自己对角色的理解而在执行角色规范的过程中所表现出来的实际行为。领悟角色是实践角色的前提和基础。但是，由于每个人的自身条件和环境条件不尽相同，因而，即使对角色有相同的理解，落实到行为时也未必相同。因此，实践角色属于客观现实形态。

（二）先赋角色和自致角色

凯利（Harold Kelley，1921—2003）根据角色所占据的社会地位的取得是否经过角色扮演者主观的努力，把角色分为先赋角色（congenital role）和自致角色（acquired role）。先赋角色，指个人与生俱来或在成长过程中自然获得的角色，它通常建立在遗传、血缘等先天的或生物的基础之上，如性别角色以及由父子关系产生的父亲角色或儿子角色等；还有一些角色是由社会规定的，如封建社会中通过世袭制继承所

形成的皇帝、公爵等角色，也属先赋角色之类。它们一般不经过角色扮演者的努力而由先天因素决定或由社会决定。

自致角色，指个人通过自己的努力和活动而获得的角色。自致角色体现了个人的自主选择性。在现代社会中，一个人一生中扮演的多数角色都是自致角色，包括个人职业的选择、婚姻家庭的缔结、事业的成就等方面的角色，这些都是个人凭借自己的努力而达到的。如学生、战士、教师等都属于自致角色。自致角色的获得需要具备独特的素质、才能、技巧和进行特殊的训练。

（三）规定性角色和开放性角色

根据角色扮演者受角色规范制约程度的不同，又可将角色分为规定性角色（regular role）和开放性角色（open role）。规定性角色，也称正式角色（formal role），是指角色扮演者的行为方式和规范都有明确的规定，角色不能按照自己的理解自行其是。他们在正式场合下的言谈举止、责任、权利、义务以及办事的程序都有明确的规定，应该做什么和不应该做什么都必须按照规定办。如政府外交官、法官、议员即属此类。规定性角色要求理想角色和实践角色是高度一致的。开放性角色，也称非正式角色（informal role），是指个人可以根据对自己地位和社会期望的理解，自由地履行角色行为。如父亲、朋友、非正式群体的自然领袖等都属于开放性角色。这类角色行为者有很大的行为自由，有利于适应不断变化发展的社会生活。无论是正式角色还是非正式角色都可以测量，大多数研究者侧重于研究表现更为主观的非正式角色，他们一般采取三种研究方法：观察群体成员；要求群体成员描述他们在群体中的角色和确认谁会和他们扮演相应的角色；研究者要求每一个群体成员概括出自己所扮演的角色（乐国安，2004）。

（四）支配角色和受支配角色

根据角色和角色之间的权力和地位关系，可把角色分为支配角色（dominating role）和受支配角色（dominated role）。具有支配他人权力的就是支配角色，而受他人支配的即是受支配角色。在现实社会中，这两种角色具有下列特征：① 在每一个受权力关系支配的群体内，作为支配角色的人和作为被支配角色的人必将形成针锋相对的非正式阵营。一般来说，作为支配角色的人总是极力维持现状以维护其既得的权力，而作为受支配角色的人必将设法改善受人约束和限制的现状以获得自己的权力；② 这两种角色必然要建立符合自己利益的群体，有各自的方针、计划和目标。总之，这两种角色始终处于动态变化发展的关系之中。

（五）功利性角色和表现性角色

根据角色扮演者的最终意图，可把角色分为功利性角色（utilitarian role）和表现性角色（expressional role）。功利性角色，是指该角色行为是计算成本、讲究报酬、注重实际效益的。这种角色的价值在于利益的获得，在于行为的经济效果。生产行为和商业行为就属于此类。一个公司经理的角色行为，在于能为这个公司带来经济效益。功利性角色对社会的发展有重要的意义。

表现性角色，是指该角色行为是不计报酬的，或虽有报酬，但不是从获得报酬出发而采取的行为模式。表现性角色，其目的不是报酬的获得，而是个人表现的满足。如艺术家表演、医生看病、教师教学等，都是强烈的“自我实现”的愿望所驱使的角色行为，是个人对地位的责任感、义务感的实现。很显然，对于真正的艺术家来说，观众的掌声比票房收入更能使他获得满足感。

（六）角色的参与程度分类法

处于相同的社会地位、扮演同样社会角色的个体，有的人全力以赴，竭尽全力扮演好自己的角色，如诸葛亮为了扮演好蜀国丞相这一角色“鞠躬尽瘁，死而后已”；有的人则尸位素餐，名不副实。戈夫曼用“角色投入”，萨宾用“角色参与”来表示个体为扮演好角色所作出努力的程度（转引自特纳，1987）。他们认为母亲为照顾孩子所表现出的献身精神令人吃惊，即便是再软弱无能的妇女，一旦她扮演母亲角色时，都会表现出不同寻常的能力，所谓“女性柔弱，为母则强”大概就是这个意思。戈夫曼把这种情况称为角色的“全盘投入”，即母亲为了扮演好这个角色，全力照顾好自己的孩子；萨宾则称为“生物性参与”，意思是说，像母亲全心全意抚育子女这样的行为是生物本能使然。他们认为，除了母亲角色以外，“全盘投入”或“生物性参与”还会在诸如献身事业的学者、虔诚的教徒、着迷的恋人、沉迷的赌徒身上出现。根据角色参与的程度，萨宾把角色分为七个等级，也就是七种类型的角色。0度参与的角色只是被看作某一角色的体现者，实际上并没有扮演这种角色，而最大参与的第七级角色则是一种在超自然力作用下的参与（见表15－1）。

表15－1　萨宾的角色参与分类（转引自全国13所高等院校《社会心理学》编写组，2003）

参与程度与角色类型	角色实例
1. 0度参与	街上行人、电影院观众
2. 漫不经心参与	游览商品的顾客
3. 传统仪式性参与	婚丧仪式中参与的亲友
4. 生物性参与	母亲对子女、专心致志的科学家、虔诚的教徒
5. 神经质型深度参与	职业赌徒（倾家荡产都在所不惜）
6. 情迷意乱的参与	深恋的情侣
7. 精神与外物合一的参与	神灵附体的道士

第五节　角色学习、角色扮演和角色冲突

角色是处于一定社会地位的个体，依据社会的客观期望，借助自己的主观能力适应社会环境所表现出来的行为模式。从这样的角度出发，这种行为模式一方面取决于个体所处的社会地位的性质，另一方面又受到个体心理特征和主观表演能力的影响。我们仔细探讨这种行为模式的形成就能够发现，个体获得或占据一定的社会位置的过程，其实就是相应的社会角色学习、扮演和冲突的过程。

一、角色学习

角色学习（role learning）是角色扮演的基础和前提，它包括两个方面，一是形成角色观念，二是学习角色技能。

角色观念是指个体在特定的社会关系中对自己所扮演角色的认识、态度和情感的总和。角色观念的内容包括四个方面：第一，角色地位观念。这是指个体对自己所处地位的认识。第二，角色义务观念。这是指个体对自己应履行的角色义务职责的认识。每个人扮演一种角色，就要履行一定的义务，角色义务观念集中地体现了角色的社会价值。一般来说，谁能履行自己的角色义务，谁就是合格的角色；谁能履行自己的义务角色，谁就是优秀的角色。第三，角色行为观念。这是指个体对自己所扮演角色的行为模式的认识。任何角色都是按照不同的行为模式去行动的，如教师的行为应端庄而有教养，法官的行为应严肃公正等。角色应按某一行为模式行动，若角色扮演者错误地按另一模式行动，就会发生角色混乱。第四，角色形象观念。这是指个人对自己所扮演的角色应具有的思想、品格和风格方面的认识，也就是说在与别人的互动中，应以什么样的形象出现。

关于角色观念的形成过程，有人借用纽科姆（Newcomb）关于自我概念形成的自闭阶段、绝对观念阶段和相互并存阶段这三个阶段划分的观点，把角色观念形成过程分为拒绝角色阶段、承认角色阶段和接受角色阶段三个阶段（转引自奚从清、俞国良，1991）。我们认为这种观点把个人形成角色观念的过程描述得过于被动了。事实上个人形成角色观念的过程也是个人角色学习的过程。在多数情形下，这是一个主动的过程，而不是被动的过程。只是个人的角色学习除了形成角色观念之外，还包括学习角色技能，即学习顺利完成角色扮演任务，履行角色义务和权利，塑造良好角色形象所必备的知识、智慧、能力和经验等。事实上，对于角色学习，可以这样从总体上

来理解：首先，角色学习是综合性学习，而不是零碎片段的学习。因为角色是根据它所处的地位由各种行为方式组合起来的一个整体，任何零碎的、片段的角色学习都可能导致角色错位、角色混乱和角色冲突。其次，角色学习是在互动中进行的学习。没有相应的角色伴侣，没有参照个体或参照群体作为角色学习的榜样和楷模，也就很难体会角色的权利、义务和情感。因此，角色学习是在社会交往活动中实现的。最后，角色学习是随着个人角色的改变而进行的学习。在一个人的一生中，随着自己本身和社会环境的变化不断地变换着自己的角色，这就需要不断地学习，以适应新角色的要求。

二、角色扮演

这里讲的角色扮演（role playing），是指人们按照其特定的地位和所处的情境表现出来的行为。从社会学和社会心理学的历史来看，许多著名的角色理论家都曾把角色作为一个十分重要的内容进行过深入的探讨和研究。

米德（1992）认为，角色扮演是互动得以进行的基本条件。人与人之间之所以能够进行互动，就是因为人们能够辨认和理解他人所使用的交往符号的意义并通过角色而预知对方的反应。米德把这些基本能力称为“扮演他人角色”的能力，这是一种能够洞悉他人态度和行为意向的能力。在米德的理论体系中，这种角色扮演能力称为“心灵”，它包括：理解常规姿态的能力；运用这一姿态去扮演他人角色的能力；想象演习各种行动方案的能力。这种被称为“心灵”的东西是在“社会过程之中、在社会互动的经验母体之中产生和发展的”。如果个体具备了这些能力，他便具备了与他人进行互动的基本条件。

紧接其后，在心灵基础上发展起来的自我，是能否成功进行角色扮演的关键条件，因为自我能够传递对角色期望的认识以及角色扮演的方式。在一定程度上，角色扮演的技巧取决于人们在互动中的自我形象。这种在互动中形成又影响着互动进行的自我形象，就是我们通常所说的角色意识。古德强调指出，正如人们能够用符号标示环境中的其他成员一样，他们也能够像对待客体一样用符号表示自己。个体在与具体他人的互动中产生的是一种暂时的自我形象，这种自我形象不断发展，最后进入将自己确定为某一类客体的“自我观念”阶段。这时便意味着“自我”的真正形成。正是这种自我，左右着个体的角色扮演。

一个社会心理学的经典性实验，即“斯坦福监狱实验”，让人看到了角色扮演力量带来的惊人后果（Haney & Zimbardo，1977）。心理学家从加州的学生志愿者中抽取16人，利用抽签决定他们将在模拟监狱中扮演的角色，一方为囚犯，另一方为看守，他们将在模拟监狱中度过为期两周的时间。作为囚犯的一方被蒙上眼睛，送入监狱，脱光衣服，喷洒消毒剂，穿上囚徒制服。而看守一方则8小时轮流值班。这些学生一旦接受了随机分配给他们的角色之后，处于看守角色的人——原本温文尔雅的大学生变得盛气凌人，有时甚至残酷成性。看守们要求囚犯无条件地遵守规则，否则剥夺其看书、写字或交谈的权利。后来他们甚至要求囚犯们即使错误微小，也要关禁闭或用手清洁厕所等，看守总是构思新花招使囚犯感到自己的卑微无力，这样几天后，囚犯们明显感到情绪抑郁，思维混乱。到了第六天，心理学家被迫终止了原本预期两周的实验。由这个实验可知，角色创造了在监狱情境中行之有效的地位和权利的差别，没有人告诉他们应该如何扮演角色，所有参与者都没有参观过真实的监狱，他们完全凭借自己的想象在扮演着角色，并进行角色之间的互动（见图 15－1）。

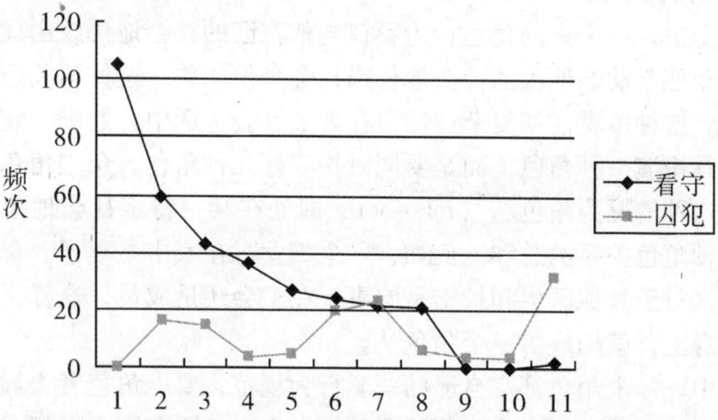

图 15－1　看守与囚犯行为（转引自理查德·格里格、菲利普·津巴多，2003）

（在斯坦福监狱实验中，随机分派的囚犯和看守角色彻底影响了参与者的行为。6 天的互动观察记录表明，在 25 个观察记录阶段中，囚犯多表现出被动抵抗，而看守则变得比较专横，支配一切和充满敌意。）

古德（Good，1955）的论述是关于角色扮演的较早阐释，但他只是抽象地论述了角色的扮演，而未触及角色扮演的具体情形。古德之后，虽然一些学者沿着古德的方向也进行了一系列深入的研究，但是，有关角色扮演的具体而完整的论述直到戈夫曼的《日常生活中的自我表演》一书出版才真正出现。

戈夫曼对角色扮演进行了非常具体的研究，他的理论特色就是从角色概念出发，将社会与舞台进行了广泛的比较，从而提出了他的“戏剧理论”。他几乎把现实生活的情境完全比作戏剧表演，把社会成员看作是演员，着重研究角色行为的符号形式。他的研究中引入了观众、门面、前台、后台等一系列舞台术语。“观众”是对角色扮演发生影响的其他人，“门面”由周围环境、角色扮演者的个人外貌以及行为方式组成，“前台”与“后台”是根据角色在与“观众”互动中所处的位置而区分的，在“前台”，角色与“观众”发生直接互动，而在“后台”，角色所表现出来的行为虽然可能与角色的扮演有关，但通常不为“观众”所直接感知，因而可以看成是角色与“观众”进行的间接互动。对于角色扮演者来说，在“前台”要求他严格按照角色要求行动，而在“后台”则没有这种要求（安德列耶娃，1987）。戈夫曼的这种分析对于角色扮演显然具有较大的操作价值，但是将丰富多彩的社会生活还原为舞台上的表演，过于重视了个体的主观能力在角色扮演中的作用，而且有可能造成对社会生活本质的歪曲。从这个意义上来说，现有的社会学或社会心理学理论对“角色扮演”的论述离真实的社会生活情形仍有相当的距离。

三、角色冲突

（一）角色丛与角色紧张

在现代社会中，一个人的角色行为不仅与他自己的社会地位或由此决定的身份相关，而且也与和他互动的他人的社会地位或社会身份相关，这种相关造成了角色的多重性和复杂性。这种多重性和复杂性使得在现实社会生活中，处于一定社会地位上的个体通常不只是扮演一种角色，而是要同时扮演好几种角色。众多角色集中在一个人身上，我们称这种情况为角色丛（role-set），即处在某一特定社会地位的人们相互之间所形成的各种角色关系的总和。例如，一个妇女，在家中是妻子、母亲，在医院对于病人是医生，对于其他医生和护士是同事，在工会还是成员，这样，这五个角色集中在她一个人身上，就构成了一个角色丛。

在角色丛中，每个角色都有自己的一套行为规范，要求角色者去履行，这样就可能出现顾此失彼的现象。如一个教师既要教好学生，又要在家中做好父亲，教育好自己的子女，这样他就会在时间和精力上感到紧张，这就是所谓的角色紧张（role strain）。角色紧张是由许多角色同时对一个人提出各自的角色要求造成的。在一般情况下，角色紧张是不会发生的，一方面是因为多种角色不可能同时对一个人提出各自的要求，它们的不同要求在时间上是可以被划分出来的。如白天当教师给学生上课，晚上和假日再教育和辅导孩子学习。只要妥善安排，就可以消除角色紧张。另一方面是因为每个人都有一些生活经验，学习和训练了角色技巧，很多人都能同时或先后成功地扮演多种角色。当然，如果一个人参与的社会活动太多，超出了自己的精力和时间限度，那么角色紧张的状况就是不可避免了。

一个人应当建立一套什么规模的角色丛，取决于社会地位、交往范围和个人能力等多种因素。角色丛过于简单，将不利于适应社会生活，也不利于个人的充分发展；角色丛过于庞大，则势必造成角色紧张。

（二）角色冲突

角色冲突（role conflict），是指占有一定地位的个体与不相符的角色期望发生冲突的情境，也就是个体不能执行对角色提出的要求就会引起冲突的情境（安德列耶娃，1987）。也可以说，所谓角色冲突，是指角色扮演者在角色扮演中出现的心理上、行为上的不适应、不协调的状态。青井和夫则将地位与角色合起来考虑冲突的问题，即由于个人同时与很多人建立社会关系，因而具有由各种角色所构成的“角色集”，即一组角色群。并且，由于按照许多标准实行地位评价，因而也具有由各种地位所构成的“地位集”，即一组地位群。因此，假如在个人所具有的“角色集（群）”和“地位集（群）”中存在矛盾的话。那就必将会被“角色冲突”或“地位的不一致性”所困扰（青井和夫，2002）。

角色冲突有两种表现形式，即角色内冲突和角色间冲突。角色内冲突是指由于角色互动对象对同一角色抱有矛盾的角色期望而引起的冲突。角色内冲突既可来自不同类型的角色互动对象矛盾的角色期望，也可出自同一类型的角色互动对象矛盾的角色期望。例如，对于教师这个角色，不同类型的学生就有不同的期望，好学生希望老师对他们严格要求，而差学生则希望老师对他们放任自流。同一类型甚至同一角色互动对象也可能对某一角色提出相互矛盾的角色期望，如有的丈夫既希望妻子温柔体贴、操持家务，又希望她在事业上出人头地。角色间冲突是由角色紧张造成的，有两方面的表现。第一，一个角色丛中的几个角色如果同时对其提出履行角色行为的要求时，就会发生角色间冲突。如一个学生，同时又是学生会主席，当这两个角色同时向他提出履行该角色行为的要求时，如在同一个时间，他既要上课，又要去学生会主持会议，这就发生了角色冲突，结果只能择其一。第二，当两个角色同时对一个人提出两种相反的角色行为要求时，也会引起角色间的冲突，这需要角色扮演者在这两种相反的角色行为之间作出痛苦的选择。京剧《赤桑镇》中的包拯，作为法官他要执法如山，要斩包冕，而作为包冕的长者，他又要保持叔侄的亲情，赦免侄子，在这两种角色的激烈冲突中，包拯最终选择了前者，成为传颂千古的佳话。

不论是哪一类型的角色冲突，都会妨碍人们的正常生活。虽然我们不能完全消除角色冲突，但是我们可以通过角色协调而使角色冲突降至最低限度。不少心理学家研究了缓解角色冲突的方法，下面简单介绍几种：

1. 角色规范化

不同社会群体和组织对不同地位的角色的权利和义务都有较明确的规定，这是现代社会体系中保护角色和避免角色冲突的有效手段。当社会体系中的角色权利和义务清楚地划分时，角色冲突就会降低到最低程度，这种对角色权利、义务的明确划分就是角色的规范化。经过规范化的角色，就会被要求按照此规范去履行社会的角色期待。

2. 角色合并法

当一个人同时持有两个以上角色并发生冲突时，在有些情况下，此人可以将两个相矛盾的角色合二为一，发展为一个具有新观念的新角色。例如，当一中年妇女发生职业妇女和家庭主妇的角色冲突时，她可以加上一个经济因素的新观念，弥合这两个角色间的冲突，发展为一个既参加社会工作、获得经济收益又兼顾家庭生活的新型妇女角色。

3. 角色层次法

此方法是要求角色持有者将两个以上相互冲突的角色的“价值”进行分层，也就是将这些角色按其重要程度进行排列，将最有价值的角色排在首位，第二次之……依次做角色重要性的心理分类，然后选择对自己来讲最重要的角色。此分类依据是按个人需要的结构和他人期待的重要程度而定的。这种方法类似于社会心理学家古德提出的角色选择法。古德认为，个体首先应该从许多角色中挣脱出来，把时间和精力用到那些对其更有价值的角色上。取舍角色的标准有三个方面：一是该角色对个体的意义；二是不扮演某些角色可能产生的积极的和消极的后果；三是周围的人对拒绝某些角色的反应。

心理学与人生 15－2　“干什么，像什么”

俗话说的“干什么，像什么”，其实指的就是人要符合一定的角色规范，我们生活中的每一个人都不仅仅是纯粹的生物性个体，还是一个活生生的社会中人。在社会这个大舞台上，每个人都扮演着各自的角色，那么我们所显现的角色行为是由什么“导演”的呢？这就是角色规范。每一种角色都对其自身进行了规范，这是在历史的演变长河中不断积累和完善起来的。

一个刚刚毕业的大学生，从学校到社会，初出茅庐，不谙世事。刚刚工作没多久，领导带他参加了一个与外商谈判的洽谈会，一贯穿着随便的他依然故我。在洽谈会上，他发现大家一律西装革履，只有自己衣着随便，好像领导也对自己的穿着很不满意。他开始恍然大悟，意识到自己的角色规范不允许自己这么随便，这样会有损于公司的形象。从此，他开始注重自己的外表，力图符合自己公司白领的身份。像这样的例子在生活中是不胜枚举的。传说孔子小的时候，父亲过世，母亲严征在勤苦操劳地维持一家的生计。孔子白天到师傅家读书，衣着朴素干净，毕恭毕敬；放学后急忙换上劳动的衣服，在田里割草、拔麦。其外祖父高兴地对其母亲讲：“这个娃娃干什么，像什么，孺子可教也。”

角色规范是角色扮演者必须遵守的已经确立的思想、评价和行为的标准。有了这个标准，角色扮演者就明白应该做什么，不应该做什么，在什么情况下应该表现出什么样的行为，而在另外的情境下就不应该这么做。这实际上也是人的社会化的一部分，如刚开始上学的儿童，就应该在老师和家长的指导下改变过去的散漫习惯，做到上学不早退、不迟到，按时完成作业，积极参加集体活动等，这些都是作为一个合格小学生的角色要求。

角色规范是一种标准化的观念，它一旦形成，就自然地具有认知的标准化、行为定向和维系社会整体性的作用。它不仅为角色扮演者规定了一定的行为准则，而且在社会机制的运转中形成社会心理准则。首先，它具有一定的激励力量，勉励人们信守角色规范；同时，它又制止了那些违背社会角色规范的行为，对其加以社会谴责、人际关系的疏远或惩罚等。因而，人们在各自的岗位上可以有自我发挥的余地和创新的余地，但是并不能够天马行空地想做什么就做什么，而是要“干什么像什么”。如果我们看到警察拿着教鞭指挥交通、教师配枪上课、农民下地干活时穿着高跟鞋、建筑工人不戴安全帽戴棒球帽……我们会疑惑是不是自己在做一个怪梦，因为这太荒诞离奇了。

可以讲，用角色规范来导演个体的角色行为是社会整体的要求，是人类在共同的生活实践中积累起来的知识。角色规范是公认、大家共同掌握的，而不是个人单独创造的，因而也要求大家来共同遵守。正因为如此，尽管社会上的人千差万别，所扮演的角色不尽相同，但由于角色规范的社会性，从而才能使社会机制得以正常地运转。角色规范是据以认识自我、认识他人的“透视镜”，是维系社会生活的“黏合剂”，是人类存在和发展须臾不可离的“通灵宝玉”。角色规范导演自己的行为，也是满足个体需要的过程。在人的需要结构中，需要被他人尊重、被赞赏、被肯定，这些都来自你对角色规范的理解和扮演的程度。一个人只有充分地理解自己所要扮演的角色，才能更好地去完成角色，才能“干什么像什么”，也才能得到他人的肯定和社会的认可。

著名京剧表演艺术家梅兰芳说过“舞台小天地，天地大舞台”，在人生的舞台上，透彻地理解你的角色，淋漓尽致地扮演好你的角色，你就是一个成功的人了。

本章摘要

1. 社会化是个体通过与社会的交互作用，适应并吸收社会文化，成为一个合格的社会成员的过程，它需要经历儿童期社会化、青春期和青年期社会化、成人期社会化，甚至继续社会化与再社会化这几个过程来达到政治、道德、性别角色等各种社会化的建立和完善。

2. 影响社会化的因素除了生物遗传之外，还包括社会文化、家庭、学校、同辈群体、大众传播媒介、计算机网络等诸种社会环境因素。

3. 精神分析学说从本能与动机的角度来解释个体的社会化。弗洛伊德强调个体与社会之间的冲突，认为人的社会化过程是“本我”、“自我”、“超我”三部分的交互作用决定。埃里克森发展和修正了弗洛伊德的理论，他注意到了主体的自我作用与社会文化的影响，并将个体一生发展分为八个阶段，社会化过程伴随个体对每一阶段所需克服的主要矛盾或危机的解决过程。

4. 认知学派从认知发展的角度着重探讨了个体的道德社会化。皮亚杰将个体认知发展水平划分为四个阶段，感知运动阶段、前操作阶段、具体操作阶段和形式操作阶段，儿童的道德判断能力便是随着他认知结构的变化和认知水平的提高而提高的。科尔伯格进一步发展了皮亚杰的理论，把人的道德发展过程分为前习俗、习俗和后习俗三个水平和六个阶段，此六阶段依次进展。

5. 以班杜拉为代表的社会学习论认为社会化过程是有机体和环境的“交互作用”的过程，个体通过观察、模仿、强化和自我调整而习得行为模式。

6. 社会角色指个人在社会关系体系中，处于特定社会地位并符合社会要求的一套个人行为模式。这套行为模式是通过人不断地社会学习来完成的，它不仅要形成角色观念，还要学习角色技能，并根据角色规范进行角色扮演。

7. 角色冲突指角色扮演者在角色扮演中出现的心理上、行为上的不适应、不协调状态。一个人自身的角色不会只有一个，其角色的集合可能是极为复杂和多重的，一旦处理不好，会造成角色紧张或角色冲突。这一冲突可通过采取相应的办法来缓解。

复习思考题

1. 综合运用你所学到的有关社会化的知识和理论，分析阐释中学生“青春期叛逆”现象产生的原因。

2. 运用所学的社会角色理论的知识，来谈一谈如何有效地缓解心理压力的问题。

推荐参考读物

1. McDugall W. 社会心理学导论. 俞国良，雷雳，张登印译. 杭州：浙江教育出版社，1997.

2. Popeno D. 社会学（第十一版）. 李强等译. 北京：中国人民大学出版社，2007.

3. 金盛华. 社会心理学. 北京：高等教育出版社，2008.

4. 佐斌. 社会心理学. 北京：高等教育出版社，2009.

5. 乐国安. 中国社会心理学研究进展. 天津：天津人民出版社，2004.

第十六章　人际关系：沟通、知觉及吸引

人类最显著的特性之一是集群性。在正常情况下，作为人类的个体，一出生就降落在繁复细密的人际关系网里。在心理学中，人际关系（interpersonal relation）指的是人们为了寻求满足各种需要而在共同活动中建立起来的相互间的心理关系。这种关系主要表现为人们心理上的距离远近、个体对他人的心理倾向以及相应的行为等。从心理学的角度看，人际关系包含着三种组成成分：①认识成分，指与认识过程相联系的一切心理活动，如知觉、表象、想象、记忆、思维等，其中主要是指人与人之间的相互认同和理解。②情感成分，包括与人际关系相联系的主体的积极或消极的情绪状态和体验、情绪的敏感性、对人际关系的满足程度等。它们在人际关系中起着重要的作用。③动作成分，指与人际关系相联系的主体活动，包括行为举止、语言、表情、手势等。这些外显行为反映了一定的人际关系。一般说来，由于人际关系的类别不同，对人的认识和理解、情绪体验以及各种外显行为都可能会有差异，反之，这些组成成分的不同也会影响到彼此的人际关系。从系统性和整体性的观点来看，人际关系的三种组成成分是相互联系的，而不是割裂开来孤立存在的。当然，在不同的人际关系类型中，上述组成成分所占的比重可能会有不同。在本章中，将讨论下面这些问题：

人类的沟通交流有哪些形式?

我们对他人的印象是如何形成的?

人与人之间的相互吸引依据一些什么样的基本原则?

友谊、爱情、婚姻背后的心理基础是什么?

第一节　人际沟通

人际关系的形成和维持是离不开沟通和交流的。我们可以从时间流程上将人际关系分解为连续的阶段：人与人相遇，发生相互间信息的沟通；对所获取信息的综合评估或加工，在此基础上形成印象；根据所形成的印象建立或亲或疏的关系，当然也有

可能断绝关系。人际沟通、人际知觉、人际吸引便处于这些不同的阶段中。我们前面已经提到，人类是集群性的动物，集群性的生活要想不出问题，就必须进行沟通。西方的《圣经》中有一个巴别（Babel）塔的故事，说的是大洪水过后人类的口音语言都一样，他们曾商议建造通天塔，上帝见此情形，忧虑日后人类语言一样，便没有做不成的事情，遂下令改变人们的口音。这样一来，人类缺乏沟通，建造通天塔的壮举只好告吹。这个故事从反面说明了沟通对人类的重要性。本节所讨论的就是在最初阶段的人际沟通。

一、人际沟通的特点和类别

（一）人际沟通的概念

人际沟通（interpersonal communication）是人类沟通活动的一种重要形式，它指的是人与人之间在共同的社会活动中彼此交流思想、感情和知识等信息的过程。由于沟通可以看作是一个信息交流的过程，所以在社会心理学中，人们常用信息论的名词术语来解释人际沟通的全过程。首先，要有信源，这在人际沟通中就是发出信息的人，没有信源，沟通当然就无由发生了。其次，要有信息或信号，这是人际沟通的内容，没有它就没有沟通的必要。再次，要有信道，即信息通行的渠道，在人际沟通中指的是信息通过何种方式或何种工具发送出去。最后，要有信宿，即信息的接收者，这在人际沟通中就是接收信息的人。此外，还要有噪声，包括在人际沟通中干扰信息传递的各种因素。

不过，这种基于信息论的人际沟通模式有其先天性的缺陷，因为信息论最初是从电子通信系统中发展出来的，它依据的主要是单向传递的假设。人类的信息交流与电子通信系统有着本质的不同，在人类社会环境下的人际沟通活动，发出信息的人和接收信息的人都是积极活动的主体，他们处于经常的相互作用中。接收信息的人对发出信息的人所发出的信息会给予反应，这种反应会反作用于发信人，发信人根据它来调节自己的行为。这样一个过程就是控制论中所说的反馈，反馈概念的引入在一定程度上补充完善了信息论的人际沟通模式。当然，相对于复杂多变的人际沟通的实际情形，任何理论模式或模型都只能是简化的、粗略的和初步的。正如苏联心理学家所指出的："用信息论的观点无论怎样观察人的交际，所注意的也只是事物的形式方面，即信息如何传递。但是在此期间，在人们交往的条件下，信息不仅是被传递，而且还不断形成、逐渐明确和继续发展。"（Г. М. 安德列耶娃，1984）

（二）人际沟通的特点

人际沟通有许多特点，从心理学的立场看，可以总结出如下一些：

第一，在人际沟通中，沟通的双方都处于积极主动的状态，因此在沟通过程中发生的不是简单的信息运动，而是对信息的积极交流和理解。也就是说，在人际沟通过程中，与信息相比较而言，人是更应该被注意的对象。沟通双方都是活生生的人，有着各自的心理活动，如动机、期望、目的等，他们都在预计和判断自己发出的信息将会得到什么样的回答。我们不妨设想一场新闻发布会的情形，新闻发言人和参加发布会的记者对这个活动都有自己的预期，他们都是有备而来的。

第二，人际沟通是一种动态系统，沟通的双方都处于不断的相互作用中，刺激与反应互为因果。这个特点与第一个特点是相联系的，因为参加沟通的人通常都是积极主动的，于是信息的运动便有了不断的循环往复。还是以新闻发布会为例，新闻发言人的话是一种刺激，记者们纷纷提问就是对他所讲内容的反应，而这些提问对于新闻发言人来说又构成了刺激，他的回答便是对这刺激的反应。

第三，在人际沟通中，沟通的双方需要共享统一的或近似的编码系统和解码系统。沟通双方应该有相同的词汇和语法体系，更重要的是要对语义有相同的理解。语义在很大程度上依赖于沟通情境和社会背景。沟通场合以及沟通者的社会地位、政治倾向、宗教信仰、职业等的差异都会对语义的理解产生影响。例如，在正式场合某人向别人介绍说“这是我的领导”时，他指的是他的上级主管；而在非正式场合某人向别人介绍说“这是我的领导”时，他指的却可能是他的妻子。

第四，人际沟通借助言语和非言语两类符号，这两类符号往往被同时使用。实际上，非言语符号对言语符号常常是一种辅助和补充，如人们在讲话时借助手势、面部表情、语音、语调等来加强自己的沟通效果。但是，言语符号和非言语符号不一定总是一致，也可能相互矛盾。这时候，非言语符号传达的信息倒可能是更为真实的心理活动。

（三）人际沟通的类别

分类是一门大学问，由于人类社会的复杂性，人们发现单一的分类方式很难穷尽事物的本相。根据分类标准的不同，人们可以获得不同的分类，人际沟通也是这样。下面我们就简单介绍几种常见的人际沟通的分类。

1. 单向沟通和双向沟通

这是从信息传递的方向看，所考虑的是较为纯粹的情况。单向沟通指的是信息从发送者到达接收者传递活动便告完结，双方的角色没有发生改变，各自的任务都很单一。双向沟通指的是信息在发送者和接收者之间有循环往复，双方的角色随着任务的不同而互换，每一方既是发送者又是接收者。以课堂教学为例，满堂灌的教学方式是单向沟通，互动和讨论的教学方式是双向沟通。

2. 垂直沟通和水平沟通

也可以称之为纵向沟通和横向沟通。这种分类方式也是关注信息传递的方向，不过加入了社会文化的情境因素。我们知道，社会是有层级结构的，所谓垂直沟通指的是社会中不同地位的人之间的信息交流，水平沟通则是指社会中相同地位的人之间的信息交流。在垂直沟通中，又可以分为两种情况：一是上行沟通，说的是社会中地位较低的成员向地位较高的成员发出的信息交流，如下级向上级的汇报；二是下行沟通，说的是社会中地位较高的成员向地位较低的成员发出的信息交流，如上级对下级的指示。

3. 正式沟通和非正式沟通

所谓正式与非正式，考虑的是社会文化的规定性，尤其是有着严格制度的组织系统内的规定性。那么，正式沟通是指在组织内部规定并被承认的信息交流，非正式沟通是指在组织内部规定并被承认的沟通方式以外的其他形式的信息交流。例如，在学校中，校方发文件、贴布告、开大会等是正式沟通，而人们私下的闲聊、漫话、打招呼、传递小道消息等则是非正式沟通。

4. 口头沟通和书面沟通

这里说的是语言沟通的不同形式，因为一提到沟通，人们最常想到的就是语言的传递和交流，然而实际情形正如下面将会讨论到的，在人际沟通中，并不只有语言这一种渠道。所以，口头沟通指的是借助口头语言形式进行的信息交流，书面沟通指的是借助书面语言形式进行的信息交流。前者如谈话、演说、集体讨论、会议报告等，后者如书信、便笺、传单、告示等。

5. 言语沟通和非言语沟通

人际沟通的渠道其实不只言语一种，许多非言语的信息在沟通过程中也起着巨大的作用。人际沟通是多种线索相互作用的结果，视、听、嗅、味、触诸种获取外部信息的方式都在积极地扮演各自的角色。言语沟通和非言语沟通都很重要，但由于受沟通情境等因素的影响，有时非言语沟通显得更重要些，有时则是言语沟通显得更重要些。言语沟通是通过语言这种媒介而实现的信息交流，非言语沟通是通过语言以外的媒介（如人们的面部表情、目光交换、身体姿势、肌肤接触乃至人们说话的音调、速度等）而实现的信息交流。

以上只是人际沟通的部分分类方式，心理学家在研究中还提出了一些特定的沟通模式，如环型沟通、链型沟通、Y 型沟通和轮型沟通等，人际沟通各种类型的集中化程度不一样，信息交流的自由度也不同。其实，在实际社会生活中，人际交流很少是按照单一的沟通方式进行的，而是多种沟通方式的相互补充、相互配合。在下面的段落中，我们将从言语沟通和非言语沟通两方面进一步展开讨论。

二、言语沟通

言语沟通是通过语言这种媒介而实现的信息交流。语言是人类特有的一种符号系统。当作用于人与人的关系的时候，它是表达相互反应的中介；当作用于人和客观世界关系的时候，它是认知事物的工具；当作用于文化的时候，它是文化信息的载体。

言语沟通是人们对书面语言和口头语言的应用，这是人际沟通的主要手段。利用言语交流信息时，首先在信息发送者的头脑里要有一个想表达的观念。其次要有一套语言材料和语言规则，语言材料包括词汇和句子，语言规则包括语音规则、句法规则、语义规则。观念用材料表达，按规则转换，通过书面或口头的形式发送出去。信息接收者利用视觉或听觉系统接收这些信号，再按一定程序转换成观念。心理学家关心的是在言语沟通过程中人们的心理活动，主要包括两个方面：言语的产生和言语的理解。言语的产生指说写者用语言把想表达的观念转换成话语的心理过程；言语的理解指听读者理解话语的心理过程。人们注意到，只要参与交流的各方对情境的理解高度一致，所交流的意义就损失得较少。所以，社会心理学家研究言语沟通的重点放在说写者和听读者是怎样合作以及对信息的理解是怎样依赖于沟通情境和社会背景的。

（一）语义问题

言语沟通首先遇到的是语义（semantic meaning）问题，心理学家在研究人际沟通时十分注重对语言所表达的意义进行分析。这里考虑的语义问题是与人联系在一起的，因为人与人之间是有个体差异的，他们的知识结构、人生经历、文化背景等都可能不同，所使用的语词的意义自然也可能有所不同。例如，同样是一个“狗”字，中国人和美国人在使用时所赋予的意义就会有差异，它所引发的情感过程也不相同。此外，语词的意义还会随着社会文化的变迁而发生变化。我们可以拿汉语的“小姐”一词做个例子。在很长一段时间里，“小姐”指的是大家闺秀，有钱人家的女儿；但在20世纪50年代以后，“小姐”被视作一个腐朽的词汇而遭摈弃；从70年代末期开始，“小姐”又作为时髦词汇重新活跃在人们的交谈中；可没多久，“小姐”一词又因为与色情行业有牵连而唯恐避之不及。

另外，即使知识结构、文化背景相同，语词的意义也可能有差别。为了区分词义上的差别，心理学家把词义划分为基本意义和隐含意义两种，也可以说是本意和喻义。例如，“戏子”和“演员”这两个词都是指从事表演活动的人（基本意义），但两者的隐含意义不同，戏子含有贬义，而演员则含有褒义。词的隐含意义，主要是指情绪性含义，在人际言语沟通中起着重要的作用，如果使用不当会破坏沟通的正常进行。

（二）语境（context）问题

言语沟通能否产生意义还依赖于沟通发生时的语境。实际上，人们通常不是靠词典而是靠词汇在语境中的使用来理解其意义的，要理解孤立的词汇或者句子是相当困难的，有时甚至是不可能的。例如，有这样一句话——“你真聪明!”，它表达的是什么意思呢？如果不了解说话时的语境，对语义的判断是不能确定的。这句话可以有多种解释：当对一个解决了长期困扰其问题的人说时……表达的是由衷的钦佩；当对一个算对了一道两位数加法题的学龄前儿童说时……传达的是长辈的鼓励；当对一个为了自身利益出卖朋友的人说时……流露的是强烈的讽刺。所以，要想很好地理解词汇或句子的意义，一定要把握他们背后的语境。

与语境相关的还有语境框架（contextual frames）问题，也可以视作是一种谈话的规则。这里说的不是语法规则，而是社会文化的规则，这些规则通常是不成文的默契，言语沟通的双方都要遵循。语境框架下的谈话行为有一些普遍性的规则，如一方讲话时对方应注意倾听而不要轻易打断对方的谈话；同一时间内只能有一个人讲话，某个人想讲话必须等别人把话讲完等。当然谈话规则在不同社会、不同文化、不同团体和不同职业之间有所差别。以帮忙为例，在美国有一个不成文的规则，即在他人要求帮助的情况下才能提供帮助，否则就不要打扰别人。但在中国，看到别人需要帮助时提供帮助是天经地义的。一位在美国的中国留学生就遭遇到了不同语境框架下谈话行为差异的尴尬：

那天在学生会大楼前我提着几个很重的包裹。有人问："要帮忙吗？"出于礼貌，我说："谢谢！不用了。"这要是遇到中国人的话，他们就会执意帮我提这些包裹，然后我不时地表示感谢就行了。可这些美国人，一听到我的回答，真的就抛下我走开了。（布拉德福德·J. 霍尔，2003）

（三）语言与思维

这是一个古老的问题，在语言学和心理学研究中有著名的萨皮尔—沃尔夫假说（Sapir-Whorf Hypothesis），说的是语言在不知不觉中影响着人们的思维方式，于是，语言的局限就成了认知世界的局限。对于这个假说，学术界有很多争议，我们这里只是说语言确实对心理能够产生影响。据说曾国藩当年与太平军交战时开始老打败仗，他给朝廷上书自述"屡战屡败"，但他的师爷大笔一挥改成了"屡败屡战"，虽然只是次序的变更，感受却大不一样：前者昏庸无能，后者百折不挠。再以翻译为例，如果将 Martha 译为"马撒"，我们会觉得是一位男性，如果译成"玛莎"，我们却会觉得是一位女性。从这些例子里，我们不难感受到语言对认知的制约作用。

言语沟通能够作为人际关系进展程度的一个有效指标。研究发现，当我们与陌生人交流时，向对方表露较多的个人信息，相对于只是随意聊聊，我们会更喜欢对方。那些有更多自我表露的配偶，比起那些较少袒露心声的配偶而言，他们的婚姻更幸福。心理学家将向他人透露个人信息这一过程称为自我表露，自我表露得越多，表示两人关系越亲密，反之，如果两人之间不能分享个人的、相对私密的信息，两人的关系就不能被认为是亲密的。同时，那些亲密表露多的人比少自我表露者更招人喜欢。自我表露为什么会和喜欢相关呢？一方面，我们会向我们喜欢的人表露更多的个人信息，也会因为向他们有更多的表露而更喜欢他们。另外，受到别人的信任而得到别人的表露会让人感觉良好，这种言语沟通是建立良好人际关系基础上的。（参见莎伦·布雷姆，2008）

三、非言语沟通

非言语沟通是通过语言以外的媒介（如人们的面部表情、目光交换、身体姿势、肌肤接触乃至人们说话的音调、速度等）而实现的信息交流。非言语沟通是言语沟通的补充形式，有时也可以单独使用。因此，非言语沟通具有许多功能，可以提到的至少有以下六种：补充言语信息、替代言语信息、强调言语信息、否定言语信息、重复言语信息、调节言语信息。我们下面介绍一些主要的非言语交流的种类。

（一）面部表情

面部表情是人们日常人际沟通中运用最多的非言语沟通媒介之一。一个人的情绪可以清楚地反映到面部表情上，这些面部表情一般是非随意的、自发的，但也是可以被控制的。在实际社会生活中，人们常常有意控制自己的面部表情，以达到加强人际沟通的效果。譬如，不同国家的领导人在会见时，会尽力在脸上堆满笑容，以此传达国家之间的友谊。

从表面上看，一个人的面部表情是真情的流露还是伪装很难分辨。演技出色的演员，他们所表现出的面部表情完全可以乱真。此外，面部表情与内在心理活动的对应关系也不是单一的，这就使得同一种表情可以有不同的含义。例如，哭泣可以是悲伤的表示，也可能是表达同情，还可以是由幸福和喜悦而引发的。面部表情所传达的具体含义受多种因素影响，它既与沟通情境有关，也和沟通者的习惯特征有关。不同文化背景的人们的面部表情交流会有所不同。如微笑这种常见的面部表情，在中国和英美等西方国家的文化中，都表示一种愉悦和欢快之情。但在日常行为举止中，强调集体主义的中国人在受到别人诚恳赞扬时往往态度谦虚，会从动作到言语给予否定，脸上表现出“否认”、“不能接受”、“不相信”等表情；而强调个人主义的西方人受到赞扬时，一般会报以微笑、接受赞扬并通过言语表达感谢，这种信息传达在中国人看来似乎太骄傲。反过来，受西方文化熏陶的人认为中国人过于谦虚。（赵天毓，2009）

（二）目光交换

面部最重要的部分应该是眼睛。目光交换可能是非言语沟通的主要信息来源，至少可以表明交谈的双方对交谈感兴趣。通常目光交换可以表达爱、喜欢和关心等感情。不愿意有目光交换表达的则是相反的感情。如对讨厌的人，我们会说“走开，别让我再看见你”。有研究发现，注视某人意味着有兴趣与之交流沟通，这能够决定两个陌生人是否会开始交谈。凝视也有助于熟悉的人之间关系的良好发展，朋友比一般熟人之间更多地注视彼此，亲密伴侣比朋友之间会更多地相互注视，此所谓“四目相视，脉脉含情”。

人们常说眼睛是心灵的窗户，有时人们会有意关闭这扇窗户，避免目光的接触。有些人在向别人报告坏消息或者说一些痛苦的事情时往往避开对方的眼睛。有时沟通者由于害羞、恐惧或说谎而避免目光接触。我们从小接受的教育说，长时间盯着人看是不礼貌的，中国人强调“非礼勿视”，因为这样的目光接触会引起生理和情绪的紧张。当然，看不看人以及看人时间的长短有文化差异。阿拉伯人在交谈时，喜欢有面对面、眼看眼的接触，其距离之近常常能感受到对方呼出的气息。美国人谈话时也伴随着目光交换，似乎这样更坦诚，但他们没有阿拉伯人靠得那么近，从美国文化的角度来看，阿拉伯人这种长时间凝视不适用于两个男人之间，这通常是同性恋的亚文化群使用的非语言沟通的一部分。日本人说话时目光交流就少得多了，在短暂的目光接触以后，他们更倾向于把眼神停留在对方的颈部，而对方的脸部和双眼要在自己眼帘的外缘，他们认为眼对眼的目光接触是一种失礼的行为。

目光交换所传递的信息是复杂的，有时能表达几乎完全矛盾的含义——友爱和敌意、幸福和痛苦、无畏和害怕。在人际沟通中要根据语境来判断目光的意义。正如前面所说，频繁的、长时间的目光交换起码表明沟通者的卷入程度很高，情绪比较强烈。更细微的反应可以从瞳孔中看到，瞳孔扩大是情绪唤起、感兴趣和受吸引的表现，说明人们喜欢所注视的事物；男人和女人发现有吸引力的异性时瞳孔会扩大，同性恋者看到有吸引力的同性时瞳孔会扩大，父母看到自己的孩子时也是这样。

（三）身体姿势

在人际沟通中身体运动和姿势常用来传达信息或强调所说的话，被称为体态语言，对体态语言的研究已经形成一门专门的学问，叫体态学（kinesics）。例如，挥手表示再见、点头表示同意、摇头表示否定、拱手表示招呼等皆为人们所熟知。自然，体态语言所传达的含义也是复杂多样的，它依赖于沟通情境、沟通者的习惯以及沟通者所处的文化等多种因素。例如，在美国，用拇指和食指捏成一个圈，其余三个指头分开向上伸直，表示“OK”一词，意为“行”或“好”；在日本，这种手势则表示“金钱”；在阿拉伯人心中，这种动作常常伴以咬紧牙关，一起表示“深恶痛绝”。可见，不同文化会赋予体态不同的沟通功能。现在随着各国文化交流的深入，某些体态语言所表示的信息为大家广为接受。如最先英美人所使用的用食指和中指构成的表示“胜利”的V形，现在越来越多的亚洲人也在使用。

身体的姿势或动作所表达的信息虽然受诸多因素的影响，但仍不失为一种有用的信息沟通媒介。研究发现，通过观看简短的无声录像带，被试能够更好地判断出陌生人的性取向，其准确率显著高于随意猜想。身体姿势之所以能够提供信息的一个重要原因是它比面部表情更难控制，更可能暴露人们真实的想法。此外，身体的动作也能揭示出身份。地位高的人常采用开放的、不对称的姿势，他们占据大的空间。与此相反，地位低的人常采取封闭的、对称的姿势，他们占据的空间相对紧凑。

（四）身体接触

摸头、拍肩、握手、拥抱等身体接触也起着交流信息的作用。研究表明，关系越亲密，两人的身体接触就越多（Emmers & Dindia，1995）。身体接触还可以反映出双方的身份、地位、角色等，当两人地位不同时，一般只有单方向的身体接触，地位高的人更可能主动接触地位低的人。例如，摸头常常是长辈对晚辈，拍肩一般是上级对下级，握手的次序、时间、力量，都可能标志着沟通者之间不同的关系水平。此外，身体接触所包含的信息具有性别差异。例如，男性和女性对于他人的身体接触有不同的反应，女性通常会积极回应，而大多数男性则相反。有人（Sheryl Whitcher & Jeffrey Fisher，1979）曾做过研究，让护士向病人交代第二天要做手术的情况时触摸这些病人，这可被理解为一个安慰性的举动。结果发现，女性病人确实是这么认为的，这一动作使她们平静下来，并且血压也降低了；而触摸这一动作却使男性病人变得更加焦虑，且血压上升。另外，男性对女性的身体接触次数，多于女性接触男性的次数。事实上，在随意的交往中，旁观者不会积极地评价女性对男性的身体接触，除非她们的地位明显比男性要高。

身体接触对于人际沟通的促进作用很早就被心理学家所认识。帕斯曼等人（R. Passman et al.，1975）研究发现，人不仅对舒适的身体接触感到愉快，而且会对身体接触对象产生情感依恋。人类学家发现，成长于有较多身体接触文化背景下的人，在人际沟通中更容易建立对别人的安全感与信任，他们与别人的相处更真实、坦率和容易。相反，在不提倡人体相互接触的文化背景下成长的人，在人际沟通中较难建立对别人的安全感和信任，与人相处也较为虚假、规范化和困难。

（五）副语言

人们说话的语音大小、语调高低、语速快慢等都有一定的意义，从而成为人们理解言语表达内容的线索。心理学家称这些除去话语之外说话人声音中的所有变化，包括节奏、声调、音量、速度等非言语的声音信号为副语言（paralanguage）。同一句话用不同的语音、语调、语速去表现，就可能具有不同的含义。例如，用欢快高昂的声音说出“中国共产党中央委员会”时，人们能感觉到又有重大的激动人心的决策公布了；如果用缓慢低沉的声音说出“中国共产党中央委员会”时，人们会猜想有哪一位党或国家的领导人逝世了。研究说谎的心理学家发现，鉴别是否说谎的可靠线索包括声调和停顿，而不是大众所认为的脸红、低头、眼神闪烁等，说谎者比说实话者更容易音调高，说话停顿的时间似乎更长（Aldert Vrij，2005）。

语音和语速等与意义的关系也存在着不确定性。从心理学研究的个体差异上看，发出信息者说话时的语音和语速等受个人的习惯和特性制约，会有不同的表现。同样地，接收信息者也从个人的习惯和特性出发去理解对方的语音、语速等所包含的意义。有意思的是，最有效的发音行为可能是不发音——停顿，谈话中的停顿具有强调的功能，让听话者对停顿前后的谈话内容予以特别的关注。停顿的这种效果，是对“此时无声胜有声”的绝妙诠释。

（六）人际距离

在人际沟通过程中，双方之间的距离有一定的含义。一般说来，关系越密切，距离越近。距离的保持是测定交往中沟通双方亲密程度的一种有效方式，甚至可以衡量沟通双方关系的质量，那些不幸福的配偶比关系美满的配偶保持更大的距离。人类学家霍尔（E. Hall）在这方面有创造性的研究，他曾把人际距离分为亲密的、个人的、社会的和公众的四种类型。例如，霍尔提供了在美国人们的嗓音随着具体距离范围的变化而产生下列相应的数据，从中可以窥见人际距离与谈话内容、亲密程度之间的关系（爱德华·霍尔，1995）。

（1）非常近（3～6英寸）。轻声耳语；谈论绝对的秘密。

（2）很近（8～12英寸）。听得见的耳语；谈论非常机密的事项。

（3）近（12～20英寸）。室内，轻声；室外，正常嗓音；谈论机密。

（4）不远不近（20～36英寸）。轻声，音量较低；谈论私事。

（5）不远不近（4.5～5英尺）。正常嗓音；谈论非私人性质的问题。

（6）公开场合的距离（5.5～8英尺）。正常嗓音偏高；谈论公开事项以便别人听到。

（7）对房间的另一端（8～20英尺）。响亮的嗓音；对一群人讲话。

（8）延伸距离的界限（室内为20～24英尺，室外可达100英尺）。招呼或告别。

以上人际距离是美国人的一般交往模式，他们通常比世界上其他地区的人际距离要大一些。其他不同文化背景下的人际沟通的距离会有所差别。例如，在交谈时，阿拉伯男性比美国男性之间坐得更近，并保持一种更直接、更正面的身体倾向。拉美的学生在与他人交流的过程中，也比欧洲文化背景的学生更欲缩短双方的体间距离（David Matsumoto，2007）。除了文化外，性别和地位也会影响人际距离。一般男性之间比女性之间保持更大的距离，人们离地位高的人的距离也比离地位低的人的距离更远。（莎伦·布雷姆，2008）

心理学与人生 16－1　从体态了解人的内心

从前面的介绍已经知道，人类的体态会发出情感、态度等方面的各种信息，常常会不由自主地“泄漏”内心的一些秘密。因此，由体态入手，我们便能设法透视人们的某些心理活动。体态属于非言语沟通，当非言语沟通与语言沟通传递出来的信息不一致时，人们宁可相信非言语的信息。设想一个人在遇到可怕事物时身体颤抖、两腿打晃，可他嘴里却在不停地说“我不怕，我不怕”，你会真的相信他不怕么？

在体态与人的内心活动的关系方面，心理学家已经展开了许多有价值的研究，来自美国芝加哥心理研究所的克鲁特（M. Krout）运用实验方法激发被试强烈的情绪反应，但又禁止他们说话，从而观察他们表现出的包括手势在内的各种体态语言，最后总结出下面这样的表格。

很多人在日常生活中也能总结出类似的一些对应关系，这大概可以算作常识心理学（folk psychology）之类的知识。例如，用手触摸头部或面部显露出来的是自身的消极感觉，所以，有的公安人员或海关关员在对人进行询问的时候就会很注意这些动作。但是，需要指出的是，体态语言与内心活动的对应关系是复杂的，自身有消极感觉并不等于一定做了错事或做了非法的事。实际上，越是诚实的人，当他遭受怀疑的时候，越有可能觉得不自在。

表 16－1 姿势、手势及其含义

动机	姿势或手势
逃跑	（一侧或两侧）肩膀前倾
	下巴内收，背部隆起
	头或身体摇摆
	静止不动
攻击	“打人”姿态
	紧握拳头
	胸部挺起
态度不明	摸索
	整理或搔抓头部
	舐含手指

表 16－2 情绪泄漏时的一些常见姿态

姿势或手势	动机
以拳托下巴	自信
搓擦椅子扶手（坐着时）	情绪激动或烦躁不安
握起拳头	攻击
脚弯缩、伸出	攻击或自卫
手触鼻子	害怕
手指碰嘴唇	害羞
手遮眼睛	害羞
碰脸或抓腮	自责或进攻

对某些体态语言的现象，科学家作了更加深入的分析。英国著名的人类行为学家莫里斯（D. Morris）曾经讨论过人类捂嘴和摸鼻子的动作。日常生活经验和科学观察都表明，人们在说谎的时候会增加手对脸部的触摸动作，如摸下巴、刮嘴唇、揉脸颊、抚眉毛、挖耳朵、捋头发等，但是，增加得最为明显的两种动作是捂嘴和摸鼻子。莫里斯认为：“捂嘴比较容易理解。谎话是从说话者的嘴里说出来的，这时他头脑中的某个部分对此感到不舒服，于是便向手发出信号，命令手去‘捂住’他所说出的话。说谎者无意识地抬起自己的手，仿佛想塞住自己，但不知什么缘故，他又不得不让这些话继续从自己的嘴里说出来，因为他头脑中的其他部分不允许这样做。”（D. 莫里斯，1989）

不过，捂嘴的动作有一个致命的缺点，它的意思太直露了。于是，要增加伪装成分，不让自己的心理活动泄露，摸鼻子便取而代之了。对于说谎和摸鼻子之间的联系，莫里斯作了精彩的解说：

> 在我看来，这种联系有两方面的原因。首先，举到嘴附近的手已经有了偏移，而嘴的附近当然只有鼻子。手也可以放到下巴上，但这样就到不了嘴边；也可以放在脸颊上，但这样手不免太偏。只有鼻子端直地位于嘴的上方，是放手的理想之地：手只是稍稍地高出嘴唇几英寸，既可以继续捂住嘴的一部分，同时又可以把他人的注意力引向鼻子。
>
> 作为一种经过伪装的捂嘴，摸鼻子已成为最常见的说谎动作，但是它之所以如此普遍还有第二个原因。当故意说谎时，即使是最老练的说谎者也不免会有所紧张。这种紧张导致生理上的某些细微变化，其中有些变化很可能会增强鼻孔附近皮肤的敏感性，使鼻子有点发痒。这虽然是一种几乎觉察不到的感觉——其细微程度使我们很难意识到——但它却有助于鼻子成为对于手来说很具吸引力的接触部位，它当然不是手做出动作的直接诱因，而只是在手一旦开始作捂嘴动作并需要伪装时，有助于把手引向鼻子而已。（D. 莫里斯，1989）

人体的各个部位，都可以传达出相关的信息，从而达到人际沟通的效果。还是那位莫里斯，他基于自己多年的研究经验，结合生物学、人类学、心理学、社会学等学科的视野，在人类进化史和跨文化比较的宏阔背景上，将人类的身体分为20个部位，对其所表露的身体语言作了细致的解说。在这里，他向人们展示了生物性和文化性之间的关联，而尤其重要的是，指明了人类身体语言所“泄露”出来的无意识心理活动。例如，他从身体语言的立场上，将人类的眉毛动作分为低眉、扬眉、眉毛斜挑、眉毛打结、眉毛闪动、眉毛连闪、耸眉七种类型，他指出：“人类眉毛的功能，无疑是表示心情的变化。过去曾有人认为它们主要的功能是防止汗水和雨水滴进眼睛里，就像位于前额底部的两道承溜似的。眉毛是有这种功用，但更重要的还是与表情有关。每当我们的心情改变，眉毛的形状也会跟着改变，而产生许多不同的重要信号。”（D·莫里斯，1989）心理学的知识告诉我们，莫里斯的看法是正确的。

第二节　人际知觉

人与人相遇，相互间传递信息，形成了人际沟通。紧接着，对所获取的信息进行综合评估或加工，就形成了人际知觉。人际知觉（interpersonal perception）又称对人知觉，是个人对他人的感知、理解和评价，涉及的内容有对他人表情的认知、对他人性格的认知、对人与人关系的认知、对人的行为原因的认知等。人际知觉研究考察知觉主体处理有关他人信息的过程和方式以及影响这一过程和方式的主要因素。影响人际知觉的因素是繁多的，有客观因素，如刺激的特点、当时的情境等；有主观因素，如知觉者本身的心理因素等。仅以心理因素而论，就可以数出兴趣与动机、需要与价值、过去的经验、当前的情绪等。人际知觉的特点可以概括为：复杂性、主观性和易出偏差。

一、印象的形成

所谓人际知觉，通俗地说即对他人的看法，指对他人形成一定的印象。印象形成就是把一个人若干有意义的特性，进行综合、概括，形成一个具有结论意义的总特征。我们在日常生活实践中，免不了与人打交道，随时随地都在形成对他人的印象。那么，我们是根据什么来形成对他人的印象的呢？

中国的哲人孔子曾说过“听其言、观其行”的话，我们在人际知觉过程中主要也是通过言论和行为形成对他人的印象的。首先，我们会接收到来自他人外表的信息，男女老幼、高矮胖瘦，这都是对他人的印象。然后是行为，有非言语的行为，有言语的行为。譬如，我们看到一个人当街吐痰，会对他印象极糟；看到一个人细心地捡拾地上的遗弃物，则会对他印象甚佳。一个人的说话当然也会影响到人们对他的看法，如一个美貌女子说脏话，我们会叹息只是个“花瓶”，而一个其貌不扬者显露出不凡的谈吐，则会让人立刻刮目相看。我们与他人交往时，最会关注哪些信息以形成对他人的印象呢？心理学家发现，在自然特征上，我们首先根据性别、种族和外表吸引力将人们归类；在社会特征上，我们首先根据人们所属的群体和社会角色对其进行归类；在心理特征上，我们则按照具有社会评价意义的人际关系特征和智力特征来对人进行归类。（金盛华，2008）

从认知心理学的立场看，人际知觉依然是人们对获取信息的综合加工过程。心理学家提出了一些人际知觉的加工模型，其中最著名的是安德森（C. A. Anderson）等人的平均模型（averaging model）。安德森认为，人们通常把所获得的信息加以平均以获得对他人的总体评价。如甲与乙第一次见面时，甲发现乙很聪明、有礼貌，但个子较矮，而且穿着随便。那么甲就会把这种正性与负性的信息综合起来进行加工。假设甲认为聪明是很好的品质，给正 10 分；有礼貌也不错，给正 4 分；但个子矮甲不太喜欢，给负 5 分，穿着随便也是甲较烦的，给负 5 分。然后把这四项特质的得分加起来，最后得正 4 分，说明甲对乙的印象一般，比平均值略高一点。总的来说，还算是留下了一点好的印象。到了后来，安德森继续完善了他的模型，改名为“加权的平均模型”（weighted averaging model），以强调在所有特质平均前会对那些人们认为非常重要的特质赋予较大的权重。例如，某大学招聘教学科研人员，在各项特质中对智力的重视要胜于外表的吸引力，所以平均时给智力的权重要大些；而如果是某个剧组招收女演员，导演对外表的重视程度一般要高于智商。

在所有印象中，人们最初形成的印象是十分重要的。在我们的记忆里，随着时光的流逝，对某个熟人的印象可能已经变换了许多次，前面的印象被后面的印象不断覆盖。但是，对这个熟人的最初印象，却是最不容易忘记的，并且决定着以后双方交往的过程。因此，心理学家们在研究人际知觉问题时，就很重视研究人与人初次见面时的第一印象。所谓第一印象（first impression），是指人们在第一次接触时，根据对方的身体相貌以及外显行为所得到的综合性与评鉴性的判断。在我们日常生活中，每次结识一个新人就有机会产生第一印象。现在升学、求职等常有面试，第一印象的重要性广为人知，大家都很注意这类场合的穿着打扮、言谈举止，认为这是人际交往中的一个关键。

第一印象的形成会受到许多因素的影响，其中很关键的一个是相貌。相貌是外在的东西，我们都知道一个人的内在品质比外在的形貌更重要，先辈也曾告诫我们对人评判时不应“以貌取人”，但心理学家的研究发现，相貌是影响人们第一印象的重要原因之一。曾有心理学家将一名小学五年级学生的资料卡复印许多张，分别贴上相貌不同者的照片，然后请多位五年级教师根据照片与卡片的记录，推测学生能力的高低。结果发现教师们不约而同地评定相貌好的学生智力较高。另有心理学家研究发现，一般人居然认为相貌美好的人不但智力较高，而且心地较为善良，生活也比较愉快。此外，更有心理学家在调查一般人对大学生偷窃行为应如何惩罚的意见时，发现一般人居然相信相貌美好的大学生不会有偷窃行为。由此可见，生就一副漂亮的面庞，会有很多时机占到便宜。美国影片《猫鼠游戏》中的男主角，就因为长得帅，其欺骗行径几乎畅通无阻。我们也经常能听到这样的感叹：“某某长得人模人样的，怎么会干出这种事?”这话里的意思，依然是相貌好的人应该面好心也好。

第一印象的形成还与人们的认知结构有关。这里有必要提到“先入为主”的效应。其实，在根据有限的信息去感知他人时，这种心理倾向是相当普遍的。有这样一个心理学实验：让两组大学生看同样一张德国中年人的照片，但给两组学生的解释截然不同。对A组学生说，此人是当年希特勒手下杀人集团盖世太保的首脑人物之一，在第二次世界大战期间杀害了成千上万的犹太人。对B组学生则说，此人是反纳粹地下组织的领导人之一，在第二次世界大战期间，挽救过成千上万犹太人的生命。然后，分别要两组学生根据照片上的面部表情，描述他们对此人的印象。结果发现：A组学生均将此人描述为面貌凶恶残忍成性的人，B组学生均将此人描述为面容和蔼，心怀仁慈的人。对同一人物产生的印象如此悬殊，原因就在研究者的事前说明，对A组与B组发生了不同的“先入为主”作用（张春兴，2005）。这正与中国古代“疑邻人偷斧”寓言说的是同样的道理：你觉得邻居偷了你的斧头，怎么看邻居就像个小偷；可等你斧头找到了，再看邻居，怎么看也不像小偷了。

人际知觉中信息出现的次序在印象形成中也有很大的作用。普通心理学的记忆研究中曾提出首因效应和近因效应的原理，这个原理在印象形成上同样起作用。首因效应是指人们比较重视最先得到的信息，并据此对他人作出判断。近因效应则是指最新得到的信息对他人的印象形成起较强作用的现象。这两种效应说明输入信息的顺序的重要性，关注的是什么时候接受的信息对人的影响最大。

社会心理学家曾设计过如下实验，来验证首因效应和近因效应：研究者编写了两段短文，描述一个男孩的日常活动。在第一段短文中把他描述成一个热情而外向的人，在另一段短文中把他描述为一个冷漠而内向的人。两段短文按照两种组合方式呈现给被试。一种顺序是先第一段，然后第二段；另一种顺序是先第二段，然后第一段。读完后要求被试评定这个男孩的性格特质类型。实验结果证实了首因效应。当第一段在前时，大多数被试把这个男孩评定为外向型人。当第二段在前时，大多数被试把这个男孩评定为内向型人。但是，如果在两段描述之间插入某些其他活动，则较近的信息有更大影响，这时就会出现近因效应。假定上个月你在一次晚会上认识了一个人，给你的第一印象并不太好，但是本周内你又碰上了他，这次给你的印象却是好的，那么你对他的印象可能是好的。这个结果给我们传递了两个信息。首先，第一印象是十分重要的；在人际交往中应予以特别注意。其次，第一印象也不是不能改变的，我们可以通过努力来对以前的印象进行修正。

光环效应（halo effect），也叫晕轮效应，指我们对一个人形成某种印象后，这种印象会影响我们对这个人其他特质的判断。例如，在影视作品中扮演正面人物的演员，人们往往相信他在各方面都会表现好。当然也有相反的情况，即负光环（negative halo）效应，如果一个人被认为是坏的，他就被一种消极的光环所笼罩，从而也就被赋予其他不好的特质。心理学家发现，印象形成中的晕轮效应是一种普遍倾向。如前面所说的相貌特质会引起光环效应，相貌吸引度高的人不但被认为智力较高，而且心地较为善良，生活也比较愉快。此外，个体所具有的其他重要品质，也具有同样的光环效应。光环效应使印象形成容易主观化，可能形成的印象与事实差别较大，但它能够帮助人们尽快适应多变的外部世界，使外部世界尽快结构化和可预见化。

正性偏差（positivity bias），指的是人们对他人的判断往往是正面评价超过负面评价的倾向。这或许与人们向往美好的心理有关，大家希望自己周围的人都是好人，这样就能生活在一个良好的环境里。社会文化的因素可能也起着作用，虽然不同文化的价值观不同，但各种文化都会鼓励它所认为积极的、正面的东西。

此外，定势、刻板印象等作用也会对人际知觉产生影响。

二、行为的归因

在社会实际的生活中，会有许多与人际关系相关的事件发生，对其中的一些我们认为重要的或特别的事件，我们会考虑其背后的原因。归因就是个体根据获得的信息，对自己或别人所表现的行为或事件为何发生的原因所做的解释和推论。社会心理学家海德（F. Heider）在其1958年出版的《人际关系心理学》中首先提出归因理论，以后一些学者在此基础上陆续提出一些新理论，曾经有一段时间归因研究成为美国社会心理学研究的中心课题。

（一）海德的归因理论

海德是归因问题研究的创始人，他把行为的原因分为两类：一是内因，即个人的原因；二是外因，即环境的原因。在海德看来，行为的原因无非就是个人与环境这两种。个人原因如人格、动机、情绪、态度、能力、努力等；环境原因如他人、奖惩、运气、工作难易等。如果行为原因在于个人，则行动者就要对其行为结果负责；如果行为原因在于环境，则行动者对其行为不负什么责任。如一个学生考试不及格，可能由于个人原因：他不聪明、不努力等；也可能由于环境原因：考题太难、考场太乱等。海德关于环境与个人、外因与内因的归因理论成为后来归因研究的基础。

海德还认为人们做归因解释时通常使用两个原则：一是共变原则。甲出现时乙就出现，甲不出现则乙也不出现，这就可以把甲看成乙的原因。二是排除原则。甲出现时乙出现，甲不出现乙也出现，在考虑乙的原因时就可以把甲排除。

（二）维纳的归因理论

维纳（B. Weiner）等人发展了海德的归因理论，他们认为，内因与外因方面只是归因判断的一个维度，还应当增加另一个维度，即暂时—稳定维度。这两个维度都是重要的，而且是彼此独立的。暂时—稳定维度在形成期望、预测未来的成败上至关重要。例如，如果我们认为甲工作做得出色是由于他的能力强或任务容易等稳定因素造成的，那么就可以期望，如果将来给予同样的任务他还会做得出色。如果我们认为其成功的原因是由于他心情好或机遇好等暂时因素造成的，那么就不会期望他将来还会做得出色。稳定的或暂时的因素既可以是内因的，也可以是外因的。在上面的例子中，能力强、心情好是内因，任务容易、机遇好则是外因。

（三）凯利的归因理论

凯利（H. H. Kelley）认为可以使用三种不同的解释说明行为的原因：行动者、对象、环境。例如，顾客批评售货员，我们可以归因于售货员，说她态度不好；也可归因于顾客，说他是个爱指责人的人；还可归因于环境。那么，什么是真正的原因呢？凯利认为，要找出真正的原因需要调动三种信息，即一致性、一贯性和独特性。一致性是指该行为是否与其他人的行为相一致，如果每个顾客都批评售货员，则顾客的行为一致性较高。一贯性指行动者的行为是否一贯，如该顾客是否总是批评该售货员，如果是则一贯性高。独特性指行动者的行为在不同情况下对不同的人是否相同，如该顾客是否在一定情况下对该售货员如此，而对其他售货员则不如此，如果是则独特性高。由此推论，如果一致性低、一贯性高、独特性低，则应归因于行动者。这就是说，其他顾客都不批评该售货员，该顾客总是批评该售货员，该顾客对其他售货员也如此。此时应归因于顾客。如果一致性高、一贯性高、独特性高，则应归因于对象。这就是说，每个顾客都批评该售货员，该顾客总是批评该售货员，该顾客不批评其他售货员，此时应归因于售货员。如果一致性低、一贯性低、独特性高，则应归因于环境。这就是说，其他顾客都不批评该售货员，该顾客也不总是批评该售货员，该顾客只是在一定情况下批评该售货员，对其他售货员未加批评，此时应归因于环境。凯利强调了三种信息的重要性，所以他的理论又称为三维归因理论。需要注意的是，这个理论是理想化的模型，我们在实际社会生活中往往很难得到全部信息。

（四）归因偏向

以上只是主要的几种归因理论，此外，修正的理论和独立的理论还有不少。归因是人们试图寻找行为的原因，但是找出的原因却不见得正确。人们通常会犯这样或那样的错误。心理学家在研究中发现了一些经常出现的归因偏向。

基本归因错误（fundamental attribution error），是指在个人行为的归因上，人们倾向于高估个人或内因的作用，低估情境的作用。也就是人们只重视特质因素而忽视情境会对行为造成影响的带偏向性的解释。设想一个学生高考没有考好，我们会怎样说他呢？第一种说法是，这个学生没有努力；另一种说法是，这个学生可能学习条件不够好。事实上，我们更倾向于第一种说法，所以社会心理学家罗斯（L. Ross）将这种情况叫做基本归因错误。导致这种情况的出现是因为我们有一种信念，认为人们应对自己的活动结果负责，因而多从内因去评价结果，而忽视外因对结果的影响。另一个原因是情境中的行动者往往比情境中其他因素更突出，突出的东西引起更多的注意。基本归因错误在美国心理学实验中已经得到多次重复。然而在其他文化的人群中却没有如此普遍。尼斯比特等人（Choi，Nisbett，& Norenzayan，1999）对归因的跨文化文献进行了回顾，总结出北美人倾向于出现基本归因错误，而东亚人没有这种倾向，出现这种差异不是因为东亚人缺乏特质思维，而是因为他们对情境更加敏感。例如，莫里斯和彭凯平（Morris & Peng，1994）发现美国报纸更容易将谋杀归因为个体的人格特质、态度和信仰（如“坏脾气”、“精神障碍”等），而中国报纸更喜欢归因为情境因素（如“和导师相处不好”，“和群体孤立”）。

但是，人们并不总是认为自己要对自己的活动结果负责，做这种归因取决于是说自己还是说别人。与基本归因错误相联系的有行为者与观察者效应（actor-observer effect），是指行动者倾向于作外部归因，强调情境的作用；观察者倾向于作内部归因，强调行为者的作用。一般人解释自己的行为较偏向情境归因，而以特质归因解释他人行为。也就是说，如果自己考试没考好，通常会认为是自己的学习条件不够好（情境归因）；而别人考试没考好，则多半会认为是他自己不努力（特质归因）。之所以出现这种情况，可能是知觉特点造成的。当你是一个行动者时，你会更多注意情境；当你是一个观察者时，你更会多注意行动者。如果行动者和观察者能站在对方的位置上，将会减少观察者和行动者之间归因的差别，这就是我们常说的换位思考。婚姻咨询者很重视这一点，他们致力于说服争吵的夫妻从对方的立场去看待问题。

看来，立场不同，观点就不一样。从自己这个立场出发，行为者与观察者之间的差异实际上是寻找对自己有利的解释。人们在归因时常常有自利性偏向（self-serving bias）。所谓自利性偏向，就是在归因时人们愿意把积极的结果归因于自己，做特质归因，把消极结果归因于情境，做情境归因。还是用考试做例子，考得好，会说“这是因为我有实力”；考得不好，会说“这次题目太偏了”或者“昨天晚上没有休息好”、“今天考场闹哄哄的”之类的话。研究发现，自利性偏向往往会随自我卷入的深浅而不同。自我卷入越深，个体在归因过程中，会朝着有利于自我价值确立的方面倾斜，自利性偏向的程度就越高。此外，在自利性偏差的研究中同样也出现了文化差异。例如，Moghaddam，Ditto & Taylor（1990）研究了在加拿大的印度女性移民的归因过程，这些被试在适应加拿大的生活时经历了不同程度的苦恼。研究发现印度女性更喜欢将成功和失败归因为内部原因。而美国研究则会假设被试只会将成功归因于内部原因，而将失败归因为外部原因，这样假设同样也是源于自我服务偏差（David Matsumoto，2007）。

三、自我实现预言

在古希腊神话中，塞浦路斯国王皮格马利翁（Pygmalion）是一位著名的雕刻师，他用象牙雕了一尊美丽的少女像，由于雕像太逼真了，他竟然酷爱自己的这个作品，朝思暮想地端详这座雕像。一片痴情换来了回报，在他的凝视下，这尊塑像最后变成活人，并做了他的妻子。中国人也有类似的信念：只要用情专一，顽石也会点头。

这个美丽的神话在人类艺术史上引发了一系列的创作，连英国大文豪萧伯纳也写过以皮格马利翁为名的喜剧。不过，我们这里要说的是心理学中的一个术语——皮格马利翁效应（Pygmalion Effect）。这种效应是指人们所具有的信念、成见和期望对所关注的对象会产生的影响。由于它是美国著名心理学家罗森塔尔（R. Rosenthal）等人在其著名实验中发现的，所以也叫做罗森塔尔效应（Rosenthal's Effect）。

罗森塔尔等人在1968年做了一个实验。他们从小学1～6年级的每个年级中各随机抽取3个班，进行预测未来发展的实验（即智力测验）。做了一通测验之后，他们估计各班（每班抽取20%的学生）在这个学期中有哪些学生将有显著进步，并将这些学生的名字通报任课教师，名单上的学生即为实验组，其余学生为控制组。实际上，名单上的学生是从花名册里随机挑选的。如此设计是为了让教师对名单上的学生“另眼相看”，从而引发与其他学生不同的期待心理。8个月后，罗森塔尔等人再来学校进行测验。结果表明，被确定为可能发展的实验组学生，与控制组学生相比，确实如教师期待的那样，智商有所提高，1、2年级的学生更为明显。在品格方面也有类似的结果。教师寄以期望的学生较之教师不期望的学生，具有“顺应能力更强”、“求知欲更强”、“情谊更深”等倾向。这结果意味着，教师在同寄以期望的学生相处时，可能态度与对别人不同，致使自己的期待微妙地传给了学生。于是，罗森塔尔借助希腊神话称上述效应为皮格马利翁效应。

随后的研究获得的结果却不一致，有些实验者并未取得同样的效应。看来师生之间的影响是双向的，影响的程度存在着个别差异，很难说清楚学生的反应有多少受教师期待的影响。而且，期待常常以行为中极细微的差别来传递，也很难度量。但是，不管研究结果多么不一致，学生往往会对教师的期望作出反应是有心理学根据的。教师的期望对学生起隐蔽的强化作用。后人曾评论罗森塔尔效应的最初研究与许多重复实验，肯定教师对学生的看法能够影响学生。

那么，老师的虚假期望是如何转变成学生成绩的积极变化的呢？罗森塔尔在后来的文章中指出，老师的期望至少促进了四个过程：第一，老师对这些学生的行为更加热情、友好，这创造了一种社会赞许和接受的氛围。第二，对于他们寄予高度希望的学生，对他们的要求更高——这涉及学习材料的质量和难度水平两个方面。第三，他们对于挑选出来的学生在学习方面给予更为直接、清晰的反馈（表扬和批评）。最后，老师给那些特殊学生创造较多的机会，让他们在课堂上发言，展示自己的作业、获得表扬，因而给学生以确凿的证据，表明他们确实如老师所期盼的那样优秀。

如今，心理学将这一类效应称为自我实现预言（self-fulfilling prophecy），指在有目的的情境中，个体对自己或他人所具有的预期在此后的行为中应验。我们可以假设一个例子，一位北京大学的男生和一位清华大学的女生经人介绍第一次见面。北大男生素知清华学风严谨，想象清华女生也应该喜欢严谨之人，于是着装正式、言语谨慎。清华女生见此情形，认为北大男生是一个严谨的人，喜欢举止得体的女生，在表现上就按照"言语适当、举止得体"的方针办事。这样一来，在两个人的人际交往中，北大男生对清华女生所具有的预期便在此后的行为中应验，一个自我实现预言遂告完成。研究表明，一旦形成错误的信念，就有可能引发他人作出某些行为反应以支持这些信念。这种现象叫做行为确证（behavioral confirmation）。确实，对别人习惯性地持有不同预期的人，可能会为自己创造出不同的社会环境。例如，担心受到别人拒绝的人经常以一种更可能引起被拒绝的方式来行动，当冲突发生时，他们的行为更消极，能感受到别人的故意冷落，而实质上别人并没有这样的意思（莎伦·布雷姆，2008）。

自我实现预言可能发生在对人上，也可能发生在对己上，作为一种心理力量的暗示在这里起作用。一个人坚信"天生我材必有用"，最终他可能走向成功；一个人老是怀疑自己精力不济，很可能身体状况真的越来越糟。对此，斯蒂文·舍曼（Sherman，1980）曾做过一系列实验研究证明人们通常会实现他们对自己行为的预测。例如，当被试接到电话询问是否愿意为一个癌症团体做 3 小时驾驶志愿服务时，只有 4% 的人同意这样做。而让对照组被试事先预测如果自己接到这样的请求会如何做，这时几乎有一半的人预测他们会提供帮助。然后当电话联系这批被试时，大部分人确实答应会提供帮助（戴维·迈尔斯，2006）。由此又可看出，自我实现预言的效果可以是积极的，也可以是消极的。在实际社会生活中，我们应该多发挥自我实现预言的正面效应。

热点问题讨论 16－1　文化与归因

近年来，文化与归因的研究工作有了一些新进展。

这方面的研究是由一个实际社会生活事件引发的。1991 年 11 月，美国依阿华大学的中国留学生卢刚博士在校园开枪杀死 5 人重伤 1 人后自杀，这一事件震惊了美国校园乃至全美。对于这一事件事实本身，人们并没有什么争议，但对事件发生的原因却有不同的解释。例如，一家著名的美国报纸《纽约时报》认为，卢刚的性格古怪、脾气暴躁，是一个心理极不正常的人，他之所以做出杀人这样的反社会行为正是他的人格所决定的。但是，另一家在美国发行的著名中文报纸《世界日报》则注意到卢刚与导师紧张的关系以及在华人圈中被孤立的事实，推测卢刚像很多亚洲学生一样，过分追求学业上的成功而感受到太大的压力，成了“尖子学生”教育政策的牺牲品。此外，《世界日报》还强调了美国枪支泛滥在这个事件中的影响作用。大致上，可以将《纽约时报》作为美国文化的代表，将《世界日报》作为中国文化的代表。不难看出，这两家报纸对这起悲剧发生的原因所进行的分析是大相径庭的。客观地说，卢刚事件和许多类似的事件一样，其发生既有内因的作用也有外因的作用，具体说是既有人格因素也有环境因素，但是，代表不同文化背景的英文报纸和中文报纸关注的重点却不一样：美国报纸强调的是人格因素，就像基本归因错误所显示的那样，中文报纸强调的则是环境因素。

这一事件引起了文化心理学家的注意。在心理学领域，近 20 年来最引人注目的变化之一就是文化心理学的兴起。在文化心理学领域，人们研究了个人主义文化和集体主义文化的差异。在个人主义文化色彩较浓的地方（如美国），人被视作独立的个体，他们的行动是按照个人的意愿做出的，他们对自己的成功或失败负责；在集体主义文化色彩较浓的地方（如中国），人被视作社会群体中的一员，他们的行动是按照集体的规范和别人的期望做出的。

莫里斯和彭凯平（Morris & Kaiping Peng，1994）在“文化与原因”的标题下对卢刚事件以及其他实验室情景作了系统的研究，其研究结果表明，西方人（如美国人）强调或倾向于从个人的心理品质来解释社会事件的发生，即多作内部归因。这是个人主义文化的归因方式。而亚洲人（如中国人）则强调或倾向于从环境的角度来解释社会事件的发生，即多作外部归因。这是集体主义文化的归因方式。也就是说，人们对事件的归因模式随文化不同而不同。他们把心理学的以及人类学关于归因方式的观点综合起来，提出了“文化差别的内隐推测设想”，即文化的差别以内隐的方式制约着人们对行为信息所进行的编码与表征，因此文化的差别不仅可以表现在言语的报告上，而且可以表现在归因知觉水平上。

在研究方法方面，莫里斯和彭凯平等人针对以往研究的缺陷运用了新的设计。过去通常是美国人对他们熟悉的美国人的行为作归因，中国人对他们熟悉的中国人的行为作归因，这样一来，文化的差别与归因对象（熟人）的差别就可能会混淆。他们采用文化启动研究的范式来研究中国人和美国人在归因上的不同。心理学家海德在归因研究中曾通过向被试呈现一些与社会和文化现象无关的动物图片让不同文化背景中的人反应，这种方法在一定程度上避免了具体的人和事可能造成被试的反应偏差。他们借鉴了海德的这种设计，以鱼群为启动刺激，探讨中国人与美国人的归因倾向。这种较为抽象性的设计，能获取文化差别的较纯净的测量，其有效性得到人们的充分肯定，很可能启动实验在揭示内隐的文化差异方面是其他方法所无法相比的。

在实验室研究中，莫里斯和彭凯平制作了一些鱼群在水中游动的卡通片，让中国被试和美国被试观看，每个卡通片上都有5条不同颜色的鱼，其中蓝色鱼的游动轨迹与其他4条鱼不同。这些卡通按其类型分为3组。①强制型。即每个卡通片中蓝色鱼逼近4条鱼或4条鱼逼近蓝色鱼并迫使其游走。强制型又被分为和谐的带走（包括集体带走和单个带走）与不和谐的攻击（包括集体攻击和单个攻击）。②联系型。即每个卡通片中蓝色鱼与4条鱼要么游在一起，包括集体加入和单个加入，要么分开，包括集体离开和单个离开。③聚集型。即每个卡通片中4条鱼由四周向中心游拢或由中心向四周分散游，蓝色鱼或者在中心或者在周边上。卡通片中的鱼表现了两类运动轨迹或社会关系。“集体带走”和“单个带走”、“集体加入”和“单个加入”等卡通的共同特点是，蓝色鱼与其余4条鱼最终游在一起，这一特点符合中国的社会动力过程（大团圆、合的结局），代表着中国的社会关系，因此这些卡通被称为中国型鱼群。而“集体攻击”和“单个攻击”、“集体离开”和“单个离开”这些卡通也有一些共同的特点，即蓝色鱼与其余4条鱼最终分开，这一特点符合美国的社会动力过程（分的结局），代表着美国的社会关系，因此它们被称为美国型鱼群。观看了卡通片放映后，研究者要求被试回答如下问题：①蓝色鱼像是鱼群的重要伙伴吗？②在多大程度上蓝色鱼的游动受内部因素的影响？③在多大程度上蓝色鱼的游动受鱼群的影响？④在多大程度上鱼群的游动受蓝鱼的影响？最后的结果是：中国被试在各种类型的鱼群卡通中都更多地知觉到对蓝色鱼运动的外部影响，即他们更多地把蓝色鱼的运动归因为外部力量；而美国被试更多地知觉到影响蓝色鱼运动的内部因素，即他们更多地把蓝色鱼的运动归因为内部力量。

莫里斯和彭凯平还让密西根大学的中国学生（留学生）和美国学生对卢刚事件进行评判，得到的结果是，中国学生认为环境的因素更重要，而美国学生则认为个性的因素更重要。这样，对于真实的社会事件以及用鱼群卡通模拟的社会事件研究证明，美国人与中国人归因的重点都是不同的。这项研究以及以尼斯伯特为首的学术群体围绕文化问题所做的一系列心理学研究让人们慎重考虑文化的重要性。就以归因问题而论，从跨文化的视野来看，所谓的基本归因错误还能称得上是“基本的”么？以往在心理学领域人们考虑文化的作用时，通常只是把它当作一个具体的自变量，而没有把它看作是一个整体性的认知环境，实际上人们的心理表征都是镶嵌在这个认知环境中的。这样的观点，在人类学中早就有相似的提法，如今，心理学中严格的实验研究让人们从另一个角度感受到了文化这个认知环境的真实存在。

第三节　人际吸引

在社会交往中，人与人之间不仅在认知层面上相互沟通、相互知觉，而且也会形成一定的情感联系，这种情感联系集中表现在人际吸引上。人际吸引（interpersonal attraction）说的是人与人之间相互形成的积极态度（彼此注意、欣赏、仰慕等）或喜爱的情感，它是人际关系进一步发展的前提。人际吸引过程遵循一些基本的原则，如强化原则（强化是学习论的一项基本原则，运用到人际吸引中，就是我们喜欢那些能给予我们奖励的人）、联结原则（我们喜欢那些与美好经验联结在一起的人，厌恶那些与不愉快经验联结在一起的人）、社会交换原则（我们对于一个人喜欢与否，是基于成本与利益所做的评价）。人际吸引有一个发展的过程，它的顶点，应该就是被人视为神秘而神圣的爱了。

一、人类的亲和性

前文已提及，人类是集群性的动物，有着明显的亲和性或合群性的倾向。这类话在历史上有无数人说过，人们凭借日常生活经验也能不断地观察到个体表现出的想与他人乃至群体在一起的愿望。发展心理学家也会认为，儿童表现出来的亲子间依恋就是亲和性的早期表现形式。我们也都会承认，亲和性是友谊、爱情、参加群体生活的基础。

亲和性的倾向或合群的行为可能是本能性的，儿童表现出来的依恋性或许是一种证据，人类儿童长时间的依赖期迫使他们为了生存去合群。从进化的角度看，人类早期生活中充满了危机，群集的人比单独的人有更好的生存和繁衍的机会，这样，亲和或合群的倾向作为一种生存适应的优势，便很有可能潜存在今人的遗传里。

学习和具体需要的满足在产生亲和性倾向或合群行为中也一定起着作用。我们可以设想人类个体的成长过程，在这个过程中他们有许多需要得通过他人得到满足，于是，他们就把自己与他人联系起来，逐渐学会与他人合群。到了成年阶段，人们为了生存求助于他人的事情少了，但是亲和性的倾向或合群的行为已经通过学习成了人们日常生活的一种习惯。

以上都是一些解释的原因，但只是一般性的回答，心理学家希望找到更具体的解释。例如，从一般意义上说，每个人都有亲和或合群的愿望，都有与他人联合的趋势，可我们能够感受到，这种愿望和趋势并不是一直维持在同样的水平上。有时候我们更想和他人在一起，有时候我们却宁愿独处，那么，是什么因素导致人们增加或减少亲和性的倾向或合群的行为呢?

心理学家沙赫特（S. Schachter）认为合群与恐惧有关，合群能降低恐惧，恐惧程度高的人比恐惧程度低的人更倾向于合群。沙赫特设计了一个实验，告诉被试实验的目的是研究电击作用的，并让被试看到实验室里的各种电器设备。此外，通过研究者对电击伤害程度的不同描述，将被试区分为高恐惧组和低恐惧组。研究结果发现，高恐惧组被试比低恐惧组被试更希望与他人在一起，更具有亲和或合群的倾向。对此至少有两种解释：一种解释认为，当人们害怕时，人们指望合群来减小恐惧。另一种解释认为，人们不能确定自己的感觉如何，为了把自己的反应与别人相比，他们就合群。这种通过与他人对比来估价自己的倾向是一项重要的、叫做社会对比的心理学原理。为了社会对比的目的，高度饥饿同样也引起合群倾向。按照社会对比理论，人们选择与自己相近的人进行比较。人们对自己的感觉和情感是否合适越不确定，对社会对比的需要就越强，同样，合群倾向也就越大。当害怕的人有合群行为时，就会变得不怎么害怕，并且在情感上也变得更接近了。

总之，人类作为集群性动物，不管是出于本能或是学习，都有与他人亲和的需要。那么当与他人亲和的行为遭到拒绝的时候，人们如何反应呢?研究发现，人们（尤其是女性）对排斥的反应常常是抑郁、焦虑，感到情感被伤害并努力修复关系，如果排斥得不到解除，最后会陷入孤僻。琼·特温格等人（Twenge，2001，2002；Baumeister，2002）曾让被试做过人格测验，告知被试“要注定一生孤独”，或者遇到的人都不愿意接纳他们加入自己的团体。结果发现，这些做法诱发了被试的社会排斥感，在随后的表现中，他们不但增多了自暴自弃的行为，还更有可能对曾经得罪过自己的人进行损贬。还有研究发现，就算是在虚拟世界被不可能见面的人拒绝，也会引起挫折感，可见，当我们不被他人所接受或吸引时，我们会体验到强烈的不愉快感，并引发一系列问题行为。

二、影响人际吸引的因素

人际吸引是在合群需要的基础上发展起来的。合群仅指愿意与他人在一起的倾向，并不涉及是否喜欢他人，更不涉及对他人品质的评价积极与否。吸引则是一种积极的评价，它的一般形式是喜欢或友谊，它的强烈形式是爱或爱情。社会心理学家曾发展出测量群体内人际吸引和排斥的社会测量（sociometry）方法，这些方法过去主要是描绘群体内人际吸引和排斥的现实情况，当前的研究则侧重于了解人际吸引产生的心理机制。那么，哪些因素影响着人际吸引的发生呢?心理学家经过长期的研究，找出了许多影响因素，下面就选择介绍几种。

（一）个人特质

个人特质有许多方面的内容，包括个人的外表、能力和性格特征等。我们在人际知觉部分已经介绍了相关的研究，人们一般喜欢外貌美的人，外貌对于第一印象的形成十分重要。外貌美也可以产生一种光环效应，人们通常认为外貌美的人也具有其他实际上并不一定具有的优良品质。于是，美的东西是好的，好的东西也被认为是美的。与此相应，一个具有高尚道德和才智的人，也往往被认为外貌也是有吸引力的。对于外表与吸引的关系，受到遗传和环境双方面的影响。一方面，有心理学家提出外表吸引力的进化观（Buss，1999），认为人们对美的偏好符合进化心理学的假设，那些成功地寻求到生育能力强、健康伴侣的早期人类，更可能成功地繁衍下一代。另一方面，外表吸引力的标准会随着经济和文化条件的变化而受到影响。例如，在食物供应不太充足的时代，体重较重的女孩更有吸引力，而在丰足的年代，纤瘦的女子才被认为是迷人的。这些事例表明，外表吸引力的标准受先天与环境的共同影响。

个人特质的另一个方面是能力。人们一般会喜欢比较聪明、有能力的人，不过，这聪明和能力也得有个度，太聪明的人，会让人觉得高高在上、不好接近，所谓“敬而远之”。社会心理学家阿伦森（E. Aronson）等人做过一个著名的实验，很好地说明了这一点（埃利奥特·阿伦森，2001）。实验准备了四个人的讲话录音让每个被试听，经过一些设计安排，让这四个人听上去一个几乎为完人、一个是犯错误的完人、一个是平庸的人、一个是犯过错误的平庸的人。然后被试要根据对他们的印象和他们看上去的可爱程度等对他们进行评价。这给我们提供了四种实验条件：①犯了错误的有超凡能力的人；②未犯错误的有超凡能力的人；③犯了错误的平庸的人；④未犯错误的平庸的人。实验得到的结果是：犯了错误超凡的人被视为是最有吸引力的人；犯同样错误的庸人被认为最无吸引力；完美的人（未犯错误）的吸引力居第二位；平庸的人（未犯错误）的吸引力处于第三位。很明显，犯错误本身不具有吸引力。但它使一个完美的人多了一个惹人喜爱的方面，从而使他更具有吸引力，相反它也使一个平庸的人更显得平庸，从而使他更缺乏吸引力。

性格特质对人际吸引的影响比较稳定和持久。一般而言，我们喜欢正直、诚实、聪明、善良的人，而不喜欢虚伪、自私、狭隘的人。那么哪些性格特征容易产生人际吸引呢？心理学家安德森（A. H. Anderson，1968）将555个描绘性格特征的形容词列成表格，让大学生被试评价在多大程度上喜欢一个有这些特点的人。研究发现被试评价最高的性格特征是真诚和诚实，而评价最低的是虚伪和说谎。

（二）邻近性

在其他条件相等时，人们倾向于喜欢邻近的人。我们不妨想一想我们的熟人、朋友，肯定有不少是因为邻近的原因造成的。在一个研究中，宿舍区的居民从刚刚搬来时的不相识，到最后交上一些朋友，这些新朋友几乎都与邻近性相关：或者是近邻，或者是住在同一层楼的人，或者是信箱靠近的人，或者是走同一个楼道的人（张春兴，1994）。邻近性与交往频率有关，邻近的人自然常常见面，重复接触容易引发喜欢，即我们常说的曝光效应。此外，邻近性也使得人际交往方便易得，相比与远方朋友保持关系，近在咫尺的朋友关系所需成本更少，而回报更大，更容易产生吸引。

（三）相似性

相似性是说人们往往喜欢那些与自己相似的人。中国有句老话“物以类聚，人以群分”，讲的就是这层道理。需要注意的是，这里所说的相似性有客观上的相似，但更多的是主观上和心理上的相似，即人们感知到的相似性。感知到的相似性包括信念、价值观、态度和个性品质的相似性，外貌吸引力的相似性，年龄的相似性，以及社会地位的相似性等。研究发现，相似性能够预计友谊的产生。西奥多·纽科姆（Theodore Newcomb，1961）在新学期开始时，随机将学生分配到某个寝室，最后发现，那些来自相似地域背景，有相似的人格特征、相似的兴趣以及与自己有相似态度和价值观的人最后成了朋友。此外，对于夫妻而言，两人相似性越多，彼此越喜欢，相比那些风格不同的夫妻而言，前者有更为美满的婚姻生活。相似性导致人际吸引可能有如下原因。首先，心理上的相似会使大家参加相似的活动，从而增加相遇的机会；其次，在相遇后心理上的相似更容易产生共鸣。可以设想，相似的人肯定了我们自己的信念、价值观和个性品质，起着正强化作用，而不相似的信念、价值观和个性品质起着负强化作用。这种正负强化作用通过条件反射过程与具有这些特点的人联系起来，结果造成人们喜欢相似的人，不喜欢不相似的人。

（四）互补性

相似并不排斥互补，在人际吸引中，互补性原则常常也起着重要作用。互补性指的是人们喜欢那些与自己个性品质相反的人。例如，一个学理工的人可能与一个学人文的成为好朋友，一个主动的支配型男性和一个被动的顺从型女性彼此间有吸引力。选择与自己个性品质相反的人可以起到互补的作用，相互满足需要。婚姻上的“郎才女貌”是一种互补，朋友里的“刚柔相济”也是一种互补。互补有时候是心理上一种弥补缺憾的意识在起作用，譬如学理工的人失去了学人文的机会，交一个这样的朋友，心理上能得到一些补偿。事实上，人际吸引的互补原则在择偶标准上表现非常明显。我们经常会在征婚广告上看到男性对女性伴侣的要求是年轻、貌美，而女性对男性的要求是富有、社会地位高等。这可用进化心理学的观点加以理解。由于与健康、生育能力强的女子婚配更容易成功地繁衍下一代，所以自然选择促进了男性对年轻漂亮女性的兴趣。而由于男性一般终生都保有生殖能力，因此女性不关心伴侣是否年轻，而更关心伴侣是否能为其遮风挡雨，提供物质上的保障。总的来说，虽然互补也会促进吸引，但人们似乎更倾向于与喜欢并和那些在需求和人格方面相似的人结为夫妻。某些差异可以通过其他条件的补偿而使双方关系达到匹配。如前面所说的征婚广告即充分展示了这种情况。

（五）相互性

相互性指的是人与人之间的相互报偿。我们一般会喜欢那些也喜欢我们的人，不喜欢那些不喜欢我们的人。研究发现，一个人喜欢他人的程度，可以反过来预测对方喜欢他的程度（Kenny & Nasby，1980）。一种满意的关系是双方的自我都受到支持的关系。积极的、正面的反馈对人际交往的继续十分重要，每个人自己都能体会到这样一层意义。所以，在实际社会生活中，对他人多表达一些赞美、多表现出一些喜欢，是促进人际吸引的有效途径。

有时候，自我预实现会在相互性的人际吸引中发生作用。如果相信对方喜欢自己，即使事实可能并不一定如此，也会容易被对方喜欢。有研究者（Curtis & Miller，1986）挑选一批相互不认识的学生，让他们结对，研究者让某些被试认为他所结对的学生对他有好感，而让另一些被试认为他所结对的学生并不喜欢他，结果发现，相对那些认为对方不喜欢自己的学生而言，那些相信对方喜欢自己的学生在与伙伴在一起时，表现得更热情，更令人愉悦，也更被对方所喜欢。

三、友谊和爱情

人际吸引导致人际关系的建立，这种关系的正向发展是让人们由一般性关系进入亲密关系。友谊和爱情都是亲密关系，朋友、爱人、夫妻就是有着亲密关系的一对对角色。

关系的发展可以分成若干阶段。有心理学家提出一个互相依赖模型（model of interdependence），用来说明随着依赖关系的增加人们之间的关系所表现出来的特点，这里一共有四个阶段：零接触阶段，即人们互相不知道对方的存在，彼此无任何关系；知晓阶段，即人们知道对方的信息，但还没有发生直接接触；表面接触阶段，双方开始往来，进行浅表层次的互动；共同关系阶段，双方的依赖程度加深，这种依赖达到相当大的程度时，就是亲密关系。

亲密关系的亲密，是建立在感情基础上的，发展到极致时，大有“虽非同年同月同日生，但愿同年同月同日死”的味道。这时互有关系的双方，如果是同性，便是莫逆之交，如中国古代的管鲍、羊左、刘关张；如果是异性，便是生死之恋，如中国传说中的梁山伯与祝英台或西方传说中的罗密欧与朱丽叶。

人际关系要达到亲密这一步，交流中的自我表露（self-disclosure）是相当重要而且是十分有效的。自我表露是说一个人向别人说心里话，与他人共享内心的感受及信息。人们通过自我表露让他人在相当程度上了解自己，敢于自我表露，是一个人心理健康的表示。自我表露是一个信号，告诉对方我很信任他，愿意与他进一步交往。同时，自我表露的行为可以引发对方的自我表露，从而加深相互的了解和信任，促进关系的发展。

异性的亲密关系就是爱了。爱（love）又叫爱情，它是比人际吸引更复杂更高层的概念，是包括审美、激情等心理因素及生理唤起和共同生活愿望在内的一种强烈的情感状态。人们在爱的时候伴随着多种心理活动，如依附（指需要及渴望对方的感觉）、关怀（尽自己最大的努力使对方获得幸福并满足其需求）、信任及自我表露等。卷入爱的双方最普遍的感受是有强烈的幸福感。爱情和喜欢是不同的，但喜欢是爱情的基础，影响喜欢的因素也影响爱情。所以，前面所谈的影响喜欢的因素，如相似性、邻近性、接触频率、外貌吸引力、互补性等也都是决定一个人最终选择什么人作恋人或伴侣的重要条件。相似的人、住得邻近的人、交往频率高的人、外貌吸引力大的人、角色作用互补的人之间更容易产生爱情。

爱和爱情是心理学研究的新课题，也是热门话题。对与爱相关的一些概念，人们还有不同的说法。例如，心理学家认为，爱是一个较广泛的概念，包括对人民、对父母、对师长等的爱，而爱情则一般专指男女之间的亲昵关系。还有人把爱区分为恋爱和友爱。恋爱是一种用不同爱情术语解释的强烈生理状态，一种混合的情感，包括温柔和性感、兴奋和苦恼、焦虑和欣慰、利他和嫉妒等，这是一种与他人结合的强烈愿望。相互的恋爱伴随着满足和狂喜，单恋则伴随着空虚、焦虑或失望。恋爱往往包含把对方理想化的倾向，往往是盲目的、不可控制的情绪状态。友爱则是不那么强烈的情绪，包括友好感情和深刻理解，其特点是友好、谅解、关心对方幸福。它是比较现实的，把对方视为现实的人，不像恋爱那样把对方理想化。友爱被定义为人们对与其生活密切相关人的情感。

心理学家鲁宾（Z. Rubin）是较早用科学方法讨论浪漫爱情的，他把喜欢与爱区别开来。他认为，爱的因素是对对方负责、温柔体贴、自我揭示、排他性。喜欢则是指为他人所吸引、尊重对方、认为对方与自己相似。他制定了测量“喜”和“爱”的量表，希望能把二者区别开来。他的研究结果显示，在预测男女爱情发展上，“爱”的量表比“喜”量表更有预测力（B. 瑞文、J. 儒本，1993）。

在所有的爱情理论中，斯腾伯格提出的爱情三角形理论或爱的三成分论（triangular theory of love）是最为著名的。斯腾伯格认为爱包含三个成分：激情（passion）、亲密（intimacy）和承诺（commitment），它们分别涉及情绪、动机和认知的层面。其中激情是指双方关系中令人兴奋激动的部分，包括性的吸引；亲密是指双方相处的情况，即是否有相互喜欢、亲近的感觉；承诺是指愿意爱对方并且保持关系、长相厮守的决定。这三种成分以不同的比例相组合，可以得到八种不同情况或者叫做类型：它们分别是：①无爱——三种成分都没有；②迷恋式的爱——只有激情成分；③喜欢（友谊）——只有亲密成分；④空洞式的爱——只有承诺成分；⑤浪漫式的爱——有亲密、激情而无承诺；⑥伴侣式的爱——有亲密、承诺而无激情；⑦愚昧式的爱——有激情、承诺而无亲密；⑧完美式的爱——同时包含激情、亲密和承诺三种成分。当然，人们所向往和推崇的是完美式的爱，这可说是爱的最高境界了。

最后，需要注意的是，爱的体验也受文化因素的影响。我们曾经提到独立自主（个人主义的）与相互依赖（集体主义的）这一文化维度：具有独立自我的文化更看重个人而不是集体，相互依赖的文化则更看重共同的文化目标而不是个人目标的价值。这一点如何应用于个体爱的经验中呢？如果你选择生活伴侣时依据的是自己对爱的感受，那么你表现出对你个人目标的偏好；如果你选伴侣时还留心对方是否能融入你的家庭结构和兴趣之中，那么你正在更多地调整到集体目标。跨文化研究已经获得了充分的概括结论，独立自主类型文化中的成员对爱要重视得多。

心理学与人生 16－2　建立与改善人际关系的方法

良好的人际关系是个体心理健康、社会适应良好、个人成功发展以及主观幸福感的重要前提。那么，如何建立和改善人际关系呢？

一、良好人际关系建立的原则与方法

（一）原则

1. 平等原则

平等原则就意味着在交往过程中互相尊重，一视同仁，这是和谐交往的基本前提。平等在一定程度上可以说是交往的最重要原则。萧伯纳有一次写作休息时和邻居的小女孩一起玩耍。当送小女孩回家时，他对小女孩说："知道我是谁吗？回家告诉你妈妈，就说和你一起玩的是萧伯纳。"小女孩天真地回应说："知道我是谁吗？回家告诉你妈妈，就说和你一起玩的是克里·佩丝莱娅。"大文豪不禁惭然。后来萧伯纳对朋友谈起此事，感慨到：一个7岁的小女孩给我上了人生中最好最重要的一课。一个人不论有多大的成就，他在人格上与任何人都是平等的。这个教训我一辈子也忘不了。交往是平等的，尊重他人，才能尊重自己。

2. 宽容原则

每个人都有不同的个性和爱好，且人无完人，因此我们与人交往时既不能用一种标准去要求他人，也不能太苛求他人，要学会宽容，求同存异。不会宽容他人，也同样得不到他人的宽容。《尚书·陈君》中说："有容，德乃大。"要能宽容别人，首先要理解别人，学会设身处地地为别人着想。而要真正理解别人，为别人着想，则要多交流，深入了解各自的性情爱好和价值观念，这样才不至于在出现问题后无端猜疑，引发不必要的纠纷，才有利于形成宽容和谐的交往气氛。

3. 信用原则

朋友之交，言而有信。轻易许诺却失信于人，会给人一种极强的不信任感，感觉你习惯于开"空头支票"，缺乏交往的诚意，这是人际交往的大忌。我国历来把守信作为一个人立身处世的根本，如孔子所说："人而无信，不知其可也。"（《论语·为政》）

4. 真诚互助原则

真诚互助原则要求我们在别人遇到困难时伸出热情之手，像雪中送炭一样给别人以物质的帮助或精神的慰藉。互助关键要出于真诚，这是一种崇高的道德力量，是纯洁友谊的内容，不要将此曲解成斤斤计较的功利原则。互助要注重双向性、互利性，如果一方只索取不给予，或只给予不索取，那就容易使另一方或者认为自己被人利用，或者误解对方的诚意，不敢再进一步向对方敞开心扉，从而中断交往。事实证明，交往中互利性越高，双方的关系越稳定和密切；互利性越低，双方的关系越容易疏远。

（二）方法

1. 主动与人交往

在人际交往中，很多人都缺乏主动性，总是被动地期望别人先接纳自己。缺乏主动性往往出于两种原因：一是自信心不足，害怕主动后得不到期望的应答而丧失自尊。实际上，由于人人都有交往的需要，主动的人得不到应答的情况是很少的。不仅如此，主动还极容易使人产生好感。特别是在双方都处于新环境，都需要人际支持的情况下尤其如此。二是对人际关系有许多误解，如认为先同别人打招呼是低人一等，想请别人帮忙又害怕别人嫌麻烦等。交往并不决定于机会的多少，主要问题在于方式。摒弃误区，少担心，多尝试。

2. 树立良好的第一印象

第一次与人交流、交往留下的印象非常重要。如果这个第一印象鲜明、深刻，它将有力地影响甚至决定以后的交往关系。有许多方法可以帮助我们在与人交往中建立良好的第一印象。比如，微笑，多提别人的名字，真诚地对别人感兴趣，谈话符合别人的兴趣，做个耐心的倾听者，良好的移情能力，如能充分体验别人的情感、多帮助别人等。日常生活中，我们要有意识地给他人留下良好的第一印象。

3. 掌握批评的艺术

在人际关系中，当你发现别人的错误时，提供反馈信息是很必要的，但如果方式不当，就会激起别人的自我防卫，甚至招来敌意。因为不管怎样批评，都要让别人作出某种自我否定。行之有效的方法是：从真诚的称赞开始；不可以以批评来显示自己很超越，最好是要提到自己的错误；间接地提醒别人自我纠正，不要急于给他提供结论，最好是让他自己得出结论。

二、改善人际关系——T 小组训练方法

创始于半个多世纪以前的T小组训练方法，又叫做“敏感性训练”。所谓敏感性，指的是对自己和他人细微心理活动的敏锐察觉。小组由有经验的心理学工作者来主持，通常的训练方式是把参加者集中到远离生活和工作场景的地方，训练的时间为一两周或三四周不等。小组训练的主要目的是让参加者掌握有效地沟通和交流的技巧，学会细心地倾听，注意体察自己和别人的感情。在这个小组里，成员没有事先设定需要解决的某些特殊问题，大家互相坦诚地交谈，直率地交换意见，谈话的内容只限在“此时此地”发生的事情。这种限定在狭窄范围里的自由讨论，逐渐使参加者陷入烦躁不安的情绪中，这里所说的“此时此地”的事情，实际上就是人们的这些心理状态和心理活动。随着训练的进行，参加者开始更多地注意自己的内心活动，开始更多地倾听自己讲话。同时，由于与他人赤诚坦率地交谈，也开始发现别人那些原来自己没有注意到的语言和行为上的差别。经过一段时间训练，参加者有了两方面的收获：一方面，他们逐步进入自己的内心世界，发现了平时不易察觉到的或者不愿意承认的不安和愤怒的情绪；另一方面，由于细心地倾听了别人的谈话，他们也慢慢地能够设身处地去体察别人、理解别人了。

T小组的主要内容是学习有关自己和自己与别人关系的知识，强调的是坦诚的交流和及时的反馈。实践证明，T小组法是一种有效地改善人际关系的方法，T小组训练方法创造了一种很重要的学习工具，它提供了一个安全的环境来使人学习增长自我意识和加强与他人沟通联络的技巧。

本章摘要

1. 人际关系是人们彼此为了寻求满足各种需要而在共同活动中建立起来的相互间的心理关系。这种关系主要表现为人们心理上的距离远近、个体对他人的心理倾向以及相应的行为等。

2. 有心理学家将人际关系分为以感情为基础的人际关系、以利害为基础的人际关系、缺乏任何基础的陌路关系三类。其实，就是在陌路关系中，双方依然会发生心理性联结，只不过没有前两类那么强烈和明确罢了。

3. 人际关系包含着三种组成成分：认识成分、情感成分、动作成分。从系统性和整体性的观点看，三种组成成分是相互联系的。当然，在不同的人际关系类型中，上述组成成分所占的比重可能会有所不同。

4. 人际沟通是人类沟通活动的一种重要形式，指的是社会中人与人之间在共同活动中彼此交流思想、感情和知识等信息的过程。

5. 人际沟通有许多特点：沟通的双方都处于积极主动的状态、沟通的双方都处于不断的相互作用中、沟通的双方需要共享统一的或近似的编码系统和解码系统、言语和非言语两类符号往往被同时使用。

6. 人际沟通可以分成许多类别，主要的类别有单向沟通和双向沟通、垂直沟通和水平沟通、正式沟通和非正式沟通、口头沟通和书面沟通、言语沟通和非言语沟通等。

7. 言语沟通是通过语言这种媒介而实现的信息交流，是人们对书面语言和口头语言的应用，这是人际沟通的主要手段。心理学家关心的是在言语沟通过程中人们的心理活动，主要包括两个方面：言语的产生和言语的理解。这里涉及语义、语境、语言与思维等问题。

8. 非言语沟通是通过语言以外的媒介（如人们的面部表情、目光交换、身体姿势、肌肤接触乃至人们说话的音调、速度等）而实现的信息交流，是言语沟通的补充形式。当非言语沟通与语言沟通传递出来的信息不一致时，人们宁可相信非言语的信息。因此，可以通过如体态这样的非言语信息来了解人的内心活动。

9. 人际知觉又称对人知觉，是个人对他人的感知、理解和评价，涉及的内容有对他人表情的认知、对他人性格的认知、对人与人关系的认知、对人的行为原因的认知等。

10. 人际知觉是人们对获取信息的综合加工过程，心理学家提出了一些人际知觉的加工模型。平均模型说的是人们通常把所获得的信息加以平均以获得对他人的总体评价。加权的平均模型强调在所有特质平均前会对那些人们认为非常重要的特质赋予较大的权重。

11. 第一印象是指人们在第一次接触时，根据对方的身体相貌以及外显行为所得到的综合性与评鉴性的判断。第一印象的形成会受到许多因素的影响，其中很关键的是相貌和人们的认知结构。

12. 人际知觉中信息出现的次序在印象形成中有很大的作用。首因效应是指人们比较重视最先得到的信息，并据此对他人作出判断。近因效应则是指最新得到的信息对他人的印象形成起较强作用的现象。此外，光环效应、正性偏差等作用也会对人际知觉产生影响。

13. 归因是个体根据所获得的信息，对自己或别人所表现的行为或事件为何发生的原因所做的解释和推论。归因研究曾经是社会心理学研究的中心课题，产生过许多归因理论。

14. 海德是归因问题研究的创始人，他把行为的原因分为内因（即个人的原因）和外因（即环境的原因）两类，他还认为人们作归因解释时通常使用共变原则和排除原则。维纳等人认为内因与外因只是归因判断的一个维度，还应当增加暂时—稳定维度。凯利认为可以使用三种不同的解释说明行为的原因：行动者、对象、环境。凯利指出，要找出真正的原因需要调动三种信息，即一致性、一贯性和独特性。文化心理学家近年来还进行了文化与归因的研究。

15. 心理学家在研究中发现了一些经常出现的归因偏向。基本归因错误说的是在个人行为的归因上，人们倾向于高估个人或内因的作用，低估情境的作用。行为者与观察者之间的差异说的是行动者倾向于作外部归因，强调情境的作用；观察者倾向于作内部归因，强调行为者的特点的作用。自利性偏向说的是在归因时人们愿意把积极的结果归因于自己，把消极结果归因于情境。

16. 自我实现预言指在有目的的情境中，个体对自己或他人所具有的预期在此后的行为中应验。心理学中的皮格马利翁效应（也叫做罗森塔尔效应）就是自我实现预言。

17. 人际吸引说的是人与人之间相互形成的积极态度（彼此注意、欣赏、仰慕等）或喜爱的情感，它是人际关系进一步发展的前提。人际吸引过程遵循一些基本的原则，如强化原则、联结原则、社会交换原则等。

18. 影响人际吸引的因素有个人特质（如外表和能力）、邻近性、相似性、互补性、相互性等。

19. 人际吸引的正向发展是让人们由一般性关系进入亲密关系，友谊和爱情都是亲密关系。关系的发展可以分成若干阶段。有心理学家提出互相依赖模型来说明随着依赖关系的增加人们之间关系所表现出的特点。

20. 爱或爱情是比人际吸引更复杂更高层的概念，包括审美、激情等心理因素及生理唤起和共同生活愿望在内的一种强烈的情感状态。人们在爱的时候伴随着多种心理活动，如依附、关怀、信任及自我表露等。卷入爱的双方最普遍的感受是有强烈的幸福感。心理学家对与爱相关的一些概念（如喜欢、恋爱、友爱等）作了一些区分。

21. 在心理学的爱情理论中，斯腾伯格提出的爱情的三角形理论或曰爱的三成分论是最为著名的。他认为爱包含着三个成分：激情、亲密和承诺，它们分别涉及情绪、动机和认知的层面。这三种成分以不同的比例相组合，可以得到爱的不同情况或类型。

复习思考题

1. 说说心理学家是如何认识人际关系的。
2. 谈谈言语交流和非言语交流在人际沟通中的作用。
3. 请从第一印象入手谈谈人际知觉问题。
4. 人们通常从哪些角度对自己和他人的行为作出解释？
5. 影响人际吸引的主要因素有哪些？
6. 结合你自己的体会，介绍一下心理学中关于爱和爱情的理论。

推荐参考读物

1. E. 阿伦森. 社会性动物（第九版）. 邢占军译. 上海：华东师范大学出版社，2007.

2. 戴维·迈尔斯. 社会心理学（第八版）. 侯玉波等译. 北京：人民邮电出版社，2006.

3. 埃里奥特·阿伦森等. 社会心理学（第五版）. 侯玉波等译. 北京：中国轻工业出版社，2007.

4. 莎伦·布雷姆等. 亲密关系（第三版）. 郭辉等译. 北京：人民邮电出版社，2008.

5. 金盛华. 社会心理学. 北京：高等教育出版社，2008.

第十七章　社会文化与社会心理学

随着心理学的发展与不断成熟，文化层面上的社会心理现象逐渐被越来越多的研究者重视。他们逐渐意识到作为心理学家，不应只在冷清、昏暗的实验室里单调地摆弄小白鼠，或者只是孤立地去研究人类的感觉、知觉、意识和思维等心理现象，还应将研究视角投向利他行为、侵犯行为、社会影响和偏见等社会文化层面的心理现象上去。只有站在社会文化的高度上，我们才可能更加全面地俯瞰整个社会的心理态势，领会社会中的“真实人性”；而只有通过研究社会文化水平下的利他行为、侵犯行为、社会影响和偏见等现象，我们才可能更为深刻地理解我们所处的社会文化，以及文化与人们心理之间的紧密联系。因此，本章将讨论以下问题：

利他行为的产生及其影响因素有哪些?

如何辨别和消除侵犯行为?

在我们实际的社会生活中存在哪些典型社会影响现象?

偏见的根源及如何避免?

第一节　利他行为

2008年5月12日14时28分，四川省汶川县发生突如其来的8级地震。这是新中国成立以来破坏性最强、波及范围最广的一次地震，重创约50万平方公里的中国大地！截至2009年5月25日10时，共遇难69 227人，受伤374 643人，失踪17 923人。这些长眠的生命谱写了许多催人泪下的故事。谭千秋，一名普通的人民教师，在教学楼坍塌的瞬间，把离他最近的四个同学塞在桌子底下，然后，自己俯在桌子上，用自己的血肉之躯去保护孩子们的生命。当救援人员找到他们时，四个孩子平安无事，只是，谭老师的后脑，因为被巨大的石块砸中，整个已经凹下去了……

电影《辛德勒名单》中的德国人奥斯卡·辛德勒，在“二战”爆发后经营一个为军队提供日用品的搪瓷厂。因为犹太人是最便宜的劳工，辛德勒的工厂只雇佣犹太人。当辛德勒亲眼目睹了纳粹党针对犹太人惨绝人寰的大屠杀后，他受到了极大的震撼，开始有意识地保护犹太人，他的工厂成了众多犹太人的避难所。辛德勒受到违反纳粹种族法的怀疑，但他每次都很机智地躲过了迫害，为了向德国军官行贿，他的工厂几近破产……

任何以帮助他人为目的的行为都是亲社会行为（prosocial behavior）。有时候，人们愿意无偿地帮助他人，即便是他并不认识此人，或者他的助人行为也不会给他带来什么可以预见的好处；有时候，人们在事不关己的情况下，为了他人的利益或生命安全，甚至会不惜牺牲自己宝贵的生命，就像上面例子中的谭千秋和辛德勒。这些行为就是利他行为。利他行为是人类社会中美好的行为，也是社会生活中不可或缺的一部分。

一、利他行为的概念

社会学家和社会心理学家很早就对利他行为进行了大量的科学研究，有学者认为，利他（altruism）指的是自愿采取的帮助他人的行为，而且预期不会得到任何形式的回报，除了觉得自己也许做了一件好事（Taylor 等著，谢晓非译，2004；Schroeder et al.，1995）。参照多数学者公认的看法，我们将利他主义（altruistic behavior）界定为：一种对别人有好处，没有明显自私动机自觉自愿的行为。

社会心理学家对利他行为的研究涵盖了许多类型，其中最常见的有：人们在看到陌生人陷于困境时，所表现出来的助人行为；人们制止或干预犯罪的行为，这种行为一方面能够帮助受害人，另一方面能使犯罪人无法得逞或遭到惩罚；个人约束自己不做出越轨的行为，这种行为通过克己的方式取得利他的效果；偿还行为，其目的是为了回报他人的恩惠或补偿自己曾经使别人蒙受的损失。

二、利他行为的理论解释

（一）进化心理学取向的利他行为

进化心理学强调以自然选择法则、从遗传基因的角度解释社会行为。该理论取向从三方面解释利他行为产生的原因。其一，亲属选择（kin selection），即自然选择偏好那些直接针对血亲的利他行为，以此增加基因遗传的机会。例如，在紧急情况下（如火灾），人们更可能帮助血亲而非无血缘的人。其二，互利规范（norm of reciprocity），指人们期望帮助他人后能增加日后他们帮助自己的可能性。最具有适应性的人是那些与他人发展出互利默契的人，因此，互利规范有生存价值。其三，学习社会规范。对社会规范学习得越好的人，越具有适应性，其生存优势也越高。通过自然选择，学习社会规范已经成为我们基因的一部分。利他主义是有价值的社会规范（Aronson 等著，侯玉波等译，2005）。

（二）社会交换理论取向的利他行为

社会交换理论认为，追求利益最大化、成本最小化是人们行为的基本动机，人际交往行为也不例外。该理论取向同意进化论中的互利规范观点，认为利他行为是助人者对未来的一种投资，期望受助者在日后自己需要的时候提供相应的帮助。除此之外，利他行为的收益还有：通过利他行为可以减轻自身心理压力；通过利他行为，助人者还可以获得他人的社会赞许并提升自尊。由于助人是有代价的，有时甚至会威胁到自己的人身安全，因此，该理论取向认为只有当助人的回报超过成本时，利他行为才可能产生，因此，助人归根结底是为了助己，不存在真正意义上的利他行为。

（三）共情—利他假说

共情—利他假说（empathy-altruism hypothesis）认为，人们的生活中的确存在纯粹出于善心的利他行为，其产生条件是人们把自己放在需要帮助的人的位置并以他们的方式体验事件和情绪，即对需要帮助的人产生共情。巴特森是该理论的代表人物，他后来进一步将利他行为的产生路径进行细化，如图 17－1 所示。

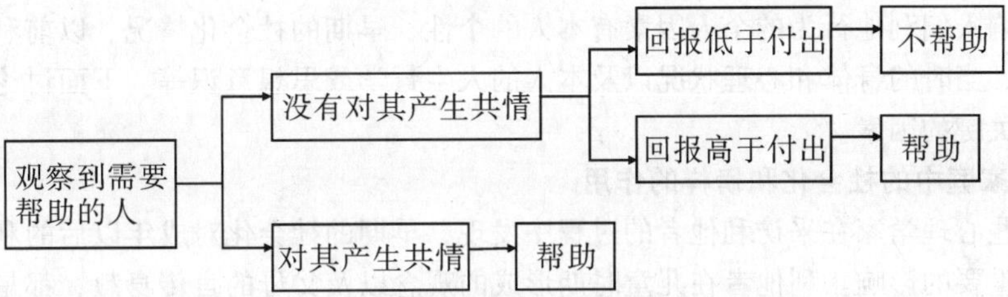

图 17－1　共情—利他假说

三、利他行为的影响因素

（一）求助者的特点

美国心理学家哈沃德和克雷诺（1978）在一所大学的图书馆里进行了一项有趣的现场实验。研究者让一位实验助手扮演“求助者”，“求助者”的角色是一位大学生，他与其他几位同学（这几位同学并不知道他们已经进入一场实验之中）坐在图书馆的一张桌子旁边看书。研究者再让另一个人扮演“小偷”，“小偷”衣衫褴褛、蓬头垢面、肮脏不堪，他走进图书馆，匆匆地看了一眼围坐在这张桌子周围的人之后，就远远地坐在另外一个地方。当“求助者”离开阅览室之后，“小偷”拣起一本“求助者”的书就消失了。当“求助者”返回时，因为他的书不见了，所以他表现出非常吃惊的样子，并请求其他人帮助寻找。不一会儿，“小偷”也回来了，但手里没有那本书。研究者想知道，坐在附近的那些学生会帮助“求助者”捉住这个“小偷”吗？

研究结果表明：如果“求助者”是女性，会比男性更容易得到周围人的帮助；如果“求助者”在离开阅览室之前和周围的人聊过天，哪怕是问问时间，也会提高得到帮助的可能性。这说明，聊天这一短暂的交往使“求助者”与旁观者之间产生了某种微妙的联系，增加了旁观者提供帮助的责任和愿望。

另外，外貌有吸引力或者是人品好的人更容易得到别人的帮助。相反，如果某人的外表令人讨厌的话，会大大地减少人们帮助他的可能性。求助者对自己所处的困境所应当承担的责任，也是影响他人给予帮助与否的一个重要因素。同样是一个跌倒在路边的行人，如果他手里拿着一根拐杖，人们就相对愿意帮助他；如果他手里拿着一个酒瓶，就很少有人愿意帮助他。从另一个方面来说，旁观者对别人陷入困境所应该承担的责任也是他们决定是否给予帮助的原因之一。正如我们在以上“偷书”实验中所看到的那样，即使受害者与旁观者之间有一个很短暂的交谈，也会增加旁观者帮助他的可能性；如果求助者在与旁观者谈话时要求他们帮忙照看一下东西的话，那么，旁观者在事后就更有可能帮助他找书，因为他们会感到有责任帮助求助者看好他的东西。

（二）利他者的特点与当时的心境

影响人们利他行为的个人因素有本人的个性、早期的社会化情况、以前利他行为的经验、当时的身体和心理状况以及本人的人生哲学或思想意识等。下面讨论其中几个比较关键的因素。

1. 家庭中的社会化和榜样的作用

有些心理学家在采访利他者的过程中发现，早期的社会化对成年以后的利他行为有非常重要的影响。利他者在儿童时期形成的观念以及父母的言传身教，都是他成人以后所作出的利他行为的重要原因。有人认为，如果父母以热情、支持和爱护的方式对待儿童，那么，儿童就会发展出一种利他和助人的心理倾向。

2. 人格因素

Batson 等人通过研究利他行为者的人格发现：某些人格特征使人们容易去帮助别人（巴特森，1981）。但研究同时也指出，利他行为的产生是由很多因素引起的。例如，人们的价值观念、社会的规范和个人的信仰等，都会影响人们的利他行为。单就社会规范来说，就有社会责任规范（social obligation norms，指人们要帮助那些依靠他们的人）、互惠规范（reciprocity norms，指人们要帮助那些曾经帮助过他们的人）、平等规范（evenness norms，指人们要帮助那些值得帮助的人）等。总之，人格特征在利他行为当中只是起到某种中介的作用。

3. 利他者的性别差异

一般认为，女性的人道主义思想比男性强烈。但人们的观念与现实的行为往往是脱节的，布郎（1976）关于利他行为的研究表明，女性不像男性那样爱帮助别人，尽管女性常常较容易得到别人的帮助。他于 1975 年作了一项经典的利他行为的研究。这项研究是这样设计的：让一个人装扮成一个摩托车驾驶员，他的车在一条繁忙的大街旁熄灭了，他焦急地站在车旁。研究者要看看哪些过路的摩托车驾驶员会停下来给予帮助。结果发现利他行为存在明显的性别差异，男摩托车驾驶员远比女摩托车驾驶员更容易停下来提供帮助。女性驾驶员在遇到有人求助时为什么不愿意停下来相助呢？研究者推测可能是由于她们认为自己没有能力在这种情况下提供帮助。如果求助者是个素不相识的男人，她们可能会带有恐惧心理，更害怕停下来。

汤姆·史密斯（2002）对大学生利他行为的性别差异进行了研究。研究结果显示，男女在利他行为方面存在差异——女性在希望保护受伤的人、为他人的不幸而动情、同情处境困难的人以及待人温和等方面的移情反应均超过男性。

4. 利他者心境的作用

当人们遇到有人求助的情况时，如果当时人们的心境好，就会更愿意给予帮助，积极的心境可以增加利他行为的可能性。例如，刚刚得到某种奖励、由于某种成功而获得了自信感、刚看过一部喜剧电影、刚刚听到某些好消息，甚至对幸福往事的回忆等带来的好心境都可能增加人们的利他行为。反之，消极心境下则可能更少出现利他行为。

（三）影响利他行为的环境和情境因素

1. 自然环境对利他行为的影响

一般来说，令人厌恶的环境条件（如烟雾弥漫或天气闷热）促使侵犯倾向增强。那么，舒适的气候和环境会增加利他行为的可能性吗？研究发现，人们较大可能在晴朗的天气里帮助他人，而较少在寒冷和刮风的天气里帮助别人。但是，这种微妙的联系是由于天气好坏影响人们的心情呢，还是由于天气的不同而使利他行为的代价不同呢？人们很难回答。此外，噪音会使利他行为减少。原因可能是噪音破坏了一个人的心境，也可能是噪音分散了人们对他人需求的注意力，或者噪音是一种人们难以承受的刺激。由此可以推断，生活在大城市的人之所以比生活在小城镇或农村的人有较少的利他行为，其原因之一可能是大城市喧嚣的噪声和过多的刺激。

2. 社会环境对利他行为的影响

心理学家达里和拉坦（Darley & Latane，1968）的研究发现，旁观者的淡漠是特定社会情境下的社会心理现象。我们不要以为发生在许多人在场的紧急情况下，就一定会有人出来相助。事实恰恰相反，往往越多的人在场，越有可能没人出来相助。为了证明这一假设，达里和拉坦做了一个简单、但是很说明问题的实验。被试是一些男女大学生，每一个学生被单独安置在一个有对讲机的房间里，并让他相信正在和其他临近屋子里的同学交流。在讨论个人问题的过程中，他听到了其中的一个学生处于癫痫状态并请求帮助。在这个过程中，被试不能同其他同学说话，也无法知道其他人对突然情况采取了什么措施。研究的因变量是被试把紧急事件报告给实验者的速度。结果表明：被试干预的可能性依赖于他们想到会有几个旁观者在场。他们想到的在场人数越多，行动的速度就越慢，他们也确实是这么做的。在图 17－2 中，两人情境下的每一个人会在 160 秒内进行干预，但是如果被试认为自己是一个更大群体的成员时，有40%的人永远不愿意通知实验者说有一个同学病得很厉害。

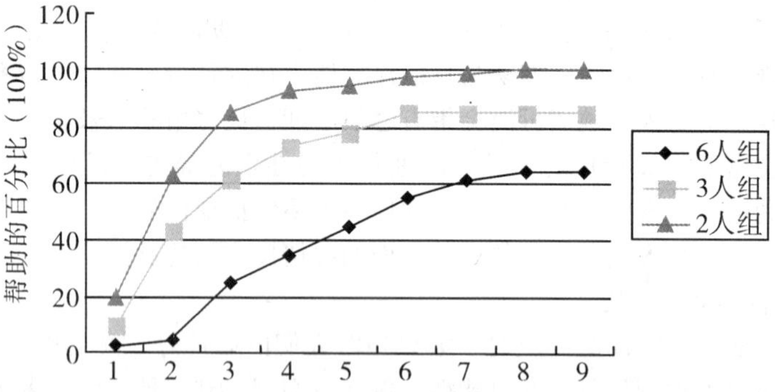

图17-2　紧急事件中的旁观者介入

（在场的旁观者越多，介入的人就越少，2人组的旁观者介入行为最快。）

实验结论是：被试认为旁观者越多，就越不会轻易给予帮助。为什么人们在群体里比单独时有较少的利他行为呢？对于这一问题有几种不同的理论解释，其中之一就是责任扩散（diffusion of responsibility）。所谓责任扩散，是指当发生了某种紧急事件时，如果有其他人在场，那么，在场者提供帮助的责任就会减小，也就是说提供帮助的责任扩散到其他人身上了。当一个人遇到紧急情境时，如果只有他一个人能提供帮助，他会清醒地意识到自己的责任，因而会对受难者给予帮助。如果他见死不救就会产生罪恶感、内疚感，这会付出很大的心理代价；如果有许多人在场的话，帮助求助者的责任以及不愿给予帮助所付出的心理代价都由大家共同分担，每个人承担的责任减少，这样当然会减少利他行为。而且，旁观者甚至可能根本意识不到自己所应当承担的责任，从而产生一种"即便我不去，也会有别人去救"的想法，造成"集体淡漠"（collective apathy）的局面。

四、社会文化对利他行为的规范

所谓社会规范就是一系列行为、态度和信仰的模式，这些模式是社会组织以正式或非正式的方式建立起来的，被认为是适当的行为准则。一般来说，社会中的个体面临着必须遵守这些规范的压力，如果他们违背了这种规范就有可能遭到社会的排斥或各种各样的惩罚。与利他行为有关的特别重要的社会规范包括前面所述的社会责任规范、互惠规范和平等规范。

另外，利他行为在不同的文化背景中也不相同。米德（1988）根据不同社会对早期儿童抚养的实践对这些差异进行了解释。她在新几内亚比较了两种不同的社会，发现阿拉佩什社会的成年人比较喜爱和纵容他们的孩子，因而培养了该社会儿童彼此亲密和同情他人的品格，这种品格一直保持到他们成年；而蒙杜古马社会的人比较注重独立和自我奋斗，对待儿童比较淡漠，很少培养儿童的同情心，因此该社会的儿童在成年以后没有助人的愿望。米德认为，儿童早期养成的同情心很可能是成年以后利他行为的一个重要的文化因素。儿童的行为也可能是对其父母行为的模仿。还有人对利他行为的文化差异作出了另一种解释，这一解释认为某个社会的财富和资源影响了该社会的人的利他行为。

在社会责任规范中也显示出不同文化的差异，即不同的社会具有不同的社会责任规范。这为不同社会中人们利他行为的差异提供了另一种解释。Bronfenbrenner（布雷纳，1971）曾对美国和苏联的儿童进行了比较。他的研究表明，社会责任规范在苏联的学校中得到了特别的强调，苏联的学校制度非常强调社会责任。这一规范教育儿童要有社会责任感，促使人们对违反社会规范的人进行批评指责。这一规范也可以导致利他行为。在苏联的学校中，儿童认为在课余时间帮助学习有困难的儿童是理所应当的。社会责任规范对人们分担责任和在工作与生活中密切合作的作用在我们的社会中也随处可见。

第二节　侵犯行为

一、侵犯行为的界定

侵犯（aggression，也译为攻击），似乎每个人都能理解，但要给它下一个较为准确的定义，却不是件容易的事情。早期的社会心理学者由于受行为主义的影响，把侵犯看成是对其他人造成伤害后果的行为。根据这种说法，只要一种行为伤害了别人，即可称作侵犯行为。但是，仅以行为及行为的后果来界定侵犯的概念，并不恰当。在定义侵犯的时候，还必须要考虑行为者的动机与意图，因此侵犯是一种有目的、有意图伤害他人的行为。

（一）行为者具有侵犯意图的推知

既然我们说有侵犯意图的伤害行为才是侵犯行为，那么人们通常又是依靠哪些信息来推断他人行为的侵犯意图的呢？

1. **行为发生的社会情境**

任何行为都发生在一定的社会情境或环境之中，环境的特点可以向我们提供理解行为者动机和意图的线索。例如，在激烈的冰球比赛中，因撞击而造成的身体伤害通常被认为是无意的，假如这种撞击发生在办公室或者教室里，人们就不会认为它是无意的了。

2. **行为者的社会角色**

教师训斥学生，父母棒打孩子，都是社会认可的角色行为，不会被认为是有意的侵犯。一旦颠倒了角色，学生骂老师，孩子打父母，就会被认为是有意的侵犯。

3. **行为发生前的有关线索**

有人骑自行车将别人撞成重伤，如果两人关系一直很好，或者以前并不认识，我们就不能推断是否有侵犯的意图；反之，如果我们知道这两个人关系一直非常紧张，或被撞者曾经伤害过撞人者，而撞人者又多次扬言报复时，人们就倾向于推断这是一种有意的攻击行为。

4. **行为者的身份特性**

经济地位、性别、种族背景、教育程度及职业地位等，也可以提供判断行为者动机的线索。人们倾向于认为，某种身份的人有一套适合该身份的行为方式，我们会按照这种观点来推断某种行为的动机。例如，受过高等教育的人如果对别人用语粗野，就会给人造成鲁莽粗暴、有意攻击他人的印象。

（二）侵犯行为的划分

根据侵犯行为是否违背社会准则，可以划分三种类型：反社会的侵犯行为、亲社会的侵犯行为、被认可的侵犯行为。反社会侵犯行为（antisocial aggressive behavior）指诸如人身攻击、凶杀、打群架等故意伤害他人的犯罪活动，这样的行为显然是违背社会准则的；亲社会侵犯行为（prosocial aggressive behavior）是指不但不违背社会准则，还可以为维护社会准则而服务，如为了治安而执行除恶的任务，公检法人员抓罪犯都属于这类情况；被认可的侵犯行为（received aggressive behavior）是指既不违背社会规范，但也不是为社会规范服务所必需的，是经过长时间而形成的一种社会习惯，如某人为了正当防卫而击伤歹徒、父母使用体罚的方式教育不听话的孩子等。

根据侵犯行为的方式不同，可以划分为言语侵犯和动作侵犯。言语侵犯（verbal aggression）是使用语言、表情对别人进行侵犯，如讽刺、诽谤、谩骂等；行为侵犯（behavioral aggression），是使用身体的特殊部位（如手、脚）以及利用武器对他人进行侵犯。

按照侵犯者的动机，侵犯可以分为报复性侵犯和工具性侵犯。如果侵犯者只是想让受害者遭遇不幸，目的在于复仇和教训对方，那么，这就是报复性侵犯（retaliatory aggression）；如果侵犯者为了达到某种目的，只是把侵犯行为作为达到目标的一种手段，这种侵犯就是工具性侵犯（instrumental aggression）。

此外，我们还可以将侵犯分为广义的侵犯和狭义的侵犯。广义的侵犯包括了亲社会、反社会和被认可的三种侵犯行为；而狭义的侵犯只是指反社会的侵犯。人们在理解侵犯的含义时，多是从狭义的角度来理解侵犯行为的，所以，我们将要论及的侵犯也是狭义上的侵犯。

二、挫折—侵犯理论

人类的侵犯是根植在人类本能中先天性行为方式，还是受到社会环境的刺激之后所产生的反应性行为方式呢？有学者认为，生物学因素在人类的侵犯行为研究中至关重要，尤其是动物行为因素、生物进化因素、遗传因素和荷尔蒙因素等，都对个体侵犯反应的基本强度产生作用（乐国安，2004）。但是如果从人类侵犯行为的心理过程看，就应当论及挫折—侵犯理论的贡献了。

挫折—侵犯理论（frustration-aggression hypothesis），是把人类侵犯行为系统地定义为对环境条件反应的第一次尝试。该理论最早是由美国心理学家多拉德和米勒（Dollard & Miller，1939）提出的。挫折—侵犯理论的产生和发展一直受到精神分析理论和学习理论的双重影响。所谓挫折（frustration），是指当一个人为实现某种目标而努力时遭受干扰或破坏，致使需求不能得到满足时的情绪状态。多拉德提出，人的侵犯行为是因为个体遭受挫折而引起的，这便是所谓的挫折—侵犯理论。这项理论的主要论点认为，侵犯是挫折的一种后果，侵犯行为的发生总是以挫折的存在为先决条件；反之，挫折的存在也必然会导致某种形式的侵犯。可以看出，在多拉德等人刚提出挫折—侵犯理论时，他们认为挫折与侵犯之间是一种简单的一一对应的因果关系。

挫折—侵犯理论提出后，得到了一些实验研究的支持。心理学家巴克尔（1941）曾经做过一项有趣的实验：他把一群孩子分为两组——对照组和实验组，然后把他们都领到实验室的窗外，孩子们通过窗户可以看到里面放满了诱人的玩具。从一开始，就允许对照组的孩子进去玩；而对于实验组的孩子，开始的时候只允许他们在一旁观看，而不让他们进去玩，直到过了一会儿，才让他们进去玩这些玩具。实验结果表明：实验组的孩子们比对照组的孩子们表现出更多的侵犯行为。巴克尔认为，这是由于实验组的孩子们在开始的时候受到挫折的缘故。19 世纪末 20 世纪初，在美国南方连续发生白人用私刑处死黑人的暴力事件。学者便考察了 1882 年到 1930 年美国南方经济与私刑处死黑人次数的关系。因为，当时棉花是南方最主要的经济作物，所以，学者们就把棉花的销售价格当作经济情况好坏的指标，结果他们发现当棉花价格低的时候，私刑的次数就多，棉花价格高的时候，私刑的次数就少。棉花价格降低时白人的收入就会减少，经济上的挫折导致侵犯倾向增加，软弱无辜的黑人就成了白人发泄怒气的对象。

但是，随着研究的进一步深入，许多社会心理学家逐渐发现，挫折与侵犯之间不是简单的一一对应关系。许多生活中的例子表明，挫折并不一定导致侵犯反应。例如，当个体意识到自己所受的挫折是出于一些不得已的原因时，一般不会表现出侵犯行为。另外，军人在战争中杀死素不相识的人，不是因为受到侵犯，而是因为执行命令的结果；有人为了权力、财物而加害他人，其侵犯行为乃是为了实现特定目标而采取的一种手段，而不是受到挫折后的反应。

于是，米勒在《挫折—侵犯假说》一书中，修正并扩充了挫折—侵犯理论的内容。他认为，挫折作为一种刺激，可以引起一系列的不同反应，侵犯反应只是其中一种形式而已。挫折的存在，不一定会导致侵犯行为；但是，侵犯行为肯定是挫折的一种结果。实际上，米勒保留了挫折—侵犯理论的前半部分观点，修正了其后半部分，他把挫折与侵犯之间一一对应的因果关系修正为一对多的关系。

在米勒之后，有一些学者对挫折—侵犯理论进行了修正，其中最有影响的是社会心理学家伯克威茨（1972）提出的修正理论。伯克威茨认为，挫折的存在并不一定会导致个体发生实际的侵犯行为，只能使个体处于一种侵犯行为的唤起状态，侵犯行为最终是否会发生，取决于个体所处的环境是否给他提供一定的侵犯线索。但后来他又指出，如果挫折引起的唤起强度达到一定水平，也可以引发实际的侵犯行为。

实际上，伯克威茨把原来的挫折—侵犯理论中挫折与侵犯之间一一对应关系引申为多对一关系，即一种侵犯行为的最终产生，除了受到挫折的影响之外，还要受到诸多其他因素的影响。从受到挫折到发生侵犯，存在着复杂的作用机制，这种机制中各种因素的共同作用，决定了挫折是否会导致侵犯行为的发生。无论是米勒“一对多关系”的论述，还是伯克威茨“多对一关系”的论述，始终都是以挫折与侵犯之间存在一定联系为前提的，他们的修正不过是对挫折引发侵犯的机制的修正，都没有最终解决该理论的基本缺陷，即忽视了侵犯的产生可能由与挫折无关的因素所引发。

由此我们可知，挫折是引起人类侵犯行为的一个条件，但不是唯一的条件，挫折的一个可能作用是加强个人对暴力关联事件的侵犯反应。

三、侵犯行为的转移与消除

（一）宣泄

宣泄（catharsis）这一概念最早是由古希腊大思想家亚里士多德提出来的，意思是用文学作品中悲剧的手法，使人们的恐惧与忧虑等情感得以释放，以达到净化的目的。后来，这一概念被弗洛伊德引用到其学说之中。弗洛伊德认为，侵犯是一种本能，是人与生俱来的驱动力。每个人都有一个本能侵犯性能量的储存器，应当不断以各种方式使侵犯性能量发泄出来，如球赛、打拳、游泳以及培养人与人之间积极的情感联系等，还可以适当地表现一些侵犯的行为和举动，否则侵犯性能量滞存过多，后果将不堪设想。动物行为学家洛伦兹（Konrad Lorenz，1903—1989）也认为侵犯是人的本能，是人类生活不可避免的组成部分，战争是人的侵犯本能发泄的结果，因此他主张以一种不具破坏性的发泄途径来代替战争，如体育比赛、登山、航海等。

侵犯的本能论虽没有被学者们广为接受，但那些考虑到挫折与侵犯行为关系的学者却也设想，对于那些受到挫折、体验到愤怒的人，让其适当地表现一些侵犯性的行为，能产生宣泄的作用。也就是说，当给遭受挫折的人表现愤怒的机会时，他以后将显示出较小程度的侵犯倾向。

但是，除了通过直接表现一定的侵犯行为来达到宣泄目的之外，观看他人的行为是否也能使人的愤怒减轻呢？在此存在着分歧的观点。按照宣泄论的观点，答案应该是肯定的。但是，从伯克威茨的侵犯线索理论以及班杜拉的社会学习理论来看，观察他人的侵犯行为不仅不能减轻愤怒，而且还会强化侵犯的倾向和行为。心理学家们还分别做了实验（米切纳、德拉梅特，1998）。实验结果也表现出彼此矛盾的情形。由此看来，观看别人的行为能否达到宣泄的目的，还是一个悬而未决的问题。

（二）习得的抑制

所谓习得的抑制（learned inhibition）是指人们在社会生活中所学到的对侵犯行为的控制，主要有以下几点：

1. 社会规范的抑制

一个人在社会化过程中，会逐步懂得哪些事情可以做，哪些事情不可以做。自然侵犯行为的表现与否也包括在内，这就是接受和内化社会规范的过程。一个内化了社会规范的人，在其急欲表现违反规范的侵犯行为时，会产生一种对侵犯行为的忧虑感，这种忧虑感会抑制侵犯倾向。实验研究也已表明（米切纳、德拉梅特，1998），对侵犯行为的忧虑越高，其抑制能力越强；相反，对侵犯行为的忧虑越低，其抑制能力越差。

2. 痛苦线索的抑制

痛苦线索是指被侵犯者受到伤害的状态。这种状态可能会导致侵犯者的一种情绪唤起，使他把自己置身于受害者的地位，设身处地体会受害者的痛苦，从而抑制自己不再进一步攻击侵犯。研究者们做了这样的实验（米切纳、德拉梅特，1998），令某人激怒被试，然后给被试提供电击这个人的机会，当被试得知被击者的痛苦状况时，便减少了侵犯行为。

有过被侵犯的体验，在某种程度上也能抑制侵犯行为。在一项实验中（米切纳、德拉梅特，1998），实验者让一半被试自己先体验一下电击的过程，另一半被试者则不体验，然后要求这些被试按实验者的指示去电击别人，受过电击的被试只给他人以弱的电击，而未受到电击的被试则给他人以较强的电击。

3. 对报复的畏惧

当某人知道，自己伤害他人之后他人会加以报复的话，他在一定程度上会抑制自己的侵犯行为。心理学家在一项实验中发现，当电击他人的被试者得知，过一段时间后受电击的人要对他电击时，他对别人的电击就减弱了。

4. 分散注意力

当我们对各种情况都有经历或有所了解，我们便会学会策略性地应付我们的情绪，包括愤怒。例如，我们知道如果不断地去想那些已经让我们愤怒的原因，我们会更加愤怒，然而如果我们转移注意力，想其他事情，愤怒就会有所减少（S. E. Taylor, L . A. Peplau，& D. O. Sears ，2004）。

（三）置换

常常有这样的情况，某人由于另外一个人的阻碍而遭受挫折和烦恼，但又不能还击他，因为那个人有地位、有权威或其他缘故。在这种情况下，他会通过另外的方式满足自己的需求，其中之一便是侵犯那些与制造挫折者相似的人，称之为置换（displacement）现象。例如，一个小孩想看电影，父亲不准去，他就会生气。但出于对父亲的地位和权威的认识，他不能攻击父亲，于是他就会向别人发脾气。他可以发泄怒气的对象很多，如妈妈、哥哥、姐姐、弟弟及邻居家的小朋友。小孩根据这些人在地位和权威方面与他父亲（使小孩受挫的人）的相似程度的高低，把这些对象排成一个序列，他们依次为母亲、兄弟、姐妹、邻居。一个人与挫折的造成者越接近，受挫者对他的侵犯倾向就越强烈。

有时小孩子不冒犯父亲是因为尊敬父亲。正如小孩子把对父亲的侵犯冲动推及到其他相似的人身上一样，他把对父亲的尊敬也推及到与之相似的人身上去。与侵犯行为一样，某人与父亲越相似，小孩子对他的尊重情感就越强烈。

有时侵犯者对于相似人物的确定，并不是像上面所说的那样简单，有些侵犯行为是通过较为复杂的过程来确立对象的。例如，有些青少年对双亲总是挫伤他们的愿望颇为不满，从而唤起愤怒的情绪，他们就会把怨恨转移到学校的老师，社会上的管理者以及一些与他们双亲有友好关系的人身上。

（四）寻找替罪羊

用置换对象来表现自己的侵犯行为一般发生在挫折的来源很明确的情况下。但在现实生活中常常会有这样的情形，即个体虽感受到挫折，却不明白挫折的来源究竟是什么。这时他就倾向于去寻找一只“替罪羊”（scapegoat)，从而把自己的不幸归咎于他人，并通过对他人的攻击来发泄自己的愤怒与不满。据心理学家的观察，被当作“替罪羊”的人往往具有软弱性和特异性：“替罪羊”一般是软弱的，没有还击的可能，侵犯者一般是以欺软怕硬的方式来寻找“替罪羊”的；“替罪羊”不仅是软弱的，而且往往还有一些与众不同之处，人们总是对那些不同于自己的人抱有好奇心，而当此人或他的亚群体又显得孱弱时，人们往往会对其表示出敌视态度。

（五）采取自持行为

一些学者指出，在人际交往中，无论是为了有效地应对别人的侵犯行为，还是为了减少自己的侵犯行为，我们都需要学会采取自持行为（沙莲香，2002）。自持行为是指在不侵犯别人权利的情况下维护自己的权利。一方面，它不同于放弃自己权利的过分顺从行为，而是敢于坚持自己的正当权利；另一方面，它又不同于在追求自己的权利或利益时侵犯别人的权利的攻击行为。需要自持行为的情境很多。例如，在“禁止吸烟”区要求某人熄灭烟头；买到不满意的商品后去商店退换；要求共用一个办公室的一位同事到别处聊私事；重新开始与和你争吵过的人讨论工作等。一些学者认为自持行为的技巧包括：第一，基本的自持是对维护你自己权利的简单表达。例如，当别人总是打断你的话时，你可以语气平和地告诉他：“对不起，我要说完我的话。”第二，当别人批评你的想法，却没有充分的理由时，可以采用模糊化的方法，即不对批评提出挑战，只是说：“你也许是对的，但是……”然后进一步说明你的主张。第三，如果你发现和对方在某件事上以前达成的约定被他忽略了，你可以用自持的陈述或提问提醒对方。第四，使用坚决而稳定的语音和以事实为基础的语气。第五，不要谴责或指责对方，也不要威胁对方。（Guirdhan M.，1995）

热点问题讨论 17－1　侵犯行为是天生的吗

心理学在19世纪后半期成为一门独立的学科，当时理论家受达尔文进化论的影响，把人类的动机都归因于先天的本能，暴力倾向被认为是人类最有力量的本能之一。詹姆斯（William James，1842—1910）认为，人类皆有好斗的劣根性。他相信侵犯倾向是通过祖先遗传而来的本能，人们基本上不能摆脱它，只有通过替代性的活动消耗侵犯动力，才能使侵犯倾向得到控制。

在20世纪，精神分析学派对侵犯展开了新的本能论研究，弗洛伊德在早期的时候用本我（id）的概念来解释侵犯本能，他认为侵犯与力比多密切相关。力比多在弗洛伊德看来象征着性冲动。因此，侵犯是和人类的性本能联系在一起的，是来自性压抑所产生的困扰状态。20世纪60年代，动物行为学家洛伦兹把人的侵犯行为与动物的侵犯行为作了比较。他认为动物的侵犯行为具有求得生存，并使物种不断进化与发展的功能。从动物的争斗行为中，可以帮助我们了解人类的侵犯。他确信，侵犯是人类生活不可避免的组成部分，所以必须定期加以发泄。

对人类侵犯本能的解释至今仍然保持着一定的影响。但是，詹姆斯和弗洛伊德的猜测都不足以说明侵犯是一种本能；洛伦兹把对动物的研究直接推及人类，也是不妥当的。总之，这些侵犯的本能理论还停留在用一种特殊概念来推测内在的生物过程和生物机制的层次上。当前的社会心理学家倾向于把生物过程看作是环境刺激与侵犯之间的中介反应，也就是说，研究者普遍认为侵犯是环境刺激下的一种内反应，而不是一种本能。

虽然我们认为生物学因素最好理解为环境刺激和侵犯行为之间的调节变量，但是，了解现有的生物学解释可以帮助我们更好地理解这种调节变量与侵犯行为之间的关系。

其中，动物行为学的观点通常来自动物学方法。它的基本假设是，根据动物学研究所得出的结论——尤其是那些与人类基因十分接近的灵长类动物——可以对人类的侵犯行为作出推论。通过对灵长类动物组织的研究发现，社会能力的发展取决于恰当地运用侵犯行为的能力。要获得社会能力，一方面要学会在特定的条件下控制侵犯冲动，另一方面要学会在某些挑战面前恰当地使用侵犯方式来解决问题。单独饲养的猴子和完全在同辈群体中长大的猴子相比，因缺少和外界的联系，普遍地表现出不适当的侵犯行为，它们有可能被猴群所排斥，也难以得到群体帮助。所以，很难在群体中获得令其满意的地位。同样，那些好斗或容易受欺负的儿童也同样受到群体的排挤，更难以在群体中获得令人尊重的身份。

而生物进化学对人类侵犯的研究则非常强调人类行为进化和发展过程。凯瑞斯（Cairns，1994）提出，生物因素在人类侵犯行为模式的发展过程中扮演着重要的角色。他细致地论证了侵犯的能力是人类固有的；侵犯的年龄和性别差异在青春期中表现得最明显；与男性相比，女性在青春期时的身体侵犯只扮演着不太重要的角色；在青春期和成人早期，与男孩相比，女孩更多地使用人际支配和人际惩罚等替代性方式。凯瑞斯对上述每条都提出初步的支持性证据，并进一步作出结论，我们必须关注生物因素在不同的发展阶段和进化阶段的作用，以及生物因素是如何衔接这些发展阶段的，并创造独具特色的个体模式的。

行为遗传学领域也有大量的研究试图证明遗传因素在人类侵犯行为中所发挥的作用。其中孪生子、染色体差异、被收养者与亲生父母的比较等研究是比较常见的。一家收容罪犯的苏格兰医院将医院内侵犯性极强的男性危险犯人315人加以检查，发现其中16人的性染色体为XYY，比正常男性的XY多了一条Y染色体。普赖斯（Price，1966）等人找到9个具有XYY染色体的男犯人、16个随机挑选出来的染色体正常的男犯人，然后查看这两组犯人的兄弟们的犯罪记录。在9个具有XYY染色体的犯人的全部31个兄弟中，只有一个人有犯罪记录，而且只犯过一次罪。而在16个具有XY染色体的犯人的63个兄弟中，12个人有犯罪记录，犯罪案件达39件。普赖斯的调查说明了一种可能的情形，即正常人的犯罪行为受生活经验的影响，而染色体异常者的犯罪行为很可能由于特殊基因的变化而致，较少地受生活经验的影响。但是，现有的研究类型都没有充分的证据能够得出有说服力的结论，甚至有些研究结论还存在相互矛盾的现象。

第三节　社会影响

社会影响（social influence）是最能体现社会心理学学科特点的课题，它是指由于他人的作用而引起个体的思想、情绪和行为的变化。社会影响是一种非常普遍的社会心理现象，从波澜不惊的“暗示”到气势磅礴的“集群行为”都包含在这个范畴内。其中，受群体压力而表现出来的从众，可能是日常生活中最常见的社会影响现象，与从众类似的还有服从和依从。

一、从众、服从和依从

(一) 从众

从众（conformity）也称为遵从或相符，是指通过向社会压力让步以使自己的认知及行为符合群体的、社会的标准和规范。从众现象是一种较普遍存在的心理现象，是人的一种直接的、感性的心理反应，不能与随波逐流和丧失原则混为一谈。从众行为对于一个人或者对于一个社会而言也有积极的意义，它可以使一个人的认知行为合乎群体、社会的规范。在许多情况下，这种结果可以使群体和社会具有更高的一致性，有利于活动效率的提高和目标的实现，这样的一个人也就成了一个为群体社会所接纳并对之有贡献的人。

1. 从众的原因

既然从众行为的结果非常广泛，既有高尚、积极的，也有极具破坏性、悲剧式的，那么，人们为什么会从众呢？我们可以通过分析从众发生的条件来得到答案。

通常来说，当信息或情景模糊、作出选择非常困难时，或处于危险的情景中时，从众行为最有可能发生。这可能是因为人们在这些情况下不知道该做什么，他们相信别人对这些情况的解释会比自己的解释更正确，于是别人的行为就成为他们如何行动的线索。简言之，从众可以帮助人们在某些情景下选择恰当的行为方式。近期的研究进一步表明，上述情景中，当决定对个人的重要性越大，人们就越有可能依赖他人的信息和指导，越可能表现出从众行为（Baron et al.，1996；Levine et al.，2000）。

除了对上述信息的需求外，人们表现出从众可能还源于希望被接纳的需要（Aronson 等著，侯玉波等译，2005）。著名社会心理学家斯坦利·米尔格莱姆（Stanley Milgram）曾说过“我们都是社会关系网中被束缚的脆弱的动物”。团队或社会规范以内隐或外显的方式规定了一个团体可以接受的行为规范，遵守这些规范的人会受到团队欢迎，而不遵守规范的成员被认为是异常分子。因此，人们会为了不引人注意、不被他人嘲笑、不陷入困境或遭到排斥而表现出从众行为。

2. 从众的影响因素

首先，个体因素会影响从众行为。焦虑、缺乏自信或注重别人赞许的人，更可能表现出从众行为。另外，生活在强调“集体合作”文化（如很多亚洲国家）中的人更容易从众（Coon 著，郑刚等译，2004）。

其次，团体特点也可能影响从众行为。通常来说，团体成员的身份对一个人越重要，此人表现出从众行为的可能性就越大。

最后，影响从众行为极其重要的因素是群体意见的一致性。当某人不赞同群体一致性意见时，他会感受到巨大压力，而如果群体中有人对这种一致性意见提出异议，不管这个人是一名专家还是一位无名小辈，不管对这个人有无好感，他都会受到很大鼓舞，降低从众的程度。从规模上讲，群体规模越大，即持有一致意见的人越多，持不同意见者感到的压力就越大，从众表现就越显著。如果一个3人群体反对你，你可能不太在意，但是如果一个1 000人的群体反对你，你可能会坐卧不安。此外，群体成员的身份不同，也影响他人的从众行为。再有，群体接纳个体的程度也成为影响从众的因素。

（二）服从

是什么使成千上万的纳粹分子甘愿听命于希特勒，并且将上百万的犹太人送进毒气室？是人格缺陷促使他们去盲目地执行命令吗？莫非他们没有道德准则？我们又如何解释那些狂热的宗教信徒心甘情愿地献出自己的生命并夺取他人的性命呢？

当一种要求用命令的形式出现时，人们都会感到不同程度的必须服从的压力。这种命令可以来自一种社会规范，也可以来自一位权威人物。由于受到外界的压力，个体不得不改变自己的观点和行为，以符合外界要求的现象叫做服从（obedience）。

这里要区分从众和服从这两个概念：两者虽然都是在外部压力下发生的，但是，在从众的情况下，个人虽然不是按照自己的本意去做，却是自愿地按照他人的意见或做法去行动的，外部对个人没有要求；服从是个人应外界的要求甚至是被迫地去做的。

人们为什么会服从呢？其主要原因是他们深信权威者的正确性，敬重、喜欢权威，并看重权威的这种关系（Tyler，1997）。此外，大多数服从都是由于人们担心不服从会导致不良后果：被开除、解雇，受排挤或受到体罚等。

此外，心理学家通过分析服从行为发生的社会情境，总结出了几种会导致人们虽不愿意但也要服从的因素（Wade等著，白学军等译，2006）：把责任归于权威、使任务常规化、想要有礼貌（即找不到或缺乏对权威/专家表达不服从的语言）、承诺升级（指个体为了使自己先前的投入合理化，会根据自己已经投入的时间、金钱或精力来逐渐增加承诺）。

（三）依从

依从（compliance）是指个体在他人（既非权威也非有权利的人）的直接请求下按照他人要求做的现象。在做出顺从行为的时候，人们可能私下同意他人的请求，也可能私下不同意他人的请求，或者没有自己的主意。每个人都经常在依从的压力下行事。例如，你在导购小姐的“建议”下购买了一件价格不菲的礼服，其实，你并不需要，也没有计划花那么多钱；你的同学让你帮他去收发室取信，虽然你并不顺道，也答应了等。

哪些因素决定依从呢？或者从另一个角度看，我们如何能增加他人的依从呢？研究者提出了很多有趣的因素或技巧，下面仅介绍两个相反的技巧。

“登门槛”原理（foot-in-door principle）。你是否有过这样的经历：当你经不住销售员的劝说或怂恿，于是停下来看了看或尝了尝他们的产品，你随后就鬼使神差地买了这个产品，虽然你事先并没有购买计划。这就是“登门槛”原理，也叫“先尝后买”效应，指一个人如果开始答应了别人的一个小请求，那么随后便可能依从于一个较大的请求。研究者认为这与个体自我知觉的改变有关——接受小的要求改变了个体对自己的态度，这种改变减少了他以后对类似行为的抗拒。

“闭门羹”效应（door-in-the-face effect）。它是指先向他人提出一个很大的要求，在对方拒绝之后，紧跟着提出一个小的要求，这时候小要求被满足的可能性增加。在一项实验中，研究者先要求实验组的大学生在下一年度内每周抽出 2 小时的时间参加一些青少年的活动，由于大学生没有那么多的时间，没有人答应这个要求。随后，研究者又提出了第二个要求，请他们参加“一次”这样的活动，结果一半的大学生同意了后一种要求；而相比较而言，控制组仅不到17%的人同意了随后的小请求。这可能因为，当人们知觉到他人让步时（由“每周 2 小时”到仅“一次”），会体验到来自互惠的压力，即对他人的让步做出回报，从而接受他人的第二个要求。

二、模仿与暗示

（一）模仿

模仿（imitation）是指在没有外界控制的条件下，个体受到他人行为的刺激，自觉或不自觉地使自己的行为与他人相仿。

模仿可以分为有意识模仿和无意识模仿两大类。无意识模仿并非是绝对的无意识，只是意识程度相对低一些。有意识模仿是模仿者有动机、有期望的模仿，即使他不十分了解他人行为的具体意义，也会感到模仿这种行为对自己有好处。譬如到一个陌生人家做客，怕自己举止失当，就会格外注意模仿别人。一般情况下，有意模仿者了解他人行为的意义，了解自己的行为与他人行为的差异，会不断调整自己的行为以与他人相仿。这是人类学习的一条重要途径。

研究模仿的早期代表人物是塔尔德（Gabrielde Tarde，1843—1904）。作为一名研究犯罪行为的法学家，塔尔德非常重视模仿在犯罪活动中的重要作用。他由于撰写了名著《模仿律》而名声大振。在他的著作中，他把模仿视为犯罪的基本规律，进而用模仿来说明一切社会现象。他认为，社会现象存在着反复性和一致性，而一致性的实现必须依赖模仿。塔尔德指出，某种现象要想成为普遍的社会现象，必须经过模仿的往复过程、对立过程和适应过程来实现。他过分夸大了模仿的作用，犯了那个时代常犯的崇尚“单一支配理论”的错误。

与塔尔德同时代的鲍德温（James Baldwin，1861—1934）等人，从模仿是人类本能的特性还是习得的特性方面研究了模仿问题。他们认为，儿童不到一周岁就开始会说话或会唱歌，足以说明模仿是人先天的本能。他们进而指出，人是模仿的动物。这种用本能来解释人类各种活动的观点是错误的，它把人类活动解释庸俗化，降低到动物水平。

同本能说相对立的理论是社会学习论。这种理论的代表人物有米勒、多拉德和班杜拉等人。米勒以白鼠做实验，或以儿童为被试进行实验，都得到同样结果：模仿是后天通过强化习得的。班杜拉作为模仿研究领域最重要的理论家，肯定了模仿是后天学习的结果，但是他不同意米勒的简单说法。他指出强化与行为有关，而与学习无关。班杜拉等人还通过一项有趣的实验发现，孩子们倾向于模仿有权威的成年人。实验者把被试组成一个个的3人群体，3人中一个是上幼儿园的小孩，还有一男一女两个成年人，构成类似一个核心家庭。两个成年人中的那个男人（或者女人）有权力决定另外两个人谁能玩那些诱人的玩具。这种关系就造成两个成年人的不同地位：一个有权威，一个没有权威。实验表明，无论是男孩还是女孩，他们都倾向于模仿那个有权威的人，而不管这个人是男的还是女的。

（二）暗示

暗示（suggestion）是采用含蓄的方式，通过语言、行动等刺激手段对他人的心理行为发生影响，使他人接受某一观念，或按某一方式进行活动。暗示以无批判的接受为前提，一般不付诸压力成分。暗示不需要讲道理，关键是让对方不假思索地接受。暗示同命令、指示、劝导、教育是有明显区别的。暗示可以是语言的、行动的、表情的，也可以是某种符号的。商店里新到了一批时令服装，橱窗里摆了一个穿上新服装的石膏模特儿，你看到了，对你就是符号暗示；你看到一些人在商店里排队买这种衣服，对你又形成行为暗示；某人买衣服后喜形于色，对你又形成表情暗示；而某人买了衣服后赞不绝口，说价廉物美，自然这是语言暗示。但是这些符号、行动、表情和语言，都没有直接"号召"你去买衣服，只是用含蓄的、间接的方法达到这种效果。发出暗示的人，有的是有意的，有的是无意的。上面讲的例子中，用商品模特儿进行暗示，显然费了商店职工的一番苦心，是有意的；而顾客排队买衣服等形成的暗示则是无意的。

孙本文（1946）在其《社会心理学》一书中，把暗示分为四类：第一类为直接暗示，直接暗示的特点在于直截了当，不仅迅速，而且被暗示者不会对信息产生误解。"望梅止渴"就是一个直接暗示的绝好例子。第二类为间接暗示，即暗示者不显露动机，不指明事物的意义，而把事物的意义间接地提供给受暗示者，使之心理和行为受到影响，这种暗示一般不会引起被暗示者的心理对抗，因而具有更强的影响力。第三类为自我暗示，即依靠思想、语言向自己发出刺激，以影响自己的情绪和意志，或加深对某一观念的认知，或要求按某一方式行动。自我暗示可以是消极的也可是积极的。消极的自我暗示可以出现"杯弓蛇影"的不良后果，积极的自我暗示则可以坚定意志、振奋精神，有利健康和工作。第四类为反暗示，即暗示者发出的刺激引起受暗示者性质相反的反应。有两种反暗示，一种叫做有意的反暗示，即故意说反话以达到正面效果，另外一种叫做无意的反暗示，即有意进行正面说明，却无意引起了相反的结果，如推销某种药品是百病包治的时候，人们往往认为药品是假的。

社会心理学的研究指出，暗示者、被暗示者以及环境的特点都可能影响暗示的效果。学者们的研究证实，暗示者的地位越高，暗示的效果往往越明显；受暗示者越有经验、努力水平越高、独立性越强，暗示的力量就越小；在紧张危险的环境中，人们较容易接受暗示。

三、集群行为与去个性化

（一）集群行为

集群行为是指一种相当数量的群众自发产生的，不受正常社会规范约束的狂热行为。集群行为有多种表现形式，布朗（Brown，1965）把它分为四类：一是侵略性集群行为，如暴乱行为；二是逃避性集群行为，如一批有组织或无组织的群众在遇到危险情况时产生的恐惧反应；三是获取性集群行为，如群众在物价上涨时抢购和囤积商品的行为；四是表现性集群行为，如宗教群众狂热的情绪和行为表现。

集群行为很早就引起了社会心理学家们的关注，历史上有许多探讨集群行为的理论和著作。其中最早对集群行为做系统研究的是法国人勒邦（Lebon，1895），他认为人是受本能支配的生物，当人置身于集群之中的时候，会以一种与独处完全不同的方式进行感知、思考和行动。集群行为的特征是原始的、动物性的、无意识的种族特性的混合物。他认为有三种主要的因果过程决定了集群行为的特征：第一是个人在集群中会感到有一种不可克服的力量使自己屈服于本能，而这种力量在独处时是可以控制的；第二是感染，感染是指一种冲动和行为模式像瘟疫一样在人群中迅速传播；第三是暗示，暗示使卑劣的、无意识的本能上升，使人丧失了文明，变成了一个野蛮人。弗洛伊德和麦独孤都深受勒邦的影响。弗洛伊德认为集群行为是被压抑在潜意识中的潜在欲望在寻找发泄。麦独孤把处于恐慌情境中的人群与畜群的本能反应相类比，牲畜在逃避危险时盲目奔突并彼此践踏，他认为人类的集群行为是初级本能和情绪作用的结果。特纳（Turner）和基利安（Kirlian）于1972年提出的紧急规范理论认为，集群行为的发生是人们处于紧急和模糊的形势下，发现了可以引导他们行为的规范，因此造成了一致的行为。集群行为不在于模仿暗示和情绪感染，而在于参加者的认知，在于人们认识到处于哪种紧急的情况下，哪种行为是规范、正确的，遵照哪种规范活动也是正确的。不过，这种理论无法解释为什么这样的规范往往都具有破坏性。

（二）去个性化

去个性化（deindividualization）指个体在一个群体中与大家一道从事某种活动时，对群体的认同淹没了个人的身份，使个体失去以往的个性感。去个性化的效果常常使人们摆脱正常的社会规范约束而表现出极端的行为。

在去个性化的研究中，津巴多（Zimbardo，1969）有突出的贡献。他认为，去个性化是一个过程，在这个过程中，人们知觉自我和他人时，一系列社会条件都似乎发生了变化，人们降低了约束自己行为的能力，因此，正常时能被控制的行为，如愤怒、侵犯、悲痛和兴奋等都可能无所顾虑地表现出来。津巴多试图研究去个性化在诸如敌视、盗窃等极端行为中的作用。他以女大学生为研究对象，把她们分为4人一组，告诉她们将进行一项关于人类移情的实验，要求她们对隔壁房间的女生实施电击。她们可以从单向镜里看到女生被电击的情形。一些小组的被试被安排在昏暗的房间里，身着布袋装，不佩戴名签，具有低辨认性。结果证实，和没有去个性化的被试相比，那些去个性化的被试受电击的时间延长了一倍。当然，受害者并未真的被电击，她的哭喊挣扎是假装的，装得非常逼真。津巴多还把受害者的形象作为自变量加以改变，一个受害者看起来是个举止文雅、乐于助人的妇女，另一个受害者看起来是个十分爱挑剔、以自我为中心的妇女。实验表明，在没有去个性化的情况下，被试对那个文雅的妇女电击时间短，对那个尖刻的妇女电击的时间长；而在去个性化的条件下，对这两个妇女进行了更长时间的电击。

津巴多写道：在这种条件下，这些可爱的、平时温顺的女学生尽情地电击别人，几乎每个机会都不放过。津巴多指出，去个性化现象有两个主要特征：匿名性和责任分散。实验中一些被试身着布袋装，不带名签，在昏暗中电击受害者，她们会觉得自己是一个匿名者。另外，一个人单独活动，往往会考虑这种活动是否合乎道义，是否会遭到谴责，而个人和群体其他成员共同活动，责任会分散在每个人的头上，以至于群体成员都不必承担这一活动所招致的谴责，因此会更加为所欲为。津巴多认为他的研究结果适用于一般社会，尤其是大城市。城市里的居民很容易产生匿名感。他说，在去个性的后面存在着大量的社会侵犯现象，如盗窃、拦路抢劫、捣乱破坏等，这些行为在大城市是司空见惯的。他和他的助手做了一项现场实验证明了这一想法。他们在靠近纽约大学的一个闹市区，放置了一辆像是被抛弃的破旧汽车，26小时后汽车被拆毁，凡是能拆卸的零件全被拿走了；相反，放置在人口稀少处的一辆破旧汽车，却一直完好地放在那里。

第四节　偏　见

一、偏见的含义

当一个群体的成员对另一个群体的成员表现出消极的态度和行为时，偏见就产生了（泰勒等著，谢晓非译，2004）。在所有人性的弱点中，没有什么比偏见对人的自尊和社会关系更有害的了，它是社会现实被扭曲的最主要的例证，产生于人脑的偏见能够贬低人格和毁灭人的生命。偏见（prejudice）是对某一个人或团体所持有的一种不公平、不合理的消极否定的态度。由于偏见是社会生活中的一种独特的态度，因而也包括态度的三个主要成分，即认知、情感、意向。例如，大男子主义的拥护者对女人持有偏见，他们认为“女人无才便是德”（认知），因此不喜欢她们独立自主（情感），从而经常以不公平的方式来对待她们（意向）。

为了更好地理解偏见的含义，我们需要将偏见、歧视和刻板印象区分开来。偏见作为一种态度，强调的是态度结构中的情感（情绪）成分，并特指其中的消极或负面情绪；歧视强调行为成分，指对某特定群体成员的负面行为；刻板印象只是我们简化世界的一种方式，即对某群人的概括化，并不一定是情绪性的，而且不一定会导致敌意行为（阿伦森等著，侯玉波等译，2005）。偏见和歧视通常一起发生，但两者没有必然的一致性。例如，某店铺老板可能对农民工持有偏见，但为了做成生意仍会像对待其他顾客一样对待他们。

随着文化的交流和社会的进步，传统的、公然性的偏见逐渐减弱，一种更加微妙的偏见形式开始抬头——人们可能表面上赞同平等，但反对意在促进种族、性别、民族和宗教平等的各种计划，这种态度只有当他们感到他们的观点可以得到证实或者在安全的情形下才会表达出来。社会心理学家把这种偏见称为“现代偏见”（modern prejudice）。例如，美国人对亚洲人的态度，德国人对土耳其人的态度等。这种态度并不是希望重返种族隔离的时代，而是认为这些群体不该进步太快，或不该受到政府的特别关照（李维，2006）。

二、偏见产生的根源

社会心理学家们对偏见产生的原因进行了大量的研究，提出了各种各样导致偏见的因素。总括起来，不外乎以下几个方面：

（一）社会分类

从偏见研究中得到的一个令人悲伤的事实是，对那些不属于他们同一“群体”中的人，人们很容易表现出偏见。琼斯（Jones，1997）认为，人们会借助社会分类（social categorization）的过程把自己和别人分到或相同或不同的社会群体中去。而最简单和最有说服力的分类方式就是判断别人是否与自己相像。这种分类是从“我与非我”到“我们与他们”的导向发展而来的。这样，人们把世界分成了内群体（in-groups）与外群体（out-groups）两部分。对前者而言，个体把自己看作是其中的成员，而对外团体则相反。这种认识性的区别导致了内群体偏见（in-group bias），一种认为自己群体比别的群体好的评价。一旦有人被看作是外群体成员时，他常常会成为人们泄愤和不公平对待的对象。

在拉比（Rabbie，1981；格里格，津巴多，2003）所做的实验中，把被试随机分成两组，一组为蓝组一组为绿组，并按照被试的组别分给他们蓝色笔或绿色笔，然后要求他们在蓝纸或绿纸上写字。研究人员根据他们的群体颜色来称呼这些被试，尽管这种颜色分类没有任何内在的心理意义，群体也完全是随机分配的，但被试对自己所在群体表现的评价要比对另外一个群体的评价好。不仅如此，这种仅仅基于颜色的内群体偏见甚至在实验任务开始之前就已经存在了。另外，塔菲尔和比利格（Tajfel & Billig，1974、1982）的实验也验证了这种“小群体（small group）效应”的存在。不同成员之间在开始时是彼此陌生的，但他们很快就显示出惊人的团结，他们相信自己群体内的成员工作更努力、协作更愉快。到了分享劳动成果时，人们尽量否认外群体成员的利益。帕克等人（Park & Rothbart，1982；Quattrone，1986）的研究甚至表明，不论人们对外群体成员的了解程度有多少，也不论外群体成员是否能够向我们提供与内群体成员一样的东西，人们的看法都不会变。

（二）社会化

文化传统具有很牢固的性质，即使最初的文化产生因素已消失很长时间，文化传统还能继续存在。作为文化传统成分之一的偏见也同样如此。通过社会化的过程，个体吸收并内化了文化传统，也继承了偏见。偏见并不是与生俱来的，它是人们习得的，儿童从他们的家庭、伙伴、大众媒体以及他们身处的社会中习得了偏见（泰勒等著，谢晓非译，2004）。

根据美国学者奥尔波特（Gordon Allport，1897—1969）对历史上各种偏见发生和持续过程的研究，在同一文化圈内，许多偏见在最初之所以产生，主要是由于那些有权有势的社会集团为了使自己对无权无势的社会集团的剥削统治合理化而制造出来的。例如，在欧洲工业革命后，统治阶级与资本家大肆散布工人是一群缺乏独立人格的人，没有独立思考的能力；其主要的要求和欲望是维持可以养家糊口的物质生活；对这些人必须要加以严格的管制监督。这种偏见一旦形成并传播开来之后，便融入了文化传统，并在社会上形成一种偏见的氛围。在带有偏见的气氛中成长起来的儿童对于带有偏见的规范是服从的。首先是形式上的从众，后来就内化于心。儿童的社会化过程融于其父母的偏见文化之中，即他们面临许多压力，使他们从众于父母和其他指导者的思想和行为。一般地，儿童在社会化过程中习得偏见的具体途径可分为三种。第一种是直接学习。小孩子周围的人运用赏罚强化其偏见态度。如父母不允许孩子同对自己有偏见的人的孩子一起玩，并灌输以“他们是一些肮脏无教养的孩子”的思想观念。第二种是模仿学习。儿童经常看到、听到自己周围的人议论反对某一群体及成员，从而逐渐地认同于他们的观念和行为。第三种是环境气氛的熏染。这是学习者对特殊环境气氛的一种认知了解。如在种族歧视严重的国家里，白人、黑人分区而居，分校而读。黑人在的地方白人很少光顾，黑人喜欢的东西白人就讨厌，整个生活环境中弥漫着黑白有异、黑人劣等的氛围，久居其间就潜移默化地受到感染。

（三）个体的人格和心理因素

在同一社会文化氛围中成长起来的人们在偏见倾向上并非一致而且存在很大的人际差异。这是因为一些独特的人格和心理因素影响着偏见的产生。首先，具有权威主义人格的人易产生并固守偏见。权威主义人格一般具有以下特点：固守传统的等级观念，排斥、轻视违反传统价值的人；顺从于所属群体的道德权威，以权威和地位为行事的依据；敌视其他群体的人；对周围的事物偏好作两分法的简单判断。显然，具有这些特点的人是很容易产生偏见的。其次，偏见和某些独特的心理作用与心理感受有关。弗洛伊德认为，偏见是一种人类倾向于投射的功能。投射有两种，第一种是相似性投射，即我们所有的人都有把自己不受社会赞许的欲望投射到他人身上的倾向，即想看到别人做我们最害怕被抓住的事情。按照这种观点，具有将他人视为有敌意和侵犯品质的明显倾向的人往往暴露了他自己的敌视和侵犯品质。第二种是互补性投射，如资本家剥削工人可能认为，他们这样做不是因为他们贪婪，而是因为被他们剥削的人能力低。除了投射这种心理作用可能导致偏见之外，许多社会心理学家还认为，挫折感也会导致偏见。

三、偏见的测量

测量偏见的最大障碍可能是大多数人都知道他们不应有任何偏见（Cunningham，Preacher，& Banaji，2001）。如果你直接问人们是否有偏见，大多数人都会否认。正如戈登·奥尔波特（1954，1979）多年前指出的，“偏见被理智击败，却在情感中徘徊”，人们可能会消除某种外显偏见，却保留了内隐的、无意识的偏见（Rudman，2004）。因此，对内隐偏见的测量能更真实地再现偏见的本来面目。测量偏见的方式主要有以下几种：

（一）测量生理反应

心理学家正努力结合生理学，特别是脑神经科学的相关知识，探索偏见的“内部”机制。例如，研究发现，当黑人和白人看彼此的照片时，杏仁核（与恐惧和其他消极情感相连的大脑结构）活动有所增加；而当他们看自己群体的照片时，杏仁核活动没有增加（Hart et al.，2000）。这支持了前面所提到的“内群体偏好”效应。

（二）测量行为

研究者可以观察人们在和偏见目标群体成员在一起时的无意识行为。例如，表现出消极的面部表情，或显示出非语言的不适信号。（韦德等著，白学军等译，2006）

（三）测量无意识联想

除了采用传统的测量内隐态度的方法（如内隐联想测试）外，最常用的是启动范式。例如，先呈现不同种族人群面孔的图片（作为启动刺激），然后再让被试对一些目标词进行评价（消极或积极），以反应潜伏期作为指标，看启动刺激是否抑制了被试对目标词的反应。

四、偏见的消除

正因为人的认知和社会动机的重要性，群体间的差异和歧视才十分普遍，甚至善意的意向和自我定向内疚都不足以克服难以捉摸的偏见。许多减少偏见的实验研究不仅重视直接改变个体的偏见，而且重视减少偏见的强度和遏制其负面影响等社会干预。这些研究主要集中于联系假设、社会分类和同化对文化的多元主义等方面（乐国安，2004）。在我们的社会中，偏见是普遍存在的，并且产生着各种各样消极的后果。但是，偏见并非是不可消除的。只要我们对症下药，便可达到预防和消除偏见的目的。社会心理学家们对此做了大量的研究，提出了各种解决措施。概括起来主要有以下几条：

（一）消除刻板印象

偏见和一般的态度一样，也具有认知、情感、意向三种成分。而偏见的认知成分往往是一种社会刻板印象。一般人对某些群体的成员常有一定的刻板印象，如白人认为黑人智力低下、不求上进，男人认为女人有依赖性、被动性等。根据研究，如果偏见对象表现出与刻板印象相异的行为来，会有助于偏见的消除。例如，如果黑人从事一些社会地位较高的工作，并在其中取得成就的话，就有助于削减人们对黑人持有的偏见。

（二）增加平等的、个人间的接触

平等的接触和个人间的接触都是为了深入全面地了解接触双方的独特性。不平等的接触妨碍双方相互间的深入、细致的了解，并且还易产生先入为主的、刻板化的判断，这种判断往往是对地位低下者不利的。同样，非个人间的接触通常也只能导致接触双方之间肤浅的、形式化的认识。只有平等的、个人间的接触，才有利于真实地了解对方独特的能力、性格、爱好、抱负等，避免先入为主的判断，从而达到预防和消除偏见的目的。但是，非私人性的或偶尔的接触则不会对消除偏见产生任何作用（Brewer & Brown，1998）。

（三）共同命运与合作奖励

为不同群体设定共同命运与合作性奖励（奖励的给予视全体人员是否共同合作而定）的任务，而非互斥性的竞争任务，是消解群体间的敌对情绪和偏见的重要途径。

（四）制定有助于消除偏见的社会规范

人们都有服从并认同社会规范的行为倾向。如果社会规范认为外群体是可以接受的，则人们就比较有可能改变对外群体的偏见。

心理学与人生 17－1　“将心比心”

人是社会中的人，每个人都不可能离群索居地生活在这个世界上，如果真的有一天，世界上只剩下你一个人那将是多么可怕的事情啊！在人与人生活的世界中，每一个个体都是独立的存在，但是他们又是相互支撑和相互联系的。群体中人与人的交往，需要很多因素的协调，如真诚、尊重、平等、谦让等，还需要你具备一定的心理换位和心理相容的能力。

所谓心理换位就是人与人之间在心理上互换位置。在人际交往中对所遇到的问题，能设身处地地从对方所处的位置、角色、情境去思考、理解和处理，深刻体察他人潜在的行为动因，不以自己的心态简单地看待问题，对待他人。家长在批评孩子的时候，不要先拿自己的意见和想法去衡量，而应站在孩子的立场上去看看他对这个问题是怎么看的；朋友之间产生矛盾和分歧的时候，也不要把自己驾于凌云之上，应换位的想想他人是否有他人的难处和无奈。“将心比心”、“己所不欲，勿施于人”等成语形象地说明了这种心理活动的特点。

实际上，心理换位就是要克服“自我中心”。瑞士心理学家皮亚杰首先提出“自我中心”这一概念。意思是指一个人只从自己的角度、用自己的眼光和感情去看待周围世界，处理所遇到的问题。皮亚杰认为，人在儿童时期表现出强烈的自我中心倾向，以为处在不同视角的别人所看到的东西与自己看到的一样，自己的看法总是对的。应该说，与儿童最初的毫无自我意识甚至不知道自己身体的存在相比，他们形成“自我中心”意识是一个进步。因为他们到底能把自己作为主体从客体中区别出来了。但是“自我中心”倾向并不简单地随个体的成长而自行消失，即使在成人身上，也还不同程度地存在着。而这后来的“自我中心”倾向对个体心理的健康发展，就不再是促进了。换言之，在成人身上的“自我中心”倾向使人不能清醒地认识客观事物，妨碍着人们的理智、人们的感情交流、人们真正意义的相互理解。而要克服“自我中心”，就需要学会心理换位。

心理咨询与治疗当中的“空椅子疗法”恰好就是心理换位的确切实施。一位单亲的母亲带着12岁的女儿生活，她干涉女儿与异性的交往，甚至不让女儿同男生讲话，为此，女儿离家出走。家长在学校领导的协助下终于找到了女儿，但是她们仍然视如敌人一般。女儿认为，母亲的行为不可理解，不能因为爸爸抛弃了我们，就不允许自己和异性正常交往；妈妈埋怨女儿，白白将其养大，一点儿也不理解妈妈，总让自己生气。这对母女都是站在“自我中心”的立场上考虑自己的做法如何正确，他人如何不通情达理，而从不站在他人观点上看问题。心理咨询家为她们进行了“空椅子”的疗法，他在房间内准备了两张椅子，一个代表“女儿”，一个代表“妈妈”，当女儿坐在自己的位置的时候，面对“椅子妈妈”开始哭诉这么多年来妈妈对自己的管教太严格，难道妈妈的少年时代就是这样过来的吗？而当她成为“妈妈”角色的时候，她站在妈妈角度上开始用妈妈的口气对“椅子女儿”讲话，她说自从爸爸离开了家，就是由妈妈一人在辛苦，许多时候常常看到妈妈一个人偷偷哭，而女儿还总是惹妈妈生气，一点儿也不懂事。当女儿做完了这个项目之后，她发现自己以前考虑问题太片面了，她很后悔；同样，当妈妈也完成了这个项目之后，也意识到自己的做法太偏激了，母女终于和好了。可见，从他人立场上去考虑问题是多么的重要，在你坚持自己的看法时，别忘了去了解一下他人的想法。

本章摘要

1. 利他行为指对别人有好处，没有明显自私动机的自觉自愿的行为。如常见的助人行为、制止或干预犯罪的行为、偿还行为等。

2. 影响利他行为产生的因素包括利他行为的唤起、助人者的得失、求助者的特点、助人者的特点、当时心境以及影响利他行为的环境和情境等。

3. 利他行为与社会文化规范（包括社会责任规范、互惠规范和平等规范等）密不可分。

4. 侵犯行为是有目的、有意图伤害他人的行为。可依据行为发生的社会情境、行为者的社会角色、行为发生前的有关线索和行为者的身份特性等信息来推断是否属于侵犯意图。

5. 依据不同的标准可将侵犯行为分为不同的类型，如根据侵犯行为是否违背社会准则，可分为反社会的侵犯行为、亲社会行为、被认可的侵犯行为；根据侵犯行为的方式，可分为言语侵犯和动作侵犯；根据侵犯者的动机，可分为报复性侵犯和工具性侵犯。

6. 挫折—侵犯理论认为，受挫是引起人类侵犯行为的重要条件。宣泄、习得的抑制、置换和寻找替罪羊在一定程度上会转移和消除侵犯行为。

7. 社会影响是在他人的作用下，引起个体的思想、情绪和行为的变化。从众与服从、模仿与暗示、集群行为与去个性化等现象都是一定社会文化的体现，这些现象都体现了人们在群体状态下受到社会影响的情况。

8. 偏见是对某一个人或团体所持有的一种不公平、不合理的消极否定的态度，它的成因来自社会群体间的利害冲突、社会化和人格、心理等因素。由于它对社会生活的协调与和谐会产生破坏性作用，因而要采取有力措施予以消除。

复习思考题

1. 利他行为的唤起是受到多方因素综合作用的结果，请试从求助者特点、情境因素等多方面进行分析。

2. 当侵犯行为出现的时候，如何进行合理的转移和消除？

3. 在我们的社会中，偏见是普遍存在的，并且由此产生着各种各样的消极后果，但它并非是完全不可避免或不可消除的，请指出一些消除偏见的有效措施。

推荐参考读物

1. 郭本禹．当代心理学的新进展．济南：山东教育出版社，2003.

2. 乐国安. 西方社会心理学新进展. 广州：暨南大学出版社，2004.

3. 托马斯·吉洛维奇等. 吉洛维奇社会心理学. 周晓虹等译. 北京：中国人民大学出版社，2009.

参考文献

埃里奥特·阿伦森等. 社会心理学（第五版）. 侯玉波等译. 北京：中国轻工业出版社，2007.

爱德华·霍尔. 无声的语言. 侯勇译. 北京：中国对外翻译公司，1995.

白学军. 智力发展心理学. 合肥：安徽教育出版社，2004.

保罗·贝内特. 异常与临床心理学. 陈传锋，严建雯，金一波等译. 北京：人民邮电出版社，2005.

布拉德福德·J. 霍尔. 跨越文化障碍——交流的挑战. 麻争旗等译. 北京：北京广播学院出版社，2003.

戴维·迈尔斯. 社会心理学（第八版）. 侯玉波等译. 北京：人民邮电出版社，2006.

戴维·迈尔斯. 心理学精要. 黄希庭等译. 北京：人民邮电出版社，2009.

丹尼尔·夏克特. 找寻逝去的自我：大脑、心灵和往事的记忆. 高申春译. 长春：吉林人民出版社，1998.

德斯蒙德·莫里斯. 人类行为观察. 刘文荣，今夫译. 深圳：海天出版社，1989.

费立鹏等. 部分自杀未遂者两年后与社区正常对照比较. 中国心理卫生杂志，2003，17（12）：856.

郭爱妹. 论女性主义心理治疗观. 南京师范大学学报（社会科学版），2006（6）：108—113.

郭本禹. 当代心理学的新进展. 济南：山东教育出版社，2003.

郭本禹. 西方心理学史. 北京：人民卫生出版社，2007.

郭永玉. 人格心理学——人性及其差异的研究. 北京：中国社会科学出版社，2007.

韩进之，杨丽珠. 我国幼儿自我意识发展初探. 见刘范. 心理发展的近期研究. 北京：北京师范学院出版社，1990.

郝伟. 精神病学（第五版）. 北京：人民卫生出版社，2004.

侯玉波. 社会心理学. 北京：北京大学出版社，2002.

黄敏儿，郭德俊. 情绪调节方式及其发展趋势. 应用心理学，2001，7（2）：7—22.

黄希庭，张志杰. 心理学研究方法（第二版）. 北京：高等教育出版社，2010.

黄希庭. 心理学基础. 上海：华东师范大学出版社，2008.

黄希庭. 心理学导论（第二版）. 北京：人民教育出版社，2007.

加德纳. 多元智能. 沈致隆译. 北京：新华出版社，1999.

江光荣. 心理辅导与治疗. 合肥：安徽人民出版社，1995.

金盛华. 社会心理学. 北京：高等教育出版社，2008.

莱斯蕾·罗杰斯. 大脑的性别. 李海宁译. 北京：生活·读书·新知三联书店，2004.
乐国安. 西方社会心理学新进展. 广州：暨南大学出版社，2004.
乐国安. 中国社会心理学研究进展. 天津：天津人民出版社，2004.
李伯黍. 中国儿童青少年道德认知发展与教育. 见朱智贤. 中国儿童青少年心理发展与教育. 北京：中国卓越出版公司，1990.
李欧. 当代美国的艺术治疗. 世界文化，2007（11）：6－7.
李维. 社会心理学新发展. 上海：上海教育出版社，2006.
李新旺等. 生理心理学（第二版）. 北京：科学出版社，2008.
李燕平，郭德俊. 激发课堂学习动机的教学模式——TARGET 模式. 首都师范大学学报（社会科学版），2000，13（5）：112—116.
理查德·S. 沙夫. 心理治疗与咨询理论：概念与案例（第四版）. 董建中译. 北京：中国人民大学出版社，2009.
理查德·格里格，菲利普·津巴多. 心理学与生活. 王垒，王甦等译. 北京：人民邮电出版社，2003.
梁宁建. 当代认知心理学. 上海：上海教育出版社，2003.
林崇德. 智力结构与多元智力. 北京师范大学学报（社会科学版），2002（1）：5—13.
林孟平. 小组辅导与心理治疗. 上海：上海教育出版社，2005.
刘爱伦. 思维心理学. 上海：上海教育出版社，2002.
刘春雷，王敏，张庆林. 创造性思维的脑机制. 心理科学进展，2009，17（1）：106—111.
刘惠军. 当代学习动机的理论和应用研究进展. 首都师范大学学报（社会科学版），2002，15（5）：113—117.
罗伯特·费尔德曼，黄希庭. 心理学和我们. 黄希庭等译. 北京：人民邮电出版社，2008.
罗劲，应小萍. 思维与语言的关系：来自认知神经科学的证据. 心理科学进展，2005，13（4）：454—465.
洛雷塔·A. 马兰德罗，拉里·巴克. 非言语交流. 孟小平等译. 北京：北京语言学院出版社，1991.
美国精神科学会. DSM－IV 分类与诊断标准. 庞天鉴译. 见杨森文库精神医学分册，2001（增刊）：219－227.
孟昭兰. 情绪心理学. 北京：北京大学出版社，2005.
缪小春. 近二十年来的中国发展心理学. 心理科学，2001，24（1）：71—77.
墨顿·亨特. 心理学的故事. 李斯译. 海口：海南出版社，1997.
潘菽. 意识——心理学的研究. 北京：商务印书馆，1998.
彭聃龄. 普通心理学. 北京：北京师范大学出版社，2001.
彭小虎，王国峰，罗嘉跃. 面孔认知及其神经机制的独特性. 心理科学，2002，25（4）：488—489.
钱铭怡. 心理咨询与心理治疗. 北京：北京大学出版社，1994.
钱铭怡. 变态心理学. 北京：北京大学出版社，2006.
青井和夫. 社会学原理. 刘振英译. 北京：华夏出版社，2002.
全国十二所重点师范大学联合编写组. 心理学基础. 北京：教育科学出版社，2008.
全国十三所高校《社会心理学》编写组. 社会心理学（第三版）. 天津：南开大学出版

社，2003.

任真，桑标．毕生发展心理学的新进展．心理科学，2003，26（4）：634—637.

桑志芹，邓旭阳．大学生心理素质训练．上海：上海教育出版社，2006.

桑志芹等．大学生心理健康教程．北京：科学技术出版社，2007.

沙莲香．社会心理学．北京：中国人民大学出版社，2002.

沙颂．社会学概论．北京：中国经济出版社，1998.

莎伦·布雷姆等．亲密关系（第三版）．郭辉等译．北京：人民邮电出版社，2008.

邵瑞珍．罗森塔尔效应．中国大百科全书·心理学．北京：中国大百科全书出版社，1991.

世界卫生组织．将精神卫生工作纳入初级卫生保健．中国心理卫生杂志，1991，5（2）：85.

斯腾伯格．成功智力．吴国宏，钱文译．上海：华东师范大学出版社，1999.

斯腾伯格．超越IQ——人类智力的三元理论．俞晓琳，吴国宏译．上海：华东师范大学出版社，2000.

托马斯·吉洛维奇等．吉洛维奇社会心理学．周晓虹等译．北京：中国人民大学出版社，2009.

王登峰．临床心理学．北京：人民教育出版社，1999.

王建平．变态心理学．北京：高等教育出版社，2005.

王甦，汪安圣．认知心理学．北京：北京大学出版社，1992.

王祖承．艺术治疗．上海精神医学，2006，18（2）：104—106.

沃特·谢弗尔．压力管理心理学（第四版）．方双虎等译．北京：中国人民大学出版社，2009.

吴庆麟，胡谊．教育心理学．上海：华东师范大学出版社．2003.

吴振云．老年心理健康的内涵、评估和研究概况．中国老年学杂志，2003（12）：799—801.

西南师范大学心理学系．黄希庭心理学文选．重庆：西南师范大学出版社，2000.

许政援．三岁前儿童语言发展的研究和有关的理论问题．心理发展与教育，1996，12（3）：1—11.

许政援，郭小朝．11—14个月儿童语言的获得．心理学报，1992，24（2）：148—157.

薛蕾，姜锡斌．焦虑症的心理分析与中医治疗．山东中医药大学学报，2003，27（1）：41—42.

杨治良．记忆心理学．上海：华东师范大学出版社，1999.

殷大奎．齐心协力，脚踏实地，全面推进新世纪精神卫生工作——全国第三次精神卫生工作会议报告．中国心理卫生杂志，2002（16）：4—8.

约瑟夫·桑德勒，克里斯朵夫·戴尔，阿莱克斯·霍尔德．病人与精神分析师．施琪嘉，曾奇峰，肖泽萍译．上海：上海科学技术出版社，2004.

张春兴．现代心理学：现代人研究自身问题的科学（第二版）．上海：上海人民出版社，2005.

张厚粲，吴正．公众的智力观．心理科学，1994，17（2）：65—69.

张开镐．俱乐部药物及其急性毒性反应．药物不良反应杂志，2007，9（1）：39—41.

张阔，胡竹菁．略论当代智力测验的发展趋势．江西师范大学学报（哲学社会科学版），

2000，33（1）：28—32.

张雷. 进化心理学. 广州：广东高等教育出版社，2007.

张庆林. 思维心理学. 重庆：西南师范大学出版社，2007.

郑雪. 人格心理学. 广州：暨南大学出版社，2007.

郑雪，严标宾等. 幸福心理学. 广州：暨南大学出版社，2004.

中华医学会精神科分会. CCMD - 3 中国精神障碍分类与诊断标准（第三版）. 济南：山东科学技术出版社，2001.

朱莉娅·贝里曼等. 心理学与你. 武跃国，武国城译. 北京：北京大学出版社，2000.

朱曼殊. 心理语言学. 上海：华东师范大学出版社，1990.

朱滢. 实验心理学. 北京：北京大学出版社，2000.

竺培梁. 智力心理学探新. 合肥：中国科学技术大学出版社，2006.

佐斌. 社会心理学. 北京：高等教育出版社，2009.

Aldert Vrij. 说谎心理学. 郑红丽译. 北京：中国轻工业出版社，2005.

Aronson E.，Wilson T. D.，Akert R. M. 社会心理学. 侯玉波等译. 北京：中国轻工业出版社，2005.

B. 瑞文，J. 儒本. 社群心理学——公关的钥匙. 刘永和编译. 福州：福建教育出版社，1993.

Carlson N. R. 生理心理学（第六版）. 苏彦捷等译. 北京：中国轻工业出版社，2007.

Clair M. S. 现代精神分析“圣经”——客体关系与自体心理学. 贾晓明，苏晓波译. 北京：中国轻工业出版社，2002.

Coon D. 心理学导论——思想与行为的认识之路. 郑刚等译. 北京：中国轻工业出版社，2004.

D. 莫里斯. 人体秘语. 陈明福，刘君祖译. 北京：昆仑出版社，1989.

David Lykken. 幸福的心理学. 黄敏儿等译. 北京：北京大学出版社，2008.

Durand V. M.，Barlow D. H. 异常心理学基础. 张宁等译. 西安：陕西师范大学出版社，2005.

E. G. 波林. 实验心理学史. 高觉敷译. 北京：商务印书馆，1981.

E. 阿伦森. 社会性动物（第九版）. 邢占军译. 上海：华东师范大学出版社，2007.

E. 阿伦森. 社会心理学入门. 郑日昌，张珠江译. 北京：群众出版社，1985.

Feldman R. 发展心理学——人的毕生发展（第四版）. 苏彦捷等译. 北京：世界图书出版公司，2007.

Gerald Corey. 心理咨询与治疗的理论及实践. 石林等译. 北京：中国轻工业出版社，2004.

Herbert L. Petri，John M. Govern. 动机心理学（第五版）. 郭本禹等译. 西安：陕西师范大学出版社，2005.

Howard Gardner. 智力的重构——21 世纪的多元智力. 霍力岩等译. 北京：中国轻工业出版社，2004.

J. L. 弗里德曼，D. O. 西尔斯，J. M. 卡尔史密斯. 社会心理学. 高地，高佳等译. 哈尔滨：黑龙江人民出版社，1984.

John B. Best. 认知心理学（第二版）. 黄希庭主译. 北京：中国轻工业出版社，2000.

Mark Solms. 弗洛伊德重出江湖. 科学（中文版），2004（7）：50—57.

McDugall W. 社会心理学导论. 俞国良，雷雳，张登印译. 杭州：浙江教育出版社，1997.

Popeno D. 社会学（第十一版）. 李强等译. 北京：中国人民大学出版社，2007.

Pranken R. F. 人类动机（第五版）. 郭本禹等译. 西安：陕西师范大学出版社，2005.

R. Tëlle. 实用精神病学. 王希林译. 北京：人民卫生出版社，1997.

Robert D. Nye. 三种心理学. 石林，袁坤译. 北京：中国轻工业出版社，2000.

Roger R. Hock. 改变心理学的 40 项研究：探索心理学研究的历史. 白学军等译. 北京：中国轻工业出版社，2004.

S. Lan Robertson. 问题解决心理学. 张奇等译. 北京：中国轻工业出版社，2004.

Strongman K. T. 情绪心理学——从日常生活到理论（第五版）. 王力主译. 北京：中国轻工业出版社，2003.

Taylor S. E. ，Peplau L. A. ，Sears D. O. 社会心理学. 谢晓非译. 北京：北京大学出版社，2004.

Wade C. ，Tavris C. 心理学的邀请. 白学军等译. 北京：北京大学出版社，2006.

Г. М. 安德列耶娃. 社会心理学. 李钊等译. 上海：上海翻译出版公司，1984.

Alvidrez, J., & Weinstein, R. S. Early teacher perceptions and later student academic achievement. *Journal of Educational Psychology*, 1999 (91): 731 – 746.

Anderson, V. L., Levinson, E. M., Barker, W., & Kiewra, K. R. The effects of meditation on teacher perceived occupational stress, state and trait anxiety, and burnout. *School Psychology Quarterly*, 1999 (14): 3—25.

Ausubel, D., Novak, J., & Hanesian, H. *Educational Psychology: A Cognitive View* (2nd ed.). New York: Holt, Rinehart & Winston, 1978.

Azer, B. *Project Explores Landscape of Midlife*. APA Monitor, 1996.

Abbott, A. Striking back. *Nature*, 2004, 429 (6990): 338 – 339.

Akerstedt, T. & Froberg, J. E. Interindividual differences in circadian pattern of catecholamine excretion, body temperature, performance, and subjective arousal. *Biological Psychology*, 1976 (4): 277 – 292.

Ames, C. Classrooms: Goals, structures, and student motivation. *Journal of Educational Psychology*, 1992 (84): 261 – 171.

Anderson, J. R. & Bower, G. H. *Human Associative Memory*. Washington D. C.: Winston, 1973.

Andrew, H. & John, M. H. Testing a conceptual locus for the inconsistent object change detection advantage in real-world scenes. *Memory & Cognition*, 2003, 31 (6): 930 – 940.

Antrobus, J. Dreaming: Cognitive processes during cortical activation and high afferent thresholds. *Psychological Review*, 1991 (98): 96 – 212.

Astington J. W. & Jenkins, J. M. A longitudinal study of the relation between language and theory of mind development. *Developmental Psychology*, 1999 (35): 1311 – 1320.

Atkinson, R. C. & Shiffrin, R. M. Human memory: A proposed system and its control processes. In Spence, K. W. and Spence, J. T. eds. *The Psychology of Learning and Motivation: Advances in Research and Theory* (Vol. 2). New York: Academic Press. 1968.

Blanchflower, D. G. & Oswald, A. *Well-being over Time in Britain and the USA*. Paper Presented at NBER Conference, London, UK., 2000.

Boschen, K. A., Tonack, M., & Gargaro, J. Long-term adjustment and community reintegration following spinal cord injury. *International Journal of Rehabilitation Research*, 2003, 26 (3): 157 - 164.

Baars, B. J. *In the Theater of Consciousness*. New York: Oxford University Press. 1997.

Baars, B. J. & McGovern, K. Consciousness. *Encyclopedia of Human Behavior*, 1994 (1): 687 - 699.

Baddeley, A. D. Short-term memory for word sequences as a function of acoustic and formal similarity. *Quarterly Journal of Experimental Psychology*, 1996 (18): 362 - 365.

Baddeley, A. D. The influence of acoustic and semantic similarity on long-term memory for word sequences. *Quarterly Journal of Experimental Psychology*, 1996 (18): 302—365.

Baillargeon, R. How do infants learn about the physical world? *Current Directions in Psychological Science*, 1994 (3): 133 - 140.

Baillargeon, R. Physical reasoning in young infants: Seeking explanations for impossible events. *British Journal of developmental Psychology*, 1994 (12): 9 - 33.

Baillargeon, R. Young infants' expectations about hidden objects. *Developmental Science*, 1999 (2): 115 - 132.

Baltes, P. B., Staudinger, U. M., & Lindenberger, U. Lifespan Psychology: Theory and Application to Intellectual Functioning. *Annual Review of Psychology*, 1999, 50: 471 - 507.

Baltes, P. B. On the incomplete architecture of human ontogeny: selection, optimization, and compensation as foundation of developmental theory. *Am. Psychol*, 1997 (52): 366

Baltes, P. B., Reese, H. W., & Lipsitt, L. P. Lifespan developmental psychology. *Annual Review of Psychology*, 1980 (31): 65 - 110.

Bandelow, B., Wedekind, D., Pauls, J., Broocks, A., Hajak, G., & Ruther, E. Salivary cortisol in panic attacks. *American Journal of Psychiatry*, 2000 (157): 454 - 456.

Bandura, A., Barbaranelli, C., Caprara, G. V., & Pastorelli, C. Multifaceted impact of self-efficacy beliefs on academic functioning. *Child Development*, 1996 (67): 1206 - 1222.

Bixler, E. O., Kales, A., Soldatos, C. R., Kales, J. D., & Healey, S. Prevalence of sleep disorders in the Los Angeles metropolitan area. *American Journal of Psychiatry*, 1979 (136): 1257 - 1262.

Blonder, L. X., Bowers, D., & Heilman, K. M. The role of the right hemisphere in emotional communication. *Brain*, 1991 (114): 1115 - 1127.

Bogen, J. E. On the neurophysiology of consciousness: I. An overview. *Consciousness and Cognition*, 1995, 4 (1): 52 - 62.

Bosse, R., Aldwin, C. M., Levenson, M. R., et al. Differences in social support among retirees and workers: Findings from the normative aging study. *Psychology and Aging*, 1990 (5): 41 - 47.

Bouchard, T. J. Genes, environment and personality. *Science*, 1994 (264): 1700 - 1701.

Brody G. H. Sibling relationship quality: Its causes and consequences. *Annual Review of Psychology*, 1998 (95): 199 - 205.

Bronstein, P., Duncan, P., Clauson. J., et al. Preventing middle school adjustment problems for children from lower-income families: A program for aware parenting. *Journal of Applied Developmental Psychology*, 1998 (19): 129 - 152.

Brooks, C. M. The history of thought concerning the hypothalamus and its functions. *Brain Research Bulletin*, 1988 (20): 657 - 667.

Brown, G. D. & Hulme, C. Modeling item length effects in memory span: No rehearsal needed? *J. Mem. Lang.* 1995 (34): 594 - 621.

Bruner, J. *The Process of Education*. Cambridge, MA: Harvard University Press, 1960.

Baard, Deci and Ryan. Intrinsic need satisfaction: A motivational basis of performance and well-being in two work setting. *Journal of Applied Social Psychology*, 2004, 34 (10): 2045 - 2068.

Baddeley, A. D. Working memory. *Science*, 1992 (255): 556 - 559.

Baddeley, A. D., Thomson, N., & Buchanan, M. Word length and the structure of short-term memory. *Journal of Verbal Learning and Verbal Behavior*, 1975 (14): 575 - 589.

Baddely, A. Working memory: looking back and looking forward. *Nature Reviews Neuroscience*, 2003 (4): 829 - 839.

Bailey, J. M. & Pillard, R. C. A genetic study of male sexual orientation. *Archives of General Psychiatry*, 1991 (48): 1089 - 1096.

Bailey, K. R. & Mair, R. G. (2005). Lesions of specific and nonspecific thalamic nuclei affect prefrontal cortex-dependent aspects of spatial working memory. *Behavioral Neuroscience*, 2005, 119 (2): 410 - 419.

Bandura, A., Ross, D., & Ross, S. A. Imitation of film-mediated aggressive models. *Journal of Abnormal and Social Psychology*, 1963 (66): 3 - 11.

Barnier, A. *Experiments on Posthypnotic Suggestion*. Unpublished doctoral dissertation, University of New South Wales, Australia, 1997.

Baron, R. S., Vandello, J. A., & Brunsman, B. The forgotten variable in conformity research: Impact of task importance on social influence. *Journal of Personality and Social Psychology*, 1996 (71): 915 - 927.

Baron - Cohen, S. *Mindblindness: An Essay on Autism and Theory of Mind*. Cambridge, MA: MIT Press, 1995.

Bartsch, K. Between desires and beliefs: Young children's action predictions. *Child Development*, 1996, 67 (4): 1671 - 1685.

Bartsch, K. & Wellman, H. Young children's attribution of action to beliefs and desires. *Child Development*, 1989 (60): 946 - 964.

Bartsch, K. & Wellman, H. M. *Children Talk about the Mind*. New York: Oxford University Press, 1995.

Baumeister, R. F. & Steinhilber, A. Paradoxical effects of supportive audiences on performance under pressure: The home field disadvantage in sports championships. *Journal of Personality and Social Psychology*, 1984 (47): 85 - 93.

Baumeister, R. F. Suicide as an escape from self. *Psychological Review*, 1990 (97): 90 - 113.

Baumeister, R. F. & Leary, M. R. The need to belong: Desire for interpersonal attachments as a fundamental human motivation. *Psychological Bulletin*, 1995 (117): 497 - 529.

Bechara, A., Tranel, D., Damasio, H., Adolphs, R., Rockland, C., & Damasio, A. R. Double dissociation of conditioning and declarative knowledge relative to the amygdale and hippocampus in humans. *Science*, 1995 (269): 1115 - 1118.

Bernstein, D. A. & Nash, P. W. *Essentials of Psychology* (2nd ed.). Boston: Houghton Mifflin, 2002.

Biederman, I. Recognition-by-Components: A theory of human image understanding. *Psychological Review*, 1987 (94): 115 - 147.

Biederman, I. Higher-level vision. In D. N. Osherson, S. M. Kosslyn & J. M. Hollerbach (eds.) *Visual Cognition and Action*. Cambridge, MA: MIT Press, 1990.

Biehl, M., Matsumoto, D., Ekman, P., & Hearn, V. Matsumoto and Ekman's Japanese and Caucasian facial expression and emotion (JACFEE): reliability data and cross national differences. *Journal of Nonverbal Behavior*, 1997 (21): 3 - 21.

Bird, C. & Emery, N. Insightful problem solving and creative tool modification by captive non-tool-using rooks. *Proceeding of the National Academy of Sciences of the United States of America*, 2009, 106 (25): 10370 - 10375.

Blair, R. J. R. The role of orbital frontal cortex in the modulation of antisocial behavior. *Brain & Cognition*, 2004, 55 (1): 198 - 208.

Bland, R. C., Newman, S. C., & Orn, H. Recurrent and nonrecurrent depressions: A family study. *Archives of General Psychiatry*, 1986, (11): 1085 - 1089.

Block, V., Hennevin, E., & Leconte, P. Interaction between post-trial reticular stimulation and subsequent paradoxical sleep in memory consolidation processes. IN R. R. Drucker - Colin & J. L. McGaugh (eds.). *Neurology of Sleep and Memory*. New York: Academic Press, 1977.

Blum, K., Cull, J. G., Braverman, E. R., & Comings, D. E. Reward deficiency syndrome. *American Scientist*, 1996, 84 (2): 132 - 138.

Boehm, T., Folkman, J., Browder, T., et al. Antiangiogenic therapy of experimental cancer does not induce acquired drug resistance. *Nature*, 1997 (390): 40 - 47.

Boiten, F. Autonomic response patterns during voluntary facial action. *Psychophysiology*, 1996 (33): 123 - 131.

Bower, G. H. Mental imagery and associative learning. In L. Gregg (edt.), *Cognition in Learning and Memory*, 1972. 51 - 88.

Bowers, K. S. Imagination and dissociation in hypnotic responding. *International Journal of Clinical and Experimental Hypnosis*, 1992 (40): 253 - 275.

Bradbury, T. N., Fincham, F. D., & Beach, S. R. H. Research on the nature and determinants of marital satisfaction: A decade in review. *Journal of Marriage and the Family*, 2000 (62): 964 - 980.

Brashers-Krug, T. Shadmehr, R. & Bizzi, E. Consolidation in human motor memory. *Nature*, 1996 (382): 252 - 255.

Broadbent, D. E. *Perception and Communication*. London: Pergamon Press, 1958.

Brown, R. & Kulik, J. Flashbulb memories. *Cognition*, 1977, 5: 73 - 99.

Bryant, P. A., Trinder, J., & Curtis, N. Sick and tired: Does sleep have a vital role in the immune system? *Natural Reviews*, 2004, (4): 457 –467.

Buss D. M. *Evolutionary Psychology : the New Science of the Mind*. Boston: Allyn and Bacon, 2004.

Carlson, N. R. *Foundations of Physiological Psychology* (4th ed.). Boston: Allyn & Bacon, 1999.

Casaer P. Old and new facts about perinatal brain development. *Journal of Child Psychology and Psychiatry*, 1993, 34 (1): 101 –109.

Cheney, D. L. & Seyfarth, R. M. *How Monkeys See the World*. Chicago: University of Chicago Press, 1990.

Cooper, H., Lindsay, J. J., Nye, B., & Greathouse S. Relationships among attitudes about homework, amount of homework assigned and completed, and student achievement. *Journal of Educational Psychology*, 1998, 91 (2): 369 –378.

Cooper, M. L., Frone, M. R., Russell, M., & Mudar, P. Drinking to regulate positive and negative emotions: A motivational model of alcohol use. *Journal of Personality and Social Psychology*, 1995 (69): 990 –1005.

Cranson, R. W., Orme-Johnson, D. W., Cackenbach, J., Dillbeck, M. C., Jones, C. H., & Alexander, C. N. Transcendental meditation and improved performance on intelligence-related measures: A longitudinal study. *Personality and Individual Difference*, 1991 (12): 1105 –1116.

Crick, F. C. & Koch, C. A framework for consciousness. In M. S. Gazzaniga [ed.], *The Cognitive Neurosciences* (3rd ed.). Cambridge, MA: MIT Press, 2004.

Crick, F. & Mitchison, G. REM sleep and neural nets. *Behavioral Brain Research*, 1995 (69): 147 –155.

Cutting A. L. & Dunn, J. Theory of mind , Emotion understanding, language, and family background: Individual differences and interrelations. *Child Development*, 1999 (70): 853 –865.

Cacioppo et al. The psychophysiology of emotion. In Lewis, M., Haviland – Jones, J. M. (eds.). *Handbook of Emotions*. New York: The Guilford Press, 2000.

Cacioppo, J., Berntson, G. G., Klein, D. J., & Poehlmann, K. M. The psychophysiology of emotion across the lifespan. *Annual Review of Gerontology and Geriatrics*. 1997 (17): 27 –74.

Cadoret, R. J., O'Gorman, T., Troughton, E., & Heywood, E. An adoption study of genetic and environmental factors in drug abuse. *Archives of General Psychiatry*, 1986 (43): 1131 –1136.

Campos, J. J., Campos, R. G., & Barrett, K. C. Emergent themes in the study of emotional development and emotion regulation. *Developmental Psychology*, 1989 (25): 394 –402.

Campos, J. J., Langer, A., & Krowtiz, A. Cardiac responses on the visual cliff in prelocomotor infants. *Science*, 1970 (170): 196 –197.

Camras, L. A. Expressive development and basic emotions. *Cognition and Emotion*, 1992 (6): 269 –283.

Carlson, S. M. & Moses, L. J. Individual differences in inhibitory control and children's theory of mind. *Child Development*, 2001, 72 (4): 1032 –1053.

Carpenter, M., Call, J., & Tomasello, M. A new false belief test for 36-month-olds. *British*

Journal of Developmental Psychology, 2002 (20): 393 - 420.

Carver, C. S. & Scheier, M. F. *Attention and self-regulation: A Control-theory Approach to Human Behavior*. New York: Springer-Verlag, 1981.

Cattell, R. B. *The Inheritance of Personality and Ability*. New York: Academic Press, 1982.

Catterall, W. A. Structure and regulation of voltage-gated Ca^{2+} channels. *Annual Review of Cell & Developmental Biology*, 2000, 16 (1): 521 - 555.

Cherry, E. C. Some experiments on the recognition of speech with one and with two ears. *Journal of the Acoustical Society of American*, 1953 (25): 975 - 979.

Choi, C. Monkey education. *Scientific American Mind*, 2009, 20 (4): 7.

Chuang, S. S. & Su, Y. J. Transcending Confucian teachings on fathering: A sign of the times or acculturation. In S. S. Chuang & R. P. Moreno. (eds.) *On New Shores: Understanding Immigrant Fathers in North America*. Lanham: Lexington Books, 2008.

Clara, E., Hill O'Brien, & Karen. *Helping Skills: Facilitating Exploration, Insight, and Action*. Washington, DC: American Psychological Association, 2004.

Collins, A. M. & Loftus, E. F. A spreading activation theory of semantic processing. *Psychological Review*, 1975 (82): 407 - 428.

Collins, A. M. & Quillian, M. R. Retrieval time from semantic processing. *Journal of Verbal Learning and Verbal Behavior*, 1969 (8): 240 - 247.

Cowan, N. The magical number 4 in short-term memory: A reconsideration of mental storage capacity. *Journal of Behavioral and Brain Sciences*, 2000 (24): 87 - 185.

Crick, F. C. & Koch, C. A framework for consciousness. In M. S. Gazzaniga (ed.), *The Cognitive Neurosciences* (3rd ed.). Cambridge, MA: MIT Press, 2004.

Cunningham, W, A., Preacher, K. J., & Banaji, M. R. Implicit attitude measures: Consistency, stability, and convergent validity. *Psychological Science*, 2001 (12): 163 - 170.

Czeisler, C. A., Moore - Ede, M. C., & Coleman, R. M. Rotating shift work schedules that disrupt sleep are improved by applying Circadian principles. *Science*, 1982 (217): 460 - 462.

Daniel, J. & Potasova, A. Oral temperature and performance in 8 hour and 12 hour shifts. *Ergonomics*, 1989 (32): 689 - 696.

Della Sala, S., Gray, C., Baddeley, A. D., Allamano, N., & Wilson, L. Pattern span: A tool for unwelding visuo-spatial memory. *Neuropsychologia*, 1999 (37): 1189 - 1199.

Dement, W. C. *Some must Watch While Some must Sleep*. San Francisco: W. H. Freeman, 1975.

Dillbeck, M. C. & Orme-Johnson, D. W. Physiological differences between transcendental meditation and rest. *American Psychologist*, 1987 (4): 879 - 881.

Dosher, B. A. & Ma, J. J. Output loss or rehearsal loop? Output-time versus pronunciation-time limits in immediate recall for forgetting-matched materials. *Journal of Experimental Psychology: Learning, Memory & Cognition*, 1998 (24), 316 - 335.

Damasio, A. R. *The Feeling of What Happens: Body and Emotion in the Making of Consciousness*. New York: Harcourt Brace, 1999.

Daneman, M. & P. A. Carpenter. Individual differences in working memory and reading. *Journal of Verbal Learning and Verbal Behavior*, 1980 (19): 450 - 466.

Darwin, C. J., Turvey, M., & Crowder, R. G. An auditory analogue of the Sperling partial report procedure: Evidence for brief auditory storage. *Cognitive psychology*, 1972 (3): 255 - 267.

David Matsumoto, Linda Juang. *The Handbook of Culture and Psychology.* Florence: Thomson Wadsworth, 2007.

Davidson, R. J., Ekman, P., Saron, C. D., Senulis, J. A., et al. Approach-withdrawal and cerebral asymmetry: Emotional expression and brain physiology. *Journal of Personality and Social Psychology*, 1990 (58): 330 - 341.

Davidson, R. J., Pizzagalli, D., Nitschke, J. B., & Putnam, K. Depression: Perspectives from affective neuroscience. *Annual Review of Psychology*, 2002 (53): 545 - 574.

Day, N. L., Leech, S. L., & Larkby, C. Prenatal alcohol exposure predicts continued deficits in offspring size at 14 years of age. *Alcoholism: Clinical and Experimental Research*, 2002 (26): 1584 - 1591.

Deci, E. L. & Ryan, R. M. *Intrinsic Motivation and Self-Determination in Human Behavior.* New York: Plenum Press, 1985.

Deloache, J. S., Miller, K. F., & Rosengren, K. S. The credible shrinking room: Very young children's performance with symbolic and nonsymbolic relations. *Psychological Science*, 1997 (8): 308 - 313.

Dement, W. C. & Wolpert, E. A. The relation of eye movements, body mobility and external stimuli to dream content. *Journal of Experimental Psychology*, 1958 (55): 543 - 553.

Deutsch, F. A. & Deutsch, D. Attention: Some theoretical considerations. *Psychological Review*, 1963 (70): 80 - 90.

Di Chiara, G. The role of dopamine in drug abuse viewed from the perspective of its role in motivation. *Drug and Alcohol Dependency*, 1995 (38): 95 - 137.

Dienes, Z. & Berry, D. C. Implicit learning: Below the subjective threshold. *Psychonomic Bulletin and Review*, 1997 (4): 3 - 23

Domhoff, G. W. Drawing theoretical implications from descriptive empirical findings on dream content.. *Dreaming*, 1999 (9): 201 - 210.

Dorfman, J. & Kihlstrom, J. E. *Semantic Priming in Posthypnotic Amnesia*, Paper presented at the annual meeting of the Psychonomic Society, St. Louis, MO, 1994.

Dweck, C. S. & Leggett, E. L. A social-cognitive approach to motivation and achievement. *Journal of Personality and Social Psychology*, 1998 (54): 5 - 12.

Eichenbaum, H. Conscious awareness, memory and the hippocampus. *Nature Neuroscience*, 1999 (2): 775 - 776.

Ekman, P., Levenson, R. W., & Friesen, W. V. Autonomic nervous system activity distinguishes among emotions. *Science*, 1983 (221): 1208 - 1210.

Empson, J. A. C. Sleep and its disorders. In R. Stevens (ed.), *Aspects of Consciousness.* New York: Academic Press, 1984.

Entwisle, D. R. & Alexander, K. L. Facilitating the transition to first grade: The nature of transition and research on factors affecting it. *The Elementary School Journal*, 1998 (98): 351 - 364.

Erikson, E. H., *Identity: Youth and Crisis.* New York: Norton, 1968.

Edward E. Smith, Susan Nolen-Hoeksema, Barbara Fredrickson, Geoffrey Loftas, & Thomson Wadsworth, (14th ed.). *Atkinson and Hilgard's Introduction to Psychology*. Florence: Cengage Learning, 2003.

Egrise, D., Rubinstein, M., Schoutens, A., Cantraine, F. & Mendlewicz, J. Seasonal variation of platelet serotonin uptake and 3H-impairment binding in normal and depressed subjects. *Biological Psychiatry*, 1986 (21): 283-292.

Ellenbogen, J. Hu, P. Payne, J. Titone, D., & Walker, M. Human relational memory requires time and sleep. *Proceedings of the National Academy of Sciences of the United States of America*, 2007, 104 (18): 7723-7728.

Elliot, A. J. Approach and Avoidance motivation and achievement goals. *Educational Psychologist*, 1999 (34): 149-169.

Elliot, A. J. *Handbook of Approach and avoidance Motivation*. New York: Psychology Press Taylor and Francis Group, 2008.

Farmer, A. E., McGuffin, P., & Gottesman, I. I. Twin concordance for DSM-III schizophrenia: Scrutinizing the validity of the definition. *Archives of General Psychiatry*, 1987 (44): 634-641.

Fiorito, G. & Scotto, P. Observational learning in octopus vulgaris. *Science*, 1992 (256): 545-547.

Fosnot, C. T. *Constructivism: Theory, Perspectives, and Practice*. New York: Teachers College Press, 1996.

Foulkes, W. D. Dream reports from different stages of sleep. *Journal of Abnormal and Social Psychology*, 1962 (65): 14-25.

Feldman, Robert S. (3rd. ed.). *Development Across the Life Span*. New Jersey: Prentice Hall, 2003.

Ferster, C. B. & Skinner, B. F. *Schedules of Reinforcement*. New York: Appleton-Century-Crofts, 1957.

Fierman, J. It's 2:00 A. M., let's go to work. *Fortune*, 1995 (8): 82-86.

Fifer, W. P. & Moon, C. M. The effects of fetal experience with sound. In J. P. Lecanuet, W. P. Fifer, N. A. Krasnegor, & W. P. Smotherman (eds.), *Fetal development: A Psychobiological Perspective*. Hillsdale, NJ: Erlbaum, 1995.

Finkenauer, C., Luminet, O., & Gisle, L. Flashbulb memories and the underlying mechanisms of their formation: Toward an emotional-integrative model. *Memory & Cognition*, 1998, 26 (3): 516-531.

Fiset, P., Paus, T., Daloze, T., Plourde, G., Meuret, P., Bonhomme, V., Hajj-Ali, N., Backman, S. B., & Evans, A. C. Brain mechanisms of propofol-induced loss of consciousness in humans: a positron emission tomographic study. *Jouurnal of Neuroscience*, 1999, 19 (13): 5506-5513.

Fisher, S. E., Marlow, A. J., Lamb, J., et al. A Quantitative-trait locus on chromosome 6p influences different aspects of developmental dyslexia. *American Journal of Human Genetics*, 1999, 64 (1): 146-156.

Fodor, J. A. A theory of the child' s theory of mind. *Cognition*, 1992 (44): 283 - 196.

Folk, C. L. & Remington, R. W. When knowledge does not help: Limitations on the flexibility of attentional control. In A. F. Kramer, M. G. H. Coles, & G. D. Logan (eds.), *Converging Operations in the Study of selective Attention*. Washington, DC: American Psychological Association, 1996.

Foulkes, D. *Dreaming: A Cognitive-Psychological Analysis*. Hillsdale, NJ: Erlbaum, 1985.

Frank, D. A., Augustyn, M., Knight, W. G., Pell, T., & Zuckerman, B. Growth, development, and behavior in early childhood following prenatal cocaine exposure. *Journal of the American Medical Association*, 2001 (285): 1613 - 1625.

Franz, E. A., Waldie, K. E., & Smith, M. J. The effect of callostomy on novel versus familiar bimanual actions: A neural dissociation between controlled and automatic processes? *Psychological Science*, 2000 (11): 82 - 85.

Frye, D., Zelazo, P. D., & Palfai, T. Theory of mind and rule-based reasoning. *Cognitive Development*, 1995 (10): 483 - 527.

Gagne, R. & Driscoll, M. *Essentials of Learning for Instruction* (2nd ed.). Englewood Cliffs, NJ: Prentice-Hall, 1988.

Gais, S., Lucas, B., & Born, J. Sleep after learning aids memory recall. *Learning & Memory*, 2006 (13): 259 - 262.

Galak, Redden, & Kruger. Variety amnesia: recalling past variety can accelerate recovery from satiation. *Journal of Consumer Research*, 2009. 36.

Gallant, J. L., Shoup, R. E., & Mazer, J. A. A human extrastriate area functionally homologous to macaque V4. *Neuron*, 2000, 27 (2): 227 - 235.

Gallassi, R., Morreale, A., MMontagna, P., Cortelli, P., Avoni, P., Castelanni, R., Gambetti, P., & Lugaresi, E. Fatal familial insomnia: Behavioral and cognitive features. *Newsday*, 1996 (46): 935 - 939.

Gauthier, I., Skudkarski, P., Gore, J. C. & Anderson, A. W. Expertise for cars and birds recruits brain areas involved in face recognition. *Nature Neuroscience*, 2000, 3 (2): 191 - 197.

Gauthier, I., Tarr, M. J., Anderson, A. W., Skudlarski, P. & Gore, J. C. Activation of the middle fusiform "face area" increases with expertise in recognizing novel objects. *Nature Neuroscience*, 1999, 2 (6): 568 - 573.

Gauthier, I., Tim, C., Kim, M., & Curby, D. C. Perceptual interference supports a non-modular account of face processing. *Nature Neuroscience*, 2003, 6 (4): 428 - 432.

Gazzaniga, M. S. *The Social Brain*. New York: Basic books, 1985.

Gelman, R. & Baillargeon, R. A review of some Piagetian concepts. In J. H. Flavell & E. M. Markman. *Handbook of Child Psychology*, Vol. 3. New York: Wiley, 1983.

Gelman, S. Learning from others: children's construction of concepts. *Annual Review of Psychology*, 2009 (60): 115 - 140.

Geschwind, N. Specializations of the human brain. *Scientific American*, 1979 (241): 180 - 199.

Giambra L. M. Frequency and Intensity of Daydreaming: Age Changes and Age Differences from late adolescent to the old-old. *Imagination, Cognition and Personality*, (1999 - 2000a), 19 (3): 229 - 267.

Giambra, L. M. The Temporal setting, emotions, and Imagery of daydreams: Age changes and age differences from late adolescent to the old-old. *Imagination, Cognition and Personality*, (1999 - 2000b), 19 (4): 367 - 413.

Gianoulakis, C., Krishnan, B., & Thavundayil, J. Enhanced Sensitivity of Pituitary βEndorphin to Ethanol in Subjects at High Risk of Alcoholism. *Arch Gen Psychiatry*, 1996, 53 (3): 250 - 257.

Gibbons, F. X. Self-attention and behavior: a review and theoretical update. In M. P. Zanna (ed.), *Advances in Experimental Social Psychology*. New York: Academic Press, 1990.

Gogalla, N., Caroni, P., Luthi, A., & Herry, C. Perineuronal nets protect fear memories from erasure. *Science*, 2009 (325): 1258 - 1261.

Gopnik, A. & Meltzoff, A. N. *Words, Thoughts and Theories*. Cambridge, MA.: MIT Press, 1997.

Green, J. D. & Sedikides, C. Affect and self-focused attention revisited: The role of affect orientation. *Personality and Social Psychology Bulletin*, 1999 (25): 104 - 119.

Green, J. P. & Lynn, S. J. Hypnosis, dissociation, and simultaneous task performance. *Journal of Personality and Social Psychology*, 1995 (69): 728 - 735.

Gregory, R. L. *Eye and brain: The psychology of seeing* (4th ed.). Princeton, NJ: Princeton University Press, 1990.

Gross, J. & Thompson, R. A. Emotion regulation: Conceptual foundations. In J. J. Gross (ed.), *Handbook of Emotion Regulation*. New York: Guilford Press, 2007.

Gross, J. J. Antecedent-and response-focused emotion regulation: Divergent consequences for experience, expression, and physiology. *Journal of Personality and Social Psychology*, 1998 (74): 224 - 237.

Gabbard, C. P. *Lifelong Motor Development* (2nd ed.). Madison, WI: Brown and Benchmark, 1996.

Ginsburg, G. S. Family factors related to children's intrinsic/extrinsic motivational orientation and academic performance. *Child Development*, 1993 (64): 1461 - 1474.

Ginzberg, E. Toward a theory of occupational choice: A restatement. *Vocational Guidance Quarterly*, 1972 (20): 169 - 176.

Gopnik, A. & Astington, J. W. Children's understanding of representational change and its relation to the understanding of false belief and the appearance-reality distinction. *Child Development*, 1988 (59): 26 - 37.

Greenwald, D. F. & Harder, D. W. Sustaining fantasies, daydreams, and Psychopathology. *Journal of Clinical Psychology*, 1995, 51 (6): 719 - 726.

Grilly, D. M. *Drugs and Human Behavior*. Boston: Allyn and Bacon, 1989.

Groves, P. M. & Rebec, G. V. *Introduction to Biological Psychology* (3rd ed.). Dubuque, IA: Wm. C. Brown, 1988.

Hampton, N. Z. Subjective well-being among people with spinal cord injuries: The role of self-efficacy, perceived social support, and perceived health. *Rehabiliation Counseling Bulletin*, 2004, 48 (1): 31 -37.

Haberlandt K. *Cognitive Psychology*. Massachusetts: Allyn and Bacon, 1994.

Haimov, I. & Lavie, P. Melatonin-A soporific hormone. *Current Directions in Psychological Science*, 1996 (5): 106 -111.

Hall, D. & Suboski, M. D. Visual and olfactory stimuli in learned release of alarm reactions by zebra danio fish (Brachydanio rerio). *Neurobiology of Learning and Memory*, 1995 (63): 229 -240.

Hanson, D. R., Gottesman, I. I., & Heston, L. L. Some possible childhood indicators of adult schizophrenia. *British Journal of Psychiatry*, 1976 (129): 142 -154.

Happé, F. G. E. The role of age and verbal ability in the theory of mind task performance of subjects with autism. *Child Development*, 1995 (66): 843 -855.

Harter, S. The development of self-representations. In W. Damon (Series ed.) & N. Eisenberg (Vol. ed.), *Handbook of Child Psychology: Vol. 3. Social, Emotional, and Personality Development* (5th ed.). New York: Wiley, 1998.

Hartmann, E. L. *The Functions of Sleep*. New Haven: Yale University Press, 1973.

Hellige, J. B. Hemispheric asymmetry. *Annual Review of Psychology*, 1990, 41 (1): 55 -80.

Hellige, J. B. Unity of Thought and Action: Varieties of Interaction Between the Left and Right Cerebral Hemispheres. *Current Directions in Psychological Science*, 1993, 2 (1): 21 -25.

Heston, L. L. Psychiatric disorder in foster home-reared children of schizophrenic mothers. *British Journal of Psychiatry*, 1966, 112: 819 -825.

Hofferth, S. L. & Sandberg J. *Changes in American Children's Time*, 1981 -1997 (Report of the 1997 Panel Study of Income Dynamics, Child Development Supplement). Ann Arbor: University of Michigan Institute for Social Research, 1998.

Hole, J. W. *Human Anatomy and Physiology* (5th ed.). Dubuque, IA: Wm. C. Brown, 1990.

Holmes, D. S. Mediation and somatic arousal: A review of the experimental evidence. *Abnormal Psychology*. New York: HarperCollins, 1984.

Horne, J. A. *Why We Sleep: The Functions of Sleep in Humans*. Oxford: Oxford University Press, 1988.

Hahn, M. E. Conceptual Trends in Counseling. *Personnel and Guidance Journal*, 1953 (31): 231 -235.

Hajek, P. & Belcher, M. Dreams of absentminded transgression: An empirical study of a cognitive withdrawal symptom. *Journal of Abnormal Psychology*, 1991 (100): 487 -491.

Hamer, D. H., Hu, S., Magnuson, V. L., Hu, N., et al. A linkage between DNA markers on the X chromosome and male sexual orientation. *Science*, 1993 (261): 321 -327.

Harris, P. L., Brown, E., Marriott, C., Whittall, S., & McMurray, R. G. Monsters, ghosts, and witches: Testing the limits of the Fantasy-reality distinction in young children. In G. E. Butterworth, P. L. Harris, A. M. Leslie, & H. M. Wellman (eds.), *Perspective on the Child's Theory of Mind*. Oxford: Oxford University Press, 1997.

Hart, A. J., Whalen, P. J., Shin, L. M., Mcinerney, S. C., Fischer, H., & Rauch, S. L. Differential response in the human amygdala to racial outgroup vs ingroup face stimuli. *Neuroreport*, 2000 (11): 2351 - 2355.

Hartmann, E., Kunzendorf, R. G., Baddour, A., Chapwick, M. et al. Emotion makes daydreams more dreamlike, more symbolic. *Imagination, Cognition and Personality*, (2002 - 2003), 22 (3): 257 - 276.

Haydon, D. T. Glia: Listening and talking to the synapse. *Nature Reviews Neuroscience*, 2001, 2 (3): 185 - 193.

Kaufman, L. & Rock, I. The moon illusion thirty years later. In Maurice Hershenson (ed.), *The Moon Illusion*. Hillsdale, N J: Erlbaum, 1989.

Heller, W., Nitscke, J. B., & Miller, G. A. Lateralization in emotion and emotional disoders. *Current Directions in Psychological Science*, 1998 (7): 26 - 32.

Henderson, J. M. & Hollingworth A. High-level scene perception. *Annual Review of Psychology*, 1999 (50): 243 - 271.

Hilgard, E. R. *Personality and Hypnosis: A Study of Imaginative Involvement*. Chicago: University of Chicago Press, 1979.

Hilgard, E. R. *Psychology in America: A Historical Survey*. San Diego: Harcourt Brace Jovanovich, 1986.

Hilgard, E. R. Dissociation and theories of hypnosis. In E. Fromm & M. R. Nash (eds.), *Contemporary Hypnosis Research*. New York: Guilford Press, 1993.

Hitch, G. J. The role of short-term working memory in mental arithmetic. *Cognitive Psychology*, 1978 (10): 302 - 323.

Hogrefe, G. J., Wimmer, H., & Perner, J. Ignorance versus false belief: a developmental lag in attribution of epistemic states. *Child Development*, 1986 (57): 567 - 582.

Holloway, L. Immersion promoted as alternative to bilingual instruction. *The New York Times*, 2000. 81.

Horner, R. H. On the Status of Knowledge for Using punishment: A Commentary. *Journal of Applied Behavior Analysis*, 2002 (35): 465 - 467.

Huber, R., Ghilardi, M. F., Massimini, M., & Tononi, G. Local sleep and learning. *Nature*, 2004 (430): 78 - 81.

Hughes, C. Finding your marbles: does preschooler's strategic behavior predict later understanding of mind. *Developmental Psychology*, 1998, 34 (6): 1326 - 1339.

Hughes, D., Rodriguez, J., Smith, E. P. et al. Parents'ethnic-racial socialization practices: A review of research and directions for future study. *Developmental Psychology*, 2006 (42): 747 - 770.

Ingram, R. Self-focused attention in clinical disorders: Review and a conceptual model. *Psychological Bulletin*, 1990 (107): 156 - 176.

Izard, C. E. Basic emotions, natural kinds, emotion schemas, and a new paradigm. *Psychological Science*, 2007 (2): 260 - 280.

Izard CE. *Human Emotions*. New York: Plenum, 1977.

Johnson, M. H. & Morton, J. *Biology and Cognitive Development: The Case of Face Recognition*. Oxford: Basil Blackwell, 1991.

Joncich, G. *The Sane Positivist: A Biography of Edward L. Thorndike*. Middletown, CT: Wesleyan University Press, 1968.

Jaffee, S. & Hyde, J. S. Gender differences in moral orientation: A meta – analysis. *Psychological Bulletin*, 2000 (126): 703 – 725.

James, W. What is an emotion? *Mind*, 1884 (9): 188 – 205.

James, W. *The Principles of Psychology*. New York: Holt, Rinehart & Winston, 1890.

Johnston, M. H. The neural basis of cognitive development. In D. Kuhn & R. S. Siegler (eds.), *Handbook of Child Psychology: Cognition, Perception, and Language* (5th ed.). New York: Wiley, 1998.

Jonides, J. Working memory and thinking. In E. E. Smith and D. Osherson, eds., *Invitation to Cognitive Science: Thinking.* (2nd ed.) Cambridge, MA: MIT Press, 1995.

Kandel, E. R. & Squire, L. R. Neuroscience: breaking down scientific barriers to the study of brain and mind. *Science*, 2000 (290): 1113 – 1120.

Keltner et al. Facial expression of emotion. In Davidson, R., Scherer, K., & Goldsmith, H. (eds.), *Handbook of Affective Sciences*. New York: Qxford University Press, 2003.

Kihlstrom, J. F. Dissociation and dissociation theory in hypnosis: Comment on Kirsch & Lynn. *Psychological Bulletin*, 1998 (123): 186 – 191.

Kintsch, W. *Memory and Cognition*. New York: Wiley & Sons, 1977.

Kirsch, I. & Lynn, S. J. Dissociation theories of hypnosis. *Psychological Bulletin*, 1998 (123): 100 – 115.

Khler, W. *The Mentality of Apes*. London: Routledge & Kegan Paul, 1925.

Kandel, E. R. Biology and the future of psychoanalysis: A new intellectual framework for psychiatry revisited. *American Journal of Psychiatry*, 1999 (156): 505 – 524.

Kattler, H., Dijk, D. J., & Borbely, A. A. Effects of unilateral somatosensory stimulation prior to sleep on the sleep EEG in humans. *Journal of Sleep Research*, 1994 (4): 159 – 164.

Kaufman, L. *Perception*. New York: Oxford University Press, 1979.

Kelly, D. D. Disorders of sleep and consciousness. In E. Kandel & J. Schwartz (eds.), *Principles of Neural Science*. New York: Elsevier-North Holland, 1981.

Kinnunen, T., Zamansky, T., & Block, M. Is the hypnotized subject lying? *Journal of Abnormal Psychology*, 1994 (103): 184 – 191.

Kinomura, S., Larsson, J., Gulyas, B., & Roland, P. E. Activation by attention of the human reticular formation and thalamic intralaminar nuclei. *Science*, 1996 (271): 512 – 515.

Kinsbourne, M. *Cerebral Dysfunction in Depression*. Washington, DC: American Psychiatric Association Press, 1988.

Kondo, I., Antrobus, J., & Fein, G. Later REM activation and sleep mentation. *Sleep Research*, 1989 (18): 147.

Kroger, J. & Haslett, S. J. A comparison of ego identity status transition pathways and change rates across five identity domains. *International Journal of Aging and Human Development*, 1991

(32): 303 - 330.

Kroger, J. Ego identity: An overview. In J. Kroger (ed.), *Discussions on Ego Identity*. Hillsdale, NJ: Erlbaum, 1993.

Levinthal, C. F (2nd ed.). *Drugs, Behavior, and Modern Society*. Boston: Allyn & Bacon, 1999.

Linton, M. Transformations of memory in everyday life. In U. Neisser (ed.), *Memory Observed: Remembering in Natural Contexts*. San Francisco: Freeman, 1982.

Loehlin, J. C. Fitting heredity-environment models jointly to twin and adoption data from the California Psychological Inventory. *Behavior Genetics*, 1985 (15): 199 - 221.

Logan, G. D. Toward an instance theory of automatization. *Psychological Review*, 1988 (95): 492 - 527.

Lynn, S. J., Rhue, J. W., & Weekes, J. R. Hypnotic involuntariness: A social cognitive analysis. *Psychological Review*, 1990 (974): 69 - 184.

Landry, M. J. MDMA: A review of epidemiologic data. *Journal of Psychoactive Drugs*, 2002, 34 (2): 163 - 169.

Lange, C. G. *The Emotion*. Baltimore: Williams & Wilkins, 1885.

Langens, T. A. Daydreaming mediates between goal commitment and goal attainment in individuals high in achievement motivation. *Imagination, Cognition and Personality*, 2003, 22 (2): 103 - 115.

Laura E. B. *Child Development* (6th edt.). New York: Allyn and Bacon, 2003.

Lazarus R. S. Coping theory and research: Past, present, and future. *Psychosom, Med.* 1993 (55): 47 - 234.

Lazarus, R. S. Toward better research on stress and coping. *American Psychologist*, 2000 (55): 665 - 673.

LeDoux, J. E. *The Emotional Brain*. New York: Simon and Schuster, 1996.

Leeper, R. A study of a neglected portion of the field of learning: The development of sensory organization. *Journal of Genetic Psychology*, 1935, 46: 41 - 75.

Leslie, A. M. & Thaiss, L. Domain specificity in conceptual development: Neuropsychological evidence from autism. *Cognition*, 1992 (43): 225 - 251.

Leslie, A. M. ToMM, ToBy, and Agency: Core architecture and domain specificity. In S. A. Gelman & L. A. Hirschfeld (eds.), *Mapping the Mind: Domain Specificity in Cognition and Culture*. New York: Cambridge University Press, 1994.

Levine, J. M., Higgins, E. T., & Choi, H. S. Development of strategic norms in groups. *Organizational Behavior and Human Decision Process*, 2000 (82): 88 - 101.

Lewis, M. The self in self-conscious emotions. In S. G. Snodgrass & R. L. Thompson (eds.). *The Self across Psychology: Self-recognition, Self-awareness, and the Self-concept* (Vol. 818). New York: The New York Academy of Sciences, Annals of the New York Academy of Sciences, 1997.

Lewy, A. J., Sack, R. I., & Singer, C. M. Bright light, melatonin, and biological rhythms in humans. In J. Montplaisir & R. Godbout (eds.), *Sleep and Biological Rhythms: Basic Mechanisms and Applications to Psychiatry*, New York: Oxford University Press, 1992.

Liddell, F. D. K. Motor vehicle accidents (1973 - 6) in a cohort of Montreal drivers. *Journal of*

Epidemiological Community Health, 1982 (36): 140 – 145.

Linnenbrink. E. A. & Pintrich, P. R. (2000). Multiple pathways to learning and achievement: The role of orientation in fostering adaptive motivation, affect, and cognition. In Sansone, C. & Harackiewicz, J. M. (Ed). *Intrinsic and Extrinsic Motivation: The Search for Optimal Motivation and Performance.* San Diego: Academic Press, 2000.

Lissauer, H. & Ein, F. V. Seelenblindheit nebst einem Beitrag zur Theorie derselben. *Archiv für Psychiatrie und Nervenkrankheiten*, 1890 (21): 222 – 270.

Loftus, G. R. & Mackworth, N. H. Cognitive determinants of fixation location during picture viewing. *Journal of Experiment Psychology: Human Perception and Performance*, 1978 (4): 565 – 572.

Maccoby, E. E. Parenting and its effects on children: On reading and misreading behavior genetics. *Annual Review of Psychology*, 2000 (51): 1 – 27.

Marcia, J. E. The relational roots of identity. In J. Kroger (ed.), *Discussions on Ego Identity.* Hillsdale, NJ: Erlbaum, 1993.

Maris, R. W., Berman, A. L., & Silverman, M. M. *Comprehensive Textbook of Suicidology.* New York: The Guliford Press, 2000.

Markus, H. & Nurius, P. Possible selves. *American Psychologist*, 1986 (41): 954 – 969.

McAdams, D. P. & Aubin, E. A theory of generativity and its assessment through self-report, behavioral acts, and narrative themes in autobiography. *Journal of Personality and Social Psychology*, 1992 (62): 1003 – 1015.

McLeskey, J., Lancaster, M., & Grizzle, K. L. Learning disabilities and grade retention: A review of issues with recommendations for practice. *Learning Disabilities Research & Practice*, 1995 (10): 120 – 128.

Miller, K. F., Smith, C. M., Zhu, J., & Zhang, H. Preschool origins of cross – national differences in mathematical competence: The role of number – naming systems. *Psychological Science*, 1995 (6): 56 – 60.

Moore – Ede, M. C., Sulzman, F. M., & Fuller, C. A. *The Cclocks that Time Us.* Cambridge: Harvard University Press, 1982.

Morrell, E. M. Meditation and somatic arousal. *American Psychologist*, 1986 (41): 712 – 713.

Madden, V. Conference report from the 7th World Congress of Biological Psychiatry (WCBP), Berlin,. *Journal of Psychiatric & Mental Health Nursing*, 2002, 9 (2): 249 – 250.

Marcia, J. E. Development and validation of ego identity status. *Journal of Personality and Social Psychology*, 1966, 3 (5): 551 – 558.

Marcia, J. E. Identity in adolescence. In J. Adelson (ed.), *Handbook of Adolescent Psychology*. New York: Willey, 1980.

Marcia, J. E. Identity and psychosocial development in adulthood. *Identity*, 2002, 2 (1): 7 – 28.

Marcovitch, S. & Zelazo, P. D. The A – not – B error: Results from a logistic meta-analysis. *Child Development*, 1999 (70): 1297 – 1313.

Marks, N. F. & Lambert, J. D. Marital status continuity and change among young and midlife adults. *Journal of Family Issues*, 1998 (19): 652 – 686.

Martin, R. C. Short-term memory and sentence processing: Evidence from Neuro-Psychology. *Memory and Language*, 1993 (21): 176 – 183.

Martins, S. S., Mazzotti, G., & Chilcoat, H. D. Trends in ecstasy use in the United States from 1995 – 2001: Comparison with marijuana users and association with other drug use. *Experimental and Clinical Psychopharmacology*, 2005, 13 (3): 244 – 252.

Matsumoto, D., Grissom, R. J., & Dinnel, D. L. Do between-culture differences really mean that people are different? *J. Cross-Cult. Psychol*, 2001 (32): 478 – 90.

Maurer, D. & Young, R. Newborns' following of natural and distorted arrangements of facial features. *Infant Behaviour and Development*, 1983 (6): 127 – 131.

Mauss, I. B., Levenson, R. W., McCarter, L., Wilhelm, F. H., & Gross, I. I. The tie that binds: Coherence among emotion experience, behavior, and physiology. *Emotion*, 2005 (5): 175 – 190.

Mayer, J. D., Salovey, P., & Carsuo, D. Models of emotion intelligence. In R. J. Sternberg (ed.), *Handbook of Intelligence*. Cambridge: Cambridge University Press, 2000.

McGaugh, J. Memory-a century of consolidation. *Science*, 2000, 287: 248 – 251.

McGue, M. The behavioral genetics of alcoholism. *Current Trends in Psychological Science*, 1999, 8 (4): 109 – 115.

McGue, M., Pickens, R., & Svikis, D. Sex and age of effects on the inheritance of alcohol problems: A twin study. *Journal of Abnormal Psychology*, 1992, 101: 3 – 17.

Meijmann, T., Van der Meer, O., & Van Dormolen, M. The after-effects of night work on short-term memory performance. *Ergonomics*, 1993, 36: 37 – 42.

Meyer, D. E. On the representation and retrieval of stored semantic information. *Cognitive Psychology*, 1970, 1: 242 – 300.

Middleton, F. A. & Strick, P. L. Anatomical evidence for cerebellar and basal ganglia involvement in higher cognitive function. *Science*, 1994, 266: 458 – 461.

Miller, E. K. & Cohen, J. D. An integrative theory of prefrontal cortex function. *Annual Review of Neuroscience*, 2001, 24 (1): 167 – 204.

Miller, G. A. The Magical Number Seven, Plus or Minus Two: Some Limits on Our Capacity for Processing Information. *The Psychological Review*, 1956 (63): 81 – 97.

Miller, M. E. & Bowers, K. S. Hypnotic analgesia: Dissociated experience or dissociated control. *Journal of Abnormal Psychology*, 1993 (102): 29 – 38.

Milner, B. Amnesia following operation on the temporal lobes. In C. Whitty & O. Zangwill (eds.), *Amnesia*. London: Butterworth, 1966.

Miserandino, M. Children who do well in school: Individual differences in perceived competence and autonomy in above-average children. *Journal of Educational Psychology*, 1996, 88 (2): 203 – 214.

Mondloch, C. J., Lewos, T. L., Bidreai, D. R., Maurer, D., Dannemiller, J. L., Stephens, B. R., & Kleiner – Gathercole, K. A. Face perception during early infancy. *Psychologcial Science*, 1999 (10): 419 – 422.

Moon, C., Cooper, R. P., & Fifer, W. P. Two-day-olds prefer their native language. *Infant*

Behavior and Development, 1993 (16): 495 -500.

Moore, C., Jarrold, C., Russell, J., et al. Conflicting desire and the child's theory of mind. *Cognitive Development*, 1995, 10 (4): 467 -482.

Moore, R. Y. & Card, J. P. Visual pathways and the entrainment of circadian rhythms: The medical and biological effects of light. In R. F. Wurtman, M. J. Baum, J. T. Potts, Jr. (eds.), *Annals of the New York Academy of Science*, 1985, 453: 123 -133.

Moray, R. A., Bates, A., & Barnett, T. Experiments on the four-eared man. *Journal of the Acoustical Society of America*, 1965, 38: 196 -201.

Morris, M. W. & Peng K. Culture and cause: American and Chinese attribution of physical and social events. *Journal of Personality and Social Psychology*, 1994 (67): 949 -971.

Moses, L. J., Coon, J. A., & Wusinich, N. Young children's understanding of desire formation. *Developmental Psychology*, 2000, 36 (1): 77 -90.

Mueller, S. T., Seymour, T. L., Kieras, D. E., & Meyer, D. E. Theoretical implications of articulatory duration, phonological similarity, and phonological complexity in verbal working memory. *J. Exp. Psychol. Learn. Mem. Cogn*, 2003, 29 (6): 1353 -1380.

Murray, G. J., Cross, H. J., & Whipple, J. Hypnotically created pseudomemories: Further investigation into the "memory distortion or response bias" question. *Journal of Abnormal Psychology*, 1992 (101): 75 -77.

National Institution on Drug Abuse. NIDA infofacts: Club drugs. [On Line]. Avalable: http: //www. nida. nih. gov/infofacts/Clubdrugs. html, 2005.

Neath, I. & Nairne, J. S. Word-length effects in immediate memory: overwriting trace-decay theory. *Psychon. Bull. Rev*, 1995 (2): 429 - 441.

Neisser, U. *Cognitive Psychology*. New York: Appleton-Century-Croft, 1967.

Nelson, K. Event knowledge and cognitive development. In K. Nelson (eds.), *Event Knowledge: Structure and Function in Development*. Hillsdale, NJ: Erlbaum, 1986.

Nelson, R. J. & Chiavegatto S. Molecular basis of aggression. *Trends in Neurosciences*, 2001, 24 (12): 713 -719.

Neumann, K., Preibisch, C., Euler, H. A., von Gudenberg, A. W., Lanfermann, H., Gall, V., & Giraud, A. L. Cortical plasticity associated with stuttering therapy. *Journal of Fluency Disorders*, 2005, 30 (1): 23 -39.

Newman, J. Thalamic contributions to attention and consciousness. *Consciousness and Cognition*, 1995, 4 (2): 172 -193.

Nhat Hanh, T. *Peace Is Every Stop: The Path of Mindfulness in Everyday Life*. New York: Bantam, 1991.

Nijhawan, R. Three-dimensional Muller-Lyer illusion. *Perception and Psychophysics*, 1991 (49): 333 -341.

Noble, F. & McConkey, K. M. Hypnotic sex change: Creating and challenging a delusion in the laboratory. *Journal of Abnormal Psychology*, 1995 (104): 69 -74.

Nolen-Hoeksema, S. & Davis, C. G. "Thanks for sharing that": Ruminators and their social support networks. *Journal of Personality and Social Psychology*, 1999 (77): 801 -814.

Nadel, L. & Jacobs, W. J. Traumatic memory is special. *Current Directions in Psychological Science*, 1998 (7): 154 - 157.

Natsoulas, T. Consciousness and self-awareness. In M. Ferrari & R. J. Sternberg (eds.), *Self-awareness: Its Nature and Development*. New York: The Guilford Press, 1998.

Neisser, U. *Cognitive Psychology*. New York: Appleton-century-Crofts, 1967.

Nelson, C. A. Neural plasticity and human development. *Current Directions in Psychological Science*, 1999 (8): 42 - 45.

Norman, A. W. & Litwack, G. *Hormones*. Orlando, FL: Academic Press, 1987.

Norman, D. A. & Shallice, T. Attention to action: Willed and automatic control of behavior. In R. J. Davidson, G. E. Schwartz, & D. Shapiro (eds.), *Consciousness and self-regulation*: Vol. 4. *Advances in Research and Theory*. New Work: Plenum Press, 1985.

Ornstein, R. E. *The Evolution of Consciousness*. New York: Simon & Schuster, 1991.

Parten, M. B. Social play among preschool children. *Journal of Abnormal and Social Psychology*, 1932 (27): 243 - 269.

Perner, J. *Understanding the Representational Mind*. Cambridge MA: MIT Press, 1991.

Philips, M. R., Li, X. Y., & Zhang, Y. P. Suicide rates in China, 1995 - 1999. *Lancet*, 2002 (359): 835 - 840.

Philips, M. R., Yang, G. H., Zhang, Y. P., et al. Risk factors for suicide in China: A national case-control Psychological autopsy study. *Lancet*, 2002 (360): 1728 - 1736.

Phillips, A. G. & Fibiger, H. C. Neuroanatomical bases of intracranial self-simulation: Untangling the Gordian knot. In J. M. Leibman & S. J. Cooper (eds.), *The Neuropharmacological Bases of Reward*. Oxford: Clarendon Press, 1989.

Pihl, R. O., Lau, M. L., & Assaad, J. M. Aggressive disposition, alcohol, and aggression. *Aggressive Behavior*, 1997 (23): 11 - 18.

Plomin R. Evironment and genes: Determinants of behavior. *American Psychologist*, 1989 (44): 105 - 111.

Plomin, R. *Genetics and Experience: The Developmental Interplay between Nature and Nurture*. Newbury Park, CA: Sage, 1994.

Plomin, R. Molecular genetics and psychology. *Current Directions in Psychological Science*, 1995 (4): 114 - 117.

Plomin, R., DeFries, J. C., McClearn, G. E., & Rutter, M. *Behavioral Genetics* (3rd ed.). New York: Freeman, 1997.

Paivio, A. Perceptual comparisons through the mind's eye. *Memory & Cognition*, 1975 (3): 635 - 647.

Papalia, D. E., Olds, S. W., & Feldman, R. D. (9ed.). *Human Development*. Columbus: McGraw-Hill Companies, Inc., 2004.

Paquier, P. F., & Maeien, P. A synthesis of the role of the cerebellum in cognition. *Aphasiology*, 2005, 19 (1): 3 - 19.

Perner, J. & Lang, B. Development of theory of mind and executive control. *Trends in Cognitive Sciences*, 1999, 3 (9): 337 - 344.

Peters, M. F. & Massey, G. Mundane extreme environmental stress in family stress theories: The case of Black families in White America. *Marriage and Family Review*, 1983 (6): 193 -218.

Peterson, L. R. & Peterson, M. J. Short-term retention of individiual verbal items. *Journal of Experimental Psychology*, 1959 (58): 193 -198.

Pinel, J. P. J. *Biopsychology*. (5th ed.). Boston: Allyn and Bacon, 2003.

Pintrich, P. R. The role of goal orientation in self-regulated learning. In Boekaerts, P. Pintrich, & M. Zeider (eds.), *Handbook of self-regulation: Theory, Research and Applications*. San Diego, CA: Academic Press, 2000.

Pleger, B., Christian, C., Blankenburg, F., Kloppel, S., Driver, J., & Dolan, R. Influence of Dopaminergically mediated reward on somatosensory decision-making. *Plos Biology*, 2009, 7 (7), e1000164.

Plomin, R. & Kosslyn, S. M. Genes, brain and cognition. *Nature Neuroscience*, 2001, 4 (12): 1153 -1154.

Plomin, R., Owen, M. J., & McGuffin, P. The genetic basis of complex human behaviors. *Science*, 1994 (264): 1733 -1739.

Pontius, A. A. Fastest fight/flight reaction via amygdalar visual pathway implicates simple face drawing as its marker: Neuroscientific data consistent with neuropsychological findings. *Aggression & Violent Behavior*, 2005, 10 (3): 363 -373.

Posner, M. I., Boies, S. J., Eichelman, W., & Taylor, R. L. Retention of visual and name codes of single letters. *Journal of Experimental Psychology Monographs*, 1969 (79): 1 -16.

Posner, M. L. Seeing the mind. *Science*, 1993 (262): 673 -674.

Premack, D. & Woodruff, G. Does the chimpanzee have a theory of mind? *The Behavioral and Brain Sciences*, 1978 (4): 515 -526.

Rintala, D. H., Whelen, S. R., & Matamoros, R. Subjective stress in male veterans with spinal cord injury. *Journal of Rehabilitation Research & Development*, 2005, 42 (3): 291 -304.

Shweder, R. A. Cultural psychology-What is it? In J. W. Stigler, R. A. Shweder, & G. Herdt (eds). *Cultural Psychology*. Cambridge: Cambridge University Press, 1990.

Sternberg, R. J. *In Search of the Human Mind*. Fort Worth: Harcourt Brace College Publishers, 1998.

Reid, L. D. *Rates of Cocaine Addiction among Newborns*. Personal communication, Rensselaer Polytechnic Institute, 1990.

Rogoff, B., Paradise, R., Arauz, R., Correa-Chavez, M., & Angelillo, C. Firsthand learning through intent participation. *Annual Review of Psychology*, 2003 (54): 175 -203.

Rubin, D. L. Divergence and convergence between oral and written communication. *Topics in Language Disorders*, 1987 (7): 1 -18.

Ruble, D. N. & Dweck, C. S. Self-conceptions, person conceptions, and their development. In N. Eisenberg, (ed.) *Social Development: Review of Personality and Social Psychology*. Thousand Oaks, CA: Sage, 1992.

Rand, D., Dreber, A., Ellingsen, T., Fudenberg, D., & Nowak, M. Positive interactions promote public cooperation. *Science*, 2009 (325): 1272 -1275.

Reber, A. S. Implicit ruminations: Comments on Dienes & Berry and Neal & Hesketh. *Psychonomic Bulletin and Review*, 1997 (4): 49 – 55.

Rechtschaffen, A. & Bergmann, B. M. Sleep deprivation in the rat by the disk-over-water method. *Behavioural Brain Research*, 1995 (69): 55 – 63.

Rechtschaffen, A. & Buchignami, C. Visual dimensions and correlate of dream images. *Sleep Research*, 1983 (12): 89.

Reed, S. B., Kirsch, I., Wickless, C., Moffitt, K. H., & Taren, P. Reporting biases in hypnosis: Suggestion of compliance. *Journal of Abnormal Psychology*, 1996 (105): 142 – 145.

Rensink, R. A. Change detection. *Annual Review of Psychology*, 2002 (53): 245 – 77.

Repacholi, B. M. & Gopnik, A. Early reasoning about desires: Evidence from 14-and 18-month-olds. *Developmental Psychology*, 1997 (33): 12 – 21.

Rice, J., et al. The familial transmission of bipolar illness. *Archives of General Psychiatry*, 1987 (44): 441 – 445.

Ridley, R. M., Baker, H. F., Cumming, R. M., Green, M. E., & Leow – Dyke, A. Mild topographical memory impairment following crossed unilateral lesions of the mediodorsal thalamic nucleus and the inferotemporal cortex. *Behavioral Neuroscience*, 2005, 119 (2): 518 – 525.

Riley, M. W. Aging and Society: Past, Present, Future. *The Gerontologist*, 1994, 34 (4): 436 – 446.

Rita, L. Atkinson, et al. *Hilgard's Introduction to Psychology*. Fort Worth: Harcourt Brace College Publishers, 2000.

Robert, J. Sternberg. *Handbook of Intelligence*. Cambridge: Cambridge University Press, 2000.

Robinson, E. J. & Mitchell, P. Young Children's false belief reasoning: Interpretation of messages is no easier than the classic task. *Developmental Psychology*, 1994 (30): 67 – 72.

Robinson, R. G. & Starkstein, S. E. Current research in affective disorders following stroke. *Journal of Neuropsychiatry and Clinical Neurosciences*, 1990 (2): 1 – 14.

Rock, I. *Perception*. New York: Scientific American Library, 1995.

Rod, Plotnik. *Introduction to psychology*. Australia: Wadsworth Thomson Learning, 2002.

Roiser, J. P., Cook, L. J., Cooper, J. D., Rubinsztein, D. C., & Sabakian, B. J. Association of a functional polymorphism in the serotonin transporter gene with abnormal emotional processing in ecstasy users. *American Journal of Psychiatry*, 2005, 162 (3): 609 – 612.

Ronnberg, J., Rudner, M., & Ingvar, M. Neural correlates of working memory for sign language. *Cognitive Brain Research*, 2004, 20 (2): 165 – 182.

Rosenzweig, M. R., Breedlove, S. M., & Leiman, A. L. (3rd ed.). *Biological Psychology: An introduction to behavioral, cognitive, and clinical neuroscience*. Sunderland: Sinauer Associates, Inc., 2002.

Roy, A. Hypothalamic-pituitary-adrenal axis function and suicidal behavior in depression. *Biological Psychiatry*, 1992 (32): 812 – 816.

Rudman, L. A. Sources of implicit attitudes. *Current Directions in Psychological Science*, 2004, 13 (2): 80 – 83.

Rumpel, S., LeDoux, J., Zador, A., & Malinow, R. Postsynaptic receptor trafficking underlying a form of associative learning. *Science*, 2005, 308 (5718): 83 - 88.

Russell, J., Mauthner, N., Sharpe, S., & Tidswell, T. The "windows task" as a measure of strategic deception in preschoolers and autistic subjects. Special Issue: Perspectives on the child's theory of mind: II. *British Journal of Developmental Psychology*, 1991, 9 (2): 331 - 349.

Ryan, R. M. & Deci, E. L. Intrinsic and Extrinsic Motivations: Classic Definitions and New Directions. *Contemporary Educational Psychology*, 2000 (25): 54 - 67

Ryan, R. M. & Deci, E. L. On happiness and human potentials: A review of research on hedonic and eudaimonic well - being. *Annual Review of Psychology*, 2001 (52): 141 - 166.

Schneider, W. & Shiffrin, R. M. Controlled and automatic human information processing: Detection, search and attention. *Psychological Review*, 1977 (84): 1 - 66.

Shapiro, S. L., Schwartz, G. E., & Bonner, G. Effects of mindfulness-based stress reduction on medical and premedical students. *Journal of Behavioral Medicine*, 1998 (21): 581 - 599.

Sharp, M. J. & Getz, J. G. Substance use as impression management. *Personality and Social Psychology Bulletin*, 1996 (22): 60 - 67.

Siegel, R. K. *Fire in the Brain*. New York: Dutton, 1992.

Sigvardsson, S., Bohman, M., & Cloninger, R. C. Replication of the Stockholm adoption study of alcoholism. *Archives of General Psychiatry*, 1996 (53): 681 - 687.

Silva, C. E. & Kirsch, I. Interpretive sets, expectancy, fantasy proneness, and dissociation as predictors of hypnotic response. *Journal of Personality and Social Psychology*, 1992 (63): 847 - 856.

Simion, F., Valenza, E., Umiltà, C., & Dalla Barba B. Preferential orienting to faces in newborns: A temporal-nasal asymmetry. *Journal of Experimental Psychology - Human Perception and Performance*, 1998 (24): 1399 - 1405.

Simpson, J. A., Rholes, W. S., & Nelligan, J. S. Support-seeking and support-giving within couple members in an anxiety-provoking situation: The role of attachment styles. *Journal of Personality and Social Psychology*, 1992 (62): 434 - 446.

Smith, E. E., Shoben, E. J., & Rips, L. J. Structure and process in semantic memory: A featural model for semantic decisions. *Psychological Review*, 1974 (81): 214 - 241.

Solso, R. L. *Cognitive Psychology*. (6th et.). Boston: Allyn & Bacon, 2001.

Spanos, N. P. A sociocognitive approach to hypnosis. In S. J. Lynn & J. R. Rhue (eds.), *Hypnosis Theories: Current Models and Perspectives*. New York: Guilford Press, 1991.

Starkstein, S. E., Robinson, R. G., & Price, T. R. Comparison of patients with and without poststroke major depression matched for size and the location of lesion. *Archives of General Psychiatry*, 1988 (45): 247 - 252.

Sternberg, S. High speed scanning in human memory. *Science*, 1966 (153): 652 - 654.

Sternberg, S. Memory scanning: Mental processes revealed by reaction time experiments. *American Scientist*, 1969 (57): 421 - 457.

Sternberg, S. The discovery of processing stages: Extensions of Donders'method. In W. G. Koster (ed.), *Attention and Performance* Ⅱ. *Acta Psychologica*, 1969 (30): 276 - 315.

Stevenson, H. W. Mathematics Achievement of American Students: First in the world by the year

2000? In C. A. Nelson (ed.), *The Minnesota Symposia on Child Psychology*: *Vol.* 28. *Basic and Applied Perspectives on Learning*, *Cognition*, *and development*. Mahwah, NJ: Erlbaum, 1995.

Stevenson, H. W., Chen, C., & Lee, S. Y. Mathematics achievement of Chinese, Japanese and American children: Ten years later. *Science*, 1993, 258 (5081): 53-58.

Stevenson, H. W., Lee, S. Y., Chen, C., Stigler, J. W., Hsu, C. C., & Kitamura, S. Contexts of achievement: A study of American, Chinese, and Japanese Children. *Monographs of the Society for Research in Child Development*, 1990, 55 (1-2, serial No. 221).

Strauch, I. & Lederbogen, S. The home dreams and waking fantasies of boys and girls between ages 9 and 15: A longitudinal study. *Dreaming*, 1999 (9): 153-161.

Sacks, O. *An anthropologist on Mars*: *Seven Paradoxical Tales*. New York: Vintage Books, 1995.

Salovey, P. & Mayer, J. D. Emotion Intelligence. *Imagination*, *Cognition and personnalty*, 1990 (9): 185-211.

Salovey, P. Mood-induced self-focused attention. *Journal of Personality and Social Psychology*, 1992 (62): 699-707.

Saul, K. *Psychology* (2nd ed.). New Jersey: Prentice-Hall, 1998.

Schachter, S. & Singer, J. E. Cognitive, social and physiological determinants of emotional state. *Psychological Riview*, 1962 (69): 379-399.

Schildkraut, J. J. & Kety, S. S. Biogenic amines and emotion. *Science*, 1967, 156: 21-30.

Schultz, R. T. & Klin, A. Genetics of childhood disorders: XLIII. Autism, part 2: Neural foundations. *Journal of the American Academy of Child and Adolescent Psychiatry*, 2002, 41 (10): 1259.

Sedikides, C. & Strube, M. J. Self-evaluation: To thine own self be good, to thine own self be sure, to thine own self be true, to thine own self be better. *Advances in Experimental Social Psychology*, 1997, 29: 206-269.

Shiffrin, R. M. & Dumais, S. T. The development of automatism. In J. R. Anerson (ed.), *Cognitive Skills and Their Acquisition*. Hillsdale, NJ: Erlbaum, 1981.

Shiffrin, R. M. & Schneider, W. Controlled and automatic human information processing: II. Perceptual learning, automatic attending, and a general theory. *Psychological Review*, 1977 (84): 127-190.

Shulman, H. G. Encoding and retention of semantic and phonemic information in short-term memory. *Journal of Verbal Learning and Verbal Behavior*, 1970 (9): 499-508.

Shulman, H. G. Semantic confusion errors in short-term memory. *Journal of Verbal Learning and Verbal Behavior*, 1972 (11): 221-227.

Simon, H. A. How big is a chunk? *Science*, 1974 (183): 482-488.

Simon, H. A. *Reason in Human Affairs*. Palo Alto, CA: Stanford University Press, 1983.

Simons, D. J. & Levin, D. T. Failure to detect changes to people during a real-world interaction. *Psychonomic Bulletin & Review*, 1998, 5 (4): 49-644.

Solomon, D. A., Keller, M. B., Leon, A. C., et al. Multiple recurrences of major depressive disorder. *American Journal of Psychiatry*, 2000 (157): 229-233.

Spanos, N. P., Burgess, C. A., & Perlini, A. H. Compliance and suggested deafness in hypnotic and nonhypnotic subjects. *Imagination, Cognition, and Personality*, 1992 (11): 211 - 223.

Spanos, N. P., Perlini, A. H., Patrick, L., Bell, S., & Gwynne, M. I. The role of compliance in hypnotic and nonhypnotic analgesia. *Journal of Research in Personality*, 1990 (24): 433 - 453.

Spelke, E. S., Breinlinger, K., Macomber, J., & Jacobson, K. Origins of knowledge. *Psychological Review*, 1992 (99): 605 - 632.

Sperling, G. The information available in brief visual presentations. *Psychology Monographs*, 1960, 74 (11), Whole No. 498.

Sperry, R. W. Hemisphere deconnection and unity in conscious awareness. *American Psychologist*, 1968 (23): 723 - 733.

Sperry, R. W. Lateral specialization in the surgically separated hemispheres. In F. O. Schmitt & F. G. Worden (eds.), *The Neurosciences: Third Study Program*. Cambridge, MA: MIT Press, 1974.

Sternberg, S. High-speed scanning in human memory. *Science*, 1966 (153): 652 - 654.

Stevens, S. S. On the psychophyical law. *Psychological Review*, 1957 (64): 153 - 181.

Stickgold, R. Sleep-dependent memory consolidation. *Nature*, 2005 (437): 1272 - 1278.

Stipek, D. J. Motivation and Instruction , *In Handbook of Educational psychology*, 1996.

Stowers, L., Holy, T. E., Meister, M., Dulac, C, & Koenteges, G. Loss of sex discrimination and male-male aggression in mice deficient for TRP2. *Science*, 2002, 295 (5559): 1493.

Thorndike, E. L. *Animal Intelligence*. New York: Macmillan, 1911.

Tiffany, S. T. A cognitive model of drug urges and drug-use behavior: Role of automatic and nonautomatic processes. *Psychological Review*, 1990 (97): 147 - 168.

Tompson, R. F. In search of memory traces. *Annual Review of Clinical Psychology*, 2005 (56): 1 - 23.

Torgersen, S. Genetic factors in moderately severe and mild affective disorders. *Archives of General Psychiatry*, 1986 (43): 222 - 226.

Treisman, A. M. Contextual cues in selective listening. *Quarterly Journal of Experimental Psychology*, 1960 (12): 242 - 248.

Treisman, A. M. Verbal cues, language, and meaning in selective attention. *American Journal of Psychology*, 1964 (77): 206 - 219.

Treisman, A. M. Features and objects in visual processing. *Scientific American*, 1986 (255): 114 - 125.

Treisman, A. M. Features and objects: The fourteenth Bartlett memorial lecture. *The Quarterly Journal of Experimental Psychology*, 1988, 40A: 201 - 237.

Tulving, E. Episodic and semantic memory. In E. Tulving and W. Donaldson (eds.), *Organization of Memory*. New York: Academic Press, 1972.

Tulving, E. Episodic memory: from mind to brain. *Annu. Rev. Psychol*, 2002 (53): 1 - 25.

Thelen, E. Motor development: A new synthesis. *American Psychologist*, 1995, 50 (2): 79 - 95.

Thompson, P. M., Cannon, T. D., Narr, K. L., Van Erp, T., et al. Genetic influences on brain structure. *Nature Neuroscience*, 2001, 4 (12): 1253 - 1258.

Thompson, R. F., Krupa, D. J. Organization of memory traces in the mammalian brain. *Annual Review of Neuroscience*, 1994 (17): 519-549.

Tidwell, M. C. O., Reis, H. T., & Shaver, P. R. Attachment, attractiveness, and social interaction: A diary study. *Journal of Personality and Social Psychology*, 1996 (71): 729-745.

Tulving, E. Subjective organization in free recall of unrelated words. *Psychological Review*, 1962 (69): 344-354.

Uppal, S. Impact of the timing, type and severity of disability on the subjective well-being of individuals with disabilities. *Social Science and Medicine*, 2006, 63 (2): 525-553.

Van Fleet, A. A. Charles Judd's psychology of schooling. *Elementary School Journal*, 1976 (76): 455-63.

Volz, J. Successful aging: The second 50. *APA Monitor*, 2000 (31): 24-28.

Vygotsky, L. S. Genesis of the higher mental functions. In P. Light, S. Sheldon, & M. Woodhead (ed.), *Learning to Think: Child Development in Social Context*. London: Routledge, 1991 (12): 32-41.

Wagner, U., Gais S., Haider, H., Verleger, R., & Born, J. Sleep inspires insight. *Nature*, 2004 (427): 352-355.

Walk, R. D. *Perceptual Development*. Monterey, CA: Brooks/Cole, 1981.

Walk, R. D. & Gibson, E. J. A comparative and analytical study of visual depth perception. *Psychological Monographs*, 1961 (75): 15.

Wallace, C. J. Psychiatric rehabilitation. *Psychopharmacology Bulletin*, 1993 (29): 537-548.

Warren, R. M. Restoration of missing speech sounds. *Science*, 1970 (167): 392-393.

Waugh, N. C. & Norman, D. A. Primary Memory. *Psychological Review*, 1965, 72 (2): 89-104.

Webb, W. B. *Sleep, the Gentle Tyrant*. Englewood Cliffs NJ: Prentice-Hall, 1975.

Wegner, D. M. Ironic processes of mental control. *Psychological Review*, 1994 (101): 34-52.

Wegner, D. M. When the antidote is the poison: Ironic mental control processes. *Psychological Science*, 1997 (8): 148-150.

Wegner, D. M., Ansfield, M., & Pilloff, D. The putt and the pendulum: Ironic effects of the mental control of action. *Psychological Science*, 1998 (9): 196-199.

Wegner, D. M., Broome, A., & Blumberg, S. Ironic effects of trying to relax under stress. *Behaviour Research and Therapy*, 1997 (35): 11-21.

Wehr, T. A., Sack, D., Dunn, W. C., Mendelson, W. B., et al. (1985). Sleep and circadian rhythms in affective patients isolated from external time cues. *Psychiatry Research*, 15: 327-339.

Weiten, W. *Psychology: Themes and Variation* (7th ed.). Florence: Wadsworth, 2007.

Wellman, H. M. & Cross, D. Theory of mind and conceptual change. *Child Development*, 2001 (72): 702-707.

Wellman, H. M. Understanding the Psychological World: Developing a Theory of Mind. *In*

Handbook of Cognitive Development (edited by Goswami, U.). Oxford: Blackwell Publishers, 2002.

Wellman, H. M. & Bartsch, K. Young children's reasoning about beliefs. *Cognition*, 1988 (30): 239 – 277.

Wellman, H. M. & Gelman, S. A. Knowledge acquisition in foundational domains. In W. Damon (series ed.), D. Kuhn, & R. S. Siegler (Vol. eds.), *Handbook of Child Psychology: Vol. 2. Cognition, Perception, and Language* (5th ed.). New York: Wiley, 1998.

Welsh, D. K., Logothetis, D. E., Meister, M., & Reppert, S. M. Individual neurons dissociated from rat suprachiasmatic nucleus express independently phased circadian firing rhythms. *Neuron*, 1995 (14): 697 – 706.

Welsh, M. C. & Pennington, B. F. Assessing frontal lobe functioning in children: Views from developmental psychology. *Developmental Neuropsychology*, 1988 (4): 199 – 230.

Wender, P. H., Kety, S. S., Rosenthal, D., Schulsinger, F., Ortmann, J., & Lunde, I. Psychiatric disorders in the biological and adoptive disorders. *Archives of General Psychiatry*, 1986 (43): 923 – 929.

Wever, E. G. *Theory of Hearing*. New York: Wiley, 1949.

Wheeler, M. E., Petersen, S. E., & Buckner, R. L. Memory's echo: Vivid remembering reactivates sensory-specific cortex. *Proceedings of the National Academy of Sciences*, 2000 (97): 11125 – 11129.

White, J. M. Synptic regulation of mesocorticolimbic dopamine neurons. *Annual Review of Neuroscience*, 1996 (19): 405 – 536.

Wild, B., Rodden F. A., Grodd, W., & Ruch W. Neural correlates of laughter and humour. *Brain*, 2003, 126 (10): 2121 – 2138.

Wood, J. V., Saltzberg, J. A. & Goldsamt, L. A. Does affect induce self-focused attention. *Journal of Personality and Social Psychology*, 1990 (8): 890 – 908.

Woodruff – Pak, D. S. New directions for a classical paradigm: Human eyeblink conditioning. *Psychological Science*, 1999 (10): 1 – 3.

Woody, E. Z. & Bowers, K. S. A frontal assault on dissociated control. In S. J. Lynn & J. W. Rhue (eds.), *Dissociation: Theoretical Land Clinical Perspective*, New York: Guilford Press, 1994.

Wright R. A., Greenberg J., & Brehm, S. S., *Motivation Analysis of Social Behavior*. New Jersey: Lawrence Erlbaum Associates, Publishers Mahwah, 2004.

Wu, W., Brickman, A., Luchsinger, J., Ferrazzano, P., Pichiule. P., Yoshita, M., Brown, T., DeCarli, C., Barnes, C., Mayeux, R., Vannucci, S., & Small., S. The brain in the age of old: the hippocampal formation is targeted differentially by diseases of late life. *Annals of Neurology*, 2008, 64 (5): 698 – 706.

Wallace, R. K. & Fisher, L. E. *Consciousness and Behavior* (2nd ed.). Boston: Allyn and Bacon, 1987.

Wellman, H. M. & Woolley, J. D. From simple desires to ordinary beliefs: The early development of everyday psychology. *Cognition*, 1990 (35): 245 – 275.

Whitbourne, S. K. & Connolly, L. A. The developing self in midlife. In S. L. Willis & J. D. Reid (eds.), *Life in the Middle: Psychological and Social Development in Middle Age*. San diego:

Academic Press, 1999.

Williams, H. L., Morlock, H. C, & Morlock, J. V. Instrumental behavior during sleep. *Psychophysiology*, 1966 (2): 208 – 216.

Wilson E. O. *Sociobiology: The New Synthesis*. Cambridge: Harvard University Press, 1975.

Wimmer, H. & Perner, J. Beliefs about beliefs: representation and constraining function of wrong beliefs in young children' understanding of deception. *Cognition*, 1983 (13): 103 – 128.

Winner, E. Exceptionally high intelligence and schooling. *American Psychologist*, 1997, 52 (10): 1070 – 1081.

Wise, R. A. & Bozarth, M. A. A psychomotor stimulant theory of addiction. *Psychological Review*, 1987 (94): 469 – 492.

Wynn, K. Evidence against empiricist accounts of the origins of numerical knowledge. *Mind and Language*, 1992 (7): 315 – 332.

Young, A. M. & Herling, S. Drugs as reinforcers: Studies in laboratory animals. In S. R. Goldberg & I. P. Stolerman (eds.), *Behavioral Analysis of Drug Dependence*. New York: Academic Press, 1986.

Zaitchik, D. When representations conflict with reality: The preschoolers' problem with false beliefs and "false" photographs. *Cognition*, 1990, 35 (1): 41 – 68.

Zentall, T. R., Gallzio, M., & Critchfield, T. S. Categorization, Concept Learning, and Behavior Analysis: An Introduction. *Journal of the Eeperimental Analysis Of Behavior*, 2002 (78): 237 – 248.

Zentall, T. R., Sutton, J. E., & Sherburne, L. M. True imitative learning in pigeons. *Psychological Science*, 1996 (7): 343 – 346.

Zuckerman, M. Good and bad humors: Biochemical bases of personality and its disorders. *Psychological Science*, 1995 (6): 325 – 332.

图书在版编目（CIP）数据

心理学与人生/黄希庭，苏彦捷主编. —2 版. —广州：暨南大学出版社，2010.7（2016.8 重印）
ISBN 978-7-81135-486-7

Ⅰ.①心…　Ⅱ.①黄…②苏…　Ⅲ.①心理—通俗读物　Ⅳ.①B84-49

中国版本图书馆 CIP 数据核字(2010)第 044164 号

心理学与人生
XINLIXUE YU RENSHENG
主　编：黄希庭　苏彦捷

出 版 人：徐义雄
责任编辑：张仲玲　袁冰凌
责任校对：何　力

出版发行：暨南大学出版社（510630）
电　　话：总编室（8620）85221601
　　　　　营销部（8620）85225284　85228291　85228292（邮购）
传　　真：（8620）85221583（办公室）　85223774（营销部）
网　　址：http://www.jnupress.com　http://press.jnu.edu.cn
排　　版：广州市天河星辰文化发展部照排中心
印　　刷：广东省农垦总局印刷厂
开　　本：787mm×960mm　1/16
印　　张：29.5
字　　数：674 千
版　　次：2005 年 5 月第 1 版　2010 年 7 月第 2 版
印　　次：2016 年 8 月第 11 次
印　　数：40001—41000 册
定　　价：48.00 元

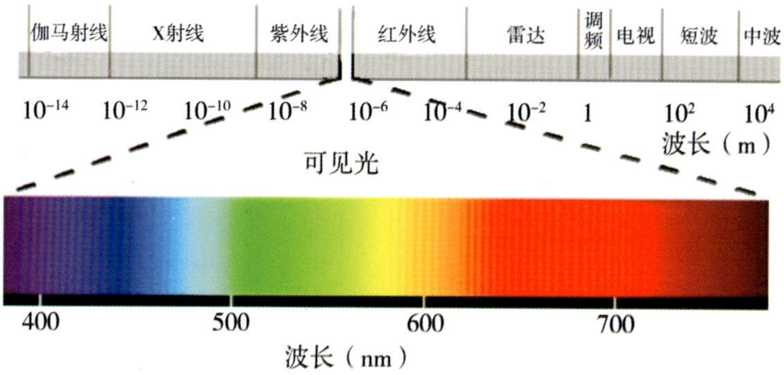

图 4－2　可见光谱

图 4－4　颜色对比

图 4－6　用在自动化加工实验中的汉字